OTIMIZAÇÃO COMBINATÓRIA E META-HEURÍSTICAS:

ALGORITMOS E APLICAÇÕES

Marco Cesar Goldbarg
Elizabeth Gouvêa Goldbarg
Henrique Pacca Loureiro Luna

OTIMIZAÇÃO COMBINATÓRIA E META-HEURÍSTICAS:

ALGORITMOS E APLICAÇÕES

© 2016, Elsevier Editora Ltda.

Todos os direitos reservados e protegidos pela Lei nº 9.610, de 19/02/1998.
Nenhuma parte deste livro, sem autorização prévia por escrito da editora, poderá ser reproduzida ou transmitida sejam quais forem os meios empregados: eletrônicos, mecânicos, fotográficos, gravação ou quaisquer outros.

Copidesque: Isis Batista Pinto
Revisão: Vanessa Silva Raposo
Editoração Eletrônica: Estúdio Castellani

Elsevier Editora Ltda.
Conhecimento sem Fronteiras
Rua Sete de Setembro, 111 – 16º andar
20050-006 – Centro – Rio de Janeiro – RJ – Brasil

Rua Quintana, 753 – 8º andar
04569-011 – Brooklin – São Paulo – SP – Brasil

Serviço de Atendimento ao Cliente
0800-0265340
atendimento1@elsevier.com

ISBN 978-85-352-7812-5
ISBN (versão digital): 978-85-352-7813-2

Nota: Muito zelo e técnica foram empregados na edição desta obra. No entanto, podem ocorrer erros de digitação, impressão ou dúvida conceitual. Em qualquer das hipóteses, solicitamos a comunicação ao nosso Serviço de Atendimento ao Cliente, para que possamos esclarecer ou encaminhar a questão.
Nem a editora nem o autor assumem qualquer responsabilidade por eventuais danos ou perdas a pessoas ou bens, originados do uso desta publicação.

CIP-Brasil. Catalogação na Publicação
Sindicato Nacional dos Editores de Livros, RJ

G564o   Goldbarg, Marco Cesar
         Otimização combinatória e meta-heurísticas:
         algoritmos e aplicações / Marco Cesar Goldbarg,
         Elizabeth Gouvea Goldbarg, Henrique Pacca Loureiro
         Luna. – 1. ed. – Rio de Janeiro: Elsevier, 2016.
            il.; 28 cm.

            ISBN 978-85-352-7812-5

            1. Otimização combinatória. 2. Algoritmo.
         3. Meta-heurística. I. Goldbarg, Elizabeth Gouvea.
         II. Luna, Henrique Pacca Loureiro. III. Título.

15-25784   CDD: 511.3
                                    CDU: 510.6

Introdução

● A Proposta do Livro

O presente texto objetiva dar suporte ao ensino e ao estudo dos conceitos básicos em Otimização Combinatória e Meta-heurísticas. Cinco focos definem a proposta:

- Estudo de métodos exatos para solução de problemas de Otimização Combinatória.
- Abordagem de problemas clássicos da Otimização Combinatória.
- Levantamento do estado da arte dos modelos e métodos de solução para os problemas abordados.
- Aplicações reais.
- Estudo de métodos meta-heurísticos para a solução de problemas de Otimização Combinatória.

✓ 1º foco

Estudo de métodos exatos para solução de problemas de Otimização Combinatória. O foco é desenvolvido no capítulo 1, principalmente envolvendo métodos de enumeração, decomposição, *branch-and-bound* e programação dinâmica.

✓ 2º foco

Abordagem de problemas clássicos da Otimização Combinatória. O texto desenvolve o foco nos capítulos 3, 4, 5, 6 e 7, abordando os problemas associados à Árvore de Steiner em Grafos, Caixeiro Viajante, Problemas de Roteamento Enriquecidos, Problema Quadrático de Alocação e Problemas de Corte, Estoque e Empacotamento.

✓ 3º foco

Levantamento do estado da arte dos modelos e métodos de solução para os problemas abordados. O foco é desenvolvido ao longo dos capítulos 3, 4, 5, 6 e 7, através de revisões concisas do estado da arte de cada problema examinado abordando modelos de formulação, variantes e problemas correlatos e algoritmos de solução.

✓ 4º Foco

Aplicações reais. O texto destaca ao longo dos capítulos 3, 4, 5, 6 e 7 abundantes aplicações reais dos modelos formulados de modelo a amparar e inspirar a utilização prática da tecnologia disponibilizada, a pesquisa e a inovação.

✓ 5º foco

Estudo de métodos meta-heurísticos para a solução de problemas de Otimização Combinatória. O capítulo 2 desenvolve um texto abrangente resumindo as principais e mais difundidas meta-heurísticas aplicáveis à solução dos problemas formulados no livro.

● A Metodologia

O texto é direcionado tanto à graduação quanto à pós-graduação nas áreas de Engenharia, Administração e Ciência da Computação. O livro privilegia o desenvolvimento da visão abrangente sobre os temas desenvolvidos de forma a constituir uma base capaz de suportar aprofundamento futuro ou aplicação tecnológica imediata. Basicamente é dirigido aos cursos de graduação, cobrindo, geralmente, o conteúdo tradicional de disciplinas como Introdução à Programação Linear, Programação Linear, Modelos de Programação Linear, Programação Linear e Fluxos em Rede, Introdução à Otimização, Pesquisa Operacional. Aborda parte dos conteúdos de disciplinas como Programação Discreta e Programação Inteira. O capítulo 7 apresenta a possibilidade de ligação com os interesses de cursos mais avançados ou mesmo de pós-graduação.

A atenção está centrada principalmente nos conceitos básicos da Programação Linear, no desenvolvimento de algoritmos para a solução dos modelos formulados e na possibilidade de exercitação dos conceitos.

A proposta didática do texto contempla, para o esclarecimento de diversos conceitos, a apresentação de exemplos, exercícios com solução e exercícios-desafio. Uma significativa parte dos exercícios do livro possui solução sugerida. Todavia, alguns exercícios foram pensados no sentido de permitirem seu uso em listas de exercício e como desafios que incentivam a motivação e completam o processo de aprendizagem. Os autores entendem que a utilização de questões que desafiam o pensamento é indispensável e faz parte indissolúvel do processo de ensino. Consequentemente, dentro da proposta didática do livro, não são sugeridas ou apresentadas soluções para tais exercícios.

● Ementas que Podem ser Associadas ao Livro

O livro aborda temas pertinentes a Programação Linear, Fluxos em Rede e métodos de decomposição. Os grandes temas do livro são:

- O Processo de Modelagem Linear.
- Modelos de Programação Linear.
- Algoritmo Simplex.
- Dualidade.
- Análise de Sensibilidade.
- Interpretação Econômica.
- Exemplos de Aplicação.
- Conexões com a Otimização Combinatória.

No sentido de exemplificar o alcance do conteúdo disponibilizado, abaixo é transcrito o conteúdo do livro capaz de ser associado a prováveis ementas de disciplinas no tema.

Tópicos em Álgebra Linear. Tópicos em grafos. Tópicos em Complexidade de Algoritmos. Princípios do Processo de Modelagem. Modelos de Otimização. O Processo de Modelagem. Modelagem Matemática. O papel dos modelos quantitativos na gestão moderna. Características dos Modelos de Programação Linear. Fundamentos da Modelagem em Programação Linear. Exemplos de Modelagem Matemática. Fundamentos matemáticos do método Simplex. Método Primal Simplex. Método das Duas Fases. Degeneração. Conceito de Dualidade em Programação Matemática. Propriedades da Dualidade e Condições de Otimalidade. Algoritmo Dual Simplex. Simplex Revisado. Interpretação Econômica. Análise de Sensibilidade. O Problema da Conexão Simples. O Problema do Caminho mais Curto (PCMC). O Problema da Árvore Geradora Mínima (AGM). O Problema de

Emparelhamento (PE). O Problema do Caminho Crítico ou PERT (Critical-Path Method). Modelos Especiais de Redes. O Problema de Transporte: Abordagem Primal de Solução. Método do Canto Noroeste. Método de Vogel. Abordagem utilizando a variável dual. Problema de Designação: Algoritmo Húngaro. Problema do Caminho Mais Curto s-t em Modelo de Redes. Formulação de fluxo em rede para a AGM. Formulação por Fluxo em Redes para a AGM Capacitada. Problema de Localização Capacitado.

Problemas Multiestágio. Decomposição e Descentralização da Informação. Técnicas de Transformação de Problema Decomponível. Mecanismos Multidisciplinares de Relaxação Lagrangeana. Princípio de Decomposição de Dantzig-Wolfe. Método de Particionamento de Rosen. Decomposição Paramétrica. Método de Decomposição de Benders. Propriedades dos algoritmos em procedimentos descentralizados.

Seguem-se, a título de exemplo, três possíveis ementas (com detalhamento ampliado) derivadas do conteúdo do livro.

✔ 1. Introdução à Programação Linear e Fluxo em Redes

Tópicos em Álgebra Linear. Tópicos em Grafos. Princípios do Processo de Modelagem. Características dos Modelos de Programação Linear. Fundamentos matemáticos do Método Simplex. Método Primal Simplex. Método das Duas Fases. Degeneração. Conceito de Dualidade em Programação Matemática. Propriedades da Dualidade e Condições de Otimalidade. Algoritmo Dual Simplex. Simplex Revisado. Interpretação Econômica. Análise de Sensibilidade. Modelos Especiais de Redes: Problema de Localização Capacitado. O Problema de Transporte: Abordagem Primal de Solução. Método do Canto Noroeste. Problema de Designação: Algoritmo Húngaro. Abordagem Utilizando a Variável Dual. Modelos de Circulação de Fluxo.

✔ 2. Programação Linear e Aplicações em Redes

Tópicos em Álgebra Linear. Tópicos em Grafos. Tópicos em Complexidade de Algoritmos. Princípios do Processo de Modelagem. Características dos Modelos de Programação Linear. Fundamentos matemáticos do método Simplex. Método Primal Simplex. Método das Duas Fases. Degeneração. Conceito de Dualidade em Programação Matemática. Propriedades da Dualidade e Condições de Otimalidade. Algoritmo Dual Simplex. Simplex Revisado. Interpretação Econômica. Análise de Sensibilidade. O Problema do Caminho mais Curto (PCMC). O Problema da Árvore Geradora Mínima (AGM). Problema do Caminho Crítico ou PERT (Critical-Path Method). Modelos Especiais de Redes. O Problema de Transporte: Abordagem Primal de Solução. Método do Canto Noroeste. Problema de Designação: Algoritmo Húngaro. Abordagem Utilizando a Variável Dual. Problema de Designação e o 1-Matching Ponderado. Problema do Caminho mais Curto *s-t* em Modelo de Redes. Questionário. Formulação de Fluxo em Rede para a AGM. Formulação por Fluxo em Redes para a AGM Capacitada. Problema de Localização Capacitado. Problemas Multiestágio.

✔ 3. Programação Linear e Métodos de Decomposição

Tópicos em Álgebra Linear. Princípios do Processo de Modelagem. Características dos Modelos de Programação Linear. Fundamentos matemáticos do método Simplex. Método Primal Simplex. Método das Duas Fases. Degeneração. Conceito de Dualidade em Programação Matemática. Propriedades da Dualidade e Condições de Otimalidade. Algoritmo Dual Simplex. Simplex Revisado. Interpretação Econômica. Análise de Sensibilidade. Problemas Multiestágio. Decomposição e Descentralização da Informação. Técnicas de Transformação de Problema Decomponível. Mecanismos Multidisciplinares de Relaxação Lagrangeana. Princípio de Decomposição de Dantzig-Wolfe. Método de Particionamento de Rosen. Decomposição Paramétrica. Método de Decomposição de Benders. Propriedades dos Algoritmos em Procedimentos Descentralizados.

O livro Programação Linear e Fluxos em Redes decorre da evolução do texto do livro *Otimização Combinatória e Programação Linear*, editora Campus/Elsevier. O texto evolui do livro citado em um processo que focaliza e reforça o conteúdo em Programação Linear, e amplia o texto no tema de fluxos em redes e métodos de decomposição. Finalmente, o livro atual expande significativamente os exercícios propostos e resolvidos do texto anterior.

Sumário

Introdução v
    A Proposta do Livro v
    A Metodologia vi
    Ementas que Podem ser Associadas ao Livro vi

CAPÍTULO 1
Programação Linear Inteira 1
    1.1   Otimização Combinatória e Programação Inteira 1
    1.2   Características dos Modelos de Programação Linear Inteira 2
    Exemplo de Aplicação 3
    1.3   Problema de Alocação de Recursos 5
        Orçamento com Alocação de Capital (OAC) 6
        Localização de Facilidades (PLF) 6
    Exemplo de Aplicação 7
    1.4   Problema da Mochila 8
        A Importância do Problema e seu Contexto 8
        Formulação do Problema 9
        Problemas Correlatos ao (PK) 10
            Problema da Soma de Subconjuntos (*Sbset-Sum Problem – SSP*) 10
            Mochila Múltipla 0-1 (PKM) 11
            Mochila 0-1 Multidimensional (PK-*n*-Dimensional) 11
            Mochila Max-Min 0-1 (PKMM) 11
            Mochila de Escolha Múltipla (PKEM) 12
            A Mochila Encapsulada (PKE) 12
            O Problema Quadrático da Mochila (PKQ) 13
            O Problema da Mochila com Estrutura de Matroide 14
        Relaxações do PK e Limites Superiores para o Problema da Mochila 14
        Algoritmos de Solução 16
            Heurística Gulosa 16
            Algoritmo de Horowitz & Sahni 17
        Transformação de Problema de Programação Inteira em Problema da Mochila 20
    1.5   Exemplos de Modelos de Programação Linear Inteira 20
    1.6   Solução Exata de Problemas de Programação Linear Inteira (PLI) 25
    Introdução 25
    Técnicas Clássicas de Solução 25
        Branch-and-Bound 25

    Variante de Dakin 28
    Variante de Land & Doig 29
    Variante de Spielberg 29
    Método das Penalidades 29
    Método de Taha. 29
    Programação Dinâmica 30
    Exemplo 1: Caminho mais Curto em um Grafo em Camadas 32
    Exemplo 2: O Problema da Seleção de Projetos. 34
    Exemplo 3: O Problema da Entrega × Estoque de Produção 36
    Equações de Recorrência dos Exemplos 1, 2 e 3 39
 1.7 Métodos Exatos para Programação Linear Inteira Mista (PLIM) 39
   Noções de Separação, Relaxação, Sondagem e Restrições. 40
    Separação 40
    Relaxação 41
    Sondagem 42
    Restrição 42
   Visão Geral dos Algoritmos Exatos 42
   Algoritmos *Branch-and-Bound* 44
   Algoritmos de Planos de Corte 44
   Algoritmos de Decomposição de Benders 44
 1.8 Solução Heurística de Problemas de Programação Linear Inteira (PLI) 46
   Heurísticas Míopes 48
 1.9 Exercícios Propostos 51
 Referências Bibliográficas 67

CAPÍTULO 2
Meta-heurísticas 73
 2.1 Introdução 73
   Definição de Meta-heurística. 73
 2.2 Meta-heurísticas – Taxonomia 76
   Em Função das Estruturas de Vizinhança Empregadas 76
   Em Função da Estratégia de Obtenção das Soluções 76
 2.3 Vizinhanças e Busca Local. 77
   Conceito de Vizinhança $N(s_0)$ de uma Solução s_0. 78
 2.4 Reinício Aleatório e Busca em Vizinhança Variável. 81
   Reinício Aleatório 81
   Busca em Vizinhança Variável – Variable Neighborhood Search (VNS). 82
   Busca em Vizinhança Variável Descendente 83
   Busca em Vizinhança Variável Clássica 84
   Busca em Vizinhança Variável Descendente com Perturbações 85
   Busca em Vizinhança Variável com Oscilação 85
 2.5 Busca Tabu. 86
   Histórico e Fundamentos 86
   Elementos da Busca Tabu 87
    A Lista Tabu Clássica – Memória de Curto Prazo 87
    O Exame da Vizinhança 88
    O Critério de Aspiração 88
    Pseudocódigo da Busca Tabu 89
   Exemplo do Funcionamento do Algoritmo em Busca Tabu. 89
   Estruturas de Memória na Busca Tabu 90

	Novidade	91
	Frequência	91
	Qualidade	91
	Influência	91
	Memória Explícita	91
	Memória de Atributo	91
	A Lista Tabu	92
	Métodos Dinâmicos – Sequência de Cancelamento	92
	Lista Tabu com Intervalos Livres	93
	Classificação dos Tipos de Memória	93
	Técnicas para Gestão de Memória	94
2.6	GRASP e Path Relinking	98
	Visão Geral do GRASP	98
	GRASP	98
	Pseudocódigo GRASP	101
	O Aspecto Adaptativo do GRASP	101
	A Fase de Melhoria do GRASP	102
	Vantagens do GRASP	102
	Visão Geral do *Path Relinking*	102
	Pseudocódigo *Path Relinking*	103
2.7	Computação Natural / *Simulated Annealing*	105
	Introdução à Computação Natural	105
	Métodos Monte Carlo	105
	A Metáfora Física do *Simulated Annealing*	106
	Descrição Informal do Funcionamento do Método	108
	Esquema de Resfriamento	110
	Simulated Annealing com Tunelamento	112
	Simulated Annealing com Busca Local	112
2.8	Computação Evolucionária	113
2.9	Algoritmos Genéticos e Meméticos	114
	A Mimetização Biológica Empregada pelos Algoritmos Genéticos	114
	A Proposta Computacional	115
	População de Partida para o Algoritmo e Seleção para Reprodução	116
	Reprodução e Operações de Recombinação / Cruzamento	117
	Mutação	119
	Renovação de População e Processos de Seleção para Sobreviver	120
	1. Torneio	120
	2. Classificação Simples ou Elitismo	120
	3. Roleta	121
	4. Por Sorteio Universal	121
	5. Por Seleção dentro de Agrupamentos	121
	6. Por Truncamento	121
	7. Por Cotas	121
	Ajuste de Parâmetros	122
	Problemas com os Algoritmos Genéticos	123
	Problemas com o Processo de Mimetização	123
	Algoritmo Genético com Evolução Pontuada	124
	Algoritmo Genético com Evolução Pontuada na Variante do Imanismo	125
	Algoritmo Genético em Gene *Pool*	126
	Algoritmo Genético com Íntrons	126
	Algoritmo Genético com Variação na Pressão Evolucionária	128

Algoritmo Genético com Gênero 129
A Mimetização Biológica dos Algoritmos Meméticos 129
Algoritmo Memético do Tipo I 130
Algoritmo Memético do Tipo II 130
Algoritmo Memético do Tipo III 131
Evolução Cultural *versus* Evolução Biológica 133
    O Modelo da Antropologia Evolutiva 134
    O Modelo da Psicologia Evolutiva 134
    O Modelo de Lumsden & Wilson (1981) 134
    Modelo Coevolutivo de Durham (1991) 134
    Modelo de Dupla Herança de Boyd & Richerson (1985) 135
A Mimetização Biológica Empregada pelos Algoritmos Culturais 135
    1. Situacional 137
    2. Normativo 137
    3. Domínio 137
    4. Histórico 137
    5. Topológico 137
Aspectos Computacionais 138
    O Protocolo da Comunicação 138
    A Função de Aceitação 139
    A Função de Influência 139
Evolução Competitiva *versus* Evolução em Cooperação 140
A Mimetização Biológica Empregada pelos Algoritmos Transgenéticos (ATs) 141
Vetores Transgenéticos 144
Exemplo do Processo de Evolução Endossimbiótica 146
    Repositório Genético do Hospedeiro 146
    Transcrições dos Plasmídeos 147
    Transcrições dos Transposons 147
    O Papel dos Vetores da Transgenética Computacional 148
    A Questão das Mutações e Reprodução 148
    A Questão da Organização da Evolução Endossimbiótica 148

2.12 Algoritmos em Colônia de Formigas 150
  Inteligência Coletiva *versus* Auto-organização 150
  Mimetização Utilizada para as Colônias Artificiais de Formigas (ACFs) 153
  Ant System 158
  Exemplo Numérico 159
  Nuvens de Partículas 163
  Mimetização Utilizada para os Algoritmos em Nuvem de Partículas (ANPs) 163
  Fundamentos dos Algoritmos em Nuvem de Partículas (ANPs) 165
    Distância 167
  Equações de Movimento na Nuvem 167
    Diversidade de Movimento na Nuvem 168
  Algoritmo em Nuvem de Partícula 168
    Reinício para a Condição de Nuvem Pequena 169
    Velocidade Máxima 169
  Base Biológica 170
  Algoritmos Baseados no Acasalamento de Abelhas Produtoras de Mel 171
  Colônia de Abelhas Artificiais (ABC) 173
  Otimização por Colônia de Abelhas 175
  Enxame de Abelhas 177
  Algoritmo de Abelhas (*Bees Algorithm*) 179

Outras Abordagens 180
    Referências Bibliográficas 181

CAPÍTULO 3
Árvores de Steiner e Redes de Acesso Local 199

  3.1 Introdução 199
      Redes de Utilidade Pública 199
      Distâncias, Demanda Espacial e Hierarquia em Redes Públicas 199
      Redes de Interconexão e Árvores de Acesso 200
      Localização de *Hubs* e Projeto de Redes 200
      Sistemas Eixo-raio: Localização e Projeto Integrados 202
      Multitude de Aspectos em Projeto de Rede 202
      Localização Contínua e Construção de Grafo de Suporte 203
      Organização do Capítulo 203
  3.2 Problemas de Localização no Plano Euclidiano 203
      Problemas Originais de Medianas 203
          Problema de Fermat 203
          Problema de Weber 204
          Problema de Hakimi 205
      Problema Euclidiano da Árvore de Steiner 206
  3.3 Projeto de Árvore Geradora para Acesso 207
      Problema da Árvore Geradora Mínima 207
      Literatura de Projetos em Árvores Geradoras 208
      Notação e Resumo da Seção 208
      Modelo de Fluxo em Árvore Geradora para Acesso 209
      Distâncias e Demandas Espaciais na Formação de Custos 210
          Definições de Custos e de Comprimentos 210
          Soluções Extremas 210
          Limites Inferiores de Custos 211
          Condições Necessárias de Otimalidade 211
          Teste de Comprimento da Rede 211
          Teste de Comprimento Ponderado dos Caminhos 211
          Condições para Otimalidade de Soluções Extremas 212
  3.4 Projeto de Árvore de Steiner para Acesso 213
      Problema da Árvore de Steiner em Grafo 213
      Projeto de Redes não Capacitadas e de Árvores de Steiner 215
      Modelo de Fluxo em Árvore de Steiner para Acesso 216
      Modelo Multifluxo em Arborescência de Steiner para Acesso 217
          O Modelo Básico 217
          Inclusão de Restrições Redundantes 218
  3.5 Hierarquia de Redes e Modelo Primário de Acesso 219
  3.6 Conclusão 221
    Referências Bibliográficas 222

CAPÍTULO 4
Problema do Caixeiro Viajante 225

  4.1 Introdução 225
      As Origens do Problema 225
      Importância Atual do PCV 226

- 4.2 Formulações do PCV ... 226
  - Formulação de Dantzig-Fulkerson-Johnson (DFJ) ... 226
  - Formulação de Miller-Tucker-Zemlin (MTZ) ... 227
  - Restrições de Eliminação de *Subtour* Sherali & Driscol ... 228
  - Formulação em Fluxo Único de Gavish & Graves (GG) ... 229
  - Formulação Multifluxo de Wong (WONG) ... 229
  - Formulação (n – 1) Commodity de Claus (CLAUS) ... 230
  - Formulação de Fox-Gavish-Graves (FGC) ... 231
  - Formulação de Koopmans & Beckmann (1957) ... 231
  - Trabalhos de Impacto ... 232
- 4.3 Aplicações do PCV e Trabalhos de Impacto ... 233
- 4.4 PCV Simétrico (PCVS) ... 234
- 4.5 PCV com Grupamentos (*Clusters*) (PCVC) ... 234
- 4.6 PCV Generalizado (PCVG) ... 235
  - Formulação do PCVG-*Equality* ... 236
  - Formulação do PCVG Versão Irrestrita ... 236
  - Trabalhos Associados ... 237
- 4.7 Classe dos PCV com *Pick-up & Delivery* ... 237
  - PCV com *Backhauls* (PCV_B) ... 238
    - Formulação do PCV *Backhauls* (PCV_B) ... 238
    - Trabalhos Associados ... 239
  - PCV com *Pick-up & Delivery* (PCV_PD) ... 239
    - Algumas Variantes para o Caixeiro Viajante *Pick-up & Delivery* ... 240
- 4.8 O PCV Periódico (PCVP) ... 240
- 4.9 PCV com Completação (PCV_CO) ... 241
  - PCV *m*-Peripatético (*m*_PPCV) – Ciclos Disjuntos em Arestas ... 241
    - Formulação do (*m*_PPCV) ... 241
  - PCV Múltiplo (PCVM) – Ciclos Disjuntos em Vértices ... 242
  - PCV Euclidiano ... 242
  - PCV com Curvas ou Mínimo Desvio ... 242
  - PCV sobre os Eixos Coordenados ... 242
  - PCV sobre Segmentos ... 242
  - PCV em Vizinhanças ... 243
  - Definição da Classe ... 243
    - 1º Tipo (Minimiza os Custos e Trata os Bônus por meio de Restrições) ... 243
    - 2º Tipo (Maximiza o Bônus e Trata os Custos por meio de Restrições) ... 244
    - 3º Tipo (Combina os Custos e Bônus em uma Só Função Objetivo) ... 244
    - 4º Tipo (Pré-seleciona Vértices como Obrigatórios, Restringe o Cumprimento do Ciclo e Maximiza a Coleta de Bônus) ... 245
    - 5º Tipo (Minimiza a Soma de Custos Associados às Arestas e aos Vértices, Atendendo-se uma Demanda) ... 245
  - Variantes Centradas na Latência ... 245
  - *Speeding Deliveryman Problem* ... 246
  - Definição da Classe ... 246
    - Caixeiro Viajante Rotulado em Arestas ... 246
    - Caixeiro Viajante Rotulado em Vértices ... 246
    - Caixeiro Viajante com Requisitos de Separação ... 247
  - Definição da Classe ... 249
  - PCV com Janela de Tempo (PCV_JT) ... 249
  - PCV com Custos Dependentes do Tempo (PCV_CT) ... 250
  - Definição da Classe ... 250
  - O Caixeiro Viajante em Cobertura (PCVC) ... 250

O Caixeiro Viajante *Subtour* (PCVS) 250
PCV com Clientes Estocásticos (PCV_CE) 251
O PCV com Custos de Viagem Estocásticos (PCV_CV) 251
PCV Múltiplo com Tempo de Viagem Estocástico (PCV_MCE) 251
PCV com Custos e Clientes Estocásticos (PCV_CCE) 251
PCV Dinâmicos e Estocásticos (PCV_DE) 251
PCV Estocásticos e Capacitados (PCV_EC) 251
PCV Estocásticos com Janela de Tempo (PCV_EJ) 252
PCV *Pickup & Delivery* com Demanda Estocástica (PCV_P&DE) 252
Tipos do Caixeiro Alugador 253
    Limites Obtidos da Árvore Geradora Mínima (*TGM*) 254
    Limites Obtidos do Problema de Matching (Emparelhamento – PE) 255
    Limites Obtidos do Problema de Alocação Linear (PAL) 256
Heurística de Bellmore & Nemhauser 256
Heurísticas de Inserção 257
Heurísticas de *K*-Substituições ou *k*-Opt 259
    Heurística Dynasearch 259
    Geni & Genius 259
Heurística Lin & Kernighan (1973) 260
Heurística das Economias (*saving*) 261
Referências Bibliográficas 263

CAPÍTULO 5
Roteamento de Veículos 277

5.1 Introdução 277
    A Importância do Problema e seu Contexto 277
5.2 Aplicações Reais dos Modelos de Roteamento de Veículos 280
5.3 Problemas Enriquecidos de Roteamento de Veículos 282
    Taxonomia para o Problema Enriquecido de Roteamento de Veículos (PERV) 282
    Distribuição dos Problemas conforme as Características de Cenário 283
        Dados de Entrada 283
        Componentes da Decisão 285
        Número de Depósitos 286
        Tipos de Operação 286
        Restrições de Fracionamento de Itens 287
        Horizonte de Planejamento 287
        Uso Múltiplo de Veículos 287
    Distribuição dos Problemas Conforme as Características Físicas 287
        Veículos 287
        Restrições Associadas ao Tempo 288
        Restrições de Incompatibilidade e Outras 288
        Problemas Multiobjetivo 290
5.4 Formulações do Problema de Roteamento de Veículos 291
    Formulação de Fisher & Jaikumar (1981) 291
    Formulação de Christofides, Mingozzi & Toth 1979 292
    Problemas de Programação de Tripulação (*Crew Scheduling*) e Roteamento de Veículos 293
5.5 Abordagens Heurísticas de Solução para os PRV 294
    Heurísticas Construtivas 294
        Procedimentos de Economia e Inserção 294
        Exemplo Numérico do Procedimento de Mole & Jameson 296

Heurísticas em Duas Fases 297
Subclasse *Primeiro Grupar e Depois Rotear* 297
Heurística de Gillet & Miller 297
Subclasse *Primeiro Rotear e Depois Grupar* 298
Subclasse *Melhoria ou Troca (Improvement or Exchange)* 298
Heurísticas por Aproximação através de Programação Matemática 298
Heurísticas por Otimização Interativa 298
Heurísticas de Busca Local 299
5.6 Problemas de Roteamento em Arcos que são Associados ao PRV 299
O Problema do Carteiro Chinês não Direcionado (PCC) 300
O Problema do Carteiro Chinês Direcionado (PCCD) 304
O Problema do Carteiro Chinês em Grafos Mistos (CCGM) 304
O Carteiro Chinês Capacitado (PCCC) 305
O Problema do Carteiro ao Vento – Windy (PCW) 306
O Problema do Carteiro Chinês Hierárquico (PCCH) 306
O Problema do Carteiro Chinês Multiobjetivo (PCCM) 307
O Problema do Carteiro Rural (PCR) 307
O Problema do Carteiro Rural Direcionado (PCRD) 308
O Problema do Carteiro Rural com Arestas Mistas (PCRM) 308
O Problema do Carteiro Rural Windy 308
O Problema do Roteamento em Grafos Mistos (RGM) 308
O Problema da Empilhadeira – *Minimum Stacker Crane* (PEM) 309
Outras Variantes 309
5.7 Caso do Transporte de Cana de Açúcar 309
Referências Bibliográficas 310

CAPÍTULO 6
Problema Quadrático de Alocação 325
6.1 Introdução 325
6.2 Formulações 326
Formulação de Koopmans & Beckmann 326
Formulação do Traço 327
Formulação por Grafos 327
Formulação por Permutação 327
6.3 Aplicações 328
6.4 Limites Inferiores 329
Limite de Gilmore-Lawler 330
Limites de Relaxações por Programação Linear 331
Limites por Autovalores 334
Programação Semidefinida 335
Programação Quadrática 336
6.5 Algoritmos Exatos 336
6.6 Heurísticas 337
Simulated Annealing 341
Busca Tabu 341
GRASP, Multi-start, Busca Local Iterativa e Busca em Vizinhança Variável 341
Algoritmos Evolucionários 342
Algoritmos de Inteligência Coletiva 342
Outras Técnicas 343

6.7	Complexidade	343
	Problemas NP-difíceis Modelados como PQA	343
	Complexidade do Problema de Busca Local	344
	Comportamento Assintótico	345
	Indicadores de Dificuldade de Instâncias	347
6.8	Problemas Correlatos	350
	PQA Generalizado	350
	PQA com Gargalo	351
	PQA Biquadrático	351
	PQA Linearizável	351
	PQA Multiobjetivo	352
	Árvore Geradora Quadrática Mínima	353
	Referências Bibliográficas	354

CAPÍTULO 7
Corte, Empacotamento e Carregamento 367

7.1	Introdução	367
7.2	Bin-Packing	367
7.3	Problema de Cortes em Estoque (*Cutting-Stock*)	369
	Classificação Dimensional Generalizada	369
	Classificação Dimensional Clássica	370
	Classificação Baseada na Mensuração Quantitativa	370
	Classificação Baseada na Forma das Figuras	371
	Classificação Derivada de Restrições nos Padrões	371
	Classificação de Dyckhoff & Finke (1992)	372
	Problemas Associados	372
	Tipologia do Corte	373
	Corte Unidimensional – Caracterização	373
	Corte de Fios, Barras e Bobinas de Papel	373
	Outras Aplicações	374
	Corte Bidimensional – Caracterização	375
	Corte de Chapas Planas	376
	Strip-Packing	377
	Carregamento de Contêineres	377
	Problema da Otimização de Memória Computacional (POMC)	379
	O Problema de Minimização das Pilhas de Corte (PMPC)	379
	O Problema de Layout	379
	Classificação dos Problemas de C&E/C pela Taxonomia de Dyckhoff	380
	Heurísticas para o Problema de Corte, Empacotamento e Carregamento	381
	Aplicações Práticas Diversas	381
	Abordagens de Solução e Algoritmos	382
	Abordagem por Programação Linear	382
	Abordagem por Enumeração	382
	Abordagens Globais	382
	Abordagens Heurísticas	383
	Heurísticas para o *Strip-Packing*	384
	Algoritmo CLS	384
	Algoritmos de Nível	384
	Referências Bibliográficas	387

CAPÍTULO 1

Programação Linear Inteira

Objetivos — O presente capítulo objetiva:

- Introduzir os fundamentos dos modelos de Programação Inteira.
- Abordar métodos exatos de solução de modelos de Programação Inteira.
- Abordar métodos heurísticos de solução de modelos de Programação Inteira.

1.1 Otimização Combinatória e Programação Inteira

Nos últimos anos, o desenvolvimento da capacidade de processamento e memória dos computadores, aliado a modelos mais eficientes e a uma crescente tecnologia de algoritmos, tem tornado possível à solução de aplicações práticas reais de programação inteira, algumas envolvendo centenas de milhares de variáveis e restrições.

Problemas de planejamento, produção, coordenação, investimento, estoque, transporte, comunicação e tantos outros são examinados, formulados e solucionados pela Engenharia, Administração, Economia, Pesquisa Operacional e Ciência da Computação. Significativa parte desses problemas, de natureza discreta, é solucionada por meio de técnicas de Otimização Combinatória e Programação Inteira. Trata-se de disciplinas profundamente correlacionadas. Os problemas de Otimização Combinatória podem ser formulados como problemas de programação inteira e, nesse caso, solucionados pelos Algoritmos de Programação Inteira. Ou, alternativamente, formulados por meio de análise combinatória e solucionados, por exemplo, como problemas em Grafos ou por meio de algoritmos especificamente desenvolvidos.

Em virtude dessa forte correlação, o presente capítulo é dedicado aos modelos e métodos de solução de Programação Linear Inteira. No âmbito dos modelos, o capitulo propicia uma visão abrangente de problemas combinatórios que entram no escopo da programação inteira, formulando o problema geral e dando ênfase no problema da mochila, ao qual pode ser reduzido, em tese, qualquer problema de programação inteira. No âmbito dos métodos de solução, o capítulo foca as técnicas de *branch-and-bound* e de programação dinâmica. Inclui-se também uma visão geral dos métodos exatos que abrange as técnicas complementares de planos de corte e de decomposição, indicando-se as estratégias de resolução conhecidas por *branch-and-cut*, particionamento de Benders e *branch-and-price*. Além da importância da matéria em si, este capítulo estabelece as bases para o estudo dos modelos mais específicos apresentados nos capítulos subsequentes, notabilizando o livro pela deliberada intenção em realçar as pontes entre Otimização Combinatória e Programação Inteira. A ideia é de que, no decorrer do livro, todos os principais problemas estudados de Otimização Combinatória, inclusive os de critério não linear, sejam também formulados pelos correspondentes modelos de programação linear inteira. Com isso, fica pavimentado o caminho para a resolução de outros problemas específicos por meio de uma combinação adequada das técnicas estudadas no capítulo.

1.2 Características dos Modelos de Programação Linear Inteira

O termo programação inteira se refere à classe de problemas de otimização restrita em que algumas ou todas as variáveis de decisão são inteiras. Esta seção aborda problemas em que a função objetivo é linear e todas as restrições são igualdades ou inequações lineares. Em muitos casos, as variáveis de decisão assumem simplesmente valores zero ou um.

A dificuldade da solução de modelos de programação linear inteira pode ser computacionalmente extrema. Problemas de programação inteira como a árvore geradora mínima, caminho mais curto e emparelhamento possuem solução polinomial. Há, porém, uma significativa parte dos problemas de programação inteira que são NP-Completos (quando são problemas de decisão), NP-Difíceis ou até mais complexos, como PSPACE-Completos, e assim por diante. Por exemplo, o problema do caminho mais longo, parente próximo do problema do caminho mais curto que é um problema de solução polinomial, é um problema NP-Difícil. Um programa de programação linear inteira pura atende à forma geral da formulação (PLI) que se segue, onde:

f e g_j, $j=1,...,m$ são funções lineares em x,

$b \equiv$ vetor de termos independentes do modelo.

(PLI) Otimizar (Min ou Max) $f(x_1,...,x_n)$
   Sujeito a:
   $$g_j(x_1,...,x_n) \begin{Bmatrix} \leq \\ = \\ \geq \end{Bmatrix} b_j$$
   $$x_i \in \mathfrak{I} \quad \forall i$$

(PLIM) Otimizar (Min ou Max) $f(x_1,...,x_n)$
   Sujeito a:
   $$g_j(x_1,...,x_n) \begin{Bmatrix} \leq \\ = \\ \geq \end{Bmatrix} b_j$$
   $$x_i \in \mathfrak{I} \quad i=1,...,s$$
   $$x_i \in \mathfrak{R} \quad i=s+1,...,n$$

Os problemas de programação podem possuir variáveis inteiras e variáveis contínuas. No caso de possuir variáveis inteiras e também variáveis contínuas, diz-se que o problema é de Programação Linear Inteira Mista (PLIM). A Figura 1.1 exemplifica no plano as características do universo das soluções viáveis de um problema PLI. A Figura 1.1(a) ilustra o conjunto de soluções do PL relaxado, obtido sem as restrições de que as variáveis tenham que ser inteiras. A Figura 1.1(b) acrescenta ao PL restrições de integralidade para as variáveis, destacando sua ocorrência exclusiva nos pontos do gráfico onde ambas as coordenadas são inteiras. A Figura 1.1(c) destaca o fato de que o PL é uma relaxação de um PLI nele contido. Observe-se que as soluções ótimas inteiras ocorrem em pontos extremos da envoltória linear inteira, não no interior da área da envoltória, como destaca a Figura 1.1(d).

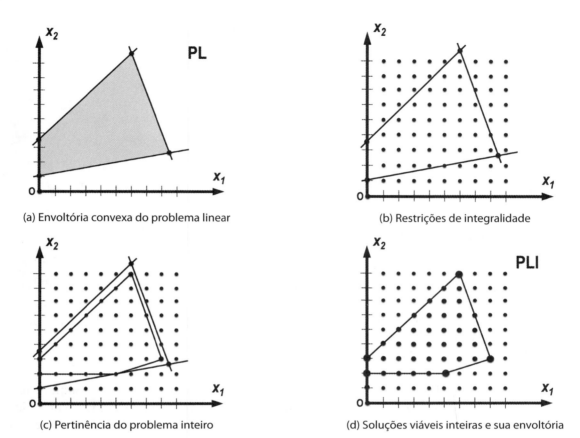

Figura 1.1: Envoltória linear e envoltória linear inteira.

Exemplo de Aplicação

Uma confeitaria produz dois tipos de bolos de sorvete: chocolate e creme. Cada lote de bolo de chocolate é vendido com um lucro de 3 unidades monetárias, e os lotes de creme com um lucro de 1. Contratos com várias lojas impõem que sejam produzidos no mínimo 10 lotes de bolos de chocolate por dia e que o total de lotes fabricados nunca seja menor que 20. O mercado só é capaz de consumir até 40 lotes de bolos de creme e 60 de chocolate. As máquinas de preparação do sorvete disponibilizam 180 horas de operação, sendo que cada lote de bolos de chocolate consome 2 horas de trabalho e cada lote de bolos de creme 3 horas. Determinar o esquema de produção que maximize os lucros com a venda dos bolos de sorvete.

A modelagem deste problema de programação matemática denominado de "lotes de bolos de sorvete" ou (BS) pode ser realizada da seguinte forma:

1. **Escolha da variável de decisão**

   $x_i \equiv$ quantidade de lotes de bolos de sorvete fabricados do tipo creme ($i=1$) e chocolate ($i=2$).

2. **Elaboração da função objetivo**

   Maximizar $z = \{ f(x) = x_1 + 3x_2 \}$

   Valor total de unidades monetárias obtidas com a venda dos lotes dos bolos tipo creme e chocolate.

3. **Formulação das restrições tecnológicas**

   a) Restrição associada à disponibilidade de maquinaria:

   $3x_1 + 2x_2 \leq 180$

b) Restrição do número de lotes de bolos de creme no mercado
$x_1 \leq 40$

c) Restrição do número de lotes de bolos de chocolate no mercado.
$x_2 \leq 60$

d) Restrições associadas aos contratos com as lojas
$x_2 \geq 10$
$x_1 + x_2 \geq 20$

4. **Restrições de não negatividade**
$x_1 \geq 0, x_2 \geq 0$.

O modelo de (BS) pode ser formalizado como ao lado:

(BS) Maximizar $z = x_1 + 3x_2$
sujeito a:
$x_1 \leq 40$
$x_2 \leq 60$
$x_2 \geq 10$
$x_1 + x_2 \geq 20$
$3x_1 + 2x_2 \leq 180$
$x_1 \geq 0, x_2 \geq 0$

Como foi solicitada a apresentação do melhor esquema de produção, uma primeira questão é relevante: seria possível produzirmos meio lote de bolos de chocolate? A pergunta destaca o fato de que, em inúmeras situações da vida real, é impraticável fracionar a variável de decisão.

É impraticável fracionar criaturas vivas, configurações de jogos, objetos físicos e viagens, dentre outros exemplos.

A solução contínua seria relevante caso essa relaxação da integralidade indicasse um caminho eficiente para descoberta da solução inteira. Infelizmente, para um caso geral, esse caminho não foi ainda encontrado. A estratégia simples de arredondar os valores fracionários da solução relaxada igualmente não garante uma boa solução inteira.

Para auxiliar o entendimento da dificuldade de alcançar a solução ótima inteira a partir da solução ótima relaxada, seja o exemplo do modelo BS onde se adiciona as condições de integralidade como se segue: $x_1, x_2 \in Z^+$ (conjunto dos inteiros positivos).

A Figura 1.2 mostra a representação gráfica das restrições do problema BS.

Como é possível observar na Tabela 1.1, os pontos A, B, C, D, E e F do polígono de soluções possuem coordenadas inteiras. Tal fenômeno é um fato raro.

Claramente, quando os pontos extremos do poliedro de soluções viáveis possuem valores inteiros, solucionar um problema de Programação Linear relaxado na exigência de integralidade é equivalente a solucionar o problema original de Programação Inteira.

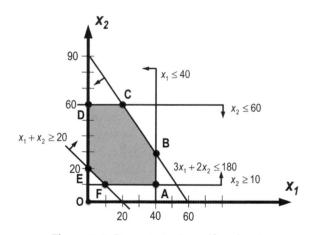

Figura 1.2: Representação gráfica de BS.

Tabela 1.1: Pontos extremos da Envoltória Convexa de BS

Pontos Examinados	Coordenadas (x_1, x_2)	Valor da função $z = x_1 + 3x_2$
A	(40,10)	70
B	(40,30)	130
C	(20,60)	200
D	(0,60)	180
E	(0,20)	60
F	(10,10)	40

A solução que leva ao maior valor para a função objetivo é aquela que correspondente ao vértice C. Neste exemplo específico, a solução ótima do PL contínuo coincide exatamente com a solução ótima do PLI. Todavia, o efeito do arredondamento ainda não foi examinado em toda a sua plenitude. Seria ele sempre eficaz?

Seja agora o programa ao lado, cuja solução ótima de Programação Linear é: $x_1^* = 18\frac{8}{9}, x_2^* = 1\frac{11}{19}$ e $z_0^* = 48\frac{8}{19}$.

Aplicando a estratégia de arredondamento, uma vez que os valores ótimos são fracionários, e providenciando uma busca racional no entorno deste ponto ótimo contínuo, cabe a avaliação das quatro alternativas resumidas na Tabela 1.2.

Maximizar $z = x_1 + 19x_2$

sujeito a:

$x_1 + 20x_2 \leq 50$

$x_1 + x_2 \leq 20$

$x_1, x_2 \in Z^+$ — variáveis inteiras

Tabela 1.2: Busca exaustiva por arredondamento no entorno da solução ótima relaxada

Pontos Examinados – Coordenadas		Valor da função $z = x_1 + 19x_2$
$x_1 = 19$	$x_2 = 2$	inviável
$x_1 = 19$	$x_2 = 1$	$z = 38$
$x_1 = 18$	$x_2 = 2$	inviável
$x_1 = 18$	$x_2 = 1$	$z = 37$

Contudo, a solução ótima inteira é obtida com $x_1^* = 10$, $x_2^* = 2$ e $x_0^z = 48$. Ou seja, o ponto ótimo inteiro está geometricamente distante do ponto ótimo contínuo e, em termos de valor da função objetivo, a solução ótima está afastada cerca de 21% da solução inteira viável obtida por arredondamento. O exemplo sugere que não há garantia para a qualidade da solução obtida pelo método do arredondamento, sendo possível que implique uma derrocada no esforço de modelagem e solução, impondo-se outros métodos de solução. A seguir são exemplificados alguns problemas clássicos de programação linear inteira.

1.3 Problema de Alocação de Recursos

Os problemas de alocação de recursos envolvem, de uma forma geral, desde a distribuição de recursos escassos entre atividades alternativas, a atribuição de tarefas a máquinas ou mesmo a criação ou ativação de facilidades em redes de atendimento. Alguns típicos e recentes problemas de alocação de recursos pertencentes à programação linear inteira são:

- Alocação de Berços (BAP): refere-se ao problema da atribuição de um conjunto de navios para uma dada disposição no cais dentro de um determinado horizonte de tempo (Umang *et al.*, 2012).
- Alocação de armas sobre um conjunto de alvos (Goldbarg & Campello, 1991; Karasakal, 2008).
- Alocação de recursos para contenção de danos causados por incêndios (Donovan & Rideou, 2003).
- Otimização de tráfego aéreo (Ozgur & Cavcar, 2014).
- Otimização do processo de *matching* entre doadores e receptores de transplante renal (Constantino *et al.*, 2013).
- Alocação de espaços em escritórios (Ülker & Landa-Silva, 2010).
- Programação inteira aplicada na melhoria do sequestro de carbono no setor de energia (Tan *et al.*, 2010).
- Alocação em serviços de emergência (Wex *et al.*, 2014).

● Orçamento com Alocação de Capital (OAC)

Em um problema típico de orçamento para alocação de capital, as decisões envolvem a seleção de um número de opções em uma carteira de investimentos potenciais. As decisões de investimento podem abordar a escolha de possíveis locais para a instalação de plantas industriais ou escolhas de configuração de investimento de capital em diferentes projetos. Em várias situações não faz sentido considerar um investimento parcial nos projetos, o que torna a decisão de investimento uma variável do tipo 0/1, modelando a realização do investimento ou o caso contrário.

Considerando as seguintes variáveis de decisão:

$x_j \equiv$ variável binária 0/1 valendo 1 quando o j-ésimo investimento é realizado e 0 em caso contrário, $j = 1, ..., n$.

$c_j \equiv$ parâmetro que contabiliza o retorno do j-ésimo investimento, $j = 1, ..., n$.

$b_i \equiv$ limite disponível para o recurso i, $i = 1, ..., m$.

$a_{ij} \equiv$ coeficiente que contabiliza a quantidade do recurso i necessário ao investimento j, $i = 1, ..., m$ e $j = 1, ..., n$.

O modelo (OAC) pode ser formulado como ao lado.

O objetivo do modelo é maximizar o retorno do investimento sujeito à disponibilidade de recursos expressa pelo vetor b. O modelo pode incluir a consideração de investimentos interdependentes ou mutuamente exclusivos. Caso o projeto de índice s exija um prévio ou simultâneo investimento no projeto de índice r, nada sendo exigido em caso contrário, a restrição $x_s \geq x_r$ pode modelar a exigência de acoplamento dos projetos. Numa outra situação, se apenas um dos projetos de índices r e s puder ser selecionado, a restrição $x_r + x_s \leq 1$ pode modelar o requisito. Esses e outros tipos de restrições de natureza lógica podem ser acrescentados ao modelo para adequá-lo à realidade da aplicação.

$$(OAC) \text{ Maximizar } \sum_{j=1}^{n} c_j x_j$$

Sujeito a:

$$\sum_{j=1}^{n} a_{ij} x_j \leq b_i \quad i = 1, ..., m$$

$$x_j \in \{0,1\}$$

● Localização de Facilidades (PLF)

A localização de depósitos, armazéns, ou mesmo de fábricas sobre uma rede de pontos de demanda normalmente envolve os custos fixo e variável da localização da facilidade em uma dada posição ou cidade, assim como a capacidade de operação deduzida em função da localização no ponto em questão. Os custos de transporte (ou tempos necessários ao transporte) geralmente constituem fatores importantes na decisão. A decisão é saber em que ponto cada facilidade será localizada e quais os clientes que ela deverá atender, considerando a possibilidade de localização de n facilidades para atender m pontos de demanda.

Considerando as seguintes variáveis de decisão:

$y_i \equiv$ variável binária 0/1 valendo 1 quando a i-ésima facilidade é criada e 0 em caso contrário, $i=1,...,n$.

$x_{ij} \equiv$ fluxo em unidades de atendimento originado na facilidade i para suprir o ponto de demanda j.

$c_{ij} \equiv$ custo, por unidade transferida, da facilidade i para o ponto de consumo j, $i=1,...,n$, $j=1,...,m$.

$f_i \equiv$ custo fixo de operação da facilidade i, $i=1,...,n$.

$d_j \equiv$ demanda do ponto de consumo j, $j=1,...,m$.

Considerando o fluxo x_{ij} composto por unidades indivisíveis, o modelo (PLF) pode ser formulado como ao lado. Observe-se que a restrição $\sum_{i=1}^{n} x_{ij} = d_j$ pode ser escrita também como uma desigualdade $\geq$, representando uma modelagem alternativa e útil ao processo de dualização.

(PLF) Minimizar $\sum_{i=1}^{n} \sum_{j=1}^{m} c_{ij} x_{ij} + \sum_{i=1}^{n} f_i y_i$

Sujeito a:

$$\sum_{i=1}^{n} x_{ij} = d_j \qquad j=1,..,m$$

$$\sum_{j=1}^{m} x_{ij} - y_i \sum_{j=1}^{m} d_j \leq 0 \quad i=1,...,n$$

$$x_{ij} \in \aleph, \; y_i \in \{0,1\} \; \forall i,j$$

Exemplo de Aplicação

Uma empresa pesqueira concentra seu produto em quatro terminais marítimos de coleta de pescado. A empresa está planejando expandir sua atuação de modo a agregar mais valor ao pescado bruto. Pretende construir fábricas de processamento, congelamento e embalagem de pescado e vender o peixe processado com maior margem de lucro. Foram levantadas três cidades para a possível instalação das fábricas atendendo às exigências da necessária infraestrutura para o funcionamento das unidades de processamento. Cada localização possui características próprias, implicando custos e capacidades diferentes para a fábrica que ali for construída, conforme a Tabela 1.3. Os custos de deslocar o pescado de cada terminal para cada fábrica são apresentados como os custos variáveis da Tabela 1.3. A produção coletada semanalmente em cada terminal é descrita na coluna "Produção". A capacidade semanal de cada fábrica e seu custo fixo anual de operação são descritos nas linhas de mesmo nome. A empresa deseja saber onde instalar suas fábricas de forma a processar toda a coleta de pescado dos terminais.

Tabela 1.3: Dados operacionais das fábricas

Terminais	Cidades Candidatas para Localizar Fábricas			Produção (semanal)
	Niterói	Angra	Campos	
Terminal 1	40 U.M.	15 U.M.	20 U.M.	800 ton
Terminal 2	10 U.M.	12 U.M.	25 U.M.	1.200 ton
Terminal 3	30 U.M.	17 U.M.	27 U.M.	650 ton
Terminal 4	10 U.M.	12 U.M.	20 U.M.	1.450 ton
Custo Fixo (anual)	300.000 U.M.	400.000 U.M.	490.000 U.M.	
Capacidade (semanal)	1.500 ton	2.600 ton	3.400 ton	

1. **Escolha das variáveis de decisão**

    $x_{ij} \equiv$ quantidade em toneladas de pescado enviada do terminal i ($i=1,...,4$) para a fábrica localizada na cidade j ($j=1$ – Niterói; $j=2$ – Angra dos Reis e $j=3$ Campos dos Goytacazes). Observar que essa variável é contínua.

    $y_j \equiv$ variável binária $\{0,1\}$ assumindo valor 1 quando uma fábrica é instalada na cidade j e 0 em caso contrário.

2. **Elaboração da função objetivo**

   Minimizar $f(x) = 52\,(40x_{11} + 15x_{12} + 20x_{13} + 10x_{21} + 12x_{22} + 25x_{23} + 30x_{31} + 17x_{32} + 27x_{33} + 10x_{41} + 12x_{42} + 20x_{43}) + 300.000 y_1 + 400.000 y_2 + 490.000 y_3$

   Obs.: O coeficiente 52 é usado para obter a produção anual a partir da produção semanal.

3. **Formulação das restrições tecnológicas**

   ✓ Restrições de atendimento do pescado coletado nos terminais:

   a. Produção do terminal 1
   $$x_{11} + x_{12} + x_{13} = 800$$

   b. Produção do terminal 2
   $$x_{21} + x_{22} + x_{23} = 1.200$$

   c. Produção do terminal 3
   $$x_{31} + x_{32} + x_{33} = 650$$

   d. Produção do terminal 4
   $$x_{41} + x_{42} + x_{43} = 1.450$$

   ✓ Restrições de capacidade das fábricas a instalar:

   a. Capacidade da Fábrica de Niterói – 1
   $$x_{11} + x_{21} + x_{31} + x_{41} \leq 1.500\, y_1$$

   b. Capacidade da Fábrica de Angra – 2
   $$x_{12} + x_{22} + x_{32} + x_{42} \leq 2.600\, y_2$$

   c. Capacidade da Fábrica de Campos – 3
   $$x_{13} + x_{23} + x_{33} + x_{43} \leq 3.400\, y_3$$

4. **Restrições de não negatividade:**

   $x_{ij} \geq 0$ para $\forall i,j$ e $y_j \in \{0,1\}$ para $\forall j$

1.4 Problema da Mochila

● A Importância do Problema e seu Contexto

O chamado problema da mochila, ou *Knapsack Problem*, caracteriza-se pelo estreito relacionamento com um grande número de outros modelos de programação. Sua importância está associada a esse relacionamento e à simplicidade de seu enunciado. O problema pode ser entendido como o de encher uma mochila sem ultrapassar um determinado limite de peso a carregar, buscando otimizar, por exemplo, a utilidade ou o valor total dos produtos carregados. Foi possivelmente reportado pela primeira vez na literatura por Dantzig (1957), e constitui um marco de referência para a teoria e a prática da programação inteira, otimização combinatória e programação dinâmica. Além do aspecto matemático, o modelo em si pode ser aplicado diretamente em casos práticos como:

- Investimento de capital (Weingartner, 1968).
- Corte e empacotamento (Gilmore & Gomory, 1965).
- Carregamento de veículos (Bellman & Dreyfus, 1962).
- Orçamento (Melachrinoudis & Kozanidis, 2002).

● Formulação do Problema

O Problema da Mochila (PK) pode ser formulado pelo modelo ao lado com os seguintes parâmetros e variáveis:

$x_j \equiv$ número de objetos do tipo j selecionados,
$c_j \equiv$ valor econômico do objeto do tipo j selecionado,
$w_j \equiv$ peso de uma unidade do objeto j selecionado,
$b \equiv$ capacidade da mochila.

(PK) Minimizar $z = \sum_{j=1}^{n} c_j x_j$

Sujeito a:

$$\sum_{j=1}^{n} w_j x_j \leq b$$

$$x_j \in Z^+$$

A literatura considera intensamente e, sem qualquer perda de generalidade, que os coeficientes da restrição w_j e o termo independente b pertencem também ao conjunto dos inteiros. Nesse caso, para que o problema seja viável e não tenha solução trivial, tem-se:

$$\sum_{j=1}^{n} w_j > b \text{ e } w_j \leq b, \, j=1,...,n$$

$$w \in Z^+, \, b \in Z^+.$$

Considerando que exista apenas um objeto de cada tipo para ser escolhido, define-se o problema da mochila 0-1, em que o requisito de que cada variável seja inteira é restringido a valores binários, com todo $x_j \in \{0,1\}$. Denominando essa formulação como (PKI), o problema assim definido é também muitas vezes denominado de problema da Mochila Unidimensional (por possuir apenas uma restrição tipo mochila).

(PKI) Maximizar $z = \sum_{j=1}^{n} c_j x_j$

sujeito a:

$$\sum_{j=1}^{n} w_j x_j \leq b$$

$$x_j \in \{0,1\} \quad j=1,...,n$$

Um caso particular bastante conhecido para PK é aquele no qual as variáveis de decisão são inteiras e limitadas em certos valores máximos. Esse problema é denominado Problema da Mochila com Limites (PKL) e pode ser formulado como ao lado.

Os limites impostos pelos valores l_j não permitem que a mochila seja preenchida com um número qualquer de objetos do tipo j.

(PKL) Maximizar $z = \sum_{j=1}^{n} c_j x_j$

sujeito a:

$$\sum_{j=1}^{n} w_j x_j \leq b$$

$$x_j \leq l_j \quad j=1,...,n$$

$$x_j \in Z^+$$

O (PK) é *NP-Árduo* (Garey & Johnson,1979). Já o caso da mochila linear, ou seja, aquele em que as variáveis são contínuas, pode ser solucionado de modo eficiente em $O(n)$, onde n representa o número de variáveis do problema, sendo passível de solução trivial pelo algoritmo Simplex (Chvátal, 1983). O problema da mochila é, talvez, um dos problemas de otimização em que mais facilmente é possível perceber a diferença de dificuldade de solução entre os modelos de programação inteira e de programação linear, em virtude da única restrição considerada. Em sua versão contínua, o problema tem uma solução básica ótima com apenas uma variável não nula. Para exemplificar a natureza combinatória do problema PK, a Figura 1.3 exibe uma possível árvore de enumeração das soluções do problema abaixo, que tem valor ótimo contínuo igual a 32 e valor ótimo inteiro igual a 28.

$$\text{Maximizar } z = 7x_1 + 10x_2 + 12x_3 + 14x_4$$

sujeito a:

$$41x_1 + 55x_2 + 60x_3 + 70x_4 \leq 160$$

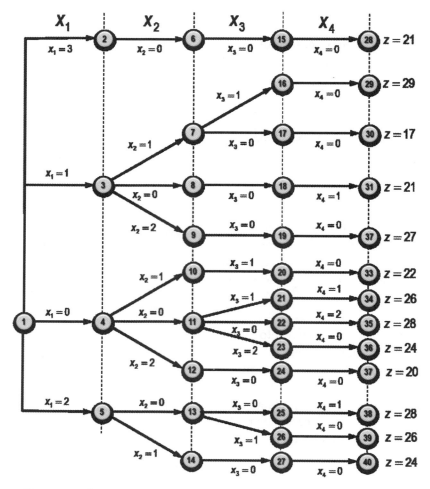

Figura 1.3: Árvore de enumeração do exemplo do problema da mochila.

● Problemas Correlatos ao (PK)

O presente item apresenta uma série de variantes para o problema da mochila. A coletânea, além de comprovar as várias aplicações do modelo, permite uma visão atual de sua importância.

✔ Problema da Soma de Subconjuntos (*Sbset-Sum Problem – SSP*)

Dois problemas são fortemente correlacionados ao PK. O primeiro deles é um caso especial derivado do fato de os custos possuírem os mesmos valores dos pesos. Nesse caso, $c_j = w_j$ e assim define-se o Problema da Soma de Subconjuntos (SSP) (também denominado por Christofides (1979) por *Value-Independent Knapsack Problem*):

$$(\text{SSP}) \text{ Maximizar } z = \sum_{j=1}^{n} w_j x_j$$

sujeito a:

$$\sum_{j=1}^{n} w_j x_j \leq b$$

$$x_j \in \{0,1\} \quad j=1,\ldots,n$$

✔ Mochila Múltipla 0-1 (PKM)

PKM caminha no sentido contrário ao da particularização abordada no SSP, pois se constitui em uma generalização de PK. Nesse caso existem m mochilas, cada uma com capacidade b_i, $i=1, ..., m$. PKM é reduzido a PK quando $m=1$. As variáveis de decisão do problema são afetadas por dois índices, ou seja, x_{ij} é uma variável binária 0,1, representando a inclusão do produto j na mochila i. Os pesos dos produtos e seus valores são os mesmos para todas as mochilas. É necessário incluir no modelo uma restrição adicional que evite a inclusão de um mesmo produto em mais de uma mochila. (PKM) é formulado como ao lado.

$$(\text{PKM}) \text{ Maximizar } z = \sum_{i=1}^{m} \sum_{j=1}^{n} c_j x_{ij}$$

sujeito a:
$$\sum_{j=1}^{n} w_j x_{ij} \leq b_i \quad i=1,...,m$$
$$\sum_{i=1}^{m} x_{ij} \leq 1 \quad j=1,...,n$$
$$x_{ij} \in \{0,1\} \quad i=1,...,m; \; j=1,...,n$$

✔ Mochila 0-1 Multidimensional (PK-n-Dimensional)

Caso o carregamento dos objetos na mochila exija um pagamento p_j para cada item j adquirido e exista uma limitação de orçamento no valor de p unidades de capital, define-se o problema (PK-2-Dimensional) que consiste em carregar uma mochila com o maior valor possível suportado pelo orçamento de aquisição dos itens, uma restrição adicional. O problema PK-2-Dimensional é denominado bidimensional, sendo formulado como o modelo (PKB).

$$(\text{PKB}) \text{ Maximizar } z = \sum_{j=1}^{n} c_j x_j$$

sujeito a:
$$\sum_{j=1}^{n} w_j x_j \leq b$$
$$\sum_{j=1}^{n} p_j x_j \leq p$$
$$x_j \in \{0,1\} \quad j=1,...,n$$

A condição n-dimensional é devida ao fato de que outras restrições podem limitar a disponibilidade dos itens da mochila como restrições de penalidade por reunir os itens na mochila, por exemplo. Considera-se que cada restrição adicional acrescenta uma dimensão ao modelo, daí o nome multidimensional.

✔ Mochila Max-Min 0-1 (PKMM)

Em diversas situações os problemas modelados pela mochila envolvem itens que possuem valoração dependente de um diferente contexto ou cenário possível. Um exemplo dessa situação diz respeito à preparação de uma bagagem para uma excursão. O valor de um capote impermeável ou de um casaco pesado depende da probabilidade associada à ocorrência de chuva ou ao frio no intervalo de viagem. Dados n itens e um conjunto S de cenários, e uma mochila que possua o valor do item associado a V_i^s, o valor do item i dentro do cenário S, e considerando também w_i o peso do item i, e b a capacidade da mochila, uma Mochila Max-Min 0-1 é definida da forma descrita no modelo (PKMM).

PKI é um caso particular de PKMM quando existe apenas um cenário a ser considerado. A formulação PKMM é aplicada em problemas de carteira de investimento em que o valor do retorno esperado depende do cenário futuro. O objetivo Min-Max é um dos três critérios usados no contexto denominado mais recentemente de otimização robusta (Kouvelis & Yu, 1993). Os problemas Min-Max ou Max-Min com variáveis contínuas foram estudados, dentre outros, por Kaplan (1974), Luss & Smith (1986), Pang & Yu (1989), Klein et al. (1993). O problema Min-Max discreto foi abordado por Jacobsen (1971), Porteus & Yormark (1972), Ichimori (1984), Tang (1988). O trabalho de Rangan & Govindan (1992) aborda o problema Max-Min. O problema contínuo Max-Min da mochila foi estudado por

$$(\text{PKMM}) \text{ Maximizar}_{x} \left\{ \underset{s \in S}{\text{Mínimo}} \left(\sum_{i=1}^{n} v_i^s x_i \right) \right\}$$

sujeito a:
$$\sum_{i=1}^{n} w_i x_i \leq b$$
$$x_i \in \{0,1\} \quad i=1,...,n$$

Eiselt (1986). Yu (1996) apresenta um algoritmo B&B para a solução de PKMM, bem como uma heurística míope para a geração de soluções viáveis e limites inferiores. Sbihi (2010) relata um algoritmo de busca para a mochila Max-Min Multicenário.

✔ Mochila de Escolha Múltipla (PKEM)

Se o conjunto N das variáveis for particionado em m classes N_k, $k=1,...,m$ e for exigido que exatamente uma variável de cada classe seja escolhida para integrar uma solução, então se denomina o modelo de Mochila de Escolha Múltipla. Dudzinski & Walukiewicz (1987) formulam o PKEM como ao lado:

Sinha & Zoltners (1979) & Nauss (1979) sugerem várias aplicações para o PKEM. Zemel (1984) apresenta um algoritmo $O(n)$ para a solução do caso contínuo do problema. Johnson & Padberg (1981) tratam o problema com restrições de empacotamento $\sum_{j \in N_k} x_j \leq 1$. Ibaraki *et al.* (1978) substituem as restrições de escolha múltipla pela única exigência de que pelo menos uma das variáveis pertencentes a N_k, $k=1,...m$, seja positiva na solução (não obrigatoriamente inteira). A relaxação linear desse problema possui um eficiente método dual de solução com complexidade $O(n)$ (Dyer, 1984). Reportam-se excelentes resultados na redução de PKEM (Sinha & Zoltners, 1979). O problema pode ser solucionado por meio de programação dinâmica em $O(nb)$ operações em (Dudzinski, 1984). Zhong & Young (2010) sugerem aplicações do modelo ao problema de planejamento de transporte.

$$\text{(PKEM) Maximizar } z = \sum_{k=1}^{m} \sum_{j \in N_k} c_j x_j$$

$$\text{sujeito a: } \sum_{k=1}^{m} \sum_{j \in N_k} w_j x_j \leq b$$

$$\sum_{j \in N_k} x_j = 1 \quad k \in M = \{1,...,m\}$$

$$x_j \in \{0,1\} \quad j \in N = \bigcup_{k=1}^{m} N_k = \{1,...,n\}$$

✔ A Mochila Encapsulada (PKE)

Esse modelo se enquadra na classe daqueles direcionados à formulação de problemas de sequenciamento de tarefas. Dudzinski & Walukiewicz (1987) formulam o PKE como ao lado, onde $S_i \cap S_k = \emptyset$ ou ($S_i \subseteq S_k$ ou $S_k \subseteq S_i$) para $i \neq k$, com $S = \bigcup_{i=1}^{m} S_i$.

$$\text{(PKE) Maximizar } z = \sum_{j \in S} c_j x_j$$

$$\text{sujeito a: } \sum_{j \in S_i} w_j x_j \leq b_i \quad i=1,..,m$$

$$x_j \in \{0,1\} \quad j \in S$$

É possível supor, sem qualquer perda para a generalidade, que $S_i \neq S_k$, e se $S_i \subset S_k$ então $b_i \leq b_k$ para cada $i \neq k$. PK é um caso especial de PKE quando $m=1$. A restrição de mochila do modelo comporta-se de modo "aninhado" ou "encapsulado" (daí seu nome) e pode ser representada em um grafo direcionado $G=(V, E)$, onde $V = \{1, ..., m\}$ e as arestas $(i,k) \in E$ se e somente se $S_i \subset S_k$ e não existe $r \in V$ tal que $S_i \subset S_r \subset S_k$, sendo S um subconjunto de V. O grafo G é uma floresta. Dois casos particulares de PKE são importantes por sua aplicação e apresentados por Dudzinski & Walukiewicz (1987), a saber:

• O Problema da Mochila Decomposta (PKD)

Onde $S_i \cap S_k = \emptyset$ para $i, k = 1, ..., m$, $i \neq k$, com $S = \bigcup_{i=1}^{m} S_i$ e $S_{m+1} = S$.

Os itens da mochila são particionados em classes distintas, estabelecendo-se uma quota específica de máximo peso total para os itens de cada classe.

$$\text{(PKD) Maximizar } z = \sum_{j \in S} c_j x_j$$

$$\text{sujeito a: } \sum_{j \in S_i} w_j x_j \leq b_i \quad i=1,..,m$$

$$\sum_{j \in S} w_j x_j \leq b$$

$$x_j \in \{0,1\} \quad j \in S$$

• O Problema da Mochila Multiperíodo (PKMP1)

Trata-se de um modelo com aplicações na programação industrial e mercado de capitais (Salkin, 1975).

Onde, para $i, k=1,...,m, i \neq k$, tem-se $S_i = \bigcup_{k=1}^{i} R_k$ e $S = S_m$ e $R_i \cap R_k = \emptyset$ para $i \neq k$.

O problema de sequenciamento de tarefas com prazos limitados é um caso especial da Mochila Multiperíodo. Nesse caso existem n tarefas a serem executadas em uma máquina com um tempo de processamento associado igual a t_j e um lucro resultante de p_j. As restrições de prazo são representadas por $d_j \geq t_j$ para todas as tarefas $j, j=1,...,m$. Se uma tarefa é completada dentro do prazo, então o lucro p_j é realizado, sendo o retorno nulo em caso contrário. O problema consiste em selecionar um subconjunto de tarefas que se possa executar dentro dos prazos estabelecidos de forma a maximizar o lucro da operação da máquina. Se as tarefas são reindexadas na ordem de seus prazos de entrega, de forma que:

$$d_1 \leq d_2 \leq ... \leq d_n,$$

pode-se reformular o PKMP1 como ao lado, onde $x_j=0$ se a tarefa j viola a restrição de tempo e $x_j=1$ se está no prazo e pode então ter seu lucro realizado. Nesse caso $R_i=\{i\}$ e $S=\{1,...,i\}$ para $i=1,...,n$ e $m=n$. Numa solução ótima viável, cada restrição de ordem de prazo i indica que a correspondente tarefa pode ter seu lucro realizado somente se seu prazo d_i não for inferior à somatória de seu tempo de execução com os tempos gastos em tarefas de prazos anteriores porventura realizadas.

(PKMP1) Maximizar $z = \sum_{k=1}^{m} \sum_{j \in R_k} c_j x_j$

sujeito a: $\sum_{k=1}^{i} \sum_{j \in R_k} w_j x_j \leq b_i \quad i=1,...,m$

$x_j \in \{0,1\} \quad j \in R_k, k=1,...,m$

(PKMP2) Maximizar $z = \sum_{j=1}^{n} p_j x_j$

sujeito a: $\sum_{j=1}^{i} t_j x_j \leq d_i \quad i=1,...,n$

$x_j \in \{0,1\} \quad j=1,...,n$

✔ O Problema Quadrático da Mochila (PKQ)

Esse problema generaliza a mochila 0-1 multidimensional de forma que as variáveis são inteiras e a função objetivo é uma função quadrática. Esse modelo é aplicado em:

- Estudo de cenários de investimento de capital (Djerdjour *et al.*, 1998).
- Localização de estações de recepção em terra para comunicação via satélite (Witzgall, 1975).
- Localização de estações rodoviárias e pontes móveis de acesso aos aviões (Billionnet & Calmels, 1996).
- Localização de estações de medição pluviométrica e seleção de carteiras de investimento (Laughhunn, 1970).
- Roteamento de mensagem por satélite com limitação de memória (Billionnet *et al.*, 1989).

Gallo *et al.* (1980) formulam o PKQ como ao lado é descrito, onde os coeficientes q_{ij}, w_i e o limite b são não negativos e inteiros, tais que $0 < b < \sum_{i=1}^{n} w_i$.

PKQ é *NP-difícil*, pois, para o caso em que $q_{ij}=0$, o tradicional PK é um caso particular do PKQ. Esse problema tem sido estudado por vários autores como Carter (1984), Barahona *et al.* (1989), Pardalos & Rodgers (1990), Billionnet *et al.* (1994), Chardaire & Sutter (1995).

(PKQ) Maximizar $z = \sum_{i=1}^{n} q_{ii} x_i + \sum_{1 \leq i < j \leq n} q_{ij} x_i x_j$

sujeito a: $\sum_{i=1}^{n} w_i x_i \leq b$

$x_i \in \{0,1\} \quad i=1,...,n$

É possível exemplificar a aplicação do modelo PKQ no problema de roteamento de mensagem por satélite com limitação de memória (Billionnet *et al.*, 1989). Assumindo-se que um satélite de comunicações possua um programa de trabalhos a cumprir e que planeja a execução desse programa em blocos particionados de tarefas $T=\{1,...,n\}$, a questão que se coloca é como alocar convenientemente as tarefas entre o processador do satélite e o processador localizado na estação em terra. Normalmente os processadores são homogêneos, mas as tarefas exigem tempos diferentes de processamento. O custo de processar a tarefa *i* no processador do satélite é conhecido e igual a e_{i1}, enquanto o custo de processar a tarefa *i* no processador em terra é dado por e_{i2}. Cada tarefa *i*, quando é realizada no âmbito local, requer a utilização de um segmento m_i da memória do processador do satélite. O processador de cada satélite possui um limite de memória igual a *M*, sendo que o processador em terra tem uma capacidade considerada ilimitada. As capacidades para o fluxo de dados entre as ligações terra x satélite e satélite x terra são também consideradas ilimitadas (estão além da possível demanda gerada através do satélite). Se as tarefas *i* e *j* são transmitidas, então c_{ij} representa um custo conhecido de comunicação entre as tarefas *i* e *j* quando elas não são designadas no mesmo processador (custo apenas no chaveamento). O problema objetiva minimizar os custos totais de comunicação atendendo às condições de limite para a memória de cada processador de satélite. Billionnet & Camels (1996) formulam o problema como se segue:

$$(\text{PKSat}) \text{ Maximizar } z = -\sum_{i=1}^{n} e_{i2} - \sum_{i=1}^{n} x_i \left(e_{i1} - e_{i2} + \sum_{j=i+1}^{n} c_{ij} + \sum_{j=1}^{i-1} c_{ji} \right) + 2 \sum_{1 \leq i < j \leq n} c_{ij} x_i x_j$$

sujeito a:
$$\sum_{i=1}^{n} m_i x_i \leq M$$
$$x_i \in \{0,1\} \quad i=1,\dots,n$$

Onde $x_i=1$ se a tarefa *i* foi alocada ao processador do satélite e 0 se ela foi alocada ao processador em terra.

✔ O Problema da Mochila com Estrutura de Matroide

O problema da mochila em estrutura de matroide foi formalizado em Camerini & Vercellis (1984). Problemas *NP-Difíceis* como a mochila de escolha múltipla ou a árvore geradora de mínima capacidade quando possuem uma estrutura especial em matroides podem ser solucionados de forma eficiente por meio de algoritmos gulosos. Seja *F* a família independente dos matroides em $N=\{1,..,n\}$. Para que um modelo do tipo mochila linear pertença à classe dos problemas com estrutura matroide, é condição necessária que sua instância pertença ao conjunto I, tal que $I \subset N$ seja um matroide em *N*, ou seja:

$$\sum_{i \in I} w_i \leq b$$

Amado & Barcia (1996) estudam a geração de limites para os problemas da mochila em estrutura de matroides.

● Relaxações do PK e Limites Superiores para o Problema da Mochila

Diferentemente da maioria dos problemas de otimização, as relaxações do PK são eficientes e utilizadas intensamente em diferentes algoritmos de solução. As mais comuns são a relaxação linear e a relação linear restrita:

Para o PK:

$$(\overline{\text{PK}}) \text{ Maximizar } z = \sum_{j=1}^{n} c_j x_j$$

sujeito a:
$$\sum_{j=1}^{n} w_j x_j \leq b$$
$$x_j \geq 0, \, j=1,\dots,n$$

Para o PKI:

$$(\overline{\text{PKI}}) \text{ Maximizar } z = \sum_{j=1}^{n} c_j x_j$$

sujeito a:
$$\sum_{j=1}^{n} w_j x_j \leq b$$
$$0 \leq x_j \leq 1 \quad j=1,\dots,n$$

A relaxação de PK é um programa linear contínuo trivial, com apenas uma restrição. Uma solução básica ótima tem apenas uma variável diferente de zero. O método Simplex converge para uma variável básica que tenha a maior razão entre os correspondentes valores dos coeficientes da função objetivo e da restrição, sendo valor ótimo dessa variável dado pela razão entre o limite b e o valor do peso unitário do item associado. $\overline{\text{PKI}}$ é também denominado de Problema da Mochila Contínuo. Observa-se que essa relaxação de PKI pode também ser solucionada de forma exata e muito eficiente pelo Simplex (Martello & Toth, 1990). A complexidade computacional de $\overline{\text{PKI}}$ é $O(n)$ quando o vetor x_j está ordenado. Vários limites para PKI podem ser obtidos da solução de $\overline{\text{PKI}}$. Assumindo que as variáveis estejam ordenadas de forma monotônica não decrescente pelas razões de seus valores por unidade de peso, ou seja:

$$\frac{c_j}{w_j} \geq \frac{c_{j+1}}{w_{j+1}} \text{ para } j=1,\ldots,n-1$$

Denominando por elemento crítico o item s definido como:

$$s = \min_j \left\{ \sum_{i=1}^{j} w_i > b \right\}$$

A solução ótima de $\overline{\text{PKI}}$ pode ser obtida pelo seguinte procedimento (Dantzig, 1957):

$$\overline{x}_j = 1 \quad \text{para } j=1,\ldots,s-1$$
$$\overline{x}_j = 0 \quad \text{para } j=s+1,\ldots,n$$
$$\overline{x}_s = \frac{\overline{b}}{w_s}$$

Onde: $\overline{b} = b - \sum_{j=1}^{s-1} w_j$

Nesse caso, o valor ótimo de $\overline{\text{PKI}}$ é dado por: $z(\overline{\text{PKI}}) = \sum_{j=1}^{s-1} c_j + \frac{\overline{b} \cdot c_s}{w_s}$

Como as variáveis x_j e os valores c_j são inteiros, um limite superior para $\overline{\text{PKI}}$, que será denominado u_1, pode ser dado por:

$$u_1 = z(\overline{\text{PKI}}) = \sum_{j=1}^{s-1} c_j + \left\lfloor \frac{\overline{b} \cdot c_s}{w_s} \right\rfloor$$

Outros limites são possíveis. Considerando que x_s não assuma valor fracionário, a solução de PKI pode ser obtida de $\overline{\text{PKI}}$ se a variável crítica x_s for fixada. Nesse caso, $x_s=1$ ou $x_s=0$. Nesses casos, o valor da solução não pode ultrapassar

$$b_1 = \sum_{j=1}^{s-1} c_j + \left\lfloor \frac{\overline{b} \cdot c_{s+1}}{w_{s+1}} \right\rfloor,$$

que corresponde à hipótese do preenchimento da capacidade residual $\overline{b}$ da mochila com itens que possuem a melhor taxa possível c_j/w_j. Finalmente, como será necessário remover pelo menos um dos primeiros $s-1$ itens, o valor da melhor solução não pode ultrapassar

$$b_2 = \sum_{j=1}^{s-1} c_j + \left\lfloor \frac{c_s - (w_s - \overline{b}) \cdot c_{s-1}}{w_{s-1}} \right\rfloor.$$

Outros limites podem ser obtidos da relaxação Lagrangeana do problema e por meio de reduções lógicas (Maculan, 1983 e Fayard & Plateau, 1982).

● Algoritmos de Solução

Os trabalhos de Martello & Toth (1990), Fréville (2004), Kohli et al. (2004), Hifi et al. (2004), Wilbaut et al. (2008), Fleszar & Hindi (2009) e Han et al. (2010) citam várias abordagens para diferentes tipos de variantes da mochila. Ingargiola & Korsh (1973) abordam algoritmos de redução. Horowitz e Sahni (1974), Zoltners (1978), Martello & Toth (1978, 1981, 1985) e Balas & Zemel (1980) empregam B&B (*branch-and-bound*). Toth (1980), Ahrens & Finke (1975) e Boyer et al. (2011) utilizam programação dinâmica. Dyer (1984) e Bagchi et al. (1996) empregam relaxação linear. Hung & Fisk (1978), Maculan (1983), Fayard (1982), Martello & Toth (1981) utilizam relaxação Lagrangeana. Djerdjour (1988) bem como Fréville & Plateau (1997) empregaram relaxação *surrogate*. Dudzinski & Walukiewicz (1987) utilizam vários métodos. Ibarra & Kim (1975) sugerem a heurística denominada *IK* e Lawler (1979) sugere uma melhoria nessa heurística. Sahni (1975) bem como Magazine & Oguz (1981) desenvolvem heurísticas *ad hoc* clássicas para o problema. Outras abordagens baseadas em heurísticas modernas, dentre outras, são: algoritmos genéticos (Chu & Beasley, 1998); evolução molecular (Darehmiraki & Nehi, 2007); Harmony Search (Zou et al., 2011); heurística baseada em mimetização do comportamento de amebas (Zhang et al., 2013).

✔ Heurística Gulosa

O procedimento guloso PK pode ser aplicado à solução do problema da mochila:

A heurística do quadro ao lado é de complexidade dominada pelo procedimento de ordenação, ou seja, $O(n \log_2 n)$. Sua razão de performance é ½ (Fisher, 1980). A ideia do algoritmo é basicamente carregar a mochila com os itens de maior valor.

A seguir, a aplicação do procedimento PK será exemplificada para encontrar uma solução para a instância da mochila representada pela Tabela 1.4, com o valor do termo independente igual a 14.

Algoritmo Guloso para PK

INÍCIO
Ler vetor de pesos w_j, vetor de custos c_j e termo independente b.
Inicializar variáveis $z:=0$, $x_j:=0$, $j=1,...,n$
Ordenar as variáveis de forma que: $\frac{c_j}{w_j} \geq \frac{c_{j+1}}{w_{j+1}}, j=1,...,n-1$
Para $j:=1$ até n enquanto $b \neq 0$ fazer
  Início
    $x_j:=\lfloor b/w_j \rfloor$
    $b := b - (w_j \cdot x_j)$;
    $z := z + c_j x_j$
  Fim
Escrever $\{ z, x_j, j=1,...,n \}$
FIM

1º Passo: Leitura
$b=14$

Tabela 1.4: Relação de itens com pesos e valores

j	1	2	3	4	5	6	7	8	9	10	11	12	13	14	15	16
c	7	10	3	2	4	12	3	5	8	9	7	2	1	11	12	5
w	4	3	2	2	7	3	4	3	6	7	9	4	10	1	5	2

2º Passo: Ordenação

Tabela 1.5: Pesos e valores da instância

c_j/w_j	7/4	10/3	3/2	1	4/7	4	3/4	5/3	8/6	9/7	7/9	2/4	1/10	1/11	12/5	5/2

j	6	2	16	15	1	8	9	3	10	4	11	7	5	12	13	14
c_j/w_j	4	10/3	5/2	12/5	7/4	5/3	8/6	3/2	9/7	1	7/9	3/4	4/7	2/4	1/10	1/11

Para $j = 1,..., n$
$b = 14$; $x_6 = \lfloor 14/3 \rfloor = 4$; $z := 0 + 7 \times 4 = 28$;
$b = 14 - 12 = 2$; $x_2 = \lfloor 2/3 \rfloor = 0$; $z := 28 + 0 = 28$;
$b = 2$; $x_{16} = \lfloor 2/2 \rfloor = 1$; $z := 28 + 1 \times 5 = 33$.

✔ Algoritmo de Horowitz & Sahni

O algoritmo de Horowitz & Sahni (1974) é um algoritmo exato do tipo *branch-and-bound* com uma estratégia de enumeração em profundidade. Pode-se descrevê-lo como nos quadros que se seguem.

Algoritmo HS para PKI (Procedimentos)
Inicializa (.*variáveis.*)

Início
     Ler vetor de restrições w_j, vetor de custos c_j e termo independente b.
     Inicializar variáveis $C := c := 0;\ z := 0,\ X = (\,x_j := 0,\ j = 1,\dots, n);\ i = 1,\ c_{n+1} := 0,\ w_{n+1} := \infty$
     Ordenar as variáveis de forma que: $\dfrac{c_j}{w_j} \geq \dfrac{c_{j+1}}{w_{j+1}},\ j = 1,\dots, n-1$
 Fim

Teste_Heurístico (.*variáveis.*)

Início
     Determinar $z = \sum_{j=i}^{s} c_j + (b - \sum_{j=i}^{s} w_j)\dfrac{c_{s+1}}{w_{s+1}}$, onde s é o maior índice para o qual $\sum_{j=i}^{s} w_j \leq b$
     Se $w_i > b$ faça $s := i-1$
     Se $C > \lfloor z \rfloor + c$ então *Retorno_de_Enumeração* (.)
 Fim

Constrói_Solução (.*variáveis.*)

Início
     Enquanto $w_i \leq b$ e $i \leq n$ **Faça**
       ⎡ Início
          $b := b - w_i$
          $c := c + c_i$
          $x_i := 1$
          $i := i+1$
       ⎣ Fim
     Se $i \leq n$ **Faça**
       ⎡ Início
          $x_i := 0$
          $i := i+1$
       ⎣ Fim
     Caso $i \leq n$ *Teste_Heurístico* (.*variáveis.*)
               $i = n$ *Constrói_Solução* (.*variáveis.*)
               $i > n$ *Atualiza_Solução* (.*variáveis.*)
 Fim

Algoritmo HS para PKI (Procedimentos – *continuação*)

Atualiza_Solução (.*variáveis.*)

Início
  Se $C < c$ **Faça**
    Início
      $C := c$
      $X := x_j$, $j=1,...,n$
    Fim
  $i := n$;
  Se $i=n$ e $x_n = 1$ **Faça**
    Início
      $b := b + w_n$
      $c := c - c_n$
      $x_n := 0$
    Fim
Fim

Retorno_de_Enumeração (.*variáveis.*)

Início
  Determinar o maior $k<i$ para o qual $x_k=1$.
  Se tal índice (k) não existe *Termina* (.)
  Caso Contrário
    Início
      $b := b + w_n$
      $c := c - c_k$
      $i := k+1$
    Fim
  Teste_Heurístico (.)
Fim

Termina (.*variáveis.*)

Início
  Escrever $\{z, X\}$
Fim

Algoritmo HS para PK

Início
  Inicializa (.)
  Teste_Heurístico (.)
  Constrói_Solução (.)
  Atualiza_Solução (.)
  Retorno_de_Enumeração (.)
  Termina (.)
Fim

Exemplificando o funcionamento do algoritmo HS, seja uma instância da mochila com 6 itens e $b=4$. A Tabela 1.6 resume os pesos e os valores dos itens. Cada chamada de uma rotina será sinalizada por seu nome em itálico, seguida de um parêntese representando a passagem dos parâmetros necessários. A Tabela 1.7 exibe a atualização dos valores após a primeira chamada de inicialização.

$b=4$; $n=6$

Tabela 1.6: Pesos e valores da instância

j	1	2	3	4	5	6
c	7	5	4	1	2	3
w	3	2	2	1	5	6

Inicializa (.)

Tabela 1.7: Pesos e valores da instância

j	2	1	3	4	6	5
c	5	7	4	1	3	2
w	2	3	2	1	6	5

$w_7:=\infty$; $w_7 \cdot \infty = \mu$; $C:=0$; $c:=0$; $X=(0, 0, 0, 0, 0, 0)$; $i=1$

Teste_Heurístico (.)
como $w_1<b$ $(2<4) \Rightarrow s>0$;
como $w_1+w_2>4$ $(2+3)>4 \Rightarrow s=1$;
$z:= 5+2(7/3)= 29/3$; $C=0<9+0$; então:

Constrói_Solução (.)
$w_1<4$ e $i<n \Rightarrow b:=4-2$; $c:=0+5$; $x_1:=1$; $i:=1+1:=2$;
$w_2>2 \Rightarrow$ como $1<6$ $(i<n) \Rightarrow x_2:=0$; $i:=2+1:=3$;
como $i<n$ então:

Teste_Heurístico (.)
como $w_3=2=b \Rightarrow s=3$; $z:=4+0:=4$;
como $C<z+c$ ou $0<4+5$ então:

Constrói_Solução (.)
$w_3=b$ e $i<n \Rightarrow b:=2-2:=0$; $c:=5+4:=9$; $x_3:=1$;$i:=3+1:=4$;
$w_4>0$ como $i<n$ $x_4:=0$, $i:=4+1:=5$
como $i<n$ então:

Teste_Heurístico (.)
como $w_5>b$ $(6>0)$ $s:=5-1:=4$; então:

Constrói_Solução (.)
como $w_5>b$ e $i<n \Rightarrow x_5:=0$; $i:=5+1:=6$;

Teste_Heurístico (.)
como $w_6>b$ $(5>0)$ $s:=6-1:=5$; então:

Constrói_Solução (.)
como $w_6>b$ e $i=n \Rightarrow x_6:=0$; $i:=6+1:=7$;
como $i>n$ então:

Atualiza_Solução (.)
como $C<c \Rightarrow$ C:=9, X:=(1, 0, 1, 0, 0, 0), $i:=6$;

Retorno_de_Enumeração (.)
como $x_3=1 \Rightarrow$ k=3 então b:=0+2; $C:=9-4:=5$; $x_3:=0$; $i:=3+1$;

Teste_Heurístico (.)
como $w_4<b$ $(1<2) \Rightarrow s>3$
como $w_4+w_5>2 \Rightarrow s=4$;
$z:= 5+1 + (3/6)= 39/6$; $C=5< 6$; então:

Constrói_Solução (.)
$w_4<2$ e $i<n$ Þ $b:=2-1$; $c:=5+1$; $x_4:=1$; $i:=4+1:=5$;
$w_5>1 \Rightarrow$ como $5<6$ $(i<n) \Rightarrow x_5:=0$; $i:=5+1:=6$;
como $i<n$ então:

Prossegue.

● Transformação de Problema de Programação Inteira em Problema da Mochila

Considerando o problema de programação inteira (PLI) clássico que se segue ao lado, onde u_j é um limite superior para x_j com valor inteiro e todos os b_j e w_j são igualmente valores inteiros.

Para que o modelo PLI seja equivalente ao modelo PKI, é necessário que seja possível transformar PLI em PKI removendo-se as diferenças entre os modelos.

1. As restrições de PLI são de estrita igualdade.
2. PLI possui m restrições e PKI uma.

(PLI) Maximizar $z = \sum_{j=1}^{n} c_j x_j$

sujeito a: $\sum_{j=1}^{n} w_{ij} x_j = b_i \quad i=1,\ldots,m$

$0 \leq x_j \leq u_j$

$x_j \in \{0,1\} \quad j=1,\ldots,n$

A primeira diferença pode ser eliminada por meio da inclusão de variáveis de folga e do recálculo do limite superior. A segunda diferença pode ser eliminada pelo seguinte procedimento:

Substituir as m restrições de PLI por apenas uma da forma: $\sum_{j=1}^{n} w_j x_j = b$

Onde cada w_j tem valor inteiro. $\quad x_j \in \{0,1\} \quad j=1,\ldots,n$

Os dois modelos são equivalentes, uma vez que possuem a mesma função objetivo e todas as soluções viáveis para o conjunto de restrições de PLI são também viáveis para PKI e vice-versa. A agregação das restrições em uma única restrição por meio da manipulação do valor do vetor w_j pode ser exemplificada como se segue.

Sejam duas restrições como ao lado:
$$\sum_{j=1}^{n} r_j x_j = b_1$$
$$\sum_{j=1}^{n} s_j x_j = b_2$$

Fazendo:
$$m_1 = \sum_{j=1}^{n} \left[\text{Máximo}(0, s_j)\right] U_j - b_1$$
$$m_2 = \sum_{j=1}^{n} \left[\text{Mínimo}(0, s_j)\right] U_j - b_2$$
$$m = \text{Máximo}\left[m_1, |m_2|\right]$$

É possível substituir as duas restrições pela restrição derivada dos valores anteriores, como se segue:

$$\sum_{j=1}^{n} \left(r_j - M s_j\right) x_j - b_1 + M b_2 \text{ onde } M \text{ é qualquer inteiro tal que } |M| > m.$$

1.5 Exemplos de Modelos de Programação Linear Inteira

π 1. O Problema do Corte em Chapas Planas

Uma fábrica produz chapas quadradas de aço de 100, 80 e 55 polegadas. A demanda de mercado, todavia, exige chapas quadradas de outros tamanhos, a saber, de 45, 30 e 18 polegadas. São necessárias 10 chapas de 45 polegadas, 12 de 30 polegadas e 15 de 18 polegadas. Estão disponíveis 20 chapas de 100 polegadas, 15 de 80 polegadas e 25 de 55 polegadas. Como cortar as chapas produzidas de modo a minimizar as perdas em face da demanda a atender?

Os padrões de corte dependem do equipamento de corte e da política de reaproveitamento das "perdas". A título de exemplo, seguem-se padrões para o corte da chapa de 100 polegadas atendendo ao interesse e à capacidade técnica da fábrica.

CAPÍTULO 1 ■ Programação Linear Inteira

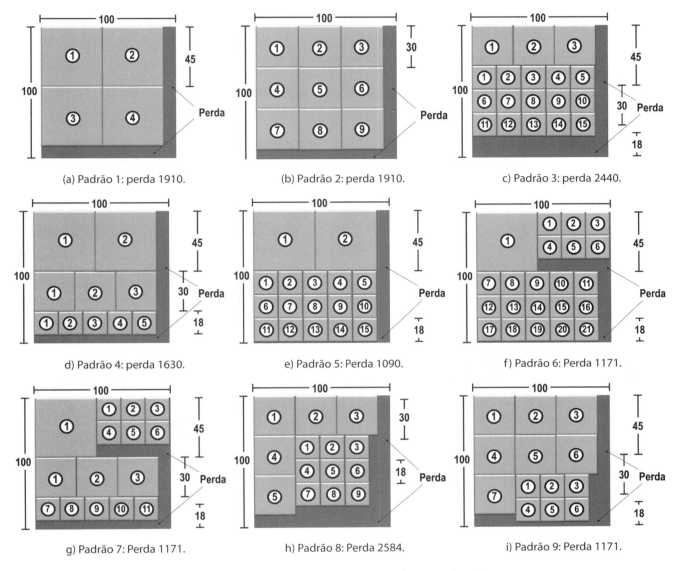

Figura 1.4: Padrões de corte na chapa de 100 polegadas.

Resumo dos padrões possíveis de corte da chapa de 100 polegadas

	Chapa / Padrão	45 pol	30 pol	18 pol	Perda
Padrões de corte em chapa de 100 pol	1	4	0	0	1910
	2	0	9	0	1910
	3	0	3	15	2440
	4	2	3	5	1630
	5	2	0	15	1090
	6	0	1	21	1171
	7	1	3	11	1171
	8	0	5	9	2594
	9	0	7	6	1171

Formulação do modelo considerando somente os valores conhecidos para a chapa de 100 polegadas para um problema com *I* diferentes padrões de corte.

$x_i \equiv$ Número de vezes que o padrão de corte *i* será utilizado – $x_i \in Z^+$
$c_i \equiv$ Perda associada ao tipo de corte *i*
$d_j \equiv$ Demanda de chapas do tipo *j* atendida pela soma dos cortes efetuados, *j*=1 – Chapa de 45, *j*=2 – Chapa de 38, *j*=3 – Chapa de 18.

Função de otimização
Minimizar $z = 1910x_1 + 1910x_2 + 2440x_3 + 1630x_4 + 1090x_5 + 1171x_6 + 11171x_7 + 2594x_8 + 1171x_9 + ... + c_i x_i$

Restrições de demanda
$4x_1 + 2x_2 + 2x_5 + x_7 + ... + \alpha_I x_I \geq d_1$
$9x_2 + 3x_3 + 3x_4 + x_6 + 3x_7 + 5x_8 + 7x_9 + ... + \beta_I x_I \geq d_2$
$15x_3 + 5x_4 + 15x_5 + 21x_6 + 11x_7 + 9x_9 + ... \chi_I x_I \geq d_3$

Restrições de integralidade
$x_i \in Z^+ \quad \forall i$

$\alpha_i \equiv$ Número de chapas do tipo 1 constantes do padrão de corte *i* – coeficientes da restrição associada a d_1.

$\beta_i \equiv$ Número de chapas do tipo 2 constantes do padrão de corte *i* – coeficientes da restrição associada a d_2.

$\chi_i \equiv$ Número de chapas do tipo 3 constantes do padrão de corte *i* – coeficientes da restrição associada a d_3.

2. O Problema de Localização de Postos de Atendimento

Existem oito bairros em uma cidade. A prefeitura deseja localizar postos de atendimento de saúde nos bairros de forma que nenhum aposentado tenha que se deslocar mais de 8 quilômetros para ser atendido. O mapa da cidade mostrando a ligação entre os bairros está representado na Figura 1.5. A distância entre as cidades está representada em quilômetros pelos valores sublinhados sobre as arestas. O custo dos postos de atendimento varia em função dos diferentes valores dos terrenos em cada bairro sendo representado pelo vetor C.

		Bairros							
		1	2	3	4	5	6	7	8
	1		3	5	4	6	10	13	16
	2			2	7	9	7	16	14
	3				9	11	5	15	12
Bairros	4					8	14	9	12
	5						9	8	11
	6							10	7
	7								3
	8								

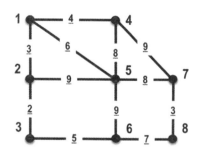

Figura 1.5: Mapa da cidade.

Vetor de custos

Bairro	1	2	3	4	5	6	7	8
Custo	15	6	3	10	14	4	2	2

Formulação do modelo

$x_i \equiv 1$ se oposto de atendimento é localizado no bairro *i* e zero em caso contrário.
$c_i \equiv$ Custo da localização de um posto no bairro *i*.

Função de otimização

Minimizar $z = 15x_1 + 6x_2 + 3x_3 + 10x_4 + 14x_5 + 4x_6 + 2x_7 + 2x_8$

Restrições de atendimento

A cidade 1 é atendida por 1,2,3,4,5,6;
$x_1 + x_2 + x_3 + x_4 + x_5 \geq 1$
A cidade 2 é atendida por 1,2,3,4,6;
$x_1 + x_2 + x_3 + x_4 + x_6 \geq 1$
A cidade 3 é atendida por 1,2,3,6;
$x_1 + x_2 + x_3 + x_6 \geq 1$
A cidade 4 é atendida por 1,2,4,5;
$x_1 + x_2 + x_4 + x_5 \geq 1$
A cidade 5 é atendida por 1,4,5,7;
$x_1 + x_4 + x_5 + x_7 \geq 1$
A cidade 6 é atendida por 2,3,6,8;
$x_2 + x_3 + x_6 + x_8 \geq 1$
A cidade 7 é atendida por 5,7,8;
$x_5 + x_7 + x_8 \geq 1$
A cidade 8 é atendida por 6,7,8;
$x_6 + x_7 + x_8 \geq 1$
Restrições de integralidade
$x_i \in \{0,1\} \quad \forall i$

Modelo

Minimizar $z = 15x_1 + 6x_2 + 3x_3 + 10x_4 + 14x_5 + 4x_6 + 2x_7 + 2x_8$

Sujeito a:
$$\begin{aligned}
x_1 + x_2 + x_3 + x_4 + x_5 &\geq 1 \\
x_1 + x_2 + x_3 + x_4 + x_6 &\geq 1 \\
x_1 + x_2 + x_3 + x_6 &\geq 1 \\
x_1 + x_2 + x_4 + x_5 &\geq 1 \\
x_1 + x_4 + x_5 + x_7 &\geq 1 \\
x_2 + x_3 + x_6 + x_8 &\geq 1 \\
x_5 + x_7 + x_8 &\geq 1 \\
x_6 + x_7 + x_8 &\geq 1
\end{aligned}$$
$x_i \in \{0,1\} \quad \forall i$

3. O Problema de Transporte de Valores

Uma empresa de transporte de valores deve suprir com papel-moeda quatro agências bancárias localizadas em quatro diferentes cidades. A empresa recebe o papel moeda do banco na cidade A e o transporta para as cidades 1, 2, 3 e 4. A empresa pode fazer o transporte diretamente entre a cidade A e as demais cidades ou estocando o dinheiro em uma cidade intermediária B. Os custos (em unidades monetárias) e os riscos (em pontos) do transporte estão descritos na Figura 1.6. Deve-se programar a operação de distribuição de papel-moeda de forma a minimizar os custos de transporte garantindo que o risco total acumulado nas rotas não ultrapasse 35 pontos.

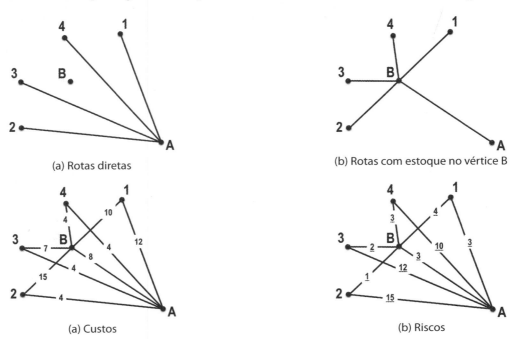

Figura 1.6: Esquemas das rotas de transporte.

Formulação do modelo

$x_i \equiv 1$ se a rota i é realizada e zero em caso contrário.
$c_i \equiv$ Custo da rota i.
$r_i \equiv$ Risco da rota i.

Rotas possíveis

$x_1 = \{A \to 1\}$; $x_2 = \{A \to 2\}$; $x_3 = \{A \to 3\}$;
$x_4 = \{A \to 4\}$; $x_5 = \{A \to B \to 1\}$; $x_6 = \{A \to B \to 2\}$;
$x_7 = \{A \to B \to 3\}$; $x_8 = \{A \to B \to 4\}$;

Custos das rotas

$c_1 = 12$; $c_2 = 4$; $c_3 = 4$; $c_4 = 4$; $c_5 = 18$; $c_6 = 23$;
$c_7 = 15$; $c_8 = 12$

Riscos das rotas

$r_1 = 3$; $r_2 = 15$; $r_3 = 12$; $r_4 = 10$; $r_5 = 7$; $r_6 = 4$; $r_7 = 5$; $r_8 = 6$

Modelo

Minimizar $z = \sum_{i=1}^{8} c_i x_i$

Sujeito a:
$$x_1 + x_5 = 1$$
$$x_2 + x_6 = 1$$
$$x_3 + x_7 = 1$$
$$x_4 + x_8 = 1$$
$$\sum_{i=1}^{8} r_i x_i \leq 35$$
$$x_i \in Z^+$$

4. O Problema da Organização da Equipe da Ginástica

Um país deseja formar sua equipe de ginástica olímpica com três atletas dentre sete que possuem a qualificação mínima exigida. A equipe vai disputar três modalidades: Ginástica de Solo, Cavalo e Argolas. Para avançar para a fase semifinal da competição, a equipe não pode obter menos que 27 pontos em cada modalidade. A equipe vencedora é aquela que obtém a maior soma de pontos nas três modalidades. São escolhidos quatro atletas para a equipe, sendo um reserva. O desempenho de cada atleta em cada prova está descrito na Tabela 1.8.

Tabela 1.8: Pontuação esperada para os atletas

Atleta / Prova	Atleta 1	Atleta 2	Atleta 3	Atleta 4	Atleta 5	Atleta 6	Atleta 7
Solo	9,0	8,3	9,7	8,6	9,9	8,5	9,1
Cavalo	8,7	9,8	9,7	9,3	8,6	9,6	9,2
Argola	8,5	8,9	8,5	9,5	9,8	9,5	9,7

Formulação do problema:

$x_i \equiv 1$ se o atleta i for escolhido para a equipe e zero em caso contrário.
$p_{ij} \equiv$ Pontuação do atleta i na prova j.

Função de otimização

Maximizar $z = \sum_{i=1}^{7} \sum_{j=1}^{3} p_{ij} x_i$

Restrição de pontuação de qualificação

$$\sum_{i=1}^{7} p_{ij} x_i \geq 27 \quad j=1,\ldots,3$$

Restrição de 4 atletas na equipe

$$\sum_{i=1}^{7} x_i = 4$$

Restrição de integralidade $x_i \in \{0,1\} \quad \forall i$

Modelo

Maximizar $z = \sum_{i=1}^{7} \sum_{j=1}^{3} p_{ij} x_i$

Sujeito a:
$$\sum_{i=1}^{7} p_{ij} x_i \geq 27 \quad j=1,\ldots,3$$
$$\sum_{i=1}^{7} x_i = 4$$
$$x_i \in \{0,1\} \quad \forall i$$

1.6 Solução Exata de Problemas de Programação Linear Inteira (PLI)

● Introdução

Existem vários métodos específicos para obtenção de solução inteira exata de um problema de programação linear (Dantzig,1959; Gomory,1960; Glover, 1965; Lawler & Wood,1966; Reiter & Rice, 1966; Shapiro, 1968; Nemhauser & Ullman, 1968; Padberg, 1972 Wolsey, 1972; Pierce & Lasky, 1973; Nemhauser & Garfinkel, 1972; Geoffrion & Marsten, 1972; Shamir, 1984) e de soluções aproximativas (Chvátal, 1979; Davis, 1987). Esta seção introduz com mais detalhe as duas técnicas mais usadas para a solução exata de um problema de programação linear inteira pura (*PLI*), em que todas as variáveis são obrigadas a assumir valores inteiros. A seção subsequente propicia uma visão geral dos métodos usados para os problemas que incluem variáveis inteiras e também variáveis contínuas, chamados de problemas de programação linear inteira mista (*PLIM*). O livro dedica um capítulo completo às abordagens de solução via heurísticas modernas, também denominadas de meta-heurísticas. Embora se relate problemas mistos de grande porte que podem ser resolvidos de forma exata, observa-se que o foco sobre a abordagem heurística de solução para problemas de programação inteira tem sido uma tendência na bibliografia mais recente, uma vez que muitos problemas reais inteiros de grande porte, em inúmeras situações, demandam por solução que, presentemente, os métodos exatos não garantem disponibilizar.

● Técnicas Clássicas de Solução

Existem diversas técnicas desenvolvidas para a busca da solução inteira dos problemas de programação linear, das quais se destacam:

- Técnicas de Enumeração:
  – Separação e avaliação progressiva ou "*branch-and-bound*" (B&B).
  – Enumeração implícita.
  – Restrições "*Surrogate*".
- Técnicas de Cortes:
  – Cortes Inteiros (primais e duais).
  – Cortes Combinatórios.
  – Cortes de interseção.
  – Método de decomposição de Benders.
- Técnicas Híbridas:
  – Separação e cortes ou "*branch-and-cut*".
  – Separação e geração de colunas ou "*branch-and-price*".
- Teoria de Grupo.

Na maioria das ocasiões, as técnicas de solução são especializadas em determinados tipos de problemas de programação inteira, desenvolvendo-se abordagens e algoritmos específicos para cada situação. Foge ao escopo do presente livro o aprofundamento nas técnicas de solução exata, de modo que são apresentadas nesta seção somente duas técnicas exatas vastamente empregadas na solução de problemas PLI, enquanto, na seção seguinte, se faz um apanhado geral das técnicas no escopo de problemas PLIM.

✓ Branch-and-Bound

O método denominado de *branch-and-bound* (B&B) baseia-se na ideia de desenvolver uma enumeração "inteligente" dos pontos candidatos à solução ótima inteira de um problema. O termo *branch* refere-se ao fato de que o método efetua partições no espaço das soluções. O termo *bound* ressalta que a prova da otimalidade da solução utiliza-se de limites calculados ao longo da enumeração. Definindo:

$$(P) = \text{Maximizar} \left\{ cx \mid Ax \le b, \ x \ge 0, x \in Z^+ \right\}$$

e

$$(\overline{P}) = \text{Maximizar} \left\{ cx \mid Ax \leq b, \ x \geq 0, x \in R^+ \right\}$$

Definindo ainda V^* (P) e, V^* ($\overline{P}$) os valores das funções objetivo nos ótimos de (P) e ($\overline{P}$), respectivamente, e observando-se que o problema ($\overline{P}$) é uma relaxação do problema (P), tem-se que:

$$V^*(P) \leq V^*(\overline{P})$$

Considerando ainda qualquer solução viável $\tilde{x}$ de (P), então:

$$V(\tilde{x}) \leq V^*(P)$$

e, dessa forma, V^* ($\overline{P}$) é um limite superior para (P), e qualquer de suas soluções viáveis. Se $\overline{x}$ é a solução ótima de ($\overline{P}$) tal que $\overline{x}_j$ é não inteiro tem-se:

$$x_j \geq \lfloor \overline{x}_j \rfloor + 1 \ \text{ou} \ x_j \leq \lfloor \overline{x}_j \rfloor \tag{1.1}$$

em toda solução viável de (P). Dessa forma o problema (P) pode ser dividido (separado) em dois novos problemas (P_1) e (P_2) em que a envoltória convexa **C** de $(P_1) \cup (P_2)$ ou Conv $((P_1) \cup (P_2))$ é estritamente contida na envoltória de (P) ou Conv $((P_1) \cup (P_2)) \subset$ Conv $((P))$.

O processo de divisão da *envoltória convexa* de (P) é presentemente exemplificado tendo por base o modelo ao lado.

Maximizar $z = 5x_1 + 8x_2$
sujeito a: $x_1 + x_2 \leq 6$
$5x_1 + 9x_2 \leq 45$
$x_1, x_2 \in Z^+$

O espaço de solução do modelo anterior está representado graficamente na Figura 1.7. A solução ótima contínua do problema é encontrada em: $x_1 = \dfrac{9}{4}$; $x_2 = \dfrac{15}{4}$ levando ao valor de $z = 41\dfrac{1}{4}$. Desdobrando a ideia de separação da envoltória convexa em relação à variável x_2 pode-se organizar as inequações disjuntivas.

$$x_2 \geq \left\lfloor \frac{15}{4} \right\rfloor + 1 \geq 4 \ \text{ou} \ x_2 \leq \left\lfloor \frac{15}{4} \right\rfloor \leq 3 \tag{1.2}$$

O bloco de inequações 1.2 produz duas restrições disjuntivas que, quando acrescidas ao problema original, são capazes de criar dois novos problemas que não mais possuem a solução ótima contínua $\overline{x}$ em sua envoltória convexa. As inequações expressas em 1.2, quando acrescidas ao modelo, dividem o espaço das soluções da Figura 1.7 em dois espaços menores cuja união não recupera o espaço original do modelo, uma vez que uma parte do espaço formada por soluções não inteiras é simplesmente eliminada do modelo.

São criados dois novos problemas que não incluem a solução ótima contínua $\overline{x}$ em suas envoltórias convexas, sem, todavia, perder a solução inteira ótima, que continua existindo em algum dos subproblemas.

A Figura 1.8 exemplifica o que ocorre com a aplicação das inequações 1.2 quando geradas em relação à variável x_2.

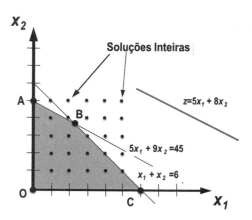

Figura 1.7: Solução gráfica do exemplo.

Com a consideração da disjunção, o problema original é, então, reduzido a dois novos problemas descritos abaixo.

(P_1) Maximizar $z = cx$

Sujeito a: $Ax \leq b$

$x_i \leq \lfloor x_i^0 \rfloor$

$x_i \in Z$

(P_2) Maximizar $z = cx$

Sujeito a: $Ax \leq b$

$x_i \leq \lfloor x_i^0 \rfloor + 1$

$x_i \in Z$

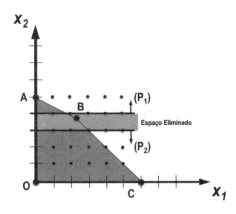

Figura 1.8: Resultado do "*branch*" (divisão).

A estratégia de separação cria problemas novos e mais restritos que, normalmente, são de mais fácil solução. No exemplo, o problema (P) é separado em dois problemas (P_1) e (P_2).

A estratégia de separação pode ser reaplicada a esses problemas em função, por exemplo, da variável x_1. A enumeração das possibilidades de divisão dos subproblemas de solução será realizada por meio de uma árvore cuja raiz é o vértice que representa o modelo original, vértice P_0.

A Figura 1.9 exibe uma sequência arbitrária de possibilidades em que cada nível representa uma ramificação ou "*branch*" em relação a uma variável selecionada. Verifica-se que a solução ótima é obtida na solução de P_5 com $x_1 = 0$, $x_2 = 5$ e $z = 40$.

Diferentes estratégias são possíveis tanto para a escolha das variáveis de ramificação quanto para a escolha do subproblema a resolver. Essas possibilidades dão origem a diversos e diferentes métodos de *branch-and-bound*.

Para o entendimento do efeito do "*bound*" (limite), pode-se supor uma dada sequência de "*branchs*" (ramos) como exemplificado na Figura 1.10, onde se deixa em aberto a solução de problemas assinalados.

As soluções contínuas levam a um limite superior para o valor de z_0^*, sob as condições estabelecidas nos vértices da árvore, enquanto as soluções inteiras geram um limite inferior. Como (P_4), um problema com solução contínua, possui $z = 40,4$ e (P_5), um problema com solução inteira, possui , o problema (P_6) não precisa mais ser solucionado, uma vez que entre 40,4 e 40 não existe a possibilidade de outra solução inteira melhor

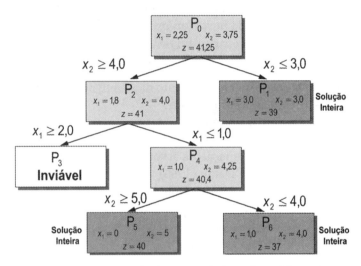

Figura 1.9: Exemplo de árvore de *branch-and-bound*.

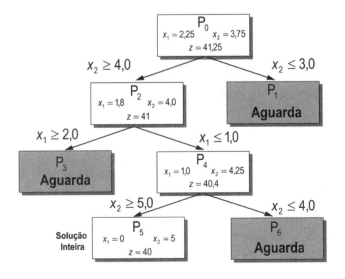

Figura 1.10: O efeito de redução do "*bound*" (limite).

que 40 ($40 \leq z_0^* \leq 40,4$). O problema (P_2) com z=41 pode ainda dar origem, contudo, a um problema com uma solução inteira de valor 41 ($40 \leq z_0^* \leq 41$), o que obriga ao desenvolvimento de (P_3). De modo semelhante (P_0) com z = 41,25 pode dar origem a um problema com a solução também de valor 41 ($40 \leq z_0^* \leq 41,25$), o que obriga ao desenvolvimento de (P_1).

A redução pelo limite inferior (*bound*) de apenas um vértice da árvore de enumeração do exemplo pode parecer pequena, mas devemos lembrar que esse problema é pequeno. Em muitos casos reais, o poder de simplificação do limite inferior (ou superior no problema de minimização) se mostra significativo, sendo extremamente útil no processo de solução.

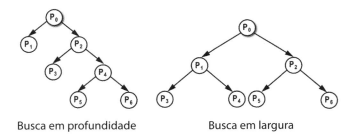

Figura 1.11: Estratégias de divisão.

Um dos pontos fundamentais para o sucesso do B&B está na qualidade do limite gerado pela solução inteira. Em várias situações, esses limites podem ser alcançados por meio de procedimentos heurísticos. A qualidade do limite alcançado normalmente depende, para cada problema, da estratégia de desdobramento da árvore de busca. Existem basicamente duas grandes estratégias de divisão ou "*branch*". A Figura 1.11 apresenta o aspecto das árvores desenvolvidas pela busca em profundidade e pela busca em largura.

O *B&B* é uma técnica de ampla aplicação. A ideia geral é sujeita a inúmeras adaptações e estratégias de implementação. Basicamente os aspectos envolvidos são:

- Técnicas de desenvolvimento da árvore de enumeração (escolha do problema):
  – Busca em profundidade.
  – Busca em largura.
  – Variantes híbridas.
- Técnicas de formação da árvore (escolha da variável de separação):
  – Variante de Dakin (1965).
  – Variante de Land & Doig (1960).
  – Variante de Spielberg (Spielberg, 1979; Lemke & Spielberg, 1969).
  – Método das penalidades (Beale & Small, 1965).
  – Método de Taha (1971).
  – Estratégias Dinâmicas (Glover & Tangedahl, 1976).
  – Outras variantes.
- Técnicas complementares para obtenção dos limites
  – Relaxação Lagrangeana.
  – Algoritmos heurísticos (com uso de meta-heurísticas).
  – Cortes.

✔ Variante de Dakin

O autor propõe que a variável a ser escolhida para a ramificação em cada nível da árvore seja a que possuir o maior **resíduo** em relação à solução inteira, ou seja, considerando que $\tilde{x}_j$ seja a variável que escolheremos para a separação proposta pelas inequações 1.1, então:

$$\tilde{x}_j \equiv \text{Máximo}\left\{\left(x_j - \lfloor x_j \rfloor\right), \left(\lceil x_j \rceil - x_j\right)\right\} \quad (1.3)$$

Se a solução contínua do nó a ser expandido se apresenta como na Figura 1.12 (a), então, pela proposta de Dank, o nó $\tilde{x}_j$ será x_2, uma vez que possui um resíduo igual a 0,75, maior que o de x_1.

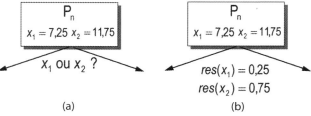

Figura 1.12: Estratégias de divisão de Dank.

✓ Variante de Land & Doig

Essa abordagem sugere que a árvore de enumeração seja expandida em vários valores simultâneos para a variável de divisão, como mostra a Figura 1.13.

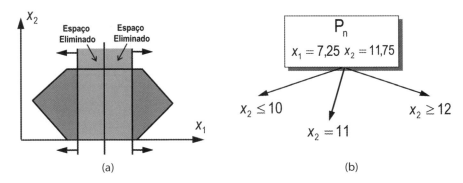

Figura 1.13: Estratégia de ramificação de Land & Doig.

✓ Variante de Spielberg

Desenvolve o nó com maior valor de Z^* e o mais recentemente calculado, usando o critério de Land e Doig para aumentar a retirada de espaço contínuo no entorno do nó pesquisado. Trata-se de uma busca em profundidade associada ao critério de Land & Doig.

✓ Método das Penalidades

Essa estratégia pode ser descrita nos seguintes passos:

- Determina uma estimativa do decréscimo da função objetivo quando obrigamos as variáveis a assumirem valores inteiros.
- Escolhe o nó na lista dos nós em aberto com a menor estimativa de decréscimo (utiliza um pivoteamento associado à variável $\tilde{x}_j$).
- Aproveita as reduções possíveis quando a estimativa de decréscimo ultrapassa o limite inferior corrente.

✓ Método de Taha

A abordagem objetiva inspecionar os 2^n vértices do hipercubo unitário contendo a solução ótima do subproblema de PL. Considerando o problema P_0 ao lado descrito a estratégia de Taha é buscar a solução de um programa linear em função dos vértices do hipercubo unitário vizinho a $\bar{x}_0$.

Definindo a vizinhança inteira de $\bar{x}_0$ por $\tilde{x}^0 = (x_0^1, x_0^2, \ldots, x_n^0)$ e fazendo $x_j = \lfloor x_j^0 \rfloor + y_j$, para $y_j \in \{0,1\}$, pode-se constituir com P_0 o programa linear ao lado.

É possível exemplificar a formação do problema auxiliar (Q_0) com o problema P_e, cujo hipercubo unitário está representado na Figura 1.14.

(P_0) Maximizar $z = \sum_{j \in N} c_j x_j$

sujeito a $\sum_{j \in N} a_{ij} x_j \leq b_i \quad i \in M$

$x_j \geq 0$

(Q_0) Maximizar $z = \sum_{j \in N} c_j y_j + \sum_{j \in N} c_j \lfloor x_j^0 \rfloor$

sujeito a $\sum_{j \in N} a_{ij} y_j \leq b_i - \sum_{j \in N} a_{ij} \lfloor x_j^0 \rfloor \quad i \in M$

$y_j \in \{0,1\}$

(P_e) Maximizar $z = x_1 + x_2$

sujeito a
$$2x_1 + x_2 \leq 2$$
$$x_2 \leq 1$$
$$x_1, x_2 \geq 0$$

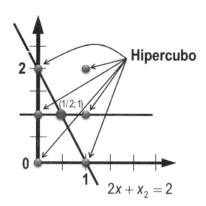

Figura 1.14: Hipercubo no entorno de (1/2;1).

Substituindo os valores $\bar{x}^0 = (1/2;1)$; $x_j = \lfloor \bar{x}_j^0 \rfloor + y_j$ em (P_e) tem-se:

(Q_0) Maximizar $z = y_1 + y_2 + 1$

sujeito a
$$2y_1 + y_2 \leq 2 - (0+1)$$
$$y_2 \leq 1 - (0+1)$$
$$y_1, y_2 \in \{0,1\}$$

que, solucionado, leva a $y_1^* = 0$ e $y_2^* = 0$. Finalmente, é possível calcular o vértice inteiro ótimo: $x_1 = \lfloor 1/2 \rfloor + 0$; $x_2 = 1 + 0$, ou seja: $\bar{x}^* = (0,1)$.

✔ Programação Dinâmica

A programação dinâmica é uma técnica utilizada para a otimização de processos de decisão multiestágios. Denomina-se um processo de decisão multiestágios aquele que pode ser desdobrado segundo um certo número de etapas sequenciais ou estágios. As alternativas incluídas na conclusão de um estágio são denominadas decisões. A condição do processo dentro de cada estágio é denominada estado. Cada estágio inclui a tomada de uma decisão que pode ou não alterar o estado do processo. Todavia, obrigatoriamente, representa uma transição entre o estado corrente e o estado futuro do processo. Um processo de decisão multiestágios é denominado finito quando existe apenas um número finito de estágios no processo e um número finito de estados possíveis associados a cada estágio. Dentro do processo multiestágios, o objetivo do tomador de decisão é encontrar uma política ótima (também chamada de trajetória ótima) em relação ao retorno auferido com as decisões. Um processo de decisão multiestágios é determinístico se o resultado de cada decisão for conhecido exatamente. A Figura 1.15 mostra o quadro da tomada de decisão multiestágio.

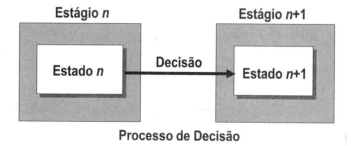

Figura 1.15: Um processo de decisão multiestágio.

- **Princípio de Bellman**

Fazendo o Estado do Sistema no tempo t ser representado por x_t, por exemplo, o estado do sistema associado ao tempo 0 será x_0. Em qualquer tempo, a decisão $u_t \in \Gamma(x_t)$ onde u_t representa uma ou mais variáveis de controle do sistema e $\Gamma(x_t)$ representa o conjunto de todas as possíveis decisões no tempo t. A tomada de decisão a altera o estado do sistema x. Assim, o novo estado do sistema após a tomada de decisão a será $E(x, u)$. O resultado obtido pela tomada de decisão a será então representado por $F(x, u)$. Supondo que o número de decisões possíveis é finito e limitado em um horizonte de n etapas e que o valor mínimo possível para o sistema em função do estado inicial do sistema é representado por $Z(x_0)$, é possível formular o problema da seguinte forma:

$$(\text{DIM1}) \quad Z(x_0) = \min_{\{a_t\}_{t=0}^n} \sum_{t=0}^n F(x_t, u_t)$$

Sujeito a: $x_{t+1} = E(x_t, u_t) \quad u_t \in \Gamma(x_t) \quad t = 0, 1, \ldots, n$

- **Equação de Recorrência de Bellman**

Observe-se que, se o valor ótimo para o sistema foi alcançado em n etapas, na etapa $n-1$ a decisão adotada pertencia ao conjunto das decisões que minimizou o valor da função Z. Dessa forma, na solução final, a decisão ótima para o estado n pode ser obtida a partir das decisões ótimas que lhe antecederam e que são conhecidas no estado n-1.

$$(\text{DIM2}) \quad Z(x_0) = \min \left\{ F(x_0, u_0) + Z(x_1) \right\}$$

Sujeito a: $x_{t+1} = E(x_0, u_0) \quad u_0 \in \Gamma(x_0)$

O conjunto de todas as decisões que permitem que se alcance o valor mínimo do sistema em função de seu estado inicial x_0 é denominado política ótima. A determinação de uma política ótima para um processo de decisão multiestágio está teoricamente embasada no princípio da otimalidade de Bellman, que pode ser enunciado como se segue.

Princípio de Bellman

Uma política ótima apresenta a propriedade segundo a qual, a despeito das decisões tomadas para assumir um estado particular em um certo estágio, as decisões restantes a partir deste estado devem construir uma política ótima.

O princípio de Bellman (Bellman & Dreyfus, 1962) pode soar semelhante à estratégia gulosa ou míope ao, aparentemente, decretar uma suposta tomada de decisão independente em cada estágio. Isso é um engano na medida em que a estratégia míope considera estritamente as condições que ligam o estágio n-1 ao estágio n. No caso de problemas cuja decomposição multiestágio permite uma decisão ótima apenas examinando estágios vizinhos, ou seja, problemas em que as características do problema e da função de avaliação permitem decisões ótimas independentes a cada estágio, a estratégia gulosa confunde-se com a da programação dinâmica e a solução obtida pelo algoritmo guloso conduz ao ótimo. O fato citado pode acontecer quando, por exemplo, a função a ser minimizada tem comportamento semelhante à função posto de um matroide.

Para a implementação do princípio de Bellman, parte-se do último estágio de um processo com n estágios e se determina a melhor política para se deixar aquele estágio e completar o processo. Desloca-se, então, do fim para o início do processo de decisão, examinando-se a decisão estágio após estágio, repetindo-se o raciocínio. Em cada estágio determina-se a melhor política para deixá-lo e completar o processo, supondo-se sempre que os estágios anteriores foram completados de forma ótima. Os cálculos necessários à transição de um estágio são sempre aproveitados no exame da transição de estágios posteriores. Isso não significa dizer que as decisões tomadas em um estágio s não possam influenciar estágios s-h, com $h \geq 1$. Os elementos correspondentes ao último estágio do processo são, geralmente, obtidos diretamente. Os demais elementos são calculados de forma recursiva. A expressão de recorrência que resulta da formulação do problema no formato do programa DIM2 depende do problema em pauta e deve ser obtida para cada tipo de processo multiestágio.

• Exemplo da Equação de Recursão de Bellman para o Caso da Mochila 0/1

O modelo ao lado formula um problema geral da mochila denominado de (MOC) visando exemplificar a obtenção da equação de recorrência de Bellman. Caso o objetivo seja otimizar o problema DIM2, no qual as funções $f_1(x_1), f_2(x_2), ..., f_n(x_n)$ são funções (não lineares, inclusive) conhecidas de uma variável, b é um valor não negativo e inteiro conhecido e o problema pode ser modelado como um processo multiestágio. O estágio 1 envolve a decisão sobre a variável x_1, com uma contribuição resultante de $f_1(x_1)$. Os estados são 1,2,3,...., b, representando os valores possíveis para o número de unidades disponíveis para alocação.

$$(\text{MOC}) \text{ Otimizar } z = f_1(x_1) + f_2(x_2) + ... + f_n(x_n)$$

sujeito a:
$$x_1 + x_2 + ... + x_n \leq b$$
$$x_i \in Z^+$$

Considerando:

$u \equiv$ variável de estado cujos valores especificam os estados;
$x \equiv$ vetor de valores de atribuição das variáveis de estados;
$m_j(u) \equiv$ retorno ótimo para se completar o processo começando-se no estágio j com o estado u;
$d_j(u) \equiv$ decisão tomada no estágio j que obtém $m_j(u)$.

Para o modelo (DIM), os valores de $m_j(u)$ serão dados pela seguinte expressão:

$$m_n(u) = \underset{0 \leq x \leq u}{\text{ótimo}} \{f_n(x)\}$$

Que leva à equação de recorrência:

$$m_j(u) = \underset{0 \leq x \leq u}{\text{ótimo}} \{f_j(x) + m_{j+1}(u-x)\}$$

Considerando o vetor da decisão ótima $x^* = (x^*_1, x^*_2, ..., x^*_n)$, que leva o critério de decisão a assumir o valor z^*, então as componentes do vetor poderão ser encontradas sequencialmente com a seguinte recorrência:

$x^*_1 = d_1(b);$
$x^*_2 = d_2(b - x^*_1);$
.... = ...
$x^*_n = d_n(b - x^*_1 - x^*_2 - ..... - x^*_{n-1});$

Visando exemplificar a aplicação do princípio de Bellman, serão apresentados alguns exemplos práticos.

✔ Exemplo 1: Caminho mais Curto em um Grafo em Camadas

Seja um grafo $G=(N,M)$, onde $N=\{1,..,n\}$ representa o conjunto de vértices do grafo e $M=\{1,...,m\}$ representa o conjunto de arestas do grafo. O caminho mais curto entre dois vértices de G é um dos mais conhecidos problemas de otimização em grafos. São disponíveis diversos algoritmos eficientes para a solução desse problema. Um dos mais conhecidos é o algoritmo míope de Dijkstra(1959). O problema pode, igualmente, ser solucionado por meio de programação dinâmica. O exemplo que se segue, além de solucionar o problema do caminho mais curto em grafos em camadas, permite sugerir um modelo para a solução de outros problemas combinatórios que possam se formulados de forma semelhante, bem como para a obtenção de uma equação de recursividade própria para a aplicação do cálculo de programação dinâmica.

No grafo da Figura 1.16, o problema proposto é o de encontrar o caminho mais curto entre os vértices A e J.

Como o grafo da Figura 1.16 é um grafo em camadas (qualquer grafo pode ser transformado em um grafo em camadas – ver Hu (1982)), podemos decompor o problema de encontrar o caminho mais curto entre os vértices A e J em um processo de tomada de decisão multiestágio.

Define-se uma camada de um grafo conexo como o conjunto de vértices que, não admitindo ligações com os vértices da mesma camada, ligam-se exclusivamente a vértices da camada que lhes antecede ou sucede.

As fases da decisão do problema estão mostradas na Figura 1.17.

Realmente vários problemas de decisão sequencial admitem um grafo de tomada de decisão semelhante ao grafo do caminho mais curto. Nesse sentido, estudar a aplicação da programação dinâmica ao caminho mais curto é estudar o caso de muitos outros modelos. Aplicando diretamente o princípio de Bellman ao problema, vamos estabelecer as condições para a tomada de decisão da primeira fase (fase final do caminho) do problema multiestágio.

A Figura 1.18 ressalta as possibilidades para a política ótima de chegada aos vértices H e I, a partir de J, considerando que o caminho até os vértices em pauta será realizado também de forma ótima.

Com a tomada de decisão realizada na fase 1, pode-se, a partir da política ótima para H e I, calcular a política ótima para E, F e G, como mostra a Figura 1.19.

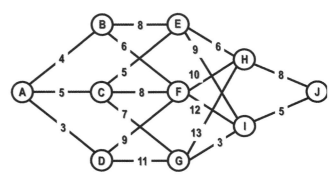

Figura 1.16: Grafo do exemplo 1.

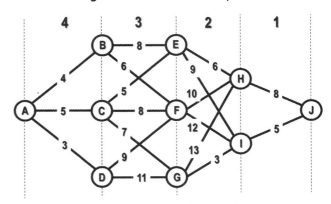

Figura 1.17: Fases de decisão do Caminho mais Curto.

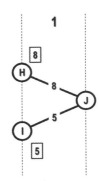

Figura 1.18: Primeira fase de decisão – política para os vértices H e I.

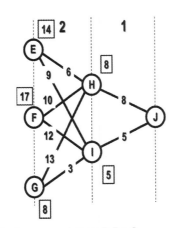

Cálculo final para os vértices E, F e G.

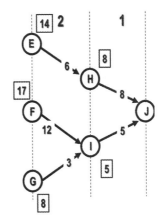

Caminhos associados à política ótima.

Figura 1.19: Segunda fase de decisão – política para os vértices E, F e G.

A partir dos vértices E, F e G, pode-se desenvolver a terceira fase de decisão. A Figura 1.20 mostra que as informações constantes da primeira fase (vértices H e I) não são mais necessárias para isso.

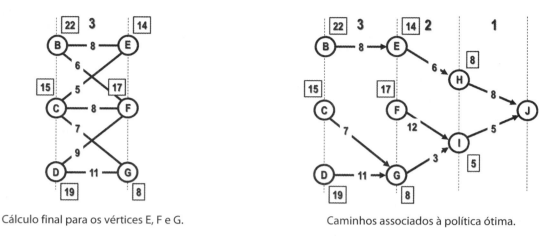

Cálculo final para os vértices E, F e G.   Caminhos associados à política ótima.

Figura 1.20: Terceira fase de decisão – política para os vértices B, C e D.

Finalmente é possível concluir os cálculos determinando o caminho mais curto e seu valor (o rótulo de A), como mostra a Figura 1.21.

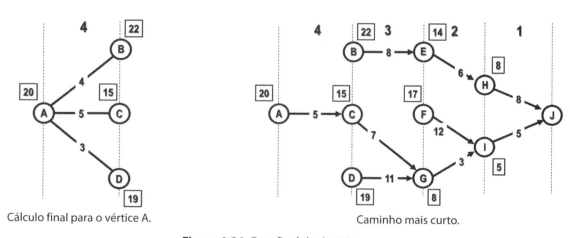

Cálculo final para o vértice A.   Caminho mais curto.

Figura 1.21: Fase final da decisão.

Considerando que o caminho mais curto entre o vértice do rótulo e o vértice inicial do caminho é representado nos rótulos de cada vértice do grafo, a fórmula de recursão para o cálculo dos rótulos no estágio (camada) $k-1$ e em função dos rótulos do estágio (camada) k é igual:

$$R(i,k) = R(j,k-1) + \min\{c_{ij}, \forall i \in L_k, \forall j \in L_{k-1}\}$$

Onde $R(i, k)$ são os rótulos dos vértices i pertencentes à camada k do grafo, $R(j, k-1)$ são os rótulos dos vértices j pertencentes à camada $k-1$ do grafo, c_{ij} representa o custo da ligação entre os vértices i e j e L_k o conjunto de vértices da camada k.

✔ Exemplo 2: O Problema da Seleção de Projetos

As fases de tomada de decisão mais comuns estão associadas a uma só variável. Nesse sentido, cada estágio permite analisar a política ótima para uma variável. Seja o seguinte problema:

Um investidor dispõe de 3 unidades de capital que podem ser investidas em 3 distintas atividades produtivas. Para cada atividade produtiva é esperado um retorno de capital que é função do montante investido na própria atividade. As quantidades de capital são referentes a lotes de ações e podem, portanto, ser consideradas inteiras. As receitas auferidas em retorno são independentes entre si. A Tabela 1.9 mostra o quadro de investimento × retorno dentro de cada projeto produtivo.

Tabela 1.9: Situação investimento × retorno

Quantidade de recursos aplicada (10^3 reais)	Receitas		
	Projeto 1	Projeto 2	Projeto 3
0	0	0	0
1	2	1	3
2	4	5	5
3	6	6	6

Para esse problema, será definida a variável de decisão x_j, $j=1,2,3$, como a quantidade de recurso aplicada no projeto produtivo j, $x_j \in \{0,1,2,3\}$. É necessário considerar uma restrição sobre a quantidade total de capital disponível que não poderá exceder a 3 unidades. A função objetivo é descontínua e não linear e pode ser representada por

$$z = f_1(x_1) + f_2(x_2) + f_3(x_3)$$

com os valores que constam na tabela. Dessa forma é possível formular o problema que denominaremos de Projeto_1 da seguinte forma:

Decisões

$x_j \equiv$ quanto vamos alocar ao projeto j.

Estágios

$k=0$, antes de qualquer decisão;
$k=1$, após decidir o valor de x_1;
$k=2$, após decidir o valor de x_2 (e x_1);
$k=3$, após decidir o valor de x_3 (e x_1 e x_2).

(Projeto_1) $z = \sum_{j=1}^{3} f_j(x_j)$

Sujeito a:

$x_1 + x_2 + x_3 \leq 3$
$x_j \geq 0$ e inteiro $j = 1,2,3$

Estados

São definidos a cada estágio pelo capital ainda disponível para aplicação.

Processo

O investidor, o capital disponível e os projetos.

Em semelhança ao exemplo 1 pode-se construir um diagrama, conforme descrito na Figura 1.22, que permita acompanhar graficamente o comportamento estado × estágio do processo. Nesse diagrama serão representados os valores para o capital já investido na trajetória de decisão dentro de retângulos. Como existem quatro possibilidades de investimento em cada projeto, o diagrama possui colunas com quatro retângulos. A primeira coluna marca o investimento nulo e a última, o investimento completo.

A política ótima será representada por uma trajetória ou caminho no diagrama capaz de rotular o retângulo final com o maior valor possível. Os cálculos serão realizados estágio a estágio, como no grafo do caminho mais curto, aproveitando-se todas as conclusões obtidas em cada estágio para a tomada de decisão em estágios anteriores.

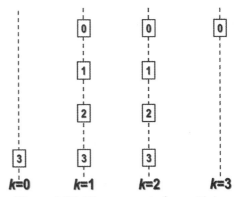

Figura 1.22: Diagrama estado × estágio.

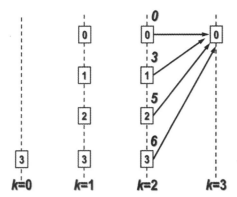

Figura 1.23: Primeira fase de decisão – política para x_3.

Será anotado junto ao canto superior direito de cada retângulo do diagrama o valor de retorno correspondente à tomada de decisão a ele associada. O trânsito de um estado para outro representa o exame das possibilidades de investimento no projeto a ele associado.

Inicia-se a solução no último estágio decidindo sobre a variável x_3. O retorno obtido com um investimento no projeto 3 (variável x_3) é a coluna do projeto 3 da Tabela 1.9. A transição do estágio 2 ($k=2$) para o 3 ($k=3$) decide quanto será investido no projeto 3. As possibilidades dessa decisão podem ser resumidas na Figura 1.23.

As Figuras 1.24 e 1.25 examinam a tomada de decisão das variáveis x_2 e x_3. As opções que levam a valores inferiores para o rótulo superior não são marcadas. A solução final corresponde a $x_1=0$, $x_2=2$ e $x_3=1$.

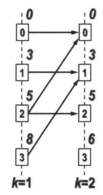

Figura 1.24: Política ótima para x_2.

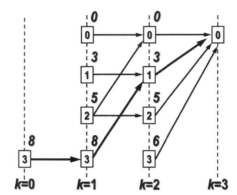

Figura 1.25: Política ótima para x_1 e conclusão.

Considerando que o retorno do investimento é representado nos rótulos do grafo, a fórmula de recursão para o cálculo do rótulo no estágio (camada) $k-1$ e em função dos rótulos do estágio (camada) k é igual a:

$$R(i,k)=R(j,k-1)+\max\{c_{ij}, \forall i \in L_k, \forall j \in L_{k-1}\}$$

Onde $R(i, k)$ são os rótulos dos vértices i pertencentes à camada k do grafo, $R(j, k-1)$ são os rótulos dos vértices j pertencentes à camada $k-1$ do grafo, c_{ij} representa o acréscimo de retorno propiciado pela opção de investimento escolhida (opção obrigatoriamente viável) entre os vértices i e j e L_k é o conjunto de vértices da camada k.

✔ Exemplo 3: O Problema da Entrega × Estoque de Produção

Um fabricante de vagões ferroviários assina um contrato com uma empresa de transporte ferroviário para o fornecimento de 100 vagões frigoríficos em um período de 5 anos. Em janeiro de cada ano é prevista a entrega de 20 vagões. O custo de produção anual por lote de 10 vagões, segundo as projeções do departamento de engenharia, deve variar como especificado na Tabela 1.10.

Tabela 1.10: Produção de produção dos vagões

Produção anual	0	1	2	3	4	5
Custo (1000 Reais)	5	12	16	19	21	22

A capacidade de armazenagem máxima do fabricante é de 4 lotes (40 vagões) sendo que a estocagem consume em manutenção, mobilização da área e segurança 1000 reais por lote armazenado por ano. A capacidade máxima de produção é de 5 lotes. A armazenagem em um ano é contabilizada ao longo do ano e calculada sobre o número de lotes remanescentes após a entrega do início do ano. O fabricante começa a produção em 01 de janeiro e termina em 31 de dezembro, sendo que os custos de armazenamento do lote que é produzido ao longo do ano de produção já estão computados nos valores da Tabela 1.10. No início do contrato não existe qualquer vagão frigorífico em estoque e não existe qualquer interesse em que permaneçam vagões após o término do contrato. Estabeleça a política ótima de produção, entrega e armazenagem para a indústria contratada.

Decisões

$x_j \equiv$ número de lotes a produzir no ano j, $j=1,2,3,4,5$.

Estágios

$k=0$, antes de qualquer lote ser produzido.
$k=j$, após decidir o valor de x_j.

Estados

Número de lotes em estoque conforme a Tabela 1.11. Observe-se que não é possível manter em estoque mais de três lotes ao início do segundo ano de produção, pois a produção máxima do primeiro ano é 5 lotes e a entrega obrigatória é igual a 2. Tampouco é possível ter estoque maior de 2 lotes ao início do quinto ano de produção ou haverá lotes remanescentes.

Tabela 1.11: Distribuição possível do estoque ao longo do tempo

k	Estados Viáveis
0	0
1	0 1 2 3
2	0 1 2 3 4
3	0 1 2 3 4
4	0 1 2
5	0

Variável de decisão auxiliar

$u_j \equiv$ número de lotes estocados no início do ano j, $j=1,2,3,4,5$.

Restrições

$\sum_{j=1}^{5} x_j = 10$

$0 \leq x_j \leq 5$ e inteiro

$0 \leq u_j \leq 4$ e inteiro

$u_1 = 0$

$u_6 = 0$

Processo

O fabricante, o cliente, a capacidade de fabricação e estoque.

É possível formular o problema que será denominado de Projeto_2, conforme o modelo ao lado:

(Projeto_2) $z = \min \sum_{j=1}^{5} f_j(x_j, u_j)$

Sujeito a:

$\sum_{j=1}^{5} x_j = 10$

$0 \leq x_j \leq 5 \quad j=1,\ldots,5$

$u_{j+1} = x_j + u_j - 2$

$0 \leq u_j \leq 4 \quad j=1,\ldots,6$

$u_1 = 0$

$u_6 = 0$

$x_j \geq 0$ e inteiro $j=1,\ldots,5$

$u_j \geq 0$ e inteiro $j=1,\ldots,6$

O problema pode ser representado pelo diagrama da Figura 1.25. A representação foi elaborada em função da variável estoque. Nos retângulos são registrados os vagões em estoque. O número de vagões entregues é o produzido menos o estocado. A restrição de entrega anual de 20 vagões deve ser garantida implicitamente na ocasião do exame dos caminhos possíveis entre o estágio i e i-1. As variáveis $u_1=u_6=0$, por força do enunciado que não permite estoque final e nem reconhece estoque inicial. Do diagrama da Figura 1.27, tem-se que $u_2=3$, ou seja, no primeiro ano serão produzidos 5 lotes, entregues dois e mantidos três em estoque. $u_3=1$ significa que, no segundo ano, não haverá produção. $u_4=1$ implica que, no terceiro ano, serão produzidos mais cinco lotes que, somados com um lote do estoque, acumularão 6 lotes. Como serão entregues dois lotes ao final do terceiro ano, permanecerão quatro em estoque. Daí para diante, as duas próximas entregas anuais serão atendidas exclusivamente pelos lotes já em estoque. O quadro ano *versus* produção 1.27 resume o valor das variáveis *x*.

Os rótulos são calculados pelo dispêndio necessário à produção acumulado com o de estoque. Por exemplo, no último ano (entre $k=5$ e $k=4$), o rótulo do vértice que corresponde ao retângulo do estoque zero vale 16, pois corresponde a manter o estoque zero e produzir dois lotes de vagões (produção de 2 lotes é igual a 16 na Tabela 1.10). As figuras de (a) até (e) da Figura 1.26 exemplificam a formação da solução a partir do ano 5 (o último ano), retornando ao segundo estágio de decisão.

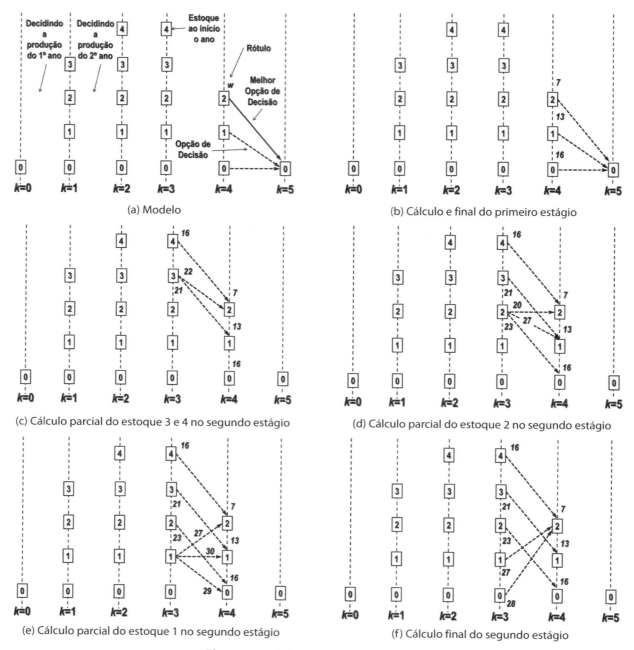

Figura 1.26: Solução parcial do problema.

O rótulo de estoque 1 corresponde ao custo de produzir 1 lote (custo 12) e estocar um lote (custo 1), somando no total 13 unidades. O rótulo do estoque 2 corresponde a não produzir nada (custo igual a 5 lotes) adicionado ao custo de manter dois lotes em estoque (custo igual a 2) somando 7. A Figura 1.27 exemplifica a recuperação da solução a partir do grafo em estágios.

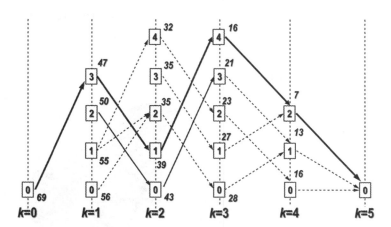

Tabela 1.12: Produção anual

Ano	1	2	3	4	5
Produção	5	0	5	0	0

Figura 1.27: Solução do exemplo 3.

✔ Equações de Recorrência dos Exemplos 1, 2 e 3

Observe-se que estágios de decisão dos exemplos 1, 2 e 3 são representados por meio de camadas de um grafo. Uma camada k de um grafo é um conjunto de vértices que não possui aresta entre si e pode se ligar somente com vértices das camadas $k-1$ e $k+1$.

Os cálculos dos valores das variáveis dos problemas exemplificados ocorrem sucessivamente, aproveitando os valores obtidos na camada k para calcular os valores da camada $k+1$. A fórmula de recursão para o cálculo dos rótulos no estágio (ano) $k-1$ e função do estágio (ano) k é igual:

$$R(i,k) = R(j,k-1) + \min\{(c_{ij} + e_{ij}) \,\forall i \in L_k, \forall j \in L_{k-1}\}$$

Onde $R(i, k)$ são os rótulos dos vértices i pertencentes à camada k do grafo, $R(j, k-1)$ são os rótulos dos vértices j pertencentes à camada $k-1$ do grafo, representa o custo de produção e e_{ij} o custo de estoque propiciados pela opção de investimento escolhida (opção obrigatoriamente viável atendendo as restrições o problema tanto em capacidade de produção quanto em capacidade de estoque) entre os vértices i e j e L_k o conjunto de vértices da camada k.

1.7 Métodos Exatos para Programação Linear Inteira Mista (PLIM)

Nesta seção se apresenta uma visão geral dos métodos exatos, delineando os algoritmos mais usados para a determinação de uma solução ótima global de um problema de programação linear inteira mista (PLIM). Presentemente se assume a seguinte versão canônica para o problema conforme formulada no modelo PLIM.

No modelo PLIM, se assume que A e D são matrizes, e c, d, b, x e y são vetores de dimensões compatíveis. Observa-se que as variáveis do vetor x são restritas em sinal e devem obrigatoriamente ser números inteiros, enquanto que as variáveis do vetor y também são não negativas, mas podem assumir valores contínuos. Quando o vetor d e a matriz D são nulos, o problema se torna de programação linear

(PLIM) Minimizar $z = cx + dy$
sujeito a:
$Ax + Dy \geq b$
$x \geq 0, x$ inteiro
$y \geq 0$

inteira pura, o que já foi objeto de estudo nas seções anteriores. Aqui se assume por simplicidade que o conjunto de soluções viáveis do problema PLIM é limitado e não vazio, possuindo pelo menos uma solução viável.

Em face da dificuldade do problema PLIM, a maioria dos métodos exatos recorre ao uso de programação linear contínua em problemas relacionados. O fato de existirem variáveis contínuas y reforça o interesse no uso de programação linear em problemas PLIM. A seguir, esta seção discorre sobre as noções que permeiam essas relações e apresenta uma visão geral dos métodos. Os principais algoritmos são então focados dentro do arcabouço geral e algumas técnicas complementares são também vistas nos contextos em que se aplicam com eficácia.

● Noções de Separação, Relaxação, Sondagem e Restrições

O arcabouço geral dos algoritmos que recorrem ao auxílio da programação linear contínua para resolver o PLIM se baseia nas noções de Separação, Relaxação, Sondagem e Restrição. Essas noções estão nas raízes dos esforços para resolver problemas grandes de programação matemática em geral, sendo notável a consolidação dos conceitos empreendida por Geoffrion (1970) e divulgados nos livros de Lasdon (1970) e, mais recentemente, de Goldbarg *et al.* (2015). Separar, relaxar, sondar e restringir constituem ações que, quando sistematicamente realizadas, norteiam os algoritmos exatos. Cada uma dessas noções é aqui discutida antes de se apresentar o arcabouço geral desses algoritmos exatos (Geoffrion & Marsten, 1972). A Figura 1.28 ilustra o relacionamento entre as diferentes ações dirigidas ao tratamento de subproblemas oriundos de um problema original PLIM.

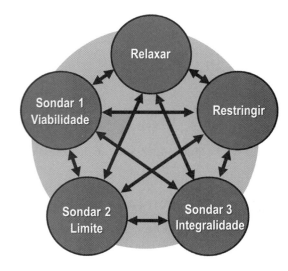

Figura 1.28: Principais ações nos subproblemas do PLIM.

✔ Separação

Para todo problema de otimização P, seja $V(P)$ seu conjunto de soluções viáveis. Diz-se que o problema P está separado nos subproblemas $P_1, ..., P_q$ se as seguintes condições ocorrerem:

(S1) Toda solução viável de P é uma solução viável de exatamente um dos subproblemas $P_1, ..., P_q$.
(S2) Uma solução viável de qualquer um dos subproblemas $P_1, ..., P_q$ é uma solução viável de P.

Essas condições asseguram que os conjuntos $V(P_1), ..., V(P_q)$ constituem uma partição do conjunto $V(P)$. Os subproblemas $P_1, ..., P_q$ são chamados de descendentes de P. Refinar a partição do conjunto $V(P)$ corresponde a criar descendentes de descendentes de P.

A Figura 1.29 ilustra a estratégia de dividir para conquistar, razão principal da noção de separação. O problema maior P, no caso o PLIM, mais difícil, é separado em subproblemas menores $P_1, ..., P_q$, que se espera que sejam mais fáceis de resolver. A conquista de uma solução ótima para o PLIM não é feita diretamente, mas por partes, mediante um mecanismo de coordenação e fluxo de informação relevante obtida dos subproblemas. Valores de solução ótima ou limites dos subproblemas são transmitidos à coordenação da resolução do PLIM, responsável pela triagem e emissão de parâmetros de coordenação enviados aos processos de solução dos subproblemas. A ideia é fazer um esforço razoável para resolver *P*. Se não houver sucesso, recorre-se à separação de *P* em dois ou mais problemas menores, iniciando-se uma lista de subproblemas candidatos a serem resolvidos. Ao se extrair um dos subproblemas dessa lista, chamando-o de Problema Candidato (PC), busca-se sua solução. Se esse problema puder ser resolvido com esforço razoável, obtém-se sua solução ótima, com valor de função objetivo v(PC) e se extrai um novo problema da Lista. Em caso contrário, separa-se o (PC), e se adiciona seus subproblemas descendentes da lista. Cuida-se de sempre guardar a melhor solução obtida até o momento, chamada de solução incumbente, com valor de função objetivo indicado por $z^* = v(PC)$, onde (PC) se refere aqui ao subproblema resolvido que incorpora a melhor solução até então achada. Quando a Lista de subproblemas candidatos é exaurida, a incumbente final é uma solução ótima para o problema original P.

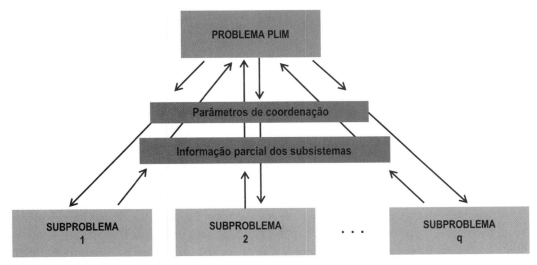

Figura 1.29: Separação do *PLIM* com coordenação e fluxo de informação relevante.

A utilidade dessa estratégia depende do nível de sucesso com que se pode resolver ou descartar problemas candidatos da lista sem que se tenha que exagerar no uso da separação. Esse ponto crucial é objeto de discussão nesta seção, em conformidade com os usos criteriosos da separação e das estratégias complementares de relaxação, sondagem e restrição. Quanto mais cedo se encontrar uma boa solução incumbente, melhor fica. Para isso é muito importante escolher um problema promissor na lista de candidatos. Relaxar pode facilitar a solução de um subproblema, sondar pode descartar *a priori* problemas da lista e restringir pode evitar a necessidade de separação.

✔ Relaxação

A ideia essencial da relaxação consiste em resolver uma versão relaxada do problema original P, ignorando as restrições de integralidade ou algumas das restrições de desigualdade, o que resulta num problema relaxado P_R. Se a solução do problema resultante P_R não satisfaz a todas as restrições ignoradas de P, então se acrescenta uma ou mais restrições violadas ao problema P_R. O novo problema relaxado, mais restrito, é resolvido novamente e continua-se dessa forma até que uma solução do problema resolvido satisfaça a todas as restrições ignoradas, em cujo ponto encontra-se uma solução ótima para o problema P. Um refinamento importante envolve o abandono, no problema relaxado, de restrições amplamente satisfeitas, com o devido cuidado para garantir o término do procedimento.

O único requisito para que P_R seja uma relaxação válida de P é o de que o conjunto de soluções viáveis de P esteja inteiramente contido no conjunto de soluções viáveis do problema relaxado: $V(P_1) \subseteq V(P_R)$. Isso permite que a relaxação de integralidade de variáveis possa ser mantida com a compensação de gerar restrições de programação linear contínua que induzam à obtenção de ótimos inteiros no problema relaxado, caso do método de planos de corte. Assumindo que o problema original P seja de minimização, como é o caso do PLIM acima enunciado, a relaxação implica as seguintes relações:

(R1) Se P_R não tem nenhuma solução viável, então o mesmo é verdade para P.
(R2) O valor mínimo de P não é menor do que o valor mínimo de P_R.
(R3) Se uma solução ótima de P_R é viável em P, então ela é solução ótima em P.

Ao se escolher uma forma de relaxar um dado problema, há dois critérios antagônicos a serem considerados. Em primeiro lugar, se deseja que o problema relaxado P_R seja significativamente mais fácil de resolver do que o problema original P. Felizmente, isso costuma ser verdade quando se relaxa os requisitos de integralidade das variáveis x, já que, nesse caso, o PLIM ou qualquer uma de suas partições se torna um problema de programação linear contínua.

Em segundo lugar, é desejável que a partir de P_R se obtenha uma solução ótima de P por meio da relação (R3) ou, se isso não for possível, que o valor mínimo de P_R seja tão próximo quanto possível do valor mínimo de P. Em geral, nas formulações naturais dos problemas mais difíceis, quanto mais fácil for resolver o P_R, maior é a diferença (o *gap*) entre os valores ótimos do problema relaxado e do problema original. Nesses casos se diz que a formulação é fraca e o termo natural se refere ao fato de que a formulação emerge naturalmente das relações logicas inerentes ao problema. Embora seja possível criar artificialmente formulações fortes para diversos problemas difíceis, é comum que essa alternativa esbarre em problemas de programação linear de grande dimensão, o que gera complexidade de tamanho e requer o uso de técnicas de decomposição.

✔ Sondagem

A ideia de sondagem (*fathoming*) é complementar a um procedimento de separação, se aplicando a um problema selecionado da lista de subproblemas do PLIM e se realizando por meio de um procedimento de relaxação. A ideia já foi apresentada neste capítulo no contexto do método de separação e avaliação progressiva (*branch-and-bound*). Uma sequência de problemas candidatos precisa ser examinada, e quando algum deles não pode ser descartado ou resolvido com razoável esforço, ele carece de ser separado, de forma que seus descendentes precisam ser examinados subsequentemente. Nesse sentido o conceito de relaxação tem um papel importante, já que, em vez de se tratar diretamente do problema candidato P, permite que se opere em sua relaxação contínua P_R, mais tratável. Os critérios de sondagem a seguir descritos procuram formalizar esse papel:

(S1) Uma análise de P_R revela que P é inviável.
(S2) Uma análise de P_R revela que P não tem solução viável melhor do que a solução incumbente.
(S3) Uma análise de P_R revela uma solução ótima para P.

✔ Restrição

A restrição é uma estratégia de solução bastante útil em problemas com muitas variáveis não negativas, sobretudo se os dados associados a essas variáveis são apenas implicitamente conhecidos. Isso ocorre na linearização interna e em modelos combinatórios. A ideia básica é a seguinte: resolve-se o problema sujeito à restrição adicional de que um subconjunto de variáveis tem valor nulo; se a solução resultante não satisfaz às condições de otimalidade do problema, então se libera uma ou mais variáveis restritas, terminando o procedimento somente quando a otimalidade é atingida. Note-se que as variáveis restritas a zero essencialmente caem fora do problema restrito, reduzindo seu tamanho e evitando a necessidade de se conhecer explicitamente os dados associados. A estratégia se torna bastante atrativa se apenas uma pequena parcela das variáveis for ativa na solução ótima, tal como é usual no método Simplex e em esquemas correspondentes de geração de colunas.

É interessante observar que as estratégias de restrição e de relaxação são complementares num sentido bastante forte. Nesse sentido, é significativo que a estratégia de restrição (relaxação) aplicada a um programa linear essencialmente corresponde à relaxação (restrição) aplicada ao problema dual. A mesma asserção é válida para programas convexos mais gerais, em particular para problemas decomponíveis em que a dualidade seja explorada em relação às restrições de acoplamento.

● Visão Geral dos Algoritmos Exatos

O fluxograma da Figura 1.30 ilustra o arcabouço geral dos principais algoritmos usados para a resolução exata de um problema PLIM. Em suas versões originais, cada algoritmo básico executa um subconjunto correspondente de passos. Na prática, na maioria das implementações modernas, são executados todos os passos indicados no fluxograma. O fluxograma apresentado aborda a modelagem do problema no formato de minimização.

Lembrando que a solução incumbente tem valor de função objetivo indicado por $Z^\star$, tem-se a seguinte descrição para os passos do fluxograma:

Passo 1. Inicialize a lista de problemas candidatos com o PLIM apenas, assumindo que Z^* seja um número muito grande.

Passo 2. Se a lista de problemas candidatos estiver vazia, faça a verificação a seguir e depois pare. Verificação: se existe uma solução incumbente, então ela é ótima para o PLIM, que tem valor ótimo Z^*, senão o PLIM não tem solução viável.

Passo 3. Selecione algum dos problemas da lista para sondar, chamando-o de problema candidato (PC) corrente.

Passo 4. Escolha alguma relaxação PC_R do problema (PC).

Passo 5. Aplique um algoritmo adequado para PC_R.

Passo 6. Critério de Sondagem 1: Se a saída do Passo 5 revelar que o (PC) não é viável (PC_R) = $\emptyset$, então descarte o problema e volte ao Passo 2.

Passo 7. Critério de Sondagem 2: Se a saída do Passo 5 revelar que o (PC) não tem solução melhor do que a incumbente ($V(PC_R) \geq Z^*$), então descarte o problema e volte ao Passo 2.

Passo 8. Critério de Sondagem 3: Se a saída do Passo 5 revelar uma solução ótima para o (PC) (uma solução ótima de PC_R é inteira, portanto viável para o (PC)), então vá ao Passo 12.

Passo 9. Decida se persiste ou não com a sondagem de (PC). Se sim, vá ao Passo 10. Se não vá ao Passo 11.

Passo 10. Modifique a relaxação de (PC) e volte ao Passo 5.

Passo 11. Separe o (PC) e adicione seus subproblemas descendentes à lista de problemas candidatos. Volte ao Passo 2.

Passo 12. Uma solução viável para o PLIM foi encontrada: Se $V(PC) < Z^*$, guarde essa solução como sendo a nova incumbente e faça $Z^* = V(PC)$. Volte ao Passo 2.

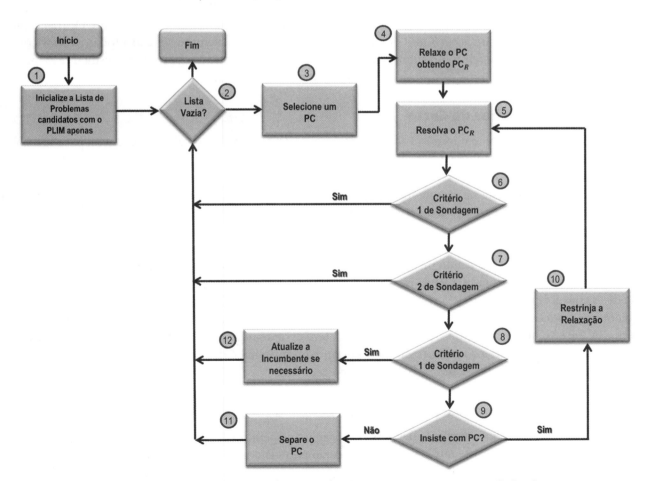

Figura 1.30: Um arcabouço geral para os algoritmos exatos em programação inteira.

Este procedimento geral acomoda os principais algoritmos criados e também admite muita flexibilidade. Por exemplo, pode não ser necessário resolver o PC_R completamente, já que uma versão restrita desse problema relaxado já pode por si revelar uma solução viável para o (PC) que seja melhor do que a incumbente. Nesse caso, embora não se possa descartar o (PC), pode-se melhorar o valor incumbente e expurgar da lista de problemas candidatos todos aqueles que porventura tenham limites inferiores de solução maiores do que esse novo valor. A ordem dos passos 6, 7 e 8 não é rígida. De fato, os passos 5 a 8 podem ser conceituados como um conjunto de ações devotado para sondar o (PC). Conforme ilustrado na Figura 1.29, relaxar a integralidade de um (PC) faz parte da ação de sondá-lo, mas pode vir acompanhada de uma restrição ao número de variáveis do PC_R correspondente. O fato de o PC_R ser muito grande suscita abordá-lo por métodos de decomposição em programação linear, no espírito do último capítulo do livro anterior dos correntes autores (Goldbarg et al., 2015). Essas acomodações no arcabouço geral abrem espaço para o uso de geração de colunas e de relaxação Lagrangeana, levando às técnicas conhecidas pelas variantes entre os acoplamentos das palavras *branch*, *cut* e *price*. Por exemplo, bons resultados no uso adequado dessas variantes foram obtidos por Gamache et al. (1999), Vanderbeck (2000) e Barnhart et al. (2000). A seguir se discute as acomodações do arcabouço geral às estruturas de cálculo originais dos principais algoritmos, comentando estratégias alternativas mais usadas na atualidade.

● Algoritmos *Branch-and-Bound*

Os algoritmos de separação e avaliação progressiva, tradicionalmente conhecidos por algoritmos *branch-and-bound*, foram estudados anteriormente com detalhes. Cabe aqui apenas enquadrá-los no arcabouço geral dos métodos exatos. Em sua versão original, a principal característica do método é que, no fluxograma da Figura 1.30, a decisão do Passo 9 consiste em nunca persistir na tentativa de sondar o (PC) corrente, sempre decidindo ir para o Passo 11 para separar o problema. A consequência é que o passo 10 é omitido do algoritmo. Outras características do método original de *branch-and-bound* são de que, no Passo 4, sempre se relaxa todas as restrições de integralidade das variáveis inteiras do subproblema do PLIM, enquanto que o subproblema resultante de programação linear é resolvido pelo método simplex, sem o recurso às técnicas de decomposição.

● Algoritmos de Planos de Corte

O método de planos de corte tem importância histórica por constituir a primeira abordagem geral para se resolver problemas de programação inteira. O artigo de Gomory (1960) constitui um de diversos trabalhos do autor que introduziram a técnica. Apesar de o método ter sido sombreado pela maior eficiência computacional dos algoritmos *branch-and-bound*, está na raiz de importantes desdobramentos conceituais que transcendem o escopo da programação inteira, tal como estudado por Eaves & Zangwill (1971).

Não cabe neste texto didático rever a extensa literatura subsequente a essas referências seminais. O interesse é de apenas enquadrar os algoritmos de planos de corte no arcabouço geral dos métodos exatos. Em sua versão original, a principal característica do método é que, no fluxograma da Figura 1.30, o Passo 3 se torna apenas uma formalidade, já que é executado apenas uma vez. No Passo 4, sempre se relaxa todas as restrições de integralidade das variáveis inteiras x do PLIM, já que nunca há separação do problema original. No Passo 5 se resolve o problema relaxado resultante pelo método dual-simplex, aproveitando-se os cálculos da resolução da relaxação anterior. A decisão do Passo 9 é de sempre persistir na tentativa de sondar o PLIM, nunca indo para o Passo 11, que é omitido do fluxograma. Outra característica do método original é de que, no Passo 10, sempre se aperta a relaxação corrente pela adição de um novo plano de corte.

● Algoritmos de Decomposição de Benders

O método original de particionamento de Benders (1962) aplica a operação de projeção do problema PLIM no espaço das variáveis inteiras x. Observa-se que, para o vetor x fixado num determinado valor como se fosse um parâmetro, o problema resultante a ser resolvido em y é de programação linear contínua, se apresentando sob a forma do modelo SUB Primal e o dual deste problema parametrizado em x na forma do modelo SUB Dual conforme se seguem:

$$\text{(SUB Primal)} \quad \text{Minimizar } dy \qquad\qquad \text{(SUB Dual)} \quad \text{Maximizar } p(b-Ax)$$

Sujeito a:

$$Dy \geq b - Ax$$
$$y \geq 0$$

Sujeito a:

$$pD \leq d$$
$$p \geq 0$$

A observação mais importante para o método de Benders é o fato de que o dual de qualquer subproblema em y tem sempre o mesmo conjunto de soluções nas variáveis duais p. O que muda é o vetor de coeficientes da função objetivo, jamais o conjunto de soluções de qualquer SUB Dual. A ideia principal do método é de aproveitar essa propriedade para avaliar o valor da função objetivo do problema interno por meio dos valores dos pontos extremos de seu dual. Mais detalhes podem ser vistos em Lasdon (1972) ou no Capítulo 7 de Goldbarg et al. (2015). Depois das operações de projeção, linearização externa e relaxação o problema PLIM passa a ser equivalente ao seguinte problema mestre:

$$\text{(PLIM Benders)} \quad \text{Minimizar } cx + x_0$$

Sujeito a:

$$x_0 \geq p^j(b-Ax) \quad j=1,\ldots,J$$
$$x \geq 0 \; e \; x \text{ inteiro}$$

Como não se conhece *a priori* todos os pontos extremos, indexados por j, do conjunto de soluções do subproblema dual, surge, naturalmente, a relaxação como estratégia de resolução do problema mestre PLIM Benders. A cada ciclo de comunicação entre o problema mestre e o SUB Primal, é gerado um novo ponto extremo de seu dual. Isso permite construir o conjunto de soluções do dual à medida que o procedimento gera diferentes x no nível superior. Por ser uma relaxação cada vez mais apertada, a solução de qualquer problema mestre resulta em um melhor limitante inferior *LI* para o problema. Por outro lado, a coordenação do problema PLIM guarda sempre a melhor solução viável obtida até o momento, chamada de incumbente, para a qual se registra o melhor limitante superior *LS* para o problema. Quando $LS - LI$ for menor do que um valor ϵ suficientemente pequeno, o método para, tendo convergido para uma solução ótima do problema.

Com a reescrita do problema sob a forma do PLIM Benders, pode-se enquadrar os algoritmos de decomposição de Benders no arcabouço geral dos métodos exatos. Embora nas implementações modernas esse problema fique imbricado na estrutura de *branch-and-bound*, na versão original de Benders, a principal característica do método é que, no fluxograma da Figura 1.30, o Passo 3 se torna apenas uma formalidade, já que é executado apenas uma vez. No Passo 4 sempre se relaxa todas as restrições, chamadas de cortes de Benders, ainda não conhecidas até o momento. No Passo 5 se resolve o problema relaxado resultante por algum algoritmo de programação inteira. A decisão do Passo 9 é de sempre persistir na tentativa de resolver o PLIM, nunca seguindo para o Passo 11, que é omitido do fluxograma. Outra característica do método original é de que, no Passo 10, sempre se aperta a relaxação corrente pela adição do último corte de Benders determinado.

A projeção é uma manipulação particularmente útil quando o problema é significativamente simplificado pela fixação temporária dos valores de certas variáveis. Os casos mais significativos ocorrem quando o subproblema em y é altamente separável em diversos problemas de fluxos. Foi marcante o sucesso de Geoffrion e colaboradores em problemas de localização de centros de distribuição, conforme relatado em Geoffrion & Graves (1974) e em Geoffrion & Powers (1995). A experiência de Cordeau et al. (2000) em transporte ferroviário e, principalmente, o sucesso do método em problemas de localização de *hubs* marcaram nichos em que a abordagem por Benders não apresenta concorrentes em termos de eficiencia computacional. Em localização de *hubs*, o artigo seminal de Camargo et al. (2008) deu origem a uma extensa bibliografia de sucesso do método, da qual se pode citar como exemplos os artigos de Camargo et al. (2009a, 2009b) e de Contreras et al. (2011). A interpretação econômica em problemas de redes também marcam o método de Benders, permitindo análise de preços espaciais, tal como em Luna(1979) e em Ouorou et al. (2001).

É importante enfatizar que a projeção é uma técnica de transformação bastante geral: nenhuma hipótese especial sobre é requerida para sua validade, e qualquer subconjunto de variáveis pode ser escolhido para fazer o papel de variáveis fixadas no nível superior. Porém, quando existe convexidade, não é difícil verificar que o subproblema também é convexo. Uma contribuição significativa para o tratamento desse caso não linear convexo foi feita pela generalização de Geoffrion (1972). O artigo deu origem ao uso do método em problemas inteiros de programação estocástica, fonte de uma rica literatura que se originou com a contribuição de França & Luna (1982). O uso de linearização externa no espírito de Duran & Grossman (1986) pode também ser acomodado com algum sucesso nessa classe de problemas não lineares.

1.8 Solução Heurística de Problemas de Programação Linear Inteira (PLI)

Enquanto os problemas lineares contínuos possuem no Simplex um algoritmo eficiente para a solução exata mesmo em casos reais, os problemas lineares discretos, salvo casos particulares, normalmente carecem da mesma sorte. O estudo de Garey & Johnson (1979) é um marco para o entendimento dos obstáculos que se interpõem entre uma possível solução teórica para um problema de programação discreta e sua implementação prática por meio dos instrumentos computacionais da atualidade. O cerne da dificuldade da abordagem exata dos problemas denominados "NP-Difíceis" que, por sinal, representam uma grande parte dos problemas de PLI realmente interessantes, está na explosão combinatória que acompanha os métodos de solução com base enumerativa. Uma árvore de B&B pode envolver um número exponencial de vértices, em muitos casos da ordem de k^n vértices, $k \geq 2$, onde n representa a altura (distância entre o vértice raiz e o vértice mais extremo, também denominado folha da árvore) da árvore de enumeração. Como uma ilustração da dificuldade de solução envolvida nos problemas de programação inteira, seja o problema (PAT), um clássico problema da mochila:

$$(PAT) \text{ Maximizar } z = x_1$$
$$\text{sujeito a}$$
$$2x_1 + 2x_2 + 2x_3 = 3$$
$$x_1, x_2, x_3 \in \{0,1\}$$

Caso decida-se solucionar (PAT) através da utilização de uma estratégia B&B básica, a árvore de enumeração associada está representada na Figura 1.31.

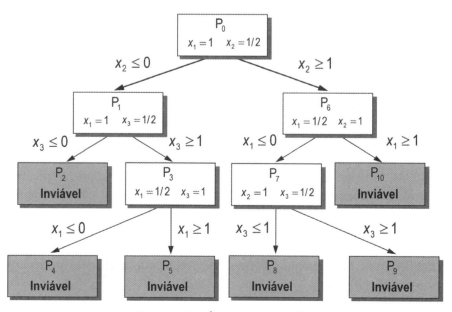

Figura 1.31: Árvore B&B de (PAT).

Observe-se que, para concluir sobre a inviabilidade de (PAT) através da enumeração proposta pela Figura 1.30, será necessário desenvolver o exame de 11 subproblemas. Demonstra-se que esse algoritmo de enumeração quando aplicado a um problema do tipo PAT com n variáveis desenvolverá no mínimo cerca de $2^{\frac{n+1}{2}}$ vértices na árvore de enumeração. Isso significa que, se o problema possuir 201 variáveis (os problemas reais podem possuir da ordem de milhares ou milhões de variáveis), então a árvore será da ordem de 2^{100} nós. Um computador capaz de examinar 1,5 trilhões de vértices por segundo dessa árvore levaria cerca de 537 milhões de anos para esgotar todas as possibilidades possíveis!

Apesar de todo o avanço das técnicas atuais que, certamente, fariam melhor que desenvolver a árvore de enumeração completa de (PAT) para determinar a inviabilidade do problema, ainda permanece a dificuldade imposta pela explosão combinatória desse tipo de problema. Em virtude dessa realidade, nas últimas décadas, as técnicas de solução aproximativa receberam uma extraordinária atenção da comunidade acadêmica. Esses algoritmos são denominados "heurísticos" ou aproximativos (o tema será aprofundado no Capítulo 2).

O termo "heurística" é derivado do Grego "*heuriskein*", que significa descobrir ou achar. Contudo, o significado da palavra, quando utilizado no contexto da Programação Matemática, avança um pouco além de sua raiz etimológica. É seguro afirmar que o termo "heurística" desperta, no contexto da solução de um problema NP-Difícil, o entendimento de que se trata de um método de busca de soluções onde não existem garantias gerais de sucesso. O termo "sucesso da busca" pode ser entendido tanto de forma quantitativa (número de soluções viáveis alcançadas) quanto qualitativa (adequação da solução alcançada ou sua proximidade de uma suposta solução ideal). Em um problema de otimização, o sucesso é representado, via de regra, pela obtenção da solução ótima. Um método heurístico de solução de um problema de otimização combinatória relaxa a garantia de que o processamento de cálculo do algoritmo seja capaz de alcançar a solução ótima em qualquer caso do problema solucionado.

Se for admissível que o algoritmo heurístico não forneça qualquer garantia qualitativa ou quantitativa de solução, a condição de heurístico é estendida a qualquer procedimento computacional, corrompendo-se o termo e perdendo-se o próprio sentido da palavra. Portanto, há que se modular pelo menos a dimensão quantitativa de desempenho de um algoritmo heurístico, uma vez que a dimensão qualitativa é exatamente o grande desafio. De fato, a modulação abordada se impõe até mesmo para caracterizar a diferença entre algoritmo heurístico e a tradicional definição de algoritmo. Na definição de algoritmo, não há qualquer modulação quantitativa ou qualitativa, como se observa na proposta de Knuth (1997):

Algoritmo — Conceito

É um conjunto de regras que permitem que uma determinada entrada de dados seja tranformada em uma saída específica. Cada passo deve ser definido precisamente e pode ser traduzido em linguagem computacional e executado por um computador. Knuth (1997).

Coerentemente com a posição anteriormente descrita, significativa parcela dos autores entende como heurísticos algoritmos que sustentam pelo menos a garantia quantitativa mínima de solução, ou seja, pelo menos alcançam uma solução para o problema, ainda que nada garantam sobre a qualidade da solução alcançada. Presentemente define-se uma heurística de busca como:

Heurística — Conceito

Uma heurística é uma técnica computacional que alcança sempre uma solução viável para um dado problema de otimização, utilizando um esforço computacional considerado razoável.

Busca-se, ainda, que a solução encontrada pela heurística possa ser aperfeiçoada sob certas condições controláveis de forma que se permita, atendidas tais condições, garantias qualitativas adicionais.

As heurísticas se iniciaram historicamente projetadas *ad hoc* para enfrentar problemas específicos. As primeiras heurísticas relatadas na literatura pretendiam a solução de problemas particulares e não permitiam, via de regra, serem extensíveis para a solução de outros problemas. As heurísticas clássicas de roteamento representam um bom exemplo de heurísticas *ad hoc* de grande eficiência. Significativa parte das heurísticas pioneiras desenvolvidas para a solução de problemas combinatórios NP-Difíceis empregavam alguma estratégia de enumeração parcial ou incompleta das variáveis, aplicavam regras que permitiam uma solução aproximativa ou efetuavam relaxações. Dentre as várias classificações possíveis para as heurísticas, sugere-se, sem a preocupação de garantir a exaustão das possíveis abordagens existentes, a constante da Figura 1.32.

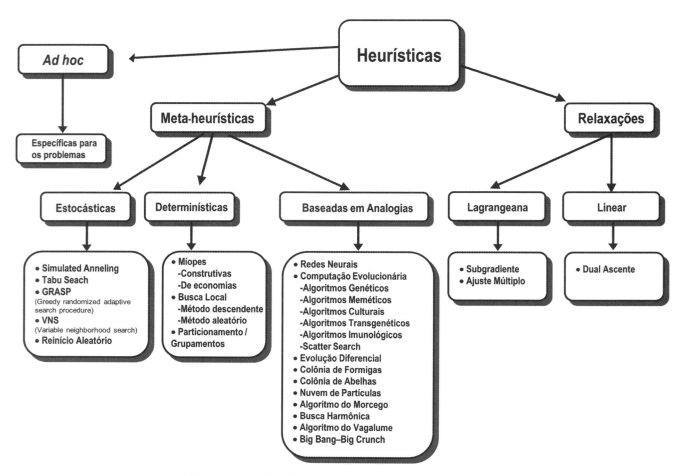

Figura 1.32: Classificação das abordagens aproximativas.

● Heurísticas Míopes

Uma das classes de heurísticas bastante difundida é a classe denominada míope. Considerando o problema proposto no grafo em camadas da Figura 1.16, a Figura 1.33 representa, dentro dos círculos, o valor final da solução parcial obtida no estágio *i* da tomada de decisão na busca do caminho mais curto entre os vértices A e J. O esforço de busca para processar a decisão em cada estágio da busca de um caminho mais curto em um grafo em camadas e com ponderação de arestas estritamente positiva pode ser avaliado pelo número de combinações entre as variáveis do estágio *r* (camada *r*) e do estágio *r-1* (camada *r-1*). No gráfico, é perceptível que, na medida do crescimento do número de opções de caminhos entre as camadas (vértices e ligações entre os vértices) para construir caminhos entre duas camadas vizinhas do grafo, o esforço de processamento cresce. Todavia o esforço seria ainda maior caso o grafo não fosse constituído em camadas.

Uma solução míope é um procedimento de decisão que:

1. Calcula uma trajetória de decisão em um modelo sempre configurado como um grafo em camadas, ainda que tal grafo de decisão não esgote todas as relações que são necessárias examinar no caso do problema a ser solucionado. O processo de tomar a decisão considerando exclusivamente o exame de relações entre as variáveis do estágio r e do $r-1$.
2. Aceita eliminar os caminhos alternativos de decisão que podem se formar paralelamente à decisão do estágio r.
3. Fundamenta a tomada de decisão no maior (problema de maximização) ou no menor (problema de minimização) acréscimo da função objetivo.

A estratégia míope tem potencial para reduzir significativamente o processamento computacional da tomada de decisão. Todavia não garante, para qualquer processo de tomada de decisão, que a solução ótima será sempre alcançada. No caso do exemplo, as variáveis desconsideradas após cada decisão míope são marcadas com o rótulo x.

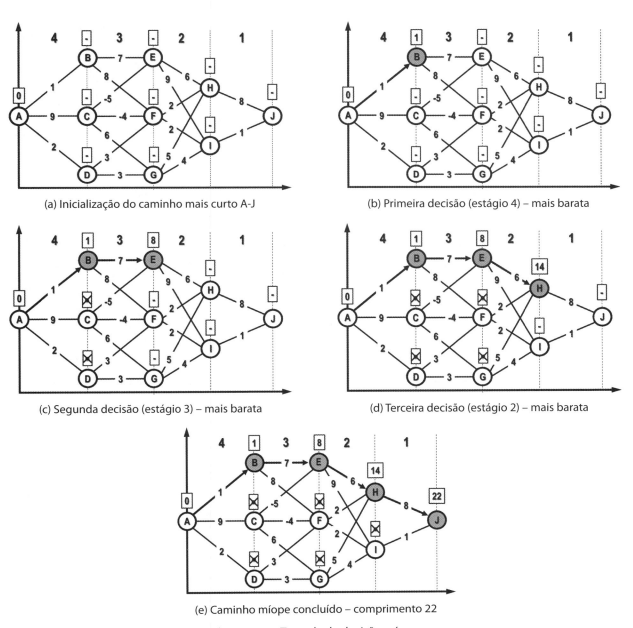

Figura 1.33: Tomada de decisão míope.

No caso do exemplo da Figura 1.33, como seria de esperar, em cada estágio apenas as opções associadas à decisão tomada no estágio anterior foram examinadas. O procedimento desenvolve um único caminho potencial pela agregação sucessiva de um vértice pertencente a cada camada. Em um procedimento exato, como esclarecido nos exemplos apresentados anteriormente, todas as possíveis opções são examinadas. De uma forma geral, quanto mais opções possíveis forem examinadas por um procedimento, tanto mais provável será alcançar uma melhor solução para o problema. Visando melhorar a estratégia míope clássica, a Figura 1.34 exemplifica o exame simultâneo de dois diferentes caminhos em cada estágio de decisão, todavia preservando o critério míope de selecionar as decisões de maior ganho parcial. As diferentes setas e tonalidades distinguem os dois caminhos. A figura denomina essa nova estratégia como semimíope.

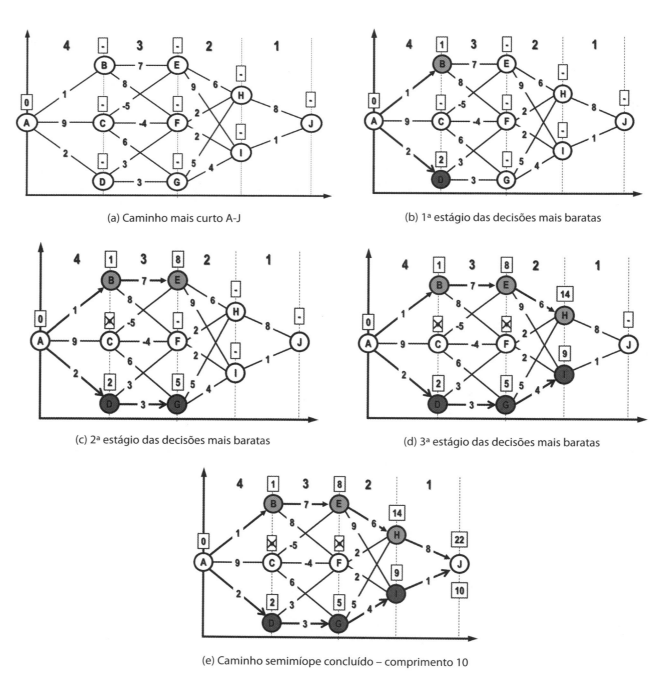

Figura 1.34: Tomada de decisão semimíope.

No caso, o processamento exigido pelo processo semimíope é maior, todavia resultando em uma melhor solução. De uma forma geral, a melhoria da eficácia de uma decisão heurística penaliza sua eficiência se caminhar no sentido de aumentar o número de opções de solução a serem exploradas. O exemplo mostra a busca de uma solução de compromisso entre o risco de não encontrar a solução ótima e a necessidade de examinar todas as opções possíveis para garantir a solução ótima em um caso geral. A determinação de uma boa solução de compromisso para o algoritmo envolve duas possíveis estratégias:

- Analisar um número crescente de combinações entre as variáveis selecionadas em um determinado estágio da decisão e as variáveis dos estágios seguintes (intensificação ou melhoria na qualidade da solução).
- Considerar um número cada vez maior de variáveis em cada nível (diversificação ou aumento do alcance – diâmetro – da busca).

O exemplo concretiza a busca da solução de compromisso por meio do desenvolvimento de uma segunda solução potencial. Mesmo assim, o exemplo examina todas as opções entre os dois estágios considerados em cada decisão. De fato, alguns procedimentos podem, adicionalmente, restringir o número de variáveis (no exemplo, número de vértices) a serem consideradas em cada estágio visando formar a solução potencial.

1.9 Exercícios Propostos

1 O Problema do Arredondamento de Soluções Inteiras

Seja o programa ao lado, que pode ser representado graficamente pela Figura 1.35.

Maximizar $z = 2x_1 + 3x_2$
sujeito a:
$$x_1 \leq 4,2$$
$$x_2 \leq 5,8$$
$$19x_1 + 20x_2 \leq 156$$
$$x_1, x_2 \in Z^+$$

Estudar a adequação do uso da técnica de arredondamento da solução inteira para esse problema.

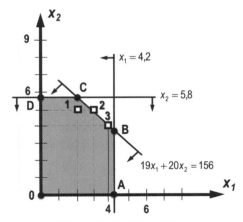

Figura 1.35: PPL Inteiro.

2 O Problema do Socorro Aéreo

Após um período de intensas chuvas, uma vasta região da Amazônia está alagada muito além dos níveis normalmente admissíveis. Várias localidades estão completamente ilhadas, sem acesso por terra. As ligações por barco estão perigosas em face das cheias dos rios. O governo resolveu providenciar uma ponte aérea de suprimentos envolvendo Manaus e três outras cidades que atuarão como polos de distribuição de remédios, gêneros de primeira necessidade e combustível.

A Figura 1.36 mostra o mapa da operação. Para efetuar o transporte, o governo dispõe basicamente de dois tipos de aeronaves da aeronáutica: o helicóptero Valente e o avião de carga Sucuri. O helicóptero só pode operar com uma escala, pois só abastece em Manaus. O Sucuri possui maior autonomia e só opera economicamente com duas escalas. Os custos (em R$) para o quilômetro de voo estão resumidos na Tabela 1.14.

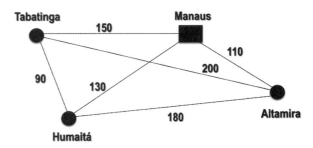

Figura 1.36: Mapa da operação.

Sabendo-se que Altamira necessita de 10 t de suprimento diário, Tabatinga, 21 t e Humaitá, 7 t, e que, em virtude do carregamento em Manaus, o suprimento máximo que poderá ser enviado por helicóptero não ultrapassa 15 t, formular o atendimento da demanda minimizando os custos globais da operação.

Tabela 1.14: Distribuição possível do estoque ao longo do tempo

Trajeto	Valente		Sucuri	
	Vazio	Carregado	Vazio	Carregado
Manaus ⇔ Tab	2,5	3	2	4
Manaus ⇔ Hum	2	3	1,5	3,5
Manaus ⇔ Altam	2	3,5	2	3,5
Altamira ⇔ Tab	---	---	---	3
Altamira ⇔ Hum	---	---	---	4
Humaitá ⇔ Tab	---	---	---	2,5

3 O Problema das Tarifas de Hospedagem

Um certo hotel com capacidade para 180 hóspedes distribuídos em 30 quartos simples, 30 duplos e 30 triplos pretende otimizar sua política de preços. O hotel trabalha com quatro tipos de clientes: excursões (e), convenções (c), empresas (s) e avulsos (a). Uma consultoria providenciou o levantamento das equações de demanda em função dos preços cobrados em relação aos clientes de excursões e de empresas da seguinte forma:

$$e_P \leq 100 - \left(\frac{p_S}{2} + \frac{p_P}{3} + \frac{p_T}{4}\right) \quad \text{e} \quad s_P \leq 100 - \left(p_S + \frac{p_P}{4} + \frac{p_T}{2}\right)$$

Onde e_p é o número de pessoas que comporão uma excursão em função dos p_i ou preço dos quartos simples, duplos e triplos. Os preços podem variar (em unidades monetárias) dentro das seguintes faixas:

$$20 \leq p_S \leq 50$$
$$30 \leq p_D \leq 80$$
$$40 \leq p_T \leq 90$$

As convenções trazem uma demanda fixa de 100 pessoas e exigem os custos mínimos. Ocupam 20 quartos simples obrigatoriamente. As convenções utilizam o salão de convenções com um retorno de V unidades monetárias. Quando o salão não está sendo utilizado, o hotel gasta R unidades monetárias em sua manutenção.

Os convênios com empresas garantem a ocupação de 10 quartos simples ao preço de mercado ($s_p \geq 10$).

Sabendo-se que as despesas rateadas correspondem aos custos mínimos dos preços dos quartos; que é possível captar 20 pessoas avulsas diariamente pagando o preço máximo da tabela e ocupando quartos duplos; que no mínimo 30% das pessoas das excursões ficam em quartos simples; que não são viáveis excursões com menos de cinco pessoas e que os quartos duplos ou triplos podem ser alugados como simples (mantendo os custos mínimos rateados), estabelecer o programa de programação matemática para otimizar a ocupação do hotel.

4 O Problema das Damas do Jogo de Xadrez

Em um tabuleiro de xadrez (padrão 8 × 8) vazio, sabendo-se que uma alocação em casa preta vale o dobro do que em casa branca, determine a localização ótima para 8 (oito) damas de modo que nenhuma delas seja ameaçada pelas demais. Formule esse problema como um PPL e o solucione como o auxílio do Simplex.

5 O Problema das Peças de Xadrez

1. Um jogador resolveu distribuir as torres, os bispos e os cavalos de um jogo de xadrez em um tabuleiro vazio de forma a minimizar o número de casas não atacadas e não permitir que as peças alocadas se atacassem diretamente (considerando apenas o ataque entre peças de cores diferentes). Formule esse problema como um PPL e solucione-o com o auxílio do Simplex.
2. Formular e solucionar o caso 1, considerando que o jogador pode dispor do número que desejar de torres e bispos, mas as peças são independentes, ou seja, passíveis de serem atacadas por peças de mesma cor.
3. Formular e solucionar o problema 2 considerando a casa de alocação de uma peça como casa não atacada.

6 O Problema do Atendimento Bancário de Aposentados

Um banco de uma cidade resolveu redefinir seu sistema de atendimento a aposentados pelas agências de modo a maximizar o conforto no atendimento dessas pessoas idosas, uma vez que as medidas de automação e acesso remoto não se mostraram suficientes para aliviar as dificuldades no atendimento de balcão. A demanda de atendimento d_i, $i=1,...,n$ foi discretizada dentro de n blocos geográficos quadrados com cerca de 1.500 m de lado, conforme Figura 1.37. Cada bloco foi considerado concentrado em seu centro de gravidade e representado por um nó em um grafo. Todos os nós desse grafo foram ligados por arestas aos seus blocos vizinhos (distância de 1.500 metros entre cada nó do grafo de discretização). Os nós (blocos marcados) que englobaram agências bancárias já existentes foram anotados como nós de oferta o_j, $j=1,...m$, contabilizando-se como oferta disponível a oferta total da agência menos a demanda gerada em seu bloco de localização.

Sabendo-se que a direção do banco deseja que:

1. Nenhum aposentado tenha que se deslocar mais de 4.500 m para ser atendido.
2. Nenhum aposentado gaste mais de R unidades monetárias com deslocamento.
3. Que a demanda prevista pela área de captação alocada a uma agência jamais ultrapasse sua oferta nominal.

Figura 1.37: Discretização da demanda e do atendimento.

Sabe-se ainda que, para solucionar o problema da demanda, pode-se ampliar uma agência j já existente a um custo de h_j unidades monetárias por usuário, ou implantar um novo posto que custaria uma parcela fixa de f_j unidades monetárias, e que cada usuário relocado a esses postos de atendimento custa ao sistema mais c_j unidades monetárias. Conhecendo-se que o deslocamento entre os vértices i e j do grafo de discretização custa, em média, p_{ij} unidades monetárias, formular o problema de minimizar os gastos com a redefinição do sistema de atendimento, englobando a ampliação de agências e a criação de postos de atendimento no banco.

7. O Problema da Distribuição de Água

Uma companhia de água e esgoto deseja implementar a rede de abastecimento de água de um bairro recentemente ocupado e em processo de urbanização. A Figura 1.38 mostra que junto ao bairro passa uma adutora de grande porte que deve ser ligada a uma rede de distribuição local que percorra as ruas. Os custos da rede local são diretamente proporcionais ao comprimento linear dos canos. A rede de água não deve possuir circuitos (canos ligados de forma circular), pois essa configuração, além de dificultar a manutenção, ocasiona problemas no fluxo de água que acabam prejudicando os encanamentos e válvulas de pressão. Formular o problema de distribuir a água em todos os quarteirões do bairro minimizando o custo total do sistema.

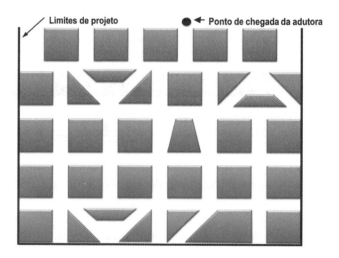

Figura 1.38: Mapa da rede a ser implantada.

8. O Problema do Incêndio Florestal – Operação Prolongada

Em Goldbarg *et al.* (2015), o seguinte problema é enunciado e solucionado como um exemplo: Uma reserva florestal está em chamas e o governo planeja uma operação rápida de combate ao fogo para o dia seguinte pela manhã. O incêndio é de pequenas proporções e progride em lenta propagação. O objetivo é extingui-lo em cerca de três horas de operação logo após o amanhecer, reduzindo a oportunidade de que o cenário se altere e o fogo saia de controle. Serão mobilizados aviões e helicópteros especializados neste tipo de operação. As características dos aparelhos constam da Tabela 1.15.

Tabela 1.15: Características dos aparelhos de combate ao fogo

Aparelho	Eficiência no Incêndio (m² por hora)	Custo (R$ por hora)	Necessidades em pessoal
Helicóptero AH-1	15.000	2.000	2 pilotos
Avião Tanque	40.000	4.000	2 pilotos e 1 operador
Avião B67	85.000	10.000	2 pilotos e 3 operadores

A área de floresta a ser coberta pelo combate ao fogo é de 3.000.000 de m², envolvendo a frente de fogo (para paralisação do avanço do dano), áreas já queimadas que necessitam de rescaldo (para proteção de animais e segurança contra recrudescimento) e áreas de acero (proteção preventiva indispensável). Nas bases de apoio, são disponíveis 14 pilotos de avião e 10 de helicóptero, bem como 22 operadores especializados em combate aéreo de fogo. O objetivo proposto nesse problema ora descrito é minimizar os custos da operação do combate ao incêndio.

Suponha-se agora que, após a solução do problema proposto e quando a solução encontrada estava para ser implementada, o dia tivesse amanhecido alterando drasticamente as condições climáticas na área do incêndio. O fogo começava a se alastrar em uma taxa nada desprezível, alimentado por ventos de até 50 km por hora. Nesse novo cenário, o tempo passava a ser crucial e as condições econômicas do desastre ecológico tornavam-se preponderantes. Os engenheiros florestais calculavam o crescimento global da área a ser varrida pela operação em uma taxa constante de 25% / hora. Os prejuízos também se caracterizavam diretamente proporcionais a essa área e eram contabilizados em R$ 10,00 por metro quadrado da área que será atingida a partir da expansão do fogo. Todos os meios solicitados pelos técnicos no dia anterior haviam chegado e, além disso, uma força reserva não prevista. Um grupo de bombeiros terrestres estaria disponível em cerca de 2 horas. Esse grupo poderia acrescentar a capacidade de combate ao fogo em cerca de 20.000 m² /hora ou ser empregado em acero e reduzir a expansão do fogo em cerca de 0,5 % por hora de trabalho. O custo operacional do grupo é desprezível no trabalho de acero e de 30.000 R$ por hora no combate direto devido aos riscos pessoais envolvidos. Por um erro de comunicação, chegaram com os aviões mais 10 pilotos de helicóptero. Com tantos pilotos de helicópteros, descobriu-se que eles poderiam também pilotar os aviões, sendo que os pilotos de avião não podiam fazer o inverso. A Tabela 1.16 de disponibilidade é:

Tabela 1.16: Disponibilidade dos aparelhos, pilotos e operadores

Aparelho	Aparelhos prontos	Pilotos	Operadores
Helicóptero AH-1	7	20	
Avião Tanque	5		
Avião B67	5	14	22

Formular o problema segundo o novo cenário objetivando minimizar os custos da operação.

9 O Problema do Professor Atarefado

Um professor recebeu oferta de trabalho em 3 escolas que são equivalentes em atributos como qualidade de ensino e oportunidade de aperfeiçoamento. Cada uma delas gostaria, se possível, de contratá-lo em regime de tempo integral (dedicação exclusiva). Existem, contudo, outras opções de comprometimento em carga horária. Os módulos de trabalho são de oito horas. A tabela que se segue resume as várias propostas que o professor está examinando.

Tabela 1.17: Distribuição dos Módulos pelas escolas

# de Módulos	Escola 1	Escola 2	Escola 3
1	105	135	150
2	240	250	310
3	400	380	390
4	500	490	560
5	590	630	660

Qual o esquema de trabalho que maximiza o retorno financeiro de seu trabalho?

10 O Problema do Entregador de Pizza

Um serviço de entrega rápida de pizza recebeu um pedido urgente e especial. A encomenda foi feita por um faminto e generoso milionário. Se eles forem capazes de entregar uma quente e suculenta pizza gigante em apenas cinco minutos, terão um substancial bônus. A malha rodoviária que separa o ponto em que a pizza é feita e seu destino está representada no esquema que se segue. Sobre as ruas aparece a probabilidade percentual de que ocorra um problema ao entregador naquele trecho que inviabilize o cumprimento do prazo.

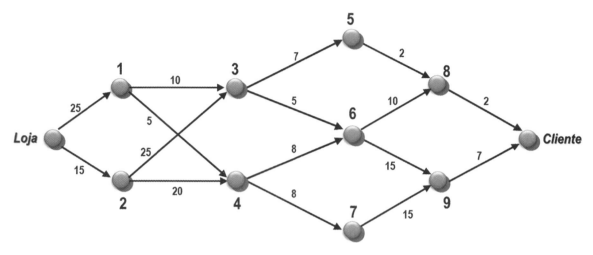

Figura 1.39: Malha rodoviária para a entrega de pizzas.

Determinar a rota que maximiza a chance de o entregador entregar a pizza no prazo desejado.

11 O Problema de Venda de Sorvete

Uma rede de lanchonetes possui 4 lojas em uma cidade. Para fazer frente à demanda do verão, o superintendente regional de compras da empresa adquiriu 7 contêineres de sorvete. Devido à diferente localização de cada uma das filiais, existem diferentes potenciais para a venda do sorvete. Em face de sua experiência de venda, o superintendente estimou o lucro líquido (em unidades monetárias) que seria possível obter, dentro do horizonte de venda usual, em cada filial como a Tabela 1.18 sugere.

Tabela 1.18: Lucro potencial com a alocação dos contêineres

# de Contêineres	Lanchonetes			
	Ponta Negra	Pirangi	Neópolis	Petrópolis
1	4	2	6	1
2	6	6	12	4
3	10	8	14	8
4	12	10	18	16
5	14	12	20	20
6	16	16	22	21
7	18	20	22	24

Formular o problema de otimizar o lucro total obtido. Determinar a distribuição ótima dos contêineres.

12 O Problema da Marcenaria

Em uma pequena marcenaria existem n tarefas de corte a serem realizadas. Cada tarefa requer p_i minutos para ser processada em uma máquina de serra, $i=1,...,n$. As tarefas estarão prontas para serem entregues a uma máquina a partir do tempo a_i, e devem terminar até o tempo b_i (tempos contados a partir do início das atividades diárias da marcenaria). Formular o problema de minimizar o número de máquinas necessárias para completar as n tarefas.

13 O Problema da Produção de Turbinas

Uma indústria fabrica três tipos de turbina de grande potência (tipo I, II e III). Cada tipo de turbina pode ser vendida por 150, 170, e 240 unidades monetárias, respectivamente. As turbinas possuem três componentes essenciais que são importados de empresas especializadas, a saber: o conjunto das pás, os rolamentos e os injetores de combustível. A indústria possui quatro fornecedores desses equipamentos, conforme mostram as Tabelas 1.19 e 1.20.

Tabela 1.19: Fornecedores por insumo

Item Fornecedor	Ejetor	Conjunto de Pás	Rolamento
A	6 – (18 U.M.)	40 – (1 U.M.)	280 – (1 U.M.)
B	4 – (20 U.M.)	60 – (1,5 U.M.)	150 – (0,8 U.M.)
C	6 – (17 U.M.)	100 – (2 U.M.)	120 – (1,7 U.M.)
D	10 – (19 U.M.)	150 – (1,7 U.M.)	170 – (1,6 U.M.)

Tabela 1.20: Necessidade de insumos

Insumo Tipo de Turbina	Ejetor	Conjunto de Pás	Rolamento	Mão de Obra (0,01 U.M / hxh)
I	1	6	40	500 homem x hora
II	1	8	60	600 homem x hora
III	2	10	85	1.200 homem x hora

A indústria possui 1.800 hxh para a montagem das turbinas. Sabe-se, também, que uma empresa só vende para a indústria se a sua encomenda total (gastos com ejetores, conjuntos de pás e rolamentos) ultrapassar 400 unidades monetárias. O capital de giro da indústria é de 1.300 unidades monetárias, o que limita as compras a esse teto.

1. Formular o problema de maximizar o lucro com a produção de turbinas.
2. Uma empresa está oferecendo mão de obra para montagem da turbina a 0,02 U.M. por h x h. A indústria deve comprar esse serviço para maximizar seus lucros?
3. Se uma fornecedora concorrente oferecesse, no mercado, ejetores ao custo de 21 U.M. por unidade, a indústria deveria comprá-los? Em caso positivo, quantos? Em caso negativo, qual seria o menor valor que a indústria deveria aceitar pagar?

14 O Problema da Produção de Ferragens para Janelas de Madeira

Uma metalúrgica produz puxadores, rolamentos e guias para janelas de madeira. Essas ferragens podem ser bronzeadas, pintadas ou anodizadas. A Tabela 1.21 resume o número máximo de lotes passíveis de produção, em uma semana, nas máquinas da empresa, bem como o lucro unitário de venda por lote.

Tabela 1.21: lotes passíveis de produção e lucro unitário

Acabamento Item	Bronzeado	Pintado	Anodizado
Puxador	25 – (2 U.M.)	30 – (1,3 U.M.)	15 – (3 U.M.)
Rolamento	45 – (0,3 U.M.)	20 – (0,5 U.M.)	10 – (1 U.M.)
Guia	10 – (1,2 U.M.)	30 – (1 U.M.)	5 – (2 U.M.)

A empresa possui 800 hxh por semana de mão de obra especializada. A Tabela 1.22 que se segue resume a utilização de mão de obra por lote das diversas ferragens produzidas.

Tabela 1.22: Consumo de mão de obra

Tipo	Mão de obra (h x h) por lote		
	Bronzeado	Pintado	Anodizado
Puxador	1	2	4
Rolamento	2	3	3
Guia	1	2	4

Sabe-se que, para bem utilizar o maquinário, para cada 5 lotes de puxadores produzidos deve-se fabricar entre 2 e 8 lotes de rolamentos e entre 1 e 9 lotes de guias. Formular o problema de maximizar o lucro da metalúrgica.

15 O Problema do Tratamento Químico de Peças Metálicas

Em uma indústria metalúrgica após a fabricação, todas as peças são submetidas a um tratamento químico contra a corrosão e abrasão. A empresa produz vários tipos de peças em sua linha de fundição e moldagem. Para realizar o tratamento, existem quatro tanques de imersão. As peças metálicas são fixadas em um varal e submersas em cada tanque durante um certo tempo. Os tanques contêm elementos químicos diferentes e são dispostos em uma sequência que produz, após as imersões, o efeito desejado. Durante todo o tempo de imersão, as peças sofrem a ação do processo associado ao respectivo tanque. Cada peça i, $i=1,..n$, possui um tempo mínimo t_{ij} $j=1,2,3,4$, e um tempo máximo r_{ij} de permanência no tanque j. Os custos do processo são diretamente proporcionais ao tempo de permanência da peça i no tanque j e a constante de absorção c_{ij} associada ao efeito do composto químico do tanque j sobre a peça i. O peso p_i da peça i é conhecido. Cada varal tem quatro posições (que não necessitam ser obrigatoriamente preenchidas) para fixar as peças, e deve ser carregado com, no mínimo, v quilos para que não exista problemas de flutuação no momento da imersão e, no máximo, w quilos para que não se rompa.

Sabendo-se que existe uma certa disponibilidade de h horas para completar o tratamento químico do lote de n peças, formular o problema de programar a sequência de carregamento dos varais de modo a minimizar os custos globais do processo.

16 O Problema do Balanceamento das Rodas de um Veículo Blindado

Um veículo de combate blindado deve ter suas rodas balanceadas por meio da possível colocação de calços em quatro pontos específicos de seus aros. Um calço i, $i=1,...,16$, quando fixado na posição j, $j=1,..4$, da roda k, $k=1,...,4$, produz um deslocamento horizontal na dinâmica do giro da roda igual a h_{ij}^k, e um deslocamento vertical v_{ij}^k. Esses valores podem ser positivos ou negativos. Cada roda possui um desequilíbrio dinâmico de constituição igual a h_k e v_k, nos eixos horizontal e vertical, respectivamente. Nem todas as posições próprias para a fixação de calços necessitam ser ocupadas obrigatoriamente. Em uma operação de campanha, para aumentar a eficiência do processo, no sentido de diminuir os tempos operacionais e eliminar o procedimento da correção artesanal, foram realizados estudos estatísticos que resultaram na elaboração de um kit de balanceamento padrão com 16 calços específicos.

Sabendo-se que a soma dos desequilíbrios horizontais residuais das rodas dianteiras do veículo devem ser menores ou iguais às somas dos desequilíbrios verticais das rodas traseiras, formular o problema de programação matemática capaz de planejar a utilização do kit padrão de modo a minimizar o desequilíbrio residual total das rodas do blindado.

17 O Problema da Biblioteca

Uma bibliotecária deseja organizar um novo lote de k livros (classificá-los) e, para isso, será utilizada uma nova área da biblioteca onde serão instaladas estantes. Existem dois fatores limitantes para o acondicionamento dos livros nas estantes: a altura do livro e o comprimento da prateleira. Um livro i possui uma altura h_i e uma espessura w_i. Um livro só pode ser guardado em uma prateleira que possua uma altura igual ou maior que a sua. Os livros não podem ser colocados uns sobre os outros. O espaço físico é suficiente para o lote, de modo que podem ser construídas tantas prateleiras quanto forem necessárias, porém a verba que compra os livros é a mesma que paga as prateleiras, sugerindo-se que os gastos com as prateleiras devam ser minimizados. A Figura 1.40 exemplifica a configuração das prateleiras em estantes.

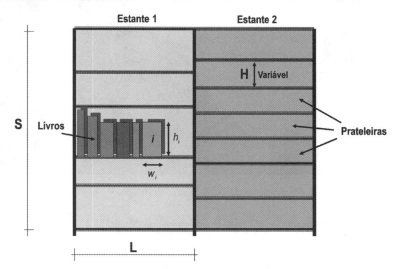

Figura 1.40: Esquema das prateleiras.

As prateleiras são fixadas nas estantes de forma que produzam espaços de altura variável mantendo, todavia, um comprimento padrão igual a L metros. A criação de uma nova prateleira custa R unidades monetárias (o valor inclui os montantes das paredes laterais da estante). A altura máxima da estante (um conjunto de prateleiras) é de S metros, sendo desprezada a espessura do metal da prateleira. O espaço não ocupado em uma prateleira é considerado desperdiçado.

1. Formular o problema da classificação dos livros com o objetivo de minimizar o número de prateleiras montadas.
2. Considerando que livros iguais (cópias de um mesmo livro) devem ser classificados sempre juntos (na mesma prateleira), reformular o problema anterior. Para o caso específico, consideraremos que não existe caso em que o grupo de livros repetidos exceda o tamanho L de uma prateleira.
3. Levando em conta que podem existir lotes com livros tão pesados que, quando armazenados juntos, poderiam sobrecarregar as prateleiras ou mesmo deformá-las e, considerando p_i o peso de cada livro e V a capacidade máxima de uma prateleira, reformular o problema 1 atendendo a capacidade das prateleiras.
4. Reformular o problema 2, incluindo as restrições de peso com a seguinte adaptação: permitir que livros iguais sejam classificados em no máximo duas prateleiras vizinhas.

18 O Problema do Muro de Arrimo

Um talude será estabilizado com um muro de arrimo composto de 33 placas pré-moldadas em concreto com 1 m² de área e 20 cm de espessura, encaixadas em uma estrutura metálica de sustentação. O terreno do talude é bastante heterogêneo e encontra-se sujeito a diversas infiltrações. Nos estudos preliminares para o projeto o levantamento de carga foi avaliado por meio de um corte transversal no terreno do talude, optando-se por discretizar, dentro do padrão das placas pré-moldadas, as cargas que esse talude acarretaria sobre o muro de arrimo, conforme a figura que se segue. O muro é fixado na posição vertical em relação ao terreno, sendo que sua estrutura metálica de sustentação é fundada na rocha, cujo perfil a figura destaca em uma vista frontal. A Figura 1.41 esclarece o perfil e a distribuição das placas no muro.

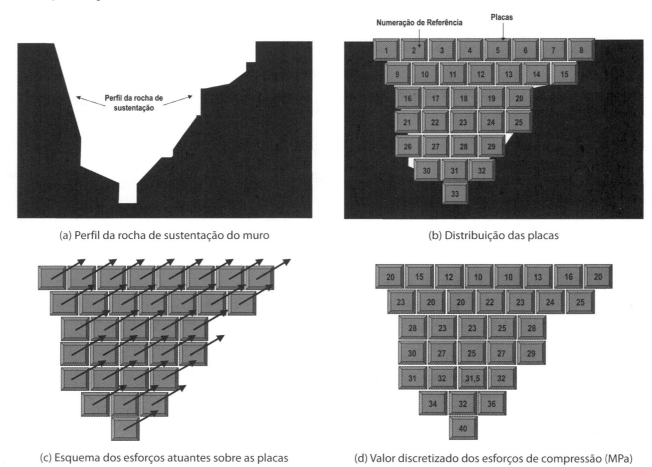

Figura 1.41: Configuração do muro de arrimo – vista frontal.

Os esforços de tração despertados pelo talude no muro de arrimo serão absorvidos pela estrutura metálica de sustentação e por uma conveniente armação nas placas de concreto. Os esforços de compressão serão neutralizados pelo concreto das placas, ou por adição de aço, cabendo dimensioná-lo para tal. A resistência à compressão de uma placa de concreto está associada a diversos fatores, dentre os quais a percentagem do cimento utilizado no "traço" (na mistura cimento, areia e brita que constituirá o concreto). Considerando-se que o consumo de concreto (em uma aproximação linear justificada pelo regime de deformação ao qual a estrutura será submetida) está diretamente associado à resistência final do pré-moldado, e que, devido ao efeito conjunto da estrutura, a resistência ao esforço de solicitação (cargas da figura) de certa placa é auxiliada pela resistência das placas vizinhas segundo a fórmula

$$p_{ij} = r_{ij} + 0{,}1 \left(\sum_{s\,e\,k} r_{sk} \right)$$

em que s e k representam os índices das células vizinhas a célula i-j, p_{ij} representa a tensão nominal máxima admissível para a célula i-j (dentro do modelo de discretização adotado), e r_{ij} a resistência a ser obtida na fabricação da placa i-j. Considerando-se ainda que o custo do cimento a ser utilizado na confecção do concreto das placas corresponde a c unidades monetárias para cada unidade de resistência alcançada (em MPa, conforme a norma brasileira)* e que a adição de aço representa um custo a ser evitado, pois implicará uma peça mais cara, formular o problema de fabricar o conjunto das placas do muro de arrimo minimizando o consumo de cimento.

19 Escolha de Projetos Alternativos

Uma operadora de turismo associada a um banco de crédito regional resolveu investir na região nordeste do Brasil, estabelecendo parcerias com hotéis e pousadas da região. Os projetos estão divididos em três categorias: investimento em construção e infraestrutura, eventos religiosos e cidades históricas. Para projetos de investimento em construção e infraestrutura existem as propostas A, B e C, da rede Sol, Mar e Recife, objetivando a modernização de vários de seus hotéis, a um custo de US $ 7, 5 e 4 milhões, respectivamente, o Hotel Duna Branca, com os projetos D e E, a um custo de US $ 7 e 8 milhões, e o Hotel Pirangi, com o projeto F, a um custo de 4 milhões. Para os eventos religiosos, estão disponíveis os projetos G, H e I, das Pousadas Natal, avaliados em US $ 6, 2 e 3 milhões, respectivamente. Finalmente, para promoção e sustentação de programações em cidades históricas, existem os projetos J e K, do Hotel do Virgulino, e os projetos L e M, do Hotel da Volante, orçados em 6, 10, 12 e 4 US $ milhões, respectivamente. Desejando maximizar o retorno do investimento, os projetos foram examinados por uma comissão de especialistas que atribuiu, comparativamente, o seguinte valor em pontos aos projetos:

A=3; B=5; C=8; D=11; E=6; F=13; G=15; H=2; I=7; J=8, K=7; L=10, M=9 pontos. A operadora, interessada em criar laços diversificados na área, estabeleceu que pelo menos um projeto em cada área seria apoiado. Sabendo-se que:

1. Os projetos de modernização são julgados prioritários, de modo que, pelo menos três, serão apoiados.
2. Em face de problemas políticos, o Hotel do Virgulino e o Hotel Pirangi devem ter o mesmo número de projetos aprovados.
3. Existem US$ 20 milhões para investir.

- ✓ Planejar o melhor investimento possível do recurso disponível.
- ✓ Após o planejamento ter sido realizado, uma informação deu conta de que os custos dos projetos do Hotel da Volante tinham sido avaliados com imprecisão, impondo-se uma correção de 30% a mais para seus custos finais. Isso altera o quadro de distribuição dos projetos? De que forma?
- ✓ Caso esse problema se repita com o Hotel Sol, Mar e Recife (cujas propostas são vistas com desconfiança pela operadora de turismo), até que ponto os custos podem aumentar sem alterar a solução?
- ✓ O Hotel Piscinas do Sertão resolveu encaminhar, tardiamente, um projeto para construção e infraestrutura. Seu custo total foi de 5 US $ milhões e obteve uma avaliação de 8 pontos. O departamento de análise do banco de investimento recusou o projeto, pois, segundo suas palavras: "Não era competitivo em face dos demais projetos vencedores." Isso é verdade?

20 O Problema dos Anúncios na Rede de TV

Etapa1: O ponto de vista dos anunciantes

Uma rede de televisão resolveu estabelecer preços competitivos para o tempo de comercial em certos horários. Existem três horários para a propaganda em promoção na rede: horário nobre noturno (horário 1), horário da tarde em fins de semana (horário 2), horário da tarde em dias da semana (horário 3). O preço de um módulo mínimo de propaganda em cada horário é p_1, p_2 e p_3, respectivamente. A rede vende grandes espaços de tempo dentro da programação, denominados pacotes promocionais. Os anunciantes desejam entrar no programa de pacotes de

---

* Resistência obtida no ensaio de tração aos 28 dias.

propaganda promocional porque podem obter, com isso, melhores preços unitários. Um pacote representa um esquema de desconto baseado em desconcentração de demanda e economia de escala. Existem quatro faixas de preços sendo praticadas nos pacotes. Faixa 1, ou de desconto zero, faixa 2, ou de desconto de 10%, faixa 3, com um desconto de 20%, e faixa 4, com desconto de 10%. Os descontos incidem sobre o somatório total dos tempos adquiridos, desde que o anunciante cumpra as condições de habilitação. O desconto da faixa 4 pode ser somado aos descontos obtidos nas faixas 2 e 3. Os descontos das faixas 2 e 3 não são cumulativos entre si.

As condições de habilitação dizem respeito a restrições de tempo total mínimo de propaganda adquirido e distribuição da programação do anunciante dentro dos horários (1, 2 e 3) da emissora. A Tabela 1.23 resume as regras da promoção.

Tabela 1.23: Condições de operação nas faixas e valor de desconto

Faixas de Desconto	Somatório de tempo	Condições de distribuição da programação	Valor do desconto
Faixa 1	sem exigência	sem exigência	0%
Faixa 2	sem exigência	comprar, no mínimo, tempo em dois horários	10%
Faixa 3	sem exigência	comprar, no mínimo, tempo em três horários	20%
Faixa 4	comprar, no mínimo, f unidades de tempo	sem exigência	10%

Os anunciantes que competem na disputa do uso da mídia são n e dispõem, cada um deles, de s_n unidades monetárias para investir em propaganda.

Os anunciantes, reunidos em uma associação, desejam estabelecer a melhor estratégia de negociação com a rede, objetivando maximizar, dentro das disponibilidades orçamentárias, o tempo global de utilização da mídia.

Etapa 2: O ponto de vista da rede de TV

Como existem tempos disponíveis para a propaganda e ainda não utilizados, a rede resolveu incentivar a demanda. Ela sabe que o investimento dos anunciantes é sensível à estratégia de preço. Por meio de uma pesquisa de mercado, a rede descobriu que, à medida que reduz os preços básicos (em todos os horários), o investimento do anunciante n tende a crescer segundo a equação

$$s_n^* = s_n + 10d$$

onde s_n^* representa o montante final de investimento disponível e d, o desconto em unidades monetárias. A rede sabe também que, se os investimentos forem aumentados pela redução dos preços, o cliente procurará minimizar seus custos finais por meio da estratégia descrita na etapa 1.

Formular o problema de estabelecer a política de preços que maximize o retorno total, mantidos os pacotes de promoção, sabendo-se que o tempo que não for comprado pelos anunciantes pode ser utilizado pela própria rede de TV, valendo r_i unidades monetárias por segundo, $i=1, 2, 3$, dentro de cada horário possível.

Sugestões para a solução da etapa 1

Sob o ponto de vista dos anunciantes, o desejável é maximizar o desconto, atendidas as restrições próprias de cada anunciante.

1. Escolha da variável de decisão.

    $t_i \equiv$ tempo disponível para propaganda no horário i, $i=1, 2, 3$.

    $x_{ik} \equiv$ tempo adquirido no horário i, $i=1, 2, 3$, pelo anunciante k, $k=1,...,n$.

    $y_{ik} \begin{cases} 1 - \text{Caso o anunciante } k \text{ tenha adquirido tempo no horário} \\ 0 - \text{Caso contrário} \end{cases}$

$$w_{ik} \begin{cases} 1 - \text{Caso o anunciante } k \text{ tenham adquirido mais do que } f \text{ módulos de tempo} \\ 0 - \text{Caso contrário} \end{cases}$$

$s_k \equiv$ montante máximo de recursos disponibilizado pelo anunciante k.

$p_i \equiv$ preço do tempo de anúncio no horário i.

$c_k \equiv$ custo total que será pago pelo anunciante k, em face do total de desconto que lhe cabe.

2. Formulação das restrições tecnológicas (abordagem não linear)

   a) Restrições relativas ao montante pago pelo anunciante, face aos possíveis descontos

$$pg_k = \sum_{i=1}^{3} x_{ik} p_i \quad k=1,..,n$$

$$c_k \leq (3 - \sum_{i=1}^{3} y_{ik}) 0.1 pg_k + 0.8 pg_k - 0.1 pg_k (1 - w_{ij}) \quad k=1,..,n$$

$$s_k \geq c_k \quad k=1,..,n$$

Observa-se que, se o anunciante k faz qualquer anúncio, o somatório dos y_{ik} na segunda restrição é pelo menos 1. A variável pg_k acumula o gasto sem desconto.

21　O Problema da Piscicultura

Um piscicultor cria quatro tipos de peixes em três diferentes tanques. O processo ocorre segundo um ciclo que vai da semeadura das larvas até a colheita dos peixes. O ciclo possui a mesma duração nos três tanques. Durante o crescimento, os peixes se alimentam de uma ração específica produzida na própria fazenda com restos biológicos da criação de animais e dos alimentos naturais oferecidos nos tanques. Existem dez configurações possíveis para reunir os peixes em um mesmo tanque misturando peixes de diferentes espécies. A mistura visa aumentar a produtividade da criação. Cada configuração acarreta um diferente padrão de consumo de ração e de produtividade em quilos de pescado obtido ao final do ciclo. A Tabela 1.24 apresenta a produtividade das configurações.

Tabela 1.24: Produtividade das configurações em toneladas por 100 quilos de larvas semeadas

Peixes	C01	C02	C03	C04	C05	C06	C07	C08	C09	C10	C11
P1	100				50		40		80		60
P2		150			100		80	50		100	
P3			200			100	80	85		100	
P4				180		150		90	140		120

A Tabela 1.25 apresenta o consumo previsto em ração em cada configuração e em cada tanque para alcançar a produtividade prevista na Tabela 1.24.

Tabela 1.25: Consumo de ração em quilos por tonelada de peixe produzida em cada ciclo produtivo

Tanques	C01	C02	C03	C04	C05	C06	C07	C08	C09	C10	C11
T1	120	160	240	290	190	300	240	270	290	210	200
T2	130	155	270	270	180	290	250	240	240	300	290
T3	110	180	230	300	250	280	230	250	230	290	240

A capacidade máxima de semeadura de larvas em cada tanque depende fundamentalmente das condições biológicas deste, sendo expressa em quilos na Tabela 1.26 e segundo as configurações possíveis na Tabela 1.25.

Tabela 1.26: Capacidade máxima de semeadura de larvas em quilos por tanque em cada configuração

Tanques	\multicolumn{11}{c}{Configurações Possíveis para a Criação de Peixes}
	C01	C02	C03	C04	C05	C06	C07	C08	C09	C10	C11
T1	110	155	220	170	130	230	210	300	270	230	240
T2	140	170	290	210	140	120	185	220	230	310	200
T3	120	190	250	200	150	210	220	240	280	280	260

Considerando que são produzidos 550 quilos de restos biológicos (ração dos peixes) na fazenda por ciclo de produção ração e que o valor da tonelada de pescado no mercado está expresso na Tabela 1.27:

Tabela 1.27: Valor de mercado dos peixes e potencial de venda

	P1	P2	P3	P4
Preço de Mercado (Quilo)	10 U.M.	15 U.M.	20 U.M.	30 U.M.
Potencial de venda (Tonelada)	270	350	350	250

1. Formular o modelo que otimiza a produção de peixes na fazenda.
2. Solucionar o modelo calculando a quantidade de larvas de cada peixe que serão semeadas em cada tanque.

Após vários ciclos de produção, os tanques devem sofrer um "processo de manutenção" para que recuperem suas condições operacionais e alcancem a produtividade prevista na tabela 1.28. Um tanque não recuperado produz somente 50% do potencial previsto na Tabela 1.24. O processo de intervenção consome mão de obra conforme a Tabela 1.28. O retorno da produtividade é linearmente proporcional ao número de homens x hora destinados à manutenção do tanque. São disponíveis 100 homens × hora para a recuperação.

Tabela 1.28: Consumo de mão de obra para a recuperação dos tanques

	T1	T2	T3	T4
Homens × hora para a recuperação	400	300	250	350

2. Reformular o modelo que otimiza a produção de peixes na fazenda.
3. Solucionar o modelo calculando a quantidade de mão de obra que será destinada à recuperação de cada tanque bem como a quantidade de larvas de cada peixe que serão semeadas em cada tanque.

22 O Problema da Fábrica de Baterias

Uma fábrica de baterias fabrica três diferentes tipos de baterias. A norma do país exige que as baterias, depois de fabricadas, sejam estocadas por um mês para a realização de testes de duração. O processo de fabricação utiliza mão de obra, chumbo, ácido sulfúrico e acrílico especial para montar três diferentes tipos de baterias. A Tabela 1.29 resume o consumo desses insumos, inclusive o lucro esperado na venda de cada unidade.

Tabela 1.29: Consumo de insumos na fabricação e lucro de venda por bateria

Tipos de Bateria	Mão de Obra	Chumbo	Ácido	Acrílico	Receita de Venda
DuraVolt	10 hxh	0,5 kg	0,5 litro	1 kg	10 U.M.
GigaAmper	15 hxh	1 kg	1 litro	1,3 kg	20 U.M.
SuperFaísca	18 hxh	1,2 kg	1,5 litro	1,7 kg	30 U.M.

A bateria DuraVolt é a mais simples e pode ser montada por qualquer operário. O processo de teste também pode ser realizado por qualquer operário da fábrica. Os operários que montam a bateria GigaAmper também montam a DuraVolt, mas não montam a SuperFaísca. Os operários que montam a SuperFaísca podem montar qualquer bateria da fábrica. A disponibilidade e o custo dos homem × hora para a montagem das baterias está resumida na Tabela 1.30.

Tabela 1.30: Disponibilidade mensal de mão de obra custo dessa mão de obra

Tipos de Bateria	Mão de Obra disponível	Custo homem × hora	(*obs)
DuraVolt	120 hxh	5 U.M.	Habilitados para a montagem da Duravolt
GigaAmper	180 hxh	6 U.M.	Habilitados para a montagem das Duravolt e GigaAmper
SuperFaísca	240 hxh	8 U.M.	Habilitados para montar todas as baterias

A Tabela 1.31 resume a disponibilidade dos demais insumos, a capacidade máxima de baterias em estoque e o consumo de mão de obra para o teste de qualquer bateria.

Tabela 1.31: Disponibilidade mensal de insumos e capacidade de estoque, consumo de mão de obra no teste

Chumbo	Ácido	Acrílico	Capacidade do estoque	Teste por bateria
380 kg	50 litro	35 kg	70 Baterias	0,5 homem x hora

Considerando que a receita de venda já abate os custos com todos os insumos, estoque e outros, com exceção da mão de obra, formular o problema de maximizar o lucro com a venda das baterias.

23) O Problema da Carteira de Investimento

Um investidor possui 50 U.M. que deseja aplicar totalmente em um esquema de investimento. No momento da decisão, existem quatro opções de investimento com o prazo de resgate fixado em seis meses. São elas: imóveis, poupança, ouro e ações. A Tabela 1.32, a seguir, resume o investimento e o retorno do investimento.

Tabela 1.32: Investimento de prazo fixo *versus* retorno no primeiro cenário

Valor do Investimento	Imóveis	Poupança	Ouro	Ações
10	13	16	13	12
20	22	23	21	25
30	36	37	35	34
40	44	42	41	50
50	58	59	61	58

Adicionalmente, existe a possibilidade de investimento em taxa fixa com a opção de resgate mensal. Nessa hipótese os ganhos mensais são acumulados de mês para mês caso o investidor não resgate o capital. Os valores de retorno mensais e a projeção do retorno em um investimento de seis meses, o mesmo prazo do investimento de prazo fixo, são resumidos na Tabela 1.33. Essa opção dá mais flexibilidade ao resgate do investimento, mas não remunera tão bem no horizonte de seis meses.

Tabela 1.33: Investimento mensal no primeiro cenário com juros compostos

Condições	Imóveis	Poupança	Ouro	Ações
Rendimento Mensal	1,01	1,015	1,02	1,017
Total em seis meses	53,07 U.M.	54,67 U.M.	56,30 U.M.	55,32 U.M.

1. Considerando as duas opções possíveis para investimento, modelar e solucionar o problema da determinação do melhor esquema de investimento para o cenário das Tabelas 1.32 e 1.33.

   Três meses após ter tomado a decisão de investimento ótima que foi calculada no pedido número 1, o cenário de decisão é profundamente alterado. Novas regras de mercado são anunciadas. As regras implicam novos valores para as taxas de remuneração dos investimentos. Cria-se um segundo cenário de regras. Esse cenário de transição terá a duração de nove meses, contados do início do investimento original.

   Tentando reduzir o impacto negativo da instabilidade das regras no mercado, os fundos de investimento abrem a opção de liberar os recursos aplicados nos últimos três meses no prazo fixo, mesmo que o contrato tenha previsto que sua duração se estenderia por mais tempo. A restrição é de que lucrem em proporção linear ao tempo de aplicação. Por exemplo, o investidor analisado poderá liberar seu capital após três meses de aplicação para reinvestir segundo as novas regras, recebendo 50% do rendimento previsto na Tabela 1.32 (rendimento é igual à diferença entre o capital aplicado e o capital resgatado). Se 50 unidades foram investidas em imóveis, o investidor terá direito a sacar 54 U.M. após três meses, e não 58 U.M., como era previsto na aplicação de seis meses. As novas taxas do prazo fixo para um investimento de seis meses estão resumidas na Tabela 1.34, e são visivelmente melhores que as antigas.

Tabela 1.34: Investimento de prazo fixo *versus* retorno no segundo cenário

Valor do Investimento	Imóveis	Poupança	Ouro	Ações
12	11	15	18	8
21	22	23	22	30
31	32	39	39	36
42	44	49	50	52
50	62	64	63	77

Todavia, o investidor não é obrigado a resgatar seu dinheiro ao final dos três meses pela metade do valor de contrato. Poderá resgatar em quatro meses, recebendo 4/6 do rendimento, em 5 meses, recebendo 5/6 do rendimento, ou ao final do contrato, recebendo o valor integral. Assim que o investidor decidir sacar sua aplicação, poderá reaplicar seu dinheiro até completar o horizonte de nove meses segundo uma opção de curto prazo extraordinária e aberta exclusivamente para os investidores antigos, praticando taxas excepcionalmente boas, conforme mostra a Tabela 1.35. A restrição do investimento nessa modalidade especial refere-se ao fato de que foi aberta pelos fundos, e contempla manter a captação já realizada. Assim, somente é possível investir usando a Tabela 1.35 em uma opção que já constava da aplicação inicial do investidor. Por exemplo, somente é possível aplicar em imóveis na modalidade de investimento mensal com o retorno da Tabela 1.35 se, na primeira aplicação antes da mudança das regras, o investidor tiver optado por aplicar em imóveis.

Tabela 1.35: Investimento mensal excepcional no segundo cenário com juros compostos

Condições	Imóveis	Poupança	Ouro	Ações
Rendimento Mensal	1,03	1,04	1,06	1,05

2. Ao fazer as contas, o investidor reclama que não vale a pena usar um modelo de otimização para escolher um investimento quando as regras do jogo mudam. Só vale se houver informações privilegiadas. No caso específico, isso é verdadeiro? Justifique a resposta solucionando de forma exata o segundo cenário de nove

meses e considerando que havia a informação privilegiada sobre a futura mudança das regras do mercado, conhecendo-se previamente todas as tabelas de aplicação que seriam praticadas. Verifique se a solução ótima do primeiro cenário é alterada e se a solução ótima com todas as informações previamente conhecidas é superior à solução ótima do primeiro cenário corrigida pela solução ótima calculada após três meses decorridos.

Referências Bibliográficas

Ahrens J. H. & Finke. G. (1975). Merging and Sorting Applied to the Zero-One Knapsack Problem, *Operations Research* 23(6):1099-1109.

Amado, L. & Barcia, P. (1996). New polynomial bounds for matroidal knapsacks, *European Journal of Operational Research* 95(1):201-210.

Bagchi. A., Bhattacharyya, N. & Chakravarti, N. (1996). LP Relaxation of the Dimensional Knapsack Problem with Box and GUB Constraints, *European Journal of Operational Research* 89:609-617.

Balas, E. & Zemel, E. (1980). A Algorithm for Large Zero-One Knapsack Problems, *Operations Research* 28:1130-1154.

Barahona, F., Jünger, M. & Reinelt, G. (1989). Experiments in Quadratic 0-1 Programming, *Mathematical Programming* 44:127-137.

Barnhart, C., Hane, C. & Vance, P. (2000). Using branch-and-price-and-cut to solve origin-destination integer multicommodity flow problems, *Operations Research* 48:318-326.

Beale, E. & Small, R. (1965). Mixed Integer Programming by a Branch and Bound Technique, Proceedings of 3th IFIP Congress 2:450-451.

Bellman, R. & Dreyfus. S. E. (1962). *Applied Dynamic Programming*, Princeton University Press, Princeton, New Jersey.

Benders, J. F. (1962). Partitioning procedures for solving mixed-variables programming problems, *Numerishe Mathematik* 4:238-252.

Billionnet, A. & Calmels, F. (1996), Linear Programming for the Quadratic Knapsack Problem, *European Journal of Operational Research* 92:310-325.

Billionnet, A., Costa M. C. & Sutter, A. (1989). Les Problèmes de Plecement Dans Les Systèmes Distribués, *Technique et Sciences Informatiques* 8(4):307-337.

Billionnet, A., Costa M. C. & Sutter, A. (1994), Minimization of a Quadratic Pseudo-Boolean Function, *European Journal of Operational Research* 78:106-115.

Boyer, V., El Baz, D. & Elkihel M. (2011). A dynamic programming method with lists for the knapsack sharing problem, *Computers & Industrial Engineering* 61(2):274-278.

Camargo R. S, Miranda Jr G. & Luna, H. P. (2008). Benders decomposition for the uncapacitated multiple allocation hub location problem. Computers and Operations Research 35:1047-1064.

Camargo, R. S, Jr G. M. & Ferreira R. & Luna, H. (2009a). Multiple allocation hub-and-spoke network design under hub congestion. *Computers & Operations Research* 36:3097-3106.

Camargo, R. S., Miranda Jr G. & Luna, H. P. (2009b). Benders decomposition for hub location problems with economies of scale. *Transportation Science* 43:86-97.

Camerini, P. & Vercellis, P. C. (1984). The matroidal knapsack: A class of (often) well-solvable problems, *Operations Research Letters* 3(3):157–162.

Carter, M. W. (1984). The Indefinite Zero-One Quadratic Problem, *Discrete Applied Mathematics* 7:23-44.

Chardaire, P. & Sutter, A. (1995). A Decomposition Method for Quadratic 0-1 Programming, *Management Science*. 41(4):704-712.

Christofides, N. (1979). *The Travelling Salesman Problem, Combinatorial Optimization*, Wiley Chichester, 131-149.

Chu, P.C. & Beasley, J. (1998). A Genetic Algorithm for the Multidimensional Knapsack Problem, *Journal of Heuristics* 4:63-86.

Chvátal, V. (1983). *Linear Programming*, San Francisco: W. H. Freeman and Company.

Chvátal, V. (1979). A Greedy Heuristic for the Set Covering Problem, *Operations Research* 4(3):233-235.

Contreras, I., Cordeau, J. F. & Laporte, G. (2011). Benders decomposition for large-scale uncapacitated hub location. *Operations Research* 59:1477-1490.

Constantino, M., Klimentova, X., Viana, A. & Rais, A. (2013). New insights on integer-programming models for the kidney exchange problem, *European Journal of Operational Research* 231:57–68.

Cordeau, J. F., Soumis, F. & Desrosiers, J. (2000). A Benders decomposition approach for the locomotive and car assignment problem. *Transportation Science* 34:133-149.

Dantzig, G. B. (1957). Discrete Variable Extremun Problem, *Operations Research* 5:266-277.

Dakin, R. J. (1965). A tree search algorithm for mixed integer programming problems, *Computer Journal* 8:250–255.

Dantzig, G. B. (1959). Notes on Solving Linear Programs in Integers, *Naval Research Logistics Quarterly* 6:75-76.

Darehmiraki, M, & Nehi, H. M. (2007). Molecular solution to the 0–1 knapsack problem based on DNA computing, *Applied Mathematics and Computation* 187:1033-1037.

Davis L. (1987). *Genetic Algorithms and Simulated Annealing*, Pitman, London.

Djerdjour, M., Mathur K. & Salkin, H. M. (1988). A Surrogate Relaxation Based Algorithm for a General Quadratic Multi-Dimensional Knapsack Problem, *Operations Reserch Letters* 7(5):253-258.

Dijkstra, E. W. (1959). A note on two problems in connexion with graphs, *Numerische Mathematik* 1(1):269-271.

Donovan, G.H. & Rideou, D. B. (2003). An Integer Programming Model to Optimize Resource Allocation for Wildfire Containment, *Forest Science* 49:2.

Dudzinski, K. (1984). A Dynamic Programming Approach for Solving The Multiple Choice Knapsack Problem, *Bulletin of the Polish Academy of Science, Technical Science* 32:325-332.

Dudzinski, K. & Walukiewicz, S. (1987). Exact Methods for the Knapsack Problem and its Generalizations, *European Journal of Operational Research* 28:3-21.

Duran, M. A. & Grossman (1986). An outer-approximation algorithm for a class of mixed integer nonlinear programs, *Mathematical Programming*, 36:307-339.

Dyer, M. E. (1984). An O(n) Algorithm for the Multiple-Choice Knapsack Linear Problem, *Mathematical Programming* 29:57-63.

Eaves, B. C. & Zangwill, W. I. (1971). Generalized Cutting Plane Algorithms, *SIAM Journal on Control* 9:529-542.

Eiselt, H. A. (1986). Continuous Maximin Knapsack Problems with GLB Constraints, *Mathematical Programming* 36:114-121.

Fayard, D. & Plateau, G. (1982). An Algorithm for the Solution of the 0-1 Knapsack Problem, *Computing* 28:269-287.

Fleszar, K. & Hindi, K. S. (2009). Fast, effective heuristics for the 0-1 multi-dimensional knapsack problem, *Computers & Operations Research* 36:1602-1607.

Fréville, A. & Plateau, G. (1997). The 0-1 bidimensional knapsack problem: Towards na efficient hight-level primitive tool. *Journal of Heuristics* 3:147-167.

Fréville, A. (2004). The multidimensional 0–1 knapsack problem: An overview, *European Journal of Operational Research* 155:1–21.

França, P. M. & Luna, H. P. L. (1982). Solving stochastic transportation-location problems by generalized Benders decomposition. *Transportation Science* 16:113-126.

Gallo, G., Hammer, P. L. & B. Simeone. (1980). Quadratic Knapsack Problem, *Mathematical Programming* 12:132-149.

Gamache, M. F., Soumis, F., Marquis, G. & Desrosiers, J. (1999). A column generation approach for large-scale aircrew rostering problems, *Operations Research* 47:247-262.

Garey, M. R. & Johnson, D. S. (1979). Computer and Intractibility: A guide to the Theory of NP Completeness, Freeman, San Francisco.

Geoffrion, A. M. & Marsten, R. E. (1972). *Integer Programming*: A Framework and State-of-the-Art Survey, *Management. Science* 18:465-491.

Geoffrion, A. M. (1970). Elements of large-scale mathematical programming, *Management Science* 16:652-691.

Geoffrion, A. M. (1972). Generalized Benders decomposition. *Journal of Optimization Theory and Applications* 10:237-259.

Geoffrion, A. M. & Graves, G. W. (1974). Multicommodity distribution system design by Benders decomposition, *Management Science* 20:822-844.

Geoffrion, A. M. & Marsten, R. E. (1972). Integer programming algorithms: A framework and state of the art survey, *Management Science* 18(9):465-491.

Geoffrion, A. M. & Powers, R. (1995). Twenty years of strategic distribution system design: An evolutionary perspective. *Interfaces* 25:105-127.

Gilmore, P. C. & Gomory, R. E. (1965). Multistage Cutting Stock Problems of two and more Dimensions, *Operations Research* 13:94-120.

Glover, F. (1965). A Bound Escalation Method for the Solution of Integer Linear Programs, *Cashier Cent. d'Etudes Recherche Operationelle* 6:131-168.

Glover, F. & Tangedahl, L. (1976). Dynamic Strategies for Branch and Bound, Omega 4(5):571-576.

Goldbarg, M. C. & Campello, R. E. (1991). Formulação por Recobrimento para o Problema de Alocação Arma X Alvo no Plano. *Pesquisa Operacional* 11:23-31.

Goldbarg, M. C.; Luna, H. P. L.; Goldbarg, E. F. G. *Programação Linear e Fluxos em Redes*. Rio de Janeiro: Elsevier, 2015.

Gomory R. E. (1960). Outline of an Algorithm for Integer Solutions to Linear Programs, *Bulletin of the American Mathematical Society* 64:275-278.

Han, B., Leblet, J. & Simon, G. (2010). Hard multidimensional multiple choice knapsack problems, an empirical study. *Computers & Operations Research* 37:172-181.

Hifi, M., Michrafy, M. & Sbihi, A. (2004). Heuristic algorithms for the multiple-choice multidimensional knapsack problem, *Journal of the Operational Research Society* 55:1323–1332.

Horowitz, E. & Sahni, S. (1974). Computing Partitions with Applications to the Knapsack Problem, *Journal of the ACM* 21:277-292.

Hung, M. S. & Fisk J. C. (1978). An algorithm for 0-1 multiple knapsack problems, *Naval Research Logistics Quarterly* 24:571-579.

Hu, T. C. (1982). *Combinatorial Algorithms*, Addison-Wesley.

Ibaraki, T., Hasegawa, T., Teranaka, K. & Iwase, J. (1978). The multiple-choice knapsack problem, *Journal of the Operations Research Society of Japan* 21:59-95.

Ibarra, O. H. & Kim, C. E. (1975). Fast Approximation Algorithm for the Knapsack and Sum of Subset Problems, *Journal of the ACM* 22:463-468.

Ichimori, T. (1984). On Min-Max Integer Allocation Problems, *Operations Research* 32:449-450.

Ingargiola, G. P. & Korsh, J. F. (1973). Reduction Algorithm for Zero-One Single Knapsack Problems, *Management Science* 20:18-22.

Jacobsen, S. (1971). On Marginal Allocation in Single Constraint Min-Max Problems, *Management Science* 17:780-783.

Johnson, E. L. & Padberg, M. W. (1981). A Note on the Knapsack Problem with Special Ordered Sets, *Operations Reserch Letters* 1:18-22.

Kaplan, S. (1974) Application of Programs with Maxmin Objetive Functions to Problems of Optimal Resource Allocation, *Operations Research* 22:802-807.

Karasakal, O. (2008). Air defense missile-target allocation models for a naval task group, *Computers & Operations Research* 35:1759-1770.

Klein, R. S., Luss, H. & Rothblum, U. G. (1993). Minimax Resource Allocations Problems with Resource-Substitution Represented by Graphs, *Operations Research* 41:959-971.

Knuth, D. (1997), *The Art of Computer Programming* 1: Fundamental Algorithms (3rd ed.), Addison-Wesley

Kohli, R., Krishnamurti, R. & Mirchandani, P. (2004). Average performance of greedy heuristics for the integer knapsack problem, *European Journal of Operational Research* 154:36–45.

Kouvelis, P. & Yu, G. (1993). *Robust Discrete Optimization and Its Application*, Working Paper, Graduate Scholl for Business, The University of Texas at Austin.

Land, A. H. & Doig A. G. (1960). An automatic method of solving discrete programming problems. *Econometrica* 28(3):497–520. doi:10.2307/1910129.

Lasdon, L. S. (1970). *Optimization Theory for Large Systems*, Macmillan, New York. Reimpresso em 2002 Dover (edt).

Laughhunn, D. J. (1970). Quadratic Binary Programming with Applications to Capital Budgeting Problems, *Operations Research* 18(17):454-461.

Lawler, E. L. (1979). Fast Approximation Algorithms for Knapsack Problems, *Mathematics of Operations Research* 4:339-356.

Lawler, E. L. & Wood, D. E. (1966). Branch and Bound Methods: A Survey, *Operations Research* 14:699-719.

Lemke, C. & Spielberg, K.. (1969). Direct Search Algorithms for Zero-One and Mixed Integer Programming, *Operations Research* 15:892-915.

Luna, H. P. L. (1979). Economical interpretation of Benders decomposition technique applied to location problems, In: *Models and Decision Making in National Economies*, J. M. L. Janssen, L. F. Pau & A. Strazak editors, North Holland, Amsterdam, 367-372.

Luss, H. & Smith, D. R. (1986). Resource Allocation Among Competing Activities: A Lexicographic Minimax Approach, *Operations Research Letters* 5:227-231.

Maculan, N. (1983). Relaxation Langrangienne: Le Problème du Knapsack 0-1, *Canadian Journal of Operational Research and Information Processing* 21:315-327.

Magazine, M. J. & Oguz, O. (1981). A Fully Polynomial Approximate Algorithm for the 0-1 Knapsack Problems, *European Journal of Operational Research* 8:270-273.

Martello, S. & Toth, P. (1978). Algorithms for the Solution on of the 0-1 Knapsack Problems, *Computing* 27:93-112.

Martello, S. & Toth, P. (1981). A Branch-and-Bound Algorithm for the Zero-One Multiple Knapsack Problems, *Discrete Applied Matematics* 3:275-288.

Martello, S. & Toth, P. (1985). A New Algorithm for the 0-1 Knapsack Problems, Report OR/85/1. DEIS, University of Bologna.

Martello, S. & Toth, P. (1990). Algorithms for Knapsack Problems, *Annals of Discrete Mathematics* 31:213-258.

Melachrinoudis, E. & Kozanidis, G. (2002). A mixed integer knapsack model for allocating funds to highway safety improvements, *Transportation Research Part A* 36:789-803.

Nauss, R. M. (1979). The 0-1 Knapsack Problem with Multiple Choice Constraints, *European Journal of Operational Research* 2:125-131.

Nemhauser, G. L. & Garfinkel, R. S. (1972). *Integer Programming*, John Wiley and Sons, New York.

Nemhauser, G. L. &.Ullman, Z (1968). A note on the Generalized Langrange Multiplier Solution to an Integer Programming Problem, *Operations Research* 16:450-452.

Ouorou, A, Luna, H. P. L. & Mahey, P. (2001). Multicommodity network expansion under elastic demands. *Optimization and Engineering* 2:277-292.

Ozgur, M. & Cavcar, A. (2014). 0–1 integer programming model for procedural separation of aircraft by ground holding in ATFM, *Aerospace Science and Technology* 33:1–8.

Padberg, M, W. (1972). Equivalent knapsack-type formulations of bounded integer linear programs: An alternative approach, *Naval Research Logistics Quarterly* 19(4):699-708.

Pang, J. S. & Yu, C. S. (1989). A Min-Max Resource Allocation Problem with Substitutions, *European Journal of Operational Research* 41:218-223.

Pardalos, P. M. & Rodgers, G. (1990). Computational Aspects of a Branch and Bound Algorithm for Quadratic Zero-One Programming, *Computing* 45:131-144.

Pierce, J. F. & Lasky, J. S. (1973). Improved Combinatorial Programming Algorithms for a class of Zero One Integer Programming Problem, *Management. Science* 19:528-543.

Porteus, E. L. & Yormark, J. S. (1972), More on the MinMax Allocation, *Management Science* 18:520-527.

Rangan, C. P. & Govindan, R. (1992). An O(nlogn) Algorithm for a Maxmin Location Problem, *Discrete Applied Mathematics* 36:203-205.

Reiter, S. & Rice, D. B. (1966). Discrete Optimizing Solution Procedures for Linear and Nonlinear Integer Programming Problems, *Management Science* 12:829-850.

Sahni, S. (1975). Approximate Algorithms for the 0-1 Knapsack Problem, *Journal of the ACM* 22(11):115-124.

Salkin, M. H. (1975). *Integer Programming*, Addison-Wesley, Menlo Park.

Sbihi, A. (2010). A cooperative local search-based algorithm for the Multiple-Scenario Max–Min Knapsack Problem, *European Journal of Operational Research* 202:339–346

Sinha, P. & Zoltners, A. A. (1979). The Multiple Choice Knapsack Problem, *Operations Research* 27:503-515.

Shamir, R. (1984). The Efficiency of the Simplex Method: A Survey, *Management. Science* 33:301-334.

Shapiro, J. F. (1968). Group Theoretic Algorithms for the Integer Programming Problems II: Extension to a General Algorithm, *Operations Research* 16:928-947.

Spielberg, K., (1979), Enumerative Methods in Integer Programming, *Annals of Discrete Mathematics* 5:139-183.

Ülker, Ö. & Landa-Silva, D. (2010). A 0/1 Integer Programming Model for the Office Space Allocation Problem, *Electronic Notes in Discrete Mathematics* 36:575–582.

Taha, H. A. (1971). On the Solution of Zero-One Linear Programs by Ranking the Extreme Points, *Technical Report No 71-2*, Department of Industrial Engineering, University of Arkansas, Fayetteville.

Tan, R. R., Ng, D. K. S., Foo, D. C.Y. & Aviso, K. B. (2010). Crisp and fuzzy integer programming models for optimal carbon sequestration retrofit in the power sector, *Chemical Engineering Research and Design* 8(8):1580–1588.

Tang, C. S. (1988). A Min-Max Allocation Problem: It's Solutions and Applications, *Operations Research* 36:359-367.

Toth, P. (1980). Dynamic Programming Algorithms for the Zero-One Knapsack Problem, *Computing* 25:29-45.

Umang, N., Bierlaire, M. & Vacca, I. (2012). Exact and heuristic methods to solve the berth allocation problem in bulk ports, Report TRANSP-OR 120617, Ecole Polytechnique Fédérale de Lausanne (EPFL).

Wex, F., Schryen, G., Feuerriegel, S. & Neumann, D. (2014). Emergency response in natural disaster management: Allocation and scheduling of rescue units, *European Journal of Operational Research* 235:697–708.

Weingartner, H. M. (1968). Capital Budgeting and Interrelated Projects: Survey and Synthesis, *Management Science* 12:485-516.

Wilbaut, C., Hanafi, S. & Salhi S. (2008). A survey of effective heuristics and their application to a variety of knapsack problems Ima Journal of Management Mathematics; 19(3):227-244.

Witzgall, C. (1975). Mathematical Methods of Site Selection for Eletronic Message System (SEM), NBS Internal Report.

Wolsey, L. A. (1972). *Mixed Interger Programming: Discretization and the Group Theoretic Approach*, Ph.D, Dissertation, Massachusetts Institute of Technology.

Vanderbeck, F. (2000). On Dantzig-Wolfe decomposition in integer programming and ways to perform branching in a branch-and-price algorithm. *Operations Research* 48:111-128.

Yu, G. (1996). On the Max-Min 0-1 Knapsack Problem With Robust Optimization Applications, *Operations Research* 44(2): 407-415.

Zemel, E. (1984). An O(n) Algorithm for the Linear Multiple-Choice Knapsack Problems, *Information Processing Letters* 18:132-128.

Zhang, X., Shiyan Huang, S., Hub, Y., Zhang, Y., Mahadevan, S. & Deng, Y. (2013). Solving 0-1 knapsack problems based on amoeboid organism algorithm, Applied Mathematics and Computation 219:9959–9970.

Zhong, T. & Young, R. (2010). Multiple Choice Knapsack Problem: Example of planning choice in transportation, *Evaluation and Program Planning* 33:128–137.

Zoltners, A. A. (1978). A Direct Descent Binary Knapsack Algorithm, *Journal of the ACM* 22:125-128.

Zou, D., Gao, L., Li, S. & Wu, J. (2011). Solving 0–1 knapsack problem by a novel global harmony search algorithm, *Applied Soft Computing* 11:1556–1564.

CAPÍTULO 2

Meta-heurísticas

Objetivos — O presente capítulo objetiva:

- Contextualizar e distinguir seus métodos de funcionamento.
- Descrever cada diferente método.
- Apresentar revisões bibliográficas sumárias de aplicações dos métodos.

2.1 Introdução

● Definição de Meta-heurística

Os algoritmos computacionais enfrentam um gigantesco desafio quando o objetivo é fornecer soluções exatas para problemas NP-Difíceis de grande porte. Independentemente de condições especiais ou propriedades particulares, a solução de um problema NP-Difícil exigirá, em última análise, consumo exponencial de processamento em tempo ou em memória em função do tamanho da entrada de dados desses problemas. Problemas de grande porte e com entrada de dados constituída por um número significativo de variáveis, em um caso geral, provavelmente exigirão uso de tempo de processamento ou de memória computacional (ou ambos) proibitivos para alcançar uma solução exata. Diante da persistência do desafio posto, cresce o convencimento de que os computadores e métodos algorítmicos atuais possuem uma deficiência tecnológica implícita para alcançar soluções exatas eficientemente, em um caso geral, para problemas NP-Difíceis de porte real e outros ainda mais complexos.

Diante da insuficiência da resposta dos métodos exatos, nas últimas décadas foram concentrados significativos esforços no desenvolvimento e aperfeiçoamento de estratégias aproximativas e eficientes para a solução de problemas NP-Árduos de grande porte. De fato, tais procedimentos aproximativos possuem proposta de longa data e foram denominados de heurísticos. O conceito de heurística é amplo e permite definições como: "*Uma heurística é um atalho mental que permite às pessoas resolver problemas e fazer julgamentos rápida e eficientemente.*" – Kendra Van Wagner-Cherry (Van Wagner-Cherry, 2014). Etimologia da palavra tem origem grega – *heuriskein*, que é um verbo e significa descobrir. A conjugação desse verbo na primeira pessoa é *eureka* (eu descobri). No contexto computacional, uma heurística é entendida como um algoritmo. Portanto, um procedimento que deve ser capaz de ser programado em um computador e diz respeito à solução de problemas decidíveis, problemas que podem ser representados em um computador. O quadro "heurística" resume o que se entende quando o termo é utilizado no contexto computacional.

Heurística

Uma heurística é uma técnica computacional aproximativa que visa alcançar uma solução avaliada como aceitável para um dado problema que pode ser representado em um computador, utilizando um esforço computacional considerado razoável, sendo capaz de garantir, em determinadas condições, a viabilidade ou a otimalidade da solução encontrada.

Espera-se que, em muitos casos, as heurísticas alcancem os valores ótimos da solução de problemas NP-Árduos ou mais complexos, especialmente nas ocasiões em que partem de uma solução viável próxima ao valor ótimo.

Contudo, ao abrir mão da garantia de encontrar a solução ótima do problema, os métodos heurísticos devem oferecer em troca pelo menos o compromisso de serem computacionalmente eficientes. As heurísticas englobam a classe dos algoritmos que admitem como caminho válido de solução *simplesmente tentar alcançar uma solução de um problema extremamente complexo*. Ou algoritmos cujo objetivo da eficiência computacional se torna tão dominante que, em sua troca, admite-se a possibilidade de que a solução encontrada não seja ótima.

O sucesso dos métodos heurísticos se estende não somente ao contexto dos problemas NP-Árduos. Todos os demais problemas decidíveis cuja solução computacional eficiente é considerada extremamente improvável são igualmente candidatos à solução por meio de heurísticas. Mesmo para problemas em que existem algoritmos exatos eficientes, dependendo do tamanho da entrada de dados e do tempo computacional disponível, o uso de heurísticas não pode ser descartado. Finalmente, as heurísticas, como regra geral, podem ser implementadas de forma mais fácil que os sofisticados métodos exatos da atualidade.

Em anos recentes emergiu no estado da arte uma classe de estratégias amplas voltadas a direcionar o processo de construção de heurísticas. Tais métodos foram denominados de *heurísticas modernas* ou, como mais largamente difundido, *meta-heurísticas*. A etimologia da palavra combina o prefixo grego meta – nível superior, com o termo heurística (ευρισκειν – *heuriskein*) – encontrar. A etimologia sugere um procedimento de alto nível para solucionar um problema. O termo é definido pelos seguintes autores:

Voß et al. (1999)

É um procedimento iterativo proprietário que guia e modifica operações das heurísticas que lhe são subordinadas de forma a, eficientemente, produzir soluções de alta qualidade. Ela pode manipular soluções ou coleções de soluções completas ou parciais a cada iteração. As heurísticas subordinadas podem tanto possuir um nível de abstração baixo como elevado.

Glover & Kochenberger (2003)

Tais métodos ao longo do tempo incluíram qualquer procedimento de resolução de problemas para resolver a tarefa de superar a armadilha da busca local em um espaço de solução complexo, especialmente quando tais procedimentos utilizem uma ou mais estruturas de vizinhança como um modo de definir movimentos admissíveis entre soluções ou para constituir processos sistemáticos de construção e destruição de soluções.

Osman & Laporte (1996)

Um processo iterativo que guia heurísticas subordinadas, combinando diferentes e inteligentes conceitos para explorar e explotar o espaço de busca. (Explorar é sinônimo de varrer o espaço de busca – diversificar a busca. Explotar é sinônimo de examinar uma dada região ou vizinhança do espaço de busca visando encontrar o mínimo local – intensificar a busca.)

Blum & Roli (2003)

As meta-heurísticas combinam métodos heurísticos básicos em arquiteturas de alto nível com o objetivo promover a eficiência e eficácia na exploração do espaço de busca.

Dorigo & Stützle (2004)

Uma meta-heurística pode ser vista como um método heurístico geral projetado para guiar uma heurística específica de solução de problema.

O presente texto sugere a definição conforme o enunciado do quadro "Meta-heurística".

Meta-heurística

Trata-se de uma arquitetura geral de regras que, formada a partir de um tema em comum, pode servir de base para o projeto de uma ampla gama de heurísticas computacionais.

A definição acima destaca a função de guiar ou inspirar o desenvolvimento de diferentes algoritmos heurísticos. As regras que compõem o contexto meta-heurístico podem ser desenvolvidas arbitrariamente e buscar base em analogias com fenômenos físicos, químicos, biológicos, sociais, semânticos ou mesmo em propriedades matemáticas. Por exemplo, as meta-heurísticas bioinspiradas derivam suas regras para a formação de heurísticas da cópia de processos biológicos. Todavia, regras mais simples podem igualmente ser úteis no sentido da construção de uma *meta* camada. A mensagem é simples: uma meta-heurística é uma estratégia maior de construir estratégias menores ou heurísticas.

A ideia da distinção de uma hierarquia nas estratégias que compõem uma heurística é criticada por alguns como desnecessária, uma vez que o termo *heurística* poderia, supostamente, englobar as várias camadas de estratégias (Johann Dréo – http://nojhan.free.fr/metah/). Todavia a literatura tem consagrado o termo em virtude de permitir destacar, com nomes específicos, amplas e diferentes estratégias que podem ser utilizadas para a constituição de heurísticas aplicadas.

A Figura 2.1 ressalta a característica de guiamento de uma abordagem meta-heurística (as regras gerais), mostrando como é possível derivar mais de uma heurística para mais de um problema.

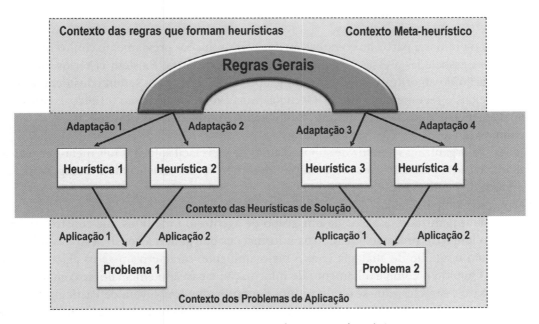

Figura 2.1: Arquitetura geral para meta-heurísticas.

Uma mesma arquitetura geral e superior é capaz de guiar ou inspirar a criação de algoritmos heurísticos para diferentes situações, em diferentes aplicações de diferentes problemas.

Tradicionalmente os procedimentos heurísticos são estratégias de solução desenvolvidas *ad hoc* para a solução de determinados problemas.

Seu escopo de aplicação é, via de regra, limitado ao escopo do problema que está sendo solucionado correspondendo somente aos dois últimos níveis da Figura 2.1, sem obrigatoriamente guardarem ligação mais geral.

2.2 Meta-heurísticas – Taxonomia

As meta-heurísticas produzem algoritmos que podem ser classificados por meio de critérios dicotômicos, funcionais e pela estratégia utilizada da seguinte forma.

● Em Função das Estruturas de Vizinhança Empregadas

1. Métodos com Estrutura de Vizinhança Fixa
   São algoritmos em que a estrutura de vizinhança é definida ao início do procedimento, permanecendo imutável ao longo do desenvolvimento da busca, por exemplo: Reinício Aleatório, GRASP e *Simulated Annealing*.
2. Métodos com Estrutura de Vizinhança Flexível
   São algoritmos em que o conceito de busca associada a uma determinada vizinhança não fica claro ou mesmo quando a vizinhança pode ser excepcionalmente alterada, contudo de forma pouco sistemática ou mesmo aleatoriamente, por exemplo: *Scatter Search*, busca tabu, algoritmos evolucionários em geral.
3. Métodos com Estrutura de Vizinhança Variável
   Abrange o conjunto de métodos que, em sua concepção, explora a possibilidade de examinar sistematicamente várias estruturas de vizinhança diferentes, por exemplo, Busca em Vizinhança Variável.

● Em Função da Estratégia de Obtenção das Soluções

1. Construtivas
   As soluções são organizadas passo a passo em forma crescente, e poderão ser aperfeiçoadas ou não em fases subsequentes. Exemplo: GRASP, Colônia de Formigas.
2. Evolutivas
   As soluções são obtidas a partir da composição de outras soluções previamente conhecidas ou pelo uso de transformações associadas a essas soluções previamente existentes. Existem critérios que permitem, em qualquer iteração do algoritmo, selecionar um grupo de soluções para serem consideradas como previamente conhecidas e realimentar a busca. Os algoritmos evolucionários são o típico exemplo desta classe. Exemplo: Genéticos, Meméticos, Culturais, Simbióticos, Transgenéticos e outros.
3. De Decomposição
   As soluções são organizadas a partir de subproblemas de mais fácil solução. Tais meta-heurísticas possuem especial adaptação à paralelização, por exemplo: decomposição heurística de Dantzig-Wolfe, decomposição heurística de Benders etc.
4. De Informação Compartilhada
   As soluções são organizadas a partir de um grupo de agentes ou métodos que constroem ou modificam as soluções ao longo do processo. Quando as informações que guiam a construção das soluções são compartilhadas com o auxílio de analogia com o meio ambiente, caracterizam-se os algoritmos em Colônia de Formigas. Quando o compartilhamento de informação é baseado em analogia com a dinâmica de um bando de pássaros, caracterizam-se os algoritmos denominados em Nuvem de Partículas. Quando o compartilhamento de informações é baseado em analogia com a dinâmica da troca genética do fluxo intra e extracelular, caracterizam-se os Algoritmos Transgenéticos.

2.3 Vizinhanças e Busca Local

O objetivo de alcançar a eficiência e a eficácia na solução de problemas NP-Árduos de grande porte coloca o projetista de algoritmos diante de um problema quase insolúvel, uma vez que os dois objetivos perseguidos são, em última análise, excludentes. A garantia de eficiência prejudica a garantia de eficácia, e vice-versa. O que se deseja ao construir um algoritmo de busca é que:

- O algoritmo tire partido das particularidades das várias regiões do universo das soluções viáveis do problema de forma a esgotar eficientemente a busca em regiões restritas do universo de soluções (atividade presentemente denominada de explotação eficiente).
- O algoritmo seja capaz de discriminar as parcelas promissoras do universo de solução, não se obrigando a examinar exaustivamente esse universo, somente partes selecionadas (atividade presentemente denominada de exploração eficiente).

Em última análise, o que se busca é um perfeito casamento entre a explotação de determinadas regiões espaço de busca e a escolha dessas regiões. A representação dos problemas de otimização comporta *relações*, *classes* e *espaços amostrais*. Para exemplificar o que se deseja esclarecer, seja o problema de encontrar as três malas de maior valor dentro de um universo que contém de n malas. Uma maneira de solucionar o caso seria abrir cada mala, conferir seu conteúdo e tomar as três primeiras colocadas. Mas, supondo que não seja possível fazer isso, o conteúdo das malas poderá ser associado a características externas, como: tamanho, peso, tipo de material de composição, estado de conservação e outros. As características listadas definem *relações* no universo das malas. A aplicação das relações é capaz de dividir o conjunto das malas em grupos específicos ou *classes*. Dentro de cada grupo é possível exercitar hipóteses. Uma das hipóteses plausíveis é que, para as classes, poderá haver *equivalência* no resultado da aplicação de eventuais suposições. É lícito imaginar que as maiores malas contém sempre valores maiores ou que as malas de melhor qualidade e de melhor conservação também conteriam os valores maiores.

As hipóteses são capazes de dividir o universo das malas também sob o ponto de vista do *universo amostral*, no sentido de que as malas de certas classes podem ser mais atrativas para o exame. Com essa estruturação de representação, é possível construir uma ordenação parcial decorrente da seleção das relações ou entre as classes.

As ordenações parciais acima poderão ser utilizadas para delimitar o espaço de busca. Se é válido limitar e mapear o espaço de busca por meio de certos critérios, seria interessante possuir também elementos que permitissem, de modo semelhante, estimar as relações e as classes em perseguição daquelas mais atrativas para a estratégia do algoritmo. Isso pode ser traduzido em uma dupla necessidade:

- Desenvolver habilidades para identificar boas regiões no contexto do universo das soluções viáveis ou, em outras palavras, o domínio das técnicas de transitar de uma região de busca para outra, mudando estruturalmente a cercania ou vizinhança de busca – no exemplo das malas isso corresponderia em grupar as malas por classes, e examinar as classes em ordem de prioridade.
- Elaborar processos de buscas que se mostrem eficientes para áreas restritas ou, em outras palavras, o domínio das técnicas que permitem esgotar de forma eficiente a busca em uma localidade ou vizinhança do espaço de soluções do problema – no exemplo das malas, corresponderia a uma técnica associada à capacidade de abrir e examinar rapidamente cada diferente tipo de mala.

Tentar definir boas regiões de busca esbarra no conceito de simetria. Simetria pode ser definida como a propriedade de invariância na regra escolhida como base para a observação, dada que certa transformação é aplicada. Considerando, por exemplo, a regra de observação como o valor da função objetivo: quando, em uma dada classe, as soluções podem ser convertidas entre si preservando um elevado valor da função objetivo, essa classe oferece, pelo menos no aspecto qualitativo (não falamos em quantificação da propriedade), simetria.

Capturar simetrias no espaço das soluções viáveis é crucial para efetuar mudanças eficazes para o direcionamento da busca. Nesse ponto o problema da representação deve ser abordado. Para capturar com eficiência as simetrias do espaço de busca, é necessário um excelente domínio do conhecimento do problema e de suas relações, bem como a capacidade de representar adequadamente o problema. Infelizmente tais necessidades normalmente só poderão ser atendidas por meio da especialização e adaptação casuística dos métodos, o que resultará em restrições de escopo e impossibilidade de generalização.

Em outras palavras, se o desejo é trabalhar com um espaço de relações rico e flexível, deve-se pagar um preço em termos de esforço de busca. Classes específicas podem capturar simetrias locais – provavelmente restritas. Classes genéricas podem capturar simetrias gerais, mas provavelmente as classes serão muito grandes. A argumentação anterior nos conduziu ao dilema central na busca e que pode ser enunciado em uma formulação alternativa especialmente adequada ao projeto de algoritmos de busca: A busca algorítmica é um cobertor curto que deve cobrir, simultaneamente, a explotação e a exploração completa do espaço de busca. Observe-se que o cobertor não consegue cobrir, isoladamente, qualquer uma das duas partes. As duas características anteriores são nomeadas na literatura respectivamente como intensificação e diversificação.

● Conceito de Vizinhança $N(s_0)$ de uma Solução s_0

Seja π um problema de busca e as instâncias de π codificadas como "*strings*" de mesmo comprimento, por exemplo, $(p|x|)$. Denomina-se D_π o conjunto de todas as instâncias de π (o domínio de π) e $O\pi(x)$ o conjunto das respostas aceitáveis para π. Diz-se que um algoritmo *resolve* p se uma entrada $x \in D_\pi$, produz uma saída $y \in O_\pi(x)$ e quando $O_\pi(x) = \emptyset$, então y não existe.

Um *Problema de Otimização Combinatória* π é uma classe especial dos problemas de busca em que cada instância $x \in D_\pi$ possui um conjunto $S_\pi(x)$ de soluções em que cada solução $i \in S_\pi(x)$ está associada uma função custo $f_\pi(i,x)$. O problema de otimização combinatória consiste em, dada uma instância x, determinar uma solução $i^* \in S_\pi(x)$ que acarrete, em um contexto global, a minimização (ou maximização) da função custo $f_\pi(i,x)$. Um *Problema de Busca Local* é obtido de um problema de otimização por meio da definição, em *lato senso*, da busca em uma estrutura de "vizinhança". As chamadas soluções *vizinhas* não são listadas explicitamente a cada solução i, mas determinadas indiretamente a partir da instância x e da solução i. O problema de busca que segue associado ao problema combinatório diz respeito a, dada uma instância x, computar uma solução $\hat{i}$ localmente ótima, ou seja, aquela que, dentro da "vizinhança" estabelecida, possui o melhor resultado para $f_\pi(i,x)$. Várias abordagens são possíveis para definir "vizinhança". O critério mais comum para definir uma vizinhança é por meio de uma *métrica de afastamento*. O conceito de *afastamento* conduz naturalmente à analogia com a proximidade ou vizinhança no espaço euclidiano. Outros critérios mais abstratos podem definir propriedades funcionais para caracterizar uma vizinhança. Considerando o critério da métrica de afastamento, pode-se definir a vizinhança $N(s,\sigma)$ de uma solução s como o conjunto de soluções que podem ser alcançadas a partir de s por meio da operação definida por s. Normalmente denota-se o conjunto de soluções próximas ou vizinhanças apenas por $N(s)$, uma vez que a operação σ, normalmente, é única ou bem conhecida dentro do esquema de solução.

Para o caixeiro viajante, uma vizinhança $N(s)$ da solução s pode ser definida, por exemplo, pelo conjunto de todas as soluções do problema que diferem de s por duas arestas. Tal estrutura de vizinhança para o caixeiro é explorada por diversos tipos de algoritmos, dentre os quais os denominados k-ótimos. A operação, nesse caso, é constituída por uma permutação de duas arestas.

A Figura 2.2(c) mostra três componentes da vizinhança descrita anteriormente a partir de $s_0 = \{1,6,5,4,3,2,1\}$ exibida na Figura 2.2(b) para o grafo base da Figura 2.2(a).

O número de arestas diferentes entre uma solução s_1 do caixeiro viajante e outra solução s_2 pode constituir a métrica r denominada *distância*. Denota-se tal distância pelo símbolo $\rho(s_1,s_2)$. No caso do caixeiro viajante, o valor máximo da distância será n e o mínimo, igual a 2.

Denomina-se *vizinhança estrita* aquela obtida pela operação $r(s_1,s_2)$ quando o valor da distância obtida é o menor possível para a métrica adotada. A Figura 2.3(a) exemplifica uma vizinhança qualquer obtida a partir de S_0. A representação da vizinhança como uma circunferência no entorno de S_0 será empregada várias vezes nas ilustrações do presente texto. A Figura 2.3 (b) desenvolve a vizinhança 2-swap para a configuração 1-2-3-4. As alterações produzidas pelo operador de transformação s estão assinaladas ao lado das setas. A vizinhança 2-swap é constituída por todas as configurações que diferem da configuração s_0 pela permutação de duas posições em s_0. Na Figura 2.3(b), os números entre parênteses sobre as retas representam as posições permutadas.

CAPÍTULO 2 ■ Meta-heurísticas   79

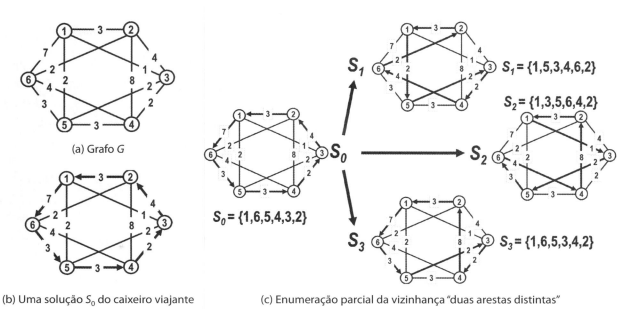

Figura 2.2: Exemplo de vizinhança para o Caixeiro Viajante.

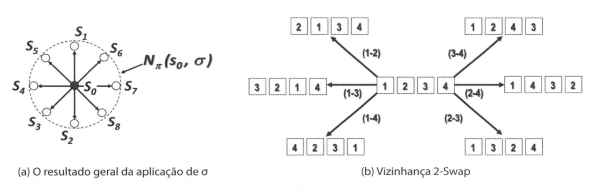

Figura 2.3: A vizinhança 2-Swap.

A definição de vizinhança em função de uma métrica não é a única possível. Define-se também uma *vizinhança exata* como aquela em que todo ótimo local é também um ótimo global. O conceito de vizinhança exata independe de uma métrica de distância. Esse conceito é importante porque destaca uma forma de vizinhança que pode ser explorada com eficiência pelos métodos de busca.

Um exemplo de vizinhança exata pode ser encontrado na árvore geradora mínima – AGM. Uma AGM não é ótima se e somente se pode ser melhorada pela mudança de uma aresta. Consequentemente, duas AGM são vizinhas se podem ser obtidas, uma da outra, pela troca de uma aresta. A estrutura de vizinhança assim definida verifica-se exata. O fato de um problema possuir uma representação em vizinhança exata sugere que sua solução poderá ser obtida de forma computacionalmente eficiente. Nesse tipo de problema a fase de explotação é desnecessária.

Os Quadros 2.1 e 2.2 resumem as duas estratégias mais comuns para a busca local.

O Quadro 2.1 apresenta a Busca Iterativa Rápida (*Quick Iterated Local Search*).

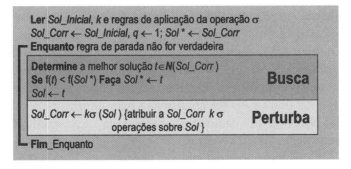

Quadro 2.1: Pseudocódigo da Busca Iterativa Rápida.

O Quadro 2.2 apresenta a Busca Local Iterativa (*Iterated Local Search*).

As seguintes variáveis são empregadas:

Sol_Corr é a configuração que está sendo examinada pela busca. Ela é base para a formação da vizinhança *N*(*Sol_Corr*).

A variável *Sol* guarda a atribuição de *Sol_Corr* e a variável *Sol** guarda a melhor solução visitada pela busca.

A função σ (*Sol*) executa uma transformação (ou também denominada *perturbação*) sobre *Sol*. A variável que define a magnitude da perturbação é *k*.

Sol* representa a melhor solução encontrada na busca.

A Figura 2.4(a) exemplifica a aplicação de σ – representada por uma troca entre duas posições vizinhas quaisquer da solução *Sol*. A Figura 2.4(b) representa o caso de *k*=3, ressaltando-se que a escolha das posições a serem permutadas seria aleatória e sucessiva.

Observa-se que, na Busca Iterativa Rápida, a vizinhança de *Sol* é examinada

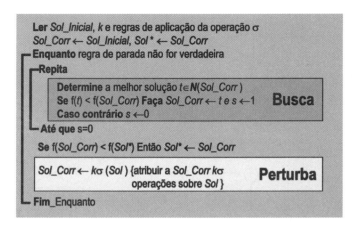

Quadro 2.2: Pseudocódigo da Busca Local Iterativa.

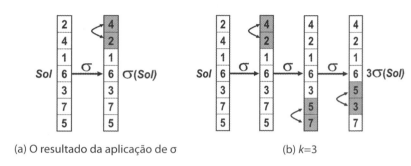

(a) O resultado da aplicação de σ (b) *k*=3

Figura 2.4: Perturbação σ.

sendo seguida imediatamente de uma perturbação. No caso da Busca Local Iterativa, quando uma solução melhor é identificada na vizinhança de *Sol*, o foco da busca é transferido para essa solução melhor e a vizinhança associada a essa última solução é examinada antes de ser realizada a perturbação. No presente texto, o comportamento dos algoritmos meta-heurísticos será exemplificado graficamente em várias ocasiões.

Comumente, uma vizinhança será representada por um círculo ou por uma forma livre com a origem contada no ponto de busca, conforme exemplificado na Figura 2.3(a).

A exemplificação do comportamento da busca ao longo do universo das soluções igualmente poderá ser representada em um contexto bidimensional pelo traçado do perfil da função objetivo do problema. O traçado da função objetivo do problema é simplificado na Figura 2.5 e reduzido a uma linha como se uma função fosse, desconsiderando-se as situações em que duas diferentes configurações $S_1 \in N(S)$ e $S_2 \in N(S)$ possuem, por exemplo, o mesmo valor de F(*S*).

A Figura 2.5 é somente um esquema simplificado para representar e ressaltar o alcance e diferentes propriedades de uma vizinhança de *S*, bem como o efeito do deslocamento do foco da busca ao longo de um procedimento de busca local. O segmento AB representa, esquematicamente para o caso bidimensional, o conjunto das configurações que estão no interior da vizinhança. Observe-se que, em uma função objetivo real, não há sequer obrigação de a linha AB ser contínua. As configurações dentro do círculo e fora da linha não seriam viáveis, contudo são representadas no desenho.

Com base no esquema simplificado da Figura 2.5, a Figura 2.6 exemplifica o comportamento típico de uma

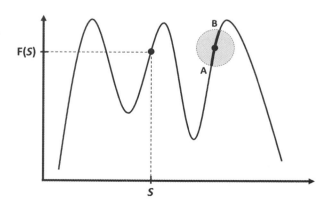

Figura 2.5: Representação gráfica esquemática.

busca iterativa **rápida**, enquanto a Figura 2.7 realiza o mesmo trabalho em relação à busca local iterativa. A vizinhança é representada pelo círculo. O ponto traçado na borda inferior dos círculos representa o mínimo valor no interior da vizinhança. Observa-se que a Busca Local Iterativa reserva um maior esforço computacional para a intensificação – busca em regiões vizinhas, enquanto a Busca Iterativa Rápida divide o esforço entre a explotação da vizinhança (intensificação) e a variação do foco da busca de forma a explorar o espaço de busca (diversificação).

As Figuras 2.6 (a), (b) e (c) mostram a vocação para a maior diversificação da busca Iterativa Rápida.

(a) Busca ótimo local   (b) Realiza perturbação   (c) Busca novo ótimo local

Figura 2.6: Busca Iterativa Rápida – *Quick Iterated*.

As Figuras 7.7 (a), (b) e (c) mostram a capacidade de aprofundamento da busca local iterativa.

(a) Ótimo local   (b) Perturbação   (c) Novo ótimo local

Figura 2.7: Busca Local Iterativa – *Iterated Local Search*.

As modalidades de buscas locais anteriormente descritas são consideradas por alguns autores como, elas próprias, meta-heurísticas. No presente texto, são formalizadas no sentido de facilitar o entendimento futuro da utilização desses procedimentos de forma combinada em outras meta-heurísticas.

2.4 Reinício Aleatório e Busca em Vizinhança Variável

● Reinício Aleatório

A meta-heurística denominada de Reinício Aleatório (*Multistart*) é desenvolvida em duas fases. Nesta meta-heurística será visível a utilização dos dois procedimentos de busca que foram objeto de descrição no item 2.3.

1ª fase: corresponde ao procedimento de busca local que visa promover intensificação. No Reinício Aleatório o procedimento de busca local é não especificado – qualquer estratégia de busca local está abrigada.

2ª fase: corresponde ao reinício aleatório propriamente dito. Visa aumentar a chance de que a busca local encontre uma boa solução por meio da repetição cíclica de um procedimento aleatório de reestruturação da solução corrente.

> **Reinício Aleatório**
> É uma meta-heurística que mescla um procedimento de diversificação com forte viés aleatório com uma etapa de busca local iterativa.

O Quadro 2.3 exibe o reinício aleatório aparelhado com a busca local iterativa rápida, enquanto o Quadro 2.4 exibe o aparelhamento com a busca local iterativa.

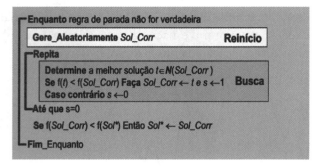

Quadro 2.3: Pseudocódigo Reinício com Busca Iterativa Rápida.

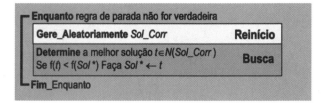

Quadro 2.4: Pseudocódigo Reinício com Busca Local Iterativa.

Martí *et al.* (2013) realizam uma revisão no estado da arte das aplicações dessa meta-heurística.

Crainic *et al.* (2011) relatam aplicação ao problema de roteamento com depósitos em multi-nível. Juan *et al.* (2014) descrevem heurísticas para o problema de roteamento de veículos. Kessaci *et al.* (2014) desenvolvem heurística aplicada ao problema de eficiência de energia. Yu & Lin (2014) solucionam o *pickup* & *delivery*.

A técnica de reinício aleatório guarda claras ligações com a Busca em Vizinhança Variável e com o *Greedy Randomized Adaptive Search Procedure* (GRASP), duas meta-heurísticas que serão apresentadas no atual capítulo.

● Busca em Vizinhança Variável – Variable Neighborhood Search (VNS)

É constituída por uma estratégia de busca que realiza o exame sucessivo de diferentes vizinhanças. A meta-heurística promove uma forte ênfase no processo de intensificação. A busca local em vizinhança variável foi introduzida por Nenad Mladenović (Hansen & Mladenović, 1997).

A busca em VNS baseia sua estratégia principalmente em três considerações:

1. Um mínimo local encontrado com o uso de uma dada estrutura de vizinhança não é necessariamente mínimo local para outra vizinhança.
2. O mínimo global é mínimo local para qualquer estrutura de vizinhança do problema, somente dependendo da solução inicial S.
3. Em muitos casos, os mínimos locais do problema podem estar localizados relativamente próximos entre si – diferindo pouco na atribuição das variáveis de solução.

> **Busca em Vizinhança Variável**
>
> É uma meta-heurística que propõe explorar o espaço de busca variando sistematicamente as estruturas de vizinhança. As vizinhanças consideradas mais eficientes para a aplicação considerada, via de regra, possuem maior chance de utilização durante o desenvolvimento do algoritmo.

A observação número três, apesar de ser imprecisa, sugere que a detecção do ótimo global pode ser guiada por buscas desenvolvidas nas proximidades de bons ótimos locais. A meta-heurística parte do princípio de que faz sentido examinar sistematicamente diferentes estruturas de vizinhanças para encontrar diferentes soluções minimais (mínimas para a vizinhança definida, ou, ainda, representando um mínimo local da vizinhança – consideradas exclusivamente as configurações pertencentes à vizinhança) e, a partir dessas soluções, buscar o mínimo global. Quando o processo de busca deixa de encontrar melhorias na solução corrente, supõe-se que um mínimo local foi alcançado na vizinhança selecionada.

A busca VNS, apesar de possuir uma arquitetura básica simples e poucos parâmetros de controle, pode ser pensada e implementada também segundo arquiteturas mais sofisticadas ou hibridizada com outras meta-heurísticas.

De uma forma, o método sugere as seguintes etapas:

1. Estabelecer um conjunto de vizinhanças ordenado por prioridade para ser utilizado na busca local.
2. Obter uma solução inicial que será a base inicial da busca.
3. Aplicar uma busca local sobre a solução inicial considerando uma vizinhança selecionada do conjunto de vizinhanças disponível segundo a ordenação do conjunto.
4. Quando o processo de busca local não mais produzir melhoria na solução, escolher uma das duas alternativas que se seguem:
    4.1 Alterar a estrutura de vizinhança da busca em conformidade com a regra de alteração preestabelecida, selecionando a vizinhança de maior prioridade e ainda não utilizada na iteração, seguindo a busca sobre a solução corrente com a vizinhança selecionada.
    4.2 Alterar a solução inicial e recomeçar a busca a partir de um novo foco, em um movimento semelhante ao procedimento de exploração (diversificação) da meta-heurística de reinício aleatório e retornar para o número 3. A mudança da solução foco é denominada de *Shaking*.

● Busca em Vizinhança Variável Descendente

Trata-se da mais simples arquitetura em vizinhança variável destinada a explotar uma região do espaço de busca.

Consiste em compor um exame sistemático de diferentes vizinhanças, sem a previsão de movimentos de diversificação do tipo *Shaking*.

O Quadro 2.5 resume, por meio de um algoritmo genérico, a variante que promove literalmente uma única "descida" na busca.

O objetivo de uma busca em vizinhança variável descendente é concentrar o esforço de intensificação em determinada região do espaço de soluções. Em princípio, esse tipo de busca é usado de forma conjugada com outra meta-heurística ou procedimento que seja capaz de realizar a segunda parte da busca algorítmica, que é a exploração eficiente do espaço de busca. A Figura 2.8(a) exemplifica diferentes vizinhanças que podem ser associadas a uma dada solução foco S.

```
Selecione vizinhanças N_k, k=1,...,k_max
S ← Solução_Inicial () ; k ← 1
Enquanto k ≤ k_max
    S¹ ← Busca_Local ( N_k(S) )
    Se f(S¹)<f(S) faça S←S¹ ; k ←1
    Caso contrário faça k←k+1
Fim_enquanto
```

Quadro 2.5: Pseudocódigo Busca em Vizinhança Variável Descendente.

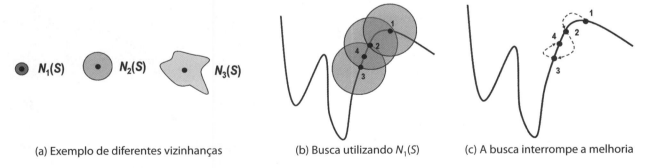

(a) Exemplo de diferentes vizinhanças (b) Busca utilizando $N_1(S)$ (c) A busca interrompe a melhoria

Figura 2.8: Exemplo de aplicação de uma vizinhança na busca VNS Reduzida.

Os diferentes formatos das vizinhanças destacados na Figura 2.8(a) ressaltam que cada vizinhança possui um alcance e um comportamento diferente em relação ao espaço das soluções do problema. As Figuras 2.8(b) e (c) mostram que é possível que uma vizinhança não seja eficazmente explorada pelo algoritmo, tanto por um problema de eficiência computacional (parada por tempo de processamento ou número de iterações) quanto pelo fato de o algoritmo empregar alguma regra que impeça que todas as soluções da vizinhança sejam visitadas. Para a busca em VNS, independentemente da razão da busca na vizinhança $N_1(S)$, quando não há melhoria, uma nova vizinhança pode ser aplicada para examinar a solução S corrente, caso todas não tenham já sido aplicadas sobre S.

A Figura 2.9(a) mostra que o exame da configuração 3 não resultou em melhoria (o ponto 4 está acima de 3). Uma nova vizinhança $N_2(S)$ é então aplicada sobre a solução 3, obtendo-se uma melhoria, o ponto 5. Após a melhoria, o uso da vizinhança $N_2(S)$ é interrompido e a busca retorna ao uso da vizinhança $N_1(S)$, como mostra a Figura 2.9(b).

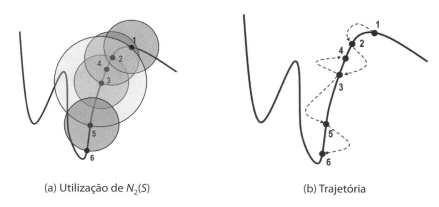

(a) Utilização de $N_2(S)$ (b) Trajetória

Figura 2.9: Exemplo de funcionamento da VNS Descendente.

● Busca em Vizinhança Variável Clássica

Busca em Vizinhança Variável Clássica realiza as duas operações necessárias à busca: intensificação (pelo emprego da Busca em Vizinhança Variável Descendente) e diversificação (pelo uso da função *Shaking* (·)). O papel da função *Shaking* (·) é mudar o ponto focal da busca, permitindo, supostamente, a exploração de uma região diferente da ocupada pela configuração S. Observe-se que a função *Shaking* (·) não representa, via de regra, um movimento aleatório como realiza o reinício aleatório. A nova configuração S é selecionada aleatoriamente, todavia, dentro das vizinhanças escolhidas para serem utilizadas pelo algoritmo.

O Quadro 2.6 descreve a Busca em Vizinhança Variável conforme originalmente proposta nos trabalhos de Mladenović & Hansen (1997) e Hansen & Mladenović (2001).

Observa-se, no Quadro 2.6, que o algoritmo que resume a meta-heurística compõe um exame sistemático de diferentes vizinhanças com um movimento aleatório de diversificação do tipo *Shaking*.

O Quadro 2.7 sugere uma alternativa de compromisso entre a Busca em Vizinhança Variável Descendente e a Busca em Vizinhança Variável Clássica. Observe-se que o algoritmo descrito no Quadro 2.7 resulta em uma intensificação de busca maior que a contida no algoritmo do Quadro 2.6.

A Figura 2.10 diferencia as estratégias dos Quadros 2.6 e 2.7. Na Figura 2.10(a), observa-se que, sempre que uma vizinhança é aplicada (com melhoria ou sem melhoria), a busca é diversificada pelo *Shaking* (·). Na figura 2.10(b), a diversificação somente ocorre após esgotada a possibilidade de aplicação de novas vizinhanças.

```
Selecione vizinhanças Nk, k=1,...,kmax
S ← Solução_Inicial ()
Enquanto regra de parada for falsa
    k ← 1
    Enquanto k ≤ kmax
        S¹ ← Shaking ( Nk(S) )
        S² ← Busca_Local (Nk(S¹)) // ou Melhoria_Local (S¹) //
        Se f(S²)<f(S) faça S←S² e k ←1
        Caso contrário faça k←k+1
    Fim_enquanto
Fim_enquanto
```

Quadro 2.6: Pseudocódigo Busca em Vizinhança Variável Clássica.

```
Selecione vizinhanças Nk, k=1,...,kmax
S ← Solução_Inicial ()
Enquanto regra de parada for falsa
    k ← 1
    Enquanto k ≤ kmax
        S¹ ← Busca_Local ( Nk(S) )
        Se f(S¹)<f(S) faça S←S¹ e k ←1
        Caso contrário faça k←k+1
    Fim_enquanto
    S¹ ← Shaking ( Nk(S) )
Fim_enquanto
```

Quadro 2.7: Pseudocódigo Busca em Vizinhança Variável Descendente e *Shaking*.

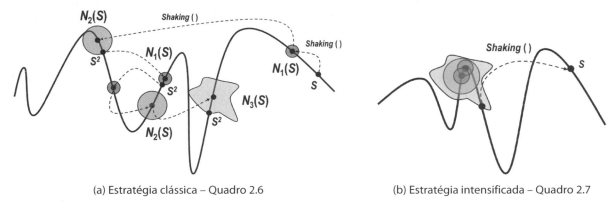

(a) Estratégia clássica – Quadro 2.6 (b) Estratégia intensificada – Quadro 2.7

Figura 2.10: Comparações entre propostas de Busca Local em Vizinhança Variável.

● Busca em Vizinhança Variável Descendente com Perturbações

Uma terceira variante representa a terceira opção de modular a mescla de intensificação e diversificação da busca em vizinhança variável. No caso, a operação de *Shaking* é aplicada somente quando a busca falha em encontrar uma melhoria. O Quadro 2.8 formaliza a variante.

● Busca em Vizinhança Variável com Oscilação

Na versão com *oscilação*, os movimentos na busca local podem ser realizados com transição para vizinhos com pior valor de solução, segundo uma determinada distribuição de probabilidade. O valor ρ controla o percentual aceitável de redução no valor da função objetivo associada à nova solução S^2 (valor calculado pela função $\alpha(S,S^2)$) proposta para se tornar a solução corrente de busca – solução S. O Quadro 2.9 apresenta um algoritmo genérico que resume o processo.

A Tabela 2.1 relaciona recentes aplicações da meta-heurística Busca em Vizinhança Variável.

```
Enquanto regra de parada for falsa
    k ← 1
    Enquanto k ≤ kmax
        S¹ ← Busca_Local ( Nk( S ) )
        Se f(S¹)<f(S) faça S←S¹ e k ←1
        Caso contrário faça S¹ ← Shaking ( S ) e k←k+1
    Fim_enquanto
Fim_enquanto
```

Quadro 2.8: Pseudocódigo Busca Descendente com *Shaking*.

```
Selecione vizinhanças Nk, k=1,...,kmax
S ← Solução_Inicial ()
Enquanto regra de parada for falsa
    k ← 1
    Enquanto k≤kmax Faça
        S¹ ← Shaking (Nk(S) )
        S² ← Busca_Local (Nk(S¹) ) // ou Melhoria_Local (S¹) //
        Se f(S²)<f(S*) faça S*←S² e Fim
        Se f(S²)-ρα(S,S²)<f(S) Faça S ←S² e k←1
        Caso contrário faça k←k+1
    Fim_enquanto
Fim_enquanto
```

Quadro 2.9: Pseudocódigo Busca Descendente com *Oscilação*.

Tabela 2.1: Aplicações práticas da VNS e inovações

Ano	Autores	Tema	Ano	Autores	Tema
2012	Popović *et al.*	Entrega de combustível	2014	Kocatürk & Özpeynirci	Plantão de farmácia
2012	Pardo *et al.*	VLSI Design	2014	Nguyen & Wright	Equilíbrio de carga de trabalho
2012	Grujičić & Stanimirović	Serviços de emergência	2014	Mjirda *et al.*	Roteamento e inventário multiproduto
2012	Matić *et al.*	Layout em armazéns	2014	Fonseca & Santos	Programação de horários em escola
2013	Carrizosa *et al.*	Grupamentos em redes	2014	Djogatović *et al.*	VNS com filtro de partículas
2013	Liang & Chuang	Alocação multiobjetivo de recursos	2014	Cafieri *et al.*	Grupamento hierárquico em redes
2014	Karimi & Kiyoumarsi	Particionamento multidimensional	2015	Colombo *et al.*	Multimodal *Set Covering*
2014	Dhahri *et al.*	Roteamento com janela de tempo			

2.5 Busca Tabu

● Histórico e Fundamentos

A busca tabu foi introduzida com a proposta de Fred Glover (Glover, 1986), todavia, outros trabalhos podem ser considerados também associados ao tema, como a heurística de Hansen (1986). A busca tabu não possui analogia com um processo natural. Inclusive é uma meta-heurística que admite tanto uma abordagem determinística (Ongsakul *et al.*, 2004) como probabilística (Gendreau *et al.*,1993).

A palavra *tabu*, que possui um sinônimo em inglês grafado como *taboo*, vem do Tongan, uma língua falada em Tonga, na Polinésia, e indica um fato ou objeto que, por ser sagrado, não pode ser tocado ou mencionado, algo proibido. A busca tabu é assim denominada por empregar estratégias que permitem proibir certas ações ou movimentos de busca durante a escolha de soluções e a exploração de vizinhanças. Apesar de o nome não representar perfeitamente a proposta da abordagem, tornou-se tradicional. É comum, na nomenclatura usada na busca tabu, referir-se a configurações de variáveis. Uma configuração é uma solução ou qualquer arranjo de variáveis (solução inviável, por exemplo) que seja objeto de exame no processo de busca.

Os três princípios listados no quadro ao lado norteiam a aplicação da meta-heurística.

Basicamente, a busca tabu objetiva alcançar um esquema de gestão de memória que reduza a possibilidade de examinar mais de uma vez uma mesma configuração (ou solução do problema), uma possibilidade sempre presente nas buscas estocásticas.

Consequentemente, evidências de que uma configuração de solução não está sendo reexaminada podem desativar as proibições – condições tabu. O conjunto das proibições de uma busca tabu é registrado em uma memória dinâmica, o que possibilita sua alteração de acordo com o progresso da busca e demais circunstâncias.

> **Busca Tabu**
> Princípios:
> 1. Uma busca eficiente não deve revisitar soluções.
> 2. Manter registro de todas as soluções visitadas é computacionalmente dispendioso. É mais eficiente armazenar alterações na solução ou em variáveis.
> 3. Memorizar alterações nas soluções não elimina a possibilidade de reexame de soluções, apenas diminui a chance dessa possibilidade.

No caso da busca tabu, a otimização do exame de configurações permite, além de evitar repetições, aumentar a chance da busca escapar da atração de mínimos locais.

Três pontos são básicos no desenvolvimento de um algoritmo em busca tabu:

- Uso de uma memória de curto prazo, normalmente uma lista, para preservar o histórico imediato da busca.
- Emprego de estratégias de memória de médio e longo prazo que equilibrem o esforço computacional destinado ao exame de vizinhanças específicas (intensificação) com o utilizado na alteração da configuração empregada como foco de busca (diversificação).
- Incorporação de critérios que permitam modificar a gestão da memória, as regras de perturbação e de escolha da configuração foco.

Os três pontos anteriores visam, principalmente: minimizar o número de configurações visitadas e providenciar condições de escape de **mínimos locais**. A busca tabu vai preferencialmente armazenar na memória poucas soluções (ou configurações) e, principalmente, armazenar as alteração nas soluções (ou configurações), não as soluções (ou configurações) propriamente ditas. As modificações nas configurações são denominadas de perturbações.

Uma perturbação significa uma alteração no valor ou na composição das variáveis de uma configuração. São listados ao lado alguns exemplos de possíveis movimentos em uma configuração:

- Mudar as atribuições de uma variável binária de zero para um, ou vice-versa.
- Permutar os vértices em uma solução de rota.
- Introduzir ou retirar arcos em um grafo solução.
- Alterar as atribuições realizadas sobre os vértices de um grafo solução.

A Figura 2.11(a) exemplifica um grafo em que se busca a solução do Caixeiro Viajante. A Figura 2.11(b) exibe uma solução do Caixeiro Viajante no grafo da Figura 2.11(a). A Figura 2.11(c) representa o ciclo hamiltoniano por meio de um vetor em que o vértice final do ciclo (vértice 1) é implicitamente conhecido e não é representado. No caso da Figura 2.11, a configuração é uma solução viável.

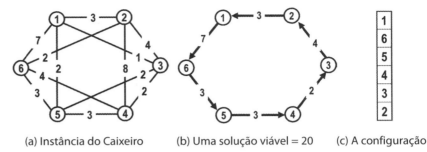

(a) Instância do Caixeiro (b) Uma solução viável = 20 (c) A configuração

Figura 2.11: Exemplo de configuração.

A Figura 2.12 exemplifica a diferença entre uma perturbação e um movimento. O movimento está associado aos valores alterados na configuração. A perturbação está associada à configuração que é obtida. A solução S_2 é obtida da solução S_1 por meio de uma perturbação que é induzida pela troca de duas posições (movimento de troca) na solução original.

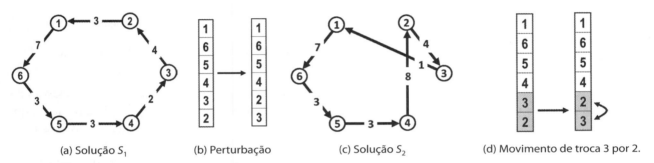

(a) Solução S_1 (b) Perturbação   (c) Solução S_2 (d) Movimento de troca 3 por 2.

Figura 2.12: Exemplo de perturbação e movimento.

● Elementos da Busca Tabu

✓ A Lista Tabu Clássica – Memória de Curto Prazo

Uma lista tabu representa uma parte de uma lista de movimentos (*runnnig list*) que é mantida na memória para sinalizar movimentos que deverão ser examinados antes de sua realização. Um movimento registrado como tabu é, em princípio, proibido. O exame se dá no sentido de, sob certas circunstâncias, permitir a remoção da proibição. A lista de movimentos anota os movimentos que levaram à formação de uma configuração foco. A lista tabu é uma parte da lista de movimentos, normalmente sendo constituída com os movimentos mais recentes. No exemplo proposto na Figura 2.12, uma lista de movimento é uma lista de permutações de vértices. Cada permutação de vértices é associada a uma perturbação. O conjunto das permutações previstas na regra genérica de perturbação produz um conjunto de configurações associadas à configuração foco da busca, o que caracteriza uma vizinhança da configuração corrente usada como foco de busca.

Para ilustrar o conceito de lista de movimentos, é considerada a configuração inicial S_0 representada na Figura 2.11(c). As quatro configurações exibidas na Figura 2.13, identificadas como S_1, S_2, S_3, e S_4, são obtidas sequencialmente, a partir de S_0, pela aplicação sucessiva e cumulativa de movimentos de permutação de vértices, como mostrado na Figura 2.13.

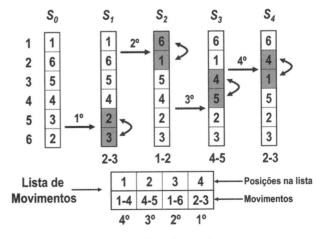

Figura 2.13: Lista de movimentos.

Uma lista de movimentos típica pode ser formada com a enumeração das variáveis permutadas. Cada movimento corresponde à troca da ordem de visita de dois vértices na configuração e, consequentemente, a uma troca nas arestas do ciclo. A lista de movimentos guarda a memória dessas trocas. Repetir trocas de vértices recentemente utilizados pode significar a revisita de soluções iguais.

O primeiro movimento da Figura 2.13 corresponde à permutação dos vértices 2 e 3 da configuração. Observar que a lista é formada agregando-se os movimentos à medida que eles são executados.

Como regra geral, os movimentos mais recentes são incluídos na lista tabu. Assim, os movimentos são agregados no sentido previsto pela seta da Figura 2.14(a). Os movimentos são agregados no início da lista por inserção. As primeiras posições que estão destacadas em negrito na Figura 2.14(d) podem constituir a lista tabu. A lista de movimento não possui um comprimento fixo.

O trecho tabu dessa lista, normalmente, possui comprimento fixo. A estrutura de lista permite um controle eficiente e de baixo custo computacional para os movimentos tabulados como proibidos. O número de movimentos tabulados constituem o tamanho da lista tabu ou sua *tenure*.

✔ O Exame da Vizinhança

A busca tabu desenvolve uma estratégia agressiva de intensificação. Usualmente, várias configurações são consideradas antes de um movimento ser aceito. A Figura 2.15 exibe uma vizinhança associada à configuração S_0. Os valores entre parênteses são os movimentos que transformam S_0, a solução corrente (o foco da busca), em S_i, $i=1,...,6$.

Uma vizinhança não necessariamente deve ser examinada à exaustão. Um número fixo nv de configurações pode ser examinado.

As configurações examinadas são ordenadas em conformidade

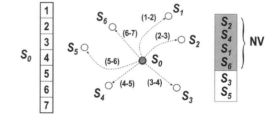

Figura 2.15: O exame da vizinhança de S_0.

com seu valor de avaliação (custo, número de violações de viabilidade e outras), da melhor para a pior. Uma possibilidade de escolha é buscar realizar o movimento que, no conjunto dos nv vizinhos da configuração corrente, otimize o valor da função de avaliação, desde que o movimento não esteja relacionado na lista tabu. Se o movimento estiver tabulado e não existir um argumento que permita sua liberação, o próximo movimento da lista será então considerado para ser executado e perturbar a configuração corrente da busca.

✔ O Critério de Aspiração

A restrição tabu é uma proteção contra o reexame de configurações. Contudo, a busca tabu controla os movimentos, e não as configurações, o que torna possível que diferentes configurações sejam classificadas como iguais. Tal situação pode ser facilmente identificada em certos casos. Por exemplo, uma configuração que represente a melhoria da melhor solução alcançada na busca – S^*, obrigatoriamente é nova. Nesse caso, mesmo que o movimento associado seja tabu, existe a garantia de que o reexame não está correndo. Pelo contrário, o caso sinaliza uma situação em que a restrição tabu de fato está sendo mal aplicada. O processo de remoção de uma restrição tabu diante de uma garantia de melhoria é denominado *aspiração*.

✔ Pseudocódigo da Busca Tabu

O Quadro 2.10 resume um algoritmo tabu clássico. A variável p_{max} controla o número máximo de iterações do algoritmo. A variável q_{max} controla o número de iterações sem melhoria. A linha aspiração permite que um movimento pertencente à lista tabu seja realizado caso resulte na melhoria da melhor solução – s^*.

$N(s)$ representa a vizinhança da configuração s.
$f(s)$ simboliza o valor da configuração s.

```
Gerar uma solução inicial s, e fazer s*:= s
Inicializar a Lista Tabu (T) e contadores p e q
Enquanto p≠p_max e q≠q_max Faça
    Selecionar o melhor vizinho s'∈ N(s)\T
    Selecionar o melhor vizinho s"∈ N(s)∩T
    Se f(s")<f(s') e f(s")<f(s*) então
        s'←s"                              // Aspiração //
    Se f(s')< f(s*) então
        s*←s'
        q←0
    Se f(s')<f(s) então
        coloque o movimento inverso(s',s) na lista T e atualize T
    s←s'
    p←p+1
    q←q+1
Fim_Enquanto
Saia com a solução s*
```

Quadro 2.10: Pseudocódigo da busca tabu.

● Exemplo do Funcionamento do Algoritmo em Busca Tabu

Seja o problema de localizar em um tabuleiro de dimensões $n \times n$, n rainhas de forma que, em suas posições, nenhuma delas se ataque. Uma configuração de damas no tabuleiro é avaliada pelo número de ataques associado. Uma dama ataca outra que esteja localizada em uma mesma linha, coluna ou diagonal. Uma solução é uma configuração sem nenhum ataque possível.

A Figura 2.16(a) exibe um exemplo de uma localização de rainhas em um tabuleiro 8×8, a qual não corresponde a uma solução viável para o problema. A Figura 2.16(b) exibe o número de posições que são atacadas na configuração da Figura 2.16(a), sendo este número igual a 3. A Figura 2.16(c) apresenta uma forma de representar uma configuração de alocação de rainhas por meio de um vetor com n posições. Cada posição desse vetor está associada a uma coluna do tabuleiro. O valor representado na célula registra a linha do quadro em que a rainha é posicionada, tomado por referência o canto inferior esquerdo do tabuleiro. Por exemplo, na Figura 2.16(c), o número 6 na primeira posição do vetor indica que uma rainha está posicionada na sexta linha da primeira coluna, o 1 na segunda posição indica que uma rainha está posicionada na primeira linha da segunda coluna e daí por diante.

A configuração, conforme definida, garante que não haverá conflito em linhas ou colunas. Entretanto, não evita conflitos nas diagonais.

Um movimento é definido pela permutação entre duas colunas da configuração matriz.

A Figura 2.16(d) enumera uma vizinhança formada a partir da configuração da Figura

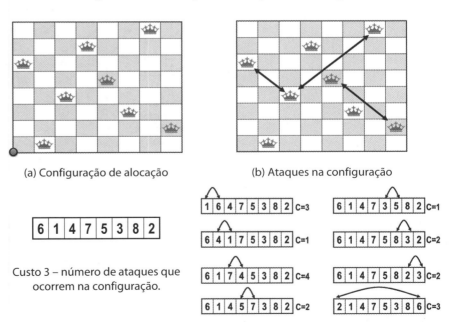

(a) Configuração de alocação (b) Ataques na configuração

(c) Representação da configuração (d) Vizinhança 2-Swap da solução (c)

Custo 3 – número de ataques que ocorrem na configuração.

Figura 2.16: Vizinhança do problema das *n*-rainhas.

2.16(c). Na primeira configuração, contada no alto e à esquerda, são permutadas as posições das rainhas na linha 6 da primeira coluna e na linha 1 da segunda coluna.

Na configuração imediatamente abaixo, são permutadas as posições 1 e 4, e assim por diante. A Figura 2.17(a) exemplifica uma forma de organizar a lista de movimentos e controlar seu comprimento. O movimento escolhido é o que corresponde à troca entre as posições 1 e 4, que se encontra na cabeça da lista de movimentos ordenada por valor.

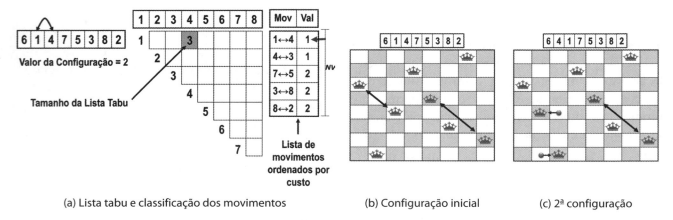

(a) Lista tabu e classificação dos movimentos   (b) Configuração inicial   (c) 2ª configuração

Figura 2.17: Exemplo de funcionamento da lista tabu – 1ª parte.

Conforme mostra a Figura 2.17(c), a configuração formada pelo movimento selecionado na lista ordenada, a configuração 6-4-1-7-5-3-8-2, possui apenas um conflito, o que representa uma configuração melhor que a solução corrente. A Figura 2.17(a) mostra que uma forma de gerenciar a lista tabu é anotar, na célula representada pelos índices das colunas de alocação do movimento realizado, um valor igual ao comprimento da lista, no caso arbitrada igual a 3. O processo tabu exemplificado na Figura 2.17 tem continuidade na Figura 2.18.

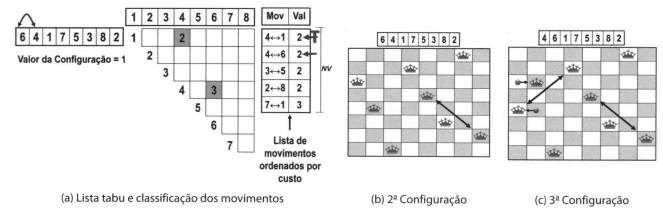

(a) Lista tabu e classificação dos movimentos   (b) 2ª Configuração   (c) 3ª Configuração

Figura 2.18: Exemplo de funcionamento da lista tabu – 2ª parte.

Observe-se na Figura 2.18(a) a atualização da lista tabu, com o decréscimo da duração do movimento 4-1, a introdução do novo movimento 4-6 na cabeça da lista (atribuída a célula no valor do comprimento da lista) e a impossibilidade de repetir o movimento inverso ao imediatamente realizado (trocar novamente a posição das colunas 4 e 1) pelo fato de este ser tabu.

● **Estruturas de Memória na Busca Tabu**

A busca tabu é aparelhada para gerenciar atributos associados às configurações. As estruturas de memória podem ser classificadas segundo quatro aspectos que se seguem.

✔ Novidade

A novidade é associada ao passado recente das soluções e do processo de busca. Como regra, os atributos que se alteraram recentemente são registrados nesse tipo de memória de forma que são considerados como "tabu-ativos". Configurações que contêm atributos tabu-ativos tornam-se tabu caso não se encontre argumento que permita sua aspiração. Ressalte-se que configurações ainda não visitadas, todavia que possuam atributos tabu-ativos e não superáveis, podem também deixar de ser visitadas.

✔ Frequência

Trata-se de uma forma de memória que permite o controle da frequência com que os atributos são alterados ao longo da busca. A frequência pode se tornar uma variável útil para corrigir alguns dos erros introduzidos pelo uso do controle do movimento em substituição ao controle da configuração.

✔ Qualidade

Esse tipo de memória registra a qualidade das configurações visitadas. Com ela, torna-se possível identificar os elementos que são comuns às boas configurações ou mesmo os caminhos que levam a boas configurações. Com a informação sobre a qualidade da solução, pode-se reforçar as ações que resultaram em configurações atrativas, penalizando-se as que levaram a configurações de baixa qualidade.

✔ Influência

Memoriza o impacto das escolhas realizadas durante a busca. Pode incorporar técnicas de aprendizado e de estatística. Permite a análise dinâmica das perturbações.

A busca tabu também pode fazer uso de estruturas de memória que são tradicionais como as listadas a seguir. O projeto gráfico dos tópicos seguintes não está expondo a mudança para uma hierarquia mais baixa.

✔ Memória Explícita

Uma memória que guarda configurações completas, geralmente consistindo das melhores configurações (soluções de elite) encontradas no decorrer da busca. A memória explícita pode igualmente guardar vizinhos atrativos e que deixaram de ser explorados ao longo da busca.

✔ Memória de Atributo

Pode ser utilizada para registrar informações sobre atributos que mudam de uma configuração para outra. Por exemplo, em um grafo, os atributos podem ser associados aos vértices ou arestas adicionadas, retiradas ou reposicionadas por mecanismos de movimento.

Os seguintes mecanismos podem, ainda, representar estratégias de diversificação ou de intensificação para a meta-heurística:

- **Intensificação**

Pode ser representada pela modificação das regras de escolha visando concentrar a busca perto de configurações promissoras ou de conjunto de configurações promissoras. Uma forma de intensificar a BT é retornar à exploração de configurações bem avaliadas e não exploradas. Nesse caso, será necessário identificar soluções de elite e movimentos a elas associados.

- **Diversificação**

Pode ser representada por mecanismos que permitam variar as regiões de busca e de soluções que garantam que as configurações geradas representam diferentes posições do espaço de busca. Uma forma de implementação da diversificação é registrar e penalizar os atributos de soluções que já tenham sido visitadas.

● A Lista Tabu

A lista tabu (LT) é a estrutura de memória mais importante no método. Como mostrado no exemplo do funcionamento do algoritmo em busca tabu, trata-se de uma forma eficiente e simples de controlar decisões de curto prazo. São possíveis várias arquiteturas para organizar a lista tabu. Uma delas está descrita nas Figuras 2.17(a) e 2.18(a). No caso exemplificado, a lista possui um comprimento fixo (igual a 3). O comprimento fixo é um método estático de controle. Todavia é possível fazer o comprimento variar segundo intervalos conhecidos ou obtidos em sorteios controlados. O fato de uma LT possuir um tamanho aleatório não descaracteriza sua condição de memória de curto prazo. Igualmente, a variação no tamanho da LT não altera sua condição de memória estática.

O termo *estático* não significa que os parâmetros não possam sofrer alterações ao longo do processo. O modelo estático caracteriza-se por ser focalizado somente no controle dos movimentos em si.

Por outro lado, se a memorização se focaliza além dos movimentos em sequências de movimentos, atributos ou regras de formação e outras, o método é classificado como dinâmico

A Figura 2.19 resume as possibilidades para a gestão da lista tabu. Por seu objetivo, o presente texto não abordará todas as possibilidades listadas na figura, concentrando-se nas mais utilizadas.

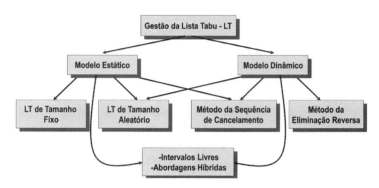

Figura 2.19: Possibilidades para a gestão da lista tabu.

✔ Métodos Dinâmicos – Sequência de Cancelamento

Considerando a sequência de movimentos exibida na Figura 2.20(a), caso o movimento 1-2 seja realizado duas vezes, como é proposto, na verdade o resultado final dos movimentos pode ser representado como na Figura 2.20(b), onde a sequência de movimentos em negrito da Figura 2.20(b) corresponde aos movimentos intermediários que intercalam os movimentos repetidos. É o resultado conjunto dos movimentos intercalados que poderá fazer movimentos iguais produzirem configurações diferentes. Considerando que a configuração formada após o movimento 3-7 é S^0, a configuração após o primeiro movimento 1-2 é S^1, e assim por diante. A questão pertinente sob o objetivo de minimizar a possibilidade de reexames em relação à ocorrência de um movimento repetido (1-2) e que produz uma solução S^5 é: sob que condições S^5 seria uma configuração igual a alguma solução S^i, do intervalo $i=0,1,...,4$.

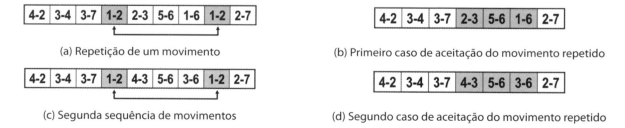

Figura 2.20: Resultado da aceitação de um movimento repetido.

Do próprio método, se o intervalo entre os movimentos repetidos for maior que o tamanho da lista tabu, o movimento será aceito. Por outro lado, no caso da sequência de movimentos da Figura 2.20(c), os movimentos intermediários não afetam as posições dos movimentos que se repetem e são diferentes dos movimentos que antecederam à formação de S^0. Assim, muito provavelmente, S^5 será uma configuração diferente das existentes no intervalo $i=0,1,...,4$. No caso da lista da figura 2.20(a), existe uma maior chance de o movimento resultar em repetição de visita, uma vez que as posições que participam do movimento repetido participam igualmente de outros movimentos no intervalo entre os movimentos repetidos. Quando os movimentos são atribuições binárias – variável atribuída a zero ou a um, a consideração segue o mesmo raciocínio que foi desenvolvido em relação à sequência da Figura 2.20(c). A transformação da sequência da Figura 2.20(a) na sequência da Figura 2.20(b) é denominada de cancelamento, e a sequência da Figura 2.20(b), uma c-sequência. Portanto, é possível a aceitação de um movimento tabu nas condições anteriormente descritas desde que cuidados posteriores sejam tomados para evitar que o aninhamento dessas repetições acabe formando ciclos.

✔ Lista Tabu com Intervalos Livres

A estratégia de intervalos livres busca a identificação de possíveis ciclos de revisitas por meio de um processo estocástico de verificação. A ideia de permitir intervalos livres dentro da lista tabu foi sugerida por Hübscher & Glover (1994). Uma lista tabu com intervalos livres é basicamente formada por uma parte estática e uma parte em que trechos controlados se intercalam com trechos livres de controle. Os trechos variáveis podem possuir comprimento fixo ou também variável. As Figuras 2.21(a) até (d) mostram o funcionamento de uma lista com um trecho fixo e um trecho de comprimento fixo, mas de posição variável. A posição do trecho variável é alterada ao longo das iterações do algoritmo.

A Figura 2.21(e) exibe o funcionamento de uma lista utilizando dois intervalos com tamanho e posição fixas. A Figura 2.21(f) mostra uma composição de intervalos fixos com intervalos de posição e comprimento variável.

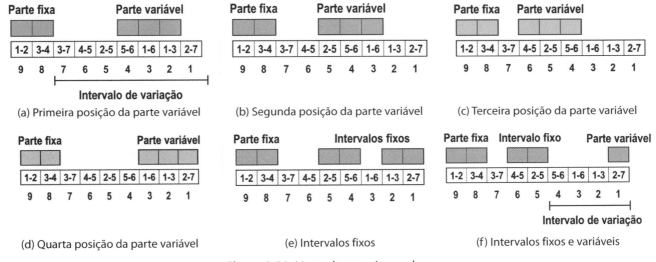

Figura 2.21: Lista tabu com intervalos.

● Classificação dos Tipos de Memória

As memórias da busca tabu abrangem basicamente três tipos: cruto, médio e longo prazo.

• Curto Prazo

A memória de curto prazo é, em princípio, constituída pela lista tabu e foi abordada nos tópicos anteriores.

• Médio Prazo

Normalmente, esse tipo de memória pode armazenar:

- ✓ Soluções de elite.
- ✓ Boas soluções que não foram exploradas.
- ✓ Áreas exploradas para informar operações de reinício.
- ✓ Regras heurísticas para a formação de soluções.

- **Longo Prazo**

A memória de longo prazo é fortemente aplicada na promoção da diversificação da busca. Sua aplicação na intensificação é possível, todavia pouco realizada na prática. Algumas estratégias de longo prazo são:

✓ **Estatística de Movimentos**

Consiste em controlar os movimentos segundo uma estratégia de longo prazo. Glover & Laguna (1993) sugerem a utilização de um procedimento complementar para a estrutura tabu. Voltando ao exemplo desenvolvido e resumido pelas Figuras 2.17 e 2.18: supondo que, após o cálculo da Figura 2.18, executem-se mais 15 iterações do algoritmo. Pode-se utilizar a banda inferior da matriz tabu (a lista representada por meio de uma matriz, como no exemplo) para contabilizar o total de vezes que um dado movimento é realizado, independentemente da sua permanência na lista tabu. Com tal informação são possíveis várias considerações:

- Estatística que associe ao movimento efetuado um valor médio de melhoria.
- A identificação dos movimentos mais e menos realizados. Nessa hipótese, em favor da diversificação, é possível associar uma penalidade aos movimentos mais realizados de forma a obrigar a realização de movimentos pouco explorados.

No caso da adoção da penalidade, a literatura sugere um procedimento simples de execução. A penalidade é sugerida pela soma ou subtração da frequência acumulada de movimentos do respectivo elemento na coluna "Valor".

Na banda inferior da matriz tabu da Figura 2.22, a célula (5,3)=1 significa que a permutação 5↔3 ocorreu uma vez nas iterações anteriores.

Os valores das configurações (número de conflitos) são corrigidos pela soma do número de ocorrências da permutação assinalada na lista. Assim, o melhor movimento (6↔8 não é tabu) é preterido e realiza-se o movimento 2↔8.

A coluna Vcor (valor corrigido) mostra o efeito da consideração da memória de longo prazo. Pelo método tradicional, o movimento seria escolhido tendo em vista as colunas Mov e Val; no exemplo, o selecionado seria 6↔1, tendo em vista o valor 1. Entretanto, pela coluna Vcor, o movimento selecionado deve ser 2↔1.

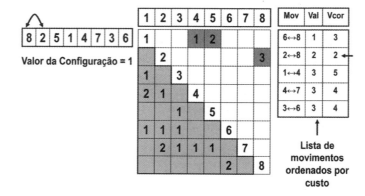

Figura 2.22: Exemplo de estatística de movimentos.

- ● **Técnicas para Gestão de Memória**

- **Avaliação da Distância entre as Soluções**

Consiste na aplicação de métricas de distância que permitam identificar a distância entre as soluções que vão sendo formadas e na sua contabilização no longo prazo, de forma a beneficiar a formação de soluções em áreas não exploradas.

- **Relaxação de Restrições – Oscilação**

Uma técnica de diversificação consiste em relaxar restrições do problema formando-se, com isso, soluções inviáveis que sejam atraídas pela liberdade criada na região da restrição suspensa. Técnicas de viabilização, então, são aplicadas de forma a retomar a viabilidade perdida, caso o algoritmo trabalhe exclusivamente com soluções viáveis. O processo supostamente produzirá perturbações massivas em relação às soluções tradicionalmente geradas.

- **Técnicas de Geração de Soluções Aleatórias**
  ✓ **Atributos e Movimentos**

Os atributos definem pré-condições para a consideração tabu. Os atributos podem superar a condição tabu em dois sentidos:

- Superação *restrita*, em que o movimento é negado independentemente de sua consideração ser tabu.
- Superação *a priori*, em que o movimento é liberado independentemente de sua consideração tabu. Na verdade, a superação *a priori* elimina o teste da condição tabu. Um exemplo de atributo *a priori* é o fato de a configuração ser a melhor alcançada.

A utilização de atributos será exemplificada em um problema da otimização de diâmetros de dutos de uma rede de distribuição. Os dutos para o transporte de fluidos são produzidos e comercializados segundo certos diâmetros e materiais padronizados. Os custos dos tubos, por unidade de comprimento, variam com o tipo de material e com seu diâmetro. O crescimento do diâmetro implica o aumento dos custos unitários. Diâmetros maiores, contudo, além de permitirem maiores vazões, reduzem a perda de carga, o que implica a possibilidade de redes mais longas e a redução do uso de compressores. O problema do dimensionamento de dutos em uma rede de distribuição de fluidos pode ser enunciado como segue: selecionar, a partir de um conjunto discreto de diâmetros de dutos comercialmente disponíveis, a combinação de diâmetros que constitui a rede de menor custo de instalação capaz de suprir um conjunto de vértices de demanda com uma pressão de projeto mínima e respeitando as condições de dutos de *upstream*, de forma a minimizar os custos totais dos tubos. As condições de vazão e pressão da rede são calculadas em função do tipo de fluido que percorre a rede. Para uma dada configuração de diâmetros, esses valores são calculáveis de forma a esclarecer se a distribuição de diâmetros é ou não viável – atende as condições de funcionamento estipuladas em projeto. A Figura 2.23(a) exemplifica uma rede de distribuição, caracterizando o vértice da rede que recebe o fluido – vértice de entrada – e os vértices da rede, divididos em vértices de demanda e vértices de passagem. A Figura 2.23(b) sugere uma solução viável em árvore.

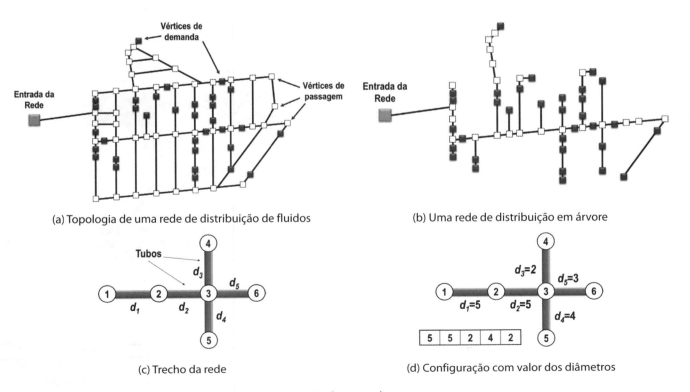

Figura 2.23: Rede exemplo e tramos.

A Figura 2.23(c) destaca um trecho da rede ressaltando os diversos diâmetros dos tramos, bem como estabelecendo uma numeração nos vértices. A Figura 2.23(d) mostra como os diâmetros da rede podem ser associados em um vetor de solução. Para o exemplo em pauta, um movimento pode ser definido como uma alteração no valor do diâmetro de um tramo – alteração nos componentes do vetor de representação.

Por vários motivos associados à busca, certas atribuições de diâmetros em determinados trechos podem representar uma suspeita de ciclagem. Assim, pode-se construir uma matriz que resuma as informações da busca em um formato de atributos como sugere a Figura 2.24.

		Trechos				
		1-2	2-3	3-4	3-4	3-6
Diâmetros	1					
	2		■			
	3				■	
	4					
	5	■		■		
	6					

Figura 2.24: Exemplo de matriz de atributos ativos.

A matriz de atributos ativos levanta suspeita sobre a validade de certas atribuições de diâmetros. A ausência do registro na matriz de atributos implica uma superação restrita da lista tabu – superação justificada.

Observe-se que os atributos podem ser alterados durante as iterações do algoritmo. Portanto, segundo a matriz da Figura 2.24, o diâmetro 4 somente poderá ser atribuído ao tramo 2-3 se não constar da lista tabu.

A superação, *a priori*, representa uma situação em que a violação do atributo determina a recusa do movimento, independentemente do estado tabu. Somente no caso de superação do atributo será realizado o exame da condição tabu. Esse tipo de restrição pode ser representado para o problema em pauta pela restrição de *upstream*. Em uma rede em árvore, o sentido do fluido é único, e não faz sentido atribuir a um tramo de jusante – mais afastado do vértice de entrada no caminho de fluxo – um diâmetro maior que o atribuído a qualquer tramo de montante – mais próximo da entrada –, conforme mostra a Figura 2.25. Em consequência, qualquer movimento que produza uma violação na restrição de *upstream* é proibido, independentemente de ser ou não tabu.

Figura 2.25: Restrição de *upstream*.

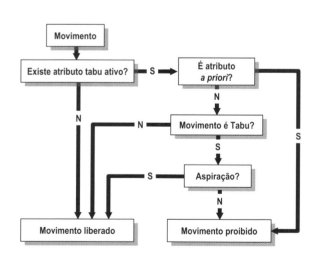

Figura 2.26: Fluxograma da decisão da BT com atributos.

Figura 2.27: Resumo das ferramentas para gestão de memória.

A Figura 2.26 apresenta um fluxo das decisões em relação à presença ou ausência de atributos. A Figura 2.27 localiza as técnicas de memória. A Figura 2.28 exibe um fluxograma genérico para a busca tabu com comentários de como cada etapa pode ser resolvida. O Path Relinking será abordado no tema GRASP / Path Relinking. A Figura 2.29 exibe um fluxograma para o desenvolvimento de algoritmos com base na busca tabu com a possibilidade do manejo dos três tipos de memória.

CAPÍTULO 2 ■ Meta-heurísticas

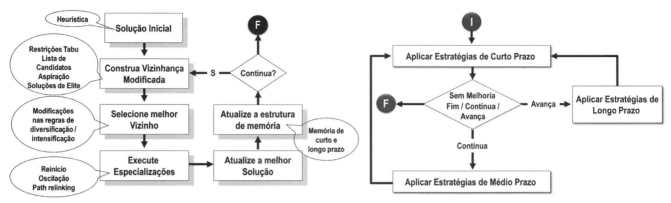

Figura 2.28: Comentários nos passos de um algoritmo BT.   **Figura 2.29:** Manejo da memória.

Tabela 2.2: Aplicações práticas da busca tabu

Ano	Autores	Tema	Ano	Autores	Tema
1991	Taillard	Problema Quadrático de Alocação	2008	McKendall & Shang	*Crane Sequencing Problem*
1996	Kolohan & Liang	Operações de perfuração	2009	Waligóra	Problema de agendamento
1997	Rolland *et al.*	Problema da *p*-mediana	2009	Caserta & Uribe	Confiabilidade de software
1998	Tsubakitani & Evans	Caixeiro Viajante	2009	Crainic *et al.*	*Bin Packing* tridimensional
1998	Hao *et al.*	Alocação de frequências	2010	Venditti *et al.*	Embalagem de produtos de farmácia
1999	Gendreau *et al.*	Árvore de Steiner	2010	Omar & Abido	Aerodinâmica de mísseis
1999	Cavique *et al.*	Programação de tripulações	2010	Lü & Hao	Problema de Timetabling
2000	Cullenbine	Alocação arma *versus* alvo	2011	Woodcock & Wilson	Problema generalizado de alocação
2001	Morley & Grover	Fibras óticas	2011	Han *et al.*	Predição de potencial haeólico
2002	Sait & Zahra	Otimização de circuitos	2011	Benlic & Hao	Particionamento em grafos
2002	Ware *et al.*	Construção de mapas	2011	Cortes *et al.*	Roteamento dinâmico em células
2002	Alvares-Valdés *et al.*	Corte guilhotinado bidemensional	2012	Kluabwang & Thomthong	Modulação de frequências sonoras
2002	Crainic & Gendreau	Projeto de redes	2012	Kulturel-Konak	Layout de facilidades
2003	Hageman *et al.*	Fibras óticas	2012	Turajlić & Dragović	Serviços web
2003	Kulturel-Konak *et al.*	Alocação com redundância	2013	Liu *et al.*	Dobramento de proteínas
2004	Riaz *et al.*	*Multiple sequence alignment*	2013	Jiang *et al.*	Rotas de evacauação
2004	Shin *et al.*	Reconfiguração de redes elétricas	2013	Czapiński	Tabu e Reinício Aleatório
2005	Kalinli & Karaboga	Projeto de filtros IIR	2014	Kwarciak & Formanowicz	Sequêcia de DNA
2005	Błażewicz *et al.*	Estrutura de proteína	2014	Lin & Chen	Tabu e Colônia de Formigas
2006	Fu *et al.*	*Open vehicle routing problem*	2014	Shen	*Job shop* com setup
2006	Jaziri & Paquet	Gestão territorial	2015	Palacios *et al.*	*Fuzzy flexible job shop*
2007	Mohammad & Parviz	*Flexible job shop*	2015	Jin & Hao	Conjunto independente máximo
2007	Błachut & Smith	Barris pressurizados	2015	Hill & Parks	Combustível de reator nuclear
2008	Shen	*Team-Learning Problem*	2015	Chen *et al.*	Estimação de parâmetros
2008	Qi *et al.*	Aplicações na agricultura			

2.6 GRASP e Path Relinking

● Visão Geral do GRASP

Como tem sido enfatizado no presente texto, a busca algorítmica estocástica é caracterizada por duas grandes tarefas: obter configurações promissoras do problema e, de posse dessas configurações, explorar suas vizinhanças na tentativa de melhorar a qualidade das configurações alcançadas.

> **GRASP**
> Princípios:
> 1. Dividir a busca em duas fases.
> 2. Fase construtiva é realizada de forma semigulosa e adaptativa.
> 3. Fase de busca local aperfeiçoa a solução da fase construtiva.

A geração aleatória é uma forma simples para obter configurações de um problema. Certamente, nem sempre é possível obter configurações viáveis por meio de um processo aleatório. Tampouco a qualidade dessas configurações é conhecida. Todavia, quando é possível alcançar soluções viáveis por meio de um processo aleatório, está disponível uma ferramenta utilizável para a etapa de exploração do espaço de busca.

Configurações aleatórias, além de supostamente existirem em um número proibitivo em virtude da esperada explosão combinatória associada aos problemas NP-Árduos, provavelmente também exigirão, sob uma expectativa geral, esforço pesado na etapa de melhoria.

Por outro lado, pensando exclusivamente na qualidade de uma configuração, é possível buscar garanti-la por meio de regras heurísticas que façam senso para o problema. Uma técnica simples e de desempenho bastante razoável é a chamada abordagem gulosa ou míope. O critério de decisão da abordagem gulosa clássica é relativamente independente do processo de formação da configuração, podendo ser realizado em função exclusiva da entrada de dados do problema ou com atualizações simples nessa entrada de dados. O problema com heurísticas míopes é que, de forma geral, são determinísticas, produzindo uma única ou poucas soluções e, portanto, não amostrando adequadamente o espaço de busca.

A meta-heurística GRASP (abreviação de *Greedy Randomized Adaptative Search Procedure*) ataca, simultaneamente, o problema da qualidade das configurações e de sua diversificação. A busca da qualidade da configuração é realizada em duas etapas: 1ª – na formação da solução pela aplicação de um critério de base gulosa; 2ª – através de busca local após a configuração ser formada. A busca de diversificação é garantida por uma modificação no critério de base gulosa (ou flexibilização desse critério), modificação que foi expressa pela palavra semigulosa. Um terceiro aspecto que distingue a meta-heurística é que ela pretende desenvolver uma estratégia de decisão que seja sensível à própria formação da configuração, permitindo critérios adaptativos mais eficazes que o critério puramente guloso.

● GRASP

Um procedimento GRASP é uma meta-heurística formada basicamente por um procedimento construtivo e um procedimento de busca local. O procedimento construtivo é realizado por meio da estratégia gulosa aleatorizada. A busca local é uma etapa de realização não particularmente especificada. O GRASP busca obter em sua primeira fase soluções diversificadas e de melhor qualidade que soluções aleatórias.

O Quadro 2.11 exibe os passos gerais do método GRASP.

O procedimento da primeira fase do GRASP pode ser executado por meio de várias e diferentes estratégias específicas. Uma das mais conhecidas é a estratégia semigulosa de Hart & Shogan (1987), que se tornou muito usual. Nessa estratégia, a escolha gulosa determinística é substituída por um critério de escolha aleatória em um conjunto restrito e organizado de forma gulosa, daí o nome de "semiguloso". Os passos da tomada de decisão em um procedimento guloso determinístico são mostrados a seguir.

```
Enquanto regra de parada for falsa
    Construir uma solução S por um método guloso aleatorizado
    Realizar uma busca local na vizinhança de S determinando S'
    Se S' melhor que S, então S ← S'
Fim_Enquanto
```

Quadro 2.11: Estratégia geral do GRASP.

1. Seleção de um critério de escolha. Um exemplo tradicional de critério para a escolha gulosa é o custo associado à entrada da variável na solução (escolha de um vértice do grafo, escolha de uma aresta, seleção de uma máquina para integrar a solução, e outras).
2. Ordenação das variáveis segundo o critério selecionado e que seja capaz de definir uma ordem de prioridade para a decisão de inclusão da variável na configuração ou na decisão de definir seu valor nessa configuração.
3. Escolha das variáveis que farão parte da configuração (uma solução em formação) atendendo a ordem de prioridade estabelecida até que uma solução viável (ou configuração admissível) seja alcançada.

As Figuras 2.30(b), (c) e (d) abordam a formação do caminho mais curto entre os vértices 1 e 10 da Figura 2.30(a) por um procedimento guloso determinístico. O procedimento usa exclusivamente o valor das arestas do caminho como atributo de decisão. O caminho é formando considerando a inclusão de um novo vértice a partir do último vértice incluído. Parte-se de um dos vértices que devem ser ligados pelo caminho, seguindo para o próximo vértice sempre pela aresta mais barata disponível no último vértice visitado. O procedimento nunca visita um vértice já visitado e termina quando um caminho entre os vértices selecionados é alcançado.

Para o grafo da Figura 2.30(a), o caminho inicia no vértice 1, por exemplo (mas poderia ser iniciado pelo vértice 10).

No processo de solução, a aresta 1-3 é a de menor valor incidente no vértice 1, o início do caminho. Segue-se a aresta 3-7 para o vértice 3, a aresta 7-5 para o vértice 7, a aresta 5-9 para o vértice 5 e, finalmente, a aresta 9-10 para o vértice 9, como mostra a Figura 2.30(d) através das arestas mais grossas.

Observar que a solução encontrada não é ótima. Observar que são possíveis outros procedimentos gulosos de melhor desempenho para o caso.

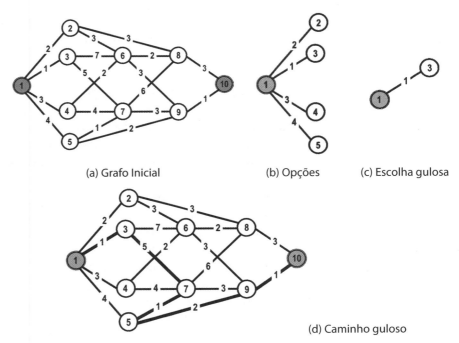

(a) Grafo Inicial   (b) Opções   (c) Escolha gulosa

(d) Caminho guloso

Figura 2.30: Solução gulosa.

O GRASP torna a escolha do procedimento guloso flexível. Não obrigatoriamente, a variável associada ao menor custo será a variável escolhida para compor a solução em cada etapa de decisão. As variáveis candidatas a serem incluídas na solução, em uma dada etapa, são reunidas em uma lista, denominada lista restrita de candidatos – LRC. O número de candidatos na lista é um parâmetro do método, normalmente denominado β. Esse tipo de critério para a formação da lista é denominado critério de restrição por cardinalidade. A escolha da variável que irá compor a solução é realizada de forma aleatória ou aleatorizada sobre as variáveis que pertencem à lista. As demais variáveis são implicitamente eliminadas da decisão. A entrada da variável na lista é gulosa. Sua escolha é aleatorizada.

É possível possuir outro tipo de restrição associada à lista de candidatos: a restrição por valor. Na restrição por valor, os candidatos da lista estão contidos em um determinado intervalo de valores [mínimo, máximo]. O tamanho do intervalo é calculado em função de um afastamento percentual entre os valores máximos e mínimos do intervalo e por meio de um parâmetro denominado a, normalmente $\alpha \in [0,1]$. O parâmetro varia entre as duas condições extremas:

α=0 → A lista de candidatos possui somente uma variável e a escolha torna-se gulosa (0% de afastamento).

α=1 → A lista de candidatos engloba todas as variáveis e a escolha torna-se aleatória (100% de afastamento).

Uma forma de implementar o controle do tamanho e dos componentes da LRC por meio do parâmetro α é mostrada na expressão abaixo.

$$LRC \leftarrow \{e \in M \mid c(e) \leq c^{\min} + \alpha(c^{\max} - c^{\min})\}$$

No exemplo da Figura 2.30(a), para a decisão da aresta que será incluída no caminho quando o vértice 1 é examinado, considerando α=1, tem-se o valor de custo igual a 4, valor do custo máximo entre as arestas.

$$LRC \leftarrow \{e \in M \mid c(e) \leq 1 + 1(4-1) \leq 4\}$$

Se α=1, todas as arestas são consideradas para a escolha e, como a escolha é aleatória para os pertencentes à lista, a escolha da formação do caminho torna-se aleatória.

Adotando o procedimento guloso descrito na solução do exemplo da Figura 2.30(a) como o critério guloso de substrato para a tomada de decisão construtiva do GRASP, a formação da LRC em cada etapa da decisão construtiva poderia ser feita da seguinte forma:

$$LRC \leftarrow \{e \in M \mid c(e) \leq 1 + 0{,}5(4-1) \leq 2{,}5\}$$

Para a decisão da aresta que será incluída no caminho iniciado no vértice 1, considerando α=0,5 tem-se $c(e) \leq 2{,}5$. O valor implicaria considerar no primeiro passo do caminho mais curto apenas as arestas (1,2) e (1,3) incidentes no vértice 1. O resultado dessa restrição é uma solução de compromisso entre o guloso e o aleatório.

A Figura 2.31 ilustra a aplicação de um segundo método para a aleatorização da escolha gulosa. O método da roleta não desenvolve uma lista restrita de candidatos. A decisão é tornada aleatória, mas com a consideração de um sorteio com viés guloso. Seja a escolha da primeira aresta do caminho mais curto do grafo da Figura 2.30(a). As áreas das fatias da Figura 2.31(b) são proporcionais aos custos associados a cada aresta. A decisão é tomada por um sorteio aleatório sobre uma roleta cuja área de sorteio é proporcional à qualidade das variáveis examinadas. O sorteio de escolha do exemplo dá, portanto, maior chance de que a aresta 1 seja escolhida (Resende & Werneck, 2004).

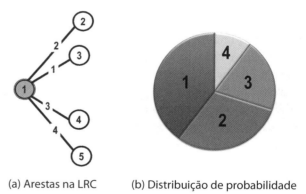

(a) Arestas na LRC   (b) Distribuição de probabilidade

Figura 2.31: Método da escolha via roleta.

A escolha das variáveis pertencentes à LRC pode ser realizada também com viés, não estritamente de forma aleatória. Um exemplo seria uma escolha através de roleta envolvendo as três melhores arestas incidentes no vértice.

Nesse caso do sorteio em roleta, a variável é selecionada na LRC levando em conta um viés que concede uma chance proporcional à classificação obtida através do critério estritamente guloso.

Uma quarta forma de flexibilizar a decisão gulosa consiste em perturbar o processo construtivo de modo que a lista de candidatos seja afetada pela perturbação. Por exemplo, para o grafo da Figura 2.30(a), em cada passo do algoritmo construtivo sorteia-se um conjunto de vértices que serão excluídos de consideração. Sorteando-se o vértice 3 no primeiro passo, como a transição para o vértice 3 fica temporariamente proibida, a primeira aresta a ser incluída no caminho mais curto será (1-2). Tal método é empregado por Canuto *et al.* (2001).

● Pseudocódigo GRASP

Sol* – Melhor solução encontrada na busca.
Sol_Corr – Solução Corrente.
f(.) – Avaliação da solução.
N(.) – vizinhança da solução.

A fase de construção visa alcançar uma solução para o problema.

A fase de busca local visa aperfeiçoar a solução ou mesmo encontrar um mínimo local do problema.

Na literatura não é incomum que o GRASP faça uso de outros procedimentos meta-heurísticos para realizar a fase de busca.

De fato, não é possível concluir com segurança que a busca da segunda fase, quando realizada em formato de hibridização, seja, de fato, uma busca local. Por exemplo, em casos de hibridização com VNS a fase de busca local provavelmente admitirá diversificação.

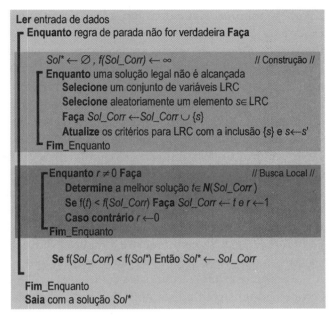

Quadro 2.12: Pseudocódigo do GRASP.

● O Aspecto Adaptativo do GRASP

O pseudocódigo descrito no Quadro 2.12 não deixa claro como o aspecto adaptativo do GRASP é realizado. Supostamente ele estará embutido na fase construtiva. Todavia, em não raras ocasiões, o aspecto adaptativo do método é fracamente considerado.

Na grande maioria dos algoritmos gulosos, a avaliação das variáveis candidatas a compor a solução é feita uma única vez e permanece imutável ou é fracamente atualizada ao longo do processo construtivo. O critério guloso é, na maioria dos casos, inclusive insensível ao processo de formação da solução. Como no exemplo da Figura 2.30, em não raras aplicações do GRASP os custos das variáveis pouco dependem da configuração em construção, diminuindo-se o efeito adaptativo da abordagem.

Seja o grafo da Figura 2.32(a), onde se pretende determinar o menor número de cores que possam ser atribuídas aos vértices de forma que nunca sejam atribuídas cores iguais a dois vértices adjacentes, ou problema da

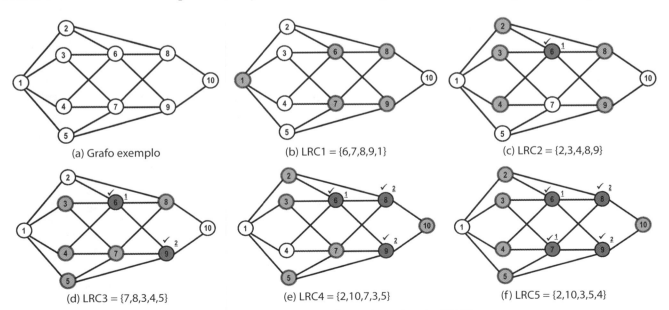

Figura 2.32: Exemplo do efeito adaptativo do GRASP.

coloração mínima. Neste exemplo, a lista restrita de candidatos será formada por vértices ainda não coloridos e candidatos a receber uma coloração. O critério de seleção do vértice a ser colorido será o grau de saturação de um vértice. O grau de saturação de um vértice é o número de cores diferentes que estão atribuídas aos vértices vizinhos (Brélaz, 1979). O critério de seleção será guloso, ou seja, quanto maior o grau de saturação de um vértice mais atrativo será esse vértice. Em caso de empate no valor da saturação, será empregado o critério do vértice de maior grau – número de arestas incidentes, e que representa um critério guloso que maximiza o número de vizinhos, pois vizinhos não podem ser coloridos com uma mesma cor.

Buscando a coloração do grafo da Figura 2.32(a), no primeiro passo da construção da solução, como não existe vértice colorido, a lista dos vértices candidatos a receberem uma cor é organizada por grau. Considerando $\beta=5$, então a primeira lista restrita de candidatos será: LRC1 = {6,7,8,9,1}, conforme mostra a Figura 2.32(b). Supondo-se que a escolha do vértice pertencente à LRC se faça por sorteio equiprovável e que o vértice 6 seja o escolhido no sorteio, então 6 receberá a cor 1, e se reaplicará o processo de formação. Neste ponto, os vértices adjacentes ao vértice 6 passam a ter grau de saturação igual a 1 e os demais têm grau de saturação igual a 0. A nova lista obtida é LRC2 = {2,3,4,8,9}, como mostra a Figura 2.32(c). Supondo-se que o sorteio tenha escolhido agora o vértice 9 e a ele seja designada a cor 2, o grau de saturação dos vértices não coloridos adjacentes ao vértice 9 passa a ser 1. A nova lista restrita de candidatos será LRC3 = {7,8,3,4,5}. Observar que a lista número três possui apenas três vértices comuns com a lista dois. Sua formação está sendo claramente influenciada pelas atribuições de cores do método construtivo. Supondo que o vértice 8 seja escolhido na lista de candidatos a nova lista será LRC4 = {2,10,7,3,5}, conforme exibe a Figura 2.32 (e). Escolhendo-se o vértice 7, a nova lista de candidatos passa a ser LRC5 = {2,10,3,5,4}. Este exemplo mostra um critério de decisão gulosa que é fortemente influenciado pelo processo de construção da solução, permitindo tornar claro que o procedimento GRASP pode ser adaptativo.

● A Fase de Melhoria do GRASP

A fase de melhoria do GRASP é um procedimento de busca local aplicado à solução inicial gerada na fase de construção. Para a fase de melhoria, não existe um modelo genérico que seja aplicável a todos os problemas. Cada problema terá estruturas de vizinhança específicas e será necessário escolher o mais adequado tipo de algoritmo de busca local.

● Vantagens do GRASP

O GRASP é uma meta-heurística que pode ser de fácil adaptação e implementação aos problemas de otimização combinatória que admitam rotinas construtivas eficientes para a formação de soluções viáveis. A literatura ressalta as seguintes vantagens para o método:

- Fácil paralelização: as iterações do GRASP podem ser computadas de forma independente. O método construtivo e a busca local podem ser atribuídos a diferentes processadores compartilhando, por exemplo, algumas soluções de elite e informações acerca das regiões do espaço de busca já examinadas.
- Pouco comprometimento de memória: o algoritmo não necessita guardar informações sobre as iterações realizadas, somente, se for o caso, algumas soluções de elite encontradas.
- Modularidade: permite compor procedimentos construtivos com estratégias de busca local. Suas fases são independentes.

● Visão Geral do *Path Relinking*

Glover (1999) descreve o Path Relinking como uma estratégia fundamentalmente voltada à etapa de intensificação da busca – explotação de vizinhanças. A técnica propõe conectar soluções de elite através de caminhos no espaço de busca. Os caminhos que ligam as configurações representarão de fato trajetórias de busca que são guiadas no espaço das soluções. Os caminhos de religação devem, em princípio, seguir por uma trajetória diferente da trajetória seguida pela busca local.

● Pseudocódigo *Path Relinking*

As inovações introduzidas pelo *Path Relinking* são: 1 – A produção de novas soluções explorando a trajetória que une soluções de elite previamente conhecidas; 2 – A criação de um caminho em vizinhanças promissoras com possibilidades de incorporar atributos de guiamento.

- A solução S_i é a solução inicial do método, e S_f a solução-alvo ou final de procedimento.
- A diferença simétrica $\Delta(S_i, S_f)$ é o conjunto de movimentos necessários para, a partir da solução inicial S_i, alcançar-se a solução final S_f.
- $m \equiv$ um movimento pertencente à diferença simétrica $D(S_i, S_f)$.
- $S \oplus m \equiv$ uma solução S_k, resultado da aplicação à solução S do movimento m.
- $S^* \equiv$ A melhor solução retornada pelo algoritmo.
- $m^* \equiv$ O melhor movimento possível no conjunto dos movimentos possíveis.
- $f(S) \equiv$ o valor da solução S.

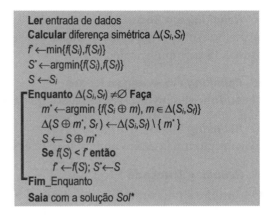

Quadro 2.13: Pseudocódigo do *Path Relinking*.

A Figura 2.33 exibe um esquema de trajetória de um *Path Relinking* nas setas pontilhadas. É ilustrada, também, uma trajetória de busca local. A trajetória guiada no *Path Relinking* tende a ser mais curta, e permite concentrar a busca em regiões intermediárias às duas soluções selecionadas para representar as soluções extremas do caminho.

O processo compartilha exclusivamente informações das duas soluções envolvidas.

Figura 2.33: Esquema da trajetória do *Path Relinking*.

A Figura 2.34 exemplifica um processo de *Path Relinking* entre soluções representadas por permutações. Considerando que as células dos vetores exibam o índice das cidades visitadas por um caixeiro viajante, a solução inicial, S_I, é a primeira solução à esquerda e a solução-alvo, S_f, a última à direita. O processo ilustrado consiste em copiar partes da solução-alvo sobre a solução inicial, copiando o conteúdo das células substituídas nas posições que estão sendo inseridas. Por exemplo, a solução inicial é 2-4-1-6-3-7-5. Quando se copia 1 e 3 para a primeira e segunda posição do vetor S_i, os antigos conteúdos que são 2 e 4 devem ser realocados para manter a viabilidade da solução do Caixeiro Viajante. Assim, realoca-se 2 sobre a antiga posição da cidade 1, e 4 sobre a posição da cidade 3 obtendo-se o segundo vetor da figura. O processo prossegue até que resta somente uma posição a ser copiada. A última seta do processo é pontilhada, pois a configuração alvo já é alcançada na transformação anterior.

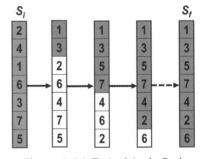

Figura 2.34: Trajetória do *Path Relinking*.

As trajetórias do *Path Relinking* podem ser constituídas de acordo com as alternativas descritas a seguir.

✓ ***Relinking* em Avanço**

A pior solução é a solução inicial e o sentido das transformações segue exclusivamente em um sentido. A Figura 2.34 exemplifica um *path relinking* de avanço.

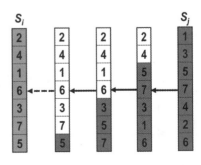

Figura 2.35: *Path Relinking* em recuo.

✓ **Relinking em Recuo**
A melhor solução é a solução inicial e o sentido das transformações segue exclusivamente em um sentido. A Figura 2.35 exemplifica a técnica.

✓ **Relinking em Avanço e Recuo**
O caminho desenvolve-se em passos que alternam as direções de recuo e avanço. A Figura 2.36 exibe a técnica.

✓ **Relinking Misto**
O caminho inicia-se em ambas as soluções.

✓ **Relinking Truncado**
O caminho é interrompido sem alcançar a solução-alvo.

✓ **Relinking Estocástico**
A direção do movimento é sorteada em cada passo.

✓ **Relinking Periódico**
Não é aplicado sistematicamente a todas as soluções.

✓ **Relinking com Atração Variada**
A solução-alvo pode ser alterada ao longo da execução do *relinking*.
A Figura 2.37 exemplifica os passos do *relinking* com atração variada. Observar como a trajetória do *relinking* vai sendo manejada por meio da variação da solução alvo.

Figura 2.36: Path *Relinking* em avanço e recuo truncado.

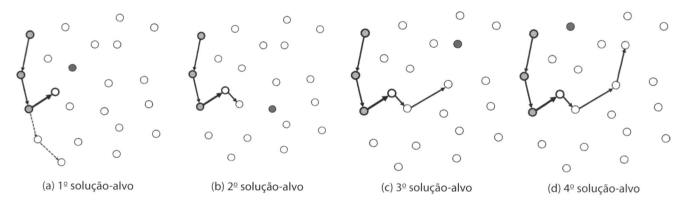

(a) 1º solução-alvo   (b) 2º solução-alvo   (c) 3º solução-alvo   (d) 4º solução-alvo

Figura 2.37: Exemplo de *Relinking* com atração variada.

Tabela 2.3: Aplicações práticas de GRASP e *Path Relinking*

Ano	Autores	Tema	Ano	Autores	Tema
2004	Oliveira *et al.*	Quadrático de alocação	2010	Resende *et al.*	Problema max-min
2005	Aiex *et al.*	*Three-Index Assignment*	2011	Bermejo *et al.*	Seleção de subconjuntos
2006	Festa *et al.*	MAXSAT	2011	Luis *et al.*	Localização contínua
2007	Arroyo *et al.*	Árvore geradora multicritério	2012	Park & Seo	Otimização em estaleiros
2008	Parreño *et al.*	*Container Loading Problem*	2012	Yin & Wang	Otimização de turbinas de vento
2008	Martínez *et al.*	*Video Streaming Problem*	2013	Alvarez-Valdes *et al.*	Bin Packing
2008	Alvarez-Valdes *et al.*	*Strip-packing Problem*	2013	Barbalho *et al.*	Mineração de dados
2009	Ríos-Mercado & Fernández	Território comercial	2014	Peiró *et al.*	Alocação não capacitada
2010	Villegas *et al.*	Roteamento de veículos	2015	Martí *et al.*	Programação multiobjetivo

2.7 Computação Natural / *Simulated Annealing*

● Introdução à Computação Natural

Modernamente, a cópia dos sistemas naturais, também denominada de Biomimética – *Biomimicry* (Hargroves & Smith, 2006) –, tem-se revelado uma fonte inspiradora para o desenvolvimento de algoritmos computacionais, especialmente no contexto da programação discreta.

O campo da computação que aborda as estratégias associadas ao uso de biomimética, denomina-se Computação Natural e engloba, atualmente, várias técnicas, como se pode observar na Figura 2.38 (Castro, 2006; Müller-Schloer, 2004; Schmeck, 2005).

> **Biomimética**
> É uma área da ciência que tem por objetivo o estudo das estruturas biológicas e das suas funções, procurando aprender com a natureza (e não sobre ela) e utilizar esse conhecimento em diferentes domínios da ciência.
> A palavra provém da combinação das palavras gregas *bíos*, que significa vida e *mímesis* que significa imitação.

As caixas escurecidas destacam os temas que são abordados no presente texto. No contexto da inteligência coletiva, classificam-se os algoritmos em colônia de formiga, abelhas e nuvem de partícula.

A computação natural basicamente procura identificar e mimetizar (copiar as funções dos processos de vida) os sistemas naturais no sentido de empregar a imitação como ferramentas na solução de problemas do mundo real.

Figura 2.38: Taxonomia associada à Computação Natural.

Na linha da mimetização de fenômenos da fisicoquímica, o presente texto abordará o *Simulated Annealing*, uma forma de mimetizar o recozimento de materiais como metais ou vidros.

Os algoritmos desenvolvidos segundo técnicas da Computação Evolucionária são chamados de Algoritmos Evolucionários (AEs). Os AEs caracterizam-se por manter uma população de estruturas que evoluem de acordo com regras de seleção e outros operadores, referenciados como operadores de busca (ou operadores genéticos) tais como a recombinação e a mutação (Mitchell, 1999).

● Métodos Monte Carlo

Uma forma pouco eficiente de realizar otimização de uma função objetivo de um programa de programação inteira consiste em gerar aleatoriamente soluções do problema na esperança de, por sorte, encontrar a melhor.

Basicamente um método de amostragem aleatória. Em virtude dos problemas combinatórios NP-Árduos possuírem a expectativa de um número proibitivamente grande de soluções viáveis, a simples amostragem aleatória no espaço das soluções não se configura como uma técnica razoável para buscar a solução ótima desses problemas. Todavia, as técnicas de amostragem aleatória adaptativa são uma forma de introduzir um viés desejável na amostragem aleatória e melhorar extraordinariamente o desempenho do método de amostragem. Geralmente tais técnicas consistem em ainda gerar soluções aleatórias, todavia de alguma forma associada a soluções anteriores, bem como empregar algum critério que permita aceitar ou não a nova solução obtida aleatoriamente. O critério mais usual de aceitação para uma nova solução é sua qualidade. Se a nova solução é melhor que qualquer anterior, certamente será aceita (Rubinstein, 1986). Basicamente os métodos de Monte Carlo propõem técnicas para o controle da busca aleatória. Uma classe específica dos métodos de Monte Carlo emprega uma estratégia de múltiplo reinício, executando o algoritmo de busca local diversas vezes de forma independente. A escolha das regiões de atração para o reinício pode ser objeto de análise de agrupamentos (Solomatine, 1999).

● A Metáfora Física do *Simulated Annealing*

A meta-heurística *Simulated Annealing* baseia sua estratégia principalmente em três considerações:

1. Uso de uma solução corrente que atua como foco da busca.
2. Geração aleatória de novas soluções tendo por base a solução corrente.
3. Critério progressivamente elitista para aceitar trocar a solução corrente para uma solução obtida aleatoriamente.

> **Simulated Annealing**
> É uma meta-heurística que propõe:
> 1. Explorar o espaço de busca através de uma estratégia de múltiplos reinícios aleatórios.
> 2. Controlar as transições do procedimento de reinício por meio de um viés progressivamente elitista é desenvolvido em analogia ao recozimento simulado (*simulated anneling heat*).

O recozimento simulado (*simulated annealing heat*), ou simplesmente *simulated annealing*, é uma técnica Monte Carlo que se inspira em uma analogia com o recozimento, um fenômeno físico da termodiâmica. O recozimento é uma forma de tratamento térmico. O recozimento nos metais visa, principalmente, reduzir a dureza do aço, aumentar a usinabilidade, facilitar o trabalho a frio ou configurar a microestrutura do metal despertando propriedades desejadas. O processo de recozimento pode ser aplicado a outros materiais, mas é típico dos metais. A temperatura de um metal está fortemente associada à sua configuração molecular. Por sua vez, a configuração molecular depende da energia embutida na estrutura do material – sua entropia. O recozimento dos metais é composto de três estágios:

1. Recuperação – É o primeiro estágio do recozimento, sendo efetuado a temperaturas baixas. Nele, a estrutura cristalina do metal rearranja discordâncias de modo a adquirir configurações mais estáveis. Trata-se de uma etapa em que os efeitos nas propriedades do material são pouco importantes.
2. Recristalização – Executada em temperaturas elevadas produz fortes alterações na microestrutura do metal, com variações nas propriedades mecânicas. A recristalização é um fenômeno de nucleação.
3. Crescimento de Grão – Trata-se da etapa em que os grãos recristalizados tendem a crescer, mediante um mecanismo que consiste na absorção de grãos vizinhos. A força propulsora do crescimento dos grãos é a energia superficial de contorno de grãos recristalizados.

Basicamente, o *annealing* consiste em elevar a temperatura do metal injetando energia na estrutura cristalina para posteriormente resfriar o metal lentamente. O resfriamento lento visa dar oportunidade para que a estrutura cristalina possa encontrar formações geométricas compatíveis com os estágios de energia associados à temperatura do metal. A Figura 2.39 exemplifica a associação anteriormente descrita.

Figura 2.39: Energia x configuração atômica.

De uma forma geral, o processo de resfriamento dos metais pode ser considerado um processo de busca por configurações moleculares que minimizem a energia retida na estrutura da liga metálica.

As altas temperaturas fornecem energia aos átomos do material, que passam a se movimentar livremente. Ao ser resfriado de modo controlado, os átomos podem ir se agrupando em estruturas cristalinas de menor energia.

Se o resfriamento for realizado de forma homogênea por toda uma peça de metal, tais estruturas também poderão se distribuir homogeneamente na peça, reduzindo eventuais defeitos. Quanto mais lento for o esquema de resfriamento, mais provavelmente as configurações serão cristalizadas em patamares de baixa energia implícita. Quanto mais rápido for esse resfriamento, mais provável será a formação de configurações típicas de altas temperaturas e com alta energia implícita, ainda que em temperatura ambiente. No caso dos metais e dos vidros, diferentes configurações da estrutura do cristal formado produzem diferentes propriedades mecânicas.

No caso dos problemas de otimização combinatória, diferentes configurações possuem diferentes valores calculados pela função objetivo. A Figura 2.40 ressalta como o processo de arranjo molecular pode ser associado à identificação de configurações em uma busca algorítmica.

A Figura 2.41 mostra, em relação à disposição dos átomos do cristal formado, a influência do esquema de arrefecimento adotado. O arrefecimento lento permite uma acomodação molecular homogênea.

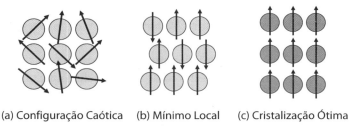

(a) Configuração Caótica (b) Mínimo Local (c) Cristalização Ótima

Figura 2.40: As configurações cristalinas.

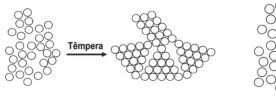 

(a) Arrefecimento rápido   (b) Arrefecimento lento

Figura 2.41: As configurações cristalinas.

A ideia geral da meta-heurística é solucionar um problema de minimização em analogia com um esquema de aquecimento / resfriamento que permita a formação de configurações "atômicas" de baixa energia em um metal ou liga metálica. A Tabela 2.4 exemplifica os elementos da metáfora e sua inspiração natural.

A meta-heurística é fundamentada no modelo de Metropolis *et al.* (1953), que foi adaptado ao contexto computacional por Kirkpatrick *et al.* (1983) e Cerny (1985).

No *Simulated Annealing*, o movimento realizado pelo algoritmo de busca ao passar de uma configuração para outra é um processo probabilístico controlado por equações semelhantes às sugeridas por Metropolis.

A temperatura é o principal parâmetro de controle da busca estocástica inspirada no *annealing heat*. Por meio desse parâmetro, o esforço computacional de busca local (intensificação) é equilibrado com o esforço de examinar todo o espaço de busca (diversificação).

A Figura 2.42 exemplifica o controle da troca de configurações proposto pelo *simulated annealing* para o

Tabela 2.4: Analogias da Metáfora

Termodinâmica	*Simulated Annealing*
Estado do Sistema	Soluções Viáveis
Energia	Custo – Função Objetivo
Mudança de Estado	Solução Vizinha
Temperatura	Parâmetro de Controle
Quenching – têmpera	Busca Local
Estado Cristalizado	Solução Heurística

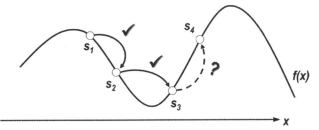

Figura 2.42: O controle da aceitação de novas configurações no *simulated annealing*.

caso de um problema de minimização. A curva $f(x)$ representa a variação da função objetivo em função do valor adotado para a variável x.

As diferentes configurações se diferenciam pelo valor de x. Considerando-se uma solução S_1, sempre que uma nova e melhor configuração S_2 é obtida no processo de amostragem, o movimento de S_1 para S_2 é aceito. A dúvida ocorre quando uma solução S_j com valor associado pior que S_{j-1} é gerada, o caso da transição de S_3 para S_4, na Figura 2.42.

A amostragem aleatória permite sempre a transferência do foco da busca. Controlar eficientemente a aceitação da transferência do foco da busca (observar que o foco de busca comporta-se como o centro de uma vizinhança) de uma solução melhor para uma solução pior é exatamente a proposta do método, introduzindo um viés elitista na aceitação da transição. A analogia termodinâmica sugere que quanto maior for o valor do parâmetro temperatura, maior será a chance de a busca aceitar como válida uma mudança que contrarie o valor desejado para a função objetivo, uma vez que a melhoria será sempre aceita.

De fato, quanto maior for T – a temperatura, maior será a componente aleatória da busca. Para uma temperatura suficientemente alta, o *simulated annealing* se transforma em um algoritmo Monte Carlo de pura amostragem aleatória. A ideia do método, contudo, é que o valor da temperatura seja decrementado ao longo da execução do algoritmo de forma que o esforço de busca se desloque da diversificação para a intensificação.

● Descrição Informal do Funcionamento do Método

O algoritmo inicia com uma solução qualquer. O procedimento principal consiste em gerar uma ou mais soluções vizinhas à solução corrente. A cada iteração uma das soluções vizinhas geradas é escolhida para se tornar a nova solução corrente. A aceitação da troca da solução corrente, por uma nova solução depende da variação induzida na função objetivo e do valor dos parâmetros da busca sendo controlada por uma equação derivada da termodinâmica. Considerando-se:

$f(S_i) \equiv$ o valor de uma solução S_i.

$\Delta z \equiv$ o valor da variação da função objetivo decorrente da troca da solução S_i pela solução S_j, valor que também pode ser associado à variação de energia entre os estados E_i e o estado E_{i+1} do sistema termodinâmico.

$$\Delta z = f(S_j) - f(S_i) = E_{i+1} - E_i$$

Nesse caso se:

- $\Delta < 0$: Há uma redução de energia associada à transição. Considerando-se um problema de minimização, tal transição estaria associada à descoberta de uma configuração melhor que a corrente. Assim o método sempre aceitaria transitar da solução S_i para a solução S_j.
- $\Delta = 0$: Não há alteração de energia. A aceitação da solução é, portanto, indiferente.
- $\Delta \geq 0$: Há um aumento do estado de energia. A aceitação desse tipo de solução deve ser examinada e controlada pelo método.

A questão solucionada pelo *simulated annealing* é como realizar o controle da transição no caso de $\Delta \geq 0$. Assim a abordagem prevê que esse controle se faça segundo uma simplificação da distribuição de probabilidade proposta por Maxwell–Boltzmann e que está associada às transformações dos sistemas termodinâmicos. A proposta de simplificação segue a ideia geral de Metropolis-Hastings 1953 (Metropolis *et al.*, 1953). Sendo $P(\Delta z)$ a probabilidade de uma transição entre configurações com uma diferença de energia associada (Δz) ser realizada, e T a temperatura do processo, a Equação 2.1 calcula tal probabilidade em função de T.

$$P(\Delta z) = e^{\frac{-\Delta z}{T}} \qquad (2.1)$$

Aplicando-se a Equação 2.1, observa-se o seguinte comportamento para o método: Se $\begin{cases} \Delta z < 0 \rightarrow P = 1 \\ \Delta z > 0 \rightarrow P = e^{\frac{-\Delta z}{T}} \end{cases}$

Associa-se à Equação 2.1 a geração de um número aleatório *R* segundo uma distribuição uniforme no intervalo [0, 1].

É possível, então, comparar o resultado do número aleatório ao obtido pela Equação 2.1 de modo que se P>R, a troca de configurações seja aceita e, em caso contrário, outra configuração vizinha seja gerada e examinada. Um processo assim organizado reproduzirá basicamente as condições anteriormente descritas para o método do *simulated annealing*. O processo de decisão anteriormente descrito pode ainda ser representado conforme a Figura 2.43.

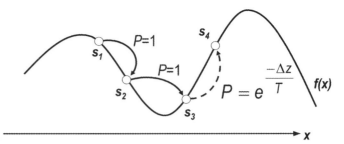

Figura 2.43: A fórmula do controle da aceitação de transições.

A Equação 2.1 torna a aceitação de transições altamente provável para valores relativamente muito altos do parâmetro *T* – muito mais altos que a parcela Δz, uma vez que o número resultante para *P* será próximo de 1, e provavelmente superior aos números aleatórios gerados no intervalo [0,1]. À medida em que o parâmetro *T* for sendo reduzido, o peso da parcela Δz vai se tornando dominante no cálculo da probabilidade de transição. Para valores de *T* significativamente inferiores a 1, a probabilidade de aceitação da mudança estará praticamente restrita à condição de estrita melhoria da configuração. Assim, o processo de aceitação de mudanças de configuração, em função da variação do parâmetro *T*, poderia assim ser resumido:

Para T → ∞ então P → 1 (Busca Aleatória)
Para T → 0 então P → 0 (Busca Gulosa)

No método, a temperatura *T* assume inicialmente um valor elevado, T_0. Após um dado número de iterações – que representam o número de iterações para o sistema atingir o equilíbrio térmico em uma dada temperatura, a temperatura é diminuída por uma estratégia de resfriamento α, tal que a temperatura no estágio de resfriamento *n*, T_n, possa ser obtida através da Equação 2.2.

$$T_n = \alpha(T_{n-1}) \tag{2.2}$$

A função $\alpha(T)$ foi objeto de pesquisas detalhadas no estado da arte e será abordada mais adiante. O procedimento é finalizado quando a temperatura chega a um valor próximo de zero e nenhuma solução que piore o valor da melhor solução seja mais aceita, ou seja, quando o sistema estiver estável. A solução obtida quando o sistema encontra-se nesta situação evidencia o encontro de um mínimo local.

Algoritmos baseados em *Simulated Annealing* geralmente incluem ciclos de reaquecimento/resfriamento para melhorar a diversificação quando os mínimos locais possuem forte poder de atração resultando em grande quantidade de movimentos consecutivamente rejeitados. A Figura 2.44 exibe o efeito da estratégia de redução de temperatura do método em relação à transição entre soluções do problema ao longo do desenvolvimento do algoritmo.

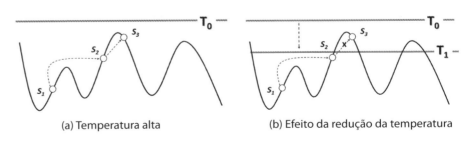

(a) Temperatura alta   (b) Efeito da redução da temperatura

Figura 2.44: Efeito do controle da aceitação de novas configurações.

Quando a temperatura baixa o suficiente, o foco da busca não consegue mais transitar entre regiões de mínimos locais que exijam soluções intermediárias com valores muitos desfavoráveis da função objetivo, conforme mostra a Figura 2.44(b), a transição para uma solução de pior qualidade será tão mais improvável quanto menor for a temperatura.

✔ Esquema de Resfriamento

Denomina-se *esquema de resfriamento* a estratégia que será adotada para diminuir a temperatura T_k ao longo das iterações L_k. A Figura 2.45 esclarece o processo básico de resfriamento.

O esquema de resfriamento define:

1. A temperatura inicial.
2. A temperatura final.
3. A taxa de decréscimo da temperatura.
4. Quantas iterações serão realizadas na mesma temperatura (valor L_k).

O fluxograma básico da Figura 2.45 pode ser enriquecido de forma a incorporar o tratamento térmico e se constituir em um processo de *simulated annealing* legítimo como descreve a Figura 2.46. Como orientação geral para o método, parece ser importante desenvolver mais iterações em temperaturas mais baixas para que os ótimos locais sejam bem explorados. Igualmente se mostra eficiente explorar várias vezes o esquema *annealing* em um processo de tratamento térmico, como sugerem a Figura 2.46 e o Quadro 2.14. Observe-se que o algoritmo sem o comando Enquanto mais externo associado ao tratamento térmico é, em alguns textos, apresentado como o esquema de *simulated annealing*.

Os passos constituídos por reconfigura(L_k) e reconfigura(T_k) redefinem os valores estabelecidos na entrada do algoritmo, provavelmente diminuindo a temperatura T_k de entrada e provavelmente aumentando o número de iterações L_k. O passo atualizar(L_k) pode aumentar o número de iterações, e o passo atualizar(T_k) certamente reduz a temperatura entre as iterações.

Considerando a temperatura T_i de um ciclo i, em um processo de 1 a n ciclos, com a temperatura inicial igual a T_0 e a final igual a T_n, são conhecidos diversos esquemas de esfriamento para a abordagem. Dentre eles, destacam-se os enumerados a seguir.

Figura 2.45: Fluxograma básico do *simulated annealing*.

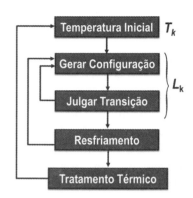

Figura 2.46: Fluxograma do *simulated annealing* com tratamento térmico.

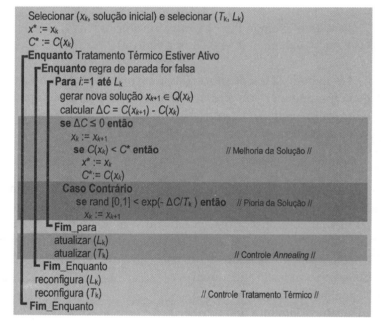

Quadro 2.14: Pseudocódigo do *Simulated Annealing* com tratamento térmico.

1. Decréscimo linear
   Onde k é um valor constante.
   $$T_i = T_{i-1} - k \quad (2.3)$$

2. Decréscimo geométrico proposto por Kirkpatrick *et al.* (1983) e Wilhelm & Ward (1987).
   Com α variando entre 0,99 e 0,8.
   $$T_i = \alpha T_{i-1} \quad (2.4)$$

3. Proposta de Lundy & Mees (1986) e Bölte & Thonemann (1996). Com $\beta \ll T_0$.
   $$T_i = \frac{T_{i-1}}{1 + \beta T_{i-1}} \quad (2.5)$$

4. Proposta de Moccellin (1994) para b no esquema de Lundy & Mees (1986).

$$\beta = \frac{T_0 - T_n}{nT_0 T_n} \ll T_0 \quad (2.6)$$

5. Proposta de Aarts & Krost (1989).

$$T_i = \frac{T_{i-1}}{1 + \frac{\beta}{\sigma(T_{i-1})}} \quad (2.7)$$

Onde δ é denominado parâmetro de distância e $\sigma(T_{i-1})$ é o desvio-padrão dos valores obtidos das soluções aceitas no estágio da temperatura T_{i-1}.

$$\beta = \frac{Ln(1+\delta)T_{i-1}}{3} \quad (2.8)$$

6. A proposta de Van Laarhoven & Aarts (1987) – 1ª possibilidade.

$$T_0 = \frac{-\overline{\Delta E^+}}{Ln(\chi_0)} \quad (2.9)$$

Onde $\overline{\Delta E^+}$ é a média aritmética, para um número aleatório de perturbações, dos incrementos da função objetivo com χ_0 um fator empírico no entorno de 0,8.

7. A proposta de Van Laarhoven & Aarts (1987) – 2ª possibilidade. $T_0 = \frac{-\overline{\Delta E^+}}{Ln(\beta)}$ e $\beta = \frac{k_2}{k_2 \chi_0 - (1-\chi_0)k_1}$ (2.10)

Onde k_1 é o número de perturbações com $\Delta E < 0$ e k_2 é o número de perturbações com $\Delta E \geq 0$.
A Figura 2.47 apresenta outras possíveis equações de resfriamento para o esquema de resfriamento.

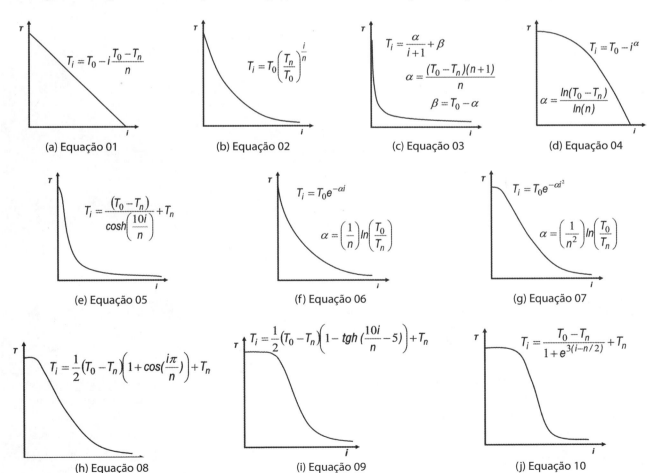

Figura 2.47: Outras equações de resfriamento.

● *Simulated Annealing* com Tunelamento

Wenzel & Hamacher (1999), Solomatine (1999) e Hamacher (2006) propõem uma modificação na abordagem de *simulated annealing*. O suporte físico envolvido na cópia do mecanismo natural é bastante sofisticado, contudo basicamente consiste em propor caminhos que atravessem a topografia do traçado produzida pelos valores da função. A Figura 2.48 mostra o caminho proposto pela técnica. O nome "tunelamento" deriva de uma propriedade física que produziria um efeito semelhante.

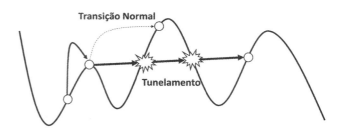

Figura 2.48: Exemplo da trajetória de tunelamento.

Segundo os autores citados, a expressão (10) simula o efeito de tunelamento na busca *annealing*. A recomendação é substituir a função de avaliação do processo *annealing* pela expressa na Equação 2.11, permanecendo válidas todas as demais técnicas e estratégias inerentes à proposta.

$$f_{TUN}(x) = 1 - e^{-\gamma(f(x) - f_0)} \tag{2.11}$$

Onde: f_0 é o valor da menor solução encontrada na busca e g um parâmetro estritamente maior que zero.

Uma variante denominada "*Quantum Annealing*" emprega "flutuações quânticas" no lugar de flutuações térmicas para escapar dos mínimos locais, diversificando a busca (Das & Chakrabarti, 2005).

● *Simulated Annealing* com Busca Local

A abordagem reporta em diversos trabalhos (Martin & Otto, 1994) bons resultados quando, simultaneamente ao processo *annealing*, as soluções aceitas ou geradas como candidatas ao movimento são submetidas à busca local.

O Quadro 2.15 exibe as alternativas possíveis para a inclusão da busca local no pseudocódigo do algoritmo. Nos pontos assinalados, desenvolve-se uma busca local sobre a solução corrente.

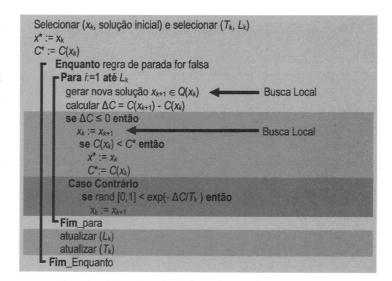

Quadro 2.15: Pseudocódigo do *Simulated Annealing* com busca local.

Tabela 2.5: Aplicações práticas da *Simulated Annealing* e inovações

Ano	Autores	Tema	Ano	Autores	Tema
2006	Tomshine & Kaznessis	Expressão genética	2008	Cai *et al.*	Tomografia multiespectral
2007	Kolahan *et al.*	Otimização estrutural	2008	Sitarz	Programação multicritério
2007	Lindgreen *et al.*	Medicina	2009	Dafflon *et al.*	Simulação de aquíferos
2007	Ando *et al.*	*Simulated Annealing* Multiponto	2010	Yu *et al.*	Localização e Roteamento
2008	Douglas & Sandefur	Medicina	2014	Hedayat	Abastecimento de reator
2008	Briant *et al.*	Sequenciamento de carros	2014	Hosseini *et al.*	Cross-docking
2008	Chou *et al.*	Projeto de semicondutores	2014	Jayaswal & Agarwal	Equilíbrio de linha de montagem
2008	Jacob *et al.*	Braquiterapia	2014	Yao *et al.*	Braquiterapia
2008	Rodriguez-Tello *et al.*	Algoritmo em dois estágios	2014	Yu & Lin	Pickup & Delivery
2008	Lamberti	Projeto de estruturas treliçadas	2014	Alexandridis & Chondrodima	Diagnóstico Médico

2.8 Computação Evolucionária

A Computação Evolucionária é uma área da computação bioinspirada que é caracterizada pelas seguintes condições:

- É realizada através de um processo iterativo.
- Baseia-se em uma população.
- Possui intrinsecamente uma arquitetura de processamento paralelizável.
- Corresponde a um processo de busca estocástica com viés – busca guiada.
- Emprega o princípio darwiniano da seleção natural de acúmulos de variações genéticas.

Os chamados Algoritmos Evolucionários (AEs) operam genericamente segundo o esquema da Figura 2.49.

O problema a ser solucionado é codificado em um formato que permita sua representação como "informação genética" – assim caracterizada de acordo com o paradigma proposto pela evolução artificial. A informação codificada é submetida ao processo de evolução artificial de forma a se adaptar às condições do problema. Um processo de decodificação devolve a informação genética trabalhada na forma de soluções do problema.

Atualmente, as técnicas meta-heurísticas associadas diretamente à Computação Evolucionária são principalmente: Algoritmos Genéticos, Algoritmos Meméticos, Algoritmos Culturais, Algoritmos Simbióticos e Algoritmos Transgenéticos.

A informação codificada em formato genético é avaliada em relação à sua adequação ambiental – adequação às condições exigidas pelo problema.

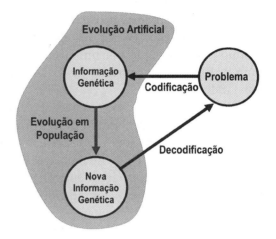

Figura 2.49: Evolução da informação genética.

A informação genética é transportada por uma população de indivíduos que evolui de acordo com regras de seleção e outros operadores, referenciados como operadores de busca (também chamados de operadores genéticos), tais como a recombinação e a mutação.

Os indivíduos dessa população em evolução são, em verdade, propostas de solução para o problema em pauta (soluções viáveis ou não). Por meio da avaliação dos indivíduos da população, o processo de reprodução é direcionado a favorecer os indivíduos de melhor adequação, conforme preconiza a evolução darwiniana. Na natureza, recombinações e mutações modificam o material genético dos indivíduos. No contexto computacional, recombinações e mutações são procedimentos heurísticos que visam utilizar as possibilidades combinatórias codificadas nos indivíduos da população trabalhada pelo algoritmo. Embora simplista do ponto de vista biológico, os algoritmos evolucionários são suficientemente complexos para construírem mecanismos adaptativos de busca robustos e eficazes para o fim proposto (Fogel, 1995).

A mimetização proposta pelos Algoritmos Evolucionários admite um grande grau de afastamento do modelo natural (Burke *et al.*, 1998). Essa flexibilidade parece ser facilmente justificável diante da enorme diferença entre o processo biológico e o computacional. Ainda assim, é surpreendente a pouca atenção dispensada ao aprofundamento do modelo de mimetização. Poucos trabalhos avançam nessa direção (Daida *et al.*, 1995). Os escassos trabalhos que o fazem alcançam repercussão limitada como o caso da Autopoiese – autocriação (Maturana & Varela, 1980; McMullin, 2004). O aprofundamento da mimetização não tem logrado preservar a simplicidade da abordagem, um dos aspectos mais importantes para o sucesso da Computação Evolucionária. Os próximos itens tratarão de meta-heurísticas pertencentes à classe da Computação Evolucionária e da Inteligência Coletiva.

2.9 Algoritmos Genéticos e Meméticos

● A Mimetização Biológica Empregada pelos Algoritmos Genéticos

A mimetização biológica que suporta a metáfora dos Algoritmos Genéticos (AGs) e Meméticos (AMs) está associada à reprodução multicelular sexuada. O processo de variação genética da população é realizado por meio da reprodução e da mutação. A reprodução segue o paradigma sexual, reunindo pais (normalmente dois, contudo é possível mais de dois pais) para a produção de um ou mais filhos. Apesar de utilizarem a forma de reprodução sexuada, os algoritmos genéticos empregam cromossomos semelhantes aos encontrados no nível da evolução procariótica, tipicamente realizada em formato de clonagem com mutação.

Na mimetização clássica dos algoritmos genéticos, o indivíduo é representado por um cromossomo. A reprodução é um processo de mistura do material genético de dois (ou mais) indivíduos.

O modelo evolucionário empregado concentra atenção na evolução biológica empregando os três princípios de Darwin: variação genética, hereditariedade e seleção natural. A variação genética pode ser resultado de mutações ou da recombinação de genes em um processo reprodutivo. A hereditariedade é garantida pelo fato de que as alterações do reservatório genético são preservadas pelos indivíduos da população e transmitidas aos filhos pelos mecanismos de reprodução. A seleção natural, contudo, engloba três tipos de seleção (Wright, 1980), como mostra a Figura 2.50(a). A Figura 2.50(b) destaca, dentre os tipos de seleção natural genética, os três tipos possíveis. A Figura 2.50(b) esclarece que cada tipo de seleção ocasiona um deslocamento diferente na distribuição estatística da população que é submetida à pressão de seleção. A distribuição pontilhada corresponde à distribuição estatística da população antes da pressão de seleção atuar. A seta mais espessa representa o ponto da distribuição estatística atacado pelos diferentes tipos de seleção. A seta menos espessa aponta para a direção de deslocamento da distribuição estatística da população pressionada pela seleção. A curva da distribuição final está representada em linha cheia.

> **Algoritmo Genético**
> Princípios:
> 1. Codificação da informação em um conjunto de cromossomos denominado de *população*.
> 2. Reprodução da população por meio da combinação genética dos cromossomos.
> 3. Emprego de mutações aleatórias ou guiadas para introduzir diversidade na população.
> 4. Seleção dos cromossomos de melhor adequação.

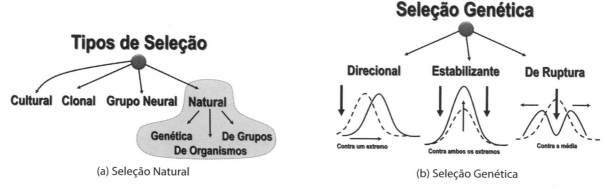

(a) Seleção Natural (b) Seleção Genética

Figura 2.50: Seleção natural e suas variantes.

As variantes da seleção genética são descritas a seguir.

- Seleção direcional ou *seleção positiva*: atua contra um dos extremos da distribuição de adequação da população. Quer seja eliminando os indivíduos com a menor presença de dada característica (atuação contra o extremo inferior – indivíduos com menos pigmentação na pele) ou com a maior presença da característica (atuação contra o extremo superior – indivíduos com maior peso corporal na população), a seleção ocasiona o deslocamento da média da distribuição da população em sentido oposto ao da seleção.

- Estabilizante: tende a aumentar a frequência dos indivíduos da população com valores médios da característica pressionada.
- Seleção de ruptura: tende a formar duas distribuições diferentes na população – dividir a população.

A seleção direcional favorece um alelo singelo e a frequência dos alelos caminha em uma direção escolhida. A seleção estabilizante caminha no sentido de manter o polimorfismo genético ou a múltipla frequência de alelos. A seleção estabilizante também é denominada de seleção purificadora por produzir o efeito de remover mutações deletérias. A remoção de alelos deletérios é denominada seleção negativa.

Como será possível observar no desenvolvimento do presente capítulo, a forma de seleção empregada nos algoritmos da computação evolucionária é fundamentalmente a direcional. As demais formas possíveis são aqui ressaltadas por permitirem a pesquisa de algoritmos inovadores. Por outro lado, a seleção de grupos e de organismos é também ainda fracamente explorada pelos modelos computacionais. Observe-se que a mimetização de reprodução adotada na computação evolucionária é extremamente simplificada, não se caracterizando a formação de gametas, esporos ou células haploides. Tampouco é mimetizado o processo de células diploides. A literatura apresenta um grande número de variantes para os algoritmos evolucionários. A mimetização atua como uma inspiração de alto nível, de modo que os modelos concretos, muitas vezes, podem não ser diretamente apoiados em um processo natural.

● A Proposta Computacional

Os Algoritmos Genéticos (AGs), introduzidos pelo trabalho de *John Holland* (Holland 1962, 1970, 1973 e 1975), têm sido uma das meta-heurísticas de maior sucesso para a solução de problemas de Otimização Combinatória (Grefenstette *et al.*, 1985; Goldberg, 1989; Osman & Kelly, 1996). Os algoritmos genéticos realizam procedimentos de busca no espaço das soluções viáveis, utilizando regras probabilísticas para combinar soluções a fim de obter melhorias de qualidade.

Os algoritmos genéticos clássicos são eficientes na solução de problemas combinatórios especialmente por sua enorme capacidade de diversificação. Em várias situações, todavia, encontram dificuldades, para concretizar a intensificação (Jones & Forrest, 1996; Horn & Goldberg, 1994; Grefenstette, 1992). Várias tecnologias foram desenvolvidas com o objetivo de corrigir ou minimizar essa deficiência. A mais antiga é a elitização do processo de seleção (Baker, 1985; Bäck, 1992). Mais recentemente, a estratégia de navegação em Landscapes – Cenários – foi desenvolvida com igual propósito (Merz & Freisleben, 1998; Mitchell *et al.*, 1991; Wright, 1988). A Tabela 2.6 apresenta um resumo das analogias com a biologia realizadas pela mimetização dos algoritmos genéticos, o mapeamento entre a mimetização e o processo evolucionário biológico.

Tabela 2.6 – Analogias da Mimetização

Natureza	Algoritmo Genético
Indivíduo – cromossomo	Solução viável do problema
População	Conjunto de soluções
Adequação (*fitness*)	Valor (ou custo) da solução
Gene	Parte da solução
Cruzamento	Operador de busca
Mutação	Operador de busca
Seleção natural	Seleção de soluções

A Figura 2.51 exemplifica um cromossomo tendo por base o caso específico do PCV ilustrado na Figura 2.51(a). O cromossomo mostrado na Figura 2.51(c) codifica o caminho do caixeiro viajante exibido na Figura 2.51(b), e representa a solução por meio da sequência de visitas no ciclo hamiltoniano. Note-se que o cromossomo não repete o primeiro vértice da visita, considerando-se a volta implícita.

Os alelos, conforme a Figura 2.51(d), correspondem aos valores – índices das cidades visitadas – existentes nas várias posições do vetor, os *loci*. Um *locus* representa um índice do vetor. Na Figura 2.51(d) está ressaltado o alelo 2 que está no *locus* 6. Considerando a adequação do cromossomo igual ao valor da função objetivo do caixeiro, o exemplo mostra um cromossomo com adequação 22.

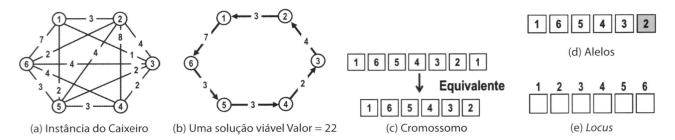

Figura 2.51: A representação do Caixeiro Viajante no formato "cromossomo".

O Quadro 2.16 resume os passos de um algoritmo genético. Inicialmente, uma população de cromossomos é gerada.

A regra de parada pode estar associada, por exemplo, ao tempo de processamento, a um determinado número de gerações (iterações) ou ao número de iterações sem melhoria do melhor indivíduo da população.

As etapas do algoritmo são detalhadas nas seções que se seguem.

A Figura 2.52 resume as etapas de codificação do problema no formato de cromossomos e como constituir e operar o ciclo evolucionário de um algoritmo genético.

O retângulo destaca as atividades que devem ser esclarecidas para que seja possível ingressar na etapa do ciclo evolucionário.

A parte circular representa as etapas do ciclo evolucionário que mistura e seleciona os cromossomos em evolução.

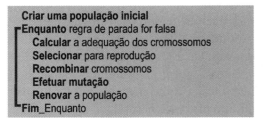

Quadro 2.16: Pseudocódigo do algoritmo genético.

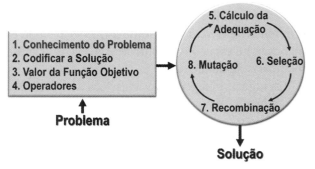

Figura 2.52: Etapas de um algoritmo genético.

● População de Partida para o Algoritmo e Seleção para Reprodução

O processo evolucionário é cíclico, contudo é natural iniciar sua descrição pela constituição da população de cromossomos. A população inicial é formada pela codificação de um determinado número de soluções do problema. O tamanho da população é um parâmetro que deve ser fixado, em princípio, de forma experimental. Esse constituinte do processo evolucionário regula a cobertura do espaço de busca. A população inicial pode ser considerada como uma "amostragem" do espaço de busca. Portanto, quanto maior, mais informações sobre o espaço de busca conterá. Porém, o esforço computacional para o processamento da evolução é diretamente associado ao tamanho da população.

Os primeiros AGs eram representados em cadeias de bits com os cromossomos constituídos por uma sequência de zeros e uns. Com o aperfeiçoamento da abordagem, novas representações foram propostas. Alguns problemas combinatórios como o Caixeiro Viajante (PCV), possuem uma representação natural por meio de um vetor de permutação dos vértices, como exemplificado na Figura 2.51(c). Nos casos em que uma solução viável pode ser formada por qualquer permutação nos valores dos alelos, a população pode ser obtida pela geração aleatória de permutações. Nesse caso, qualquer permutação forma um cromossomo viável. Observar que esse não é o caso do exemplo, uma vez que o grafo da Figura 2.51(a) não é completo. Com uma população formada e um critério de adequação definido, é possível avaliar toda a população e selecionar um subconjunto dessa população para a reprodução, como mostra pictoricamente a Figura 2.53(c). Os métodos de seleção para a reprodução serão abordados em conjunto com as estratégias de renovação.

CAPÍTULO 2 ■ Meta-heurísticas   117

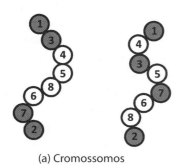
(a) Cromossomos

(b) População de Cromossomos

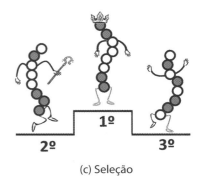
(c) Seleção

Figura 2.53: Seleção dos Pais para Reprodução.

Basicamente, é razoável deduzir que: 1 – Pequenas populações propiciam um insuficiente exame do espaço de busca e, provavelmente, levam a resultados de baixa qualidade por convergência prematura do algoritmo. 2 – Grandes populações são computacionalmente custosas e, provavelmente, resultarão em soluções de baixa qualidade por insuficiência na capacidade de processamento.

Usualmente, a população dos algoritmos genéticos possui tamanho fixo. Observe-se, contudo, que não há impedimento no sentido de que a população tenha tamanho variável. Um aspecto importante sobre a população para a biologia é a dispersão dos alelos de seus indivíduos (a distribuição da informação genética). Segundo Wright (1988), o tamanho da população diretamente associado ao processo evolucionário, ou população efetiva, corresponde a uma população, via de regra, menor que a nominal, e que está associado a uma conveniente dispersão na frequência de seus alelos. A consequência de tal fato na constituição dos algoritmos genéticos é que o tamanho da população poderia ser regulado pelo grau de dispersão ou convergência genética de seus componentes. Uma população com indivíduos geneticamente muito "semelhantes" poderia ser considerada "pequena".

● Reprodução e Operações de Recombinação / Cruzamento

Após a seleção do grupo de pais, procede-se a uma operação de mistura genética denominada de recombinação ou reprodução. Nessa ocasião, o código genético dos cromossomos deve ser misturado de modo que se formem novos cromossomos, denominados cromossomos filhos. A Figura 2.54 exibe, pictoricamente, como os trechos de DNA podem ser misturados em uma recombinação ou cruzamento.

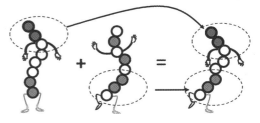

A distinção entre recombinação e cruzamento é caracterizada pelo tipo de filho gerado da mistura do material genéticos dos pais.

Figura 2.54: Recombinação ou cruzamento.

Quando os filhos são produzidos estritamente pela mistura do material genético dos pais, a operação é denominada cruzamento. Em outros casos, é chamada de recombinação. Eventualmente, a troca de material genético entre os pais pode produzir um cromossomo que possua material genético que não pertence a nenhum dos pais. Por exemplo, quando a combinação for associada a um processo de combinação linear – dois vetores linearmente combinados podem produzir um terceiro cujos valores nominais estejam no entorno ou próximos aos valores dos pais, sendo, contudo, diferentes. Caso os cromossomos sejam formados com valores binários, por exemplo, o material genético dos filhos será o mesmo dos pais. A literatura da computação evolucionária tem denominado a recombinação binária de *cruzamento*. No contexto da biologia, a troca de genes é denominada genericamente de recombinação. O cruzamento é a denominação biológica para o processo de compartilhamento genético da reprodução sexuada quando realizado por cromossomos homólogos durante a meiose. Um tipo raro de cruzamento natural, denominado mitótico, também pode ocorrer durante o processo de reprodução celular.

De uma forma geral, a reprodução dos algoritmos genéticos é um procedimento de recombinação, até em virtude da frequente necessidade de operações de reparação após a formação do cromossomo. A reprodução exige operadores específicos e uma conveniente formalização de como os trechos de DNA serão coletados dos pais e misturados para formarem um novo indivíduo. Como regra geral, os algoritmos buscam empregar regras de recombinação que formem indivíduos viáveis – representem uma solução válida do problema. Eventualmente, a exigência de viabilidade poderá ser relaxada e a formação de um indivíduo inviável penalizada na forma de reduções de adequação dos cromossomos inviáveis. Observe-se que a mistura do critério de adequação com o critério de penalização da inviabilidade provavelmente será feita por meio de regras *ad hoc*. A mistura de dois diferentes e não correlacionados critérios de seleção tem potencial para prejudicar a eficiência da evolução artificial.

As regras de recombinação/cruzamento são também denominadas de "operadores". Para o caso do Caixeiro Viajante, um operador bastante simples consiste em somar os trechos de DNA dos pais e, por meio de uma varredura no cromossomo, eliminar as repetições de alelos – repetições de cidade – e acrescentar as cidades que faltam.

A etapa de reprodução exige que várias decisões sejam tomadas, por exemplo: quantos filhos serão formados, como os pais serão reunidos dois a dois e assim por diante. Os seguintes operadores de recombinação são clássicos:

1. De um ponto.
2. De dois pontos.
3. De múltiplos pontos.
4. Uniforme.

A Figura 2.55(a) emprega um cromossomo formado por zeros e uns, e a Figura 2.55(b) utiliza índices genéricos. O operador com um ponto (de quebra) divide o cromossomo em dois trechos. A quebra é caracterizada nas Figuras 2.55 pela linha pontilhada que divide os pais. Após a divisão, são formados quatro trechos de DNA que são, em seguida, combinados, como exemplifica a Figura 2.55. Observar que os cromossomos formados na Figura 2.55(b) devem ser reparados (há a repetição do índice 1 no filho 1, com a falta do índice 2, e a repetição do índice 2 no filho 2, com a falta do índice 1) uma vez que os pais, supostamente, representam permutações sem repetição nos alelos.

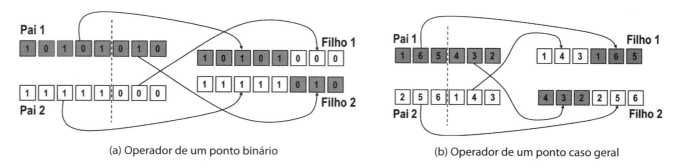

(a) Operador de um ponto binário   (b) Operador de um ponto caso geral

Figura 2.55: Operador de um ponto em cruzamento ou recombinação.

Observa-se que, em um cromossomo de alelos binários, como o caso da Figura 2.55(a), a combinação de qualquer sequência de posições pode ser suficiente para formar um novo indivíduo, sem necessidade de reparação. Um operador bastante simples para eliminar o problema consiste em incluir, passo a passo, os trechos de DNA dos pais e, por meio de um exame no cromossomo já formado, eliminar as repetições de alelos – repetições de cidades no *tour* do caixeiro viajante – e acrescentar as cidades que faltam. Por exemplo, considere C_1 = 2-1-3-5-4 e C_2 = 2-4-5-1-3 dois cromossomos pais. Um filho C_3 pode ser gerado iterativamente, recebendo material genético de um dos seus pais por meiode um sorteio com uma distribuição uniforme. O *locus* 1 de C_3 recebe o alelo 2, uma vez que ambos os pais possuem esse alelo na mesma posição. Suponha que a ordem do sorteio dos pais para composição das 4 posições restantes de C_3 seja {1, 2, 1, 2}. Inicialmente, C_3 constaria da sequência 2-1-5-5-3. Entretanto, os alelos dos *loci* 3 e 4 estão repetidos e falta o alelo 4. Uma solução poderia ser atribuir o alelo que está faltando ao *locus* onde é encontrada a primeira repetição de um alelo, resultando em C_3 = 2-1-5-4-3. De forma geral, portanto, o operador de recombinação é o procedimento que permuta o material genético dos pais e, se necessário, repara o cromossomo de forma a garantir sua viabilidade. Se a inviabilidade for permitida, o operador simplesmente realizará a mistura do material genético.

A Figura 2.56 exemplifica um cruzamento com dois pontos de quebra. As posições de quebra estão sinalizadas pelas setas.

Nesse caso, com os seis segmentos genéticos obtidos da quebra, é possível formar vários filhos, dos quais são destacados seis possíveis.

A Figura 2.57 exibe dois exemplos do resultado da aplicação do operador uniforme. No operador de cruzamento uniforme, em cada *locus* do filho, é sorteado, com distribuição de probabilidade uniforme, um dos pais para fornecer o alelo.

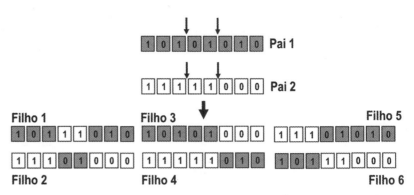

Figura 2.56: Operador de cruzamento utilizando dois pontos de quebra.

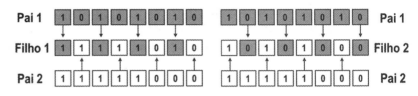

Figura 2.57: Operador uniforme.

● Mutação

Trata-se de um processo estocástico de alteração do material genético dos cromossomos. Supostamente, a mutação imita os mecanismos naturais de mutação. Como observado anteriormente, o processo artificial não se obriga, de fato, a seguir os mecanismos naturais de reprodução sexuada. No caso, o sistema de reprodução sexual natural possui eficientes proteções contra o surgimento de mutações. Na proposta artificial, são permitidas taxas de mutação absolutamente irreais no contexto mimetizado. No processo artificial, a mutação pode ser aplicada sobre qualquer cromossomo da população, pais ou filhos, de acordo com a conveniência do algoritmo. A estratégia visa aumentar o poder de diversificação da população. A Figura 2.58 exibe pictoricamente o processo.

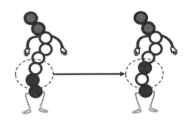

Figura 2.58: Mutação.

Pelo menos três elementos estão envolvidos no processo de mutação:

1. A escolha dos cromossomos que serão candidatos a sofrer mutação.
2. Se entendido como um processo estocástico, a probabilidade de a mutação acontecer.
3. A extensão da mutação (o número de posições afetadas no cromossomo).

O primeiro ponto sugere a possibilidade da existência de um processo de seleção para a mutação. O segundo indica que nem todos os cromossomos selecionados necessitam sofrer mutação e que a adequação pode ser um indicador para a escolha do cromossomo a ser alterado. O terceiro ponto é bastante estudado pela literatura. Normalmente, define-se como *taxa de mutação* o percentual de posições que são alteradas em um cromossomo. Observe-se que a taxa é um valor esperado, correspondendo a uma probabilidade de alteração. Em pequenas populações (menores de 100 indivíduos), a taxa nominal verificada provavelmente vai ser diferente da taxa prevista devido a flutuações do sorteio. Alguns autores sugerem como um valor razoável para a taxa de mutação a razão $1/n$, onde n representa o número de posições do cromossomo. A orientação geral de que somente um alelo seja alterado no cromossomo (ou as posições que corresponde a uma unidade mínima de decisão, como uma aresta, um vértice, uma posição de localização e outras) por ocasião da mutação é um bom ponto de partida para o ajuste de algoritmos evolucionários.

A Figura 2.59 exibe três tipos de operadores de mutação. As setas da figura delimitam os alelos que serão alterados. O operador pontual corresponde à alteração do valor de um alelo. No caso do operador em bloco, vários alelos são alterados. Observe-se que os alelos não necessariamente devem ser vizinhos. Na hipótese da inversão, os valores de um ou mais blocos de alelos são invertidos ou permutados.

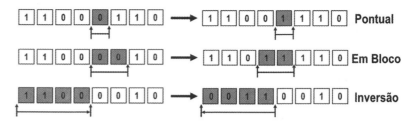

Figura 2.59: Tipos de operadores de mutação.

● Renovação de População e Processos de Seleção para Sobreviver

Um processo evolucionário artificial deve definir os critérios que irão controlar a reprodução e a renovação da população. Em princípio, a reprodução deverá ser uma oportunidade oferecida com mais chance aos cromossomos de melhor grau de aptidão. Por outro lado, se o tamanho da população for mantido constante, então será indispensável a escolha de critérios para a remoção de cromossomos, escolhendo na população formada pelos antigos pais e os novos filhos quem sobreviverá e participará da próxima seleção para reprodução (ou geração)

A Figura 2.60 resume pictoricamente o processo de renovação.

Dentre os métodos de seleção para renovação, destacam-se os que se seguem.

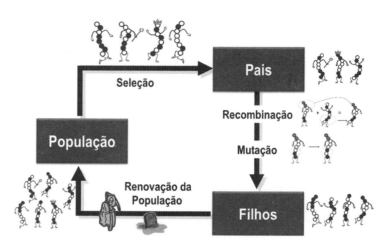

Figura 2.60: Renovação da população.

1. Torneio

Os cromossomos são selecionados na população para participar de um torneio *play-off* em que os vencedores serão selecionados para sobreviver. No denominado torneio binário, dois cromossomos são escolhidos aleatoriamente da população, sendo que o mais apto avança no torneio. O número de rondas depende da pressão de seleção estipulada. A Figura 2.61(a) exemplifica o método com duas rondas.

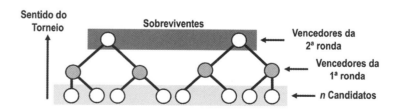

Figura 2.61: Torneio em *play-off*.

2. Classificação Simples ou Elitismo

Os cromossomos são ordenados e escolhidos de acordo com sua classificação. Por exemplo, por meio de um número de vagas (k melhores da lista) ou por um percentual da lista (r % do comprimento da lista). A Figura 2.62 exemplifica o critério exibindo a lista de classificação associada aos cromossomos.

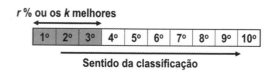

Figura 2.62: Classificação elitista.

3. Roleta

Cada cromossomo recebe uma área em uma roleta que é proporcional ao seu valor de adequação.

Os sorteios são feitos sem reposição até que o número de cromossomos que devem ser selecionados pelo método seja alcançado. A Tabela 2.7 resume o peso relativo da adequação de seis cromossomos participantes do sorteio. A chance dos cromossomos no sorteio em roleta é exibida à direita na Tabela 2.7.

Tabela 2.7: Adequação dos cromossomos

Cromossomo	Peso relativo da adequação
01	3
02	7
03	11
04	16
05	25
06	38

4. Por Sorteio Universal

Os cromossomos são sorteados com igual probabilidade, independentemente da adequação.

5. Por Seleção dentro de Agrupamentos

Os cromossomos são agrupados segundo certos critérios. Nos agrupamentos, aplica-se um dos métodos de seleção descritos no presente item.

6. Por Truncamento

Uma parcela da população é eliminada da competição. Na parcela restante, emprega-se um dos métodos de seleção descritos no presente item.

7. Por Cotas

Cotas (μ,λ): Existem μ vagas na população que devem ser preenchidas por λ candidatos selecionados segundo algum critério, e $\lambda > \mu$. A escolha dos m cromossomos no universo dos λ candidatos pode ser realizada por sorteio universal, pelo método da roleta ou por torneio.

Cotas híbridas: Uma parcela das vagas na população é preenchida por elitismo, enquanto as restantes, por qualquer método anteriormente descrito.

Os critérios empregados na seleção da população de renovação podem envolver:

- A adequação do cromossomo.
- O afastamento da adequação em face de um parâmetro estatístico da população (média, desvio-padrão, mediana).
- Certos limites para a adequação.

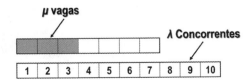

Figura 2.63: Cotas (μ,λ).

Figura 2.64: Cotas híbridas.

Eventualmente, a seleção pode ter por objetivo eliminar certas características da população. Essa forma de seleção é denominada negativa (Li & Gu, 2006). Nesse caso, ou o cromossomo que possui a característica indesejável é eliminado ou a característica é removida do cromossomo. No caso do Caixeiro Viajante Euclidiano, ziguezagues no ciclo são características indesejáveis. Se for possível reconhecer trechos dos cromossomos associados a ziguezagues de rota por meio do uso de seleção negativa, as sequências ou os cromossomos podem ser removidos.

A renovação da população pode ocorrer em algumas modalidades nos seguintes tópicos:

1. Segundo o tipo de Ciclo Evolucionário:
   - Em gerações: quando ocorre completa reconstituição da população em cada iteração.
   - Em estado livre: quando ocorre uma reconstituição parcial da população em cada iteração.

2. Segundo o tamanho da população:
   - Em tamanho fixo.
   - Em tamanho variável.

3. Segundo o método de preenchimento da população:
   - Com os filhos concorrendo pelas vagas de renovação.
   - Com pais e filhos concorrendo pelas vagas de renovação.

4. Segundo técnicas especiais:
   - Migração: técnica que permite que cromossomos de elite sejam preservados do processo de renovação. Os cromossomos de elite podem, portanto, migrar de uma geração para outra superando o processo de seleção.
   - Clonagem: técnica que permite que cromossomos de elite sejam duplicados na população, aumentando sua chance de sobrevivência e escolha para a reprodução.

● Ajuste de Parâmetros

A organização do processo evolucionário dos algoritmos genéticos depende da modulação de vários parâmetros e estratégias. Certamente, a eficiência da evolução artificial é sensível a esses parâmetros. O ajuste é realizado, via de regra, por meio de experimentos computacionais. Em um algoritmo genético, os principais parâmetros são: tamanho da população, taxa de mutação, taxa de recombinação/cruzamento, taxa de renovação, taxa de migração, taxa de clonagem, taxas associadas ao processo de seleção para reproduzir, número de gerações empregado na evolução artificial, número de gerações sem melhoria ou o tempo de parada do processo.

Para ajustar o algoritmo, o projetista deve observar a influência e a sensibilidade dos parâmetros no processo de equilíbrio entre intensificação e diversificação da busca algorítmica.

A Figura 2.65 mostra o papel principal de cada técnica dentro do funcionamento do processo evolucionário artificial de um Algoritmo Genético Clássico.

As taxas do quadro central cumprem a função de equilibrar os esforços da busca, impedindo que uma das duas funções seja menos contemplada.

A Figura 2.66 exemplifica, de um modo geral, o efeito esperado da modulação nos valores

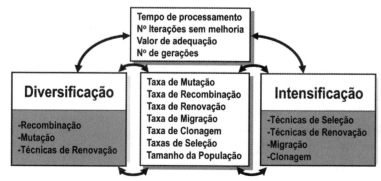

Figura 2.65: Impacto das técnicas no processo de busca.

das taxas descritas no presente tópico. Observe-se que o aumento da taxa de renovação pode tanto diversificar a busca quanto intensificá-la, dependendo tanto da conexão desse parâmetro com os demais quanto da estratégia de renovação empregada. De um modo geral, a renovação diversifica a busca, mas, se for associada a uma forte pressão de seleção, pode intensificar. De forma semelhante, o tamanho da população, de um modo geral, diversifica a busca. Mas, associado a uma taxa forte de clonagem, pode resultar em intensificação.

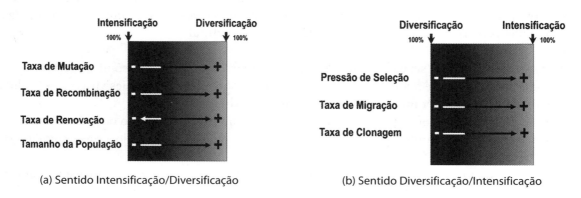

(a) Sentido Intensificação/Diversificação (b) Sentido Diversificação/Intensificação

Figura 2.66: Provável impacto do sentido de modulação dos parâmetros.

● Problemas com os Algoritmos Genéticos

Os AGs representam uma das iniciativas de maior sucesso na abordagem da solução de complexos problemas de programação matemática, jogos, controle e automação e outras aplicações reais. A simplicidade da mimetização e sua facilidade de programação tornaram-na realmente utilizável e bem disseminada. Contudo, à medida que novas abordagens foram sendo desenvolvidas pelo estado da arte, certas fragilidades do método clássico foram tornando claras (Thornton, 1999; Horn & Goldberg, 1994). As críticas podem ser divididas em dois grupos:

1. Em relação às dificuldades de desenvolvimento de algoritmos altamente eficientes e eficazes exclusivamente baseados na mimetização.
2. Em relação ao processo de mimetização adotado pela mimetização.

A primeira linha de questionamentos indaga sobre a conveniência de a evolução artificial copiar o modelo darwiniano de evolução. A segunda linha, se os algoritmos genéticos realmente realizam uma mimetização minimamente razoável do modelo darwiniano. A primeira linha de questionamento será abordada na ocasião da descrição dos Algoritmos Transgenéticos.

✔ Problemas com o Processo de Mimetização

Não se supõe que uma abordagem computacional bioinspirada seja obrigar a seguir rigorosamente sua suposta mimetização. Na transição do modelo natural para a busca algorítmica, importantes adaptações e simplificações inexoravelmente serão realizadas. Contudo, também é evidente que, quando se busca a inspiração de uma mimetização para o desenvolvimento de algoritmos, alguma vantagem há em seguir o modelo proposto. Se assim não fosse, a mimetização seria comprovadamente desnecessária. De fato, meta-heurísticas como a busca tabu, GRASP, Scatter Search, Path Relinking e Busca em Vizinhança Variável dispensam a ancoragem em uma mimetização natural. Todavia, a diversidade de aplicações de algoritmos genéticos descritos na literatura admite um importante número de trabalhos com afastamentos arbitrários da mimetização natural.

Observa-se na literatura uma forte oscilação entre exigências de adesão à mimetização e concessões provocadas por necessidades associadas ao desempenho computacional. São comuns "hibridizações" que, em não raras ocasiões, praticamente neutralizam os argumentos evolucionários supostamente evocados. Tal realidade emite uma sinalização confusa sobre a capacidade do método em promover uma busca algorítmica eficiente e eficaz e sobre os futuros caminhos da proposta.

Se os algoritmos computacionais aparelhados com hibridizações se mostram mais eficientes que aqueles aparelhados exclusivamente com a mimetização original, e as hibridizações negam os princípios do método base, qual seria, de fato, a contribuição da mimetização originalmente proposta?

Se, inegavelmente, a mimetização proposta pelos Algoritmos Genéticos é surpreendentemente simples, por outro lado é fortemente afastada do modelo natural. Sem aprofundar desnecessariamente o ponto, alguns dos aspectos do método comprovam o grande afastamento do modelo natural:

1. O processo da reprodução sexual não ocorre segundo a representação cromossômica proposta.
2. A reprodução sexual não é a forma evolucionária mais comum entre as espécies vivas e, segundo Margulis(1998), sequer possui por finalidade básica promover a evolução.
3. Não existe processo de viabilização de cromossomos na natureza após mutação ou cruzamento.
4. O processo sexual não permite livre mistura dos genes. A mudança se faz em blocos e existem interligações entre os blocos.
5. A adequação, contrariamente ao modelo artificial proposto, é uma função multidimensional que depende simultaneamente de várias características.
6. As taxas de reprodução, mutação e sobrevivência são exponencialmente afastadas das taxas da natureza.
7. A expressão das características dos indivíduos depende de considerações da combinação de vários genes.
8. Os aspectos recessivos da informação genética são ignorados.
9. A influência da geometria do DNA é ignorada.
10. Os modelos de seleção adotados são majoritariamente artificiais, tanto em execução como na escolha dos critérios.

Diante de tantos afastamentos da realidade natural, alguns autores propõem reformulações na mimetização e diferentes variantes do método. A seguir, alguns desses algoritmos serão descritos.

● Algoritmo Genético com Evolução Pontuada

Evolução é um mecanismo distinto de adaptação. Na evolução, são formadas novas espécies. A própria caracterização de uma "nova espécie" não é trivial, pois considerações sobre a morfologia do fenótipo podem ser insuficientes. Contudo, um princípio fundamental determina que a reprodução entre diferentes espécies seja um fenômeno muito improvável.

Como regra, a reprodução da população de cromossomos de um algoritmo genético é mantida inalterada ao longo do processo, inclusive sem qualquer distinção entre a possibilidade de reprodução entre gerações – por mais que estas se encontrem afastadas no sentido da evolução algorítmica. Tal realidade parece diluir o real aspecto "evolucionário" da mimetização proposta. Provavelmente, seria mais adequado classificar os algoritmos genéticos clássicos como uma mimetização da adaptação natural, um processo não legitimamente evolutivo. Os indivíduos ao final do processo "evolucionário" natural preservam as mesmas características da espécie dos indivíduos do início da evolução, inclusive sendo capazes de reproduzir com uma população criada aleatoriamente. O acúmulo gradual de mutações não é suficiente para caracterizar um processo evolucionário. A afirmação clara de Dobzhansky: *mutation is a destructive, not a creative, force* – ainda permanece válida (Mayr, 1992).

Uma forma de superar, pelo menos parcialmente, o problema metodológico de confundir, na versão artificial, adaptação com evolução, seria aperfeiçoar a mimetização incorporando mecanismos adicionais e seguramente evolucionários.

Uma alternativa de caracterizar evolução é incorporar o mecanismo pontuado. Pequenas populações isoladas são geneticamente mais instáveis e podem sofrer mais facilmente transformações quando pressionadas pelo meio ambiente. Nesse caso, ou as pequenas populações sobrevivem se adaptando forte e rapidamente, ou são eliminadas pela seleção natural. A eliminação de uma população é tipicamente um processo evolucionário, não um processo adaptativo. A pequena população sobrevivente pode ser confrontada com a grande população original mais estável. Por sua recente transformação, os novos indivíduos devem se tornar rapidamente dominantes no contexto da população original, pois são mais bem adaptados ao meio ambiente, quebrando o equilíbrio e promovendo a evolução da espécie. A Figura 2.67 exemplifica uma estratégia de evolução computacional pontuada.

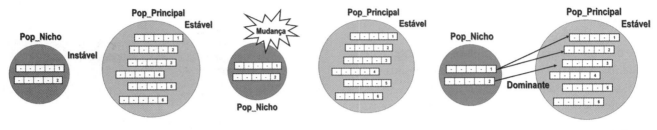

(a) Evolução paralela em uma espécie   (b) Ruptura na população isolada   (c) Infiltração da população isolada

Figura 2.67: Etapas da evolução pontuada.

O Quadro 2.17 detalha o pseudocódigo de um algoritmo genético com evolução pontuada.

Observe-se que a etapa de troca de indivíduos entre as populações deve conter um processo de seleção da população que cederá os indivíduos e dos próprios indivíduos que serão migrados.

O tamanho das populações e a pressão de evolução variam entre as populações.

Em princípio, a população principal com o maior número de indivíduos é submetida ao processo clássico dos algoritmos genéticos e a pressão de seleção das populações menores é maior. Adiante, uma técnica de variação da pressão de seleção será examinada.

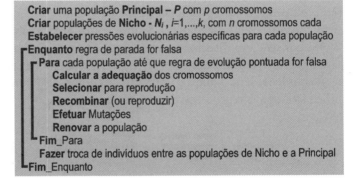

Quadro 2.17: Pseudocódigo do algoritmo pontuado.

O processo de evolução pontuada é bastante adequado à paralelização. De fato, representa razoavelmente bem o processo natural que ocorre de forma paralela. O tamanho, o número das populações segregadas e as condições de evolução nessas populações são variáveis livres para o modelo. O processo de "mistura" da população principal com os indivíduos da população que foi segregada pode admitir transição. Por exemplo, a partir de certa geração, os indivíduos das duas populações podem ser impedidos de reproduzir fora de sua respectiva população.

● Algoritmo Genético com Evolução Pontuada na Variante do Imanismo

Uma teoria evolucionária ainda não cientificamente comprovada deve-se a Kinji Imanishi (Imanishi, 1984). O autor afirma que todos os seres vivos pertencem a uma única espécie. Segundo Imanishi, o que promove a distinção entre as espécies (especiação) são as condições ambientais. Portanto, alteração genética e evolução são sinônimos de segregação. A proposta foi adaptada ao contexto computacional por Tagawa *et al.* (2002), eliminando-se as mutações e dividindo-se a população em agrupamentos de evolução independente. Cada agrupamento é submetido a um processo de evolução diferente no formato do modelo de evolução pontuada, correspondendo às várias influências ambientais que formaram a diversidade da vida do presente. As diferenças ambientais podem ser caracterizadas por diferentes estratégias de avaliação da população, bem como variadas formas de seleção. Mas não se trata apenas de um processamento paralelo de diferentes tipos de algoritmos genéticos. São propostos contextos de coexistência, em que variadas populações podem ser expostas ao contato e terem seu processo evolucionário unificado – compartilhando as regras de avaliação e seleção.

O Quadro 2.18 detalha o pseudocódigo de um algoritmo genético Imanishi.

O algoritmo Imanishi descrito no quadro é pontuado, de forma que a interação entre o nicho k e ambiente r pode ser descontinuada a partir do atendimento de condições prefixadas ou de um dado estágio da evolução.

A desconexão entre os ambientes de interação e os nichos permite que as populações evoluam independentemente na etapa final do processo.

Os ambientes e nichos podem possuir suas próprias condições de evolução.

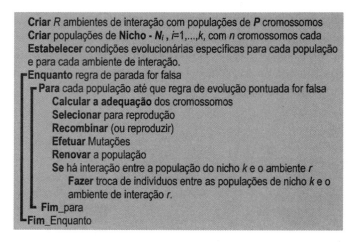

Quadro 2.18: Pseudocódigo do algoritmo Imanishi.

● Algoritmo Genético em Gene *Pool*

A reprodução sexual não é o mecanismo de reprodução mais comum entre as espécies vivas. Alguns autores, inclusive, consideram-na primordialmente uma forma de evitar transcrições microbiais espúrias (Margulis, 1998), não um caminho para promover adaptação. O fato de ser naturalmente limitada a uma mesma espécie atua muito mais como barreira à evolução do que como uma forma de sua promoção. A variante de Mühlenbein & Voigt (1996) consiste em direcionar o processo de troca de material genético entre os cromossomos de modo a copiar parcialmente o comportamento das bactérias. As bactérias trocam informação genética diretamente com o auxílio de plasmídeos, sendo que algumas são doadoras, enquanto outras receptoras da informação. A Figura 2.68 exemplifica as etapas do processo denominado *gene pool*.

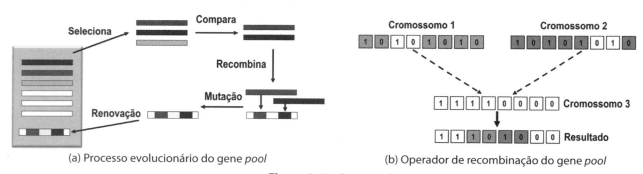

Figura 2.68: Gene *Pool*.

A variante é uma generalização da proposta de Harvey (1996), a qual nunca foi formalmente publicada. Nos Algoritmos Genéticos em Gene *Pool* é possível o compartilhamento simultâneo de material genético de mais de dois indivíduos. Normalmente os cromossomos doadores são os de melhor adequação, enquanto o cromossomo receptor é o de menor adequação. A população pode ser renovada pela inclusão de novos indivíduos e pela morte de indivíduos envelhecidos.

● Algoritmo Genético com Íntrons

Os éxons são as partes do código genético que realizam a expressão das proteínas e se comportam como minigenes. O conceito de éxon introduz a ideia da possibilidade da construção de genes por meio de um processo de aglutinação de minigenes (Gilbert & Glynias, 1993). Os termos "éxon" e "íntron" foram cunhados por Walter Gilbert (Gilbert, 1978). Existem algumas teorias procurando explicar a razão da existência de informação genética não utilizável. O sumário exame dessas teorias pode ajudar na criação de métodos não contemplados pelos AGs clássicos para a manipulação dos cromossomos artificiais.

Uma primeira hipótese defende que os íntrons desempenham o papel de separadores e aglutinadores de éxons. Nesse caso, representariam uma forma de trilha histórica da evolução do DNA, marcando os pontos e a sequência em que os éxons teriam se aglutinado nas cadeias ancestrais – provavelmente através de mecanismos de transcriptase reversa. Uma segunda conjectura sustenta a possibilidade dos íntrons atuarem como elementos de controle de qualidade no processo da síntese de proteína, evitando erros de transcrição (Chorney *et al.*, 1990; Girdlestone, 1990). Finalmente, argumenta-se que íntrons seriam trechos "em branco" do DNA aguardando serem editados. Com essa última função, os íntrons permitiriam que novos éxons pudessem ser criados nos trechos "vazios" ou que antigos éxons pudessem crescer, sem que esses efeitos levassem à modificação no comprimento da cadeia DNA.

O aprofundamento desses modelos escapa ao escopo deste trabalho (detalhes em Forsdyke, 1996 e 1998), contudo pode produzir uma repercussão direta e importante para o contexto computacional pelo menos na linha da primeira hipótese, ou da função de trilha histórica. Lobo *et al.* (1998) introduzem uma ideia semelhante para a Computação Evolucionária associada a grupos de genes, os blocos de montagem (Forrest & Mitchell, 1993; Grefenstette, 1992). O trabalho de Lobo *et al.* (1998) sugere um modelo para o cromossomo artificial com íntrons desempenhando a função de material genético artificial não ativo. Nos cromossomos artificias com íntrons, os alelos possuem duas posições. A primeira anota a informação tradicional do cromossomo. No caso do Caixeiro Viajante, seria, por exemplo, a cidade visitada. A segunda posição indica se o *locus* é ou não ativo.

A Figura 2.69(b) apresenta um cromossomo com íntrons ao lado do cromossomo clássico da Figura 2.69(a). A Figura 2.69(c) exibe como efetuar a inclusão de um conjunto de genes no cromossomo com íntrons.

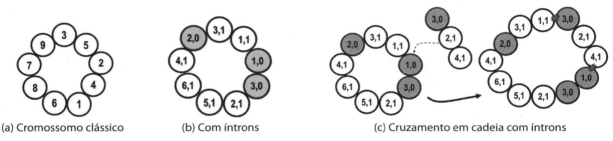

(a) Cromossomo clássico (b) Com íntrons (c) Cruzamento em cadeia com íntrons

Figura 2.69: Cromossomos e recombinação com íntrons.

A Figura 2.70(a) mostra que a inclusão dos éxons (2,1) e (4,1) no cromossomo em virtude da recombinação realizada na Figura 2.69(c) obriga a transformação em íntrons dos éxons de mesmo valor já existentes no cromossomo. Nesse caso o cromossomo varia de tamanho.

Caso o cromossomo possua tamanho fixo, os éxons repetidos são simplesmente eliminados na recombinação, como mostra a Figura 2.70(b).

A Figura 2.71 exemplifica como a alteração dos valores de ativação e desativação dos íntrons pode modificar o valor do cromossomo. A seta central representa o cromossomo ao alto da figura e destacado com as bordas mais grossas no formato tradicional. A sequência 2-3-4-5-1 é obtida simplesmente após a eliminação dos íntrons que possuem zero na segunda posição dos *loci*. As demais setas representam os cromossomos no formato tradicional caso o íntron (1,0) seja ativado ou o íntron (4,0) seja ativado.

Observe-se que um íntron ativado é transformado em éxon, obrigando o éxon que cumpria a mesma função no cromossomo a ser desativado e transformado em íntron.

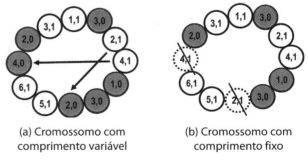

(a) Cromossomo com comprimento variável (b) Cromossomo com comprimento fixo

Figura 2.70: Reparação do cromossomo com íntrons.

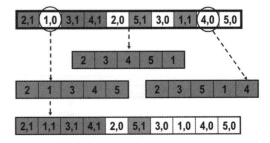

Figura 2.71: Possibilidades do cromossomo com íntrons.

De fato, a representação com íntrons permite que vários e diferentes cromossomos possam ser implicitamente representados e que se mantenha uma memória de curto prazo do passado genético do cromossomo.

● Algoritmo Genético com Variação na Pressão Evolucionária

Affenzeller (2001) propõe uma variante que trabalha a pressão seletiva de forma a torná-la variável ao longo do processo de evolução. Sabendo-se que a população é definida como o conjunto dos P indivíduos que sobrevivem ao processo de reprodução, mutação e seleção, o autor define a população virtual – de tamanho Pv, como a formada pela soma dos pais e dos filhos de uma determinada geração. A população virtual é o espaço amostral da população renovada que vai inaugurar uma nova geração. A razão H entre a população (P) e a população virtual (Pv) representa o que se convencionou denominar de pressão evolucionária. Na Figura 2.72, as células do vetor representam diferentes indivíduos de uma população. O índice da esquerda representa a geração do indivíduo (0 população inicial, 1 população virtual, 2 população renovada). O índice da esquerda marca o tipo de indivíduo (0 membro da população, 1 filho, 2 mutante). Assim, o número 11 representa um filho da população 1, a população virtual formada antes da seleção. O número 21 representa um filho da população 2, a população renovada. A Figura 2.72(b) mostra como o aumento da população virtual impacta no aumento da pressão de seleção pelo aumento do espaço de candidatos na renovação. A figura também deixa visível que o aumento da pressão implica em estratégias para selecionar o tipo de indivíduo que deve ser considerado na formação de uma população virtual.

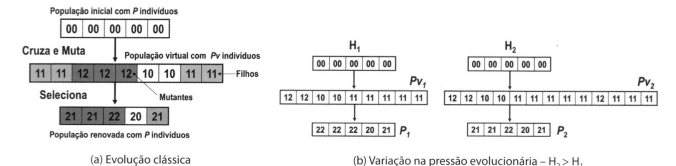

(a) Evolução clássica

(b) Variação na pressão evolucionária – $H_2 > H_1$

Figura 2.72: Variando a pressão seletiva pelo aumento de PV.

A expressão para o cálculo da pressão de seleção é:

$$H = \frac{Pv}{P}$$

Affenzeller (2001) sugere duas estratégias para gerenciar a pressão evolucionária variando a razão H e que estão exemplificadas nas Figuras 2.73(a) e (b).

A primeira considera o aumento da pressão por meio da simples inclusão da população inicial completa no processo de seleção.

A segunda considera a considerações de populações associadas a diferentes processos de reprodução.

A criação de um número maior de filhos permite a utilização de operadores multiponto e uma melhor exploração das vizinhanças das soluções da população.

A criação de um maior número de mutantes permite uma melhor exploração do espaço.

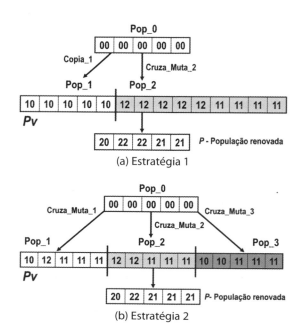

(a) Estratégia 1

(b) Estratégia 2

Figura 2.73: Técnicas para variar a pressão de seleção.

● Algoritmo Genético com Gênero

Um processo de evolução via reprodução sexuada possui, normalmente, dois gêneros distintos (os caracóis não possuem gêneros distintos). É da reunião desses dois gêneros que decorre, no caso geral, a reprodução. Muito provavelmente a reprodução sexuada envolverá critérios de seleção diferentes para cada gênero. Os Algoritmos Genéticos clássicos não fazem distinção de gênero. Um trabalho pioneiro no tema é reportado em um relatório técnico de Allenson (1992). Mais recentemente, outros trabalhos abordam o tema dentre eles o de Rejeb & Abu-Elhaij (2000). Sánchez-Velazco & Bullinaria (2003) propõem um algoritmo genético com os cromossomos divididos por gêneros – masculino e feminino. Os seguintes pontos notabilizam a proposta:

1. A reprodução somente ocorre entre cromossomos de diferentes gêneros.
2. Os critérios de avaliação e seleção dos cromossomos são diferentes para cada gênero.
3. Para a população masculina, o critério de avaliação baseia-se na adequação tradicional – $f(x_i)$. A população feminina é avaliada por um critério que combina fertilidade – A_i, idade – B_I e adequação. A fertilidade é definida como a média de adequação dos filhos.
4. A formação de um casal para a reprodução depende de escolhas combinadas – cada cromossomo de um dado gênero pode definir prioridades sobre os cromossomos do outro gênero.
5. As taxas de mutação são diferentes para cada gênero.

● A Mimetização Biológica dos Algoritmos Meméticos

Supostamente, falar sobre algoritmos meméticos exigiria falar sobre memética. A memética é a disciplina que estuda a formação, multiplicação e difusão dos memes. Richard Dawkins cunhou o termo *meme* (Dawkins, 1976) para representar uma unidade de informação codificada em formato não genético ou unidade de informação cultural. Dawkins sugeriu que os memes eram unidades de informação que podiam se propagar entre as mentes, colonizando-as.

Dawkins propõe que os memes possuem processo evolucionário assemelhado aos genes.

Dawkins imagina os memes como ideias. O autor propõe explicar o fenômeno cultural por meio de um modelo evolucionário que utiliza os princípios do modelo Darwiniano, contudo

> **Algoritmo Memético**
> Princípios:
> 1. Algoritmos Meméticos são uma variante dos AGs.
> 2. Na evolução dos AMs, é permita a herança de habilidades adquiridas – dita evolução Lamarckiana.
> 3. Qualquer melhoria (natural ou artifical) alcançada por um cromossomo é geneticamente transmitida.

preservando características da evolução proposta por Jean-Baptiste Fligore de Lamarck – evolução Lamarckiana, em que mudanças no fenótipo supostamente afetavam o genótipo. Na prática, os Algoritmos Meméticos (AMs) se apresentaram na literatura como uma mimetização natural flexível em que se permite ao processo de evolução artificial aperfeiçoamento ou infiltração de viés independentemente de o fato ser biologicamente justificado. Melhor que isso, eventuais melhorias alcançadas pelo indivíduo (como a melhoria de *fitness* decorrente de um treinamento em arte marciais – exemplo citado por Moscato, 1989) são incorporadas ao seu reservatório genético e transmitidas aos filhos.

Contudo, o cenário atual é um pouco mais complicado, uma vez que existe pelo menos uma proposta também denominada de memética e que segue em outra linha de mimetização divergente com a mais comum na literatura.

Em qualquer hipótese, a herança Lamarckiana não é um fato da biologia natural. A suposta propriedade dos memes em evoluir no formato Lamarckiano não se expressa de forma genética. Tampouco o processo de seleção e difusão dos memes segue o modelo Darwiniano tradicional. Outras mimetizações pertencentes à Computação Evolucionária tratam mais detalhadamente a interferência da dimensão cultural no processo evolucionário como os Algoritmos Culturais (Reynolds, 2003). Trabalhos posteriores ao artigo pioneiro de Moscato (1989), como os de Bersini & Renders (1994) e Davis (1991) denominam propostas semelhantes como algoritmo genético híbrido ou algoritmo genético com busca *Hill-Climb*.

Radcliffe & Surry (1994) e Merz & Freisleben (1998) destacam-se por formalizar os algoritmos meméticos sem dedicarem atenção à mimetização ou possíveis justificativas biológicas. Pelo menos três versões dos algoritmos meméticos são identificáveis na literatura. A versão pioneira de Moscato (1989), a proposta de Radcliffe & Surry (1994) e a de Edmonds (2005).

Tabela 2.8 – Analogias da Mimetização Memética

Natureza	Algoritmo Memético
Meme	Informação não genética
Herança cultural	Regras de busca
Evolução cultural	Busca local no cromossomo

Somente a proposta de Edmonds (2005) possui características que contemplam a seleção de replicadores e o controle de sua difusão, propriedades supostamente essenciais em uma mimetização da evolução memética.

A Tabela 2.8 exibe uma comparação entre alguns dos elementos típicos da mimetização dos algoritmos meméticos mais difundidos na literatura.

● Algoritmo Memético do Tipo I

Na proposta de Radcliffe e Surry (1994), os AMs são caracterizados por executarem, além das operações clássicas de recombinação e mutação, etapas de busca local. A busca local, por resultar em provável alteração do cromossomo e mudança em sua adequação que pode ser herdada pelos filhos, caracterizaria uma forma de evolução artificial Lamarckiana. O Quadro 2.19 exibe o pseudocódigo dos algoritmos meméticos do tipo I, a variante mais conhecida na literatura.

```
Criar uma população inicial
Enquanto regra de parada for falsa
    Calcular a adequação dos cromossomos
    Selecionar para reprodução
    Recombinar cromossomos & Busca Local
    Efetuar mutação & Busca Local
    Renovar a população
Fim_Enquanto
```

Quadro 2.19: Pseudocódigo algoritmo memético do tipo I.

Claramente, a etapa de busca local pode ser vista também como uma hibridização algorítmica sem justificativa biológica. Mais recentemente, a literatura tem usualmente empregado o termo "híbrido", no contexto das meta-heurísticas, para distinguir o uso simultâneo de mais de uma meta-heurística em um mesmo algoritmo.

Figura 2.74: Transição para o AM Tipo I.

O objetivo dos AGs do tipo I é combinar o potencial dos operadores evolucionários em determinar boas regiões de busca (diversificação) com o potencial da busca local na determinação de soluções locais de excelente qualidade (intensificação). A Figura 2.74 destaca o elemento que produz a transição do AGs de substrato para o AM.

Provavelmente, os algoritmos meméticos do tipo I são algoritmos mais bem aparelhados para a busca algorítmica que os algoritmos genéticos clássicos. A capacidade de promover a intensificação por meio dos eficientes mecanismos da busca local é uma vantagem que a mimetização natural não dispõe. A experiência tem comprovado que a união de busca local com um processo evolucionário é uma receita vencedora.

● Algoritmo Memético do Tipo II

Apesar de ser a proposta pioneira para os AMs, a variante de Moscato (1989), tipo II, é menos presente na literatura do que a variante tipo I. Talvez em virtude da simplicidade da variante tipo I.

O Quadro 2.20 descreve o pseudocódigo do AM tipo II.

Os AMs tipo II entendem como gerais as operações guiadas ou de infiltração de viés capazes de alterar a adequação dos cromossomos. A busca local seria um caso particular de operações mais amplas de otimização. A amplitude do comando "otimizar"

```
Criar uma população inicial
Enquanto regra de parada for falsa
    Calcular a adequação dos cromossomos
    Selecionar para reprodução
    Recombinar cromossomos & Otimizar
    Efetuar mutação & Otimizar
    Renovar a população
Fim_Enquanto
```

Quadro 2.20: Pseudocódigo do algoritmo memético do tipo II.

deixa a porta aberta para considerações variadas. Como o passo de otimização pode ser realizado por meta-heurísticas, os AGs tipo II são uma hiperestrutura meta-heurística.

Se, por um lado, a ampliação de escopo da meta-heurística pode beneficiar os construtores de algoritmos dotados de criatividade, por outro introduz imprecisão, uma vez que otimizar é a própria missão da meta-heurística.

Na prática reportada na literatura, os AMs tipo II realizam o passo de otimização com o auxílio de procedimentos heurísticos simples, de busca local, ou com infiltração de conhecimento obtido *a priori*. A Figura 2.75 destaca o foco da transição entre os AGs e os AMs do tipo II.

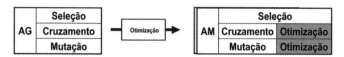

Figura 2.75: Transição para o AM do tipo II.

● Algoritmo Memético do Tipo III

Uma terceira proposta para o desenvolvimento de algoritmos meméticos foi introduzida por Bruce Edmonds em 2005. Essa variante destaca uma dinâmica mais real para os memes. São consideradas ideias que saltam de pessoa para pessoa e a mimetização acompanha a difusão de boatos. Segundo o autor, os memes se propagam por contato direto, ou seja, exigindo proximidade. Segundo Edmonds, os memes se propagam por vizinhança com as seguintes alternativas:

1. Ocupam o lugar do antigo meme.
2. Se juntam com o antigo meme e formam um novo meme.
3. Se desvanecem no confronto.

Adotadas as regras anteriormente descritas, o processo de decisão clássico apresentado na Figura 2.76(a) passa a ser redefinido pelo novo processo da Figura 2.76(b).

Segundo Edmonds, não existe de fato uma supremacia absoluta entre as ideias – memes. Assim, a escolha de um meme não elimina completamente seus concorrentes, permitindo que alguns deles migrem para o novo contexto criado. As ideias derrotadas e migrantes de forma parasitária poderão vir a se tornar dominantes mais adiante. Eventualmente poderia ser até interessante para certos memes apenas se deslocarem de forma parasitária deixando o desgaste do embate para a ideia vencedora. No futuro, poderão encontrar um momento mais propício para se tornarem dominantes. A Figura 2.76(a) mostra o que supostamente seria um processo de decisão como classicamente entendido.

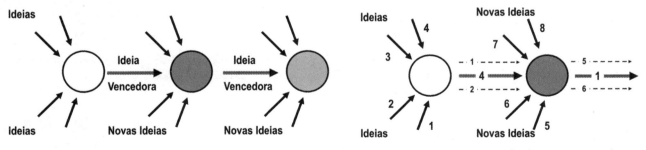

(a) Processo de decisão clássico   (b) Processo memético com arrasto de ideias parasitas – ideias 1 e 2

Figura 2.76: Evolução do processo de decisão memético.

As ideias competem e uma se sagra vencedora. A evolução do cenário cria novas ideias que competem com a ideia predominante, sagrando-se uma nova vencedora – que pode ser a predominante novamente, e assim por diante. Edmonds sugere que a Figura 2.76(b) representa melhor o verdadeiro processo de decisão, em que as ideias vencedoras facilitam o transporte de algumas ideias derrotadas no primeiro contexto, mas que poderão, futuramente, tornarem-se predominantes. As regras do enunciado resumem a orientação do processo evolucionário memético. O Quadro 2.21 apresenta o pseudocódigo do AM tipo III.

O Quadro 2.21 descreve o pseudocódigo do AM tipo III. Da análise do algoritmo proposto, não é facilmente visível o uso dos princípios citados pelo autor.

Todavia, a possibilidade da consideração de critérios de similaridade entre os cromossomos para definir eventuais ideias parasitas que possam transitar entre as gerações ou estabelecimento de critérios de proximidades entre as localizadas para controlar a difusão das ideias são conceitos pouco usuais e que podem inspirar a construção de novos algoritmos.

O número de aplicações dos AGs e AMs descrito na literatura é de tal ordem que um resumo desses trabalhos segue em critério subjetivo ou temático. Além das variantes descritas no presente tópico, a Tabela 2.9 relaciona alguns trabalhos que apresentam inovações em alguma fase do processo evolucionário dos AGs.

```
Inicializar o espaço com um conjunto aleatório de genes
Enquanto regra de parada for falsa faça
  Para cada gene de 1 to popSize
    Escolha aleatoriamente uma localidade
    Da localidade escolha aleatoriamente um conjunto de genes
    Avalie o conjunto da localidade
    Escolha os dois melhores
    Se um número_aleatório < prob_cruzamento
      então cruzar os dois melhores formando novoindividuo
    Se novoindividuo > Best
      Best ←Novoindividuo
  Fim_Para
  Nova população é composta de novosindivíduos
Fim_Enquanto
```

Quadro 2.21: Pseudocódigo algoritmo memético tipo III.

Tabela 2.9: Diferentes tipos de Algoritmos Genéticos

Ano	Autores	Tema	Ano	Autores	Tema
1991	Deb & Goldberg	Algoritmo Messy	2005	Chan et al.	Variante na transposição de genes
1992	Dasgupta & McGregor	Estruturado	2006	Li & Gu	Seleção negativa
1992	Smith & Goldberg	Diploide e dominância	2006	Kim et al.	Endossimbióticos
1994	Potter & De Jong	AG competitivo e coevolucionário	2006	Rieffel & Pollack	Endossimbióticos
1996	Smith	AG com conjugação	2007	Han & Nobuhara	Métodos de partição
1996	Kubota et al.	AG com vírus	2007	Kumar et al.	Transposições genéticas
1997	Salhi & Sari	Agrupamento genético	2008	Perales-Graván & Lahoz-Beltra	Novo operador de conjugação
1997	Lis & Eiben	Cruzamento com múltiplos pais	2008	Kim et al.	Multiescala e multisolução
1998	Burke et al.	Evolução viral	2008	Yeung et al.	Uso de transposons
1998	Sareni & Krähenbühl	Nicho e especiação	2008	Peirong et al.	Diversidade com controle caótico
1999	Marín & Solé	Algoritmos macroevolucionários	2009	Bellas et al.	Introns
2000	Rejeb & AbuElhaija	Algoritmos com seleção de gênero	2010	Kumar & Jyotishree	Aploide x diploide
2000	Simões & Costa	Transposição assexual	2010	Fuhrmann et al.	Evolução lamarckiana e gradiente
2001	Eksin & Erol	Reprodução de viés modulado	2012	Chen et al.	Cromossomos artificiais e VNS
2002	Tagawa et al.	AG baseado em Imanishismo	2012	Liao	AG Immunológico
2003	Ting & Biining	Proteção contra incesto	2014	Elsayed et al.	Cruzamento com múltiplos pais
2003	Kim et al.	AGs simbióticos	2014	Quiroz et al.	Controle de transmissão de genes
2003	Sánchez-Velazco & Bullinaria	Diferentes seleções sexuais	2014	Pourvaziri & Naderi	Híbrido com multipopulação
2004	Gong & Ruan	Multipais e multirecombinações	2014	Yuan et al.	AG back-propagation neural network
2004	De La Cal Marín & Ramos	AG coevolucionário	2015	Kim & Cho	Cromossomo flexível

2.10 Algoritmos Culturais

● Evolução Cultural *versus* Evolução Biológica

Para o Darwinismo clássico, o meio ambiente e os indivíduos são os principais atores da seleção natural. Na proposta de Dawkins, os genes seriam replicadores biológicos. Um replicador é uma entidade que, dadas certas condições, intermedia a produção de cópias de si mesmo. Os memes, as ideias, seriam replicadores de uma natureza *informacional*. Um meme (definido no presente texto como palavra masculina) é uma unidade de transmissão cultural, ou unidade de imitação.

Genes e memes, como replicadores, utilizariam os corpos dos seres vivos e os cérebros humanos como veículos. Hull (2001) sugere que o termo veículo seja substituído pelo conceito de *interator*. Os fenótipos são os interatores do gene e os cérebros/mentes, os dos memes. Um meme pode ser perpetuado por si mesmo, aumentando as chances de sobrevivência dos seus hospedeiros, ou se espalhando por novos hospedeiros, ou das duas formas. Por exemplo, cozinhar carne antes de comer pode matar alguns parasitas, permitindo que o hospedeiro da ideia sobreviva por mais tempo. Os memes, como os genes, podem se misturar e mudar com o tempo, ainda que exista uma tendência de que grupos de memes se perpetuem juntos. Comparada à evolução cultural ou memética, a evolução biológica seria lenta e limitada (Lynch, 1998). Memes podem se transferir lateralmente, ou dos mais jovens para os mais antigos, em contraste com a herança biológica que atua, supostamente, de pais para filhos (Best, 1997). As vantagens evolucionárias adquiridas pelos memes podem ser imediatamente transmitidas caracterizando-se, no contexto cultural, uma forma de evolução Lamarckiana (Lumsden & Wilson, 1981). Um detalhado estudo da ecologia dos memes foi realizado por Morin (1991).

Ressalte-se que "evolução cultural" é um conceito bem mais complexo que evolução biológica. A definição de meme adotada por Dawkins é considerada imprecisa por vários pesquisadores e tem sido motivo de controvérsias (Plotkin, 1996). Segundos Hull (2001), a própria definição de informação é problemática, não por pobreza semântica, mas pela sua sobredeterminação. Outros autores negam que a evolução cultural seria realmente de natureza Lamarckiana (Hodgson, 2001). Kuper (2000) afirma que o modelo memético é simplista e incapaz de representar o fenômeno cultural com suas inúmeras sutilezas. Finalmente, Sperber (2000) demonstra que uma importante parte do processo cultural ocorre fora dos mecanismos de replicação.

Controvérsias à parte, o paralelo reducionista de Dawkins, por sua simplicidade, pode ser útil ao contexto computacional como se provou o de Darwin. O fato é que a consideração de Dawkins representa um avanço no modelo estritamente genético. Ele amplia o alcance da evolução e concebe seus mecanismos de seleção atuando não mais subjugado ao comportamento dos fenótipos. São, então, concebidos dois contextos evolucionários com diferentes propriedades. Ambos compostos por unidades de informação (ainda que não superado o problema de bem defini-las). A proposta de Dawkins, como a de Holland, trata, em si, de informações codificadas, e informações codificadas se prestam à simulação computacional. Segundo a memética, a emergência da cultura humana se deu em um contexto no qual informações meméticas sofreram transformações, criações e imitações e interagiram continuamente com os genes.

Cultura pode ter vários significados linguísticos (do latim cultura – cultivar o solo, cuidar) e sua raiz semântica, inclusive, está longe dos significados associados ao conhecimento e tradições humanas. É um termo que permite várias acepções, em diferentes níveis de profundidade e diferente especificidade. Pode ser pensada em termos filosóficos como um conjunto de manifestações humanas que contrastam com a natureza ou comportamento natural. Na visão antropológica, seria a totalidade de padrões aprendidos e desenvolvidos pelo ser humano. Na visão da proposta evolucionária de Dawkins, a principal característica da cultura é o chamado mecanismo adaptativo (mecanismo controvertido, como comentado anteriormente): a capacidade de responder ao meio com uma mudança de hábitos. Em que pesem as críticas, alguns aspectos da cultura são consensuais.

- As mudanças culturais são muito mais rápidas que as mudanças biológicas.
- A cultura possui natureza cumulativa.
- As modificações culturais podem passar de pais para filho, de filhos para pais e entre culturas diferentes, de modo que a cultura transforma-se perdendo e incorporando aspectos mais adequados à sobrevivência, reduzindo o esforço das novas gerações.

Pelo menos dois mecanismos dão dinamicidade ao fenômeno cultural:

- A introdução de novos conceitos.
- A difusão de conceitos a partir de outras culturas.

No caso da aplicação computacional, o interesse do estudo do desenvolvimento cultural reside exatamente na possibilidade de enriquecimento do modelo de mimetização com consequentes melhorias dos algoritmos de busca derivados. A evolução genética proposta nos algoritmos genéticos possui duas fragilidades:

- É um processo cuja memória está estritamente contida na população de indivíduos em evolução.
- É um processo cego – não guiado. Concretizado fundamentalmente *a posteriori* – avaliado depois de executado.

Considerar os efeitos de uma "cultura" no desenvolvimento do processo evolucionário pode ser um caminho para suplantar essas duas deficiências. Para tal, o foco principal do processo é deslocado do processo evolucionário genético para um processo de coevolução entre dois contextos: genético e memético. Parece claro que a citada coevolução é complexa, uma vez que memes e genes podem atuar em reforço, como no caso das regras contra o incesto, e opor-se, como na situação do celibato.

A mimetização computacional poderia ser inspirada em conhecidos modelos de coevolução gene-cultura como se segue:

✓ O Modelo da Antropologia Evolutiva

A cultura é vista como o conjunto de manifestações que auxiliam a maximizar o sucesso evolucionário – sobrevivência e capacidade de reprodução. Nesse caso, a cultura é definida em termos de comportamentos manifestados.

✓ O Modelo da Psicologia Evolutiva

Entende a mente como um canivete suíço, uma solucionadora de problemas. Afirma que os mecanismos psicológicos possuem pouca variabilidade de origem genética. A cultura é dividida em três tipos diferentes: metacultura – contendo elementos universais; *evoked culture*: contendo características próprias às condições locais; cultura epidemiológica: aprendida por meio de transmissão cultural.

✓ O Modelo de Lumsden & Wilson (1981)

Baseado no conceito de *epigenética*. O termo *epigenético* significa "o que acrescenta". A epigenética se refere a métodos diferentes daqueles que provocam a hereditariedade genética, constituindo-se em fatores de hereditariedade potencial – ou suave. Ele se refere à herança de alterações na regulação dos genes sem alteração na sequência do DNA – do genótipo. A cultura ajuda a determinar quais dos genes prescritos sobrevivem e se multiplicam de uma geração à próxima. Novos genes bem-sucedidos alteram as regras epigenéticas da população. As regras epigenéticas alteradas mudam a direção e a eficácia dos canais de aquisição cultural (Wilson, 1998). O modelo afirma que as regras epigenéticas influenciam a probabilidade de uma forma cultural ou *culturgen* – termo cunhado pelos autores – vir a ser manifesta. Diferentes populações poderiam possuir diferentes regras epigenéticas devido à seleção natural.

✓ Modelo Coevolutivo de Durham (1991)

No modelo de Durham, as forças de evolução cultural são processos que alteram a frequência dos memes na população. Basicamente as forças de evolução seriam de duas naturezas:

- Transmissível: mutação (inovação), migração e deriva cultural (variação cultural devida à perda de memória ou eliminação aleatória do meme).
- Não transmissíveis: seleção natural, escolha e imposição.

A evolução genética e a cultural se relacionariam por meio de modos comparativos e modos iterativos.

- Modos comparativos: classe de ampliação – memes de alta adequação cultural que possuem também alta possibilidade de reprodução; oposição: memes de alta adequação cultural que possuem poder reprodutivo subótimo; neutralidade: memes que não diferem em capacidade reprodutiva mesmo variando em adequação cultural.
- Modos interativos: mediação cultural – diferenças culturais entre memes criam diferenças comportamentais que produzem uma diferenciação genotípica. Mediação genética: Diferenças ou semelhanças genéticas causam diferenças ou semelhanças culturais.

✔ Modelo de Dupla Herança de Boyd & Richerson (1985)

Em um artigo inicial, em 1982, Boyd & Richerson afirmaram que os seres humanos possuem uma predisposição genética para o conformismo cultural e étnocentrismo. Tais características promoveriam uma seleção de grupo criando cooperação, altruísmo e lealdade ao grupo. O modelo de Boyd & Richerson preconiza três tipos de transmissão cultural: vertical (pais para filhos), horizontal (mesma geração) e oblíqua (entre gerações). As forças de evolução cultural de Boyd & Richerson (1985) são:

- Variação ao acaso (análoga à mutação): por exemplo, a tradição oral "cria e altera" fatos objetivos.
- Oscilação cultural (análogo à oscilação genética/deriva genética): perdas de traços culturais ao acaso, em populações isoladas e pequenas.
- Variação dirigida (*guided variation*): inclui aprendizado por tentativa/erro.
- Seleção natural: comportamentos que aumentam as chances de sobrevivência.
- Transmissão desviada (*biased transmission*): inclui os desvios diretos, indiretos e dependentes de frequência. Esta é uma das principais forças de evolução cultural, baseada na imitação, já que, de acordo com Boyd & Richerson (1985), é muito menos custoso imitar que tentar por conta e risco – inovar. São possíveis os seguintes desvios:
  – O desvio direto (*direct bias*), que inclui a imitação de um comportamento sob observação no qual os resultados podem ser avaliados. Por exemplo, experimentar uma inovação após ter observado seus efeitos com terceiros.
  – O desvio dependente de frequência (*frequency dependent bias*), que significa imitar comportamentos muito comuns ou muito raros. A imitação de comportamentos comuns aumenta as chances de imitar um comportamento adaptativo ("na torcida do flamengo, torça pelo flamengo").
  – O desvio indireto (*indirect bias*), que pode ser representado pela imitação do comportamento de um modelo, que pode ser um líder, um amigo (imitar o modelo gera prestígio) etc. Este tipo de imitação pode gerar traços comportamentais exagerados e mal-adaptados. Um exemplo é a forma de comportamento das "tribos" urbanas.

● A Mimetização Biológica Empregada pelos Algoritmos Culturais

Os AGs representam os indivíduos por meio dos cromossomos conforme o nível biológico procariótico e realizam a reprodução segundo o nível multicelular (obrigatoriamente eucariótico). Não há viés social no processo evolucionário dos AGs. Os Algoritmos Culturais (ACs) se constituíram em uma tentativa de considerar a influência do nível de desenvolvimento social. Os trabalhos pioneiros são devidos a Reynolds (1994a) e (1994b). Basicamente, os Algoritmos Culturais são AGs que são influenciados em suas regras de funcionamento (as diversas taxas, operadores de recombinação e mutação, regras de seleção e sobrevivência, tamanho da população e outras) por uma base

---

Algoritmo Cultural

Princípios:
1. Mecanismo duplo de herança: herança genética e herança no espaço das crenças.
2. Evolução guiada através de conhecimento: o conhecimento cultural introduz viés na busca.
3. Hierarquização: Os Algoritmos Culturais permitem que a evolução genética seja mnodulada em função das regras do espaço das crenças.
4. A evolução do espaço de crenças é guiada pelos resultados obtidos na evolução genética.

de conhecimento independente do contexto genético, mas realimentada pelo processo evolucionário.

A interferência das regras da base de conhecimento sobre a população de cromossomos e o processo evolucionário mimetizam a influência social e sua suposta seleção cultural. Cultura, no sentido dos ACs, é vista como o conjunto de informações acumuladas pela experiência da população de indivíduos.

Os Algoritmos Culturais propõem utilizar o conhecimento prévio codificado na base de conhecimento e sua atualização como se uma cultura fosse, guiando a busca estocástica do algoritmo.

Portanto, os ACs trabalham sobre dois espaços de decisão:

1. A população de cromossomos.
2. O conjunto de crenças.

Figura 2.77: Evolução dos espaços de solução e das crenças.

A Figura 2.77 mostra como os dois contextos do processo evolucionário interagem. No espaço da população, os cromossomos evoluem como em um AG. No espaço das crenças, as regras evoluem pela avaliação da base de dados.

O Quadro 2.22 descreve o pseudocódigo genérico de um AC.

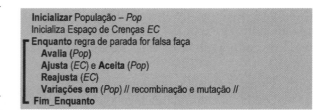

Quadro 2.22: Pseudocódigo Algoritmo Cutural.

No pseudocódigo são destacados dois aspectos: a influência do espaço de crenças na formação da população – **Aceita** (*Pop*) – e o ajuste e reajuste do espaço de crenças – **Ajusta** (*EC*) e **Reajusta** –, (*EC*) que decorre do processo evolucionário.

O papel do contexto cultural é criar um viés positivo para a busca do algoritmo. As crenças são informações de natureza não genética – codificada fora do cromossomo – sobre como desenvolver uma boa evolução genética.

Figura 2.78: Interferência cultural.

A Figura 2.78 esclarece que a função do processo cultural é criar um viés "positivo" para a busca desenvolvida pelo algoritmo genético residente no contexto genético.

Uma *crença* é entendida como uma informação útil para a sobrevivência do indivíduo ou para melhoria do processo de evolução. Na dimensão da mimetização, pode ser entendido como um comportamento que pode ser aprendido e, por isso mesmo, um meme, que, adotado pelo indivíduo ou pela população, aumenta a chance de melhoria de adequação. Um exemplo de crença útil no contexto do Caixeiro Viajante: a árvore geradora mínima pode produzir subcadeias genéticas para serem usadas na reprodução dos cromossomos como se fossem originadas em um cromossomo da população.

O conhecimento cultural também pode ser um elemento de avaliação dos mecanismos de busca. Ao contexto cultural poderia ser atribuída a tarefa de avaliar o desempenho de diferentes operadores de cruzamento. Nesse caso, a cultura poderia criar crenças sobre a melhor adequação de cada um desses operadores, partindo-se da crença inicial de que todos seriam igualmente eficientes.

A Figura 2.79 exemplifica pictoricamente o processo da evolução cultural mostrando como os contextos cultural e genético coevoluem.

A Tabela 2.10 resume as analogias utilizadas nos ACs. O espaço das crenças pode suportar a inclusão de informações *a priori* sobre o problema, o que representa uma inovação em relação aos AGs.

Figura 2.79: O processo de evolução dos ACs.

A cultura ajuda a determinar quais dos genes prescritos sobrevivem e se multiplicam de uma geração à próxima – a seta do viés na Figura 2.79. Novos genes bem-sucedidos alteram as regras epigenéticas da população – processo de evolução no contexto das crenças.

Tabela 2.10: Analogias usadas da mimetização dos Algoritmos Culturais

Natureza	Algoritmo Cultural
Cultura	Crenças
Herança cultural	Espaço das crenças
Evolução cultural	Seleção e renovação das crenças
Epigenética	Viés da busca e informações do processo biológico

As regras epigenéticas alteradas mudam a direção e a eficácia dos canais de aquisição cultural. A evolução genética realimenta o processo selecionando as regras de melhor desempenho – a seta da informação na Figura 2.79. Segundo Reynolds, as regras da evolução cultural podem ser derivadas ou inspiradas nas seguintes fontes (Reynolds & Peng, 2005):

✓ 1. Situacional

É composto de um conjunto de indivíduos retirados da população (os k melhores, por exemplo) (Chung, 1997).

✓ 2. Normativo

É representado por um conjunto de intervalos "socialmente aceitáveis" para os parâmetros (Chung, 1997).

✓ 3. Domínio

Aplicado às dinâmicas locais. Associado à predição de gradientes ou predições lógicas (Reynolds & Saleem, 2005).

✓ 4. Histórico

Desenvolvido para facilitar operações de retorno – *bactracking*. Contém informações acerca de sequências de mudanças ambientais (distâncias e direções no espaço de busca ou médias de alterações ocorridas em certas áreas do cenário de busca). O conhecimento do histórico da busca objetiva minimizar os problemas decorrentes das restrições de memória típicas da evolução genética (Reynolds & Peng, 2005).

✓ 5. Topológico

Trata-se de uma matriz multidimensional que propicia um mapeamento do cenário do problema induzindo "crenças" para o valor das variáveis (Jin & Reynolds, 1999).

A Figura 2.80 resume o papel e o alcance dos cinco diferentes tipos de informação que podem ser utilizados por um AC.

Observa-se que existem informações tanto para cumprir um papel de diversificação quanto de intensificação.

De forma semelhante, há possibilidade de realizar influência de longo ou curto prazo, em contexto local ou global.

A proposta cultural beneficia o tempo de processamento computacional em troca de posições de memória. Indiscutivelmente, um algoritmo cultural tende a ser um projeto mais complexo que um algoritmo genético, todavia com mais possibilidades de gerenciar o balanço entre o esforço de diversificação *versus* o de intensificação.

O Quadro 2.23 descreve um pseudocódigo mais específico do que o descrito no Quadro 2.22 considerando a análise (função Aceitar(·)) e a atualização (função Atualizar(·)) da base de conhecimento.

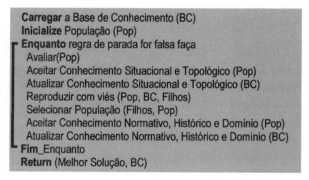

Figura 2.80: O papel, o alcance e as ações dos tipos de informação.

Quadro 2.23: Pseudocódigo do algoritmo cutural.

- **Aspectos Computacionais**

A abordagem permite as vantagens descritas a seguir.

- **Separação entre o conhecimento do domínio e os indivíduos:** o que garante a sobrevivência do conhecimento independentemente da sobrevivência do cromossomo. Além disso, a forma de influenciar o processo de reprodução e mutação é fortemente desassociada do tipo de informação considerada. Tal característica permite também a criação de ontologias para os domínios considerados que prescindam de conhecimentos *a priori* – sejam executáveis pela própria evolução.
- **Suporte para a autoadaptação em vários níveis:** tanto a população de cromossomos quanto o conhecimento cultural são autoadaptativos. Assim, os parâmetros de cada um dos contextos estão sujeitos à influência do outro, em uma arquitetura de meta-evolução.
- **Evolução assíncrona: as taxas de evolução de cada um dos conceitos são desassociadas.** O contexto cultural está livre para evoluir mais rapidamente do que o genético – como seria natural supor.
- **Suporta muito bem a hibridização:** Por se tratar de uma abordagem multicontexto aparelhada de um protocolo de comunicação, seu processo de hibridização é facilitado.

✔ O Protocolo da Comunicação

O protocolo de comunicação permite o fluxo de informações entre os dois contextos evolucionários da Figura 2.79, representados pelas setas. Nos primeiros trabalhos da abordagem (Reynolds, 1993), o protocolo era constituído basicamente de três atividades: votar, herdar e promover.

- **Votar**

O processo de votação consiste em atribuir a experiência de um indivíduo da população de cromossomos sobre o conhecimento do espaço das crenças – seja avaliado em função de seus resultados no contexto genético. Nesse sentido "votar" é uma forma de selecionar uma informação do contexto cultural pela avaliação dos indivíduos do contexto genético.

- **Herdar**

A função aceitação permite que o conhecimento cultural herde a performance dos cromossomos que o utilizam ou o possuem.

- **Promover**

Concretizar as alterações sugeridas pela votação ou pela herança.

✔ A Função de Aceitação

Seleciona indivíduos que serão influentes na formação do espaço de crenças – os formadores de opinião. As funções podem ser de três tipos: estática, dinâmica e *fuzzy*.

- **Estática:** pode empregar um *ranking* absoluto ou uma percentagem da população para determinar os formadores de opinião. Pode igualmente empregar um *ranking* relativo (em que os cromossomos com aptidão acima da média são selecionados).
- **Dinâmica:** o percentual de indivíduos selecionados varia ao longo da evolução. Inicialmente o processo é menos seletivo, se tornando mais restritivo ao longo da evolução.
- **Fuzzy:** para melhor ajustar a função de aceitação dinâmica, foram propostas duas funções de aceitação *fuzzy*. A primeira (Reynolds & Chung, 1997) ajusta o número de indivíduo a serem selecionados de acordo com a convergência da população, quanto melhor a convergência, maior o número de indivíduos aceitos. A segunda (Reynolds & Zhu, 2001) faz uso de uma matriz de similaridade *fuzzy* e uma matriz de a-cortes para aceitar apenas os cromossomos que são equivalentes ao melhor cromossomo atual.

Observar que Reynolds (Reynolds & Zhu, 2001) ressalta que a função de aceitação é a que mais influencia o desempenho de um Algoritmo Cultural.

✔ A Função de Influência

As funções de Influência modelam como o conhecimento representado no Espaço de Crenças interfere nos operadores do contexto genético. Para cada fonte de conhecimento existe uma diferente função de Influência. Essa função é um motor de autoadaptação. Por exemplo, considerando que uma fonte de conhecimento pertencente ao tipo topológico seja capaz de localizar a posição de um cromossomo em relação a sua viabilidade. Uma função de influência do tipo topológico poderá mover os cromossomos localizados em uma região inviável para uma região semiviável e os localizados em regiões semiviáveis para regiões viáveis.

A função de influência comumente determina a direção e o tamanho das modificações impostas aos novos cromossomos.

Uma forma natural de avaliar o desempenho de uma fonte de conhecimento é considerar seu impacto cultural – sua capacidade de efetuar modificações genéticas que promovam a melhoria da adequação dos cromossomos influenciados. Portanto, uma métrica possível para regular a ação das informações culturais é considerar sua eficiência proporcional à média da aptidão dos cromossomos por ela influenciados. Ou, ainda, a média da provável melhoria. Uma estratégia possível consiste em contabilizar os cromossomos sobreviventes na população e que empregaram informações da fonte (Becerra & Coello, 2006).

Tabela 2.11: Aplicações práticas dos Algoritmos Culturais

Ano	Autores	Tema	Ano	Autores	Tema
1994a	Reynolds	Trabalho sobre fundamentos	2005	Reynolds & Peng	Trabalho sobre fundamentos
1995	Reynolds *et al.*	Otimização restrita	2006	Becerra & Coello	Otimização restrita
1999	Jin & Reynolds	Programação não linear	2011	Lu *et al.*	Otimização de plano hidrotérmico
2001	Reynolds & Zhu	Aplicação Fuzzy	2012	Srinivasan & Ramakrishnan	Multiobjetivo
2002	Xidong & Reynolds	Mineração de dados	2013	Zhang *et al.*	Multiobjetivo
2005	Rychtyckyj & Reynolds	Redes semânticas	2013	Awad *et al.*	AC com busca local
2005	Reynolds & Saleem	Predição lógica	2014	Awad & Ali	AC otimização contínua

2.11 Algoritmos Transgenéticos

● Evolução Competitiva *versus Evolução* em Cooperação

Um dos mais extraordinários mecanismos evolucionários da natureza somente em anos recentes recebeu uma maior atenção da Biologia: a endossimbiose. Os primeiros trabalhos publicados sobre endossimbiose devem-se aos pesquisadores alemães Julius von Sachs (1882) e Richard Altmann (1890). Andreas Franz Wilhelm Schimper, em *Ueber die Entwieklung der Chlorophyllkorner and Farbkopner*, 1883, sugere que os cloroplastos são cianobactérias vivendo no interior das células das plantas.

Em 1905, o biólogo russo Konstantin Mereschkowsky afirmou que os cloroplastos eram descendentes de um processo evolucionário baseado na endosimbiose de cianobactérias. Suas ideias foram publicadas em seu livro "*Symbiogenesis and the Origin of Species*", publicado em 1926 (Kutschera & Niklas, 2008) e veio a se constituir o que posteriormente seria denominado teoria da Simbiogênese. Na mesma linha de raciocínio, Ivan Emanuel Wallin propõe em 1927, em seu livro "*Symbionticism and the Origins of Species*", que as bactérias representavam a causa fundamental da origem das espécies e a criação das espécies havia ocorrido via endosimbiose.

A teoria da evolução endosimbiótica, ou Teoria da Endosimbiose Serial, representa um aperfeiçoamento na teoria da Simbiogenese e fundamenta em bases científicas a hipótese de Mereschkowsky. A proposta foi aperfeiçoada e acabou se popularizando através de Lynn Margulis. O primeiro trabalho completo sobre o tema foi publicado pela autora em 1981 em forma de ensaio – *Symbiosis in Cell Evolution* (Simbiose na Evolução das Células). Nesse trabalho pioneiro, as antigas ideias sobre o tema foram reforçadas com novas evidências. Claras afirmações foram postuladas. Sugeriu-se que as células eucarióticas nasceram como comunidades de organismos em interação e que se uniram numa ordem específica. Basicamente, propõe que um novo organismo pode surgir pela fusão de dois ou mais organismos independentes (Margulis, 1991 e 1993).

Resumidamente, a Teoria da Endossimbiose afirma que organismos independentes são capazes de se unirem e formarem novos organismos ou sistemas simbióticos (Margulis & Sagan, 1995). Eventualmente tais sistemas poderão evoluir e constituir um só organismo (Morowitz, 1992), usualmente denominado quimera. O processo de evolução endossimbiótica que resulta na formação de um novo indivíduo é denominado de diferentes formas na literatura, tais como: união, fusão, integração, incorporação ou amalgamação.

A evolução endossimbiótica, diferentemente da evolução darwiniana clássica, admite saltos de adequação, possui uma fase de adaptação muito rápida para a viabilização da quimera (o organismo híbrido constituído pela união física de dois outros microorganismos), não depende da reprodução sexual, emprega mecanismos de transferência horizontal de genes (TGH) para as regular e realizar as transformações genéticas de longo prazo e possui guiamento metabólico e ambiental. Resumidamente:

1. A evolução endossimbiótica admite saltos evolucionários por meio da formação de organismos híbridos compostos pela reunião de uma ou mais células independentes e possuidoras de material genético próprio (Gould *et al.*, 2008).
2. A evolução endossimbiótica aproveita, intensamente, as informações genéticas acumuladas em antigos processos evolucionários. Ela explora a bricolagem criativa, não somente a invenção (Jacob, 1977).
3. A formação de uma quimera implica a condição de um organismo vivendo dentro de outro. O organismo maior ou externo é denominado hospedeiro e o menor, endossimbionte. Assim, o hospedeiro tende a direcionar a evolução do endossimbionte que passa a habitar o seu citoplasma. O direcionamento implica um processo de adaptação metabólica para que um organismo viva no interior do outro. No longo prazo, caracteriza-se a redução do genoma do endossimbionte à sua expressão mínima necessária à manutenção de suas habilidades peculiares. Funções redundantes são eliminadas e transferidas para o hospedeiro (Kuwaha *et al.*, 2008). Esse processo de modulação metabólica e transformação é também denominado de absorção dos endossimbiontes (Wernegreen, 2005).
4. As trocas de informações genéticas entre hospedeiro e endossimbiontes utilizam os mecanismos naturais de transferência lateral de genes, eventualmente com algumas modificações peculiares e verificadas somente no caso da endossimbiose (Doolittle, 1999).

A evolução endossimbiótica possuía lógica de substrato ancorada em um processo de associação cooperativa – para benefício mútuo. A lógica da endossimbiose é praticamente oposta à lógica da evolução competitiva. Nas palavras de Bonnie Bassler, citadas ao lado, representa a característica ancestral do processo evolucionário.

> A habilidade de criar intrincadas redes sociais de benefício mútuo não foi uma das grandes invenções da vida.
> **Foi a primeira.**
> *Bonnie Bassler* (Silberman, 2003).

● A Mimetização Biológica Empregada pelos Algoritmos Transgenéticos (ATs)

A mimetização dos ATs é baseada no modelo de endossimbiose intracelular mutualista. Três arquiteturas são possíveis.

1. Os ATs do tipo I, que tratam somente da etapa de viabilização metabólica da quimera, considerado um processo adaptativo de exigências muito rápidas. A formação de uma quimera viável é fundamentalmente considerada um fenômeno de adaptação metabólica intracelular (López-García & Moreira, 1999). Nesse caso, a reprodução representa somente um hiato entre as iterações intracelulares (Gross & Bhattacharya, 2011) sendo, por simplificação, desconsiderada. Os ATs Tipo I tratam da formação da quimera viável. Não obrigatoriamente endossimbiontes e hospedeiro deixam de possuir vida independente.
2. Os ATs do tipo II, que tratam da evolução da quimera com pressões ambientais significativas, permitindo-se a reprodução independente de hospedeiro e endossimbiontes, com posterior reinfestação dos endossimbiontes.
3. Os ATs do tipo III, que respondem a severas pressões ambientais. Permitem a reprodução da quimera (hospedeiro e endossimbiontes reproduzem em conjunto) com sucessivas e diferentes reinfestações no hospedeiro na linha da endossimbiose serial.

A Figura 2.81 exibe o posicionamento dos principais algoritmos evolucionários da literatura em função da mimetização dos ATs.

Observa-se que os algoritmos simbióticos e outros coevolucionários da literatura não constam na figura por simplificação, uma vez que, desconsiderando a mimetização da pressão metabólica, são situados no contexto da mimetização da pressão ambiental.

O processo de evolução endossimbiótica artificial dos ATs Tipo I seguem três grandes diretrizes:

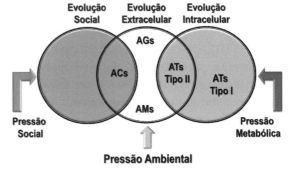

Figura 2.81: Posicionamento dos Algoritmos Evolucionários.

D1. A evolução ocorre por meio de transformações genéticas no interior de uma célula hospedeiro que foi invadida ou que fagocitou (engoliu) outras unidades vivas.

Para atender a primeira diretriz, o processo de evolução dos ATs é organizado por meio de uma unidade denominada *hospedeiro* e de unidades que habitam o citoplasma do hospedeiro e que serão denominadas *endossimbiontes*. Por se tratarem de espécies diferentes, tanto o DNA do hospedeiro quanto o DNA dos endossimbiontes são pré-existentes e independentes. Portanto, o DNA de endossimbiontes e do hospedeiro podem admitir diferentes conteúdos ou formas de representação. A primeira premissa postula que a transformação evolutiva (com a formação de uma nova espécie) ocorre no interior de um pequeno ecossistema que recicla e transforma seu repositório genético. No caso dos ATs, o hospedeiro mimetiza o eucariota *Paramecium Aurelia*. Os endossimbiontes mimetizam os procariotas *Kappa* que habitam, na natureza, o eucariota (Stevenson, 1972).

D2. A evolução da quimera formada pelo hospedeiro/endossimbiontes ocorre de forma intensamente guiada e influenciada pelo DNA do hospedeiro.

As soluções do problema em solução são representadas pelos endossimbiontes. O repositório genético do hospedeiro pode representar outros tipos de informações acerca do problema. As informações do hospedeiro podem ser codificadas de forma semelhante à codificação utilizada nos endossimbiontes ou não. A população inicial de endossimbiontes pode seguir as tradicionais estratégias utilizadas na formação da população inicial dos algoritmos genéticos. O hospedeiro, todavia, poderá armazenar informações obtidas *a priori* do processo evolucionário. A obtenção de informações *a priori* não é condição indispensável para o funcionamento da meta-heurística, todavia, contrariamente ao modelo clássico, representa o melhor alinhamento para a mimetização natural. Na natureza, o hospedeiro influencia a transformação dos endossimbiontes por meio de suas próprias informações genéticas. O hospedeiro também coleciona as informações obtidas ao longo da evolução artificial. A evolução mimetiza o rápido fenômeno de modulação metabólica que ocorre na formação da quimera. A endossimbiose é um processo que otimiza o DNA dos endossimbiontes eliminando funções redundantes com a quimera e diminuindo sua expressão genética (Wernegreen, 2005). A redução da expressão gênica, na mimetização, é medida pela *melhoria de adequação* dos endossimbiontes. Ao final do processo de regulação metabólica, os endossimbiontes serão considerados *integrados* ao hospedeiro, caracterizando-se o melhor valor da função objetivo. Diferentemente dos algoritmos endossimbióticos clássicos, ao desenvolver a mimetização da endossimbiose intracelular mutualista, os ATs não realizam divisão das variáveis do problema entre hospedeiro e endossimbionte. Os endossimbiontes representam soluções completas do problema. O hospedeiro é um repositório genético diversificado e responsável pelo guiamento da busca.

D3. O processo de troca de informações genéticas necessário à evolução é realizado exclusivamente através de mecanismos de transferência horizontal de genes.

Para realizar a troca de informação genética que resultará na modulação metabólica de hospedeiro e endossimbiontes formando uma quimera viável, os ATs empregam vetores que mimetizam os processos naturais de THG. Os vetores dos ATs mais usuais são os plasmídeos, transposons e plasmídeos recombinados. Ressalte-se que não se exclui a possibilidade de que os vetores de transferência horizontal se recombinem (plasmídeos recombinados). A recombinação de plasmídeos tem sido considerada pela maior parte da literatura como um fenômeno não natural. Apesar de esse juízo se encontrar atualmente em plena reformulação, na ocasião em que os ATs foram formalizados, era um conceito firme, **daí derivar-se o nome *transgenético***. Recentes avanços no estado da arte da microbiologia comprovam casos em que recombinações genéticas assemelhadas às utilizadas pelos ATs parecem ocorrer naturalmente (Dahlberg *et al.*, 1998; Egland *et al.*, 2004; Gibbs *et al.*, 2006; Rumpho *et al.*, 2008; Goren *et al.*, 2010). Essas recombinações podem, inclusive, ocorrer em animais complexos (Hea *et al.*, 2007). Os avanços no estado da arte da microbiologia sugerem que existe potencial na mimetização empregada pelos ATs para representar o processo biológico de forma até mais precisa do que inicialmente admitido.

O processo de evolução endossimbiótica artificial dos ATs tipo II e III responde à pressão ambiental por meio de uma evolução na segunda diretriz e pela incorporação da via reprodutiva na terceira diretriz. A quarta diretriz resume o processo da evolução da quimera sujeita à pressão ambiental.

D4. Quando há consideração da pressão ambiental, o processo de troca de informações genéticas necessário à evolução é realizado simultaneamente por meio de mecanismos de transferência horizontal de genes, recombinações e mutações.

A recombinação das quimeras pode ser realizada por meio da mimetização de pelo menos dois caminhos naturais. Um deles considera a reprodução independente do hospedeiro e endossimbiontes. Nesse caminho, imediatamente antes da reprodução do hospedeiro, os endossimbiontes migram para o meio ambiente onde se reproduzem. Após a reprodução do hospedeiro, os endossimbiontes reproduzidos reinfestam os hospedeiros (mimetizando o processo natural descrito em Dyková *et al.*, 2008b). Uma segunda forma implica a reprodução simultânea de hospedeiro e endossimbiontes, com compartilhamento de material genético entre os endossimbiontes ou sem esse compartilhamento (mimetizando o processo natural descrito em Dyková *et al.*, 2008a).

Como consequência das diretrizes anteriores, os ATs pressupõem a interação de três contextos:

1. Uma população de cromossomos, denominados cromossomos endossimbiontes.
2. Um hospedeiro que possui informações capazes de influenciar a evolução da população de cromossomos endossimbiontes.
3. Uma população de vetores, ditos vetores transgenéticos, que transportam informação do hospedeiro para os cromossomos endossimbiontes, alterando os códigos dos endossimbiontes e, por consequência, promovendo a variação necessária ao processo de busca. A população de vetores é volátil. Os vetores podem ser criados, preservados ou destruídos livremente ao longo do processo evolucionário. A população de vetores pode ser alterada, ao longo da evolução, tanto em número como nos tipos e proporção entre eles.

A Figura 2.82 destaca a similaridade entre a quimera natural e a artificial dos ATs.

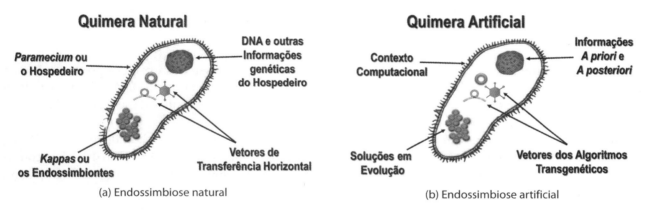

Figura 2.82: Pictograma da mimetização dos algoritmos transgenéticos.

O processo evolucionário dos ATs é inicializado com informações preexistentes no hospedeiro e nos endossimbiontes e realimentado à medida que emergem novas e melhores soluções na população de endossimbiontes. A realimentação visa redesenhar evolucionariamente tanto as informações que compõem o repositório do hospedeiro quanto o processo de atuação dos vetores. A realimentação endossimbiótica mimetiza o processo de excreção e reaproveitamento de material genético típico de muitos micro-organismos (Matsui *et al.*, 2003) e a expressão da pressão de seleção sobre os mecanismos de manipulação intracelular – os vetores.

A Tabela 2.12 resume as analogias utilizadas nos ATs. O hospedeiro pode possuir informações codificadas de forma diferente da codificada nos cromossomos.

A ação dos vetores é regulada pelas regras da evolução endossimbiótica e que pode se adaptada a cada problema a ser solucionado.

Tabela 2.12: Analogias usadas na mimetização dos ATs

Natureza	Algoritmo Transgenético
Endossimbiontes	Soluções viáveis
Vírus, Plasmídeos, Transposons etc.	Vetores transgenéticos
DNA dos vetores	Partes da Solução / Regras de manipulação
DNA do hospedeiro	Informação disponível para guiar a evolução
Método de ação dos vetores	Operadores de busca
Seleção natural	Seleção das soluções e DNA dos vetores
	Seleção dos vetores
	Seleção das regras de modulação metabólica

O Quadro 2.24 apresenta um pseudocódigo para um AT do Tipo I, com evolução guiada por pressão metabólica.

- *IG*: conjunto de informações que residem no hospedeiro.
- *EV*: conjunto de informações que regulam o processo da evolução endossimbiótica.
- *TransVet*: conjunto de vetores transgenéticos que transportam informações entre hospedeiro e cromossomos e manipulam o DNA dos cromossomos.
- *manipular_cromossomos*: é a função que transcreve nos cromossomos as informações transportadas pelos vetores ou executa a manipulação própria do vetor.

```
Pop ← iniciar_populacao( )
IG  ← informacao_genetica( )
EV  ← informacao_da_evolucao_Endo( )
Enquanto regra de parada for falsa faça
    TransVet ← cria_vetores_trans(IG, EV)
    SubPop ← seleciona_cromossomos(Pop, EV)
    NovaSubPop ← manipular_cromossomos(SubPop,TransVet)
    Pop ← atualiza_pop(Pop, NovaSubPop)
    IG ← atualiza_ig(Pop)
    EV ← atualiza_ev( )
Fim_Enquanto
```

Quadro 2.24: Pseudocódigo do algoritmo transgenético.

● **Vetores Transgenéticos**

Um vetor transgenético, λ, é uma 3-Upla $\lambda = (I, \Phi^\lambda, \Delta^\lambda)$, onde:

- *I* é a informação transportada;
- Φ^λ é o método por meio do qual o vetor λ manipula o cromossomo alvo;
- Δ^λ é o método utilizado pelo vetor λ para obter a informação *I*.

Denomina-se manipulação do cromossomo *Crom* qualquer alteração de seu DNA causada por força da atuação de um vetor transgenético λ. Uma manipulação resulta sempre em uma alteração do DNA. Uma manipulação pode ser realizada por meio da transcrição de uma cadeia de DNA previamente conhecida sobre a cadeia de DNA de *Crom* ou pelo rearranjo de genes no DNA de *Crom*.

O método Φ^λ é composto por um conjunto de procedimentos, isto é, $\Phi^\lambda = \{p_1,...,p_r\}$, onde $\Phi^\lambda \subseteq P^*$ e $P^* = \{p_j\}$ $j=1,...,s$. Representa o conjunto de todos os possíveis procedimentos de manipulação. O método Φ^λ define como o vetor realiza a manipulação do DNA do endossimbionte. A Tabela 2.13 resume os procedimentos de manipulação mais comuns dos algoritmos transgenéticos.

Tabela 2.13: Procedimentos utilizados pelos vetores transgenéticos

Procedimento	Caracterização
p_1 Ataque (*A*)	Define o critério de avaliação que estabelece quando um cromossomo, *Crom*, é suscetível à manipulação de um vetor transgenético, λ. $A: (Crom, \lambda) \rightarrow \{falso, verdadeiro\}$
p_2 Transcrição (*I*)	Se $A(Crom, \lambda) = verdadeiro$, o procedimento define como a informação *I*, transportada pelo vetor, será transferida (transcrita) para o cromossomo.
p_3 Bloqueio/Desbloqueio da Transcrição (Ψ e Ψ^{-1})	Torna o resultado da manipulação inviolável por um determinado período de tempo – número de iterações, gerações de cromossomos etc.
p_4 Identificação (Λ)	Identifica posições que serão utilizadas para limitar a operação do vetor.

O método Δ^λ é composto por um conjunto de procedimentos que definem como o vetor λ obtém sua cadeia de informação *I*. Esses procedimentos são flexíveis. Como podem envolver uma série de decisões específicas, não são formalizados da mesma forma que os procedimentos de transcrição ou rearranjo de genes.

Ao concretizar uma manipulação em um cromossomo – *Crom* –, o vetor transgenético alterará o código de *Crom* e, por conseqüência, provavelmente alterará sua adequação. Assim, o resultado da alteração na adequação do cromossomo decorrente de uma manipulação em potencial é uma métrica que permite avaliar a atratividade dessa operação. A operação que avalia o resultado de uma manipulação de um vetor transgenético é denominada *ataque* e representada por $A()$. Se $A(Crom, \lambda) = verdadeiro$, significa que a manipulação do vetor λ sobre o cromossomo *Crom* pode ser concretizada. Caso $A(Crom, \lambda) = falso$, significa que o cromossomo resiste à manipulação do vetor e essa operação não será concretizada por não ser atrativa. Em uma analogia à terminologia empregada pela microbiologia, os vetores transgenéticos conhecidos são: plasmídeos, plasmídeos recombinados, transposons e vírus. Os vetores são distintos em função do aparelhamento de procedimentos da Tabela 7.13. Os vetores transgenéticos são descritos na Tabela 2.14.

Tabela 2.14: Definição dos vetores transgenéticos

Nome do Vetor	Metáfora Biológica	Métodos Φ^λ	Método Δ^λ	Tipo da Informação (I)
Vírus		$\Phi^V = (p_1, p_2, p_3)$	Forma a cadeia a partir do DNA do hospedeiro.	Trecho de DNA
Plasmídeo		$\Phi^P = (p_1, p_2)$	Forma a cadeia a partir do DNA do hospedeiro.	Trecho de DNA
Plasmídeo Recombinado		$\Phi^{PR} = (p_1, p_2)$	A formação da cadeia de DNA envolve mais de um cromossomo ou mais de uma fonte no DNA do hospedeiro. Pode construir a cadeia com um procedimento construtivo ou heurístico.	Trecho de DNA
Transposon		$\Phi^T = (p_1, p_2, p_4)$	Formado por uma vizinhança restrita de busca.	Intervalo de busca e método de exame da vizinhança.

Um vetor λ é dito um ***vírus*** quando sua cadeia de informação "I" é descrita no mesmo formato que os cromossomos endossimbiontes (uma subcadeia de DNA) e seu método emprega os procedimentos p_1, p_2 e p_3. De forma simplificada, os *vírus* transcrevem uma cadeia de DNA nos cromossomos endossimbiontes e marcam a cadeia de forma que ela não possa ser alterada durante um dado número de iterações do algoritmo.

Um vetor λ é dito um ***plasmídeo*** quando sua cadeia de informação "I" é descrita no mesmo formato que os cromossomos endossimbiontes, uma subcadeia de DNA, e seu método emprega os procedimentos p_1 e p_2. De forma simplificada, os *plasmídeos* transcrevem uma cadeia de DNA nos cromossomos endossimbiontes sem marcar a cadeia como inviolável durante um dado número de iterações do algoritmo. Os plasmídeos podem possuir os mesmos operadores de transcrição de um vírus com exceção do fato de nunca portarem o procedimento P_3.

Um vetor λ é dito um ***plasmídeo recombinado*** quando sua cadeia de informação "I" é descrita no mesmo formato que os cromossomos endossimbiontes, uma subcadeia de DNA, e seu método de manipulação emprega os procedimentos p_1 e p_2. No sentido do método de transcrição e do formato de representação da cadeia de informação transportada, um *plasmídeo* e um *plasmídeo recombinado* são exatamente iguais. Os plasmídeos diferenciam-se dos plasmídeos recombinados no modo como obtêm a sua cadeia de informação. Os plasmídeos obtêm sua cadeia diretamente de uma fonte de DNA residente no hospedeiro por meio de cópia. Os plasmídeos recombinados podem mesclar ou concatenar cadeias de informação obtidas de mais de uma fonte do DNA do hospedeiro, bem como formar a cadeia ou parte dela também por meio de procedimentos construtivos ou heurísticos.

Um vetor λ é dito ***transponson*** quando sua informação "I" *é* um intervalo de busca ou um método de exame da vizinhança. Os transposons utilizam os procedimentos p_1, p_2 e p_4. O método de manipulação dos transposons comporta examinar o rearranjo sistemático de certos trechos do DNA dos endossimbionte, trechos demarcados pelo seu identificador de posição (Λ). Os transposons transportam regras de recombinação do DNA. Atuam somente em trechos selecionados do DNA, não representando tipicamente um procedimento de busca local.

● **Exemplo do Processo de Evolução Endossimbiótica**

O exemplo será desenvolvido tendo por base o grafo da Figura 2.83 (a). A Figura 2.83 (b) exibe uma solução viável para o problema (mas não ótima). A Figura 2.83 (c) exibe o cromossomo associado à solução que será um endossimbionte. O objetivo do processo evolucionário será minimizar o valor do ciclo associado a cada cromossomo.

(a) Grafo do exemplo (b) Solução viável do Caixeiro Viajante (c) Cromossomo do ciclo (b)

Figura 2.83: Grafo do exemplo numérico e o cromossomo da solução.

✔ **Repositório Genético do Hospedeiro**

No caso do Caixeiro Viajante, existem várias estruturas em um grafo $G=(N,M)$ que podem ser úteis para auxiliar na formação de um ciclo hamiltoniano mínimo. Por exemplo, os caminhos mais curtos entre pares de vértices em G, a árvore geradora mínima de G (AGM) e arborescências minimais. A Figura 2.84 exemplifica quatro dessas estruturas. Obter tais estruturas, no caso, exige um baixo custo computacional, e essas estruturas podem ser fontes de material genético eficiente para guiar a transformação dos endossimbiontes. A árvore geradora mínima é um limite inferior para qualquer ciclo hamiltoniano em G. A Figura 2.84 exemplifica quatro informações que podem pertencer ao hospedeiro ao início da evolução endossimbiótica. As Figuras 2.84 (a) e (c) exemplificam duas árvores geradoras, e as Figuras 2.84 (e) e (g) exemplificam dois caminhos em G.

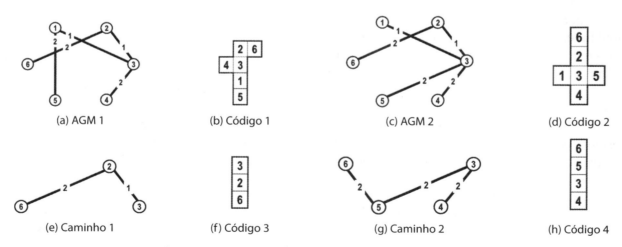

(a) AGM 1 (b) Código 1 (c) AGM 2 (d) Código 2

(e) Caminho 1 (f) Código 3 (g) Caminho 2 (h) Código 4

Figura 2.84: Exemplo de fontes de informação *a priori*.

A Figura 2.85 exibe um exemplo dos vários tipos de informação genética que podem constituir o material genético do hospedeiro, também denominado ***repositório do hospedeiro***. A figura também faz distinção entre a parte do material genético que pertence ao passado evolucionário do hospedeiro e foi, consequentemente, obtida *a priori* do início do processo de evolução endossimbiótica, e a parte associada à evolução. No caso, são duas soluções viáveis para o Caixeiro Viajante, o ciclo 1 e ciclo 2.

✔ Transcrições dos Plasmídeos

A Figura 2.86 mostra como a árvore 1 da Figura 2.85 pode ser utilizada para produzir um plasmídeo, e como o plasmídeo pode ser transcrito em um endossimbionte representado pelo cromossomo do Caixeiro Viajante da Figura 2.85(a). No exemplo, o operador do plasmídeo – p_2 – insere a cadeia a partir de um alelo do cromossomo que representa uma das cidades da cadeia do plasmídeo. O operador emprega um alelo

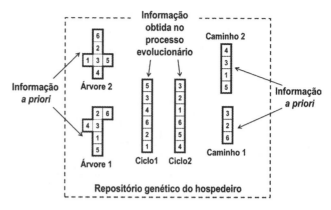

Figura 2.85: Exemplo de conteúdo genético do hospedeiro.

compartilhado, também chamado de alelo emparelhado. No exemplo, o alelo escolhido foi o que corresponde à cidade 6. O operador de inserção transcreve os alelos da cadeia de informação do plasmídeo a partir do alelo emparelhado. De forma semelhante ao que pode acontecer na recombinação dos AGs, será necessário reparar o cromossomo para torná-lo viável. Isso pode ser feito, por exemplo, transcrevendo as cidades cujos alelos foram ocupados pelos da cadeia do plasmídeo, na posição em que essas cidades se encontravam anteriormente no cromossomo. Exemplificando no caso: como a transcrição posicionou a cidade 5 do plasmídeo sobre a cidade 2 do cromossomo, a cidade 2 do cromossomo é transcrita sobre a posição da cidade 5 no cromossomo.

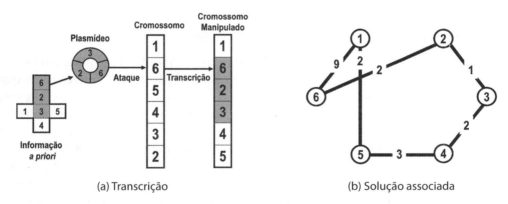

(a) Transcrição   (b) Solução associada

Figura 2.86: Processo de transcrição associado ao plasmídeo.

O operador presentemente descrito é apenas um dos possíveis. Ao lado do cromossomo transcrito, a Figura 2.86(b) exibe a correspondente solução no grafo G.

A transcrição de qualquer tipo de plasmídeo se faz de forma semelhante, uma vez que o operador de transcrição p_2 é do mesmo tipo.

A transcrição dos vírus também emprega um operador do tipo p_2, todavia, o operador do tipo p_3 torna a cadeia transcrita não separável por um dado número de iterações do algoritmo.

✔ Transcrições dos Transposons

Na natureza um transposon natural pode copiar trechos de DNA e também cortar o DNA e remover o trecho cortado. Os trechos de DNA copiados ou cortados podem ser armazenados em um cassete de pequenos fragmentos. O transposon pode, então, selecionar desse cassete, trechos de DNA e os transcrever em pontos *adequados* do DNA manipulado. Tanto a escolha do fragmento de DNA como o ponto de transcrição são quimicamente regulados por mecanismos intracelulares.

Na versão artificial proposta pelos ATs, o Transposon examina várias reconfigurações de um dado trecho do cromossomo e concretiza a configuração que atender (ou melhor atender) aos critérios de julgamento que forem definidos. Portanto, uma interpretação possível para esse vetor, quando consideradas as técnicas conhecidas de busca algorítmica, é o de uma busca local restrita ao trecho de atuação do vetor.

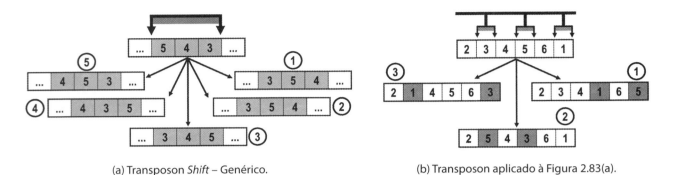

(a) Transposon *Shift* – Genérico. (b) Transposon aplicado à Figura 2.83(a).

Figura 2.87: Processo de transcrição do Transposon.

A Figura 2.87(a) exemplifica, parcialmente, o exame de configurações desenvolvido por um transposon que busca um rearranjo genético por meio da aplicação de um operador do tipo *shift*. Como o transposon tipicamente atua em um trecho restrito do cromossomo, as posições fora de sua região de atuação não são alteradas. A Figura 2.87(b) examina as transposições exemplificadas no caso do grafo da Figura 2.83(a) com posições intercaladas. São possíveis diversos tipos de transposons.

✓ O Papel dos Vetores da Transgenética Computacional

Os transposons são vetores próprios para auxiliar a adaptação individual do código dos endossimbiontes. No contexto natural, são bibliotecas de arranjos genéticos aceitáveis e que podem ser concretizados quando necessário. Os plasmídeos e os vírus, por outro lado, são plataformas dedicadas ao transporte de informações de boa qualidade. Quando existem motivos concretos para preservar a informação transportada, como ser provável que a informação pertença à solução ótima, a cadeia transportada pode ser protegida de futuros rearranjos por meio do uso de um vírus. Os plasmídeos recombinados permitem a introdução de diversificação de boa qualidade no repositório genético da quimera sem a necessidade de procedimentos de mutação. Os plasmídeos recombinados permitem, por exemplo, que procedimentos heurísticos de construção de cadeias de DNA sejam mesclados com DNA já existente. Em última análise, esse vetor permite a introdução de novas informações genéticas que reduzem a chance de rearranjos aleatórios e indesejáveis.

✓ A Questão das Mutações e Reprodução

A evolução endossimbiótica intracelular pode ser profundamente prejudicada por flutuação aleatória do genoma. Uma mutação deletéria provavelmente vai eliminar a quimera e destruir eventuais adaptações mutualistas já alcançadas. Os riscos associados a mutações deletérias no processo endossimbiótico mutualista são multiplicados (Allen *et al.*, 2009). Se o mecanismo natural já protege as células de eventuais erros de cópia (Qingyi *et al.*, 2007), a proteção da viabilidade do código genético de uma criatura viva é um dos maiores cuidados de todo o aparato celular (Senti & Brennecke, 2010). Os ATs não empregam diretamente mutações para introduzir variabilidade genética. ATs do Tipo I não empregam reprodução.

✓ A Questão da Organização da Evolução Endossimbiótica

Os ATs não possuem a maioria dos parâmetros comuns aos AGs. Não há seleção para reproduzir renovação da população e mutação. O processo de transcrição dos vetores é semelhante ao processo de transformação determinado pelos operadores de recombinação dos AGs, e a busca local dos AMs. Todavia, o esquema de evolução endossimbiótica deve definir quais vetores serão utilizados (em analogia à escolha dos operadores dos AGs), quais esquemas de ataque serão realizados (como esses operadores serão misturados) e os critérios que serão utilizados para que o ataque seja considerado bem-sucedido. Adicionalmente, não só os cromossomos devem ser definidos, mas igualmente o material genético do hospedeiro.

Indica-se, de forma geral, que o comprimento das cadeias de informação dos vetores varie aleatoriamente dentro de certos limites fixados. Igualmente, indica-se que o critério de aceitação das transcrições seja fortemente elitista ou completamente elitista. Indica-se que o processo de evolução privilegie quantitativamente os vetores, na medida da garantia de qualidade de sua informação transportada. Se, por exemplo, existem informações de boa qualidade no DNA do hospedeiro ao início do processo, os plasmídeos simples devem possuir mais chance de serem utilizados ao início do processo. Caso a informação do DNA do hospedeiro seja formada de maneira aleatória (o que não faz realmente sentido), então os plasmídeos recombinados devem ser mais intensamente utilizados ao início.

Visando alcançar a melhor mescla dos vetores ao longo do processo evolucionário, os ATs reportam bons resultados da aplicação de evolução pontuada de Gould & Eldredge (1977, 1993). Os degraus da evolução são definidos em função da modulação metabólica alcançada. Cada degrau evolucionário da modulação metabólica é caracterizado por um esquema fixo de atuação dos vetores transgenéticos. Um esquema é caracterizado por uma conhecida distribuição de probabilidades de atuação dos vetores. Na medida em que os degraus evolucionários são percorridos, a mescla da probabilidade de atuação é alterada no sentido de sempre dar melhor chance aos vetores mais eficazes na etapa da modulação. A estratégia possui um respaldo algoritmo claro, uma vez que a melhoria da qualidade de uma população de soluções, provavelmente implique a redefinição da melhor estratégia de busca para a população.

A transição de um degrau evolucionário para outro vizinho representa uma mudança pontuada nas probabilidades relativas de utilização dos vetores, como exemplifica a Figura 2.88.

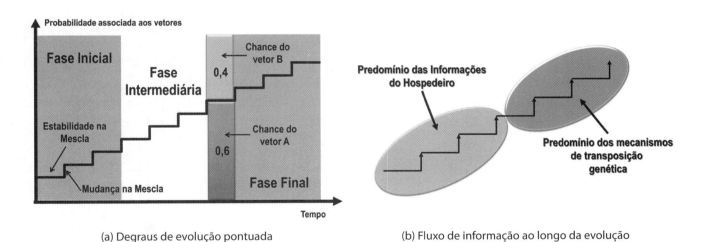

(a) Degraus de evolução pontuada (b) Fluxo de informação ao longo da evolução

Figura 2.88: Modulação no caso da evolução pontuada.

A Figura 2.88(b) exemplifica a possibilidade de explorar, na evolução artificial, o tipo e a qualidade da informação disponível para abusca. Por exemplo, se são disponíveis informações *a priori* de boa qualidade residentes no hospedeiro, provavelmente a fase inicial da evolução deverá possuir predominância da atuação de plasmídeos simples, que são vetores de infiltração das informações do hospedeiro. Na fase intermediária, quando as informações *a priori* já tenham esgotado sua contribuição, é razoável a predominância dos plasmídeos recombinados que são capazes de produzir novas informações e mesclá-las com as informações do hospedeiro. Finalmente, na última fase será indicada a predominância da atuação de transposons que intensificam a busca em soluções de boa qualidade.

O esquema da Figura 2.88 foi utilizado na maioria dos ATs relatados na literatura (Goldbarg *et al.*, 2007; Goldbarg *et al.*, 2009a; Goldbarg *et al.*, 2009b; Almeida *et al.*, 2011). Os valores dentro das colunas representam a chance percentual da escolha de um dado vetor em um determinado estágio do algoritmo. A transição de um degrau evolucionário para outro pode ocorrer após um número fixo de iterações (Goldbarg *et al.*, 2009a) ou quando alcançado um dado número de iteração sem melhoria da melhor solução da população (Goldbarg *et al.*, 2009b; Almeida *et al.*, 2011). O Quadro 2.25 resume os passos que compõem um algoritmo transgenético com evolução pontuada.

- sorteio(*patamar*) é a função que decide qual vetor será empregado na iteração, retornando valor 0 ou 1.
- cria_plasmideo(*IG, EV*) é a função que cria o vetor plasmídeo nas condições do patamar corrente.
- cria_transposon(*IG, EV*) é a função que cria o vetor transposon nas condições do patamar corrente.
- *patamar* é o contador do patamar corrente.

```
Pop ← iniciar_população( )
IG ← informação_genética( )
EV ← informação_da_evolução_Endo( )
patamar ← 1
Enquanto houver um patamar para explorar
  Enquanto regra de parada for falsa faça
    se (sorteio(patamar) = 1) então
      cria_plasmideo(IG, EV)
      SubPop ← seleciona_cromossomos(Pop, EV)
      NovaSubPop ← manipular_cromossomos(SubPop,TransVet)
    senão
      cria_transposon(IG, EV)
      SubPop ← seleciona_cromossomos(Pop, EV)
      NovaSubPop ← manipular_cromossomos(SubPop,TransVet)
    Arquivo ← atualiza_arquivo(Pop)
    IG ← atualizar_ig(Pop)
    EV ← atualiza_ev( )
  Fim_Enquanto
  patamar ← patamar + 1
Fim_Enquanto
```

Quadro 2.25: Pseudocódigo AT com evolução pontuada.

Tabela 2.15: Aplicações práticas dos Algoritmos Transgenéticos

Ano	Autores	Tema	Ano	Autores	Tema
2001	Gouvêa	Trabalho pioneiro	2007	Goldbarg *et al.*	Fundamentos da abordagem
2002	Goldbarg & Goldbarg	Quadrático de Alocação	2008	Goldbarg *et al.*	Árvore de Steiner em Coleta
2003	Goldbarg *et al.*	Caixeiro Viajante	2009a	Goldbarg *et al.*	Radioterapia conformal 3D
2004	Goldbarg *et al.*	Redes de gás natural	2009b	Goldbarg *et al.*	Caixeiro Comprador
2005	Goldbarg *et al.*	Cogeração de energia	2010	Goldbarg *et al.*	Roteamento Periódico
2006	Goldbarg *et al.*	Caixeiro Comprador	2011	Almeida *et al.*	Caixeiro Comprador biobjetivo
2007	Almeida *et al.*	Dobremento de Proteína	2014	Maia *et al.*	Árvore Quadrática Biobjetivo

2.12 Algoritmos em Colônia de Formigas

● Inteligência Coletiva *versus* Auto-organização

Collective Intelligence é um termo normalmente traduzido para o Português como *Inteligência Coletiva*. O termo denomina uma área do conhecimento que aborda uma forma de inteligência que emerge no contexto de populações de indivíduos que podem se comunicar e agir com um razoável grau de autonomia.

O primeiro autor a abordar o conceito foi o entomologista William Morton Wheeler, em 1911, ao observar comportamentos de indivíduos semi-independentes que, em sociedades, agem juntos como um organismo individual. Nesses sistemas, o comportamento do todo alcança um grau de desempenho não sugerido pela simplicidade de suas partes. Foi Wheeler que cunhou o termo "superorganismo" para denominar tais sistemas.

Howard Bloom, em 1986, combinou conceitos como apoptosis (processo que programa a morte de células potencialmente nocivas), processamento distribuído, seleção em grupo e superorganismo, para produzir os fundamentos modernos da *Collective Intelligence* (Bloom, 1995). Bloom levanta a trajetória evolucionária da *Collective Intelligence* desde os primórdios da vida microscópica, há cerca de 3,5 bilhões de anos até o presente, identificando várias formas de *Collective Intelligence* nas diversas espécies que viveram na Terra.

Os conceitos que compõem o termo Inteligência Coletiva foram também elaborados por autores como Pierre Teilhard de Chardin, por meio da ideia de *Noosfera*, e Herbert George Wells, com a ideia de *World Brain*. Pierre Lévy (Lévy, 1998) aprofunda a ideia do World Brain, George Pór (Pór, 1995) define o termo sob a influência do estudo do caso humano e Douglas C. Engelbart (Engelbart, 1973) no sentido da colaboração e competição. As três visões são resumidas lado a lado como se segue.

> Uma inteligência distribuída por toda parte, incessantemente valorizada, coordenada em tempo real, que resulta em uma mobilização efetiva das competências.
> **(Pierre Lévy, 1998).**

> A capacidade das comunidades humanas de alcançarem altas ordens de complexidade e harmonia através de diferentes mecanismos de inovação, integração, competição e colaboração.
> **(George Pór, 1995).**

> A inteligência que emerge da colaboração e competição de muitas mentes individuais.
> **(Douglas C. Engelbart, 1973).**

O tema comportou diversas variantes em trabalhos, como:

- A Emergência da Consciência (Russell, 1982).
- O conceito de Cointeligência, em que a Inteligência Coletiva seria uma manifestação da Cointeligência (Atlee, 2004).
- O desenvolvimento da Mente/Cultura introduzido por Howard Bloom (Bloom, 1995) com a proposta do conceito de Entelechy – o estado de algo que é completamente realizado, o oposto de potencial. A força que leva um organismo a alcançar seu completo potencial.
- O fenômeno da Auto-organização da Complexidade, o cérebro global (Heylighen, 1996; Mayer-Kress & Barczys, 1995).

Inteligência Coletiva é um conceito principalmente empregado no contexto da sociedade humana a partir dos debates promovidos por Pierre Lévy sobre as tecnologias da inteligência, caracterizado por um novo tipo pensamento sustentado por conexões sociais que são viáveis por meio da utilização das redes abertas de computação da internet. Temas como "inteligência emergente" (Steven Johnson), "coletivos inteligentes" (Howard Rheingold), "sociedade da mente" (Marvin Minsky), "inteligência conectiva" (Derrick de Kerckhove), "redes inteligentes" (Albert Barabasi) e "capital social" (James Coleman e Robert Putnam) são cada vez mais recorrentes nas análises e debates que apontam para uma mesma situação.

No contexto das propostas de mimetização computacional, o que se pretendeu copiar são conceitos bem mais modestos de inteligência, inclusive associados a insetos ou animais de cognição mais simples. Apesar de, em alguns casos, as propostas computacionais preservarem a denominação de Inteligência Coletiva como em Bonabeau *et al.* (1999), o processo de mimetização copia, realmente, comportamentos de insetos. Constam da literatura abordagens como Inteligência em Coletividade (na tradução literal de Swarm Intelligence – Inteligência em Exames ou Nuvens) ou, ainda, como Nuvens Inteligentes (Beni & Wang, 1989).

Sob o ponto de vista do estado da arte da tecnologia computacional, os algoritmos trabalham realmente em processos de auto-organização. De fato, a auto-organização é uma propriedade que, inclusive, independe de inteligência.

Pode-se definir auto-organização de um sistema (normalmente um sistema aberto, ou seja, um sistema que permite troca energia com o meio ambiente) como a propriedade pela qual é possível ao sistema crescer em complexidade sem que exista um guiamento centralizado ou gestão externa ao sistema.

Sistemas auto-organizados, sejam físicos, químicos ou biológicos, emergem padrões. Um padrão é um arranjo particular e organizado de objetos que perdura no espaço e no tempo. Tais arranjos, quando emergentes, permitem que as propriedades do sistema se alterem. Como a emergência de padrões organizados representa um decréscimo na entropia de um sistema, a auto-organização parece contrariar localmente a segunda lei da termodinâmica.

Todavia, não o fazem globalmente. Eventualmente as propriedades associadas aos padrões emergentes podem resultar em profundas alterações no comportamento do sistema. Tais situações são denominadas quebras de fase.

Observa-se que a auto-organização e a emergência de propriedades são fenômenos independentes e não podem ser confundidos com a emergência da inteligência (capacidade mental de raciocinar, planejar, resolver problemas, abstrair ideias, compreender ideias e linguagens e aprender). A emergência da inteligência determina a presença de uma ação intencional, um comportamento específico que caracteriza uma quebra de fase típica de poucos sistemas biológicos. O surgimento da vida poderia ser considerado uma importante quebra de fase no processo de auto-organização da matéria, bem como a própria emergência da consciência.

Contudo, a maior parte de processos auto-organizados extremamente úteis fica longe de alcançar tais níveis de complexidade. A auto-organização é um princípio relevante tanto na física e na química como na biologia e na antropologia, e parece bem descrever as propriedades denominadas como de inteligência coletiva na área das meta-heurísticas. A Figura 2.89 resume a aplicação das características que definem um processo de auto-organização e são relacionadas a seguir:

Figura 2.89: Processo de auto-organização.

- **Feedback Positivo:** são regras comportamentais que criam estruturas no sistema. O recrutamento e o reforço são exemplos de *feedback* positivo. Em conseqüência do *feedback* positivo, pode surgir a tendência de o sistema se reforçar na direção do feedback e de emergirem escolhas não estocásticas – de viés.
- **Feedback Negativo:** se apresenta na forma de saturação, exaustão ou competição. Permite estabilizar o processo e reduzir a variabilidade interna contrabalançando a ação do *feedback* positivo.
- **Amplificação de Flutuações Aleatórias:** caminhos aleatórios, erros, mudanças aleatórias de atribuições de tarefas e comunicações cruzadas são fontes internas de introdução de variabilidade no sistema.
- **Múltiplas Interações:** a auto-organização requer um número mínimo de indivíduos em interação atuando de forma a tolerarem certa imprecisão nas informações e erros. Os indivíduos possuem autonomia e são robustos operacionalmente.

O mundo dos sistemas inanimados é rico em exemplo de emergências surpreendentes como a cor ou o atrito – que, ainda que não existentes no contexto atômico, emergem quando muitos átomos ou moléculas são aglutinados. Em sistemas vivos, são exemplos da emergência espontânea de propriedades surpreendentes e desassociadas das características típicas de inteligência como pensamento abstrato, capacidade de planejamento, capacidade de aprender e memorizar coisas úteis, habilidade de comunicação, intuição, criatividade, consciência, emoção, empatia e dentre outras:

- Comportamento coletivo das bactérias capazes de explorar oportunidades e evitar situações desfavoráveis tanto para a sobrevivência como para a reprodução.
- Comportamentos dos cardumes de peixes ou enxames de gafanhotos que se comportam como um super-organismo.

Concluindo esta introdução, seguem-se algumas definições da literatura para *Swarm Intellingence / Intelligent Swarms:*

Swarm Intellingence é uma abordagem que permite o desenvolvimento de algoritmos de processamento distribuído inspirados no comportamento de insetos sociais ou de outras sociedades animais. **(Bonabeau et al., 1999),**	*Swarm Intelligence* é a propriedade que leva robôs não inteligentes a demonstrarem, quando em grupo, comportamento inteligente. **(White, 2007).**	*Swarm Intelligence* é a propriedade que leva sistemas formados por agentes não sofisticados e que interagem localmente com seu meio ambiente a emergirem padrões funcionais globalmente coerentes. **(Beni & Wang, 1989).**

Segundo a visão proposta por Beni e Wang, o conceito de *Swarm Intellingence* está associado à emergência de propriedades em sistemas cujos agentes são unidades simples. Unidades simples caracterizam-se por uma pequena memória, capacidade de decisão limitada e poucos recursos de comunicação.

Tipicamente, uma característica de um inseto que pertence a uma colônia. No caso das nuvens de partículas, a capacidade de tomada de decisão do agente cresce caracterizando a possibilidade de um processo de decisão conjunto com o bando e um próprio e particular do agente. O agente está no bando, mas tem seus interesses próprios.

Figura 2.90: Classificação para as mimetizações sociais.

Finalmene, o nível de inteligência coletiva, englobando agentes inteligentes e conscientes que utilizam o bando em seu favor, optando, por exemplo, pelo momento da associação e da dessassociação, bem como pelas características do bando a que vão pertencer. A Figura 2.90 resume a classificação.

Nuvem: Comportamento coletivo observado em movimento de aves, peixes e insetos.

Colônia: Comportamento coletivo altamente cooperativo observado em bactérias, insetos e outras espécies.

● Mimetização Utilizada para as Colônias Artificiais de Formigas (ACFs)

Os insetos sociais têm sido tradicionalmente motivos de pesquisas particularmente em virtude de sua extraordinária capacidade de atuação em conjunto. Maurice Maeterlinck, prêmio Nobel em 1911, já questionava em seu livro *La Vie des Abeilles* (a vida das Abelhas) de 1900: O que as governa? Mais de 110 mil espécies de formigas, vespas e abelhas são conhecidas. Seu sucesso evolucionário é tão grande que podem representar cerca de 15% da biomassa das florestas (Agosti *et al.*, 2000).

Os insetos costumam ser divididos em dois grandes grupos: não sociais e sociais. Essa classificação é muito simplificada para representar adequadamente a diversidade dessas criaturas e pode dificultar uma distinção das características dos insetos mais "fortemente sociais", que representam o principal foco dos atuais algoritmos computacionais. Para ressaltar a verdadeira natureza da emergência do processo social nos insetos, citam-se as oito classes da classificação propostas por Gadagkar (2001):

1. Solitário.
2. Subsocial.
3. Comunitário.
4. Quase Social.
5. Semissocial.
6. Parassocial.
7. Eusocial Primitivo.
8. Altamente Eusocial.

Surpreendentemente, a emergência de colaboração social não é somente o aspecto que distingue os insetos mais fortemente sociais. Entre os insetos "fracamente sociais", pode haver, inclusive, uma pequena colaboração comportamental, contudo tais criaturas não possuem:

- Uma rainha.
- Diversidade morfológica.
- Divisão de trabalho.
- Construção colaborativa.

Por outro lado, os insetos Eusociais manifestam pelo menos quatro características:

- Integração em grupo.
- Divisão de trabalho.
- Coexistência entre gerações.
- Especialização morfológica.

Nos insetos sociais, as múltiplas atividades são finamente coordenadas, o que em si é surpreendente, pois muitos eventos nessas sociedades poderiam resultar em conflitos entre os interesses dos indivíduos e o da colônia (Crozier & Pamilo, 1996). As abelhas *Genus Halictus* e as *Bombus Terrestris* são exemplos de insetos que podem apresentar comportamentos eusociais primitivos. Nas sociedades de insetos eusociais, existe um forte acoplamento entre a expressão do fenótipo e seu papel dentro da sociedade. As funções implicam diferenças morfológicas herdadas. A coordenação das sociedades é realizada por meio de um simples, mas eficiente, sistema de comunicação. As comunicações se dão entre a rainha e as operárias, entre as operárias, entre outras classes de membros e entre as larvas. O sistema fundamentalmente baseia-se na troca de substâncias químicas, mas também pode empregar movimentos (a "dança" das abelhas), toques (contato entre mandíbulas nas *Formica Sanguinea* e *Salenopsis Invicta*) e sons (utilizado na comunicação com as larvas em várias espécies de vespas) (Huang & Otis, 1991).

A explicação da auto-organização desenvolvida pelos insetos passou por três fases:

1ª Eugéne Marais, em 1937 (Marais, 1937), postula que o processo seria baseado nos mesmos princípios que governariam os órgãos de um corpo vivo.

2ª Pierre-Paul Grassé, ao observar o comportamento dos cupins (*Bellicositermes Natalensis* e *Cubitermes*), propôs em 1959 a ideia de *Stigmergy* (estigmergia) (Grassé, 1959) – um processo simples de coordenação que é intermediado pelo meio ambiente.

3ª Em 1989, Jean-Louis Deneubourg (Deneubourg *et al.*, 1989a e 1989b) justifica os detalhes dessa forma de comunicação.

Nas palavras de Pierre Paul Grassé (Grassé, 1959): "Estigmergia é uma forma de comunicação indireta utilizada pelas partes de um sistema que possua auto-organização emergente e que se realiza através de modificações locais no meio ambiente."

> **Stigmergy:** Palavra formada por **Stigma** (sinal ou estímulo) e **Ergon** (trabalho)
> Classe de mecanismo de intermediação nas relações entre animais.

Na visão de Denenbourg, o conceito de estigmergia ressalta três pontos:

- Um processo de coordenação indireta de ações intermediado pelo meio ambiente.
- A utilização de alguma forma de sinalização ou alteração no meio ambiente.
- *Feedback* positivo originário da sinalização atuando sobre os agentes.

A Figura 2.91 exemplifica um mecanismo de estigmergia empregado pelas formigas. Na Figura 2.91 (a), um agente sinaliza ou produz uma alteração no meio ambiente. Em (b), o sinal ou alteração deixada produz *feedback* em outros agentes. Em (c), o *feedback* despertado gera uma nova sinalização ou alteração no ambiente.

Finalmente, em (d), o agente que iniciou o processo é influenciado pelo meio ambiente, fechando-se o ciclo. Quando a estigmergia é baseada em sinais, como no caso das formigas, é

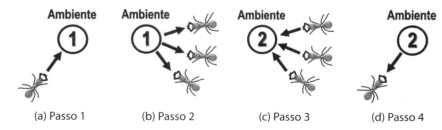

Figura 2.91: Processo de auto-organização.

denominada *sinalizada*. Quando é realizada por meio de resultados decorrentes de ações ambientais, é denominada *sematectônica*. O mecanismo exemplificado na figura nada mais é do que um balizamento semiótico realizado por sinais químicos. O mecanismo da estigmergia foi inspirado na atuação de agentes que não utilizam ou dispõem de recursos cognitivos. Para representar um processo de comunicação entre agentes mais complexos, cunhou-se o termo estigmergia cognitiva. O protocolo da estigmergia cognitiva emprega símbolos e um processo de tomada de decisão baseado na cognição do agente. Bonabeau *et al.* (1997) propõem uma generalização para o conceito de stigmergy e sugerem, inclusive, sua aplicação ao contexto organizacional humano: "*Estigmergia é um princípio organizacional em que as partes de um sistema se comunicam entre si por meio de modificações ambientais locais. É o estímulo dos trabalhadores pela performance que eles atingiram em conjunto.*" Ainda que as definições presentemente examinadas para o termo estigmergia não digam exatamente a mesma coisa, depreende-se que é uma forma de sinergia com intermediação ambiental.

Na proposta de Pierre-Paul Grassé, aplicada ao contexto dos insetos, estigmergia seria caracteriza por dois elementos:

- A coordenação dos sistemas de insetos eusociais seria indireta e intermediada pelo meio ambiente.
- O sistema seria modulado por meiio de *feedback* positivo atuando sobre as várias classes de indivíduos independentes.

A Tabela 2.16 resume os três principais tipos de estigmergia natural e ressalta quatro características dos insetos eusociais que podem ser aplicadas na constituição de algoritmos baseado em colônias.

Tabela 2.16: Conceitos pertinentes ao desenvolvimento de algoritmos em colônia

Tipos de Estigmergia	Características dos Insetos Eusociais aplicadas aos algoritmos
• **Ativa** Realizada por balizamento semântico – mensagens (comunicação corporal, som, e outras). Realizada por balizamento semiótico – sinais químicos. • **Passiva** Afetando exclusivamente a consequência da ação. • **Mista** Composta por balizamento e consequências *pós-fato*.	**Flexibilidade** – Os insetos podem executar diferentes tarefas de diferentes formas. Podem trabalham cooperativamente em grupos de tamanho variável, de acordo com as exigências do problema. **Robustez** – Os insetos são tolerantes às falhas no sistema de comunicação e na ação dos companheiros, sendo capazes de agir em situações imprecisas e em regime de trabalho paralelo. **Ação descentralizada** – Os insetos tomam suas decisões de forma independente ou com mínima supervisão. **Auto-organizados** – Existem mecanismos de comunicação que permitem a auto-organização (estigmergia).

As conclusões sobre o guiamento da estigmergia são baseadas em experimentos de campo. Os experimentos de Goss *et al.* (1989) comprovaram que as formigas realmente trocam informações entre si por meio de unidades químicas denominadas feromônios. Tais elementos químicos são produzidos por glândulas nas formigas e depositados por onde elas caminham. O processo produz uma espécie de trilha química associada a cada formiga. As formigas são capazes de detectar tais substâncias depositadas e por elas são atraídas. Assim, por exemplo, os caminhos marcados pelos feromônios são mais atrativos às formigas que os caminhos sem marcação. E, quanto mais intensamente um caminho é marcado pela trilha química, mais as formigas são atraídas. Um número crescente de formigas trafegando por uma trilha transforma o caminho em uma opção cada vez mais atrativa. É um mecanismo autocatalítico. Os experimentos de campo descartaram a influência da forma do caminho, da rugosidade da superfície e do tipo de alimento, permanecendo como elementos principais na sustentação da marcação da trilha o número de formigas trafegando o caminho e o tempo decorrido após a marcação. Os feromônios evaporam. A Figura 2.92 exemplifica a influência da marcação do feromônio segundo o modelo de distribuição proposto por Grassé na fórmula da Figura 2.92(c), em que k e h são parâmetros de ajuste do modelo, E_i denota o número de formigas que passaram pela i-ésima direção, $i=1,...,n$, $\sum_{i=1}^{n} E_i = m$ é o número total de formigas que trafegaram pelas diferentes direções e $P_i(m+1)$ é a probabilidade de a $m+1$-ésima formiga seguir pela direção i, sendo $\sum_{i=1}^{n} P_i(m+1) = 1$.

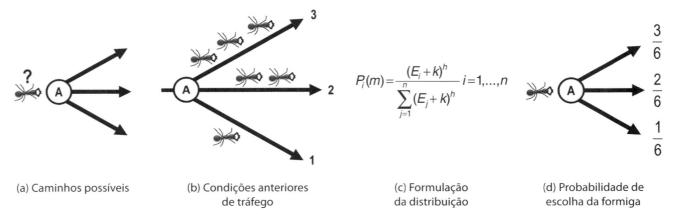

(a) Caminhos possíveis (b) Condições anteriores de tráfego (c) Formulação da distribuição (d) Probabilidade de escolha da formiga

Figura 2.92: Distribuição de probabilidade de tráfego associada ao depósito de feromônio.

A Figura 2.92(a) mostra as condições de decisão da formiga que chega ao entroncamento A e deve decidir que direção tomar. A Figura 2.92 (b) mostra quantas formigas seguiram em cada direção no passado imediato (não evaporando ainda o feromônio). A Figura 2.92(d) mostra as probabilidades de cada direção em função da equação mostrada na Figura 2.92(c). Em virtude da marcação deixada pelo tráfego de formigas anteriores, a formiga da Figura 2.92(a) possui probabilidade igual a ½ de escolher a rota 3, probabilidade 1/3 de escolher a rota 2 e apenas 1/6 de trafegar pela rota 1.

A mimetização computacional da meta-heurística em colônia de formigas imita a suposta cooperação entre as formigas operárias de uma colônia por meio do controle de depósito de feromônios nas vias trafegadas. Observe-se que outros aspectos da vida na sociedade, como reprodução, defesa, alimentação das larvas e pupas e mudança de ninho não foram suficientemente exploradas pelas abordagens computacionais. Trata-se de uma abordagem basicamente construtiva em que cada agente (formiga) é responsável pela construção de uma solução. Os agentes tomam suas decisões de forma independente, todavia guiados pela forma de estigmergia adotada por cada algoritmo.

A Tabela 2.17 resume as analogias dos Algoritmos em Colônia de Formigas (ACFs).

Tabela 2.17: Analogias usadas na mimetização dos ACFs

Natureza	Colônia de Formigas
Uma formiga	Um procedimento de busca.
Feromônio	Ponderação que distingue as opções de decisão.
Estigmergia	Estratégia empregada para ponderação das opções de decisão e atualização do processo.

Aspectos Computacionais da Meta-heurística em Colônia de Formigas

Os algoritmos de Colônia de Formigas, com raízes no trabalho de Dorigo *et al.* (1991), são compostos de uma população de indivíduos concorrentes assíncronos que cooperam globalmente para encontrar uma boa "solução". À medida que os agentes constroem as soluções, produzem marcações nas estruturas de vizinhança ou em estruturas especialmente construídas de forma a permitir comunicação entre os agentes. Essas marcas mimetizam a chamada estigmergia ativa com balizamento semiótico que emprega substâncias químicas denominadas *feromônios*. A mimetização associa a construção de uma solução aos passos da formiga que está buscando comida. Assim, a construção da solução percorre uma *trilha* de decisões que foram marcadas anteriormente com feromônios em função de suas decisões no passado. Uma boa solução é uma trilha de boas decisões. Na natureza, uma boa trilha de decisões é o caminho mais curto que liga o formigueiro à comida. Supostamente, as melhores trilhas devem acumular mais rapidamente feromônios uma vez que são mais curtas e podem ser trafegadas mais vezes.

As formigas artificiais – agentes do algoritmo – modificam informações numéricas armazenadas localmente em cada estado do problema por elas visitados. A informação compartilhada leva em consideração o histórico da busca e o desempenho de cada formiga. Em geral, algoritmos de colônia de formigas adotam um mecanismo de evaporação de feromônio que modifica a informação do feromônio através do tempo. As formigas se movem passo a passo de um estado para outro estado vizinho. Definições exatas de estado e vizinhança são específicas do problema. A decisão de mudança de um estado para outro é um evento probabilístico que está associado à intensidade com que essa mudança foi explorada anteriormente. As formigas fazem uso apenas de informações locais e desconhecem estratégias que possam produzir previsão de estados futuros – caracterizando-se claramente o primeiro nível do processo exemplificado na Figura 2.92.

Uma característica importante é que as formigas não se comunicam diretamente. Cada formiga constrói uma solução movendo-se através de uma sequência finita de estados vizinhos. Os movimentos são feitos de acordo com uma probabilidade que leva em consideração:

- Informação da própria formiga (caracterizada por ser privada e representar uma espécie de memória simples das ações locais).
- Trilha de feromônio e outras informações locais do problema (caracterizada por ser pública e representar o histórico da busca – das ações globais).

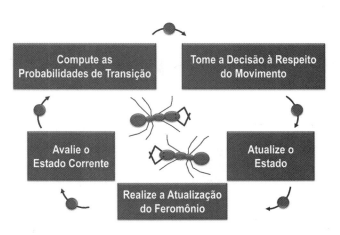

Figura 2.93: Ciclo construtivo dos ACFs.

Sem a comunicação promovida pelo modelo de estigmergia, as formigas executariam buscas cegas e com decisões aleatórias. Se as informações globais se tornassem completamente dominantes as formigas convergiriam rapidamente para uma solução local. Assim por meio da estrutura de comunicação e do processo de marcação dessa estrutura, pode-se equilibrar os esforços de intensificação e diversificação da busca. Marcações muito persistentes intensificam a busca. Marcações muito voláteis diversificam a busca. As formigas artificiais se afastam da inspiração biológica pelo menos nos seguintes pontos:

1. As formigas artificiais vivem em um mundo discreto.
2. Possuem um estado interno contendo a memória de suas ações no passado.
3. A quantidade depositada de feromônio é função da qualidade da solução corrente.
4. Os algoritmos podem ser enriquecidos com habilidades extras, como otimização local e *backtracking*.

A Figura 2.93 exemplifica o ciclo construtivo dos algoritmos em colônia de formiga descrito no algoritmo do Quadro 2.26, conforme proposto por Dorigo et al. (1998). Cada bloco do ciclo permite a implementação de estratégias específicas. O procedimento nova_formiga_ativa(·) é detalhado no Quadro 2.27.

As funções dos quadros são nomeadas pelas ações que realizam. Ações extras de busca, por exemplo, são consideradas na função *ações_extra*.

A memória das marcações de feromônios é registrada na matriz *A*. A política de decisão considera a probabilidade calaculada e eventuais restrições do problema.

```
Formigas(.)
Enquanto Critério de parada não for satisfeito
    gerar_formigas_e_ativar(.)
    evaporar_feromônio(.)
    ações_extra(.)           //opcional
Fim_enquanto

gerar_formigas_e_ativar (.)
Enquanto (recursos_disponíveis)
    criar_nova_formiga(.)
    nova_formiga_ativa(.)
Fim_enquanto
```

Quadro 2.26: Pseudocódigo ACF.

```
nova_formiga_ativa ()
Iniciar_formiga(·)
M← atualizar_memória_formiga(·)
Enquanto (estado atual ≠ estado alvo)
    A← ler_tabela_local_roteamento_formiga(·)
    P← calcular_prob_transição (A,M,restriçoes)
    Próximo_estado← aplicar_politica_decisao(P,restrições)
    Mover_proximo_estado(próximo_estado)
    Se (atualização_feromônio_online)
        depositar_feromônio_arco_visitado(·)
        atualizar_tabela_roteamento_formiga(·)
    Fim_se
    M← atualizar_estado_interno(·)
Fim_enquanto
Se (atualização_tardia_feromônio_online)
    avaliar_solução(·)
    depositar_feromônio_todos_arcos_visitados_formiga(·)
    atualizar_tabela_roteamento_formiga(·)
Fim_se
Morrer(·)
```

Quadro 2.27: Pseudocódigo nova_formiga_ativa.

O depósito de feromônios é realizado, arco após arco, no momento em que a formiga toma sua decião por meio da função depositar_feromônio_arco_visitado(.) ou tardiamente, caso essa estratégia seja adotada. Na estratégia tardia, todos os arcos são marcados de uma só vez, todavia a marcação depende de uma avaliação. Caso a solução formada pela formiga não seja atrativa, nenhum arco é marcado.

O componente estocástico da decisão representado na função calcular_prob_transição (*A,M,restriçoes*) e a evaporação do feromônio, realizada pela função evaporar_feromônio(·), são os mecanismos utilizados para evitar convergência prematura. A atualização do feromônio pode ser feita à medida que as formigas executam seus passos ou tardiamente, quando as soluções construídas pelas formigas forem comparadas. As duas rotinas de atualização de feromônio raramente estão presentes ou ausentes ao mesmo tempo em um algoritmo.

● *Ant System*

Como sugere a Figura 2.93, serão possíveis várias estratégias de regulação do comportamento da colônia. Uma das primeiras propostas foi denominada de *Ant System*. Considerando o Problema do Caixeiro Viajante, formigas constroem soluções se movendo no grafo de uma cidade para outra. Em cada iteração do algoritmo, *m* formigas constroem uma solução em *n* passos (*n* é o número de cidades do problema). Estando na cidade *i*, a formiga faz uma escolha probabilística da próxima cidade *j* e a aresta (*i,j*) é adicionada à solução. Três algoritmos do tipo Ant System foram desenvolvidos para o Caixeiro Viajante e sugeridos em Colorni *et al.* (1991), diferenciando-se na forma de atualizar as trilhas de feromônio. Os algoritmos são os *ANT-density*, *ANT-quantity* e o *ANT-cycle*. Nos dois primeiros, o feromônio **é** depositado durante a construção da solução. No *ANT-cycle*, o feromônio **é** depositado por todas as formigas após a construção de uma solução completa – cada uma das *m* formigas.

A Figura 2.94 compara o fluxo de atividades dos algoritmos *ANT-density*, *ANT-quantity* e *ANT-cycle*, as três diferentes variantes do *Ant-System*.

Nos dois primeiros, o feromônio é depositado durante a construção da solução. Esse fluxo é representado no quadro à direita.

No *ANT-cycle*, o feromônio é depositado por todas as formigas, após a conclusão de cada caminho de cada uma das *m* formigas.

O critério de depósito varia para cada variante, conforme abaixo é esclarecido.

A quantidade de feromônio $\tau_{ij}(t)$ acumulada na aresta (*i, j*) na iteração *t* representa a atratividade de escolher a cidade *j* após a cidade *i*, ou seja, a atratividade de inserir a aresta (*i, j*) na solução. Os critérios para quantificar o feromônio depositado na aresta (*i, j*), com comprimento d_{ij}, atravessado pela formiga, ou no caminho L_k, desenvolvido pela formiga *k*, $\Delta(\tau_{ij}^k)$, variam em cada uma das variantes da seguinte forma:

Figura 2.94: Fluxo de atividades nos Ant Systems.

$$\Delta(\tau_{ij}^k)=Q_1$$

Variante *density*
Independe da aresta
ou caminho.

$$\Delta(\tau_{ij}^k)=\frac{Q_2}{d_{ij}}$$

Variante *quantity*
Depende do comprimento
da aresta.

$$\Delta(\tau_{ij}^k)=\frac{Q_3}{L_k(t)}$$

Variante *Ant-cycle*
Depende do comprimento do
caminho L_k na iteração *t*.

A memória de cada formiga guarda as cidades já visitadas (*lista tabu*). O processo de evaporação dos feromônios depositados se dá em função do parâmetro ρ. A cada iteração *t*, uma aresta (*i, j*) recebe um novo depósito de feromônio $\Delta \tau_{ij}(t) = \sum_{k=1}^{m} \Delta(\tau_{ij}^k)$ e perde uma parcela do feromônio anteriormente depositado, até a iteração *t*–1. Tal perda é quantificada por ρ, ρ ∈ [0,1], segundo a Equação 2.12.

$$\tau_{ij}(t) = (1-\rho)\, \tau_{ij}(t-1) + \Delta \tau_{ij}(t) \qquad (2.12)$$

O balizamento semiótico é registrado nas arestas, todavia controlado na ocupação dos vértices, uma vez que é dos vértices que as formigas tomam a decisão sobre qual será a próxima aresta a ser circulada. Considerando um vetor A_i que registra a atratividade a_{ij} de cada aresta (*i,j*), o vetor A_i, representado como $A_i = [A_{ij}(t)]_{|N|}$, será atualizado a cada iteração *t* do algoritmo. A parcela de atratividade de cada arco na iteração *t* pode ser calculada segundo a Equação 2.13, onde N_i é o conjunto de vértices vizinhos de *i*.

$$a_{ij}(t) = \frac{[\tau_{ij}(t)]^\alpha [\eta_{ij}]^\beta}{\sum_{l \in N_i} [\tau_{il}(t)]^\alpha [\eta_{il}]^\beta} \quad \forall j \in N_i \qquad (2.13)$$

$\eta_{ij} = \dfrac{1}{d_{ij}}$ é um valor sugerido heuristicamente para representar a atratividade absoluta da aresta, ou seja, independentemente do valor do caminho a que ela pertence, no caso considerado como o inverso de d_{ij}, o custo ou comprimento da aresta (*i, j*). α e β são parâmetros que controlam o peso relativo entre o feromônio e a informação que representa a atratividade absoluta da aresta. Se α = 0, então a cidade mais próxima é selecionada – e atratividade é baseada na estratégia gulosa. Se β = 0, então a atratividade é neutralizada, e somente o feromônio que representa o histórico da busca vai ser considerado. Provavelmente β = 0 ocasionará uma convergência rápida do algoritmo, e não obrigatoriamente de boa qualidade.

De fato, a decisão da formiga é construída em função da comparação das diferentes atratibilidades das arestas na *t*-ézima iteração do algoritmo. Isso pode ser calculado na Equação 2.14 em função da probabilidade $p_{ij}^k(t)$ com a qual uma formiga *k* escolhe sair da cidade *i* em direção à cidade *j* na *t*-ésima iteração.

$$p_{ij}^k(t) = \frac{a_{ij}(t)}{\sum_{l \in N_i^k} a_{il}(t)} \qquad (2.14)$$

N_i^k denota o conjunto dos vértices vizinhos a *i* que ainda não foram visitados pela formiga *k*. Os vértices já visitados são proibidos.

● Exemplo Numérico

Seja a proposta de algoritmo *Ant System* segundo a estrutura genérica constante do Quadro 2.28 para a solução do problema do Caixeiro Viajante executado sobre o grafo da Figura 2.95(a) com a matriz de distância constante da Figura 2.95(b). Observar que somente três formigas são destacadas na Figura 2.95(a), uma vez que serão utilizadas no exemplo. De forma geral, a proposta é localizar uma formiga em cada vértice.

A estrutura genérica do Quadro 2.28 pode ser detalhada no Quadro 2.29 de forma a aproximá-la de sua implementação computacional real, conforme proposto em Dorigo *et al.* (1996).

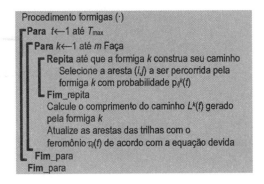

Quadro 2.28: Pseudocódigo geral ACF.

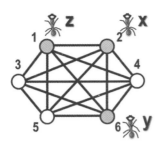

(a) Grafo G completo com n=6.

(b) Matriz de distância de G

$$[d_{ij}] = \begin{bmatrix} 0 & 8 & 3 & 4 & 1 & 3 \\ 8 & 0 & 6 & 2 & 4 & 5 \\ 3 & 6 & 0 & 3 & 8 & 2 \\ 4 & 2 & 3 & 0 & 5 & 7 \\ 1 & 5 & 8 & 5 & 0 & 4 \\ 3 & 4 & 2 & 7 & 4 & 0 \end{bmatrix}$$

Figura 2.95: Grafo exemplo e matriz de distância.

```
Procedimento formigas (·)                                    // Dorigo et al. (1996) //
    t ← 0
    NC ← 0 {número de ciclos}
    Para cada aresta (i,j) atribua um valor inicial τ_ij(t) ← c e para a intensidade da trilha Δτ_ij ← 0.
    Distribuir m formigas em n vértices                      // m ≤ n //
    Enquanto (NC < Ncmax) e (regra de estagnação não é verdadeira)
        s ← 1                                                 // índice da lista tabu //
        Para k ← 1 até m faça
            Coloque a cidade inicial da k-ésima formiga em tabu_k(s).
        Repita até que a lista tabu esteja completa
            s ← s + 1
            Para k ← 1 até m faça
                Escolha a cidade j para mover com probabilidade p_{ij}^k(t)
                Mova a k-ésima formiga para a cidade j.
                Coloque a cidade j em tabu_k(s).
        Para k ← 1 até m faça
            Calcule o comprimento L^k do tour descrito por tabu_k(s)
            Atualize o menor tour encontrado
        Para cada aresta (i,j)
            Para k ← 1 até m faça
                Se (i,j) pertence ao tour descrito por tabu_k faça Δτ_{ij}^k ← Q/L_k
                Caso contrário faça Δτ_{ij}^k ← 0
                Δτ_ij ← Δτ_ij + Δτ_{ij}^k
        Para cada aresta (i,j) faça
            τ_ij(t+n) ← ρ·τ_ij(t) + Δτ_ij ;  t ← t+n;  NC ← NC+1
        Para cada aresta (i,j) faça Δτ_ij ← 0
        Esvaziar as listas tabu; NC ← NC + 1
    Fim_enquanto
    Imprima o menor tour
```

Quadro 2.29: Pseudocódigo exemplo.

Supondo que os parâmetros adotados para o algoritmo sejam: $\alpha = 1$, $\beta = 5$, $\rho = 0,5$ e $\tau_{ij}(1) = 1$, $\forall i, j$, quando aplicado ao grafo do problema da Figura 2.95(a), para o cálculo do tour do Caixeiro Viajante executaria os passos agora descritos.

1. Formiga z na iteração 1 – Tabu$_z$={1}. Cidade inicial.

   $A_1 = [-0{,}0016;\ 0{,}2139;\ 0{,}0508;\ 0{,}05198;\ 0{,}2139]$

   Linha da matriz associada ao vértice 1

   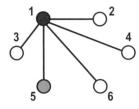

   Vizinho escolhido pela formiga que inicia no vértice 1 é o vértice 5.

   Vetor P $\quad p_{ij}^z(1)=\begin{cases} p_{12}^z(1)=0{,}15\% \\ p_{13}^z(1)=21{,}39\% \\ p_{14}^z(1)=5{,}08\% \\ p_{15}^z(1)=51{,}98\% \\ p_{16}^z(1)=21{,}39\% \end{cases}$

2. Formiga z na iteração 1 – Tabu$_z$={1,5}. Segunda cidade.

   $A_5 = [1{,}0016;\ 0{,}0032;\ 0{,}0003;\ 0{,}003195 - 0{,}0097]$

   Linha da matriz associada ao vértice 5

   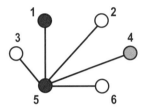

   Vizinho escolhido pela formiga que está no vértice 5 é o vértice 4.

   Vetor P $\quad p_{ij}^z(1)=\begin{cases} p_{52}^z(1)=19{,}43\% \\ p_{53}^z(1)=1{,}82\% \\ p_{54}^z(1)=19{,}43\% \\ p_{56}^z(1)=59{,}29\% \end{cases}$

3. Formiga z, na iteração 1 – Tabu$_z$={1,5,4}. Terceira cidade.

   $A_4 = [0{,}0266;\ 0{,}8510;\ 0{,}1121 - 0{,}0087;\ 0{,}0016]$

   Linha da matriz associada ao vértice 4

   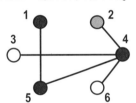

   Vizinho escolhido pela formiga que está no vértice 4 é o vértice 2.

   Vetor P $\quad p_{ij}^z(1)=\begin{cases} p_{42}^z(1)=88{,}21\% \\ p_{43}^z(1)=11{,}62\% \\ p_{46}^z(1)=0{,}17\% \end{cases}$

4. Formiga z, na iteração 1 – Tabu$_z$={1,5,4,2}. Quarta cidade.

   $A_2 = [0{,}0009 - 0{,}0039;\ 0{,}9555;\ 0{,}0299;\ 0{,}0099]$

   Linha da matriz associada ao vértice 2

   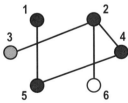

   Vizinho escolhido pela formiga que está no vértice 2 é o vértice 3.

   Vetor P $\quad p_{ij}^z(1)=\begin{cases} p_{23}^z(1)=28{,}26\% \\ p_{26}^z(1)=71{,}74\% \end{cases}$

5. Formiga z, na iteração 1 – Tabu$_z$={1,5,4,2,3}. Quinta cidade.

   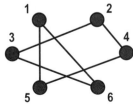

   Vizinho escolhido pela formiga que está no vértice 3 é o vértice 1 por força da lista tabu.

   Cálculo desnecessário.

Figura 2.96: Formiga Z – os passos de construção de um ciclo.

Aplicando-se o procedimento às formigas x e y, os seguintes ciclos são obtidos:

Tabu$_x$ = {2,6,5,4,3,1} e L^x = 28 ; Tabu$_y$ = {6,4,3,1,5,2} e L^y = 24; Tabu$_z$ = {1,5,4,2,3,6} e L^z = 19

162 OTIMIZAÇÃO COMBINATÓRIA E META-HEURÍSTICAS

$\tau^x(1)$	$\tau^y(1)$	$\tau^{zx}(1)$
(1,2)	(1,3)	(1,5)
(1,3)	(1,5)	(1,6)
(2,6)	(2,5)	(2,3)
(3,4)	(2,6)	(2,4)
(4,5)	(3,4)	(3,6)
(5,6)	(4,6)	(4,5)

(a) Tabela de visitas para depósito do feromônio

$\tau^x(1)$	$\tau^y(1)$	$\tau^{zx}(1)$
(1,2)	(1,3)	(1,5)
(1,3)	(1,5)	(1,6)
(2,6)	(2,5)	(2,3)
(3,4)	(2,6)	(2,4)
(4,5)	(3,4)	(3,6)
(5,6)	(4,6)	(4,5)

(b) Atualização do feromônio na aresta (1,2)

$$\Delta\tau_{12}(1) = \frac{1}{28}$$

Inicializado em 1 para todas as arestas.

$$\tau_{12}(1) = (1-0,5)1 + \frac{1}{28} = \frac{15}{28}$$

(c) Cálculo

$\tau^x(1)$	$\tau^y(1)$	$\tau^{zx}(1)$
(1,2)	**(1,3)**	(1,5)
(1,3)	(1,5)	(1,6)
(2,6)	(2,5)	(2,3)
(3,4)	(2,6)	(2,4)
(4,5)	(3,4)	(3,6)
(5,6)	(4,6)	(4,5)

(d) Atualização do feromônio na aresta (1,3)

$$\Delta\tau_{13}(1) = \frac{1}{28} + \frac{1}{24} = \frac{13}{168}$$

$$\tau_{13}(1) = (1-0,5)1 + \frac{13}{168} = \frac{97}{168}$$

(e) Cálculo

$\tau^x(1)$	$\tau^y(1)$	$\tau^{zx}(1)$
(1,2)	(1,3)	(1,5)
(1,3)	(1,5)	(1,6)
(2,6)	(2,5)	(2,3)
(3,4)	(2,6)	(2,4)
(4,5)	(3,4)	(3,6)
(5,6)	(4,6)	(4,5)

(f) Atualização do feromônio na aresta (1,4)

$$\Delta\tau_{14}(1) = 0$$

$$\tau_{14}(1) = (1-0,5)1 + 0 = \frac{1}{2}$$

(g) Cálculo

Figura 2.97: Atualização do feromônio.

Tabela 2.18: Aplicações práticas e outros trabalhos recentes em Colônia de Formiga

Ano	Autores	Tema	Ano	Autores	Tema
2010	Kavitha & Ramakrishnan	Imagens da retina humana	2014	Tomera	Guiamento de navios
2010	Kaveh *et al.*	Design de estruturas de aço resistentes a sismos	2014	Ye & Mohamadian	Redes de sensores
2011	Mostafavi & Afshar	Disposição de lixo	2014	Fingler *et al.*	Mochila multidimensional
2011	Zhang *et al.*	Programação de satélites	2014	Pičulin & Robnik-Šikonja	Decisões médicas
2012	Douiri & Elbernoussi	Coloração em grafos	2014	Liu & He	Rede sem fio de sensores
2013	Chen *et al.*	Seleção de imagens	2015	Bhandari *et al.*	Tratamento de imagens de satélites
2014	Taherdangkoo *et al.*	Segmentação de imagens	2015	Shishvan & Sattarvand	Programação de minas a céu aberto
2014a	Liu *et al.*	Geologia e geofísica	2015	Escario *et al.*	Caixeiro viajante
2014	Yoo & Han	Otimização de estruturas	2015	Sherkat *et al.*	Redes sociais
2014	Xiaowei *et al.*	Mensuração de substâncias	2015	Castillo *et al.*	*Fuzzy logic controllers*
2014	Dias *et al.*	Sistemas inteligentes de tráfego			

2.13 Nuvens de Partículas

● Nuvens de Partículas

Os pesquisadores naturais por décadas vêm examinado o comportamento de grandes grupos de animais, como pássaros, peixes e mamíferos. Os cardumes de peixes nadam em prefeita coordenação de modo a confundirem seus predadores. Os pássaros utilizam formações especiais de voo que facilitam o deslocamento de seus componentes e empregam táticas semelhantes aos peixes para evitar os predadores. Os mamíferos deslocam-se em formações estruturadas de modo a proteger os mais fracos e os filhotes. Os morcegos empregam a formação em nuvem para entrar e sair das cavernas. Os pinguins se reúnem em sólidos bandos para protegerem-se do frio e do vento no inverno austral. Tais comportamentos sociais foram comprovados mesmo entre os antigos dinossauros.

Os casos anteriores são exemplos de respostas coletivas aos desafios ambientais que produzem padrões auto-organizados que beneficiam as partes. Nos exemplos citados, os indivíduos da coletividade preservam sua plena individualidade mantendo o poder pessoal de tomada de decisão. Por outro lado, a auto-organização social não é baseada em um protocolo de comunicação que empregue marcações no meio ambiente, como no caso dos insetos e bactérias. Adicionalmente, a resposta dos agentes é muito mais complexa que a observada nos insetos e bactérias, caracterizando-se diferenças interferentes como memória, idade, sexo, higidez e particulares necessidades imediatas.

O comportamento da nuvem ou multidão se diz "emulado", uma vez que não é caracterizado por simples imitação. Trata-se de uma modulação comportamental bem mais complexa que, dependendo da espécie que forma o bando, pode ser emulada tanto por características geneticamente favorecidas ou por pressão ambiental quanto por emoções pontuais como: fome, raiva, inveja, ciúme e rivalidade. É conhecido o fato de que as pessoas preferem escolher restaurantes que já possuam clientes. Os algoritmos em nuvens de partículas mimetizam comportamento em revoadas, manadas ou cardumes, associações dinâmicas que emergem auto-organização na formação e no deslocamento do bando. Nesse caso, os agentes seguem pelo menos três diretrizes para preservar a formação, conforme esclarece a Figura 2.98.

(a) Coesão: cada agente se mantém próximo ao centroide de um conjunto de vizinhos próximos (vizinhança local)

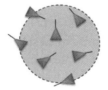
(b) Separação: os agentes mantêm uma distância mínima de seus vizinhos próximos para evitar colisões

(c) Alinhamento: os agentes mantêm alinhamento vetorial com o movmento da vizinhança, seja em velocidade, seja em direção

Figura 2.98: Regras predominantes na auto-organização das nuvens de partículas.

Indiscutivelmente, em revoadas ou nuvens reais, o conjunto de regras que garantem a emergência da auto-organização é muito maior e mais complexo, contudo as regras anteriores são as que mais provavelmente inspiram as propostas computacionais.

● Mimetização Utilizada para os Algoritmos em Nuvem de Partículas (ANPs)

A abordagem computacional surgiu do trabalho combinado do biólogo Frank Heppner, do Psicólogo James Kennedy e do Engenheiro Eletricista Russell Eberhart. Consiste em mimetizar o comportamento adotado em multidões de indivíduos, como no caso de bandos ou revoadas de pássaros (Kennedy & Eberhart, 1995). Pesquisas nas quais movimentos de criaturas sociais foram simulados em computadores, tais como os trabalhos de Reeves (1983), Reynolds (1987) e Heppner & Grenander (1990), formaram a base para esta meta-heurística. Tais sistemas são compostos por indivíduos autônomos. A auto-organização emerge da aplicação de princípios que são comuns aos componentes do bando. Alguns princípios mais comuns nesse tipo de associação são:

- Os componentes do bando são autônomos.
- As regras e o tipo de coordenação são simples.
- O número de componentes do bando é grande.
- Existe um objetivo compartilhado pelos componentes.
- As interações entre os agentes são de natureza local.
- Existe flexibilidade e robustez.
- A auto-organização é emergente e não é processada de forma centralizada.

Usando o caso de um bando de pássaros como exemplo: os pássaros (denominados "partículas") "voam" no espaço (espaço de solução) até que um deles encontra o "local" de pouso (uma solução de boa qualidade). As partículas vizinhas de uma partícula de sucesso podem copiar a trajetória da partícula que obteve sucesso seguindo na mesma direção e aumentando suas chances de encontrar um bom local de pouso.

A Tabela 2.19 resume os aspectos da mimetização.

Tabela 2.19: Analogias usadas na mimetização dos ANPs

Natureza	Nuvem de Partículas
Um pássaro	Partícula ou agente
Localização ou posição na nuvem	Coordenadas no espaço que representa a solução do problema
Bando de pássaros	O conjunto dos agentes de busca
Aptidão	Medida da adequação de uma solução expressa por sua posição no espaço das soluções.
Velocidade	Operadores de busca
O voo do pássaro	Deslocamento da partícula
Local de pouso	Uma vizinhança atrativa
Opções de voo	Como as partículas compõem movimentos

Na nuvem de partículas, admite-se, implicitamente, que as partes possuam autonomia e capacidade de guardar na memória, processar e analisar várias informações sobre si e sobre as demais partículas da nuvem.

Pelo menos três diferentes tipos de informação são processadas no processo de guiamento da partícula.

- **Vizinhança Física**

A vizinhança física é formada pelo conjunto de partículas que estão localmente associadas. Uma forma de caracterizar uma vizinhança física é utilizando uma métrica de afastamento. Para o caso do problema do Caixeiro Viajante, considerando as partículas representadas por uma solução do problema, as seguintes métricas são possíveis:

✓ Diferença de posições. É uma métrica que compara a sequência de visitas entre duas soluções contabilizando uma unidade de afastamento cada vez que uma cidade de uma solução possuir uma posição no ciclo diferente da posição dessa mesma cidade na solução de comparação. A Figura 2.99(a) exemplifica o uso da métrica.

✓ Afastamento canônico: a métrica compra o afastamento das soluções em relação a uma configuração canônica. A Figura 2.99(b) exemplifica a métrica.

✓ Número de inversões: a métrica considera a posição de uma cidade no ciclo, em relação a todas as demais no ciclo, computando uma unidade de afastamento toda vez que essa posição for alterada em relação a qualquer outra cidade do ciclo. A Figura 2.99(c) exemplifica o cálculo do afastamento em inversões da solução S_2 em relação à solução S_1. Em S_1 a cidade 7 era a última do ciclo. Em S_2 5 cidades de menor índice a sucedem, daí o número de inversões associadas à cidade 7 ser 5. Já em S_1, a cidade 2 era sucedida somente por cidades de maior índice. Em S_2 o mesmo se dá, portanto não existem em S_2 inversões de índices associadas à cidade 2. Em S_2 também existe uma inversão em relação à cidade 4, pois a cidade 3 passou a lhe suceder, e assim por diante.

✓ Permutações de redução: uma quarta métrica possível denomina de distância $S_1 - S_2$ ao menor número possível de duplas trocas (trocas entre posições vizinhas na configuração) necessárias para transformar a solução S_1 em S_2. A Figura 2.99(d) exemplifica a métrica.

As métricas de afastamento que podem definir uma vizinhança não podem ser confundidas com o "afastamento", que está formalizado adiante.

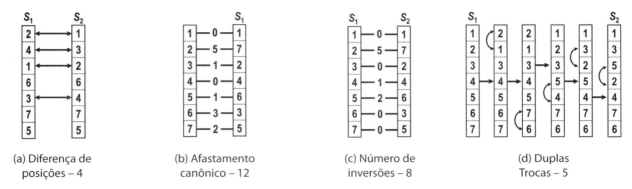

(a) Diferença de posições – 4
(b) Afastamento canônico – 12
(c) Número de inversões – 8
(d) Duplas Trocas – 5

Figura 2.99: Informações processadas pelas partículas da nuvem.

- **Vizinhança Social**

É constituída por critérios que não necessariamente refletem afastamento físico. Relacionamentos sociais são definidos ao início do processo e não se modificam ou são modificados fracamente ao longo das iterações. Por exemplo, a partícula *i* será sempre vizinha da partícula *J*. A partícula *i* será vizinha da melhor partícula da nuvem.

- **Posição das Partículas de Elite**

Informação que representa o conhecimento do comportamento das partículas de melhor desempenho, independentemente de sua proximidade física ou de estarem incluídas nos contextos sociais.

As partículas da nuvem, resumidamente, possuem conhecimento sobre:

- Sua própria posição e velocidade.
- Sua melhor posição ao longo da execução do algoritmo e o valor e a velocidade associados a essa posição.
- Posições e velocidades das partículas da vizinhança física, social e partículas de elite.

● Fundamentos dos Algoritmos em Nuvem de Partículas (ANPs)

Os algoritmos em Nuvem de Partículas consideram um grupo de agentes em deslocamento pelo espaço de busca. Nesse deslocamento ou "voo", cada partícula é independente e pode:

- Continuar seguindo seu próprio caminho.
- Caminhar no sentido da sua melhor posição.
- Caminhar no sentido da melhor posição atingida por algum de seus vizinhos.
- Caminhar no sentido da melhor posição alcançada na nuvem.

Basicamente um indivíduo ou partícula da nuvem:

- Possui uma posição – seu estado mental $\vec{x}$.
- Altera a sua posição através do operador velocidade $\vec{p}$.
- Possui uma memória de sua melhor posição $\vec{v}$.

A meta-heurística foi proposta inicialmente para otimizar funções não lineares contínuas. Entretanto, diversos trabalhos investigaram maneiras de aplicar a proposta a problemas discretos, dentre eles o de Clerc (2004) aplicado ao Problema do Caixeiro Viajante.

No modelo de nuvem de partículas as operações descritas a seguir alteram posições e velocidades das partículas.

1. **Movimento (posição, velocidade) → posição** $(posição/velocidade) \overset{\circ}{\longrightarrow} posição$

Considerando-se a aplicação ao problema do Caixeiro Viajante sobre o exemplo do grafo da Figura 2.100(a), a posição da partícula será definida como um ciclo com N vértices. A Figura 2.100(b) exemplifica a posição x_1 = (1, 3, 7, 4, 2, 6, 5).

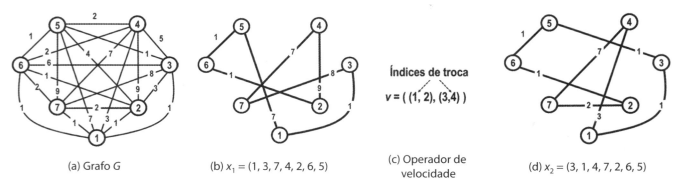

(a) Grafo G   (b) x_1 = (1, 3, 7, 4, 2, 6, 5)   (c) Operador de velocidade   (d) x_2 = (3, 1, 4, 7, 2, 6, 5)

Figura 2.100: Mudança de posição.

A Figura 2.100(c) exemplifica os índices que fazem parte de um operador de velocidade. A Figura 2.100(d) exemplifica a posição x_2, obtida a partir da posição x_1 pela aplicação do operador de velocidade representada na literatura em um formato pseudovetorial como: $\vec{x_2} \leftarrow \vec{x_1} \circ \vec{v_1}$.

O operador de movimento "○" é realizado a partir de duas entradas, uma posição e uma velocidade, e uma saída sendo uma nova posição decorrente da aplicação da velocidade à posição de entrada. No caso do Caixeiro Viajante, o espaço será constituído pelo conjunto dos N! ciclos hamiltonianos de um grafo completo $G=(N,M)$. A velocidade da partícula pode ser definida, por exemplo, por um operador que troca as cidades da solução que constam nas posições do vetor velocidade. No exemplo da Figura 2.100, há troca da posição 1 pela 2 e da posição 3 pela 4. As trocas são realizadas na sequência anotada no vetor de velocidade, primeiro a troca dos vértices 1 por 2 e, depois, 3 por 4. Se o operador V for aplicado ao vetor de posição descrito na Figura 2.100(b), transforma a posição x_1 = (1, 3, 7, 4, 2, 6, 5) em x_2 = (3, 1, 4, 7, 2, 6, 5).

2. **Adição (velocidade,velocidade) → velocidade** $(velocidade, velocidade) \overset{\oplus}{\longrightarrow} velocidade$

O operador de adição Å considera duas velocidades v_1 e v_2 quaisquer. A adição v_1Å v_2 é definida como a lista de transposições que contém primeiro os elementos de v_1 e, depois, os de v_2. As listas podem ser contraídas de forma que se obtenha uma velocidade equivalente (menor).

A Figura 2.101 exemplifica a adição.

v_1 = ((1, 2), (3, 4), (1, 3))
⊕
v_2 = ((2, 3), (1, 4))
v_3 = ((1, 2), (3, 4), (1, 3), (2, 3), (1, 4))
(a) Soma de velocidades 1

v_1 = ((1, 2), (2, 3))
⊕
v_2 = ((1, 3), (2, 3))
v_3 = ∅
(b) Soma de velocidades 2

Figura 2.101: Soma de velocidades.

A operação anteriormente descrita pode ser representada no formato pseudovetorial como: $\vec{v_3} \leftarrow \vec{v_1} \oplus \vec{v_2}$.

3. **Multiplicação (n_real,velocidade) → velocidade** $(coeficiente, velocidade) \overset{\otimes}{\longrightarrow} velocidade$

A multiplicação de número real c por velocidade ⊗ admite quatro diferentes casos:

Caso 1 – $c=0$. Resultado: $cv = \emptyset$

Caso 2 – $c \in (0,1]$. Considerando $\lfloor cv \rfloor$ o maior inteiro menor ou igual a $c|v|$, onde $|v|$ é o tamanho da lista de v. Resultado: O produto cv resulta em v truncada em $\lfloor cv \rfloor$ posições. A Figura 2.102(a) exemplifica o caso.

Caso 3 – c > 1. Considerando $c = k + c'$, onde $k \in N^*$ e $c' \in (0,1]$. Resultado: $c \otimes v = \underbrace{v \oplus v \oplus \ldots \oplus v}_{k\ vezes} + c'v$. A Figura 2.102 (b) exemplifica o caso.

Caso 4 – c < 0. Resultado: $c \otimes v = (-c) \neg v$, onde $\neg v$ denota o oposto da velocidade v. A Figura 2.102(c) exemplifica o caso.

A operação anteriormente descrita pode ser representada no formato pseudovetorial com:

$v = ((1,2),(3,4))$, $c = 0,5$
$|v| = 2 \to \lfloor cv \rfloor = 1$
$0,5 \otimes v = ((1,2))$

(a) Caso 2

$v = ((1,2),(3,4))$, $c = 0,5$
$|v| = 2 \to c' = 0,5$
$15 \otimes v = \underbrace{((1,2),(3,4),(1,2))}_{Uma\ vez}$

(b) Caso 3

$v = ((1,2),(3,4))$, $c = -0,5$
$v = ((4,3))$
$cv = -c \neg v$ e $v + v = \varnothing$

(c) Caso 4

Figura 2.102: Multiplicação por um real.

4. Subtração (posição, posição) → Velocidade $(posição, posição) \xrightarrow{\Theta} velocidade$

Considerando-se x_1 e x_2 duas posições. O operador de subtração Θ é aplicado entre duas posições, $x_1 \Theta x_2$, resultando em uma velocidade v.

A velocidade é encontrada por um algoritmo, tal que v aplicada a x_1 resulta em x_2. Observe-se que se $x_1 = x_2$ então $x_1 \Theta x_2 = \varnothing$. A Figura 2.103 exemplifica a operação de subtração. A operação anteriormente descrita pode ser representada no formato pseudovetorial como: $\vec{v_1} \leftarrow \vec{x_1} \Theta \vec{x_2}$.

$x_1 = (1, 3, 7, 4, 2, 6, 5)$ e
$x_2 = (4, 3, 7, 1, 2, 5, 6)$
$x_1 \Theta x_2 = v = ((1,3), (6,7))$

Figura 2.103: Subtração de velocidades.

✔ Distância

A distância entre as duas posições é definida por $d(x_1, x_2) = |x_1 - x_2|$, onde $|x_1 - x_2|$ é o tamanho da lista definida pela velocidade resultante da subtração das duas posições. $x_1 = (1, 3, 7, 4, 2, 6, 5)$ e $x_2 = (3, 1, 4, 7, 2, 6, 5)$. Assim, $x_1 \Theta x_2$ conduz a $v = ((1,2), (3,4))$ e, por sua vez, $d(x_1, x_2) = |x_1 - x_2| = |v| = 2$. A vizinhança física pode ser definida em função da distância, por exemplo, considerando a distância 2 como limite de vizinhança, $d(x_i, x_j) = |x_i - x_j| £ 2$. A partícula que ocupa a posição i é dita vizinha da partícula que ocupa a posição j se $d(x_i, x_j) \leq 2$.

● Equações de Movimento na Nuvem

Uma nuvem de partículas controla o movimento de suas partículas por meio de equações que estabelecem as velocidades e posições das partículas da nuvem. A Equação 2.15 pode ser considerada uma equação geral para o movimento da nuvem. A equação é composta por três parcelas. A primeira se refere ao deslocamento previsto para a velocidade das partículas. A segunda representa a interferência das posições anteriores da partícula. Finalmente, a terceira parcela é relativa à influência da vizinhança física ou social.

$$\begin{cases} v_{t+1} = \underbrace{c_1 v_t}_{Deslocamento} \oplus \underbrace{c_2(p_{i,t} \Theta x_t)}_{Memória\ da\ Partícula} \oplus \underbrace{c_3(p_{g,t} \Theta x_t)}_{Memória\ da\ Vizinhança} \\ x_{t+1} = x_t \circ v_{t+1} \end{cases} \quad (2.15)$$

v_t – velocidade na iteração t.
x_t – posição na iteração t.
$p_{i,t}$ – melhor posição até o tempo t.
$p_{g,t}$ – melhor posição de um vizinho até o tempo t (melhor posição do vizinho – variação).
c_1, c_2, c_3 – coeficientes de confiança.

✔ Diversidade de Movimento na Nuvem

A equação da velocidade das partículas pode ser diversificada com a consideração de parâmetros estocásticos, em que a função *rand*(0,1) retorna um valor aleatório entre zero e um com probabilidade distribuída uniformemente no intervalo. A Equação 2.16 exemplifica o uso da função rand(·) para diversificar os coeficientes da equação.

$$v_{t+1} = c_1 v_t \oplus (c_2\, rand(0,1))(p_{i,t} \ominus x_t) \oplus (c_3\, rand(0,1))(p_{g,t} \ominus x_t) \tag{2.16}$$

c_1 – quantifica a confiança da partícula nela mesma no momento.
c_2 – quantifica a confiança da partícula na sua experiência anterior.
c_3 – quantifica a confiança da partícula nos seus vizinhos.

Visando facilitar os cálculos, pode-se considerar uma posição intermediária entre as influências das antigas posições da partícula e as posições de suas vizinhas por meio do cálculo de $p_{ig,t}$ expresso nas Equações 2.17 e 2.18.

$$p_{ig,t} = p_{i,t} \circ \frac{1}{2}(p_{g,t} \ominus p_{i,t}) \tag{2.17}$$

$$\begin{cases} v_{t+1} = c_1 v_t \oplus c_2 (p_{ig,t} \ominus x_t) \\ x_{t+1} = x_t \circ v_{t+1} \end{cases} \tag{2.18}$$

A mimetização do movimento das partículas no espaço real e sua transposição para o espaço de busca são realizadas pela composição de três diferentes tendências de movimento: o deslocamento atual da partícula, o histórico do deslocamento da partícula e o histórico do deslocamento das partículas vizinhas. O movimento resultante é um movimento composto que leva em conta a experiência de partículas vizinhas, a experiência da nuvem e a memória de cada uma das partículas. A composição de movimentos pretendida está exemplificada na Figura 2.104(a). A Figura 2.104(b) apresenta o fluxograma de atividades do processo da nuvem em partículas.

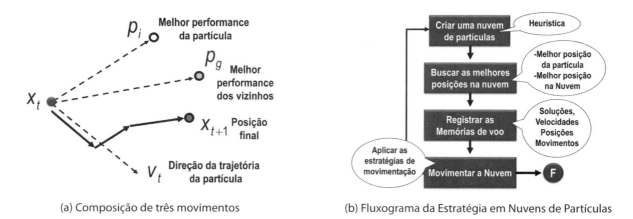

(a) Composição de três movimentos   (b) Fluxograma da Estratégia em Nuvens de Partículas

Figura 2.104: Composição de movimentos e fluxograma da meta-heurística Nuvem de Partículas.

● Algoritmo em Nuvem de Partícula

Considera-se:

pbest – a melhor posição alcançada por um agente.
gbest – a melhor posição alcançada pelos componentes da nuvem.
valor (P) – o custo associado à solução representada pelo agente P.

O Quadro 2.30 resume um pseudocódigo para o desenvolvimento de algoritmos em Nuvens de Partícula.

Os parâmetros de controle da abordagem são:

1. Tamanho da nuvem.
2. Velocidade máxima.
3. Coeficientes.
4. Critério de parada.

As seguintes condições podem caracterizar a convergência da nuvem:

1. Nuvem Pequena: caracteriza-se por constituir poucos agrupamentos compactos.
2. Nuvem reduzida: caracteriza-se por constituir um agrupamento compacto.
3. Nuvem lenta: caracteriza-se pelas partículas possuírem baixa velocidade.

```
Inicializar_nuvem_partículas(P);
Enquanto regra de parada for falsa
   Para cada p∈ P faça
      Avaliar(p).
      Se (valor(p)< pbest(p) então
         pbest(p) ← valor(p).
      Se (valor(p) < gbest) então
         gbest ← valor(p).
   Fim_para
   Para cada p∈ P faça
      Atualizar_velocidade(p).
      Atualizar_posição(p).
   Fim_para
Fim_enquanto
```

Quadro 2.30: Pseudocódigo geral do ANP.

Qualquer uma das condições anteriores pode definir a regra de parada. Por outro lado, se as condições de parada estiverem associadas a outros critérios as condições de convergência podem exigir correção ou a aplicação de uma técnica de reinício.

✔ Reinício para a Condição de Nuvem Pequena

A Figura 2.105 exemplifica os quatro passos da recuperação de uma nuvem pequena. Primeiramente é necessário um critério que defina que a nuvem possui tamanho insuficiente. Definida como pequena, os agrupamentos locais da nuvem devem ser identificados, uma vez que provavelmente as partículas devem ter se reunido no entorno de mínimos locais. Dentro dos agrupamentos, elegem-se partículas representantes, eliminando-se as demais vizinhas.

Finalmente, geram-se novas partículas para representar de forma adequada o espaço de busca.

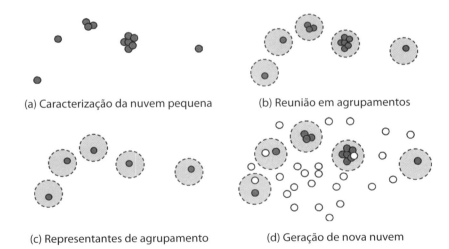

(a) Caracterização da nuvem pequena

(b) Reunião em agrupamentos

(c) Representantes de agrupamento

(d) Geração de nova nuvem

Figura 2.105: Recuperação de uma nuvem pequena.

✔ Velocidade Máxima

Um controle possível é a limitação da velocidade máxima da nuvem, evitando-se que a diversidade seja muito elevada e a convergência seja comprometida. Um esquema de controle de velocidade está abaixo descrito:

Se $v_{t+1} > v_{MAX}$ então $v_{t+1} = v_{MAX}$ 　　　　　　Se $v_{t+1} < -v_{MAX}$ então $v_{t+1} = -v_{MAX}$

Tabela 2.20: Aplicações práticas e outros trabalhos recentes em Nuvem de Partículas

Ano	Autores	Tema	Ano	Autores	Tema
2013	Khare & Rangnekar	Revisão da literatura	2014	Jayakumar & Venkatesh	Enxame de pirilampos
2013	Neshat *et al.*	Bando de andorinhas	2014	Wu *et al.*	Dutos de gás natural
2013	Cuevas *et al.*	Aranhas sociais	2014	Azad *et al.*	Cardume de peixes
2013	Lim & Isa	Nuvem em dois níveis	2014	Chao	Rastreador de potência
2014	Kuila & Jana	Rede de sensores sem fio	2014	Bahmanikashkooli *et al.*	Profundidade crítica de túnel
2014	Lu & Liu	Localização de odor	2015	Li *et al.*	Forrageamento de sapos
2014	Sadeghi *et al.*	Gestão de estoque	2015	Kuru *et al.*	Nuvem de partículas caótica
2014	Jiang *et al.*	Despacho de carga (eletricidade)	2015	Singh *et al.*	Fluxo potimo de potência
2014	González & Davis	Potencial interatômico	2015	Wen *et al.*	Segmentação cerebrovascular
2014b	Liu *et al.*	Caminho em ambiente radioativo	2015	Zhang *et al.*	Aplicação do PSO *Bare Bone*

2.14 Colônias de Abelhas

O comportamento de abelhas produtoras de mel serviu de inspiração para diversos pesquisadores no desenvolvimento de algoritmos de otimização. Esses insetos são capazes de alocar tarefas dinamicamente e de se adaptarem em resposta a mudanças ambientais. Dentre as características interessantes desses insetos para o desenvolvimento de algoritmos, estão: memória fotográfica, sistemas de sensores e navegação, tomada de decisão em grupo na seleção de novos locais para os ninhos, manutenção da colônia, busca de provisões, comunicação e reprodução. Devido à variedade destas características, diversas abordagens baseadas no comportamento de abelhas foram apresentadas como inspiração no desenvolvimento de algoritmos heurísticos. Existem duas linhas básicas de desenvolvimento de algoritmos inspirados no comportamento das colônias de abelhas: acasalamento (*mating*) e busca por provisões (*foraging*). Os algoritmos de acasalamento foram inicialmente propostos nos trabalhos de Abbass (2001a, 2001b, 2002). No caso dos algoritmos inspirados no comportamento de abelhas na busca por provisões, diversas abordagens foram propostas, algumas delas são: ABC (Artificial Bee Colony) (Karaboga & Basturk, 2007, 2008), Algoritmo de Abelhas Virtuais (Yang, 2005), BCO (Bee Colony Optimization) (Teodorovic & DellOrco, 2005), BeeHive (Wedde *et al.*, 2004), Otimização por Nuvem de Abelhas (Drias *et al.*, 2005) e o Algoritmo de Abelhas (Pham *et al.*, 2006a).

● Base Biológica

Existem três tipos diferentes de abelhas em uma colônia: rainha(s), zangões e operárias. A rainha é o indivíduo reprodutivo e tem como função colocar ovos que podem ser ou não fertilizados. Os zangões são os pais da colônia, ou seja, abelhas cuja tarefa é fertilizar uma nova rainha. Eles são produzidos de ovos não fertilizados e, portanto, agem amplificando o genoma de suas mães. Como são agentes que propagam o material genético materno, esses indivíduos têm como função habilitar fêmeas a agir geneticamente como machos (Abbass, 2002). As operárias são responsáveis por ações de manutenção da colônia, como: limpeza, alimentação, estocagem de suprimentos e outras. As rainhas e as operárias são produzidas a partir de ovos fertilizados, os quais, após tornarem-se larvas, recebem um tipo de alimentação diferente.

O comportamento das abelhas produtoras de mel resulta de sua potencialidade genética, dos ambientes fisiológico e ecológico, das condições sociais da colônia e de várias interações entre essas três condições (Rinderer & Collins, 1986). Cada abelha desempenha sequências de ações que se desdobram devido à regulação genética, ambiental e social. Tais ações podem estar relacionadas à reprodução, busca por alimento, escolha de locais para ninhos, dentre outras. O resultado de cada uma dessas ações se torna parte do ambiente e influencia ações subsequentes de outros indivíduos da colônia.

Uma importante ação que ocorre na colônia é o acasalamento. O voo de acasalamento, ou voo nupcial, é iniciado com uma dança da rainha, que depois voa e é seguida pelos zangões. O acasalamento é feito durante o voo. Usualmente a rainha acasala com sete a vinte zangões (Adams et al., 1972). Um zangão acasala com uma rainha probabilisticamente, dependendo da velocidade da rainha e da adequação entre ele e a rainha. O esperma é estocado em uma *espermateca,* formando o repositório genético da colônia. Uma rainha pode permanecer fertilizada por dois anos ou mais. Cada vez que a rainha põe ovos, ela recupera uma mistura do material da espermateca aleatoriamente para os ovos fertilizados. Quando o material termina, a rainha põe ovos não fertilizados.

A busca por alimento também é uma tarefa importante. Ao encontrar uma flor, a abelha guarda o néctar em seu estômago e retorna à colônia. Depois de encher células anteriormente vazias com o conteúdo de seu estômago, a abelha dá informações a outras abelhas da colônia sobre a sua descoberta. Para isso, ela faz uma série de movimentos, chamada de *dança,* em uma área determinada da colmeia a fim de recrutar outras abelhas para explorar a fonte encontrada. Durante a dança são dadas informações sobre a fonte de néctar, tais como localização (distância e direção) e quantidade. Existem diferentes tipos de danças, dependendo da informação que é dada.

A tomada de decisão quanto ao local de um novo ninho é feita em conjunto. Inicialmente, diversas abelhas batedoras saem em busca de locais candidatos ao novo ninho. Elas compartilham com as outras as informações sobre os locais encontrados também por meio de uma dança. Formam-se coligações de abelhas que são atraídas pela força ou agitação da dança de alguma abelha, uma vez que a agitação da dança é proporcional à qualidade do local. Uma abelha batedora prefere um local encontrado por outra abelha somente após inspecionar o novo local e verificar que este é melhor.

● Algoritmos Baseados no Acasalamento de Abelhas Produtoras de Mel

Os algoritmos baseados no acasalamento são denominados MBO (*Marriages in Honey-Bees Optimization*) ou HBMO (*Honney-Bees Mating Optimization*). Usualmente, um algoritmo desta classe possui as seguintes cinco etapas principais (Abbass, 2002), que se repetem até que um critério de parada seja atendido:

i) Voo nupcial no qual uma rainha (melhor solução) seleciona zangões probabilisticamente para formar a espermateca (lista de zangões). Um zangão é selecionado aleatoriamente para gerar as crias.
ii) Criação de novas crias (soluções candidatas) por meio de cruzamento dos genótipos da rainha e do zangão selecionado. Neste passo pode haver mutação.
iii) Uso de operárias (heurísticas) para conduzir uma busca local nas soluções-cria a fim de melhorá-las.
iv) Adaptação da adequação das operárias com base em análise quantitativa da melhoria empreendida nas soluções-cria.
v) Substituição das rainhas mais fracas por crias mais bem adaptadas.

O voo nupcial é visto como um conjunto de transições em um espaço de estados. A rainha, Q, possui velocidade, $S(t)$, e energia, $E(t)$, no instante t. No começo do voo, a rainha é inicializada com uma quantidade de energia máxima e uma velocidade máxima, parâmetros do algoritmo. Cada estado da rainha é definido por sua velocidade e energia, que são modificadas conforme as Equações 2.19 e 2.20, onde a é um valor no intervalo $]0,1[$ e γ é o valor de redução de energia após cada transição.

$$S(t+1) = \alpha \times S(t) \qquad (2.19)$$

$$E(t+1) = E(t) - \gamma \qquad (2.20)$$

A rainha se move entre os diferentes estados com uma determinada velocidade e acasala com um zangão encontrado, probabilisticamente, em cada estado. A probabilidade da escolha de um zangão é dada por uma função como a da meta-heurística *simulated annealing*, Equação 2.21, onde $prob(Q,D)$ é a probabilidade de a rainha Q

escolher o zangão D, Δ(f) é a diferença absoluta entre as adequações de Q e D e S(t) é a velocidade da rainha no instante t. Essa função beneficia o acasalamento quando a rainha está no início do seu voo (com alta energia) ou quando a adequação do zangão e da rainha estão próximas.

$$prob(Q,D) = e^{\frac{-\Delta(f)}{S(t)}} \qquad (2.21)$$

A rainha retorna ao ninho quando sua energia está em uma faixa próxima de zero ou quando a espermateca atinge um limite máximo, o qual é também um parâmetro do algoritmo.

Um dos primeiros algoritmos dessa classe teve por base a evolução de uma colônia que inicia com uma única rainha sem prole (colônia solitária) que evolui, por meio de conceitos de acasalamento, por diversas gerações até uma colônia presocial (Abbass, 2001a). As duas características que aparecem neste algoritmo são a sobreposição de pelo menos duas gerações (mãe e prole) e a divisão do trabalho reprodutivo. O papel das operárias é restrito ao cuidado com a prole e, portanto, uma operária é uma heurística aplicada às soluções prole para melhorá-las. O esquema geral do algoritmo apresentado por Abbass (2001a) é apresentado no Quadro 2.31.

O algoritmo apresentado no Quadro 2.31 foi aplicado por Abbass (2001a) ao problema de satisfação de proposições lógicas conhecido como SAT. Uma variação desse algoritmo com múltiplas rainhas, múltiplas operárias e uma heurística específica para cada operária foi apresentado por Abbass (2001b) para o mesmo problema. Neste algoritmo, o melhor filho substitui a rainha de menor adequação. O problema 3-SAT, onde cada restrição contém exatamente três variáveis, foi abordado por variações deste algoritmo nos trabalhos de Teo & Abbass (2001), Abbass (2002), Abbass & Teo (2003).

```
Definir M como o tamanho máximo da espermateca
Definir α e γ
Gerar aleatoriamente o cromossomo da rainha Q
Aplicar busca local em Q
Enquanto critério de parada não satisfeito faça
    S(0) ← velocidade_máxima
    E(0) ← energia_máxima
    t ← 0
    Gerar um zangão D aleatoriamente
    Enquanto E(t) > 0 faça
        Avalie D
        Se (D passa no teste probabilístico) .E. (a espermateca de Q não atingiu M registros)
            Adicione o material genético de D a espermateca de Q
        Fim_se
        t ← t + 1
        E(t) ← E(t-1) - γ
        S(t) ← α × S(t-1)
        Com probabilidade S(t) troque cada bit do genótipo de D
    Fim_enquanto
    Para i ← 1 até número_de_filhos faça
        Selecione o material genético de um zangão D aleatoriamente da espermateca
        Gere um filho F através de recombinação entre o material genético de D e Q
        Faça mutação em F
        Use uma operária para melhorar F
    Fim_para
    Se o melhor filho é melhor que Q então
        Substitua Q pelo melhor filho
    Fim_se
    Descarte todas as crias
Fim_enquanto
```

Quadro 2.31. Esquema geral do algoritmo MBO.

Diversas aplicações da abordagem MBO foram propostas para problemas de otimização, algumas delas são apresentadas na Tabela 7.21.

Tabela 2.21: Aplicações práticas e outros trabalhos recentes em MBO

Ano	Autores	Tema	Ano	Autores	Tema
2007	Afshar *et al.*	Otimização da operação de reservatórios de água	2012	Olameei *et al.*	Perda de potência em nós de voltagem
2008b	Marinakis *et al.*	Análise de grupamentos	2012	Kang *et al.*	Alocação de tarefas bi-objetivo
2009	Pai *et al.*	Fabricação de circuitos integrados	2012	Sabar *et al.*	Problema de horários
2010	Marinaki *et al.*	Classificação para operações financeiras	2013	Ruan *et al.*	Roteamento de veículos
2010	Kang *et al.*	Confiabilidade de sistemas distribuídos	2013	Ghasemi	Distribuição de energia
2011	Horng & Jiang	Processamento de imagens digitais	2014	Shayeghi & Ghasemi	Estabilizadores de sistemas de energia
2011	Marinakis *et al.*	Problema do caixeiro viajante	2015	Yuan *et al.*	Linha de montagem em duas vias

● Colônia de Abelhas Artificiais (ABC)

O algoritmo de Colônia de Abelhas Artificiais, ABC (Artificial Bee Colony) foi proposto por Karaboga (2005) para problemas contínuos. O algoritmo é baseado em três grupos de abelhas: empregadas, assistentes e batedoras. As abelhas empregadas determinam a fonte de alimento (solução) de um conjunto preéespecificado de fontes de alimento. Elas passam esta informação para as abelhas assistentes que a memorizam. As assistentes também se baseiam nessa informação para procurar fontes de alimento melhores nas proximidades (vizinhança) das fontes de alimento memorizadas. As abelhas batedoras são abelhas empregadas cuja fonte de informação foi abandonada e que iniciam uma nova busca (aleatória) por outra fonte de alimento. No algoritmo ABC, a primeira metade da colônia consiste de abelhas empregadas e a outra metade, de abelhas assistentes. O número de abelhas empregadas é igual ao número de fontes de alimento em torno da colônia. As abelhas empregadas cuja fonte de alimento foi exaurida pelas abelhas assistentes tornam-se abelhas batedoras. Os passos principais do algoritmo ABC são resumidos no Quadro 2.32 (Karaboga & Basturk, 2007).

```
1. Inicialização
2. Repita
3.   Colocar as abelhas empregadas nas fontes de alimento guardadas na memória
4.   Colocar as abelhas assistentes nas fontes de alimento guardadas na memória
5.   Mandar as abelhas batedoras para a área de busca para descobrir novas fontes de alimento
6. Até que a condição de parada seja satisfeita
```

Quadro 2.32. Passos gerais do algoritmo ABC.

No passo da inicialização, é gerado um conjunto de posições de fontes de alimento selecionado aleatoriamente pelas abelhas. A quantidade de néctar de cada fonte de alimento é determinada. Cada posição de fonte de alimento corresponde a uma solução do problema de otimização. A quantidade de néctar de uma fonte corresponde ao valor associado à solução representada. São geradas n soluções aleatoriamente. Cada solução é associada a uma abelha empregada no passo 3. As abelhas empregadas, que guardam em suas memórias as posições de fonte de alimento geradas no passo anterior, visitam a fonte de alimento do local memorizado e escolhem uma nova fonte de alimento na vizinhança da solução anterior. A nova fonte de alimento é avaliada. A abelha empregada decide se memoriza a nova posição da fonte de alimento e esquece a anterior de acordo com a quantidade de néctar em cada fonte. Se a nova posição possui maior quantidade de néctar (melhor avaliação) que a anterior, a abelha memoriza a nova posição e esquece a anterior. Caso contrário, a abelha não memoriza a nova posição, permanecendo a antiga posição em sua memória. Considerando a posição $x_i = (x_{i1},...,x_{iD})$, onde D é o número de atributos ou variáveis de decisão da solução x_i, uma nova posição, v_i, é produzida a partir de x_i utilizando a Equação 2.22, onde $k \in \{1,..,n\}$ e $j \in \{1,..., D\}$ são índices escolhidos aleatoriamente, $i \neq k$, e ϕ_{ij} é um valor escolhido aleatoriamente no intervalo $[-1,1]$.

$$v_{ij} = x_{ij} + \phi_{ij}(x_{ij} - x_{kj}) \qquad (2.22)$$

A Equação 2.22 gera uma fonte em uma posição vizinha a x_i modificando a variável x_{ij}, a qual representa a área visualizada pela abelha. Pode-se observar que, à medida que a diferença entre os valores de x_{ij} e x_{kj} diminui, a perturbação na posição x_{ij} também decresce. Se o valor gerado para v_{ij} exceder algum limite predeterminado, é assumido o valor limite para v_{ij}. Uma nova posição (solução) é gerada substituindo-se o valor em x_{ij} pelo novo valor v_{ij}. A nova solução é avaliada e, caso o valor associado à nova posição seja melhor que o valor associado à posição anterior, a nova posição é memorizada pela abelha.

O passo 4 do algoritmo simula a observação, pelas abelhas assistentes, da dança executada pelas abelhas empregadas, em que as primeiras escolhem uma das fontes de alimento anunciadas para fazer sua busca. A busca das abelhas assistentes é executada da mesma forma descrita para as abelhas empregadas, ou seja, utilizando a Equação 2.22. Cada abelha assistente escolhe a posição da fonte de uma abelha empregada de acordo com uma probabilidade relacionada à quantidade de néctar da fonte anunciada. A probabilidade de uma abelha assistente escolher uma fonte x_i é dada pela Equação 2.23, onde *valor*$_i$ representa o valor associado à fonte x_i. Do mesmo modo que a abelha empregada, a abelha assistente substitui a antiga posição memorizada pela nova posição somente se a nova posição representar uma solução melhor que a posição anterior. O algoritmo usa o mesmo número de abelhas empregadas e assistentes, isto é n abelhas empregadas e n abelhas assistentes.

$$p_i = \frac{valor_i}{\sum_{j=1}^{n} valor_j} \quad (2.23)$$

Se uma posição x não é melhorada durante um número pré-determinado de iterações, então a fonte correspondente a x é abandonada. Neste caso, a abelha empregada associada à posição x torna-se uma abelha batedora. Isso significa que uma nova solução é gerada para substituir x no algoritmo. A nova solução é gerada aleatoriamente.

Karaboga & Basturk (2007) identificam quatro fases de seleção diferentes nos algoritmos ABC: seleção global, seleção local, seleção gulosa e seleção aleatória. A seleção global é realizada durante a escolha pelas abelhas assistentes de fontes promissoras expressas na Equação 2.23. A seleção local é realizada pelas abelhas empregadas e assistentes na busca por uma posição vizinha, expressa na Equação 2.22. A seleção gulosa diz respeito à memorização da nova fonte somente se ela for melhor que a anteriormente memorizada pela abelha. Finalmente, a seleção aleatória é caracterizada pela geração de novas soluções pelas abelhas batedoras.

Os parâmetros a serem ajustados nesse tipo de algoritmo são: o número de fontes de alimento, n, o número máximo de iterações em que uma fonte não é melhorada e, portanto, considerada abandonada, e o número máximo de iterações do algoritmo. O pseudocódigo do algoritmo ABC é mostrado no Quadro 2.33 (Karaboga & Akay, 2009).

Zhu & Kwong (2010) se inspiram nos algoritmos de Nuvens de Partículas e propõem uma modificação do ABC em que mais um termo é adicionado à Equação 2.22, resultando na Equação 2.24, de modo a considerar informações da melhor solução encontrada pelo algoritmo. O termo y_j da Equação 2.24 se refere à j-ésima posição da melhor solução representada por y e ψ_{ij} é um número aleatório gerado uniformemente no intervalo $[0,C]$, em que C é uma constante não negativa. A versão do algoritmo proposto por Zhu & Kwong (2010) é chamada de GABC. A nova variante é comparada ao algoritmo ABC em funções contínuas mostrando desempenho superior.

$$v_{ij} = x_{ij} + \phi_{ij}(x_{ij} - x_{kj}) + \psi_{ij}(y_j - x_{ij}) \quad (2.24)$$

Xu et al. (2010a) apresentam uma variação do ABC que realiza uma busca caótica da melhor solução encontrada pelo algoritmo a cada iteração. Pan et al. (2011) propõem uma versão do ABC para problemas discretos que utiliza procedimentos de busca local na fase de busca das abelhas. Kang et al. (2009) apresentam uma hibridização do método Simplex com o algoritmo ABC. Algumas aplicações recentes do algoritmo ABC são apresentadas na Tabela 2.22.

```
Gerar uma população de soluções x_i, i = 1,..,n
Para i ← 1 até n
   valor_i ← avalia(x_i)
Fim_para
iteração ← 1
Repita
   Para i ← 1 até n
      Produzir nova solução v_i para a abelha empregada com a solução x_i utilizando a equação 2.22
      novovalor_i ← avalia(v_i)
      Se (novovalor_i é melhor que valor_i)
         x_i ← v_i                          \\abelha empregada substitui a solução memorizada\\
         valor_i ← novovalor_i
      Fim_se
   Fim_para
   Para i ← 1 até n
      Abelha assistente i escolhe solução a_i com valor valora_i de uma das abelhas empregadas pela equação 2.23
      Produzir nova solução v_i para a abelha assistente com a solução a_i utilizando a equação 2.22
      novovalora_i ← avalia(v_i)
      Se (novovalora_i é melhor que valora_i)
         a_i ← v_i                          \\abelha assistente substitui a solução memorizada\\
         valor_i ← novovalor_i
      Fim_se
   Fim_para
   Determine as soluções abandonadas para as abelhas batedoras
   Substitua cada solução abandonada por uma nova solução gerada aleatoriamente
   Guarde a melhor solução gerada até a iteração corrente
   iteração ← iteração + 1
Até que (iteração > número_máximo_de_iterações)
```

Quadro 2.33. Pseudocódigo do algoritmo ABC.

Tabela 2.22: Aplicações recentes em ABC

Ano	Autores	Tema	Ano	Autores	Tema
2007	Baykosoglu et al.	Problema de alocação generalizado	2015	Ali et al.	Autenticação de imagem digital
2009	Singh	Problema de árvore geradora mínima com número restrito de folhas	2015	Contreras-Cruz et al.	Planejamento de rota de robôs móveis
2009	Karaboga	Projeto de filtros digitais	2015	Kiran et al.	Problemas contínuos
2010a	Xu et al.	Planejamento de rotas para veículos aéreos não tripulados	2015	Li et al.	Modelo de estrutura de proteína
2010	Xu & Duan	Reconhecimento de alvos por aeronaves	2015	Roy & Jadhav	Sistemas de energia
2011	Pan et al.	Flowshop	2015	Tang et al.	Ajuste metabólico de bactérias
2011	Omkar et al.	Projeto de estruturas compostas	2015	Zhou et al.	Problemas no padrão do eco ultrassônico

● Otimização por Colônia de Abelhas

Lučić & Teodorović (2001) apresentaram um algoritmo baseado no comportamento de abelhas, o qual compartilha ideias dos algoritmos de Sistemas de Formigas (*Ant System*), chamado Sistema de Abelhas (*Bee System*). Neste algoritmo, as abelhas constroem soluções iterativamente tomando decisões em cada estágio baseadas em probabilidades. Os autores exemplificam a abordagem proposta em uma aplicação ao Problema do Caixeiro Viajante. Neste contexto, o grafo que representa o caso teste do problema é interpretado como a rede na qual as abelhas coletam néctar. Em cada iteração a colmeia está em um nó do grafo e as abelhas escolhem uma aresta para seguir. A quantidade de néctar na aresta é inversamente proporcional ao peso da aresta. Cada iteração é composta por um número predefinido de estágios. As abelhas coletam néctar durante um intervalo de tempo, estabelecido previamente, em cada iteração, definido pelo número de estágios. Cada iteração é definida pela mudança do local da colméia para um vértice escolhido aleatoriamente a partir do qual as abelhas coletam néctar durante os diferentes estágios. Em cada estágio, uma abelha vista s vértices, criando uma solução parcial do problema, e depois retorna à colmeia. Após seu retorno, a abelha toma uma decisão dentre três opções. Ela pode escolher: abandonar a fonte de alimento e começar uma nova busca; continuar a explorar a fonte de alimento sem recrutar outras abelhas; ou dançar recrutando outras abelhas antes de voltar à fonte de alimento. Um número diferente de abelhas pode estar ativo em cada estágio de uma mesma iteração, entretanto, uma vez que uma abelha torna-se ativa, assim ela permanece até o final da iteração corrente. Uma abelha não ativa torna-se ativa, de acordo com uma probabilidade definida previamente, no início de um estágio. A probabilidade de uma abelha k estando no nó i escolher ir para o nó j no estágio $u+1$ da z-ésima iteração, $p_{ij}^k(u+1,z)$, é dada pela Equação 2.25, onde d_{ij} é o comprimento do arco (i,j), a é um parâmetro de entrada, $n_{ij}(r)$ é o número de abelhas que visitaram o arco (i,j) na r-ésima iteração, $g_k(u,z)$ é o último nó que a abelha k visita no final do estágio u da z-ésima iteração, $N_k(u,z)$ conjunto de nós visitados pela abelha k no estágio u na iteração z (em um estágio a abelha visita s nós; tem-se $|N_k(u,z)| = |N| - us$) e b é o tamanho da memória da abelha. Este último parâmetro diz respeito ao fato de que, em cada estágio, a abelha artificial possui a habilidade de saber o total de abelhas em cada arco. Estágios passados também podem ser lembrados. O número de estágios que a abelha pode lembrar é o tamanho da sua memória.

$$p_{ij}^k(u+1,z)=\begin{cases}\dfrac{e^{-ad_{ij}\frac{z}{z-1}\sum_{r=\max(z-b,1)}^{z}n_{ij}(r)}}{\sum_{l\in N_k(u,z)}e^{-ad_{il}\frac{z}{z-1}\sum_{r=\max(z-b,1)}^{z}n_{il}(r)}} & \begin{array}{l}i=g_k(u,z)\\ j\in N_k(u,z)\\ \forall k,u,z\end{array}\\ 0 & \text{caso contrário}\end{cases} \quad (2.25)$$

A Equação 2.25 mostra que quanto maior for o número de iterações, maior é a influência do peso do arco na probabilidade de escolha da abelha. Em iterações iniciais, as abelhas têm mais liberdade para escolher arcos mais pesados, refletindo na possibilidade de explorar mais o espaço de busca. À medida que as iterações vão aumentando, as abelhas têm menos liberdade refletindo em um aumento da intensificação da busca.

A quantidade de néctar coletada por cada abelha representa o comprimento da solução parcial do Caixeiro Viajante. Cada abelha conhece a quantidade de néctar coletada por cada uma das outras abelhas. A probabilidade de a abelha k começar o estágio $u+1$ usando a mesma solução parcial construída até o estágio u na iteração z, $p_k(u+1,z)$, é dada pela Equação 2.26, onde $L_k(u,z)$ denota o comprimento da rota parcial construída pela abelha k até o estágio u da interação z e $w(u,z)$ denota o conjunto de abelhas ativas no estágio u da iteração z.

$$p_k(u+1,z)=e^{-\frac{L_k(u,z)-\min_{r\in w(u,z)}(L_r(u,z))}{uz}} \quad (2.26)$$

A Equação 2.26 mostra que, no caso de a abelha encontrar a menor rota dentre todas no estágio u, então a probabilidade de ela prosseguir para a iteração $u+1$ a partir dessa solução parcial é igual a 1. Quanto maior for a rota parcial construída pela abelha, menor a probabilidade de ela prosseguir com a mesma solução no próximo estágio. Uma vez que a abelha decida não abandonar a fonte, ela precisa escolher entre recrutar ou não outras abelhas para explorar sua fonte. Lučić & Teodorović (2003) definem uma baixa probabilidade para o não recrutamento de outras abelhas. No caso de recrutar outras abelhas, a abelha vai "anunciar" sua solução parcial na área de dança. As abelhas que resolveram abandonar suas fontes vão a esta área para escolher alguma outra abelha para seguir no estágio $u+1$. Dois fatores são observados: o comprimento da rota anunciada e o número de abelhas que estão anunciando a mesma rota. Os dois valores são normalizados para ficarem no intervalo entre 0 e 1. Considerando $Y(u,z)$ o número de soluções parciais construídas por pelo menos uma abelha no estágio u da iteração z e $B_\xi(u,z)$, o número de abelhas que descobriram a rota parcial ξ, o valor normalizado referente à rota é dado na Equação 2.27. O valor normalizado referente ao número de abelhas anunciando a mesma rota é dado na Equação 2.28.

$$\alpha_{\xi}(u,z) = \begin{cases} \dfrac{L_{\xi}(u,z) - \min\limits_{r \in Y(u,z)}(L_r(u,z))}{\max\limits_{r \in Y(u,z)}(L_r(u,z)) - \min\limits_{r \in Y(u,z)}(L_r(u,z))} & \begin{array}{l} \max\limits_{r \in Y(u,z)}(L_r(u,z)) \neq \min\limits_{r \in Y(u,z)}(L_r(u,z)) \\ j \in N_k(u,z) \\ \forall k,u,z \end{array} \\ 0 & \text{caso contrário} \end{cases} \quad (2.27)$$

$$\beta_{\xi}(u,z) = \begin{cases} \dfrac{B_{\xi}(u,z) - \min\limits_{r \in Y(u,z)}(B_r(u,z))}{\max\limits_{r \in Y(u,z)}(B_r(u,z)) - \min\limits_{r \in Y(u,z)}(B_r(u,z))} & \begin{array}{l} \max\limits_{r \in Y(u,z)}(B_r(u,z)) \neq \min\limits_{r \in Y(u,z)}(B_r(u,z)) \\ j \in N_k(u,z) \\ \forall k,u,z \end{array} \\ 0 & \text{caso contrário} \end{cases} \quad (2.28)$$

A probabilidade de uma abelha escolher seguir a abelha com a solução parcial ξ é dada na Equação 2.29, onde ρ e θ são parâmetros do algoritmo.

$$p_{\xi}(u,z) = \frac{e^{\rho \beta_{\xi}(u,z) - \theta \alpha_{\xi}(u,z)}}{\sum\limits_{r \in Y(u,z)} e^{\rho \beta_r(u,z) - \theta \alpha_r(u,z)}}, \quad \xi \in Y(u,z), \forall u,z \quad (2.29)$$

O algoritmo hibridizado com os procedimentos de busca local 2-opt e 3-opt no final de cada iteração foi aplicado ao Problema do Caixeiro Viajante (Lučić & Teodorović, 2003). Uma variante do Sistema de Abelhas, chamada de Otimização por Colônia de Abelhas (*Bee Colony Optimization*, BCO) é apresentada no trabalho de Teodorović & Dell'Orco (2005). Nesse trabalho, os autores incluem regras *fuzzy* para a tomada de decisões quanto ao próximo elemento a ser incluído na solução que está sendo parcialmente construída, quanto a abandonar ou não uma fonte de alimento e quanto à escolha de qual abelha seguir. O algoritmo BCO foi aplicado a problemas de otimização em redes óticas (Marković *et al.*, 2007), job shop scheduling (Chong *et al.*, 2006), otimização de portfólio (Vassiliadis & Dounias, 2008), otimização em cadeia de suprimentos (Banarjee *et al.*, 2008), *open shop scheduling* (Huang & Lin, 2011) e produção e distribuição de energia de hidroelétricas (Lu *et al.*, 2015).

● Enxame de Abelhas

Drias *et al.* (2005) apresentaram um algoritmo de Otimização por Enxame de Abelhas (BSO) para resolver o problema de otimização discreto conhecido como MAX-SAT. No algoritmo proposto por Drias *et al.* (2005), são criadas soluções a partir das quais procedimentos de busca local são executados pelas abelhas do enxame. Inicialmente, uma abelha, encontra uma solução de referência, *Sref*, a partir da qual outras soluções do espaço de busca serão geradas. Essas soluções são chamadas de *Area_de_Busca*. Cada uma das abelhas vai tomar uma das soluções de *Area_de_Busca* como ponto inicial de sua busca. Depois de realizar sua busca, cada abelha vai informar às outras a melhor solução visitada. Isto é feito colocando-se a solução em uma tabela chamada *Dança*. Uma das soluções da tabela se tornará a nova *Sref* adotada para a próxima iteração. A fim de evitar ciclagem, cada solução *Sref* é guardada em uma lista de soluções proibidas de modo a não ser novamente adotada no algoritmo.

A escolha da solução de referência na tabela *Dança* é feita levando-se em consideração o critério qualidade. Entretanto, se após um determinado período de tempo, o enxame notar que não há progresso em termos de qualidade

```
Algoritmo BSO1
  Gerar Sref
  Enquanto condição de parada não for atingida
    Inclua Sref em uma lista tabu
    Determine Area_de_Busca a partir de Sref
    Atribua uma solução de Area_de_Busca para cada abelha
    Para cada abelha i faça
      Busca na solução atribuída a i
      Guarde o resultado na tabela Dança
    Fim_para
    Escolha em Dança uma nova Sref
  Fim_enquanto
```

Quadro 2.34. Pseudocódigo do algoritmo BSO1.

das soluções geradas, um critério de diversidade é utilizado na escolha da nova *Sref*. O Quadro 2.34 mostra o pseudocódigo geral do algoritmo BSO1 (Drias *et al.*, 2005).

Drias *et al.* (2005) construíram a primeira *Sref* por meio de uma heurística específica para o problema investigado. Um número N de soluções é gerado para *Area_de_Busca*, sendo N o número de abelhas. Cada solução de *Area_de_Busca* é gerada por uma perturbação em *Sref*. A busca das abelhas consiste na aplicação de um procedimento de busca local seguido de um procedimento que visava melhorar a solução obtida na busca local. A melhor solução da iteração corrente, *Sbest*, substitui *Sref* em duas situações: *Sbest* é melhor que *Sref* ou *Sbest* não é melhor que *Sref*, mas um número máximo de iterações sem melhoria ainda não foi atingido. Caso o número máximo de iterações sem melhoria tenha sido atingido (e *Sbest* não é melhor que *Sref*), um critério de diversidade é utilizado para escolher uma nova *Sref* dentre as soluções de *Dança*, em que a distância de Hamming é usada para determinar a diferença entre duas soluções. A cada solução de *Dança* é associado um valor de diversidade dado pela menor distância entre a solução examinada e outra solução da tabela. A solução com maior valor de diversidade é escolhida como a *Sref* para a próxima iteração.

Outra abordagem, também chamada de Otimização por Enxame de Abelhas, foi apresentada por Akbari *et al.* (2010) e guarda semelhanças com os algoritmos de Otimização por Nuvens de Partículas. Neste algoritmo existem três tipos de abelhas: campeiras, assistentes e batedoras. Cada abelha é classificada em um dos tipos, de acordo com sua adequação, a qual representa a qualidade da fonte de alimento encontrada pela abelha. Dentre as abelhas do conjunto, uma pequena parte é definida como as batedoras, sendo estas as abelhas de pior adequação. O número de abelhas batedoras é um parâmetro do algoritmo. As demais abelhas são divididas igualmente nos outros dos tipos, sendo as abelhas campeiras as de melhor adequação. Cada abelha i está associada a um vetor posição $x_i = (x_{i1},...,x_{iD})$ que representa uma solução viável do problema de otimização no espaço D-dimensional. A adequação da fonte de alimento é dada por $fit(x_i)$. Um pseudocódigo da proposta do Algoritmo de Enxame de Abelhas introduzido por Akbari *et al.* (2010) é apresentado no Quadro 2.35.

Os dados de entrada do algoritmo BSO2 dizem respeito a parâmetros do algoritmo, sendo eles: n, o número total de abelhas; m, o número de abelhas batedoras; r, o raio de busca para as abelhas batedoras; p, um parâmetro para ajustar r durante a execução do algoritmo; e *iter_max*, o número máximo de iterações. Inicialmente, as posições de cada uma das n abelhas são criadas aleatoriamente e suas adequações calculadas. As abelhas são ordenadas de acordo com sua adequação e as m piores compõem o conjunto das batedoras. Dentre as demais $n - m$ abelhas –, a metade de melhor adequação compõe o grupo das abelhas campeiras e as restantes compõem o grupo das assistentes. As abelhas campeiras passam por um processo bastante semelhante ao das partículas em um algoritmo de Nuvens de Partículas entre os passos 9 e 17. Primeiro, é determinada a melhor solução prévia de cada abelha i, $pbest_i$, e melhor posição dentre todas as abelhas, $gbest$ (passos 9-12). Depois, a posição de cada abelha campeira é atualizada de acordo com sua posição anterior, a melhor posição pela qual ela já passou e a melhor posição corrente (passos 13-17). Do mesmo modo que nos algoritmos de Nuvens de Partículas, são definidos coeficientes w_1 e w_2 que ponderam a importância da informação de $pbest$ e $gbest$, respectivamente, e $random(0,1)$ é um número gerado aleatoriamente com distribuição uniforme no intervalo [0,1].

Nos passos 18 a 23, é feito o ajuste das posições das abelhas assistentes. Em cada iteração do algoritmo, a informação sobre o néctar nas fontes de alimento das abelhas campeiras é compartilhada com as abelhas assistentes pela *dança*. Cada abelha assistente escolhe, probabilisticamente, uma abelha campeira para seguir. A cada abelha campeira j, é associada uma probabilidade que depende da sua adequação relativa (como em uma roleta) a qual é dada pela equação 2.30. A abelha assistente escolhe uma abelha de elite de acordo com a Equação 12 no passo 19 e atualiza sua posição no laço entre os passos 20 e 22.

$$prob_j = \frac{fit(x_i)}{\sum_{c=1}^{|C|} fit(x_c)} \qquad (2.30)$$

A posição das abelhas batedoras é atualizada nos passos 24 a 28, em que as fontes dessas abelhas são substituídas por outras escolhidas aleatoriamente. O raio de ação da formiga batedora é determinado pelo parâmetro r, o qual é ajustado durante a execução do algoritmo. O raio é definido para cada variável que compõe a solução representada, sendo seu valor definido como um percentual da diferença entre o valor máximo e mínimo que cada variável pode assumir. O valor de *r* decresce linearmente durante as execuções do algoritmo de um valor r_{max} até r_{min}, de acordo com o passo *p* o qual é um parâmetro do algoritmo que também é ajustado dinamicamente (passo 29). O procedimento *Rw*( ) implementa um método que permite às abelhas voarem livremente em seu raio de ação. No início, os valores maiores de *r* habilitam as abelhas a explorarem regiões mais distantes do ponto em que se encontram do que nas iterações finais do algoritmo, onde o valor de *r* é menor.

```
Algoritmo BSO2
1   Dados: n, m, r, p, iter_max
2   Para i ← 1 até n
3       Criar(x_i)
4   Fim_para
5   it ← 0
6   Enquanto (it < iter_max) faça
7       Calcule(fit(x_i))
8       Ordene as abelhas por sua adequação
        \\m abelhas de pior adequação são batedoras, conjunto B,
        (n-m)/2 de melhor adequação são campeiras, conjunto C
        as demais são assistentes, conjunto A\\
9       Para toda abelha i ∈ C
10          Se (fit(x_i) > fit(pbest_i)) pbest_i ← x_i          \\atualiza a melhor solução prévia da abelha i\\
11          Se (fit(pbest_i) > fit(gbest)) gbest ← pbest_i      \\atualiza a melhor solução encontrada\\
12      Fim_para
13      Para toda abelha i ∈ C
14          Para d ← 1 até D
15              x_id ← x_id + w_1 random(0,1)(pbest_id – x_id) + w_2 random(0,1)(gbest_d – x_id)   \\atualiza posição da abelha i\\
16          Fim_para
17      Fim_para
18      Para toda abelha i ∈ A
19          Selecione abelha j dentre as abelhas campeiras
20          Para d ← 1 até D
21              x_id ← x_id + w_2 random(0,1)(x_jd – x_id)      \\atualiza a posição da abelha assistente i\\
22          Fim_para
23      Fim_para
24      Para toda abelha i ∈ B
25          Para d ← 1 até D
26              x_id ← x_id + Rw(r, x_id)                        \\busca aleatória da abelha batedora i\\
27          Fim_para
28      Fim_para
29      Ajuste o raio r e o tamanho do passo p
30      it ← it + 1
31  Fim_enquanto
```

Quadro 2.35. Pseudocódigo do algoritmo BSO2.

A fim de evitar estagnação do algoritmo, Akbari *et al.* (2010) fazem três modificações no algoritmo base apresentado por eles. Primeiro, um fator de repulsão é incluído nas fórmulas que atualizam as posições das abelhas campeiras e assistentes. Eles também decrescem a adequação das abelhas por meio de uma função que penaliza a adequação de acordo com a idade da solução a qual é determinada pelo número de iterações durante o qual a solução não muda. Finalmente, os pesos w_1 e w_2 são ajustados dinamicamente durante a execução do algoritmo considerando valores máximos e mínimos para cada um e o número da iteração corrente. O algoritmo foi aplicado a problemas contínuos unimodais e multimodais. Maleki & Askarzadeh (2014) apresentam uma aplicação da abordagem a problemas de sistemas de energia baseados em painéis fotovoltaicos.

● Algoritmo de Abelhas (*Bees Algorithm*)

O Algoritmo de Abelhas (*Bees Algorithm* – BA) foi proposto por Pham *et al.* (2006a), que introduzem um tipo de recrutamento diferencial. O pseudocódigo do algoritmo é apresentado no Quadro 2.36, o qual possui os seguintes parâmetros: número de abelhas batedoras, n; número de locais selecionados dentre os n vistados, m; número de melhores locais dentre os m selecionados, e; número de abelhas recrutadas para os e melhores locais, nep; número de abelhas recrutadas para os $m - e$ locais restantes, nsp; tamanho inicial do caminho de busca, ngh; critério de parada.

```
Algoritmo BA
1   Gerar uma população inicial com n abelhas
2   Avaliar a adequação de cada uma das n abelhas
3   Enquanto (critério de parada não satisfeito)
4       Selecione m abelhas de elite
5       Selecione e melhores locais, dentre os m locais
6       Recrute nep abelhas para busca nos e locais de elite e nsp abelhas para busca nos m – e locais restantes
7       Avalie a adequação das abelhas
8       Selecione a abelha de maior adequação de cada um dos m locais
9       Atribua as demais n - m abelhas a tarefa de busca aleatória e avalie a adequação de cada uma
10  Fim_enquanto
```

Quadro 2.36. Pseudocódigo do algoritmo de abelhas.

Inicialmente n abelhas (ou locais) são geradas aleatoriamente e avaliadas. No passo 4, as m abelhas de maior adequação são selecionadas para que os locais correspondentes tenham suas vizinhanças exploradas. Nos passos 5 e 6, o algoritmo conduz a busca, atribuindo mais abelhas para a busca nas vizinhanças das e melhores localidades. As abelhas podem ser selecionadas diretamente pelo valor de sua adequação ou, probabilisticamente em função da sua adequação. O recrutamento diferencial é uma das principais características deste algoritmo inspirado no comportamento das abelhas. No passo 8, para cada um dos m locais, apenas a abelha de maior adequação é selecionada para formar a próxima população. No passo 9 as demais $n - m$ abelhas são atribuídas a locais aleatórios do espaço de busca. No final de cada iteração, a população estará dividida em duas partes: as abelhas representantes das melhores soluções da iteração anterior e abelhas batedoras que conduzem uma busca aleatória.

Pham *et al.* (2006a) aplicaram o algoritmo proposto a oito funções contínuas e compararam os resultados da sua abordagem com os resultados produzidos por um algoritmo Simplex e outros algoritmos heurísticos baseados em Algoritmos Genéticos, *Simulated Annealing* e Colônia de Formigas. Eles mostraram que, em geral, o algoritmo proposto apresentava melhor desempenho que os outros.

Os Algoritmos de Abelhas foram aplicados ao treinamento de redes neurais para reconhecimento de padrões (Pham *et al.*, 2006b, 2006c, 2006d, 2006e, 2007f), manufatura celular (Pham *et al.*, 2007a), problema de *job scheduling* (Pham *et al.*, 2007e), pré-processamento em um problema de projeto (Pham *et al.*, 2007b), grupamento de dados (Pham *et al.*, 2007g), otimização de projeto de componentes mecânicos (Pham *et al.*, 2007h), otimização multiobjetivo (Pham *et al.*, 2007d, Xu *et al.*, 2010), ajuste de um controlador *fuzzy* para um robô (Pham *et al.*, 2007c), problema de atribuição generalizada (Özbakir *et al.*, 2010b), problemas de interferências em antenas (Guney & Onay, 2010) e reedição de resposta de sistemas (Sarailoo *et al.*, 2015).

● Outras Abordagens

O algoritmo BeeHive foi proposto por Wedde *et al.* (2004) no contexto de disseminação de informações em uma rede de comunicação. A rede é organizada em partições fixas chamadas de *regiões de busca de néctar*, e cada região possui um nó representante. As abelhas neste algoritmo são divididas em duas classes: agentes em curta distância e agentes em longa distância. Os agentes de curta distância coletam e disseminam informação na vizinhança da sua região (definida por um número específico de *hops* a partir do nó fonte). Os agentes de longa distância coletam e disseminam informação para todos os nós da rede. Cada nó i está associado a uma região específica de busca de néctar. A região do nó i consiste de todos os nós a partir dos quais abelhas de curta distância podem chegar ao nó i. As abelhas partem de um nó fonte e viajam pela rede. Elas deixam em cada nó a informação do tempo estimado para, a partir daquele nó, chegar ao nó fonte ou ao nó representante de cada região, atualizando, assim, tabelas de roteamento locais. Wedde *et al.* (2006) utilizam a abordagem proposta no trabalho anterior em conjunto com o algoritmo de criptografia RSA (Rivest *et al.*, 1978) para enfrentar ameaças as informações do BeeHive na rede. Senge & Wedde (2012) apresentam um sistema multiagentes baseado no algoritmo BeeHive para reduzir os tempos de viagens de veículos em redes de vias congestionadas. Navrat *et al.* (2008) propuseram uma abordagem para busca na *web* e ordem de apresentação de páginas para um usuário. O algoritmo se baseia em um local para a dança das abelhas, um auditório e uma sala de despachos. As abelhas são agentes rastreadores. O ambiente é a rede e as fontes de néctar, as páginas *web*. Neste algoritmo, a abelha escolhe entre permanecer em sua fonte de néctar corrente ou ir para outra fonte. Se escolher ir para outra fonte, pode seguir outra abelha ou ir para uma página sobre a qual ela não possui informação. Se escolher permanecer na fonte corrente, ela também possui duas opções: atrair outras abelhas para a sua fonte dançando ou voar para sua fonte novamente. Yang (2005) propôs o algoritmo de abelha virtual para problemas contínuos visando aplicações em engenharia.

Referências Bibliográficas

Aarts, E.H.L. &. Korst, J. H. M. (1989). *Simulated Annealing and Boltzmann Machines*. Wiley, Chichester.

Abbass, H. A. (2001a). A Single Queen Single Worker Honey–Bees Approach to 3-SAT, In: *Proceedings of GECCO 2001*, 807-814.

Abbass, H. A. (2001b). Marriage in honey-bee optimization (MBO): a haplometrosis polygynous swarming approach. In: *The Congress on Evolutionary Computation (CEC2001)*, Seoul, Korea, 207-214.

Abbass, H. A. (2002). An agent based approach to 3-SAT using marriage in honey-bees optimization, *International Journal on Knowledge-based Intelligent Engineering Systems*, 6(2):1-8.

Abbass H. A. & Teo, J. (2003). A true annealing approach to the marriage in honey-bees optimization algorithm, *International Journal of Computational Intelligence and Applications* 3:199-211.

Adams, J., Rothman, E. D., Kerr, W. E. & Paulino, Z.L. (1972). Estimation of the number of sex alleles and queen matings from diploid male frequencies in a population of apis mellifera, *Genetics* 86:583–596.

Affenzeller, M. (2001). A New Approach to Evolutionary Computation: Segregative Genetic Algorithms (SEGA). Connectionist Models of Neurons, Learning Procasses, and Artificial Intelligence, *Lecture Notes in Computer Science* 2084:594-601. Springer-Verlag.

Afshar, A., Haddad, O. B., Mariño, M. A. & Adams, B. J. (2007). Honey-bee mating optimization (HBMO) algorithm for optimal reservoir operation, *Journal of the Franklin Institute* 344:452-462.

Agosti, D., Majer, J.D., Alonso, L. E., & Schultz, T. R. (2000). Ants, standard methods for measuring and monitoring biodiversity. ed., Smithsonian Institution Press, Washington, 280p.

Aiex, R. M., Resende, M. G. C., Pardalos, P. M. & Toraldo, G. (2005). GRASP with Path Relinking for Three-Index Assignment. *INFORMS Journal on Computing* 17(2):224-247.

Akbari, R., Mohammadi, A. & Zizrati, K. (2010) A novel bee swarm optimization algorithm for numerical function optimization, *Communications in Nonlinear Science and Numerical Simulation* 15:3142-3155.

Alexandridis, A. & Chondrodima, E. (2014). A medical diagnostic tool based on radial basis function classifiers and evolutionary simulated annealing, *Journal of Biomedical Informatics* 49:61-72.

Ali, M., Ahn, C. W., Pant, M. & Siarry, P. (2015). An image watermaking scheme in wavelet domain with optimized compensation of singular value decomposition via artificial bee colony, *Information Sciences* 310:44-60.

Allen, J. M., Light, J. E., Perotti, M. A., Braig, H. K. & Reed, D. L. (2009). Mutational meltdown in primary endosymbionts: selection limits Muller's Ratchet. *PLoS ONE* 4(3): e4969. http://www.plosone.org/article/info:doi/10.1371/journal.pone.0004969. Acesso em outubro de 2014.

Allenson, R. (1992). Genetic Algorithms with Gender for Multi-function Optimisation, *Technical Report* EPCC-SS92-01, Edinburgh Parallel Computing Centre.

Almeida, C. P., Gonçalves, R. A.., Goldbarg, E. F., Goldbarg, M. C., Delgado, M. R. (2011). An experimental analysis of evolutionary heuristics for the biobjective traveling purchaser problem. *Annals of Operation Research* 199(1):305-341.

Almeida C. P., Goldbarg, E. F. G., Gonçalves R. A., Delgado, M. R. & Goldbarg, M. C. (2007). TA-PFP. A Transgenetic Algorithm to solve the protein folding problem. In: *Proceedings of 7th International Conference on Intelligent System Design and Application* ISDA´07, Rio de Janeiro.

Alvares-Valdés, R., Parajón, A. & Tamarit, J. M. (2002). A tabu search algorithm for large-scale guillotine (un)constrained two-dimensional cutting problems, *Computers & Operations Research* 29:925-947.

Alvarez-Valdes, R., Parreño, F. & Tamarit, J.M. (2008), Reactive GRASP for the strip-packing problem, *Computers & Operations Research* 35(4):1065-1083.

Alvarez-Valdes, R., Parreño, F. & Tamarit, J. M. (2013). A GRASP/Path Relinking algorithm for two-and three-dimensional multiple bin-size bin packing problems, *Computers & Operations Research* 40(12):3081-3090.

Ando, K., Miki, M. & Hiroyasu, T. (2007). Multi-Point Simulated Annealing with Adaptive Neighborhood. *IEICE Transaction D: Information* E90-D 457-464.

Arroyo, J. E. C., Vieira, P. S& Vianna, D. S. (2007). A GRASP algorithm for the multi-criteria minimum spanning tree problem, *Annals of Operations Research* 159(1):125-133.

Altmann, R. (1890). *Die Elementarorganismen und ihre Beziehungen zu den Zellen*. Verlag von Veit & Comp., Leipzig.

Atlee. T. (2004). *The Tao Of Democracy: Using Co-Intelligence To Create A World That Works For All*. Published by The Writers' Collective, Cranston, RI.

Awad, N. H., Ali, M. Z. & Duwairi, R, M, (2013). Cultural Algorithm with Improved Local Search for Optimization Problems, In: Proceedings of 2013 IEEE Congress on Evolutionary Computation - CEC, 284-291.

Awad, N. H. & Ali, M. Z. (2014).A novel class of niche hybrid Cultural Algorithms for continuous engineering optimization, *Information Sciences* 267:158-190.

Azad, Md. A. K., Rocha, A. M. A. C. & E. M. G. P. Fernandes (2014). Improved binary artificial fish swarm algorithm for the 0–1 multidimensional knapsack problems, *Swarm and Evolutionary Computation* 14:66-75.

Bäck, T. (1992). The Interaction of Mutation Rate, Selection and Self-Adaptation within a Genetic Algorithm, in *Männer, R. & Manderick, B. (eds.) Parallel Problem Solving from Nature*, 2:85-94, Amsterdan, Elsevier Science.

Baker, J. E. (1985). Adaptive Selection Methods for Genetic Algorithms, In: Grenfesttete, J. J., (ed.), *Proceedings of an International Conference on Genetic Algorithms and their Applications*, 101-111, Hillsdale, NJ: Lawrence Erlbaum Associates.

Bahmanikashkooli, A., Zare, M., Safarpour, B. & Safarpour, M. (2014). Application of Particle Swarm Optimization Algorithm for Computing Critical Depth of Horseshoe Cross Section Tunnel, *APCBEE Procedia* 9:207-211.

Banarjee, S., Dangayac, G. S., Mukherjee, S. K. & Mohanti, P. K. (2008). Modelling process and supply chain scheduling using hybrid meta-heuristics, In: *Metaheuristics for Scheduling in Industrial and Manufacturing Applications, 128 of Studies in Computational Intelligence*, Springer, 277-300.

Barbalho, H., Rosseti, I., Martins, S. L. & Plastino, A. (2013). A hybrid data mining GRASP with path-relinking, *Computers & Operations Research* 40(12):3159-3173.

Baykosoglu, A., Ozbakir, L. & Tapkan. P. (2007). Artificial bee colony algorithm and its application to generalized assignment problem, In: *Swarm Intelligence: Focus on Ant and Particle Swarm Optimization*, 532-564, Austria: Itech Education and Publishing.

Becerra, R. L & Coello, C. A. C. (2006). Cultured differential evolution for constrained optimization. *Computer Methods in Applied Mechanics and Engineering* (195)33–36:4303-4322.

Bellas, F., Becerra, J. A. & Duro, R. J. (2009). Using promoters and functional introns in genetical gorithms for neuroevolutionary learning in non-stationary problems, *Neurocomputing* 72:2134-2145.

Beni, G. & Wang, J. (1989). Swarm Intelligence, In: *Proceedings. Seventh Annual Meeting of the Robotics Society of Japan*,Tokyo, RSJ Press, 425-428.

Benlic, U. & Hao, J-K. (2011). An effective multilevel tabu search approach for balanced graph partitioning, *Computers & Operations Research* 38(7):1066-1075.

Bermejo, P., Gámez, J. A. & Puerta, J. M. (2011). A GRASP algorithm for fast hybrid (filter-wrapper) feature subset selection in high-dimensional datasets, *Pattern Recognition Letters* 32(5):701-711.

Bersini, H. & Renders, B. (1994) Hybridizing Genetic Algorithms with Hill-Climb Methods for Global Optimization: Two Possible Ways. In *1994 IEEE International Symposium Evolutionary Computation*. 312-317, Orlando, USA.

Best, M. L. (1997). Models for Interacting Populations of Memes: Competition and Niche Behavior, *Journal of Memetics - Evolutionary Models of Information Transmission*, 1. http://www.cpm.mmu.ac.uk/jom-emit/1997/vol1/best_ml.html. Acesso outrubro 2014.

Bhandari, A. K., Kumar, A. & Singh, G. K. (2015). Modified artificial bee colony based computationally efficient multilevel thresholding for satellite image segmentation using Kapur's, Otsu and Tsallis functions, *Expert Systems with Applications* 42(3):1573-1601.

Błachut, J. & Smith, P. (2007). Tabu search optimization of externally pressurized barrels and domes, *Engineering Optimization* 39(8):899-918.

Błażewicz, J., Łukasiak, P. & Miłostan, M. (2005). Application of tabu search strategy for finding low energy structure of protein, *Artificial Intelligence in Medicine* 35(1-2):135-145.

Bloom, H. (1995). *The Lucifer Principle: A Scientific Expedition Into the Forces of History*. Atlantic Monthly Press.

Blum, C. & Roli, A. (2003). Metaheuristics in Combinatorial Optimization: Overview and Conceptual Comparison. *ACM Computing Surveys* 35(3):268-308.

Bölte, A. & Thonemann, U. W. (1996). Optimizing simulated annealing schedules with genetic programming. *European Journal of Operational Research*,92:402-416.

Bonabeau, E., Theraulaz, G., Deneubourg, J.-L., Aron, S. & Camazine, S. (1997) Self-organization in social insects, *Trends in Ecology & Evolution* 12:188–193. doi:10.1016/S0169- 5347(97)01048-3.

Bonabeau, E., Dorigo, M. & Théraulaz, G. (1999). *Swarm intelligence: from natural to artificial systems*, Oxford University Press.

Boyd, R., & Richerson, P. (1985). *Culture and Theory of Social Evolution*, Sage Publications, London.

Brélaz, D. (1979). New methods to color the vertices of a graph, *Communications of the ACM* 22(4):251-256.

Briant, O., Naddef, D. & Mounié, G. (2008). Greedy approach and multi-criteria simulated annealing for the car sequencing problem, *European Journal of Operational Research* 191(3):993-1003.

Burke, D. S., De Jong, K. A., Grefenstette, J. J. & Ramsey, C. L. (1998). Putting more genetics into genetic algorithms, *Evolutionary Computation* 6(4):387-410.

Cafieri, S., Hansen, P. & Mladenović, N. (2014). Edge-ratio network clustering by Variable Neighborhood Search, *The European Physical Journal B* 87(5):116, 1-7.

Cai, W., Ewing, D. J. & Ma, L. (2008). Application of simulated annealing for multispectral tomography, *Computer Physics Communications* **179(4):250-255.**

Canuto, S. A., Resende, M. G. C. & Ribeiro. C. C. (2001). Local search with perturbation for the prize-collecting Steiner tree problems in graphs. *Networks* 38:50-58.

Carrizosa, E., Mladenović, N. & Todosijević, R. (2013). Variable neighborhood search for minimum sum-of-squares clustering on networks, *European Journal of Operational Research* 230(2):356-363.

Caserta, M. & Uribe, A. M. (2009). Tabu search-based metaheuristic algorithm for software system reliability problems, *Computers & Operations Research* 36(3):811-822.

Castillo, O., Lizárraga, E., Soria, J., Melin, P. & Valdez, F. (2015). New approach using ant colony optimization with ant set partition for fuzzy control design applied to the ball and beam system, *Information Sciences* 294:203-215.

Castro, L. N. (2006). Fundamentals of Natural Computing: Basic Concepts, Algorithms, And Applications, CRC Press, 2006. ISBN:1584886439.

Cavique, L., Rego, C. & Themido, I. (1999). Subgraph ejection chains and tabu search for the crew scheduling problem, *Journal of the Operational Research Society* 50:608-616.

Cerny, V., (1985), Thermodynamic approach to the Travelling Salesman Problem: An Efficient Simulation Algorithm, *Journal of Optimization Theory* and *Applications* 45:41-51.

Chao, K-H. (2014). An extension theory-based maximum power tracker using a particle swarm optimization algorithm, *Energy Conversion and Management* 86:435-442.

Chan, T-M., Man, K-F., Tang, K-S. & Kwong, S. A. (2005). Jumping gene algorithm for multiobjective resource management in wideband, *CDMA. Computer Journal*, 48(6):749-768.

Chen, Y-M., Chen, M-C., Chang P-C. & Chen, S-H. (2012). Extended artificial chromosomes genetic algorithm for permutation flowshop scheduling problems, Computers & Industrial Engineering 62(2):536-545.

Chen, B., Chen, L. & Chen, Y, (2013). Efficient ant colony optimization for image feature selection, Signal Processing 93(6): 1566-1576.

Chen, J., Ren, Y. & Zeng, G. (2015). An improved Multi-harmonic Sine Fitting Algorithm based on Tabu Search, *Measurement* 59:258-267.

Chong, C. S., Low, M. Y. H., Sivakumar, A. I. & Gay, K. L. (2006). A bee colony optimization algorithm to job shop scheduling, In: *Proceedings of the 2006 Winter Simulation Conference*,1954-1961.

Chorney, M. J., Sawada, I., Gillespie, G. A. Srivastava, R. Pan, J. & Weissman, S. M. (1990). Transcription analysis, physical mapping and molecular characterization of a non-classical human leukocyte antigen class I gene. Molecular and Cellular Biology 10:243-253.

Chou, F-D., Wang, H-M. & Chang, P-C. (2008). A simulated annealing approach with probability matrix for semiconductor dynamic scheduling problem, Expert Systems with Applications 35(4):1889-1898.

Chung, C. J. (1997). Knowledge-Based Approaches to Self-Adaptation in Cultural Algorithms, *PhD thesis*, Wayne State University, Detroit, Michigan.

Clerc, M. (2004). Discrete particle swarm optimization, illustrated by the traveling salesman problem. In: *Studies in Fuzziness and Soft Computing New Optimization Techniques in Engineering*, Babu, B.V. & Onwubolu, G.C. (Eds.), 141:219–239.

Colombo, F., Cordone, R. & Lulli, G. (2015). A variable neighborhood search algorithm for the multimode set covering problem, *Journal of Global Optimization*. To Appear. DOI: 10.1007/s10898-013-0094-6.

Colorni, A., Dorigo, M. & Maniezzo, V. (1991). Distributed optimization by ant colonies. In: *Proceedings of the First European Conference on Artificial Life, Varela, F. & Bourgine*, P. (eds), 34-142. Cambridge, MA: MIT Press.

Contreras-Cruz, M.A., Ayala-Ramirez, V. & Hernandez-Belmonte, U. H. (2015). Mobile robot path planning using artificial bee colony and evolutionary programming, *Applied Soft Computing* 30:319-328.

Cortes, P., Muñuzuri, J., Onieva, L. & Fernández, J. (2011). A Tabu Search algorithm for dynamic routing in ATM cell-switching networks, *Applied Soft Computing* 11(1):449-459.

Crainic, T. G., Mancini, S., Perboli, G. & Tadei, R. (2011). Multi-start Heuristics for the Two-Echelon Vehicle Routing Problem, Evolutionary Computation in Combinatorial Optimization, *Lecture Notes in Computer Science* 6622:179-190.

Crainic, T. G. & Gendreau, M. (2002). Cooperative Parallel Tabu Search for Capacitated Network Design, Journal of Heuristics 8(6):601-627.

Crainic, T. G., Perboli, G. & Tadei, R. (2009). *TS^{2}PACK*: A two-level tabu search for the three-dimensional bin packing problem, *European Journal of Operational Research* 195(3):744-760.

Crozier R. H., & Pamilo, P. (1996). *Evolution of Social Insect Colonies: Sex Allocation and Kin Selection*, Oxford University press.

Cuevas, E., Cienfuegos, M., Zaldívar. D. & Pérez-Cisneros, M. (2013). A swarm optimization algorithm inspired in the behavior of the social-spider, *Expert Systems with Applications* 40(16):6374-6384.

Cullenbine, C. A. (2000). Tabu Search Approach to the Weapons Assignment Model, http://www.stormingmedia.us/, Reporter number A847083, 1-103

Czapiński, M. (2013). An effective Parallel Multistart Tabu Search for Quadratic Assignment Problem on CUDA platform, *Journal of Parallel and Distributed Computing* 73(11):1461-1468.

Dahlberg, C., Bergstrom, M., Andreasen, M., Christensen, B. B., Molin, S. & Hermansson, M. (1998). Interspecies bacterial conjugation by plasmids from marine environments visualized by gfp expression, *Molecular Biology and Evolution* 15(4):385-390.

Daida, J. M., Ross, S. J. & Hannar, B. C. (1995). Biological symbiosis as a metaphor for computational hybridization, In: *Proceedings of the 6th International Conference on Genetic Algorithms*, 328-335.

Dafflon, B., Irving, J., and Holliger, K., (2009). Simulated–annealing–based conditional simulation for the local-scale characterization of heterogeneous aquifers, *Journal of Applied Geophysics* 68(1):60-70.

Das, A., & Chakrabarti, B. K. (2005). Quantum Annealing and Related Optimization Methods, *Lecture Note in Physics* 679, Springer, Heidelberg.

Dasgupta, D. & McGregor, D. R. (1992) sGA: A structured genetic algorithm, *Technical report* IKBS- 8-92 University of Strathclyde.

Davis, l. (1991). *Handbook of Genetic Algorithms*, Van Nostrand Reinhold, New York.

Dawkins, R. (1976). *The Selfish Gene*, Oxford University Press.

De La Cal Marín, E. A. & Ramos L. S. (2004). Supply estimation using coevolutionary genetic algorithms in the Spanish, *Applied Intelligence* 21:7-24

Deb, K. & Goldberg, D. E. (1991). mga in c: A messy genetic algorithm in c, *Technical report*, Department of General Engineering University of Illinois at Urbana Champaign. *IlliGAL Report* No 91008, September 1991.

Deneubourg, J.-L., & Goss, S. (1989a). Collective patterns and decision making. *Ethology Ecology and Evolution* 1:295-311.

Deneubourg, J.-L., Goss, S., Franks, N. R., & Pasteels, J. M. (1989b). The blind leading the blind: Modeling chemically mediated army ant raid patterns, *Journal of Insect Behavior* 2:719-725.

Dias, J. C., Machado, P., Silva, D. C. & Abreu, P. H. (2014). An Inverted Ant Colony Optimization approach to traffic, *Engineering Applications of Artificial Intelligence* 36:122-133.

Djogatović, M. S., Stanojević, M. J. & Mladenović, N. (2014). A variable neighborhood search particle filter for bearings-only target tracking, Computers & Operations Research, 52 Part B:192-202.

Dhahri, A. Zidi, K. & Ghedira, K. (2014). Variable Neighborhood Search based Set Covering ILP Model for the Vehicle Routing Problem with Time Windows, In: CCS 2014, 14th International Conference on Computational Science, *Procedia Computer Science* 29:844-854.

Dorigo, M., Maniezzo, V. & Colorni, A. (1991). *Positive Feedback as a Search Strategy*, Relatório Técnico 91-016, Dipartimento di Elettronica, Politecnico di Milano.

Dorigo, M., Maniezzo, V. & Colorni. A. (1996). The ant system: Optimization by a colony of cooperating agents, *IEEE Transactions on Systems, Man, and Cybernetics – Part B* 26: 29-41.

Dorigo, M., Di Caro, G. & Gambardella, L. M. (1998). *Ant Algorithms for Discrete Optimization*, Relatório Técnico IRIDIA 98-10, IRIDIA, Université Libre de Bruxelles.

Dorigo, M. & Stützle, T. (2004). *Ant Colony Optimization*, The MIT Press, ISBN-13:978-0262042192.

Doolittle, W. F. (1999). Lateral genomics. *Trends in Cell Biology* 9(12):M5-M8.

Douglas, J. A. & Sandefur, C. I. (2008). PedMine--a simulated annealing algorithm to identify maximally unrelated individuals in population isolates. *Bioinformatics* 24:1106-1108.

Douiri, S. M. & Elbernoussi, S. (2012). A New Ant Colony Optimization Algorithm for the Lower Bound of Sum Coloring Problem, *Journal of Mathematical Modelling and Algorithms* 11(2): 181-192.

Drias, H., Sadeg, S. & Yahi, S. (2005). Cooperative bees swarm for solving the maximum weighted satisfiability problem, In: *Computational Intelligence and Bioinspired Systems, Lecture Notes in Computer Science* 3512:318-325.

Durham, W. H., (1991). *Coevolution: Genes, culture, and human diversity*. Stanford, CA: Stanford University Press.

Dyková, I., Fiala, I., Dvoáková, H. & Pecková, H. (2008a). Living together: Themarine amoeba Thecamoeba hilla Schaeffer, 1926 and itsendosymbiont Labyrinthula sp., *European Journal of Protistology* 44(4):308-316.

Dyková, I., Fiala, I. & Pecková, H. (2008b). Neoparamoeba spp. And their eukaryotic endosymbionts similar to Perkinsela amoebae (Hollande, 1980): Coevolution demonstrated by SSUrRNA gene phylogenies, *European Journal of Protistology* 44(4):269-277.

Edmonds, B. (2005). Using Localised 'Gossip' to Structure Distributed Learning. Conference paper. http://cogprints.org/4265/- Acesso em outubro de 2014.

Egland, P. G., Palmer, R. J. Jr. & Kolenbrander, P. E. (2004). Interspecies communication in Streptococcus gordonii–Veillonella atypica biofilms: Signaling in flow conditions requires juxtaposition, PNAS - *Proceedings of the National Academy of Sciences* 101(48):16917-16922.

Engelbart, D. C. (1973). Coordinated Information Services for a Discipline or Mission-Oriented Community, In: Proceedings of the Second Annual Computer Communications Conference, San Jose, California.

Eksin, I. & Erol, O. K. (2001). Evolutionary algorithm with modifications in the reproduction phase. In: *IEE Proceedings Software*, 148(2):75-80.

Elsayed, S. M., Sarker, R. A. & Essam, D. L. (2014). A new genetic algorithm for solving optimization problems, Engineering Applications of Artificial Intelligence, 27:57-69.

Escario, J. B., Jimenez, J. F. & Giron-Sierra, J. M. (2015). Ant Colony Extended: Experiments on the Travelling Salesman Problem, *Expert Systems with Applications* 42(1):390-410.

Festa, P., Pardalos, P. M., Pitsoulis, L. S. & Resende, M. G. C. (2006). GRASP with path relinking for the weighted MAXSAT problem. *ACM Journal of Experimental Algorithmics* 11: Article No. 2.4, 1-16.

Fingler, H., Cáceres, E. N., Mongelli, H. & Song, S. W. (2014). A CUDA Based Solution to the Multidimensional Knapsack Problem Using the Ant Colony Optimization, *Procedia Computer Science* 84-94.

Fogel, D. B. (1995). *Evolutionary Computation: Toward a New Philosophy of Machine Intelligence*, IEEE Press, Piscataway, NJ, forthcoming.

Fonseca, G. H. G. & Santos, H. G. (2014). Variable Neighborhood Search based algorithms for high school timetabling, *Computers & Operations Research* 52 Part B:203-208.

Forrest, S. & Mitchell, M. (1993). Relative Building-block Fitness and the Building-block Hypothesis, In: Whitley D. (Ed.), *Foundations of Genetic Algorithms* 2, 109-126, Morgan Kaufmann.

Forsdyke, D. R. (1996), Stem-loop potential in MHC genes: a new way of evaluating positive Darwinian selection? *Immunogenetics* 43:182-189.

Forsdyke, D. R. (1998), Introns and Exons, Reprints technical papers and introductory comments, http://post.queensu.ca/~forsdyke/introns.htm. Acesso em outubro de 2014.

Fu, Z. Eglese, R. & Li, L. Y. O. (2006). A new tabu search heuristic for the open vehicle routing problem, Journal of the Operational Research Society 57(8):1018-1018.

Fuhrmann, J. Rurainski, A., Lenhof, H-P. & Neumann, D. (2010). A new lamarckian genetic algorithm for flexible ligand--receptor docking, *Journal of Computational Chemistry*, 31(9): 1911-1918.

Gadagkar, R. (2001). *The Social Biology of Ropalidia marginata* - Toward Understanding the Evolution of Eusociality – Harvard University Press.

Gendreau, M., Larochelle, J-F. & Sansò, B. (1999), A tabu search heuristic for the Steiner Tree Problem, *Networks* 34(2):162-172.

Gendreau, M., Soriano, P., & Salvail, L. (1993). Solving the maximum clique problem using a tabu search approach, *Annals of Operations Research* 41(4):385-403.

Ghasemi, A. (2013). A fuzzified multi objective interactive honey bee mating optimization for environmental/economic power dispatch with valve point effect, *Electrical Power and Energy Systems* 49:308-321.

Gibbs, M. J., Smeianov, V. V., Steele, J. L., Upcroft, P. & Efimov, B. (2006). Two Families of Rep-Like Genes That Probably Originated by Interspecies Recombination Are Represented in Viral, Plasmid, Bacterial, and Parasitic Protozoan Genomes *Molecular Biology and Evolution* 23(6):1097-1100.

Gilbert, W. (1978). Why genes in pieces? *Nature* 271:501.

Gilbert, W. & Glynias, M. (1993). On the ancient nature of introns, *Gene* 135(1-2):137-144.

Girdlestone, J. (1990), Nucleotide Sequence of an HLA-A1 Gene. *Nucleic Acids Research* 18:6701.

Glover, F. (1986). Future paths for integer programming and links to artificial intelligence, *Computers & Operations Research* 13:533-549.

Glover, F. (1999). *Scatter search and path relinking.* In: Corne, N., Dorigo, M. & Glover, F. (ed.), *New ideas in optimization*, 291-316, McGraw-Hill Ltd., UK, Maidenhead, UK.

Glover, F. & Kochenberger, G. (2003). Handbook of Metaheuristics, Eds. International Series in Operations Research & Management Science 57. Kluwer Academic Publishers, Norwell, MA.

Glover, F. & Laguna, M. (1993). Tabu Search, In: Reeves C. (ed.), *Modern Heuristic Techniques For Combinatorial Problems*, 70-150, Blackwell, Oxford.

Goldbarg, M. C., Goldbarg, E. F. G. & Duarte, H. M. (2010). Transgenetic algorithm for the periodic mobile piston pump unit routing problem with continuous oil replenishment, *International Journal of Innovative Computing and Applications*, Special Issue on: New Trends on Intelligent Systems Design, 2(4):203-214, ISSN:1751-6498.

Goldbarg, E. F. G., Goldbarg, M. C., & Shmidt, C. (2008). A hybrid transgenetic algorithm for the prize collecting steiner tree problem. *Journal of Universal Computer Science*, 14(15):2491-2511.

Goldbarg, M. C., Goldbarg, E. F. G., & Bagi, L. B. (2009a). Transgenetic algorithm for the travelling purchaser problem. *European Journal of Operational Research* 199(1):36-45.

Goldbarg, M. C., Goldbarg, E. F. G., Mendes, C. R. A., Araújo, F. S. L. N., Osti, N. M. & Corso, G. (2009b). Algoritmo evolucionário para otimização do plano de tratamento em radioterapia conformal 3D. *Pesquisa Operacional* 29:239-267.

Goldbarg, E. F. G., Goldbarg, M. C. & Bagi, L. B. (2007). Transgenetic algorithm: a new evolution perspective for heuristics design. In: *Genetic and Evolutionary Conference - GECCO 2007 -* Workshop on Evolution Natural and Artificial Systems, 2007, Londres. 2007 Genetic and Evolutionary Conference. New York : ACM - Association for Computing Machinary, 23, 2701-2708.

Goldbarg, M. C.; Bagi, L. B.; Goldbarg, E. F. G. (2006). Algoritmo transgenético para o problema do caixeiro comprador capacitado. In: *Annals of XIII CLAIO Latin Iberoamerican Operations Research Conference*, Montevideo, 1:152- CD.

Goldbarg, M. C., Goldbarg, E. F. G. & Medeiros Neto, F. D. (2005). Algoritmos evolucionários na determinação da configuração de custo mínimo de sistemas de co-geração de energia com base no gás natural. *Pesquisa Operacional*, Rio de Janeiro, 25(02): 231-259.

Goldbarg, E. F. G., Castro, M. P. & Goldbarg, M. C. (2004). Transgenetic algorithm for the gas network pipe sizing problem. In: *Proceedings of the Brazilian Symposium on Neural Networks. IEEE*, São Luiz, 1.100-106.

Goldbarg, M. C., Goldbarg, E. F. G. & Ramos, I. C. O. (2003). A ProtoG Algorithm Applied to the Traveling Salesman Problem, *Wseas Transaction On Computers* 2(2):299-304.

Goldbarg, M. C. & Goldbarg, E. F. G. (2002). Transgenética computacional: uma aplicação ao problema quadrático de alocação. *Pesquisa Operacional*, Rio de Janeiro, 22(3):359-386.

Goldberg, D. (1989). *Genetic Algorithms in Search, Optimization, and Machine Learning*, Addison Wesley.

Gong, D. & Ruan, X. (2004). A new multi-parent recombination genetic algorithm. In: *Proceedings of the 6th World Congress on Intelligent Control and Automation*, 2099-2103.

González, D. & Davis, S. (2014). Fitting of interatomic potentials without forces: A parallel particle swarm optimization algorithm, *Computer Physics Communications* 185(12):3090-3093.

Goren, M. G., Carmeli, Y. Schwaber, M. J., Chmelnitsky, I., Schechner, V. & Navon-Venezia, S. (2010). Transfer of carbapenem-resistant plasmid from *klebsiella pneumoniae* ST258 to *escherichia coli* in patient, *Emerging Infectious Diseases* 16(6): 1014-1016.

Gould, S. J. & Eldredge, N. (1993). Punctuated equilibrium comes of age, *Nature*, 366:223–227.

Gould, S. J. & Eldredge, N. (1977). Punctuated equilibria: the tempo and mode of evolution reconsidered, *Paleobiology*, 3 (2):115-151. (p.145).

Gould, S. B., Waller, R. F. & McFadden, G. I. (2008). Plastid evolution. *Annual Review of Plant Biology* 59:491-517.

Gouvêa, E. F. (2001), *Transgenética Computacional: Um Estudo Algorítmico*, Tese de doutorado, Programas de Pós-Graduação de Engenharia da Universidade Federal do Rio de Janeiro, Brasil.

Grassé, P.-P. (1959). La Reconstruction du nid et les Coordinations Inter-Individuelles chez Bellicositermes Natalensis et Cubitermes sp. La théorie de la Stimergie: Essai d'interprétation du Comportement des Termites Constructeurs, *Insectes Sociaux* 6:41-80.

Grefenstette, J. J. (1992). Deception Considered Hardmfull, *Technical Report*, Naval Research Laboratory, CA.

Grefenstette, J. J., Gopal, R., Rosmaita, B. J. & Van Gucht, D. (1985). Genetic Algorithms for the Traveling Salesman Problem, In: *Proceedings of an International Conference on Genetic Algorithms and their Applications,* 160-168.

Goss S., Aron S., Deneubourg J. L. & Pasteels, J. M. (1989). Self-organized shortcuts in the Argentine ant. *Naturwissenschaften* 76:579-581.

Gross, J. & Bhattacharya, D. (2011) Endosymbiont or host: who drove mitochondrial and plastid evolution? *Biology Direct* 6:(12):1-13.

Grujičić, I. & Stanimirović, Z. (2012). Variable neighborhood search method for optimizing the emergency service network of police special forces units, *Electronic Notes in Discrete Mathematics* 39(1):185-192.

Guney, K. & Onay, M. (2010). Bees algorithm for interference suppression of linear antenna arrays by controlling the phase--only and both the amplitude and phase, *Expert Systems with Applications* 37:3129-3135.

Hageman, J. A., Wehrens, R., van Sprang, H. A. & Buydens, L. M. C. (2003). Hybrid genetic algorithm–tabu search approach for optimising multilayer optical coatings, *Analytica Chimica Acta* 490(1-2):211-222.

Hamacher, K. (2006). Adaptation in Stochastic Tunneling Global Optimization of Complex Potential Energy Landscapes, *Europhysics Letters* 74(6):944.

Han, S., Li, J. & Liu, Y. (2011). Tabu Search Algorithm Optimized ANN Model for Wind Power Prediction with NWP, *Energy Procedia* 12:733-740.

Han, C-W. & Nobuhara, H. (2007). Advanced genetic Algorithms based on adaptive partitioning method, *Journal of Advanced Computational Intelligence and Intelligent Informatics*, 11(6): 677-680.

Hansen, P. (1986). The steepest ascent mildest descent heuristic for combinatorial programming, In: *Congress on Numerical Methods in Combinatorial Optimization*, Capri, Italy.

Hansen, P. & Mladenović, N. (2001). Variable neighborhood search: Principles and applications, *European Journal of Operational Research* 130(1):449-467.

Hao, J., Dorne, R. & Galinier. P. (1998). Tabu Search for Frequency Assignment in Mobile Radio Networks, *Journal of Heuristics* 4(1):47-62.

Hargroves, K. D. & Smith, M. H. (2006). Innovation inspired by nature Biomimicry. *ECOS Magazine* 129:27-28.

Hart, J. & Shogan, A. (1987). Semi-greedy heuristics: An empirical study. *Operations Research Letters* 6:107-114.

Harvey, I. (1996). *The Microbial Genetic Algorithm*. Manuscrito não publicado. http://citeseerx.ist.psu.edu/viewdoc/summary?doi=10.1.1.147.1454. Acesso em outubro de 2014.

Hea, C-Q., Ding, N-Z., Chenb, J-G. & Li, Y-L. (2007). Evidence of natural recombination in classical swine fever virus, *Virus Research* 126:179-185.

Hedayat, A. (2014). Developing a practical optimization of the refueling program for ordinary research reactors using a modified simulated annealing method, *Progress in Nuclear Energy* 76:191-205.

Heppner, F. & Grenander, U. (1990). A stochastic nonlinear model for coordinated bird flocks, In: *The Ubiquity of Caos*, Krasner, S. (Ed.), 233-238.

Heylighen, F. (1996). Evolution of Memes on the Network: from chain-letters to the global brain, In: *Ars Electronica Catalogue*, Ingrid Fischer (ed.) (Springer, Vienna/New York).

Hill, N. J. & Parks G. T. (2015). Pressurized water reactor in-core nuclear fuel management by tabu search, *Annals of Nuclear Energy* 75:64-71.

Hodgson, G. M., (2001), Is Social Evolution Lamarckian or Darwinian? In: *Darwinism and Evolutionary Economics* - Laurent, John e Nightingale, John (eds) The Business School, University of Hertfordshire, 87-118.

Holland, J. H. (1962). Information Processing in Adaptative Systems, em Yovits M. C., Jacobi, G.T. E G. D. Goldstein (eds), *Selforganizing Systems*, 215-230, Washington: Spartan Books.

Holland, J. H. (1970). Robust Algorithms for Adaptation Set in a General Formal Framework. *Proceedings of the IEEE Symposium on Adaptative Processes Decision and Control*, XVII, 5.15.5.

Holland, J. H. (1973). Genetic Algorithms and the Optimal Allocations of Trial, *SIAM Journal on Computing* 2(2):88-105.

Holland, J. H. (1975). *Adaptation in Natural and Artificial Systems*, University of Michigan Press, Ann Arbor, MI.

Horn J. & Golddberg, D. (1994). Genetic Algorithm Difficulty and Modality of Fitness Landscapes, *Illigal Report No 94006*, Illinois Genetic Algorithm Laboratory, University of Illinois at Urbana Chapaign.

Horng, M.-H. & Jiang, T.-W. (2011). Image vector quantization algorithm via honey bee mating optimization, *Expert Systems with Applications* 38(3):1382-1392.

Hosseini, S. D., Shirazi, M. A. & Karimi, B. (2014). Cross-docking and milk run logistics in a consolidation network: A hybrid of harmony search and simulated annealing approach, *Journal of Manufacturing Systems*, To Appear, DOI: dx.doi.org/10.1016/j.jmsy.2014.05.004.

Huang, Y.-M. & Lin, J.-C. (2011). A new bee colony optimization algorithm with idle-time-based filtering scheme for open shop-scheduling problems, *Expert Systems with Applications* 38:5438-5447.

Huang, Z-Y & Otis, G. W. (1991). Inspectionand Feeding of Larvae by Worker Honey Bees (Hymenoptera: Apidae):Effect of Starvation and Food Quantity, *Journal of Insect Behavior* 4(3):305-317.

Hübscher, R. & Glover, F. (1994). Applying Tabu Search with Influential Diversification to Multiprocessor Scheduling. *Computers & Operations Research* 21(8):877-884.

Hull, D. (2001) Taking memetics seriously: Memetics will be what we make it. In: Aunger, Robert. *Darwinizing Culture*: the State of Memetics as a Science. Oxford: Oxford University Press, 43-67.

Imanishi, K. (1984). A Proposal for Shizengaku: the conclusion to my study of evolutionary theory, *Journal of Social Biological Structure* 7:357-368.

Jacob, F. (1977). Evolution and tinkering, *Science, New Series* 196(4295):1161-1166.

Jacob, D., Raben, A., Sarkar, A., Grimm, J. & Simpson, L. (2008). Anatomy-Based Inverse Planning Simulated Annealing Optimization in High-Dose-Rate Prostate Brachytherapy: Significant Dosimetric Advantage Over Other Optimization Techniques, *International Journal of Radiation Oncology*Biology*Physics* 72(3):820-827.

Jayakumar, D. N. & Venkatesh, P. (2014). Glowworm swarm optimization algorithm with topsis for solving multiple objective environmental economic dispatch problem, *Applied Soft Computing* 23:375-386.

Jayaswal, S. & Agarwal, P. (2014). Balancing U-shaped assembly lines with resource dependent task times: A Simulated Annealing approach, *Journal of Manufacturing Systems*. To Appear. DOI:dx.doi.org/10.1016/j.jmsy.2014.05.002.

Jaziri, W. & Paquet, T. (2006). A Multi-Agent Model and Tabu Search Optimization to Manage Agricultural Territories, *GeoInfo* 10(3):337-357.

Jiang, S., Ji, Z. & Shen, Y. (2014). A novel hybrid particle swarm optimization and gravitational search algorithm for solving economic emission load dispatch problems with various practical constraints, *International Journal of Electrical Power & Energy Systems* 55:628-644.

Jiang, T., Ren, G. & Zhao, X. (2013). Evacuation Route Optimization based on Tabu Search Algorithm and Hill-climbing Algorithm, *Procedia - Social and Behavioral Sciences* 96: 865-872.

Jin, Y. & Hao, J-K. (2015). General swap-based multiple neighborhood tabu search for the maximum independent set problem, *Engineering Applications of Artificial Intelligence* 37:20-33.

Jin, X. & Reynolds, R. G. (1999). Using Knowledge-based Evolutionary Computation to Solve Nonlinear Constraint Optimization Problems: A Cultural Algorithm Approach, In: *Proceedings of the 1999 Congress on Evolutionary Computation*, Piscataway, NJ, IEEE Service Center, 1672–1678.

Jones, T. & Forrest, S. (1996). Fitness Distance Correlation as a Measure of Problems Difficulty for Genetic Algorithm, *Technical Report*, Santa Fe Institut, CA.

Juan, A. A., Faulin, J., Ferrer, A., Lourenço, H. R. & Barrios, B. (2013). MIRHA: multi-start biased randomization of heuristics with adaptive local search for solving non-smooth routing problems, *TOP – Spanish Society of Statistics and Operations Research. International* 21(1):109-132.

Kalinli, A. & Karaboga, N. (2005). A new method for adaptive IIR filter design based on tabu search algorithm, *AEU - International Journal of Electronics and Communications* 59(2):111-117.

Kang, F., Li, J. & Xu, Q. (2009). Structural inverse analysis by hybrid simplex artificial bee colony algorithms, *Computers and Structures* 87:861-870.

Kang, Q.-M., He, H., Song, H.-M. & Deng, R. (2010). Task allocation for maximizing reliability of distributed computing systems using honeybee mating optimization, *The Journal of Systems and Software* 83:2165–2174.

Kang, Q-M., He, H. & Deng, R. (2012). Bi-objective task assignment in heterogeneous distributed systems using honeybee mating optimization, *Applied Mathematics and Computation* 219:2589-2600.

Karaboga, D. (2005). An Idea Based on Honey Bee Swarm for Numerical Optimization, *Technical Report TR06*, Erciyes University, Engineering Faculty, Computer Engineering Department, Turquia.

Karaboga, N. (2009). A new design method based on artificial bee colony algorithm for digital IIR filters, *Journal of the Franklin Institute* 346:328-348.

Karaboga, D. & Akay, B. (2009). A comparative study of artificial bee colony algorithm, *Applied Mathematics and Computation* 214:108-132.

Karaboga, D. & Basturk, B. (2007). A powerful and efficient algorithm for numerical function optimization: artificial bee colony (ABC) algorithm, *Journal of Global Optimization* 39:459-471.

Karaboga, D. & Basturk, B. (2008). On the performance of artificial bee colony (ABC) algorithm, *Applied Soft Computing* 8:687-697.

Karimi, S. & Kiyoumarsi, F. (2014). Provide a Variable Neighborhood Search for Solving Multidimensional Two-Way Number Partitioning Problem, *Journal of Academic and Applied Studies* 4(7):7-23.

Kaveh, A., Azar, B. F., Hadidi, A. Sorochi, F. R. & Talatahari, S. (2010). Performance-based seismic design of steel frames using ant colony optimization, *Journal of Constructional Steel Research* 66(4):566-574.

Kavitha, G. & Ramakrishnan, S. (2010). An Approach to Identify Optic Disc in Human Retinal Images Using Ant Colony Optimization Method, *Journal of Medical Systems* 34:809-813.

Kennedy, J. & Eberhart, R. (1995). Particle Swarm Optimization, In: *Proceedings of the IEEE International Conference on Neural Networks* 4, Perth, Australia, 1942-1948.

Kessaci, Y., Melab, N. & Talbi, E-G. (2014). A multi-start local search heuristic for an energy efficient VMs assignment on top of the Open Nebula cloud manager, *Future Generation Computer Systems* 36:237-256.

Khare, A. & Rangnekar, S. (2013). A review of particle swarm optimization and its applications in Solar Photovoltaic system, *Applied Soft Computing* 13(5):2997-3006.

Kim, H. H. & Cho, J. Y. (2015). Pattern generation for multi-class LAD using iterative genetic algorithm with flexible chromosomes and multiple populations. Expert Systems with Applications, 42(2):833-843.

Kim, K. Y., Kim, J. Y. & Kim, Y. (2006). An endosymbiotic evolutionary algorithm for the integration of balancing and sequencing in mixed-model U-lines, *European Journal of Operational Research* 168:838–852.

Kim, Y. K., Park, K., & Ko, J. (2003). A Symbiotic evolutionary algorithm for the integration of process planning and job shop scheduling, *Computers & Operations Research* 30:1151–1171.

Kim, D. S., Jung, D. H. & Kim, Y. Y. (2008). Multiscale multiresolution genetic algorithm with a golden sectioned population composition, *International Journal for Numerical Methods in Engineering*, 74:349-367.

Kiran, M. S., Hakli, H., Gunduz, M. & Uguz, H. (2015). Artificial bee colony algorithm with variable search strategy for continuous optimization, *Information Sciences* 300:140-157.

Kluabwang, J. & Thomthong, T. (2012). Solving Parameter Identification of Frequency Modulation Sounds Problem by Modified Adaptive Tabu Search under Management Agent, *Procedia Engineering* 31:1006-1011.

Kolohan, F. & Liang, M. (1996), A tabu search approach to optimization of drilling operations, *Computers and Industrial Engineering* 31(1-2):371-374.

Kubota, N., Shimojima, K. & Fukuda, T. (1996). The role of virus infection in virus-evolutionary genetic algorithm, *Journal of Applied Mathematics and Computer Science* 6(3):415-429.

Kuila, P. & Jana, P. K. (2014). Energy efficient clustering and routing algorithms for wireless sensor networks: Particle swarm optimization approach, *Engineering Applications of Artificial Intelligence* 33:127-140.

Kulturel-Konak, S. (2012). A linear programming embedded probabilistic tabu search for the unequal-area facility layout problem with flexible bays, *European Journal of Operational Research 223(3)*:614-625.

Kulturel-Konak, S., Smith, A. E. & Coit, D. W. (2003). Efficiently solving the redundancy allocation problem using tabu search, *IIE Transactions* 35:515-526.

Kuru, L., Ozturk, A,. Kuru, E. & Kandara, O. (2015). Determination of voltage stability boundary values in electrical power systems by using the Chaotic Particle Swarm Optimizationalgorithm, *International Journal of Electrical Power & Energy Systems* 64:873-879.

Kirkpatrick, S., Gellatt Jr, C. D. & Vecchi, M. P. (1983). Optimization by Simulated Anneling, *Science* 4598 (220):671-680.

Kocatürk, F. & Özpeynirci, Ö. (2014). Variable neighborhood search for the pharmacy duty scheduling problem, *Computers & Operations Research* 51:218-226.

Kolahan, F., Abolbashari, M. H. & Mohitzadeh, S. (2007). Simulated Annealing Application for Structural Optimization, *International Journal of Mechanical Systems Science and Engineering* 1(4):186-189.

Kumar, P., Gospodaric, D. & Bauer, P. (2007). Improved genetic algorithm inspired by biological evolution, *Software Computing* 11:923–941.

Kumar, R. & Jyotishree, (2010). Haploid vs diploid genome in genetic algorithms for TSP, (IJCSIS) *International Journal of Computer Science and Information Security* 8(7):234-238.

Kuper, A. (2000). If memes are the answer, what is the question?, In: Aunger, R. (ed.). *Darwinising culture: the status of memetics as a science*, Oxford, Oxford University Press,175-188.

Kutschera, U. & Niklas, K. J. (2008). Macroevolution via secondary endosymbiosis: a Neo-Goldschmidtian view of unicellular hopeful monsters and Darwin's primordial intermediate form, *Theory in Biosciences* 127:277-289.

Kuwaha, H., Takaki, T., Yoshida, Y., Shimamura, S., Takishita, K., Reimer, J. D., Kato, C. & Maruyama, T. (2008). Reductive genome evolution in chemoautotrophic intracellular symbionts of deep-sea Calyptogena clams, *Extremophiles* 2:365-374.

Kwarciak, K. & Formanowicz, P. (2014). Tabu search algorithm for DNA sequencing by hybridization with multiplicity information available, *Computers & Operations Research* 47:1-10.

Lamberti, L. (2008). An efficient simulated annealing algorithm for design optimization of truss structures, *Computers & Structures* 86(19-20):1936-1953.

Lévy, P. *A Inteligência Coletiva por uma antropologia do ciberespaço*. São Paulo: Edições Loyola, 1998.

Li, B., Chiong, R. & Lin. M. (2015). A balance-evolution artificial bee colony algorithm for protein structure optimization based on a three-dimensional AB off-lattice model, *Computational Biology and Chemistry* 54:1-12.

Li, N-N. & Gu, J-H. (2006). A new genetic algorithm based on negative selection, In: *Proceedings of the Fifth International Conference on Machine Learning and Cybernetics*, Dalian, 4297-4299.

Li, Z., Cao, J., Zhao, X. & Liu, W. (2015). Swarm intelligence for atmospheric compensation in free space optical communication – Modified shuffled frog leaping algorithm, *Optics & Laser Technology* 66:89-97.

Liao, G-C. (2012). Integrated Isolation Niche and Immune Genetic Algorithm for solving Bid-Based Dynamic Economic Dispatch, Electrical Power and Energy Systems 42:264-275.

Lin, C. & Chen, Y-H. (2014). The max–min ant system and tabu search for pressurized water reactor loading pattern design, *Annals of Nuclear Energy* 71:388-398.

Lim, W. H. & Isa, N. A. M. (2013). Two-layer particle swarm optimization with intelligent division of labor, *Engineering Applications of Artificial Intelligence* 26(10):2327-2348.

Lis J. & Eiben, A. E. (1997). A multi-sexual genetic algorithm for multiobjective optimization, In: Proceedings of the 4th IEEE Conference on Evolutionary Computation, 59-64.

Liang, Y-C. & Chuang, C-Y. (2013). Variable neighborhood search for multi-objective resource allocation problems, *Robotics and Computer-Integrated Manufacturing* 29(3):73-78.

Lindgreen, S., Gardner, P. P. & Krogh, A. (2007). MASTR: multiple alignment and structure prediction of non-coding RNAs using simulated annealing. *Bioinformatics* 23:3304-3311.

Liu, J., Sun, Y., Li, G., Song, B. & Huang, W. (2013). Heuristic-based tabu search algorithm for folding two-dimensional AB off-lattice model proteins, *Computational Biology and Chemistry* 47:142-148.

Liu, S., Hu, X. & Liu, T. (2014a). A Stochastic Inversion Method for Potential Field Data: Ant Colony Optimization, *Pure and Applied Geophysics* 171:1531–1555.

Liu, Y-k., Li, M-k., Chun-li Xie, C-l.,Peng, M-j. & Xie, F. (2014b). Path-planning research in radioactive environment based on particle swarm algorithm, *Progress in Nuclear Energy* 74:184-192.

Liu, X. & He, D. (2014). Ant colony optimization with greedy migration mechanism for node deployment in wireless sensor networks, *Journal of Network and Computer Applications* 39:310-318.

Lobo, F. G., Kalyanmoy D., Goldberg D. E., Harik G, R. & L. Wang. (1998). *Compressed Introns in a Linkage Learning Genetic Algorithm*, Illinois Genetic Algorithms Laboratory, Departament of General Engineering, University of Illinois.

López-García, P. & Moreira D. (1999). Metabolic symbiosis at the origin of eukaryotes. *Trends in Biochemical Sciences* 24:88-93.

Lu, Q., H, Q-L. & Liu, S. (2014).A finite-time particle swarm optimization algorithm for odor source localization, *Information Sciences* 277:111-140.

Lu, Y., Zhou, J., Qin, H., Wang, Y. & Zhang, Y. (2011). A hybrid multi-objective cultural algorithm for short-term environmental/economic hydrothermal scheduling, *Energy Conversion and Management* 52(5):2121-2134.

Lu, P., Zhou, J., Wang, C., Qiao, Q. & Mo, L. (2015). Short-term hydro generation scheduling of Xiluodu and Xiangjiaba cascade hydropower stations using improved binary-real coded bee colony optimization algorithm, *Energy Conversion and Management* 91:19-31.

Lü, Z. & Hao, J-K. (2010). Adaptive Tabu Search for course timetabling, *European Journal of Operational Research*, 200(1):235-244.

Lučić, P. & Teodorović, D. (2001). Bee system: modeling combinatorial optimization transportation engineering problems by swarm intelligence. In: *Preprints of the TRISTAN IV triennial symposium on transportation analysis*, 441-445.

Lučić, P. & Teodorović, D. (2003). Computing with bees: Attacking complex transportation engineering problems, *International Journal on Artificial Intelligence Tools* 12(3):375-394.

Luis, M., Salhi, S. & Nagy, G. (2011). A guided reactive GRASP for the capacitated multi-source Weber problem, *Computers & Operations Research* 38(7):1014-1024.

Lumsden, C. J. & Wilson, E. O. (1981). *Genes, Mind and Culture*, Harvard University Press, Cambridge.

Lundy, M. &. Mees, A. (1986). Convergence of an annealing algorithm. *Mathematical Programming*, 34:111–124.

Lynch, A. (1998). Units, Events and Dynamics in Memetic Evolution. *Journal of Memetics - Evolutionary Models of Information Transmission*, 2. Disponível em: http://www.cpm.mmu.ac.uk/jom-emit/1998/vol2/lynch_a.html. Acesso em: outubro 2014.

Maia, S. M. D. M., Goldbarg, E. F. G., Castro, M. P. & Goldbarg, M. C.(2014). Evolutionary Algorithms for the Bi-objective Adjacent Only Quadratic Spanning Tree. *International Journal of Innovative Computing and Applications* (To Appear), 2014.

Maleki, A. & Askarzadeh, A. (2014). Artificial bee swarm optimization for optimum sizing of a stand-alone PV/WT/FC hybrid system considering LPSP concept, *Solar Energy* 107:227-235.

Marais, E. (1937). Soul of the Ape, Human and Rousseau.

Margulis, L. (1991). *Symbiosis as a Source of Evolutionary Innovation: Speciation and Morphogenesis*, The MIT Press

Margulis, L. (1993). *Symbiosis in Cell Evolution*, 2nd Edition. Freeman, New York.

Margulis, L. (1998). *Symbiotic Planet*, Basic Books, Nova York. ISBN:978-0465072729.

Margulis, L. & Sagan, D. (1995). What is life? New York, NY: Simon &. Schuster. Miller.

Marín, J. & Solé, R. V. (1999). Macroevolutionary algorithms: a new optimization method on fitness landscapes. *IEEE Transactions on Evolutionary Computation* 3(4):272-286.

Marinaki, M., Marinakis, Y. & Zopounidis, C. (2010). Honey bees mating optimization algorithm for financial classification problems, *Applied Soft Computing* 10:806-812.

Marinakis, Y., Marinaki, M. & Dounias, G. (2011). Honey bees mating optimization algorithm for the Euclidean traveling salesman problem, *Information Sciences* 181(20):4684-4698.

Marinakis, Y., Marinaki, M. & Matsatsinis, N. (2008b). A hybrid clustering algorithm based on honey bees mating optimization and Greedy Randomized Adaptive Search Procedure, *Lecture Notes in Computer Science* 5313:138-152.

Marković, G., Teodorović, D. & Aćimović-Raspopović, V. (2007). Routing and wavelength assignment in all-optical networks based on the bee colony optimization, *AI Communications* 20:273-285.

Martí, R., Campos, V., Resende, M. G. C. & Duarte, A. (2015). Multiobjective GRASP with Path Relinking, *European Journal of Operational Research* 240(1):54-71.

Martí, R., Resende, M. G. C. & Ribeiro, C. C. (2013). Multi-start methods for combinatorial optimization, *European Journal of Operational Research* 226(1):1-8.

Martin, O. C. & Otto, S. W. (1994). *Combining simulated annealing with local search heuristics*. Techical Report CS/E 94-016, Oregon Graduate Institute.

Martínez, M., Moró, A., Robledo, F., Rodríguez-Bocca, P., Cancela, H. & Rubino, G. (2008). A GRASP Algorithm Using RNN for Solving Dynamics in a P2P Live Video Streaming Network, In: *Eighth International Conference on Hybrid Intelligent Systems*, 447-452.

Matić, D., Kratica, J., Filipović, V. & Dugošija, D. (2012). Variable neighborhood search for Multiple Level Warehouse Layout Problem, *Electronic Notes in Discrete Mathematics* 39(1):161-168.

Matsui, K., Ishii, N. & Kawabata, Z. (2003). Release of extracellular transformable plasmid DNA from Escherichia coli Cocultivated with Algae, *Applied and Enviromental Microbiology* 69(4):2399-2404.

Maturana, H. & Varela, F. (1980). *Autopoise and Cognition*, D. Reidel Dordrecht, Holanda.

Mayr, E. (1992). *Speciational evolution or punctuated equilibria*, In: Albert Somit & Steven Peterson (Edts), The Dynamics of Evolution, New York: Cornell University Press, 21-48.

Mayer-Kress, G. & Barczys, C. (1995). The global brain as an emergent structure from the worldwide computing network. *The information society* 11(1):1-28.

McMullin, B. (2004).Thirty years of computational autopoiesis: a review, *Artificial Life* 10:277-295.

Metropolis, N., Rosenbluth, A. W., Rosenbluth, M. N., Teller, A. H. & Teller, E. (1953), Equation of State Calculations by Fast Computing Machine, *Journal Chemical and Physical* 21:1087-1092.

Merz P. & B. Freisleben. (1998). Fitness Landscapes, Memetic Algorithms and Greedy Operators for Graph Bi-Partitioning, *Technical Report* TR-98-01, Departament of Eletrical Engineering and Computer Science (FB 12),University of Siegen;

Mitchell, M. (1999). Evolutionary computation: an overview, *Annual Review of Ecology and Systematics* 20:593-616.

Mitchell, M., Forrest, S. & Holland, J. (1991). The Royal Road for Genetic Algorithms:Fitness Landscapes and GA Performance, In Toward a Practice of Autonomous Systems: In: *Proceedings of the First European Conference on Artificial Life*. Cambridge, MA: MIT Press.

Mjirda, A., Jarboui, B., Bassem, R. M. Hanafi, S. & Mladenović, N. (2014). A two phase variable neighborhood search for the multi-product inventory routing problem, *Computers & Operations Research* 52 Part B:291-299.

Mladenović, N. & Hansen, P. (1997). Variable neighborhood search, *Computers and Operations Research* 24:1097-1100.

Moccellin, J. V. (1994). Comparison of Neighbourhood Search Heuristics for the Flow Shop Sequencing Problem, In: *Proceedings of Fourth International Workshop on Project Management and Scheduling*, July 1994, Leuven-Belgium, 228-231.

McKendall, A. R. & Shang, J. (2008). Tabu Search Heuristics for the Crane Sequencing Problem, *International Journal of Operational Research* 3(4):412-429.

Mohammad, S-M. & Parviz, F. (2007). Flexible job shop scheduling with tabu search algorithms, *The International Journal of Advanced Manufacturing Technology* 32(5-6):563-570.

Morin, E. (1991). *La Méthode 4. Les idéias – leur habitat, leur vie, leurs mouers, leur organisation*, Editions du Seuil.

Morley, G. D. & Grover. W. D. (2001). Tabu Search Optimization of Optical Ring Transport Networks, In: *Proceedings of IEEE Globecom* 2001, 25-29.

Morowitz, H. J. (1992). *Beginning of Cellular Life*. New Haven, Conn, Yale University Press.

Moscato, P., (1989), On evolution, search, optimization, *Genetic Algorithms and Martial Arts: Towards Memetic Algorithms*, Caltech Concurrent Computation Program, C3P Report 826.

Mostafavi, S. A. & Afshar, A. (2011). Waste load allocation using non-dominated archiving multi-colony ant algorithm, *Procedia Computer Science* 3:64-69.

Mühlenbein, H. & Voigt, H-M. (1996). Gene Pool Recombination in Genetic Algorithms, In: Kelly, J. P. & Osman, I. H. (Eds), *Proceedings of International Metaheuristic Conference*, Kluwer Academic Publ.

Müller-Schloer, C. (2004). Organic computing - on the feasibility of controlled emergence. In: *CODES + ISSS 2004 Proceedings*, 2-5, ACM Press, ISBN: 158113-9373.

Navrat, P., Kovacik, M., Ezzeddine, A. B. & Rozinajova, V. (2008). Web search engine working as a bee hive. *Web Intelligence and Agent Systems: An International Journal* 6:441-452.

Neshat, M., Sepidnam, G. & Sargolzaei, M. (2013).Swallow swarm optimization algorithm: a new method to optimization, *Neural Computing and Applications* 23(2):429-454.

Nguyen, T-H. & Wright, M. (2014). Variable neighborhood search for the workload balancing problem in service enterprises, *Computers & Operations Research* 52 Part B:282-290.

Olameei, J., Niknam, T. & Arefi, S. B. (2012). Distribution feeder reconfiguration for loss minimization based on modified honey bee mating optimization algorithm, *Energy Procedia* 14:304-311.

Oliveira, C. A. S., Pardalos, P. M. & Resende, M. G. C. (2004). GRASP with Path-Relinking for the Quadratic Assignment Problem. In: Ribeiro, C.C., Martins, S.L. (eds.) WEA 2004. *Lecture Notes in Computerl Science* 3059:356-368.

Omar, H. M. & Abido, M. A. (2010). Designing integrated guidance law for aerodynamic missiles by hybrid multi-objective evolutionary algorithm and tabu search, *Aerospace Science and Technology* 14(5):356-363.

Omkar,S.N., Senthilnath, J., Khandelwal, R., Naik, G. N. & Gopalakrishnan, S. (2011). Artificial bee colony (ABC) for multi--objective design optimization of composite structures, *Applied Soft Computing* 11:489-499.

Ongsakul, W., Dechanupaprittha, S. & Ngamroo, I. (2004). Constrained economic dispatch by deterministic tabu search approach, *European Transactions on Electrical Power* 14(6):377-391.

Osman, I. H. & Laporte, G. (1996). Metaheuristics: A bibliography, *Annals of Operations Research* 63:513-623.

Osman, I. H. & Kelly, J. P. (1996). *Meta-Heuristics: Theory and Applications*, Kluwer, Boston, 571-587.

Pai, P.-F., Yang, S.-L. & Chang, P.-T. (2009). Forecasting output of integrated circuit industry by support vector regression models with marriage honey-bees optimization algorithms, *Expert Systems with Applications* 36:10746-10751.

Palacios, J. J., González, M. A., Vela, C. R., González-Rodríguez, I. & Puente, J. (2015). Genetic tabu search for the fuzzy flexible job shop problem, *Computers & Operations Research* 54:74-89.

Pan, Q.-K., Tasgetiren, M. F., Suganthan, P. N. & Chua, T.J. (2011). A discrete artificial bee colony algorithm for the lot--streaming flow shop scheduling problem, *Information Sciences* 181(12):2455-2468.

Pardo, E. G., Mladenović, N. Pantrigo, J. J. & Duarte, A. (2012). A Variable Neighbourhood Search approach to the Cutwidth Minimization Problem, *Electronic Notes in Discrete Mathematics* 39(1):67-74.

Park, C. & Seo, J. (2012). A GRASP approach to transporter scheduling and routing at a shipyard, *Computers & Industrial Engineering* 63(2):390-399.

Parreño, F., Alvarez-Valdes, R., Tamarit, J. M., & Oliveira, J. F. (2008). A Maximal-Space Algorithm for the Container Loading Problem, *INFORMS Journal on Computing* 20(3): 412-422.

Peiró, J., Corberán, Á. & Martí, R. (2014). GRASP for the uncapacitated *r*-allocation *p*-hub median problem, *Computers & Operations Research* 43:50-60.

Peirong, J., Xinyu, H. & Qing, Z. (2008). A New Genetic Algorithm for Optimization. In: *IEEE Conference* on *Cybernetics and Intelligent Systems*, CIS 2008, 1092-1094.

Perales-Graván, C. & Lahoz-Beltra, R. (2008). An AM radio receiver designed with a genetic algorithm based on a bacterial conjugation genetic operator, *IEEE Transactions on Evolutionary Computation* 12(2):1-29.

Pham, D. T., Koç, E., Ghanbarzadeh, A., Otri, S., Rahim, S. & Zaidi, M. (2006a). The bees algorithm – a novel tool for complex optimization problems. In: *Proceedings of the Second International Virtual Conference on Intelligent Production Machines and Systems* 454-461.

Pham. D. T., Ghanbarzadeh, A., Koç, E. & Otri, S. (2006b). Application of the bees algorithm to the training of radial basis function networks for control chart pattern recognition, In: *Proceedings of the Fifth CIRP International Seminar on Intelligent Computation in Manufacturing Engineering* 711-716.

Pham. D. T., Koç, E., Ghanbarzadeh, A. & Otri, S. (2006c). Optimisation of the weights of multi-layered perceptrons using the bees algorithm, In: *Proceedings of the Fifth International Symposium on Intelligent Manufacturing Systems* 38-46.

Pham. D. T., Otri, S., Ghanbarzadeh, A. & Koç, E. (2006d). Application on the bees algorithm to the training of learning vector quantisation networks for control chart pattern recognition, In:*Proceedings of International Conference on Information and Communication Technologies* 1624-1629.

Pham. D. T., Soroka, A. J., Ghanbarzadeh, A., Koç, E., Otri, S. & Packianather, M. (2006e). Optimising neural networks for identification of wood defects using the bees algorithm, In: *Proceedings of IEEE International Conference on Industrial Informatics* 1346-1351.

Pham. D. T., Muhamad, Z., Mahmuddin, M., Ghanbarzadeh, A., Koç, E. & Otri, S. (2007a). Using the bees algorithm to optimise a support vector machine for wood defect classification, In: *Proceedings of Innovative Production Machines ans Systems Virtual Conference*.

Pham. D. T., Afify, A. & Koç, E. (2007b). Manufacturing cell formation using the bees algorithm, In: *Proceedings of Innovative Production Machines and Systems Virtual Conference*.

Pham. D. T., Koç, E., Lee, J. Y. & Phrueksanant, J. (2007c). Using the bees algorithm to schedule jobs for a machine, In: *Proceedings of the Eighth International Conference on Laser Metrology*, CMM and Machine Tool Performance 430-439.

Pham. D. T., Castellani, M. & Ghanbarzadeh, A. (2007d). Preliminary design using the bees algorithm, In: *Proceedings of the Eighth International Conference on Laser Metrology*, CMM and Machine Tool Performance 420-429.

Pham. D. T., Otri, S., Afify, A., Mahmuddin, M. & Al-Jabbouli, H. (2007e). Data clustering using the bees algorithm, In: *Proceedings of the 40th CIRP International Manufacturing Systems Seminar*.

Pham. D. T., Soroka, A. J., Koç, E., Ghanbarzadeh, A. & Otri, S. (2007f). Some applications of the bees algorithm in engineering design and manufacture, In: *Proceedings of International Conference on Manufacturing Automation*.

Pham. D. T. & Ghanbarzadeh, A. (2007g). Multiobjective optimisation using the bees algorithm, In: *Proceedings of Innovative Production Machines and Systems Virtual Conference*.

Pham. D. T., Darwish, A. H., Eldukhri, E. E. & Otri, S. (2007h). Using the bees algorithm to tune a fuzzy logic controller for a robot gymnast, In: *Proceedings of International Conference on Manufacturing Automation*.

Pičulin, M. & Robnik-Šikonja, M. (2014). Handling numeric attributes with ant colony based classifier for medical decision making, *Expert Systems with Applications* 41(16):*7524-7535*.

Plotkin, H. C. (1996). Non-genetic transmission of information: candidate cognitive processes and the evolution of culture, *Behavioural Processes* 35, 207-213.

Pór, G. (1995). *The Quest for Collective Intelligence*, In Community Building: Renewing Spirit and Learning in Business, New Leaders Press, 1995. http://www.vision-nest.com/cbw/Quest.html

Popović, D. Vidović, M. & Radivojević, G. (2012). Variable Neighborhood Search heuristic for the Inventory Routing Problem in fuel delivery, *Expert Systems with Applications* 39(18):13390-13398.

Potter, M. A. & De Jong, K. A (1994). A cooperative coevolutionary approach to function optimization, Parallel Problem Solving from Nature — PPSN III, *Lecture Notes in Computer Science* 866:49-257

Pourvaziri, H. & Naderi, B. (2014). A hybrid multi-population genetic algorithm for the dynamic facility layout problem, *Applied Soft Computing* 24: 457-469.

Qi, H., Altinakar, M. S., Vieira, D. A. & Alidaee, B. (2008). Application of TABU Search Algorithm with a Coupled ANNAGNPS--CCHE1D Model to Optimize Agricultural Land Use, *Journal of the American Water Resources Association* 44(4):866-878.

Qingyi, W., Li, L. & Chen, D. (2007). *DNA Repair, Genetic Instability, and Cancer*. World Scientific. ISBN 981-270-014-5.

Quiroz, C. M., Cruz-Reyes, L., Torres-Jimenez, J., Gómez, S. C., Huacuja, H. J. F. & Alvim, A. C. F. (2014). A grouping genetic algorithm with controlled gene transmission for the bin packing problem, *Computers & Operations Research*, To Appear. DOI: http://dx.doi.org/10.1016/j.cor.2014.10.010.

Radcliffe, N. J. & Surry, P. D. (1994). Formal memetic algorithms. In: *Evolutionary Computing: AISB Workshop*, Fogarty, T. (eds.), Springer-Verlag.

Reeves, W.T. (1983). Particle systems technique for modeling a class of fuzzy objects, *ACM Transactions on Graphics* 17(3):359-376.

Rejeb, J. & AbuElhaij, M. (2000). New gender genetic algorithm for solving graph partitioning problems. Circuits and Systems, 2000. In: *Proceedings of the 43rd IEEE Midwest Symposium on Circuits and Systems* 1:444-446.

Resende, M. G. C., Martí, R., Gallego, M. & Duarte, A. (2010). GRASP and path relinking for the max–min diversity problem, *Computers & Operations Research* 37(3):498-508.

Resende, M. G. C. & Werneck, R. F. (2004). A hybrid heuristic for the p-median problem, *Journal of heuristics* 10 (1):59-88

Reynolds, C. W. (1987). Flocks, herds and schools: A distributed behavioural model, *Computer Graphics* 21(4):24-34.

Reynolds, R. G. (1994a). An Introduction to Cultural Algorithms. In A. V. Sebald and L. J. Fogel, editors, in *Proceedings of the Third Annual Conference on Evolutionary Programming*, World Scientific, 131-139.

Reynolds, R. G. (1994b). Learning to Co-operate using Cultural Algorithms, in *Simulating Societies: The Computer Simulation of Social Phenomena*, UCL Press, 223–244.

Reynolds, R. G., Michalewicz, Z., e Cavaretta, M., (1995). Using Cultural Algorithms for Constraint Handling in GENOCO, in *Proceedings of the Fourth Annual Conference on Evolutionary Programming*, MIT Press, 289-305.

Reynolds, R.G. & Saleem, S. M. (2005). The Impact of Environmental Dynamics on Cultural Emergence, In: *Perspectives on Adaptions in Natural and Artificial Systems*. Oxford University Press, 253–280.

Reynolds, R. G. & Peng, B. (2005). Knowledge Learning and Social Swarms in Cultural Systems, *The Journal of Mathematical Sociology* 29(2): 115-132.

Reynolds, R. G. & Zhu, S. (2001). Knowledge-based function optimization using fuzzy cultural algorithms with evolutionary programming, *IEEE Transactions on Systems, Man, and Cybernetics*, Part B 31(1):1-18.

Reynolds, R. G. (2003). Tutorial on cultural algorithms. In: *IEEE Swarm Intelligence Symposium*, Indianapolis – USA.

Riaz, T., Wang, Y. & Li, K-B. (2004). Multiple sequence alignment using tabu search, In: *Proceedings of the second conference on Asia-Pacific bioinformatics* 29, 223-232.

Rieffel, J. & Pollack, J. (2006). An endosymbiotic model for modular acquisition in stochastic developmental systems. In: *Proceedings of the Tenth International Conference on the Simulation and Synthesis of Living Systems (ALIFE X).*

Rinderer, T. & Collins, A. (1986). Behavioral genetics. In: T. Rinderer (Ed.), *Bee Genetics and Breeding*, 155-176. Academic Press, Inc.

Ríos-Mercado, R. Z. & Fernández, E. (2009). A reactive GRASP for a commercial territory design problem with multiple balancing requirements, *Computers & Operations Research*, 36(3):755-776.

Rivest, R. L., Shamir, A. & Adleman, L. M. (1978). A method for obtaining digital signatures and public-key cryptosystems, *Communications of ACM* 21(2):120–126.

Rodriguez-Tello, E., Hao, J-K. & Torres-Jimenez, J. (2008). An effective two-stage simulated annealing algorithm for the minimum linear arrangement problem, *Computers & Operations Research* 35(10):3331-3346.

Rolland, E., Schilling, D. A. & Current, J. R. (1997). An efficient tabu search procedure for the p-Median Problem, *European Journal of Operational Research* 96(2):329-342.

Roy, R. & Jadhav, H. T. (2015). Optimal power flow solution of power system incorporating stochastic wind power using Gbest guided artificial bee colony algorithm, *Electrical Power and Energy Systems* 64:562-578.

Ruan, Q., Zhang, Z., Miao, L. & Shen, H. (2013). A hybrid approach for the vehicle routing problem with three-dimensional loading constraints, *Computers & Operations Research* 40:1579-1589.

Rubinstein, R. Y. (1986). *Month Carlo Optimization, Simulation and Sensitivity of Queuing Networks.* John Wiley.

Rumpho, M. E. Worful, J. M., Lee, J., Tyler, M. S., Bhattacharya, D., Moustafa, A. & Manhart, J. R. (2008). Horizontal gene transfer of the algal nuclear gene psbO to the photosynthetic sea slug Elysia chlorotica, PNAS – *Proceedings of the National Academy of Sciences* 105(46):17867-17871.

Russell, P. (1982). *The Awakening Earth: The Global Brain.* London: Arkana.

Rychtyckyj, N. & Reynolds, R. G. (2005). Using Cultural Algorithms to re-engineer Large-scale Semantic Networks. *International Journal of Software Engineering and Knowledge Engineering* 15(4): 665-694.

Sabar, N. R., Ayob, M., Kendall, G. & Qu, R. (2012). A honey-bee mating optimization algorithm for educational timetabling problems, *European Journal of Operational Research* 216:533-543.

Sachs, J. (1882). *Vorlesungen über Pflanzen-Physiologie.* Verlag W. Engelmann, Leipzig.

Sadeghi, J., Sadeghi, S. & Niaki, S. T. A. (2014). Optimizing a hybrid vendor-managed inventory and transportation problem with fuzzy demand: An improved particle swarm optimization algorithm, *Information Sciences* 272:126-144.

Salhi, S, & Sari, M. (1997). A multi-level composite heuristic for the multi-depot vehicle fleet mix problem. European Journal of Operational Research 103:95-112

Sánchez-Velazco, J. & Bullinaria, J. A. (2003). Sexual selection with competitive/co-operative operators for genetic algorithms, In: *IASTED International Conference on Neural Networks and Computational Intelligence* (NCI 2003), ACTA Press.

Sait, M. S. & Zahra, M. M. (2002). Tabu search based circuit optimization, *Engineering Applications of Artificial Intelligence* 15:357-368.

Sarailoo, M., Rahmani, Z. & Rezaie, B. (2015). A novel predictive control scheme based on bees algorithm in a class of nonlinear systems: Application to a three tank system, *Neurocomputing* 152:294-304.

Sareni, B. & Krähenbühk, L. (1998). Fitness sharing and niching methods revisited. *IEEE Transactions on Evolutionary Computation*, 2(3):97-106.

Schmeck, H. (2005). Organic Computing – A new vision for distributed embedded systems. In: *Proceedings of the Eighth IEEE International Symposium on Object-Oriented Real-Time Distributed Computing* (ISORC'05), IEEE Computer Society, 201-203.

Senge, S. & Wedde, H. (2012). 2-way evaluation of the distributed BeeJamA vehicle routing approach, In: *IEEE 2012 Intelligent Vehicles Syposium (IV)* 205-210.

Senti, K-A. & Brennecke, J. (2010). The piRNA pathway: a fly's perspective on the guardian of the genome, *Trends in Genetics* 26(12):499-509.

Silberman, S. (2003). The Bacteria Whispere, *On Neewstands Now* 11:04. http://www.wired.com/wired/archive/11.04/quorum.html. Acesso outubro 2014.

Simões, A. & Costa, E. (2000). Using genetic algorithms with asexual transposition. In: *Proceedings of the Genetic and Evolutionary Computation Conference* (GECCO'00) 323-330.

Singh, R. P., Mukherjee, V. & Ghoshal S. P. (2015). Particle swarm optimization with an aging leader and challengers algorithm for optimal power flow problem with FACTS devices, *International Journal of Electrical Power & Energy Systems* 64:1185-1196.

Sitarz, S. (2009). Ant algorithms and simulated annealing for multicriteria dynamic programming, Computers & Operations Research 36(2):433-441.

Shen, L. (2014). A tabu search algorithm for the job shop problem with sequence dependent setup times, *Computers & Industrial Engineering* 78:95-106.

Sehn, Y. (2008). Reactive Tabu Search in a Team-Learning Problem, *Informs Journal on Computing* 20:500-509.

Shayeghi, H. & Ghasemi, A. (2014). A multi objective vector evaluated improved honey bee mating optimization for optimal and robust design of power systems stabilizers, *Electrical Power and Energy Systems* 62:630-645.

Sherkat, E., Rahgozar, M. & Asadpour, M. (2015). Structural link prediction based on ant colony approach in social networks, *Physica A: Statistical Mechanics and its Applications* 419:80-94.

Shin, D-J., Kim, J-O., Kim, T-K., Choo, J-B. & Singh, C. (2004). Optimal service restoration and reconfiguration of network using Genetic-Tabu algorithm, *Electric Power Systems Research* 7(2):145-152.

Shishvan, M. S. & Sattarvand, J. (2015). Long term production planning of open pit mines by ant colony optimization, *European Journal of Operational Research* 240(3):825-836.

Singh, A. (2009). An artificial bee colony algorithm for the leaf-constrained minimum spanning tree problem, *Applied Soft Computing* 9:625-631.

Smith, P. (1996). Finding hard satisfiability problems using bacterial conjugation. In: *the AISB96 Workshop on Evolutionary Computing*. University of Sussex.

Smith, R. E. & Goldberg, D. E. (1992). Diploidy and dominance in artificial genetic search. *Complex Systems* 6: 251-285.

Solomatine, D. P. (1999). Two strategies of adaptive cluster covering with descent and their comparison to other algorithms. *Journal of Global Optimization* 14(1):55-78.

Sperber, D. (2000). An objection to the memetic approach to culture, In: Aunger, R. (ed.). *Darwinizing culture: the status of memetics as a science*, Oxford, Oxford University Press,163-173.

Srinivasan, S. & Ramakrishnan, S. (2012). Cultural Algorithm Toolkit for Multi-objective Rule Mining, *International Journal on Computational Sciences & Applications* 2(4):9-23.

Stevenson, I. (1972). Bacterial endosymbiosis in Paramecium aurelia: bacteriophage-like Inclusions in a Kappa symbiont, *Journal of General Microbiology* 71:69-76.

Tagawa, K., Wakabayashi, N., Haneda, H. & Inoue, K. (2002). An Imanishism-based genetic algorithm for sampling various Pareto-optimal solutions: an application to the multiobjective resource division problem, *Electrical Engineering in Japan*, 139(2): 992-1000.

Taillard, E. (1991). Robust tabu search for the quadratic assignment problem, *Parallel Computing* 17:443-455.

Taherdangkoo, M., Bagheri, M. H., Yazdi, M. & Andriole, K. P. (2014). An Effective Method for Segmentation of MR Brain Images Using the Ant Colony Optimization Algorithm, *Journal of Digital Imaging* 26:1116–1123.

Tang, P.W., Choon, Y. W., Mohamad, M.S., Deris, S. & Napis, S. (2015). Optimising the production of succinate and lactate in Escherichia Coli using a hybrid of artificial bee colony algorithm and minimization of metabolic adjustment, *Journal of Bioscience and Bioengineering* 119(3):363-368.

Teodorović, D. & Dell'Orco, M. (2005). Bee colony optimization – A cooperative learning approach to complex transportation problems, *Advanced OR and AI Methods in Transportation* 51-60.

Ting, C-K. & Biining, H. K. (2003). A Mating Strategy for Multi-parent Genetic Algorithms by Integrating Tabu Search, In Proceedings of 2003 Congress on Evolutionary Computation, CEC '03, 2:1259-1266.

Thornton, C. (1999). The Building Block Fallacy, Complexity International 4. http://citeseerx.ist.psu.edu/viewdoc/summary?doi=10.1.1.53.6372. Acesso em outubro de 2014.

Tomera, M. (2014). Ant Colony Optimization Algorithm Applied to Ship Steering Control, *Procedia Computer Science* 35:83-92.

Tomshine, J. & Kaznessis, Y. N. (2006). Optimization of a Stochastically Simulated Gene Network Model via Simulated Annealing. *Biophyscal Journal* 91:3196-3205.

Tsubakitani, S. & Evans, J. R. (1998). Optimizing tabu list size for the traveling salesman problem, *Computers & Operations Research* 25(2):91-97.

Turajlić, N. & Dragović, I. (2012). A Hybrid Metaheuristic Based on Variable Neighborhood Search and Tabu Search for the Web Service Selection Problem, *Electronic Notes in Discrete Mathematics* 39:145-152.

Van Laarhoven, P.J.M. & Aarts, E.H.L. (1987). *Simulated Annealing: Theory and Applications*. Reidel, Dordrecht.

Van Wagner-Cherry, K. (2014). Definition for Heuristic, About.com Psychology, http://psychology.about.com/od/hindex/g/heuristic.htm.

Vassiliadis, V. & Dounias, G. (2008). Nature inspired intelligence for the constrained portfolio optimization problem. In: *Artificial Intelligence: Theories, Models and Applications, Lecture Notes in Computer Science* 5138:431-436.

Venditti, L., Pacciarelli, D. & Meloni, C. (2010). A tabu search algorithm for scheduling pharmaceutical packaging operations, *European Journal of Operational Research* 202(2):538-546.

Villegas, J. G., Prins, C., Prodhon, C., Medaglia, A. L. & Velasco, N. (2010). GRASP/VND and multi-start evolutionary local search for the single truck and trailer routing problem with satellite depots, *Engineering Applications of Artificial Intelligence* 23(5):780-794.

Voβ, S., Martello, S., Osman, I. H. & Roucairol, C. (1999). *Meta-Heuristics-Advances and Trends in Local Search Paradigms for Optimization*, Kluwer Academic Publishers, Dordrecht, The Netherlands.

Waligóra, G. (2009). Tabu search for discrete–continuous scheduling problems with heuristic continuous resource allocation, *European Journal of Operational Research* 193(3):849-856.

Ware, J. M., Wilson, I. D., Ware J. A. & Jones, C. B. (2002). Tabu search approach to automated map generalisation, In: *Proceedings of the tenth ACM international symposium on Advances in geographic information systems*,101-106.

Wedde, H.F., Farooq, M. & Zhang, Y. (2004). BeeHive: an efficient fault-tolerant routing algorithm inspired by honey bee behavior, In: M. Dorigo (Ed.), *Ant Colony Optimization and Swarm Intelligence, Lecture Notes in Computer Science* 3172:83-94.

Wedde, H. F., Timm, C. & Farooq, M. (2006). BeeHiveGuard: a step towards secure nature inspired routing algorithms, In: Applications of Evolutionary Computing, Lecture Notes in Computer Science 3907:243-254.

Wen, L., Wang, X., Wu, Z. Zhou, M. & Jin, J. S. (2015). A novel statistical cerebrovascular segmentation algorithm with particle swarm optimization, *Neurocomputing* 148:569-577.

Wenzel, W. & K. Hamacher, (1999). A Stochastic tunneling approach for global minimization. *Physical Review Letters* 82(15):3003-3007.

Wernegreen, J. J. (2005). For better or worse: genomic consequences of intracellular mutualism and parasitism. *Genetics & Development* 15:572-583.

Wilhelm, M. & Ward, T. (1987). Solving quadratic assignment problems by simulated annealing. *IIE Transaction* 19:107-119.

Wilson, E. O. (1998). *Consilience*, Knopfs, A. A. (Ed.), New York, USA.

White, T. (2007). Swarm Intelligence: A Gentle Introduction with applications, http://www.sce.carleton.ca/netmanage/tony/swarm-presentation/index.htm, Acesso outubro 2014.

Woodcock, A. J. & Wilson, J. M. (2010). A hybrid tabu search/branch & bound approach to solving the generalized assignment problem, *European Journal of Operational Research*, 207(2):566-578.

Wright, S. (1980). Genic and organismic selection, *Evolution* 34:825-843.

Wright, S. (1988). Surfaces of Selective Value Revisited, *American Naturalist* 131:115-123.

Wu, X., Li, C., Jia, W, & He, Y. (2014). Optimal operation of trunk natural gas pipelines via an inertia-adaptive particle swarm optimization algorithm, *Journal of Natural Gas Science and Engineering* 21:10-18.

Xiaowei, H., Xiaobo, Z., Jiewen, Z., Jiyong, S., Xiaolei, Z. & Holmes, M. (2014). Measurement of total anthocyanins content in flowering tea using near infrared spectroscopy combined with ant colony optimization models, *Food Chemistry* 164:536-543.

Xidong J. & Reynolds, R. G. (2002). Data Mining Using Cultural Algorithms and Regional Schemata, In: *14th IEEE International Conference on Tools with Artificial Intelligence* (ICTAI'02), 33-40.

Xu, C. & Duan, H. (2010) Artificial bee colony (ABC) optimized edge potential function (EPF) approach to target recognition for low-altitude aircraft, *Pattern Recognition Letters* 31:1759-1772.

Xu, C., Duan, H., & Liu, F. (2010a). Chaotic artificial bee colony approach to uninhabited combat air vehicle (UCAV) path planning, *Aerospace Science and Technology* 14(8):535-541.

Xu, S., Jo, Z., Pham, D.T.n & Yu, F. (2010b). Bio-inspired binary bees algorithm for a two level distribution optimisation problem, *Journal of Bionic Engineering* 7:161-167.

Yang, X.S. (2005). Engineering optimizations via nature-inspired virtual bee algorithms, In: J.M. Yang, J.R. Alvarez (Eds.), *IWINAC, Lecture Notes in Computer Science* 3562:317-323.

Yao, R., Templeton, A. K., Liao, Y., Turian, J. V., Kiel, K. D. & Chu, J. C. H. (2014). Optimization for high-dose-rate brachytherapy of cervical cancer with adaptive simulated annealing and gradient descent, Brachytherapy 13(4):352-360.

Ye, Z. & Mohamadian, H, (2014). Adaptive Clustering based Dynamic Routing of Wireless Sensor Networks via Generalized Ant Colony Optimization, *IERI Procedia* 10:2-10.

Yeung, S-H., Hoi-Kuen Ng, H-K. & Man, K-F. (2008). Multi-criteria design methodology of a dielectric resonator antenna with jumping genes evolutionary algorithm, *International Journal of Electronics and Communications (AEÜ)* 62:266-276.

Yin, P-Y. & Wang, T-Y. (2012). A GRASP-VNS algorithm for optimal wind-turbine placement in wind farms, *Renewable Energy* 48:489-498.

Yoo, K-S. & Han, S-Y. (2014). Modified Ant Colony Optimization for Topology Optimization of Geometrically Nonlinear Structures, *International Journal of Precision Engineering and Manufacturing* 15(4): 679-687

Yu, F. Lin, S-W., Lee, C-J. & Ting, C-J. (2010). A simulated annealing heuristic for the capacitated location routing problem, *Computers & Industrial Engineering* 58(2):288-299.

Yu, V. F. & Lin, S-W. (2014). Multi-start simulated annealing heuristic for the location routing problem with simultaneous pickup and delivery, *Applied Soft Computing* 24:284-290.

Yuan, Z., Wang, L-N. & Ji, X. (2014). Prediction of concrete compressive strength: Research on hybrid models genetic based algorithms and ANFIS, Advances in Engineering Software 67:156-163.

Yuan, B., Zhang, C., Shao, S. & Jiang, Z. (2015). An effective hybrid honey bee mating optimization algorithm for balancing mixed-model two-sided assembly lines, *Computers & Operations Research* 53:32-41.

Zhang, N., Feng, Z-r. & Ke, L-j. (2011). Guidance-solution based ant colony optimization for satellite control resource scheduling problem, *Applied Intelligence* (2011) 35:436-444.

Zhang, R., Zhou, J., Mo, L., Ouyang, S. & Liao, X. (2013). Economic environmental dispatch using an enhanced multi-objective cultural algorithm, Electric Power Systems Research 99:18-29.

Zhang, Y., Gong, D., Hu, Y. & Zhang, W. (2015). Feature selection algorithm based on bare bones particle swarm optimization, *Neurocomputing* 148:150-157.

Zhou, J., Zhang, X., Zhang, G. & Chen, D. (2015). Optimization and parameters estimation in ultrasonic echo problems using modified artificial bee colony algorithm, *Journal of Bionic Engineering* 12:160-169.

Zhu, G. & Kwong, S. (2010). Gbest-guided artificial bee colony algorithm for numerical function optimization, *Applied Mathematics and Computation* 217:3166-3173.

CAPÍTULO 3

Árvores de Steiner e Redes de Acesso Local

Objetivos — O presente capítulo objetiva:

- Modelar o problema da árvore de Steiner em grafos.
- Discutir extensões aplicáveis a redes de acesso local.
- Avaliar custos de distância e demanda espacial.
- Mostrar a hierarquia das redes de utilidade pública.

3.1 Introdução

● Redes de Utilidade Pública

A natureza espacial e a organização hierárquica de sistemas de telecomunicações e transportes se manifestam em diversas aplicações no mundo real, tal como na localização de centrais telefônicas ou agências de correios, tendo um importante papel na pesquisa operacional. Outros serviços de interesse público, tal como água, energia elétrica e gás também apresentam essas características, levando ao uso de grafos e árvores na representação de todas essas redes de utilidade pública. Este capítulo introduz os modelos básicos e as extensões de árvore de Steiner no contexto desses problemas espaciais.

● Distâncias, Demanda Espacial e Hierarquia em Redes Públicas

A minimização de distâncias é crucial para o objetivo de minimização de custos nesses sistemas públicos. Juntamente com os valores das demandas distribuidas espacialmente, a influência das distâncias deve ser levada em conta para encontrar níveis ótimos de concentração de consumidores, o que permite obter as economias de escala oriundas da agregação de fluxos nessas redes. A principal diferença entre os modelos se refere ao nível hierárquico de projeto de rede, que tipicamente se organiza num nível superior de rede de entroncamento (*backbone*) e num nível inferior de redes de acesso local, tal como ilustrado na Figura 3.1.

Os vértices que apresentam mudanças nos níveis hierárquicos da rede são genericamente chamados de *hubs*. Na Figura 3.1 esses vértices se referem às linhas verticais que unem o plano superior e o plano inferior. Dependendo do contexto ou da aplicação, um nó *hub* pode ser denominado central telefônica, entreposto, reservatório de água, fábrica, concentrador, ponto de acesso, unidade remota ou caixa terminal. Normalmente um nó *hub* é o vértice raiz (fonte) de uma rede de acesso que se configura em uma árvore, e é um dos muitos nós de demanda de uma rede de nível superior, que pode ser uma árvore, um anel ou uma rede multiconectada. Uma rede de entroncamento (*backbone*) pode ser chamada de rede de interligação ou de conexão de *hubs* e uma rede de acesso local é também chamada de rede de distribuição ou ramal.

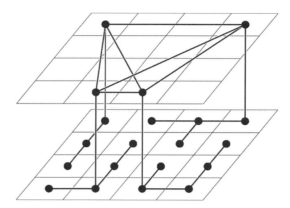

Figura 3.1: Hierarquia entre as redes de entroncamento e de acesso local.

● Redes de Interconexão e Árvores de Acesso

As redes *backbone* são normalmente multiconectadas e as redes de distribuição se configuram sob a forma de árvores. As ligações (*links*) do *backbone* carregam maior volume de tráfego do que as ligações de distribuição. O tráfego originado por um cliente num local específico sempre passa através de sua rede de acesso para chegar ao único *hub* que atende a região do cliente. A partir desse *hub* há duas opções. Se o destinatário estiver na mesma região, o próprio *hub* reencaminha o fluxo por algum ramal da mesma rede de acesso, sem usar o *backbone*. Em caso contrário, depois de fluir através da rede *backbone*, o tráfego usa outra rede de acesso para viajar de um *hub* até o destino final em sua área de abrangência. A influência da distância no custo ocorre em todos os níveis da rede hierárquica, mas tem um papel mais importante no âmbito das redes de acesso, cuja capilaridade faz com que essas redes tenham um comprimento total bem maior do que o comprimento da rede de entroncamento. A Tabela 3.1 é um glossário de termos usuais para os vértices e as arestas da interligação de diferentes tipos de redes de utilidade pública, enquanto a Tabela 3.2 se refere aos termos usualmente adotados nas correspondentes árvores de acesso.

● Localização de *Hubs* e Projeto de Redes

A primeira classe de problemas de otimização discreta no grafo de suporte ao planejamento se refere à localização de fontes de suprimento ou atendimento (*hubs*). A segunda classe de problemas, objeto do presente capítulo, se refere ao projeto da rede (*network design*). Os problemas de localização selecionam os vértices onde serão instalados *hubs*, enquanto que os problemas de projeto de rede selecionam os arcos que viabilizam a ligação econômica de cada *hub* até seus correspondentes pontos de demanda. Enquanto os problemas de localização enxergam toda a cidade os problemas de projeto de rede se dedicam à região específica de atendimento de cada *hub*. Um subproduto do projeto da rede é a escolha dos pontos de passagem da infraestrutura de ligação a ser construida. Os pontos de passagem, chamados de nós de Steiner, não possuem demanda, mas permitem atalhos e rateios de custo fixo de infraestrutura de ligação. A integração dos problemas de localização de hubs e de projeto de redes é um ideal que ainda não foi atingido. Na prática o problema de localização é complementar ao de projeto de rede. Antes do projeto da rede se invoca a solução de problemas clássicos de localização de fábricas ou depósitos, conhecidos desde os anos de 1950, inclusive em versões quadráticas que incorporam a interdependência entre as fábricas (Koopmans & Beckman, 1957; Baumol & Wolfe, 1958). A versão de maior interesse, de programação linear inteira mista, é a de problemas de localização com restrições de capacidade (Sá, 1966; Davis & Ray, 1969; Tang *et al* (1978); Mateus & Luna, (1992).

Tabela 3.1: Termos usuais na interligação de diversas redes públicas

Tipo de Rede de Utilidade Pública	Redes de Interligação	
	Vértices	Arestas
Água	Represas	Aquedutos e Canais
Computadores (Internet)	Roteadores	Cabos de Fibra Ótica
Correios	Centros de Triagem	Estradas e Rotas Aéreas
Energia Elétrica	Usinas Térmicas e Hidroelétricas	Linhas de Transmissão
Esgoto	Estações de Tratamento	Canais e Dutos
Gás	Tanques de Gás	Gasodutos
Telefonia Fixa	Centrais Telefônicas	Entroncamento sem Fibra Ótica
Telefonia Móvel	Estações Rádio Base	Entroncamento em Fibra Ótica
Transporte Aéreo	Aeroportos	Linhas Aéreas na Atmosfera
Transporte Aquaviário	Portos	Oceanos, Rios e Canais
Transporte Terrestre	Centros de Distribuição	Estradas ou Ferrovias
Transporte Urbano	Estações de Metrô ou Rodoviárias	Linhas de Metrô ou Ônibus
World Wide Web	Servidores de Busca na *Web*	Links
Televisão	Antenas de Transmissão de TV	Rádio Propagação na Atmosfera
TV a Cabo	Satélites	Receptores de Satélites

Tabela 3.2: Termos usuais em árvores de acesso a redes públicas

Tipo de Rede de Utilidade Pública	Árvore de Acesso	
	Vértices	Arestas
Água	Reservatórios e Caixas d'Água	Canos
Computadores (Internet)	Computadores e Terminais	Cabos Coaxiais
Correios	Agências de Correios	Ruas
Energia Elétrica	Subestações e Transformadores	Fios de Cobre
Esgoto	Fossas e Caixas de Gordura	Dutos
Gás	Fogões e Aquecedores	Mangueiras e Tubulações de Gás
Telefonia Fixa	Telefones	Cabos de Cobre
Telefonia Móvel	Celulares	Rádio Propagação
Transporte Aéreo	Terminais de Passageiros	Ruas
Transporte Aquaviário	Terminais de Carga	Ruas
Transporte Terrestre	Supermercados ou *Cross-Docking*	Ruas
Transporte Urbano	Pontos de Parada	Ruas
World Wide Web	Navegadores da *Web*	Teclados e Telas de Toque
Televisão	Antena Parabólica	Cabo de Televisor
TV a Cabo	Receptores e Decodificadores	Cabo de Televisor

Sistemas Eixo-raio: Localização e Projeto Integrados

Os sistemas eixo-raio (*hub-and-spoke*) constituem uma classe de problemas em que os dois níveis de projeto de rede são contemplados em conjunto e em que as decisões de localização de *hubs* constituem uma parte chave do problema. A adoção de uma arquitetura *hub-and-spoke* provê uma série de simplificações, em ambos os níveis da rede, que permitem uma visão integrada do problema completo de projeto de rede pública. Os raios *spokes* são ligações diretas entre os locais dos consumidores e de seus correspondentes *hubs*, dessa forma assumindo uma configuração estrela para qualquer rede de acesso local. O entroncamento (*backbone*) é uma rede completamente conectada, com cada hub ligado a qualquer outro *hub*. Os raios e o entroncamento completo asseguram diâmetro 3, significando que qualquer demanda é servida por no máximo três ligações entre a origem e o destino. A telefonia móvel é um bom exemplo onde a arquitetura eixo-raio é adequada, na qual os raios se referem aos sinais de rádio-propagação entre cada *hub* (estação rádio-base) e os telefones celulares dos clientes de sua área de abrangência.

Em sua origem, a arquitetura eixo-raio foi definida para as situações em que as localizações dos *hubs* são escolhidas num conjunto contínuo de pontos. Esse foi o caso do artigo seminal de O'Kelly (1986) sobre a localização de hubs com interação, e também em algumas contribuições subsequentes (Aykin, 1988; Aykin and Brown, 1992), onde os *hubs* podem se localizar em qualquer lugar da área planar de serviço. Embora essas referências originais tenham se referido a localização contínua de *hubs*, só mais recentemente essa opção foi viabilizada computacionalmente por Xavier et al (2013), através de um eficiente algoritmo de penalização hiperbólica, capaz de abordar problemas com centenas de pontos no plano e com garantia de otimalidade local.

A maior parte da literatura e dos correspondentes experimentos computacionais em sistemas eixo-raio seguiram uma abordagem discreta para a localização dos *hubs*. O trabalho pioneiro foi também de O'Kelly (1987), que introduziu um programa quadrático inteiro para a localização de hubs interligados. Formulações alternativas de programação linear inteira mista foram também propostas por Campbell (1994), Ernst & Krishnamoorthy (1996, 1998), O'Kelly et al. (1996) e Hamacher et al. (2000). A última dessas formulações provê melhores limitantes de programação linear, o que tornou possível o sucesso do método de decomposição de Benders no problema de localização e alocação múltipla de *hubs* sem restrições de capacidade (Camargo et al, 2008). A partir dessa experiência o método de Benders se consolidou como a mais eficiente técnica para resolver esses problemas de localização de *hubs*, ao passar de dezenas a centenas de vértices a ordem de grandeza de problemas abordáveis por métodos exatos.

A literatura de sistemas eixo-raio teve avanço significativo no enriquecimento de formulações. Não cabe aqui a exaustiva listagem de contribuições, mas merece destaque a consideração de economias de escala, de incerteza nas demandas e de efeitos de congestionamento na rede (Camargo e colaboradores, 2008, 2009). Mais recentemente, o trabalho de O'Kelly et al (2015) aproximou essa classe de problemas de aspectos importantes de projeto de redes, ao contabilizar custos fixos de instalação de ligações. Infelizmente, porém, a falta de inclusão de pontos de passagem, chamados de nós de Steiner, constituem uma limitação para o uso da arquitetura eixo-raio no projeto detalhado de redes de acesso. A referência dada a essa arquitetura procurou apenas evidenciar uma tendência promissora para a integração dos problemas de localização e projeto. A tônica deste capítulo é a inclusão de nós de Steiner, necessários para a construção de atalhos e rateios dos custos fixos da infraestrutura de ligação da rede.

Multitude de Aspectos em Projeto de Rede

Assumindo que a localização de fábricas ou *hubs* tenha sido determinada, restam os problemas de detalhamento dos projetos das redes de *hubs* e das redes de acesso. Um problema típico de projeto de rede assume que os nós são dados e que o problema se dedica à escolha de arcos num grafo de suporte ao planejamento. Para cada nível de projeto de rede, um amplo espectro de formulações de modelos tem sido coberto pela literatura, tal como relacionado nas resenhas de Magnanti & Wong (1984) e Luna (2006). Essa literatura pode ser classificada pela natureza contínua ou discreta do problema, e também pelo caráter determinístico ou estocástico do modelo utilizado. Outras características que diferenciam os modelos dessas redes se referem a quão relevantes são considerados os aspectos de topologia, conectividade, capacidade, confiabilidade, padrões de demanda, roteamento, tarifação, desempenho e qualidade de serviço.

Por conta da complexidade desses problemas, os projetos de rede de acesso e de rede de entroncamento são normalmente considerados de forma independente. Os artigos de Rothfarb & Goldstein (1971), Gavish(1982), Luna *et al.* (1987) e Randazzo & Luna (2001) são alguns exemplos que tratam especificamente de problemas de projeto de rede de acesso local. Por outro lado, Gerla & Kleinrock (1977), Gavish & Altinkemer (1990) e Ferreira *et al.* (2003, 2013) são referências notáveis de um rico acervo de literatura que trata de projeto topológico, planejamento de capacidade e atribuição de rotas em redes de interconexão de hubs de sistemas de transportes e telecomunicações. Na prática, esquemas *adhoc* são usados para integrar os dois níveis desses problemas complexos de planejamento de redes de utilidade pública.

A classe de problemas de interesse no corrente capítulo é a de projeto de redes de acesso com configuração em árvore. Dessa forma, a menos das referências acima citadas, aqui se descarta outras citações ao corpo da literatura que trata de congestionamento, planejamento de capacidade e atribuição de fluxos entre *hubs* de redes de transportes e telecomunicações.

● Localização Contínua e Construção de Grafo de Suporte

Em planejamento de redes de utilidade pública é preciso resolver duas classes de problemas de otimização discreta em grafos. Em ambas as classes, o conjunto dos vértices do grafo dado inclui todos os pontos de demanda e os possíveis locais para instalação de concentradores ou pontos de bifurcação na rede a projetar. Para se montar esse grafo de suporte ao planejamento é desejável recorrer aos problemas originais de localização de medianas e de Steiner no espaço contínuo do plano Euclidiano. Assim sendo, a otimização contínua precede a otimização discreta, que se manifesta a partir do grafo de suporte montado.

● Organização do Capítulo

Além desta seção introdutória e de uma seção conclusiva, o corpo deste capítulo do livro se organiza em mais quatro seções, todas relacionadas a problemas de árvores. Embora os problemas de localização discreta de *hubs* estejam fora do escopo do capítulo é fundamental compreender alguns problemas de localização contínua que permeiam a construção de grafo de suporte a projeto de rede em árvore. A seção a seguir trata desses problemas de localização de medianas e de pontos de Steiner no plano. A seção 3.3 apresenta o modelo de Projeto de Árvore Geradora para Acesso, chamado de problema *PAGA*, que sintetiza para o contexto usual de árvores geradoras os principais aspectos dos problemas de projeto de rede de acesso. A seção 3.4 modela o Projeto de Árvore de Steiner para Acesso, chamado de problema *PASTA*, que aborda a necessária inclusão de pontos de bifurcação em projeto de acesso. E a seção 3.5 modela, também no contexto de extensões de árvores de Steiner, aspectos de hierarquia em redes de acesso.

3.2 Problemas de Localização no Plano Euclidiano

A busca pela minimização de custos está relacionada à busca da minimização da soma das distâncias de uma fonte de atendimento até pontos de consumo dados no plano. O problema básico, de localização contínua, consiste em escolher o local de um *hub* no espaço contínuo do plano dos pontos dados. Em complemento ao problema de localização de um único *hub*, esta seção discute também o problema de localização de pontos de passagem para interconexão de mínimo comprimento. A busca de medianas ajuda a reduzir custos de uso da rede, enquanto a busca de pontos de passagem visam a redução de custos de construção da rede a projetar.

● Problemas Originais de Medianas
✔ Problema de Fermat

A literatura em redes de utilidade pública tem pouco mais de meio século, mas os problemas de localização do tipo *min – sum* se originaram no Século XVII, quando Fermat enunciou a questão de, dados três pontos no plano, encontrar um ponto, chamado de mediana, tal que seja mínima a soma das distâncias desse ponto até cada um dos três pontos dados.

A solução do problema de Fermat, proposta por Torricelli, passa pela construção do triângulo cujos vértices sejam os três pontos de consumo dados. Chamando de $A;B$ e C os vértices de consumo e de $\triangle ABC$ o triângulo formado, o problema consiste em encontrar o ponto M tal que seja mínima a soma das distâncias de M até os vértices $A;B$ e C. Há duas situações possíveis para a determinação da mediana M. Se todos os ângulos em $\triangle ABC$ são menores do que 120° então M é o ponto interno de $\triangle ABC$ tal que os ângulos $\angle AMC$, $\angle BMC$ e $\angle CMA$ são todos iguais a 120°, tal como ilustrado na Figura 3.2(a). Na outra situação, se algum ângulo de $\triangle ABC$ é maior ou igual a 120°, por exemplo o ângulo do vértice C, então $M = C$, conforme mostrado na Figura 3.2(b).

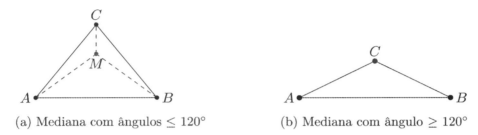

(a) Mediana com ângulos $\leq 120°$ (b) Mediana com ângulo $\geq 120°$

Figura 3.2: Soluções possíveis para o problema de Fermat.

O problema de Fermat foi generalizado por Weber. A generalização do problema foi por sua vez estudada em grafos por Hakimi (1964). Os dois pontos a seguir discutem essas importantes extensões do tradicional problema de Fermat.

✔ Problema de Weber

No século passado, muitos estudos se dedicaram a extensões do problema de Fermat. Uma contribuição notável foi feita por Alfred Weber, que enunciou um dos mais conhecidos problemas de localização industrial. O problema consiste em encontrar o local de um ponto no plano que minimize a soma dos custos de transporte desse local até n pontos de destino, onde, em função da carga a transportar, para diferentes destinos pode haver diferentes custos de transporte por unidade de distância percorrida.

O problema de Weber generaliza a questão de encontrar o ponto de Fermat, que trata da mediana geométrica de três pontos, e também a questão mais geral da mediana geométrica de n pontos, que assume que os custos de transporte são iguais para todos os pontos. Além de enunciar o problema para um número geral de n pontos, Weber também adicionou pesos q_i em cada ponto i, para considerar a distribuição espacial da demanda dos consumidores. Trata-se de um problema de otimização não linear contínua, já que a fábrica (a mediana) pode se localizar no espaço contínuo, em qualquer ponto do plano Euclidiano.

A Figura 3.3(a) ilustra o caso em que são dados no plano oito pontos de demanda, numa situação em que é de 4 unidades a distancia entre dois pontos contíguos de cada linha horizontal e em que é de 3 unidades a distância entre dois pontos contíguos de cada linha vertical. A Figura 3.3(b) mostra que o ponto 0 corresponde à mediana dos oito pontos dados. Se a demanda de todos os pontos é homogênea, com valores de q_i iguais para todo $i = 1, ..., 8$, então o ponto 0 coincide com a solução do problema de Weber, constituindo o ponto de localização ótima para a fonte de atendimento dos oito pontos dados no plano. Mas se os valores de demanda q_i forem heterogêneos, por exemplo com o nó 3 tendo um valor de demanda q_3 maior do que a demanda dos demais pontos de atendimento, a solução do problema de Weber se desloca para a direita na mesma linha, se aproximando de 3 à medida que aumente o valor de q_3. Em teoria, uma rede ótima para um dado perfil de demanda, exige a determinação exata do ponto de Weber para esse perfil específico da demanda espacial. Na prática de projeto, em face da incerteza quanto a seus valores efetivos, e dada a dinâmica de mudança no perfil das demandas espaciais, é razoável assumir que a mediana geométrica corresponda a um centro econômico para a localização da fonte de atendimento da rede. A não ser que se observe disparidades gritantes na distribuição da demanda espacial, essa prática é adequada em projetos de engenharia de redes de acesso.

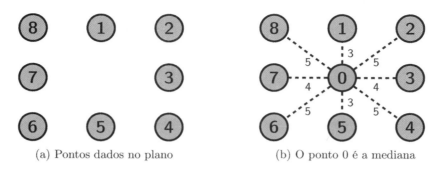

Figura 3.3: Pontos de demanda dados no plano e mediana.

Embora tenha havido contribuições anteriores para a solução do problema de Weber, seu caráter geral não permitiu avanços significativos com os métodos geométricos e trigonométricos. Em 1962, um método iterativo de otimização, com correção de pesos em função objetivo de mínimos quadrados, foi proposto por Kuhn & Kuene (1962). Sempre que possível, nesse capítulo se assume que a localização de um nó fonte 0 seja uma solução do problema de Weber.

✔ Problema de Hakimi

A ideia por trás do problema de Fermat foi introduzida em grafos por Hakimi (1964), ao definir mediana absoluta como o local de algum ponto no grafo que minimiza a soma das distâncias ponderadas entre o local e todos os vértices do grafo. Hakimi permitiu que esse ponto esteja ao longo das arestas do grafo, mas provou que uma mediana absoluta ótima sempre existe em algum vértice do grafo, provendo então uma representação discreta de um problema contínuo. Com o resultado de Hakimi se pode restringir a busca da mediana aos vértices do grafo, o que facilitou o estudo de algoritmos para a determinação da mediana de um grafo, tal como proposto, por exemplo, por Teitz & Bart (1968).

Os termos mediana, fonte e raiz são aqui usados indistintamente. Os termos vértice de demanda, ponto de consumo e nó terminal são também usados como sinônimos entre si. A mediana corresponde à localização de uma única fonte de atendimento que minimiza os custos de transporte da fonte até todos os vértices que possuem demanda. Para cada um desses vértices subentende-se que o fluxo de atendimento é feito pelo caminho mais curto a partir da fonte. A superposição desses caminhos até os vértices de demanda compõem uma arborescência conhecida por Árvore de Caminhos Mínimos (*ACM*) da raiz aos nós terminais. O raio da *ACM* é dado pelo número máximo de arestas a percorrer em algum dos caminhos entre a raiz e os nós terminais. Quando no grafo de suporte existem arestas ligando diretamente a raiz a todos os terminais, tal como na Figura 3.4(a), o raio vale 1. Nesse caso, típico em acesso por rádio-propagação, a topologia da *ACM* corresponde a uma configuração *Estrela*, conforme ilustração da Figura 3.4.

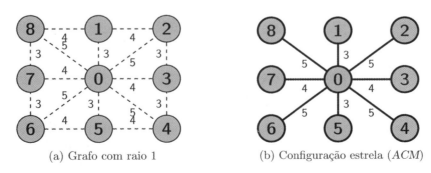

Figura 3.4: Grafo com raiz em 0 e subgrafo estrela.

A ideia de se usar o conceito de raio associado à raiz de um grafo pressupõe que a localização da fonte de atendimento de uma rede de acesso esteja em algum nó que pertença ao centro de um grafo de suporte. Cabe aqui formalizar os conceitos basicos de excentricidade, raio, diâmetro e centro de um grafo, de acordo com as definições dadas no livro texto de Goldbarg & Goldbarg (2012). Dado um vértice v de um grafo $G(N; E)$, para cada outro vértice w do grafo se determina um caminho entre v e w que tenha um número mínimo de arestas. Define-se excentricidade do vértice $v \in N$ ao número que maximiza o número mínimo de arestas entre v e algum w. O raio do grafo G é o menor valor de excentricidade para todo vértice $v \in N$. O diâmetro do grafo G é o maior valor de excentricidade para todo vértice $v \in N$. E o centro de um grafo G é o subconjunto dos vértices de excentricidade mínima. Por definição, se a raiz pertence ao centro, sua excentricidade é dada pelo raio do grafo. Por outro lado, se a raiz estiver fora do centro, por exemplo na periferia do grafo, é mais adequado o uso do conceito de excentricidade da raiz.

● Problema Euclidiano da Árvore de Steiner

O problema de Steiner no plano busca uma rede de comprimento total mínimo que interconecta um conjunto N de pontos do plano Euclidiano. O problema consiste em localizar pontos de união de segmentos de reta, chamados de pontos de Steiner, de forma a compor um conjunto conexo contendo N, e tal que seja minimizada a soma dos comprimentos Euclidianos dos segmentos de linha. O problema no plano é conhecido há dois séculos, tendo servido de referência a diversas variantes e importantes contribuições (Gilbert & Pollak, 1968).

A solução do problema é uma árvore onde cada ponto de Steiner tem três arestas incidentes, com ângulos igualmente espaçados. Trata-se da árvore mais econômica em fiação ou estradas de ligação, chamada de Árvore de Steiner (AST). Os pontos dados no conjunto N são chamados de terminais. A Figura 3.5 ilustra o caso em que são dados no plano quatro pontos terminais. Os segmentos de reta indicados em linhas tracejadas compõem a interconexão dos pontos dados A; B; C e D. O comprimento mínimo da fiação necessária para conectar os pontos A; B; C e D é dado pela somatória dos comprimentos dessas linhas tracejadas. Uma AST com $n = |N|$ terminais tem no máximo $n - 2$ pontos de Steiner. Cada ponto de Steiner tem exatamente três arestas se encontrando com ângulos de 120°.

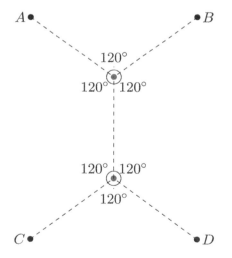

Figura 3.5: Solução do problema de Steiner para 4 pontos no plano.

Cabe observar que a generalização não ponderada do problema de Fermat também possui como entrada um conjunto finito N de n pontos, mas o problema consiste em achar apenas um ponto cuja soma das distâncias até os n terminais seja mínima. Para $n \leq 3$ a solução do problema de Fermat coincide com a solução do problema Euclidiano da árvore de Steiner. Mas, em geral, para $n \geq 4$, a solução do problema de Fermat não leva à solução do problema de Steiner. No exemplo dos 4 pontos $A;B;C$ e D mostrados na Figura 3.5, a solução do problema de Fermat, como será vista na seção 4, fica posicionada no único ponto da interseção das diagonais do quadrilátero composto pelos vértices A; B; C e D, diferindo portanto da solução indicada na Figura pelos dois pontos de Steiner. A motivação que permeia o problema de Steiner é a minimização do custo de construir a rede de acesso, enquanto que o interesse no problema de Fermat está na minimização do custo de usar essa rede. Os modelos de rede de acesso das seções a seguir incorporam essas duas componentes de custo do sistema.

3.3 Projeto de Árvore Geradora para Acesso

● Problema da Árvore Geradora Mínima

Dado um conjunto de pontos distintos no plano bidimensional, o problema de encontrar a rede de conexão mais curta que liga todos os pontos, usando apenas segmentos de reta que unem pares dos pontos dados, é um dos mais fáceis e interessantes problemas de otimização em redes, possuindo muitas aplicações. A rede de conexão de comprimento mínimo é claramente uma árvore geradora, chamada de Árvore Geradora Mínima (AGM).

Para o exemplo do grafo de suporte ilustrado na Figura 3.4(a), a Figura 3.6 exibe duas árvores geradoras mínimas especiais, ambas tendo o comprimento mínimo $L^{min} = 26$. A do lado esquerdo (6a) é a única AGM possível com raio 2. A do lado direito (6b) constitui uma cadeia com 8 arestas, de raio 4, já que cada um dos caminhos que unem a raiz 0 aos vértices terminais 8 e 4 se fazem sobre quatro arestas. Essas duas árvores são também simétricas.

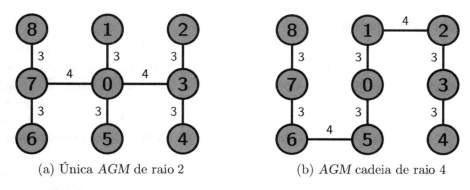

Figura 3.6: Duas árvores geradoras mínimas para o grafo da Figura 3.4(a).

Ainda com respeito ao grafo de suporte da Figura 3.4(a), a Figura 3.7 mostra mais duas arvores geradoras mínimas, já que cada uma possui o comprimento mínimo $L^{min} = 26$. Ambas contam com raio 4, já que em ambas o caminho que une a raiz 0 ao vértice terminal 4 se faz sobre quatro arestas. Apenas a primeira dessas árvores é simétrica.

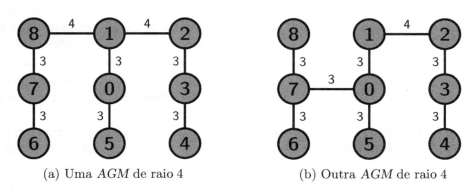

Figura 3.7: Mais duas árvores geradoras mínimas para o grafo da Figura 3.4(a).

● Literatura de Projetos em Árvores Geradoras

A maior parte da literatura em projeto de redes de acesso se baseia em extensões de formulações de fluxo em rede para o problema da árvore geradora mínima, tais como apresentadas no Capítulo 6, de Fluxos em Redes, do primeiro volume dos correntes autores (Goldbarg *et al.* 2015). Em toda essa literatura não existe nó de Steiner, de forma que um nó central tem que ser ligado a todos os demais nós através de uma rede de mínimo custo. Esses problemas tiveram uma série de contribuições a partir da década de 1980 por autores como Gavish, Maculan, Hochbaum & Segev e Gouveia. São notáveis os problemas de árvore geradora com restrições de capacidade, de grau ou de excentricidade da raiz. Em muitos desses problemas os nós terminais possuem características similares, de forma que um único tipo de linha pode ser usado para conectar todos os terminais. Quando a rede tem terminais heterogêneos, no sentido de que geram diferentes valores de tráfego, e os custos das linhas são dependentes das capacidades, tem-se o problema Telepak, definido por Rothfarb & Goldstein em 1971.

Gavish (1983) propôs formulações de fluxo para o problema da árvore direcionada com restrições de capacidade. Em 1985, o mesmo autor sugeriu uma formulação nova em que o problema da árvore geradora capacitada é visto como um problema de programação inteira zero-um. Gouveia (1993) comparou diferentes formulações e pavimentou o caminho para a solução de problemas de grande porte. O artigo seminal de Rothfarb e Goldstein (1971) formulou o chamado problema Telepak como um problema de fluxo simples, enquanto que Gavish (1985) mostrou que esse problema pode ser considerado com um problema de árvore geradora capacitada. Nessa seção se discute uma formulação de árvore geradora que não possui nem restrições de capacidade e nem de grau ou de excentricidade, mas que contabiliza também os custos variáveis de uso da rede.

● Notação e Resumo da Seção

O problema *AGM* está intimamente relacionado ao problema de Projeto de Árvore Geradora para Acesso (*PAGA*), objeto de estudo nesta seção. Embora em seções subsequentes se tenha que recorrer a árvores de Steiner, mais complexas, por interesse didático esta seção se restringe a uma extensão do problema *AGM* que inclui os principais aspectos do projeto de rede de acesso. O problema *PAGA* é também uma extensão do problema *ACM*, que disponibiliza para os usuários os caminhos mais curtos da raiz até os nós de demanda. Esta seção explora o fato de que, juntos, os problemas *ACM* e *AGM* constituem uma rica fonte de informação sobre o problema *PAGA*.

Mais especificamente, dados $n + 1$ pontos no plano bidimensional, indexados por $i = 0, 1, 2, ..., n$, suponha que o ponto 0 seja a fonte de uma quantidade de um produto que tenha que ser transportado até os demais n pontos. Para cada um desses pontos de consumo seja q_i a demanda requerida. O problema *PAGA* consiste em encontrar a rede de mínimo custo que conecte todos os pontos, usando apenas segmentos de reta que unam pares desses pontos. Custos fixos (estruturais) e custos variáveis (operacionais) são levados em conta na rede de conexão. Para cada linha (ij) utilizada, ambos os custos fixo e variável são diretamente proporcionais à distância d_{ij} entre os pontos i e j. Uma árvore geradora é uma candidata natural para um projeto viável de rede de acesso local.

Duas árvores específicas, *ACM* e *AGM*, têm um papel chave na determinação de um limitante inferior para o custo ótimo de projeto. O limite inferior é expresso em termos das distâncias d_{ij} das linhas utilizadas, das demandas q_i dos consumidores e de escalares β e γ, onde β exprime o custo fixo por unidade de distância e γ é o custo variável por unidade de distância e por unidade de massa transportada. Condições necessárias e suficientes são mostradas para verificar a otimalidade de uma solução viável. Em geral, para as demandas e distâncias do grafo de suporte dado, existe um intervalo aberto para a razão β/γ entre os custos unitários de distância para o qual nem uma *ACM* e nem uma *AGM* pode corresponder a uma rede ótima para acesso. Fora desse intervalo, para valores suficientemente baixos da razão β/γ, uma *ACM* é uma solução ótima para o problema e, por outro lado, para uma razão β/γ suficientemente alta, uma AGM é uma solução ótima para o problema *PAGA*.

Por exemplo, no grafo suporte da Figura 3.4(a), a configuração estrela da Figura 3.4(b), com comprimento $L^0 = 34$, é a topologia ótima para valores muito baixos da razão β/γ. Por outro lado, para valores muito altos da razão β/γ, alguma árvore geradora mínima, com comprimento mínimo $L^{min} = 26$, corresponde a uma topologia ótima para o problema *PAGA*. Dependendo dos valores das demandas $q_i = 1, ..., 8$, alguma das *AGM* desenhadas nas Figuras 3.6 e 3.7 seria uma configuração ótima.

● Modelo de Fluxo em Árvore Geradora para Acesso

O problema é encontrar uma árvore de mínimo custo em um grafo $G(N;E)$, onde N é um conjunto de $n+1$ vértices e E um conjunto de m arestas. O número de arestas selecionadas em uma árvore ótima é n. Os parâmetros do modelo são dados por uma matriz quadrada, D, de ordem $n+1$, um vetor de demanda q, de ordem n, e dois escalares β e γ, ambos indicando custo por unidade de distância. Cada elemento d_{ij} da matriz simétrica D se refere à distância entre os nós i e j, que é assumida igual à distância entre os nós j and i. A diagonal de D tem elementos $d_{ii} = 0$ e se os vértices i e j não estão diretamente ligados por uma aresta em E então $d_{ij} = \infty$.

Considere-se as variáveis binárias $x_{(ij)}$, para $i = 0, 1, ..., n-1$ e $j = i+1, ..., n$, tais que $x_{(ij)} = 1$ se e somente se a aresta $(ij) \in E$ pertence a um projeto com árvore ótima. Considere também variáveis de fluxo $f_{ij} \geq 0$, para $i = 0, 1, ..., n$ e $j = 1, ..., n$ com $i \neq j$, que especificam um fluxo simples entre os vértices i e j.

Um programa linear inteiro para o problema de Projeto de Árvore Geradora para Acesso (*PAGA*) é

$$\min \beta \sum_{i=0}^{n-1} \sum_{j=i+1}^{n} d_{ij} x_{(ij)} + \gamma \sum_{i=0}^{n} \sum_{j=1}^{n} d_{ij} f_{ij} \quad (3.1)$$

sujeito às restrições

$$\sum_{i=0}^{n-1} \sum_{j=i+1}^{n} x_{(ij)} = n \quad (3.2)$$

$$\sum_{j=1}^{n} f_{0j} = \sum_{h=1}^{n} q_h \quad (3.3)$$

$$\sum_{h=0}^{n} f_{hi} - \sum_{j=1}^{n} f_{ij} = q_i \; \forall \, i = 1, ..., n \quad (3.4)$$

$$f_{0j} \leq (\sum_{h=1}^{n} q_h) x_{(0j)} \; \forall \, (0j) \in E \quad (3.5)$$

$$f_{ij} \leq (\sum_{h=1}^{n} q_h) x_{(ij)} \; \forall \, (ij) \in E \quad (3.6)$$

$$f_{ji} \leq (\sum_{h=1}^{n} q_h) x_{(ij)} \; \forall \, (ij) \in E \quad (3.7)$$

$$x_{(ij)} \in \{0,1\} \; \forall \, (i,j) \in E \quad (3.8)$$

$$f_{ij} \geq 0 \; \forall \, i = 0, ..., n, j = 1, ..., n \quad (3.9)$$

Esta formulação de fluxo é uma versão simplificada de modelos mais elaborados referentes a árvores geradoras ou a projetos de rede de acesso (Maculan, N., 1986; Gouveia, L., 1996; Luna, H. P. L. *et al.*, 1987; Randazzo, C. & Luna, H. P. L., 2001). Observe-se que a relaxação de programação linear de algumas dessas versões multifluxo proveem soluções inteiras para o problema, mas qualquer questão computacional relativa a essa classe de problemas está fora do escopo desta seção. A menos de questões de notação, os resultados essenciais que se seguem não são dependentes nem da formulação do problema *PAGA* e nem do algoritmo usado para resolvê-lo.

O interesse desta formulação (3.1-3.9) está em destacar os escalares β e γ, e de explicitar os parâmetros de distância no território onde a rede precisa ser projetada. A função objetivo minimiza o custo total da rede a projetar, numa situação em que esses custos são contabilizados em função dos escalares de custo unitário para construir e usar a rede, multiplicando-os diretamente pelas distâncias a vencer e pelos fluxos impostos pela demanda espacial a atender. As consequências diretas desta formulação são de que, para $\beta = 0$, o problema *PAGA* representa o problema *ACM*, e para $\gamma = 0$, o problema *PAGA* corresponde ao problema *AGM*. Os três problemas principais em redes de acesso se incorporam na formulação (3.1-3.9).

● Distâncias e Demandas Espaciais na Formação de Custos

✔ Definições de Custos e de Comprimentos

Para qualquer solução viável $(x^t; f^t)$ do modelo de programação linear inteira mista (3.1-3.9) se identificam duas parcelas na função objetivo:

$$z^t = \beta \sum_{i=0}^{n-1} \sum_{j=i+1}^{n} d_{ij}\, x^t_{(ij)} \tag{3.10}$$

$$v^t = \gamma \sum_{i=0}^{n} \sum_{j=1}^{n} d_{ij}\, f^t_{ij} \tag{3.11}$$

de forma que $z^t + v^t$ é o custo total da rede projetada. Seja $T(N;E^t)$ a árvore geradora correspondente a essa solução, designada de forma a ligar a origem 0 a todos os vértices de demanda $h = 1, ..., n$ ($x_{(ij)} = 1\ \forall\ (ij) \in E^t$ and $x_{(ij)} = 0\ \forall\ (ij) \in E - E^t$). Assuma que L^t seja o comprimento total da árvore geradora $T(N; E^t)$. Seja P^t_{0h} o conjunto de arestas no caminho da origem 0 até o vértice de demanda h, com l^t_{0h} sendo o comprimento correspondente, obtido pela soma das distâncias d_{ij} através das arestas de P^t_{0h}. Então as equações (3.10) e (3.11) podem se reescritas em termos de comprimentos de árvores e de caminhos:

$$z^t = \beta L^t \tag{3.12}$$

$$v^t = \gamma \sum_{h=1}^{n} q_n\, l^t_{0h} \tag{3.13}$$

de forma que o custo fixo de construção é dado pelo custo por quilômetro vezes o comprimento total da rede, enquanto que o custo de uso da rede é dado pelo custo de transporte por tonelada e por quilômetro rodado multiplicado pela soma dos comprimentos dos caminhos vezes as correspondentes demandas de cada nó.

✔ Soluções Extremas

Duas soluções específicas, para as quais se usa os índices $t = 0$ e $t = 1$, provêem informação para determinar um limite inferior para uma solução ótima do problema PAGA. Define-se por $T(N; E^0)$ a árvore geradora de caminhos mínimos (ACM), que liga o nó fonte 0 através dos caminhos mais curtos até cada um dos nós $i = 1, ..., n$. E se define $T(N; E^1)$ como sendo uma topologia ótima para o problema da Árvore Geradora Mínima (AGM) sobre o grafo $G(N; E)$. Qualquer uma das árvores ACM ou AGM, agora indicadas, respectivamente, por $T(N; E^0)$ e $T(N; E^1)$, é chamada de uma solução extrema do problema PAGA. A solução ACM minimiza a parcela de custo de uso da rede, enquanto que a solução AGM minimiza a parcela de custo de construção da rede. Em situações extremas, alguma dessas parcelas é de tal forma dominante que a solução do problema PAGA fica fácil, sendo dada por algum dos problemas polinomiais ACM ou AGM.

Para $T(N;E^0)$, por definição tem-se $l^0_{0h} = l^{min}_{0h}$ para todo $h = 1, ...n$, onde l^{min}_{0h} indica o comprimento do caminho mais curto, da fonte 0 até o ponto de consumo h, numa solução ACM. Por outro lado, por definição tem-se $L^1 = L^{min}$, onde L^{min} indica o comprimento de uma AGM.

Com respeito ao suporte da Figura 3.4(a), para demandas homogêneas $q_i = q;\ \forall 1, ..., 8$, a equação (3.12) contabiliza $z^0 = 34\beta$ e $z^1 = 26\beta$, enquanto a equação (3.13) avalia $v^0 = 34\gamma q$ e $v^1 = 42\gamma q$ para, respectivamente, a árvore ACM da Figura 3.4(b) e a árvore AGM de diâmetro 2 da Figura 3.6(a). O custo total de um projeto com a configuração ACM é dado por $34(\beta + \gamma q)$ e o custo de um projeto com a configuração específica desta AGM é calculado por $26\beta + 42\gamma q$. Qualquer outra AGM diferente desta da Figura 3.6(a) não pode ser solução ótima do problema PAGA quando as demandas q_i são homogêneas e iguais a qualquer constante q. No caso de demandas iguais, a escolha de uma AGM com simetria e um bom balanceamento, de raio mínimo, é uma exigência necessária para a concepção de uma árvore de acesso possivelmente boa.

✔ Limites Inferiores de Custos

As seguintes propriedades podem ser facilmente verificadas com respeito aos problemas *PAGA*, *ACM* e *AGM*.

1. O valor da parcela de custo variável do problema *ACM* é um limite inferior para o correspondente valor de qualquer solução viável do problema *PAGA*:

$$v^0 \leq v^t \ \forall T(N, E^t) \tag{3.14}$$

2. A parcela de custo fixo do problema *AGM* é um limite inferior para a parcela de custo fixo de qualquer solução viável do problema *PAGA*:

$$z^1 \leq z^t \ \forall T(N, E^t) \tag{3.15}$$

3. Um limitante inferior *LI* para qualquer solução viável do problema *PAGA* pode ser obtido em função do comprimento mínimo da *AGM* e dos comprimentos mínimos $l_{0h}^0 = l_{0h}^{\min}$ dos caminhos da *ACM*:

$$LI = \beta L^{\min} + \gamma \sum_{h=1}^{n} q_h l_{0h}^{\min} \tag{3.16}$$

✔ Condições Necessárias de Otimalidade

Seja $(x^*; f^*)$, relacionada a uma árvore geradora $T(N; E^*)$, uma solução ótima para o problema *PAGA* (3.1- 3.9). Dos resultados acima decorrem as seguintes condições necessárias para a otimalidade da árvore $T(N; E^*)$:

✔ Teste de Comprimento da Rede

O comprimento L^* de uma árvore associada a uma solução ótima $(x^*; f^*)$ do problema *PAGA* necessariamente satisfaz:

$$L^1 = L^{\min} \leq L^* \leq L^0 \leq \sum_{h=1}^{n} l_{0h}^{\min} \tag{3.17}$$

✔ Teste de Comprimento Ponderado dos Caminhos

Os comprimentos l^*_{0h} dos caminhos da raiz até os nós clientes da árvore de uma solução ótima $(x^*; f^*)$ necessariamente satisfazem:

$$\sum_{h=1}^{n} q_h l^*_{0h} \leq \sum_{h=1}^{n} q_h l^1_{0h} \tag{3.18}$$

No exemplo do grafo de suporte da Figura 3.4(a), para qualquer perfil de demanda espacial, a Figura 3.8 mostra duas árvores que não podem configurar projeto ótimo para o problema *PAGA*. Ambas possuem comprimento maior do que o da árvore *ACM* ($L^0 = 34$) e portanto não passam no teste de comprimento da rede (17). A Figura 3.8(a) mostra uma árvore geradora de comprimento máximo $L^{max} = 36$. A Figura 3.8(b) exibe uma árvore geradora de comprimento 35 > 34. As duas são árvores claramente inconcebíveis para um projeto de rede de acesso, já que cada uma possui custo de construção maior do que o correspondente custo da árvore que viabiliza o uso a mínimo custo.

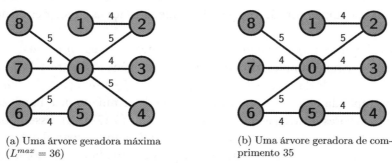

(a) Uma árvore geradora máxima ($L^{max} = 36$)

(b) Uma árvore geradora de comprimento 35

Figura 3.8: Duas árvores descartadas pelo teste de comprimento da rede.

Por outro lado, para valores convenientes das demandas q_i, as duas /árvores da Figura 3.9 passam no teste de comprimento da rede (3.17) e, portanto, com respeito a essa condição, podem eventualmente configurar soluções ótimas do problema *PAGA*. Cabe porém observar que, para demandas homogêneas e iguais a um valor q, essas duas redes não passam no teste de comprimento ponderado dos caminhos (3.18). Nesse caso, a árvore da Figura 3.9(a) tem comprimento ponderado de $54q$ e a árvore da Figura 3.9(b) de $46q$, ambos maiores do que o valor $42q$ do comprimento ponderado dos caminhos da *AGM* da Figura 3.6(a). Isso significa que essas árvores não podem jamais constituir um projeto ótimo de uma rede com demandas iguais para todos os nós.

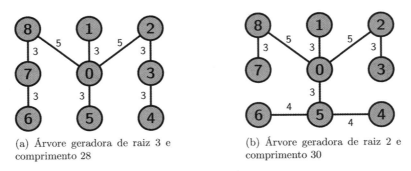

(a) Árvore geradora de raiz 3 e comprimento 28

(b) Árvore geradora de raiz 2 e comprimento 30

Figura 3.9: Duas árvores que passam no teste de comprimento da rede.

✔ Condições para Otimalidade de Soluções Extremas

Uma Árvore de Caminhos Mínimos (*ACM*) é uma solução melhor do que uma árvore genérica $T(N;E^t)$ se

$$\beta L^0 + \gamma \sum_{h=1}^{n} q_h \, l_{0h}^{\min} < \beta L^t + \gamma \sum_{h=1}^{n} q_h \, l_{0h}^t \qquad (3.19)$$

A rigor, para que uma *ACM* seja uma solução ótima do modelo (3.1-3.9) é suficiente verificar que essa condição seja satisfeita para toda árvore geradora $T(N;E^t)$ que tenha passado nos testes de necessidade para otimalidade da rede, o que em geral é impraticável. Mas, em particular, para $t = 1$ e qualquer caso não trivial em que $L^0 > L^1$ pode-se explicitar o valor da razão β/γ para o qual uma solução do problema *ACM* tenha custo igual ao de uma *AGM*:

$$\frac{\beta}{\gamma} = \frac{\sum_{h=1}^{n} q_n (l_{0h}^1 - l_{0h}^{\min})}{L^0 - L^{\min}} \qquad (3.20)$$

A razão β/γ tem que ser necessariamente menor ou igual ao valor dado pela Equação 3.20 para que a Árvore de Caminhos Mínimos seja uma solução ótima. Por outro lado, a razão β/γ tem que ser necessariamente maior ou igual ao valor dado por 3.20 para que a Árvore de Operadora Mínima seja uma solução ótima. A Equação 3.20 define um limiar para a validade da otimalidade de alguma solução extrema. Em geral, para esse valor de β/γ uma solução ótima corresponde a alguma outra árvore geradora que satisfaça às condições de necessidade dadas pelas Equações 3.17-3.18.

No exemplo do grafo da Figura 3.4(a), para demandas homogêneas e iguais a q, a Equação 3.20 resulta em $\beta/\gamma = q$. Pode-se verificar que, nesse exemplo simples, com demandas homogêneas, a estrela ACM da Figura 3.4 é a única solução ótima para $\beta/\gamma < q$ e a *AGM* da Figura 3.6(a) é a única solução ótima para $\beta/\gamma > q$. Já para demandas heterogêneas, no mesmo exemplo da Figura 3.4(a), o valor de β/γ determinado pela Equação 3.20 pode ficar associado a alguma das demais árvores ilustradas que passam nos testes (3.17-3.18). Esse tipo de consideração pode levar a uma série de resultados em que, dependendo do perfil da demanda espacial e dos valores dos parâmetros de custos unitários β e γ, tem-se condições de suficiência para a otimalidade de soluções extremas. Nas redes públicas onde ocorrem essas situações o problema de projeto de árvore de acesso fica mais fácil de se resolver.

Eventualmente, uma avaliação preliminar da estrutura de custos da rede em questão pode concluir que algum dos problemas *ACM* ou *AGM* baste para resolver, na prática, o problema *PAGA*.

3.4 Projeto de Árvore de Steiner para Acesso

● Problema da Árvore de Steiner em Grafo

O problema da árvore de Steiner em grafo consiste em conectar com distância mínima um subconjunto dos vértices de um grafo não dirigido. O problema é inspirado no bem conhecido problema Euclidiano da árvore de Steiner, definido originalmente no plano contínuo, tal como apresentado e ilustrado no último ponto da seção 3.2. Levando em conta a importância de pontos de bifurcação na concepção de redes de acesso, a matéria da corrente seção enfatiza a necessidade do uso de derivações, em grafos, do tradicional problema de Steiner.

Embora o problema Euclidiano de Steiner seja conhecido há dois séculos, o correspondente problema em grafos tem conhecimento formalizado há menos de meio século. Nos anos de 1970, os autores Hakimi (1971) e Dreyfus & Wagner (1972) foram os primeiros a estudar o problema na formulação discreta em grafos. Hakimi mostrou que a resolução do problema de Steiner em grafos leva à solução de diversos problemas de cobertura em grafos, além de sugerir um método de resolução baseado no problema original no plano. Os demais pioneiros apresentaram um procedimento de enumeração implícita para o problema. No final da década o problema já estava incluído na lista de problemas da classe NP-completo (Garey & Johnson, 1979).

Na década de 1980 se contou com significativas contribuições na modelagem matemática e em correspondentes algoritmos para a solução do problema de Steiner em grafos. Aneja (1980) explorou a então já conhecida relação com problemas de cobertura, propondo uma formulação de programação inteira para o problema. A formulação de Aneja, de cobertura de conjuntos, tem um número de restrições que cresce exponencialmente com o tamanho do problema. Um procedimento de geração de colunas permite tratar essas restrições de forma implícita, o que leva à solução de problemas de tamanho moderado. Na prática, a alternativa de se enunciar o problema através de formulações multifluxo contornou a dificuldade de crescimento exponencial do modelo e viabilizou o tratamento de problemas maiores. A tendência de se usar formulações multifluxo foi consolidada naquela década pelos trabalhos de Beasley (1984,1989), Maculan (1987) e Wong (1984). O uso de testes de redução foi também um refinamento útil para o aprimoramento das técnicas exatas (Duin & Volgenant, 1989). E, com respeito à literatura subsequente, foi notável a contribuição de Gouveia (1998), ao generalizar formulações multifluxo com redefinição de variáveis.

Em redes de acesso local, dados n pontos no plano, a construção de um grafo adequado para o problema de Steiner deve incluir um vértice associado a cada ponto de demanda, além de uma aresta para cada par dos n pontos dados. Um vértice associado à localização da fonte de atendimento, que de preferência deve ser um ponto de Weber, é também incluído no grafo de suporte. Um grafo adequado deve ainda incluir os vértices relativos a todos os pontos de Steiner determinados pela solução do problema contínuo, bem como todas as arestas associadas à conexão de mínimo comprimento. Com esse dispositivo, por construção, a solução do problema discreto no grafo Euclidiano coincide com a solução do problema no plano contínuo. Quando restrições de ocupação do espaço territorial limitarem o uso de pontos de Steiner às vias urbanas, deve-se associar esquinas e possíveis pontos de bifurcação localizados o mais próximo possível de pontos obtidos pela solução do problema de Steiner no plano.

O mapeamento do plano contínuo para o mundo discreto no grafo é ilustrado a seguir, com base no exemplo dos quatro pontos de demanda *A*; *B*; *C* e *D* da Figura 3.5. As seguintes etapas devem ser empreendidas:

1. No plano dos pontos *A*; *B*; *C* e *D* se resolve os dois principais problemas de localização contínua no plano Euclidiano, determinando os pontos notáveis ilustrados na Figura 3.10. A Figura 3.10(a) mostra a mediana *M* e a correspondente árvore de caminhos mais curtos. A Figura 3.10(b) identifica os pontos de Steiner no plano, S_1 e S_2, além de traçar a correspondente árvore de Steiner.

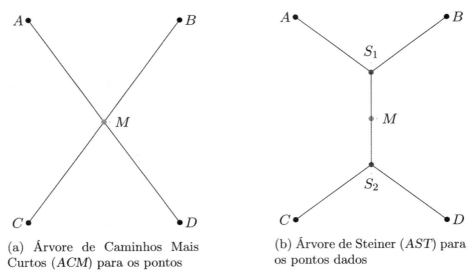

(a) Árvore de Caminhos Mais Curtos (*ACM*) para os pontos

(b) Árvore de Steiner (*AST*) para os pontos dados

Figura 3.10: Pontos notáveis no plano contínuo de *A;B;C* e *D*.

2. As coordenadas dos pontos dados e dos pontos notáveis são identificadas para o posterior cálculo de distâncias no grafo de suporte. Supondo que os pontos *A*, *B*, *C* e *D* tenham, respectivamente, coordenadas (1; 12), (9; 12), (1; 1) e (9; 1), as grelhas da Figura 3.11 ajudam a mostrar as coordenadas dos pontos notáveis. A Figura 3.11(a) identifica a mediana *M* em (5; 6:5). A Figura 3.11(b) mostra que os pontos de Steiner *S*1 e *S*2 têm coordenadas em, respectivamente, (5; 9) e (5; 4).

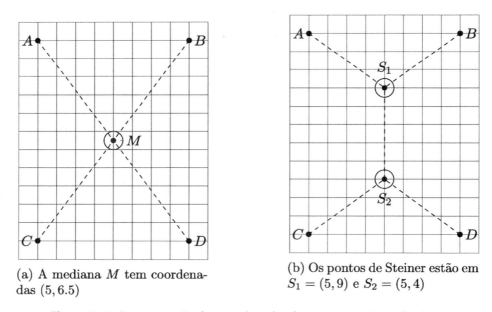

(a) A mediana M tem coordenadas $(5, 6.5)$

(b) Os pontos de Steiner estão em $S_1 = (5, 9)$ e $S_2 = (5, 4)$

Figura 3.11: Determinação das coordenadas dos pontos notáveis do plano.

3. Os pontos dados e os correspondentes pontos notáveis são enumerados e classificados em pontos pretos e pontos brancos, tal como ilustrado na Figura 3.12. A Figura 3.12(a) mostra que o número 0 é reservado para o vértice raiz; os números de 1 a *n* são atribuídos aos *n* vértices de demanda; e os números *n* + 1 até *n* + *s* são usados para enumerar os *s* vértices de Steiner. A Figura 3.12(b) classifica cada vértice do grafo em nó preto ou nó branco, observando-se que o nó fonte e todos os nós de demanda são pretos, enquanto que todos os nós de Steiner são brancos. Lembre-se que os nós pretos são obrigatórios, enquanto que os nós brancos são opcionais na constituição de um projeto de árvore ótima.

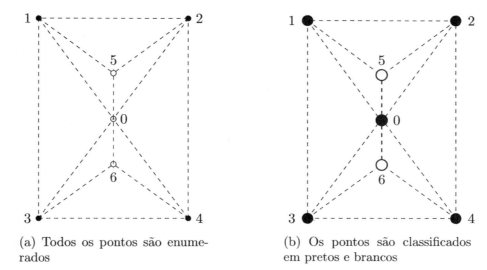

(a) Todos os pontos são enumerados

(b) Os pontos são classificados em pretos e brancos

Figura 3.12: Enumeração e classificação em pontos pretos e pontos brancos.

● Projeto de Redes não Capacitadas e de Árvores de Steiner

Os modelos matemáticos de projeto de redes de acesso constituem extensão natural de modelos para o problema da árvore de Steiner em grafos. Balakrishnan *et al.* (1991) provê uma resenha bibliográfica de modelos em redes de acesso. O problema de Steiner é, por sua vez, uma extensão do problema da árvore geradora mínima, que serviu de suporte à maior parte da literatura existente para projeto de redes de acesso. Essa literatura já foi comentada, inclusive quanto a sua limitação por não considerar pontos de bifurcação da rede, de forma que a partir de agora se foca exclusivamente as situações que incluem pontos de Steiner, tal como proposto por Luna *et al.* (1987) e por Balakrishnan *et al.* (1989).

O problema de rede de acesso local assume que seja dado um grafo de suporte ao projeto. Esse grafo, obtido a partir do mapa da cidade, está particionado em dois tipos de nós, chamados de nós pretos e nós brancos. Os nós pretos são compostos pelo vértice raiz, que é a fonte de atendimento, e por todos os nós associados aos pontos de demanda dos clientes. Os nós brancos, chamados de nós de Steiner, são compostos por possíveis pontos de bifurcação ou de emendas de cabos na rede a projetar. Os nós pretos são obrigatórios e os nós brancos são opcionais. O problema consiste em ligar, a mínimo custo, o nó fonte a todos os nós de demanda, se necessário passando por nós de Steiner.

Cada arco da rede a projetar tem dois custos associados: um custo variável, que depende do fluxo através do arco, e um custo fixo, relacionado à instalação do arco. Os arcos não possuem restrições de capacidade. Esse problema foi introduzido por Luna *et al.* (1987) como uma extensão do problema de Steiner em grafo. De fato, quando não se considera custos variáveis tem-se o problema de Steiner, e nesse sentido o problema é *NP*-árduo. Por outro lado, quando não se considera custos fixos de instalação tem-se o problema de transbordo com fonte única, que se torna um problema de caminhos mais curtos que pode ser resolvido facilmente, por exemplo pelo algoritmo de Dijkstra (1959).

Existe uma classe mais geral de problemas de projeto de rede cuja importância prática e teórica merece destaque. Cada arco tem um custo fixo de instalação e também um custo variável por unidade de fluxo no arco. Há também duas classes de nós, pretos e brancos. Os nós pretos correspondem a pontos de origem ou destino de fluxo. Os nós brancos são pontos de transbordo ou nós de Steiner do grafo, sem requisito de fluxo. A generalização está na existência de vários pares origem-destino, em vez de se considerar a única origem do problema de rede de acesso local. O resultado é uma rede que em geral é multiconectada. Magnanti & Wong (1984) mostraram que o problema abrange como caso especial alguns problemas bem conhecidos de otimização em redes, incluindo caminho mais curto, árvore geradora mínima, problema de localização não capacitado, árvore de Steiner e caixeiro viajante.

Uma caracterização do politopo do problema de projeto de rede sem restrições de capacidade foi feita por Hellstrand *et al.* (1992), mostrando que o conjunto de soluções viáveis da relaxação de programação linear do problema é *quasi-integral*. Isso significa que existe um caminho, composto exclusivamente por pontos inteiros, que leva à solução ótima inteira. Alguns algoritmos exatos e aproximativos foram propostos para resolver o problema por Balakrishnan *et al.* (1989) e Holmberg *et al.* (1998). A seguir se trabalha com uma versão do problema de projeto de rede sem restrições de capacidade que possui um único ponto de origem, chamado de raiz ou fonte de atendimento. Por essa razão o problema pode ser chamado de problema de projeto de rede de acesso sem restrições de capacidade. O fato de existir uma única origem permite tanto uma formulação de fluxo como de multifluxo, ambas sendo objeto de estudo nos dois pontos a seguir.

● Modelo de Fluxo em Árvore de Steiner para Acesso

O problema é encontrar uma árvore de mínimo custo em um grafo $G(N;E)$, onde N é um conjunto de $n+s+1$ vértices e E um conjunto de m arestas. O número de arestas selecionadas em uma árvore ótima está compreendido entre n e $n+s$. Os parâmetros do modelo são dados por uma matriz quadrada, D, de ordem $n+s+1$, um vetor de demanda q, de ordem n, e dois escalares β e γ, ambos indicando custo por unidade de distância. Cada elemento d_{ij} da matriz simétrica D se refere à distância entre os nós i e j, que é assumida igual à distância entre os nós j e i. A diagonal de D tem elementos $d_{ii} = 0$ e se os vértices i e j não estão diretamente ligados por uma aresta em E então $d^{ij} = \infty$.

Considere-se as variáveis binárias $x_{(ij)}$, para $i = 0; 1, ..., n + s - 1$ e $j = i + 1, ..., n + s$, tais que $x_{(ij)} = 1$ se, e somente se, a aresta $(ij) \in E$ pertence a um projeto com árvore ótima. Considere também variáveis de fluxo $f_{ij} \geq 0$, para $i = 0, 1, ..., n + s - 1$ e $j = 1, ..., n + s$ com $i \neq j$, que especificam um fluxo simples entre os vértices i e j.

Um programa linear inteiro para o problema de Projeto de Árvore de Steiner para Acesso (*PASTA*) é

$$\min \beta \sum_{i=0}^{n+s+1} \sum_{j=i+1}^{n+s} d_{ij} x_{(ij)} + \gamma \sum_{i=0}^{n+s-1} \sum_{j=1}^{n+s} d_{ij} f_{ij} \tag{3.21}$$

sujeito às restrições

$$n \leq \sum_{i=0}^{n+s-1} \sum_{j=i+1}^{n+s} x_{(ij)} \leq n+s \tag{3.22}$$

$$\sum_{j=1}^{n+s} f_{0j} = \sum_{i=1}^{n} q_i \tag{3.23}$$

$$\sum_{h=0}^{n+s} f_{hi} - \sum_{j=1}^{n+s} f_{ij} = q_i \; \forall \, i = 1, ..., n \tag{3.24}$$

$$\sum_{h=0}^{n+s} f_{hi} - \sum_{j=1}^{n+s} f_{ij} = 0 \; \forall \, i = n+1, ..., n+s \tag{3.25}$$

$$f_{0j} \leq (\sum_{i=1}^{n} q_i) x_{(0j)} \; \forall \, (0j) \in E \tag{3.26}$$

$$f_{ij} \leq (\sum_{h=1}^{n} q_h) x_{(ij)} \; \forall \, (ij) \in E \tag{3.27}$$

$$f_{ji} \leq (\sum_{h=1}^{n} q_h) x_{(ij)} \; \forall \, (ij) \in E \tag{3.28}$$

$$x_{(ij)} \in \{0,1\} \; \forall \, (ij) \in E \tag{3.29}$$

$$f_{ij} \geq 0 \; \forall \, i = 0, ..., n+s-1, j = 1, ..., n+s \tag{3.30}$$

Esta formulação de fluxo (3.21-3.30) é uma extensão natural, para árvore de Steiner, da formulação de projeto de árvore geradora para acesso (3.1-3.9). Em outras palavras, o problema *PAGA* é um caso particular do problema *PASTA* quando o grafo de suporte não possui nós de Steiner, já que nesse caso $s = 0$ e a Restrição 3.25 deixa de existir. De forma similar ao problema *PAGA*, o problema *PASTA* é uma versão simplificada de modelos mais elaborados referentes a árvores de Steiner ou a projetos de rede de acesso [Maculan, N. (1986), Luna, H. P. L. *et al.* (1987), Randazzo, C. & Luna, H. P. L. (2001)]. Observe-se que a relaxação de programação linear de algumas dessas versões multifluxo provêem soluções inteiras para o problema, mas qualquer questão computacional relativa a essa classe de problemas está fora do escopo desta seção. A menos de questões de notação, os resultados essenciais que se seguem não são dependentes nem da formulação do problema *PASTA* e nem do algorítmo usado para resolvê-lo.

O interesse desta formulação (3.21-3.30) está em destacar os escalares β e γ e de explicitar os parâmetros de distância no território onde a rede precisa ser projetada. A função objetivo minimiza o custo total da rede a projetar, numa situação em que esses custos são contabilizados em função dos escalares de custo unitário para construir e usar a rede, multiplicando-os diretamente pelas distâncias a vencer e pelos fluxos impostos pela demanda espacial a atender. As consequências diretas desta formulação são de que, para $\beta = 0$, o problema *PASTA* representa o problema *ACM*, e para $\gamma = 0$, o problema *PASTA* corresponde ao problema *AST*. Os três problemas principais de redes de acesso em árvores de Steiner se incorporam na formulação (3.21-3.30).

● Modelo Multifluxo em Arborescência de Steiner para Acesso

Considere-se agora um grafo direcionado $G(V; A)$, onde V denota um conjunto de vértices e A é um conjunto de arcos direcionados. Cada arco $(i; j) \in A$ representa um possível par de nós entre os quais pode ser estabelecida uma ligação dirigida, no sentido de i para j. Suponha-se que se tenha um vértice origem o (a central telefônica) que precisa ser ligado a um conjunto $K \subseteq V$ de vértices ou nós de demanda. Cada nó de demanda $k \in K$ tem um requisito de demanda d_k de fluxo originado em o e destinado a k. Com custos estruturais e operacionais definidos a seguir, o problema agora é de encontrar uma arborescência de Steiner que conecte a mínimo custo a central telefônica e todos os nós de demanda.

Define-se as variáveis:

$$x_{ij} = \begin{cases} 1 & \text{se uma ligação direta é estabelecida no arco } (i, j) \\ 0 & \text{se não;} \end{cases}$$

f_{ijk}: fluxo passante no arco (i,j) e destinado ao nó de demanda k

E define-se também os seguintes parâmetros de custo e distância:

b_{ij}: custo fixo para instalar uma ligação no arco $(i; j)$; supõe-se $b_{ij} = \beta d_{ij}$, onde d_{ij} é a distância (em quilômetros) entre i e j, e β é o custo estrutural por quilômetro.

c_{ijk}: custo unitário de transporte do produto k através do arco $(i; j)$; supõe-se $c_{ijk} = \gamma_k d_{ij}$, $\forall k \in K$, onde γ_k é o custo de transporte, por quilômetro, de uma unidade do produto k.

✔ O Modelo Básico

O modelo matemático básico é:

$$\min \sum_{(i,j) \in E} (b_{ij} x_{ij} + \sum_{k \in K} c_{ijk} f_{ijk}) \quad (3.31)$$

sujeito a:

$$-\sum_{(o,j)\in E} f_{ojk} = -d_k \text{ para o nó } o \text{ e } \forall k \in K \tag{3.32}$$

$$\sum_{(i,k)\in E} f_{ikk} = d_k \ \forall k \in K \tag{3.33}$$

$$\sum_{(i,j)\in E} f_{ijk} - \sum_{(j,l)\in E} f_{jlk} = 0 \ \forall j V - \{o\} \text{ e } j \neq k \text{ e } \forall k \in K \tag{3.34}$$

$$f_{ijk} \leq d_k x_{ij} \ \forall \ (i,j) \in E \text{ e } \forall k \in K \tag{3.35}$$

$$x_{ij} \in \{0,1\} \ \forall \ (i,j) \in E \tag{3.36}$$

$$f_{ijk} \geq 0 \ \forall \ (i,j) \in E \text{ e } \forall k \in K \tag{3.37}$$

O primeiro termo da função objetivo (3.31) contabiliza o custo fixo total da rede projetada; o segundo termo contabiliza, na rede projetada, o custo total de transporte, de todos os produtos, desde a fonte até os nós de demanda. As Equações 3.32 afirmam, para cada produto k, que o fluxo originado na fonte seja igual à demanda requerida no nó de destino k. Em contrapartida, as Equações 3.33 asseguram, para cada produto k, que o fluxo destinado ao nó k seja efetivamente igual à demanda d_k estipulada para o nó. As Equações 3.34 atestam conservação de fluxo em qualquer nó de Steiner porventura utilizado. As Restrições 3.35, de acoplamento entre as variáveis x e f, garantem que nenhum fluxo seja permitido no arco $(i; j)$, a não ser que seja pago o custo fixo b_{ij} para instalar a correspondente conexão. As Restrições 3.36 definem que as variáveis x_{ij} são binárias. E o fato de que o fluxo em qualquer arco nunca é negativo é assegurado pelas Restrições 3.37.

As restrições acima descritas se referem à parte básica do modelo, sendo diretamente obtidas de formulações multifluxo para o problema de Steiner, em consonância com trabalhos de autores já apresentados no primeiro ponto desta seção [7, 8, 45, 57]. Observe-se que o problema de Steiner é obtido quando todas as demandas d_k são iguais a 1 e todos os custos c_{ijk} são nulos. Como consequência, para $K = V$, o modelo básico dado pela função objetivo (3.31) e pelas restrições 3.32 a 3.37 inclui como caso particular a formulação de programação linear para o problema da arborescência geradora de mínima distância, introduzido em 1986 por Maculan (1986). Embora algoritmos tradicionais de árvore geradora sejam mais fáceis para resolver esse caso particular, é notável o fato de que a formulação (3.31-3.37) possa resolver o problema por programação linear contínua.

✔ Inclusão de Restrições Redundantes

A inclusão de algumas restrições redundantes nas variáveis estruturais x é a chave para o uso eficiente do método de decomposição de Benders neste problema de grande porte. Isso acontece porque nesse método o problema todo é projetado no espaço das variáveis x, sendo desejável passar para o problema mestre alguma informação que melhore o desempenho do método. Para esse propósito, o modelo básico definido acima deve incorporar o seguinte conjunto de restrições associadas exclusivamente às variáveis x:

$$\sum_{(o,j)\in E} x_{oj} \geq 1 \text{ para o vértice raiz } o \tag{3.38}$$

$$\sum_{(i,k)\in E} x_{ik} = 1 \ \forall \ k \in K \tag{3.39}$$

$$\sum_{(l,j)\in E} x_{lj} - \sum_{(i,l)\in E} x_{il} \geq 0 \ \forall \ l \in V - K \tag{3.40}$$

CAPÍTULO 3 ■ Árvores de Steiner e Redes de Acesso Local

$$\sum_{(i,l)\in E} x_{il} \geq \frac{\sum_{(l,j)\in E} x_{lj}}{\sum_{(l,j)\in E} 1} \ \forall \ l \in V - K - \{o\} \tag{3.41}$$

$$x_{ij} + x_{ji} \leq 1 \ \forall \ (i,j) \in E \tag{3.42}$$

Os arcos para os quais $x_{ij} = 1$ constituem uma arborescência. (3.43)

As Restrições 3.38 estabelecem que pelo menos um arco emana do nó origem. As Equações 3.39 garantem que um único arco é incidente a cada nó de demanda. As Restrições 3.40 asseguram que o número de arcos que saem de um vértice de Steiner nunca é menor do que o número de arcos que chegam ao vértice. As Restrições 3.41 expressam que, se pelo menos um arco sai do nó l, então pelo menos um arco entra nesse nó. As Restrições 3.42 proíbem a ocorrência de ciclos envolvendo dois arcos. Finalmente, a Restrição 3.43, eventualmente necessária, evita a ocorrência de ciclos envolvendo três ou mais arcos.

3.5 Hierarquia de Redes e Modelo Primário de Acesso

Uma metodologia na qual um problema muito grande é separado em diversos problemas menores está normalmente implícita na literatura referente a modelos específicos de projeto de redes de utilidade pública. Por exemplo, no caso das redes de telecomunicações, essa metodologia está implícita nos estudos empreendidos desde os anos de 1980 por Gavish (1982; 1983; 1991; 1992) e Minoux (1989). Para prover melhor descrição do contexto de cada problema, esta seção segue a prática de se trabalhar com uma organização hierárquica de projeto, no espírito da experiência vivida desde meados da década de 1980 por Luna e colaboradores (1987; 1994; 2000; 2006) e das propostas de Balakrishnan et al (1994).

A prática de se organizar projetos em níveis hierárquicos emerge em diversas redes de utilidade pública, sendo induzida pela complexidade do problema e por razões de ordem tecnológica ou econômica, na medida em que níveis otimizados de concentração de consumidores permitem substanciais economias de escala na construção e no uso dessas redes públicas. Para contextualizar, esta seção se refere à organização hierárquica da rede urbana de telefonia fixa, que hoje se ocupa também de parte substancial da oferta de serviços de internet. Nos níveis superiores dessas redes os cabos de fibra ótica tendem a substituir os cabos de fios metálicos, mas a característica permanente nessas redes é a ligação física do cliente até sua central de atendimento, o que mantém a validade da essência dos modelos matemáticos pertinentes.

Na estrutura tradicional de conexão por cabos com dezenas a centenas de fios, cada cliente tem seu par de fios de cobre ligado a uma caixa terminal, normalmente instalada em algum poste da via pública. Cada caixa terminal aglutina algumas dezenas de clientes e é ligada, por cabos aéreos, até os armários de distribuição, normalmente instalados em calçadas da via urbana. Cada armário de distribuição contempla algumas centenas de clientes e é ligado, por dutos e cabos instalados em valas subterrâneas, até as centrais telefônicas, localizadas em terrenos da área urbana. Cada central telefônica abrange algumas dezenas de milhares de clientes, sendo ligada por uma rede multiconectada a outras centrais telefônicas espalhadas numa cidade com centenas de milhares de clientes de telefonia fixa.

A Figura 3.13 ilustra a estrutura hierárquica de uma rede urbana de telecomunicações. O símbolo ○ → significa que o elemento à esquerda está associado a um vértice genérico de uma rede descrita à direita, e o símbolo ⊙ → indica que o elemento à esquerda é o nó raiz de uma rede em árvore referida à direita. Dessa forma, cada um dos três pares de níveis hierárquicos indicam, acima, um nó genérico ○ de uma rede de nível superior que se torna, abaixo, o nó raiz ⊙ de uma rede de nível inferior. As redes são aninhadas com três repetições da sequência nó genérico ○ nó raiz ⊙.

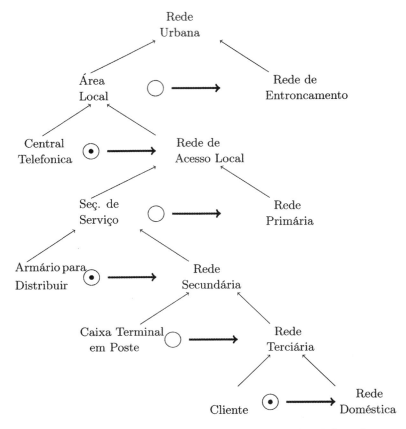

Figura 3.13: Estrutura hierárquica de rede urbana de telefonia fixa.

O primeiro nível da Figura 3.13 mostra que o espaço urbano é dividido em áreas locais. Cada área local é servida por uma central telefônica (*switching center*). A comunicação entre áreas locais é estabelecida por uma rede de entroncamento (*backbone network*). Observa-se que a central telefônica é um vértice genérico da rede de entroncamento, representando um local onde existe a mudança de hierarquia ilustrada na Figura 3.1. Dessa forma, essa mesma central telefônica é um vértice raiz de uma rede de acesso que cobre efetivamente os clientes de sua área de abrangência. A central telefônica é o elemento de ligação entre a rede de entroncamento e a rede de acesso local.

O objeto de estudo deste capítulo é o projeto de rede de acesso local, com inclusão de pontos de bifurcação, os já chamados nós de Steiner. A Figura 3.13 mostra que a rede de acesso local, em sua função de ligar fisicamente a central a cada um de seus clientes, é composta ainda por mais três níveis de projeto de rede:

1. No primeiro nível, cada área local é particionada em seções de serviço. A rede primária, também chamada de rede de alimentação, tem raiz na central telefonica e provê acesso aos armários de distribuição das seções de serviço. A Figura 3.14 ilustra um exemplo de rede primária proposta pelo plano otimizador de topologia em rede, um programa associado ao modelo matemático que determina tanto a topologia da rede como a localização do armário de distribuição de cada seção de serviço (Luna, H. P. L. *et al.*, 1987).
2. No segundo nível, cada seção de serviço é particionada em seções terminais. A rede secundária, também chamada de rede de distribuição, tem raiz no armário e provê acesso às caixas nos postes das seções terminais. Mateus *et al.* (2000) discute as características dessa rede, e apresenta um modelo matemático adequado a um programa que determina um bom projeto de engenharia para uma rede de distribuição.
3. Finalmente, cada seção terminal é particionada em residências de clientes. A rede terciária tem raiz na caixa terminal e provê acesso aos pontos de entrada de telefonia e internet nas residências. A partir de cada ponto de entrada, cabe ao cliente o estabelecimento de sua rede doméstica de acesso a telefones, computadores e roteadores *wi-fi* espalhados em sua residência.

Nas redes modernas o entroncamento e as redes primárias são servidos por cabos de fibra ótica, em coexistência com partes das redes tradicionais ligadas por cabos de fios de cobre. Nas redes secundárias e terciárias há maior presença dos cabos de cobre na telefonia fixa, embora a oferta de internet tenda a também migrar essa rede para ligação ótica. Em geral a rede de entroncamento (*backbone*) tem topologia multiconectada e a árvore é a topologia dos três níveis de rede de acesso local. Na ocupação do espaço territorial, com a cidade particionada em áreas locais, pode-se dizer que a rede primária é uma floresta, onde cada central telefônica é a raiz e os armários de distribuição (ou unidades óticas remotas) são as folhas da árvore de uma área local. A rede secundária é, por sua vez, uma floresta, onde cada armário de distribuição é a raiz e as caixas terminais são as folhas da árvore de uma seção de serviço. E a rede terciária é uma floresta, onde cada caixa terminal, instalada em poste da via pública, é uma raiz e os pontos de entrada de telecomunicações dos clientes são as folhas de uma árvore de seção terminal.

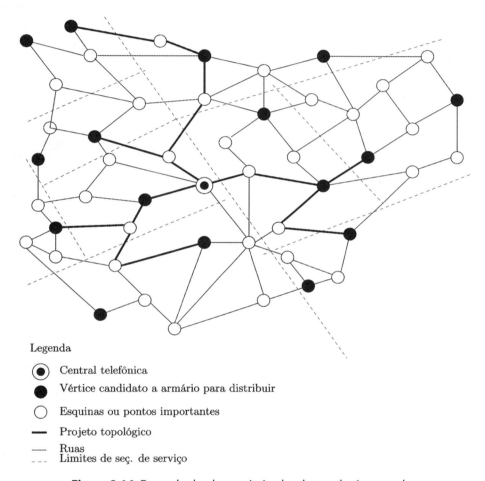

Figura 3.14: Exemplo de plano otimizador de topologia em rede.

3.6 Conclusão

A natureza espacial e a organização hierárquica de sistemas de telecomunicações e transportes foram aqui discutidas no contexto de aplicações de pesquisa operacional. Mostrou-se que outros serviços de interesse público, tal como água, energia elétrica e gás também apresentam características similares, levando ao uso de grafos e árvores na modelagem matemática dessas redes de utilidade pública.

A minimização de distâncias é crucial para o objetivo de minimização de custos nesses sistemas públicos. O capítulo destacou a influência dos parâmetros de distância na formação de custos das redes. Juntamente com os valores das demandas distribuídas espacialmente, a influência das distâncias foi aqui considerada para encontrar níveis ótimos de concentração de consumidores, o que permite obter as economias de escala oriundas da agregação de fluxos nessas redes.

Apesar da literatura em redes de utilidade pública ter pouco mais de meio século, o capítulo retomou as origens de quatro séculos atrás, com a questão seminal de encontrar a mediana de três pontos dados no plano. Embora os problemas de localização discreta de fontes estiveram fora do escopo do capítulo, considerou-se fundamental a compreensão dos problemas de localização contínua que permeiam a construção de grafo de suporte a projeto de rede em árvore. Na ocupação do espaço territorial, nem sempre se pode instalar recursos de rede em qualquer local do plano contínuo, mas a postura do bom projetista deve ser a de tirar proveito dessa possibilidade sempre que houver liberdade de escolha de pontos de bifurcação. O capítulo apresentou a evolução do conhecimento pertinente, introduziu modelos básicos e discutiu extensões de árvore de Steiner no contexto desses problemas espaciais.

Sistemas de apoio a projetos de engenharia em redes de utilidade pública requerem uma organização hierárquica de modelos de programação inteira. Algoritmos exatos e heurísticos devem ser adaptados às diferentes classes de problemas, com consistente transferência de informação e decisão entre os modelos. Neste capítulo se mostrou uma típica hierarquia de níveis de decisão em redes de telefonia, com foco nos níveis principais das redes de acesso. Um padrão de hierarquia adequado a esse tipo de rede consiste no uso de problemas capacitados de localização de centrais coordenando extensões de problemas de Steiner para projeto de redes de acesso local.

Referências Bibliográficas

Aneja, Y. P. (1980). "An integer linear programming approach to Steiner problem in graphs", *Networks* 10:167-178.

Balakrishnan, A. & and Altinkemer, K. (1992), "Using a hop-constrained model to generate alternative communication network design", *ORSA Journal on Computing* 4:192-205.

Balakrishnan, A., Magnanti, T. L. & Mirchandani, P. (1994), "Modeling and heuristic worst-case performance analysis of two--level network design problem", *Management Science* 40:846-867.

Balakrishnan, A., Magnanti, T. L., Shulman, A. & Wong, R. T. (1991), "Models for planning capacity expansion in local access telecommunication networks", *Annals of Operations Research* 33:239-284.

Balakrishnan, A., Magnanti, T. L. & Wong, R. T. (1989), "A dual-ascent procedure for large-scale uncapacitated network design", *Operations Research* 37:716-740.

Baumol, W. J. & Wolf, P. (1958), "A warehouse location problem", *Operations Research* 6:252-263.

Beasley, J. E. (1984). "An algorithm for the Steiner problem in graphs", *Networks* 14: 147-159.

Beasley, J. E. (1989). "An SST-based algorithm for the Steiner problem in graphs", *Networks* 19:1-16.

Boffey, T. B. (1989). "Location problems arising in computer networks", *Journal of the Operational Research Society* 40:347-354.

Boorstyn R. R. & Frank, H. (1977). "Large-scale network topological optimization", *IEEE Transactions Communications* COM-25:29-47.

Cooper, L. (1964). "Heuristic methods for location-allocation problems", *SIAM Review* 6:37-53.

Davis, P. S. & Ray, T. L. (1969). "A branch and bound algorithm for the capacitated facilities location problem", *Naval Research Logistic Quarterly* 16:331-334.

Dijkstra, E. W. (1959). "A note on two problems in connection with graphs", *Numerish Mathematik* 1:269-271.

Dionne, R. & Florian, M. (1979). "Exact and approximate algorithms for optimal network design", *Networks* 9:37-59.

Duin, C. W. & Volgenant, A. (1989). "Reduction tests for the Steiner Problem in graphs", *Networks* 19:549-567.

Dreyfus, S. E. &Wagner, R. A. (1972). "The Steiner problem in graphs", *Networks* 1: 195-207.

Erlenkotter, D. (1978). "A dual-based procedure for uncapacitated facility location", *Operations Research* 26:992-1009.

Garey, M. R. & Johnson, D. S. (1979). Computers and intractability: A guide to the theory of NP-completeness. Freeman, San Francisco. 208-209.

Gavish, B. (1982). "Topological design of centralized computer networks – formulations and algorithms", *Networks* 12:355-377.

Gavish, B. (1983). "Formulations and algorithms for the capacitated minimal directed tree", *Journal of the ACM* 30:118-132.

Gavish, B. (1985). "Augmented Lagrangean based algorithms for centralized computer networks", *IEEE Transactions on Communications* COM-33:1247-1257.

Gavish, B. (1991). "Topological design of telecommunication networks - Local access design methods", *Annals of Operations Research* 33:17-71.

Gavish, B. (1992). "Topological design of telecommunication networks - The overall design problem", *European Journa of Operational Research* 58:149-172.

Geoffrion, A. M. & Graves, G. W. (1974). "Multicomodity Distribution System Design by Benders Decomposition", *Management Science* 20:822- 844.

Gilbert, E. N. & Pollak, H. O. (1968). "Steiner minimal trees", *SIAM Journal on Applied Mathematics* 16:1–29.

Goemans, M. X. & Mying, Y. S. (1993). "A catalogue of Steiner tree formulations", *Networks* 23:19-28.

Goldbarg, M. C. & Goldbarg, E. F. G. (2012). Grafos: Conceitos, algoritmos e aplicações. Elsevier/Campus, Rio de Janeiro.

Goldbarg, M. C., Luna, H. P. L. & Goldbarg, E. F. G. (2015). Programação linear e fluxos em redes. Elsevier/Campus, Rio de Janeiro.

Gouveia, L. (1993). "A comparison of directed formulations for the capacitated minimal spanning tree problem", *Telecommunication Systems* 1:51-76.

Gouveia, L. (1996). "Multicommodity flow models for spanning trees with hop constraints", *European Journal of Operational Research* 95:178- 190.

Gouveia, L. (1998). "Using variable redefinition for computing lower bounds for minimum spanning and Steiner trees with hop constraints", *INFORMS Journal of Computing* 10:180-188.

Hakimi, S. L. (1964), "Optimum locations of switching centers and the absolute centers and medians of a graph", *Operations Research* 12:450–459.

Hakimi, S. L. (1971), "Steiner's problem in graphs and its implications", *Networks* 1: 113–133.

Held, M. & Karp, R. M. (1970). "The traveling salesman problem and minimum spanning trees", *Operations Research* 18:1138-1162.

Held, M. & Karp, R. M. (1971). "The traveling salesman problem and minimum spanning trees: Part II", *Mathematical Programming* 1:6-25.

Hellstrand, J., Larsson, T. & Migdalas, A. (1992). "A characterization of the uncapacitated networ design polytope", *Operations Research Letters* 12:159-163.

Holmberg, K. & Hellstrand (1998). "Solving the uncapacitated networ design problem by a Lagrangean heuristic and branch- -and-bound", *Operations Research* 46:247-259.

Hochbaum, D. S. & Segev, A. (1989). "Analysis of a flow problem with fixed charges", *Networks* 19:291-312.

Jain, A. (1989), "Probabilistic analysis of an LP relaxation bound for the Steiner problem in networks", Networks 19:793-801.

Koopmans, T. C. & Beckmann, M. J. (1957). "Assignment problems and the location of economic activities", *Econometrica* 25:53–76.

Kuhn, H. W. & Kuenne, R. E. (1962). "An efficient algorithm for the numerical solution of the generalized Weber problem in spatial economics", *Journal of Regional Science* 4:21–34.

Luna, H. P. L. (2006). Network planning problems in telecommunications. In: Mauricio G. C. Resende; Panos M. Pardalos. (Org.). Handbook of Optimization in Telecommunications. 1ed.New York: Springer, 2006, p. 213-240.

Luna, H. P. L., Ziviani, N. & Cabral, R. (1987). "The telephonic switching centre network problem: Formalization and computational experiments", *Discrete Applied Mathematics* 18:199-210.

Maculan, N. (1986). "A new linear programming formulation for the shortest s-directed spanning tree problem", *Journal of Combinatorics, Information & Systems Sciences* 11:53-56.

Maculan, N. (1987). "The Steiner problem in graphs", *Annals of Discrete Mathematics* 31:185-212.

Magnanti, T. & Wong, R. (1984). "Network design and transportation planning: Models and algorithms", *Transportation Science* 18:1-55.

Mateus, G. R., Cruz, F. R. B. & Luna, H. P. L. (1994). "Algorithm for hierarchical network design", *Location Science* 2:149-164.

Mateus, G. & Luna, H. P. L. (1992). "Decentralized decision-making and capacitated facility location". *Annals of Regional Science* 26:361-377.

Mateus, G. R., Luna, H. P. L. & Sirihal, A. B. (2000). "Heuristics for distribution network design", *Location Science* 6:131-148.

Minoux, M. (1989). "Network synthesis and optimum network design problems: models, solution methods and applications", *Networks* 19:313- 360.

Mirzaian, A. (1985). "Lagrangian relaxation for the star-star concentrator location problem: Approximation algorithm and bounds", *Networks* 15:1-20.

Randazzo, C. & Luna, H. P. L. (2001). "A comparison of optimal methods for local access uncapacitated network design", *Annals of Operations Research* 106:263-286.

Rothfarb, B. & Goldstein, M. (1971). "The one-terminal Telepak problem", *Operations Research* 19:156-169.

Sá, G. (1966). "Branch-and-bound and approximate solutions to the capacitated facility location", *Operations Research* 17:1005-1016.

Tang, D. T., Woo, L. S. & Bahl, L. R. (1978). "Optimization of Teleprocessing Networks with Concentrators and Multiconnected Networks", *IEEE Transactions Comp.* C-27:594-604.

Teitz, M. B. & Bart, P. (1968). "Heuristic Methods for Estimating the Generalized Vertex Median of a Weighted Graph", *Operations Research* 16:955-961.

Wong, R. T. (1984). "A dual ascent algorithm for the Steiner problem in directed graphs", *Mathematical Programming* 28:271-287.

CAPÍTULO 4

Problema do Caixeiro Viajante

Objetivos — O presente capítulo objetiva:

- Apresentar formulações Clássicas do Problema do Caixeiro Viajante.
- Formular e apresentar breve revisão bibliográfica de variantes selecionadas.
- Abordar métodos heurísticos para a solução do problema.

4.1 Introdução

● As Origens do Problema

O Problema do Caixeiro Viajante (PCV) é um dos mais tradicionais e conhecidos problemas de programação matemática (Melamed *et al.*, 1990).

Os problemas de roteamento lidam em sua maior parte com passeios ou "tours" sobre pontos de demanda ou oferta. Esses pontos podem ser representados por cidades, postos de trabalho ou atendimento, depósitos etc. Dentre os tipos de passeios, um dos mais importantes é o denominado Hamiltoniano. Seu nome é supostamente devido a Willian Rowan Hamilton, que, em 1857, propôs um jogo que denominou *Around the World*. O jogo era realizado sobre um dodecaedro em que cada vértice estava associado a uma cidade importante na época. O desafio consistia em encontrar uma rota através dos vértices do dodecaedro que iniciasse e terminasse em uma mesma cidade sem nunca repetir uma visita. O grafo do problema é mostrado na Figura 4.1

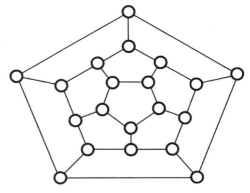

Figura 4.1: Jogo de Hamilton.

Uma solução do jogo de Hamilton, em sua homenagem, passou a se denominar um ciclo hamiltoniano. Hamilton não foi o primeiro a propor esse problema. Kirkman, em 1856, abordou um caso semelhante, mas o jogo de Hamilton popularizou o problema (Biggs *et al.*, 1986). Uma das soluções do jogo está apresentada na Figura 4.2.

Modernamente, a primeira menção conhecida do problema é supostamente devida a Hassler Whitney, em 1934, em uma palestra na Universidade de Princeton. O problema proposto envolvia encontrar a rota mais curta percorrendo os 48 estados americanos da época. Contam os relatos que Koopmans foi um dos primeiros interessados no problema sugerido por Whitney (Schrijver, 2005).

O Problema do Caixeiro Viajante (PCV) é um problema de otimização associado ao da determinação dos caminhos hamiltonianos em um grafo qualquer. O objetivo do PCV é encontrar, em um grafo $G=(N,M)$, do caminho hamiltoniano de menor custo.

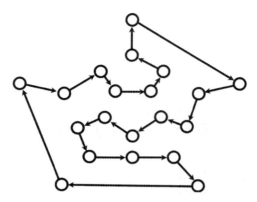

Figura 4.2: Uma solução do Jogo de Hamilton.

● Importância Atual do PCV

A importância do PCV alcança pelo menos três aspectos:

- Extensa aplicação prática (Bellmore & Nemhauser, 1968; Burkard, 1979; Reinelt, 1994; Gutin & Punnen, 2002 e Matai *et al.*, 2010).
- Uma significativa relação com outros modelos (Laporte *et al.*, 1996).
- Dificuldade de solução exata (Papadimitriou & Steiglitz, 1982; Gutin *et al.*, 2002 e Zhang, 1997).

Dessa forma a importância do modelo é indiscutível, tanto sob o aspecto prático, como teórico. Considerado intratável por Garey & Jonhson (1979) é classificado por Karp (1975), como *NP-Difícil*. Ressalte-se que a maioria das variantes do PCV admite o próprio PCV com um caso particular, o que implica em um grau de complexidade pelo menos semelhante ao PCV, quando não maior.

4.2 Formulações do PCV

O PCV possui várias formulações. Como as diferentes formulações possuem diferentes propriedades, seu estudo se reveste de importância. Algumas formulações são mais referenciadas e mesmo empregadas na literatura. Lawler *et al.* (1985) apresentam um estudo introdutório no tema. As formulações que se seguem encontram-se entre as mais difundidas.

● Formulação de Dantzig-Fulkerson-Johnson (DFJ)

Dantzig, Fulkerson & Johnson (1954) (Christofides, 1979) formularam o PCV como um problema de programação 0-1 sobre um grafo $G=(N,M)$, como se segue:

$$(\text{DFJ})\ \text{Minimize}\ Z = \sum_{j=1}^{n} \sum_{i=1}^{n} c_{ij} x_{ij}$$

Sujeito a:

$$\sum_{i=1}^{n} x_{ij} = 1 \qquad \forall j \in N \quad i \neq j \qquad \qquad 4.1$$

$$\sum_{j=1}^{n} x_{ij} = 1 \qquad \forall i \in N \quad i \neq j \qquad \qquad 4.2$$

$$\sum_{i,j \in S_t} x_{ij} \leq |S|-1 \quad \forall S \subset N \quad 2 \leq |S| \leq n-2 \qquad 4.3$$

$$x_{ij} \in \{0,1\} \quad \forall i,j \in N \qquad 4.4$$

onde a variável binária x_{ij} assume valor igual a 1 se o arco $(i, j) \in M$ for escolhido para integrar a solução, e 0 em caso contrário, e S é um subgrafo de G, em que $|S|$ representa o número de vértices desse subgrafo. A formulação assume implicitamente que x_{ii} não existe (exigência que $i \neq j$) e que existem $n(n-1)$ variáveis inteiras 0 – 1 e $O(2^n)$ restrições. As Restrições 4.1 e 4.2 são semelhantes às restrições próprias do problema de designação (Goldbarg *et al.*, 2015), de modo que, configurações como as exibidas na Figura 4.3, seriam válidas para o problema caso não houvesse alguma correção na formulação. O conjunto de restrições 4.3 determina a eliminação dos ciclos pré--hamiltonianos (ciclos que não repetem os vértices visitados, todavia não visitam todos os vértices do grafo) de formação possível na combinação das Restrições 4.1 e 4.2.

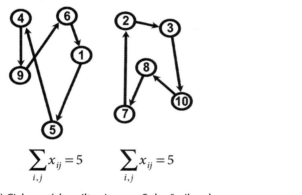
(a) Ciclos pré-hamiltonianos – Solução ilegal

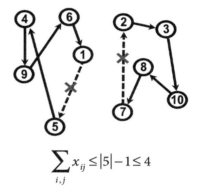
(b) Restrições de eliminação associadas

Figura 4.3: Restrições de cardinalidade para o PCV.

As equações em $|S|$ tornam os circuitos pré-hamiltonianos proibidos na formulação. A Figura 4.3 mostra que a restrição para $|S| = 5$ elimina, no caso, ciclos pré-hamiltonianos com cinco vértices da seguinte forma:

$$x_{15} + x_{54} + x_{49} + x_{96} + x_{61} \leq 4$$
$$x_{23} + x_{310} + x_{108} + x_{87} + x_{72} \leq 4$$

Para cada ciclo pré-hamiltoniano possível, é necessário associar uma restrição do tipo (4.3) de eliminação, justificando-se assim o número de $O(2^n)$ restrições para a formulação. As restrições do tipo (4.3) são denominadas de restrições de eliminação de *subtours*.

A formulação DFJ torna visível a natureza combinatória do PCV. A formulação evidencia que solucionar uma instância do PCV é equivalente a determinar uma dada permutação legal de vértices em um ciclo de custo mínimo. A formulação de Dantzig também auxilia no entendimento da ligação entre o PCV e os problemas de sequenciamento de operações, problemas tão comuns em manufatura. Supondo que exista um dado tempo conhecido *a priori* para a preparação de cada máquina para receber uma tarefa, e que as tarefas possam ser distribuídas de várias formas no conjunto das máquinas existentes, uma sequência de operações que minimiza o tempo de preparação das máquinas e, consequentemente, os custos do trabalho, pode ser representada como um PCV. A formulação DFJ representa o PCV em qualquer tipo de grafo (simétrico ou assimétrico).

● Formulação de Miller-Tucker-Zemlin (MTZ)

Miller, Tucker & Zemlin (1960) propõem uma formulação para o PCV denominada Folha de Cravo, conforme abaixo descrita. A cidade 1 será marcada como a cidade início-fim ou cidade origem. A base da formulação ainda é o problema de designação – *assignment* – (restrições 4.5, 4.6 e 4.7 associadas ao *assignment*). O Caixeiro Viajante deve visitar as outras $n-1$ cidades exatamente uma vez. Durante seu trajeto, deve retornar à cidade de origem exatamente t vezes, incluindo o retorno final, e não deve visitar mais de p cidades diferentes em um tour ou ciclo. A formulação requer que $\left\lceil \frac{n-1}{p} \right\rceil \leq t \leq n-1$, onde $\lceil a \rceil$ denota o menor inteiro maior ou igual ao valor de a, ou teto da divisão, para garantir a existência de tours viáveis. Dessa forma, o PCV pode ser formulado como se segue.

$$(MTZ) \text{ Minimize } Z = \sum_{j=1}^{n} \sum_{i=1}^{n} c_{ij} x_{ij}$$

Sujeito a:

$$\sum_{i=2}^{n} x_{i1} = t \quad e \quad \sum_{i=2}^{n} x_{1i} = t \tag{4.5}$$

$$\sum_{i=1}^{n} x_{ji} = 1 \qquad j = 1,\ldots,n \tag{4.6}$$

$$\sum_{j=1}^{n} x_{ji} = 1 \qquad i = 1,\ldots,n \tag{4.7}$$

$$u_i - u_j + p x_{ij} \leq p - 1 \quad 2 \leq i \neq j \leq n \tag{4.8}$$

$$u_i \geq 0 \qquad 2 \leq i \leq n \tag{4.9}$$

$$x_{ij} \in \{0,1\} \qquad \forall i,j \in N \tag{4.10}$$

As restrições 4.5, 4.6 e 4.7 garantem que a cidade de origem é visitada exatamente t vezes. O arco (i, j) em toda a solução viável 0 – 1 dos três primeiros conjuntos de restrições obrigam o conjunto de restrições em p a transformar-se em:

$$u_i - u_j \leq -1$$

A Restrição 4.8 elimina a possibilidade de ocorrência de *subtours*. A formulação (MTZ) envolve $O(n^2)$ restrições em $n^2 - 1$ variáveis e representa um importante avanço para o aperfeiçoamento das restrições de *subtours* da formulação DFJ, uma vez que, quando $t = 1$ e $p \leq n - 1$ (MTZ), modela o PCV.

● Restrições de Eliminação de *Subtour* Sherali & Driscol

Várias propostas buscam aperfeiçoar a restrição de eliminação de *subtours* da formulação DFJ tendo em vista sua natureza exponencial, como em Desrochers & Laporte (1991). A proposta de Sherali & Driscol (2002) reforça a relaxação da formulação (MTZ) sendo baseada na aplicação parcial da versão de primeiro nível da *Reformulation-linearization technique* (RLT) do trabalho de Sherali & Adams (1999) e conduz a uma reformulação não linear das restrições de subtours. As variáveis inteiras y_{ij} representam a ordem do arco (i, j) no *tour* do caixeiro. O número de restrições de eliminação de *subtours* do modelo é linear e $O(n^2)$ conforme se segue:

$$\sum_{j=2}^{n} y_{ij} + (n-1)x_{i1} = u_i \qquad i = 2,\ldots,n \tag{4.11}$$

$$\sum_{i=2}^{n} y_{ij} + 1 = u_j \qquad j = 2,\ldots,n \tag{4.12}$$

$$x_{ij} \leq y_{ij} \leq (n-2)x_{ij} \qquad i,j = 2,\ldots,n \tag{4.13}$$

$$u_j + (n-2)x_{ij} - (n-1)(1-x_{ji}) \leq y_{ij} + y_{ji} \leq u_j - (1-x_{ji}) \qquad i,j = 2,\ldots,n \tag{4.14}$$

$$1+(1-x_{1j})+(n-3)x_{j1} \leq u_j \leq (n-1)-(n-3)x_{1j}-(1-x_{j1}) \quad j=2,\dots,n \quad \text{4.15}$$

● Formulação em Fluxo Único de Gavish & Graves (GG)

O Caixeiro Viajante possui formulações em fluxo único e multifluxo. Gavish & Graves (1978) propõem uma formulação em fluxo único empregando $O(n^2)$ variáveis binárias (0/1) x_{ij} e $O(n^2)$ variáveis contínuas e maiores ou igual a zero y_{ij} e (n^2+3n) restrições. A variável y_{ij} representa o fluxo (single commodity) no arco $(i-j)$.

$$\text{(GG) Minimizar } Z = \sum_{i=2}^{n}\sum_{j=2}^{n} c_{ij}x_{ij} + \sum_{j=2}^{n} c_{1j}y_{1j} + \sum_{i=2}^{n} \frac{c_{i1}y_{i1}}{n}$$

Sujeito a:

$$\sum_{i=1}^{n} x_{ij}=1 \quad j=1,\dots,n \quad \text{4.16}$$

$$\sum_{j=2}^{n} y_{1j}=1 \quad \text{4.17}$$

$$\sum_{\substack{j=1\\j\neq i}}^{n} y_{ij} - \sum_{\substack{j=1\\j\neq i}}^{n} y_{ji} = 1 \quad i=2,\dots,n \quad \text{4.18}$$

$$y_{ij} \leq (n-1)x_{ij} \quad i=1,\dots,n \ \ j=2,\dots,n \quad \text{4.19}$$

$$y_{i1} = nx_{i1} \quad i=2,\dots,n \quad \text{4.20}$$

$$x_{ij} \in \{0,1\}; \ y_{ij} \geq 0 \quad \forall i,j \in N \quad \text{4.21}$$

As restrições 4.18 e 4.19 garantem a não formação de *subtours*. A formulação (GG) é equivalente à formulação proposta por Finke *et al.* (1984).

● Formulação Multifluxo de Wong (WONG)

Wong (1980) propõe um modelo de fluxo com multicomodidades para o PCV que emprega $2(n-1)$ comodidades representadas pelo vetor $Z^k=(z_{ij}^k)$, $k=2,\dots,n$ e comodidades representado pelo vetor $Y^k=(y_{ij}^k)$, $k=2,\dots,n$.

$$\text{(WONG) Minimizar } Z = \sum_{i=1}^{n}\sum_{j=1}^{n} c_{ij}x_{ij}$$

Sujeito a:

$$\sum_{i=1}^{n} x_{ij}=1 \quad j=1,\dots,n \quad \text{4.22}$$

$$\sum_{j=1}^{n} x_{ij}=1 \quad j=1,\dots,n \quad \text{4.23}$$

$$x_{ij} \in \{0,1\} \quad \forall i,j \in N \quad \text{4.24}$$

$$\sum_{j=1}^{n}\left(z_{ij}^k - z_{ji}^k\right) = \begin{cases} 1 \ se\ i=1 \\ -1\ se\ i=k \\ 0\ se\ i\neq 1\ e\ k \end{cases} \quad k=2,\dots,n \quad \text{4.25}$$

$$\sum_{j=1}^{n}\left(y_{ij}^k - y_{ji}^k\right) = \begin{cases} -1\ se\ i=1 \\ 1\ se\ i=k \\ 0\ se\ i\neq 1\ e\ k \end{cases} \quad k=2,\dots,n \quad \text{4.26}$$

$$z_{ij}^k \leq x_{ij}; \quad y_{ij}^k \leq x_{ij} \qquad \forall i,j,k \qquad 4.27$$

$$z_{ij}^k \geq 0; \quad y_{ij}^k \geq 0 \qquad \forall i,j \in N \qquad 4.28$$

As restrições 4.22, 4.23 e 4.24 representam as tradicionais restrições de *assignment*. As restrições 4.25 e 4.26 asseguram que uma unidade da comodidade Z^k atravessa o vértice 1 (fonte da comodidade Z^k) em direção ao vértice k (o sumidouro da comodidade Z^k) enquanto uma unidade da comodidade Y^k atravessa do vértice k para o vértice 1. A formulação implica que o grafo de suporte para o fluxo é fortemente conexo. A formulação requer $O(n^2)$ variáveis binárias, $O(n^3)$ variáveis contínuas (não necessariamente inteiras) e $2(n^3 + n^2 + n)$ restrições.

● Formulação (n – 1) Commodity de Claus (CLAUS)

Padberg & Sung (1988) apresentam uma formulação do PCV devida a Claus (1984) e variante da formulação (WONG) em que vetor de comodidades Z^k é eliminado. Denotando por s a cidade origem ou fonte e transformando todo Ciclo Hamiltoniano em um Caminho Hamiltoniano, por considerar também a cidade origem como um destino t, podemos interpretar o PCV como um problema de determinar um Caminho Hamiltoniano de s para t no Digrafo $G=(V,E)$, onde:

$$V = V^1 \cup (s,t),\ V^1 = \{1,...,n\}\ \text{e}\ V = V * \{t\}\ E = \{(i,j)\,\forall i \neq j \in v^1\} \cup \{(s,i),(i,t)\,\forall i \in v^1\}$$

E considerando a X associada à aresta (i,j) como:

$x_{ij} = 1$ se (i,j) pertence a um Caminho Hamiltoniano
$x_{ij} = 0$ em caso contrário

O fluxo na rede envolve $n+1$ comodidades. Claus define uma variável auxiliar y_{ijk} como o fluxo da k-ésima comodidade no arco (i,j). Daí, tem-se:

$$(\text{CLAUS})\ \text{Minimizar}\ Z = \sum_{(i,j) \in E} c_{ij} x_{ij}$$

Sujeito a:

$$\sum_{j \in V} x_{ij} = \sum_{j \in V} x_{ji} \quad \forall i \in V^1 \qquad 4.29$$

$$\sum_{i \in V^1} x_{si} = \sum_{i \in V^1} x_{it} = 1 \qquad 4.30$$

$$\sum_{j} y_{ijk} - \sum_{j \in V} y_{ijk} = 0 \ \forall\ i \in V^1\ \forall\ k \in V^* \qquad 4.31$$

$$\sum_{i} y_{ikk} = -1,\ \sum_{i} y_{sik} = 1,\ \sum_{i} y_{kik} = 0\ \forall\ k \in V^* \qquad 4.32$$

$$y_{ijk} \leq x_{ij} \quad \forall i,j,k \qquad 4.33$$

$$x_{ij} \geq 0 \quad \forall i,j,k \qquad 4.34$$

$$y_{ijk} \geq 0 \quad \forall i,j,k \qquad 4.35$$

$$x_{ij}, y_{ijk} \in Z^+ \quad \forall i,j,k \qquad 4.36$$

A formulação CLAUS envolve um conjunto de restrições da ordem de n^3 e $(n^3 + n^2 + 3n)$ variáveis. Loulou (1988) e Langevin (1988) apresentam outras formulações de fluxo para o PCV.

● Formulação de Fox-Gavish-Graves (FGC)

Fox, Gavish & Graves (1980) formularam uma generalização do PCV denominada *Time Dependent*. Nessa formulação, o custo de percorrer o caminho entre a cidade $i - j$ depende da posição t do arco (i, j) em um *tour* de uma dada cidade origem indexada por 1. A formulação foi originalmente proposta por Fox, para o problema do 1-*Machine n-job Scheduling*. As variáveis de decisão desse modelo z_{ijt} são triplamente indexadas. $z_{ijt} = 1$ se o arco de i para j é designado na t-ésima posição do tour, $z_{ijt} = 0$ para o caso contrário. Dessa forma tem-se:

$$(FGC)\ Minimizar\ Z = \sum_{i=1}^{n}\sum_{j=1}^{n}\sum_{t=1}^{n} c_{ijt} z_{ijt}$$

Sujeito a:

$$\sum_{i=1}^{n}\sum_{j=1}^{n}\sum_{t=1}^{n} z_{ijt} = n \qquad 4.37$$

$$\sum_{j=1}^{n}\sum_{t=2}^{n} t z_{ijt} - \sum_{j=1}^{n}\sum_{t=1}^{n} t z_{ijt} = 1 \qquad i = 2,\ldots,n \qquad 4.38$$

$$z_{ijt} \in \{0,1\} \qquad \forall i,j,t \qquad 4.39$$

A restrição 4.37 ou restrição de agregação do problema de alocação 3-dimensional garante que cada cidade é visitada exatamente uma vez e que para cada posição do *tour* exista um arco designado. O conjunto de restrições (4.38) garante a eliminação dos *subtours*.

● Formulação de Koopmans & Beckmann (1957)

O trabalho de Ocan *et al.* (2009) relata e compara 24 formulações para o PCV, incluindo as formulações anteriormente descritas. Todavia, considerando as seguintes variáveis:

$x_{ik} \equiv$ Variável binária igual a 1 se o vértice i é visitado na ordem k da rota.
$c_{ij} \equiv$ Custo do arco (i, j) considerando $i \neq j$.

Com base no trabalho de Koopmans & Beckmann (1957), é possível formular o Caixeiro Viajante em um modelo não linear da seguinte forma:

$$(KB)\ Minimizar\ Z = \sum_{k=1}^{n-1}\sum_{(i,j)\in M} c_{ij} x_{ki} x_{(k+1)j} - \sum_{(1,j)\in M} c_{1j} x_{1j}$$

Sujeito a:

$$\sum_{k=1}^{n} x_{ki} = 1 \qquad \forall i = 1,\ldots,n \qquad 4.40$$

$$\sum_{i=1}^{n} x_{ki} = 1 \qquad \forall k = 1,\ldots,n \qquad 4.41$$

$$x_{ki} \in \{0,1\} \qquad \forall k = 1,\ldots,n \ \forall i = 1,\ldots,n \qquad 4.42$$

As inequações 4.40 e 4.41 representam as condições de um *assignment*. A restrição 4.40 garante que cada vértice é visitado por uma única ordem. A restrição 4.41 determina que cada ordem k de visita seja designada a um único vértice. A restrição 4.42 garante a condição booleana da variável de decisão. Observe-se que $x_{n1} = 1$ impondo que o caixeiro retorne ao vértice 1, ou ao depósito.

Trabalhos de Impacto

A tabela que se segue resume trabalhos de impacto para a solução do Problema do Caixeiro Viajante.

Tabela 4.1: Trabalhos para o PCV clássico – solução exata

Ano	Autores	Tema	Ano	Autores	Tema
1954	Dantzig *et al.*	Trabalho referência para o PCV	1992	Gendreau *et al.*	Procedimentos de pós-otimização
1970	Held & Karp	Relaxação de Held-Karp	1995	Jünger *et al.*	Relaxações e *Branch-and-cut*
1972	Christofides & Eilon	Métodos exatos diversos	1998	Applegate *et al.*	*Branch & Cut*
1973	Laporte & Norbert	Métodos exatos diversos	2000	Jünger *et al.*	Cortes
1980	Carpaneto & Toth	Critérios para algoritmos B&B	2001	Applegate *et al.*	Cortes
1980	Crowder & Padberg	*Branch-and-Bound* (B&B)	2002	Focacci *et al.*	Relaxação em restrições globais
1981	Balas & Christofides	Restrições lagrangeanas	2004	Marcotte *et al.*	Programação multinível
1985	Fleischmann	Algoritmo com planos de cortes	2005	Brest & Zerovnik	*Randomized Arbitrary Insertion*
1991	Miller & Pekny	Métodos exatos	2006	Westerlund *et al.*	Geração de colunas

Tabela 4.2: Trabalhos para o PCV clássico – soluções heurísticas

Ano	Autores	Tema	Ano	Autores	Tema
1973	Lin & Kernighan	Métodos heurísticos	2000	Charon & Hudry	Noise Method
1980	Golden *et al.*	Várias heurísticas	2000	Helsgaun	Implementação Lin-Kernighan
1983	Adrabinski & Syslo	Experimentos com heurísticas	2001	Munehisa *et al.*	Atualização cooperativa
1985	Goldberg & Lingle	Algoritmos Genéticos	2001	Zeng & Martinez	Reescalonamento/rede Hopfield
1985	Grefenstette *et al.*	Algoritmos Genéticos	2002	Ugajin	Método de difusão inversa
1985	Cerny	Métodos termodinâmicos	2003	Eppstein	PCV em grafos cúbicos
1987	Laarhoven & Aarts	Métodos termodinâmicos	2003	Li & Gong	Colônia de formigas
1988	Burr	Métodos elásticos	2003	Applegate *et al.*	Heurística Chained Lin-Kernighan
1988	Angeniol *et al.*	Mapa de auto-organização	2005	Gamboa *et al.*	Ejection chains
1990	Johnson	Otimização local	2005	Ramos *et al.*	Ajuste por regressão logística
1990	Fiechter	Busca tabu paralela	2006	Zhou *et al.*	*Multi-agent approach*
1991	Ulder *et al.*	Algoritmos Genéticos	2006	Gamboa *et al.*	Análise de heurísticas
1991	Whitley *et al.*	Algoritmos Genéticos	2007	Goldbarg *et al.*	GRASP com Path Relinking
1991	Glover	Busca tabu	2006	Mehdizadeh *et al.*	Algoritmo DNA
1991	Xu & Tsai	Redes Neurais	2008	Xing *et al.*	Algoritmo Genético híbrido
1992	Gendreau *et al.*	Pós-otimização	2008	Kaur & Murugappan	Algoritmo genético híbrido
1993	Reeves	Métodos aproximativos	2009	Zhao & Yao	Hopfield Network
1993	Potvin	Redes Neurais	2010	Fan	Nuvem de Partículas
1994	Chandra *et al.*	Procedimento *k*-ótimo	2010	Rego & Glover	*Ejection chain/filter-and-fan*
1994	Valenzuela & Jones	Divisão/Conquista e Genéticos	2011	Philip *et al.*	Algoritmo Genético
1994	Fiechter	Busca tabu paralela	2011	Zhao *et al.*	Algoritmo Imunológico
1995	Jünger *et al.*	Relaxações e *Branch-and-cut*	2011	Brezina & Kóva	Colônia de Formigas
1995	Potts & Van de Velde	Heurística de *k*-substituição	2011	Wei *et al.*	Colônia de Formigas Caótica
1995	Vakhutinsky & Golden	Abordagem elástica	2011	Geng *et al.*	Adaptive simulated annealing
1996	Chatterjee *et al.*	Algoritmos Genéticos	2012	Bang *et al.*	Algoritmo Quântico
1996	Potvin	Algoritmos Genéticos	2012	Kumar & Kumar	Algoritmo Genético
1996	Cesari	Divisão/conquista & heurística	2012	Nagata & Soler	Algoritmo Genético

Tabela 4.2: *Continuação*

Ano	Autores	Tema	Ano	Autores	Tema
1997	Dorigo & Gambardella	Colônias de Formigas	2012	Dwivedi *et al.*	Algoritmo Genético
1998	Tsubakitani & Evans	Busca tabu	2012	Singh & Narayan	Survey Colônia de Abelhas
1999	Voudouris & Tsang	Busca local	2012	Yan *et al.*	Nuvem de Partículas
1999	Gutin & Yeo	Vizinhanças de busca local	2013	Abu-Srhan & Al Daoud	*Cuckoo Search*
1999	Shin *et al.*	Programação Molecular	2013	Wang *et al.*	Nuvem de Partícula Híbrida
1999	Coy *et al.*	Heurísticas smoothing	2013	Zhu *et al.*	*Amoeba-based computing*
1999	Okano	Heurísticas construtivas	2014	He *et al.*	*Membrane Algorithm*
1999	Aras *et al.*	Rede de Kohonen / estatística	2014	Saenphon *et al.*	*Gradient Search* / Col. Formigas
1999	del Castillo	Aproximação contínua	2014	Wang	Algoritmo Genético Híbrido

Tabela 4.3: Trabalhos para o PCV clássico – Análises

Ano	Autores	Tema	Ano	Autores	Tema
1998	Burkard *et al.*	Casos Especiais / Solução Eficiente	2002	Punnen & Kabadi	Dominância entre heurísticas
1999	Larrañaga *et al.*	Algoritmos Genéticos	2002	Johnson *et al.*	Análise experimental para o PCV
2001	Balas & Simonetti	Estudo algorítmico			

Destacam-se os seguintes textos gerais: Gutin & Punnen (2002), Applegate & Bixby (2007) e Davendra (2010).

4.3 Aplicações do PCV e Trabalhos de Impacto

O PCV, em suas diversas versões, está presente em inúmeros problemas práticos. É possível destacar:

- Programação da rota de ônibus escolares (Angel *et al.*, 1972).
- Programação de tripulação (Svestka & Huckfeldt, 1973).
- Fiação de computadores (Lenstra & Rinnooy Kan, 1974).
- Movimentação de material em depósitos (Ratliff & Rosenthal, 1983).
- Programação de transporte entre células de manufatura (Finke & Kusiak, 1985).
- Em grande parte dos problemas de roteamento de veículos (Bodin *et al.*,1983).
- Programação de operações de máquinas em manufatura (Kusiak & Finke, 1987).
- Otimização do movimento de ferramentas de corte (Chauny *et al.*, 1987).
- Manutenção de motores de turbina a gás (Plante *et al.*, 1987).
- Otimização de perfurações de furos em placas de circuitos impressos (Grötschel *et al.*,1989).
- Cristalografia através de raio X (Bland & Shallcross, 1989).
- Na solução de problemas de sequenciamento (Whitley *et al.*, 1991).
- Agendamento de entrevistas (Gilbert & Hofstra, 1992).
- Trabalhos administrativos (Laporte *et al.*, 1996).
- Na solução de problemas de programação e distribuição de tarefas em plantas (Salomon *et al.*, 1997).
- Programação de laminação em siderurgia (Tang *et al.*, 2000).
- Programação de operações de monitoramento de satélites (Czerniak, 2000).
- Construção de mapas genéticos e mapeamento de cromossomos (Agarwala *et al.*, 2000).
- Programação de Impressão em gráficas ou jornais (Carter & Ragsdale, 2002).
- Planejamento do caminho de robôs cooperativos (Brummit & Stentz (1998); Yu *et al.*, 2002).
- Posicionamento de satélites para cobertura de comunicação (Saleh & Chelouah, 2004).
- Identificação do Alzheimer (De Vreese *et al.*, 2005).

- Predição de propriedades de Proteínas (Johnson & Liu, 2006).
- Classificação de componentes eletrônicos (Goyal, 2006).
- Aplicações reais do TSP em Flowshop (Bagchi et al., 2006 e Caricato et al., 2007).
- Distribuição de combustível para postos de gasolina (Ismail & Ibrahim, 2008).
- Mamografia (Lupşa et al. 2008).
- Programação de laminação a frio (Zhao et al., 2011).
- Sistema antimíssil (Gao & Wang, 2011).
- Otimização da busca de planetas extra-solares (Kolemen & Kasdin, 2012).
- Perfuração de peças (Tsai et al., 2012)
- Cirurgia Endoscópica (Falcone et al., 2013).

4.4 PCV Simétrico (PCVS)

O PCV simétrico se reveste de importância prática uma vez que pode representar as importantes situações da métrica euclidiana ou custos em norma euclidiana, condição comum em situações reais de roteamento. Quando a matriz de custos $C = (c_{ij})$ do PCV é simétrica, então o problema é denominado simétrico. Se $c_{ik} \leq c_{ij} + c_{jk}$ $\forall i, j, k \in N$, o PCV satisfaz a chamada desigualdade triangular. Um PCV é denominado euclidiano (PCVE) quando sua matriz é simétrica e satisfaz a desigualdade triangular, característica da métrica euclidiana. As formulações para o PCV assimétrico são funcionais no caso simétrico, todavia outras formulações específicas para o caso simétrico são disponíveis com no trabalho de Arthanari & Usha (2000). O PCV simétrico é NP-Difícil.

Tabela 4.4: Trabalhos para o PCVS

Ano	Autores	Tema	Ano	Autores	Tema
1980	Padberg & Hong	Estudo computacional	1996	Gambardella & Dorigo	Colônia de Formigas
1982	Jonker & Volgenant	Transformações do PCVS	1996	Zachariasen & Dam	Busca tabu
1987	Stewart	Heurísticas para o PCVS	2002	Johnson & McGeoch	Análise de heurísticas
1990	Padberg & Rinaldi	Identificação de facetas	2002	Lorena & Narciso	Relaxação lagrangeana
1990	Smith et al.	Relaxação lagrangeana	2008	Ghoseiri & Sarhadi	Algoritmo memético
1991	Padberg & Rinaldi	Algoritmos Branch-and-cut	2010	Fortini et al.	Computação de tours
1991	Grötschel & Holland	Solução de grande porte	2011	Lim et al.	Busca tabu
1994	Knox	Busca tabu	2011	Sudhakar & Kumar	Zero Suffix Method
1996	Codenotti et al.	Método da perturbação	2012	Hosseinabadi et al.	Algoritmo de Gravidade

4.5 PCV com Grupamentos (Clusters) (PCVC)

Um caso especial do PCV é constituído quando o caixeiro não deve somente visitar cada cidade uma única vez, mas sim deve realizar a visita também respeitando grupamentos de vértices. Nos grupamentos ou clusters de cidades, a visita é realizada de forma contígua. Quando o caixeiro alcança uma das cidades do grupamento, deve visitar todas as demais cidades desse grupamento antes de continuar sua rota para as demais cidades existentes. A ordem de visita aos grupamentos é livre. Um dos primeiros trabalhos publicados na literatura abordando esse problema foi o de Henry-Labordere (1969). A variante do Caixeiro Viajante Simétrico associada à condição de grupamentos é denominada Symmetric Clustered Traveling Salesman Problem (SCTSP). O problema assim definido possui várias aplicações, principalmente na indústria e no roteamento de veículos (Jongens & Volgenant, 1985). O PCVC sem exigência da condição de simetria possui aplicações em citologia (Laporte et al., 1998), desfragmentação de discos rígidos (Laporte & Palekar, 2002), programação de provas escolares (Balakrishnan *et al.*,1992), reestruturação de código fonte de software (Horspool & Laks, 1983), testes de circuitos integrados (Laporte *et al.*, 1998).

Considera-se C_k um grupamento de vértices do ciclo cujo índice é k, $k = 1,..., p$. Considerando que a notação $i, j \to C_k$ indica que todas as variáveis binárias x_{ij} do grupamento C_k serão somadas e S_k é o tamanho do grupamento C_k, Chisma (1975) sugere a modelagem do PCVC através do acréscimo da restrição (4.43) às restrições do modelo (DFJ).

$$\sum_{i,j \to C_k} \sum x_{ij} = S_k - 1 \quad (4.43)$$

Supondo que existissem dois grupamentos cuja ordem de visita é fixada, o primeiro com os vértices 2 e 3, e o segundo com os vértices 4,5 e 6, então a aplicação da restrição 4.43 resultaria nas seguintes equações de ordem:

$$x_{23} + x_{32} = 1 \quad \Rightarrow \text{Grupamento } C_1$$
$$x_{45} + x_{46} + x_{54} + x_{56} + x_{64} + x_{65} = 2 \quad \Rightarrow \text{Grupamento } C_2$$

Guttmann-Beck *et al.* (2000) relatam algoritmos com desempenho garantido, Ding *et al.* (2007), um algoritmo genético em dois níveis, e Bao & Liu (2012) apresentam um algoritmo promissor para a variante. Os problemas descritos anteriormente são NP-Difíceis.

4.6 PCV Generalizado (PCVG)

Semelhantemente ao SCTSP, o PCVG é um problema definido em rotas sobre agrupamentos de vértices. A descrição mais tradicional desse problema formula um ciclo hamiltoniano de comprimento mínimo que visita exatamente um vértice por agrupamento (Laporte & Palekar, 2002). Essa versão do problema é também denominada de *equality*. Em um caso mais geral, cada grupamento pode contribuir com um ou mais vértices para a formação do ciclo hamiltoniano do caixeiro. No caso em que todos os vértices em cada grupamento são visitados, o problema transforma-se no PCV com grupamentos. O caso *equality* pode ser transformado ao problema do PCV clássico (Laporte & Semet, 1999). A versão *Equality* modela problemas de ligação em circuitos integrados em que os subcircuitos possuem várias posições possíveis de conexão com o conjunto da placa. A Figura 4.4 esclarece a topologia do modelo mostrando um exemplo dentre as várias de solução envolvendo as quatro placas.

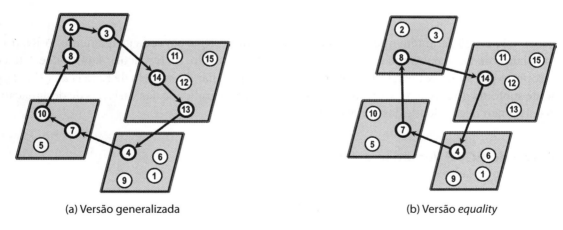

(a) Versão generalizada   (b) Versão *equality*

Figura 4.4: O PCV Generalizado (PCVG).

Uma tradicional aplicação do PCVG ocorre na área de entrega de correspondência administrativa e bancária. Nesse tipo de problema, supõe-se a existência de uma rede de postos de serviços (agências bancárias, filiais, representações e outros) em que mensageiros executam atividades diversas. Supõe-se que exista uma demanda pela execução de *r* serviços em *n* possíveis postos de atendimento, $n > r$. Admite-se que cada tipo de serviço possa ser realizado indistintamente em um ponto dos *Sr* conjuntos homogêneos que dividem os *n* pontos de atendimento e que o mensageiro seja obrigado a passar por pelo menos um ponto pertencente a cada conjunto *Sr* para que seja possível concluir suas *r* tarefas. A solução via PCVG desse problema é o ciclo Hamiltoniano de menor comprimento que visita um vértice em cada um dos *Sr* conjuntos de pontos em que *n* é dividido. Laporte *et al.* (1996) apresenta outras aplicações em seu trabalho.

✔ Formulação do PCVG-*Equality*

Considera-se que o conjunto de vértices do grafo $G=(N, M)$, $N = \{1,..., n\}$ e $M = \{(i,j) \in N, i \neq j\}$, é dividido em grupamentos disjuntos $S_1, S_2, ..., S_r$, ou seja, $N = S_1 \cup S_2 \cup .... \cup S_r$ e $S_1 \cap S_2 \cap .... \cap S_r = \emptyset$. Seja $R = \{1, 2, ..., r\}$ o conjunto de índices dos grupamentos. Supondo ser c_{ij} o custo da aresta (i, j) e associando-se a variável binária x_{ij} o valor 1 quando a aresta (i, j) é trafegada do vértice *i* para o vértice *j* na solução do caixeiro, e 0 em caso contrário. Considerando uma variável auxiliar maior ou igual a zero u_p, Kara *et al.* (2012) formulam o (PCVG) em sua versão *equality* como se segue:

$$(\text{PCVG\_E}) \text{ Minimizar } z = \sum_{i \in N} \sum_{j \in N \setminus \{i\}} c_{ij} x_{ij}$$

Sujeito a:

$$\sum_{i \in S_p} \sum_{j \in N \setminus S_p} x_{ij} = 1 \qquad p = 1,..,r \qquad 4.44$$

$$\sum_{i \in N \setminus S_p} \sum_{j \in S_p} x_{ij} = 1 \qquad p = 1,..,r \qquad 4.45$$

$$\sum_{j \in N \setminus \{i\}} x_{ij} - \sum_{j \in N \setminus \{i\}} x_{ji} = 0 \qquad \forall i \in N \qquad 4.46$$

$$u_p - u_q + r \sum_{i \in S_p} \sum_{j \in S_q} x_{ij} + (r-2) \sum_{i \in S_p} \sum_{j \in S_q} x_{ij} \leq r-1 \qquad p \neq q; \; p,q = 2,...,r \qquad 4.47$$

$$x_{ij} \in \{0,1\} \quad \forall i, j \in N \qquad 4.48$$

$$u_p \geq 0 \qquad p = 2,...,r \qquad 4.49$$

As restrições 4.44 e 4.45 garantem que são visitados apenas um vértice em cada grupamento. A Restrição 4.46 representa o balanço de fluxo entrando e saindo em cada vértice do ciclo. As restrições 4.44, 4.45 e 4.46 constam do modelo proposto por Noon & Bean (1991). A restrição 4.47 é peculiar do modelo de Kara *et al.* (2012) e garante a eliminação de subtours do problema. A restrição 4.48 garante a integralidade das variáveis de designação de rota e a restrição 4.49 a não negatividade das variáveis auxiliares.

✔ Formulação do PCVG Versão Irrestrita

Considerando:

$G = (N, M)$, $N = \{1, 2, ..., n\}$, $M = \{(i,j) \text{ tal que } i, j \in N, i \neq j\}$.

A variável binária $x_{ij} = 1$ se a aresta $(i, j) \in M$ é escolhida para a solução e 0 em caso contrário.

A variável binária $y_i = 1$ se o vértice $i \in N$ é escolhido para ser visitado e 0 em caso contrário.

$S \subseteq N$ um subconjunto qualquer de N e $S_1, S_2, ..., S_i$ uma partição disjunta de N. M_i é uma partição de M.

$\delta(S) = \{(i, j) \in M, i \in S \text{ e } j \in N \setminus S\}$, $\delta(i) = \{(i, j) \in M, i \in N, j \in N \setminus \{i\}\}$ e c_{ij} o custo da aresta (i, j).

$$\text{(PCVG) Minimizar } z = \sum_{i=1}^{n} \sum_{j=1}^{n} c_{ij} x_{ij}$$

Sujeito a:

$$\sum_{(i,j)\in\delta(i)} x_{ij} = 2 y_i \qquad \forall i \in N \qquad \qquad 4.50$$

$$\sum y_i \geq 1 \qquad p=1,..,r \qquad \qquad 4.51$$

$$\sum_{(i,j)\in\delta(S)} x_{ij} \geq 2(y_i + y_j - 1) \quad \forall S \subset N, \ 2 \leq |S| \leq n-2, \ i \in S, j \in N \setminus S \qquad 4.52$$

$$x_{ij}, y_i \in \{0,1\} \quad \forall (i,j) \in M, \ \forall i,j \in N \qquad \qquad 4.53$$

As restrições 4.50 obrigam que o número de arestas incidentes em um vértice visitado seja igual a 2 e 0 em caso contrário. As restrições 4.51 forçam que pelo menos um vértice de cada grupamento seja visitado. As restrições 4.52 são restrições de conectividade garantindo que cada corte $\delta(S)$ separando duas cidades visitadas (i e j) deve ser trafegado pelo menos duas vezes no ciclo do caixeiro. Caso a restrição 4.51 seja transformada em estrita igualdade, o modelo representa as condições do *equality*. Noticia-se que os dois modelos são equivalentes quando os custos das arestas satisfazem a equação $c_{ij} \leq c_{ik} + c_{kj}$ para qualquer conjunto de três vértices i, j e k do grafo G.

✔ Trabalhos Associados

A Tabela 4.5 resume trabalhos de impacto no tema.

Tabela 4.5: Trabalhos para o PCVG

Ano	Autores	Tema	Ano	Autores	Tema
1987	Laport *et al.*	Branch-and-bound	2007	Silberholz & Golden	Algoritmo genético
1988	Lirov	Expert systems	2008	Yang *et al.*	Colônia de formigas
1997	Dimitrijevic & Saric	Transformações do PCVG	2008	Hu & Raidl	Estruturas de vizinhança
1997	Fischetti *et al.*	Branch-and-cut	2010	Matei & Pop	Algoritmo genético
1998	Renaud & Boctor	Heurísticas híbridas	2010	Gutin & Karapetyan	Algoritmo memético
1999	Andersol *et al.*	Hopfield-Tank Neural Network	2010	Pop *et al.*	Heurísticas híbridas
2004	Wu *et al.*	Tipo especial de cromossomo	2010	Tasgetiren *et al.*	Evolução diferencial
2005	Huang *et al.*	Cromossomo híbrido	2011	Lian-Ming	Colônia de formigas
2006	Snyder & Daskin	Algoritmo genético	2014	Helsgaun	*Lin-Kernighan-Helsgaun Algorithm*

Fischetti *et al.* (1995) estudam propriedades da envoltória convexa desse problema, Behzad & Modarres (2002), a transformação desse problema em um PCV clássico, e Karapetyan & Gutin (2011), adaptações da heurística Lin–Kernighan. O PCVG é NP-Difícil.

4.7 Classe dos PCV com *Pick-up & Delivery*

Nos problemas tradicionais de *pick-up* & *delivery*, subentende-se que o caixeiro parte de um depósito e visita dois diferentes tipos de vértices. No tipo de vértice denominado de *pick-up*, o caixeiro atende a demanda por meio de coleta. No vértice de *delivery*, o caixeiro atende uma demanda por meio de uma entrega. A classe de problemas do caixeiro viajante em *pick-up* & *delivery* é significativamente heterogênea relatando-se diversas sub variantes. Basicamente, a literatura aborda presentemente duas classes com duas subdivisões em cada classe:

✓ Classe 1: classe que trata de problemas com *pick-up* ou *delivery*, em que cada cliente possui unicamente um tipo de demanda, entrega ou coleta, não ambos os tipos simultâneos.
  - Subclasse 1: os clientes da entrega (*linehaul*) são atendidos antes que os clientes da coleta (*backhaul*) – PCV com backhauls (Kalantari *et al.*,1985).
  - Subclasse 2: os clientes podem ser visitados em qualquer ordem (Baldacci *et al.*, 2003).

✓ Classe 2: classe que trata de problemas com *pick-up* ou *delivery*, em que cada cliente possui demanda de entrega e coleta.
  - Subclasse 1: os clientes devem ser visitados uma única vez (Gendreau *et al.*, 1999).
  - Subclasse 2: os clientes podem ser visitados mais de uma vez (Anily & Mosheiov, 1994).

● PCV com *Backhauls* (PCV_B)

A variante aborda uma situação particular de um problema mais geral denominado de coleta e entrega (*Pick-up and delivery*) em que os vértices do grafo G são particionados em dois grupamentos denominados normalmente de L (vértices *linehauls*) e B (vértices *backhauls*) conforme propõe Kalantari *et al.* (1985).

Na variante (PCVB), os vértices L recebem encomenda do vértice inicial e os vértices B remetem encomendas para o vértice inicial. Uma versão do problema determina que os vértices de L sejam visitados inicialmente e, posteriormente, os vértices de B. A Figura 4.5 exemplifica o problema.

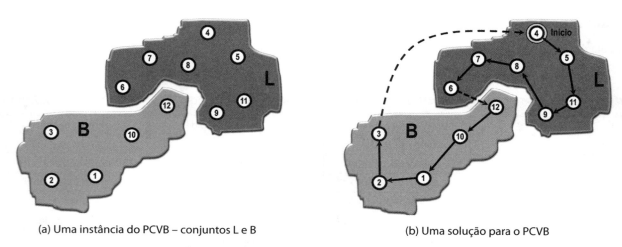

(a) Uma instância do PCVB – conjuntos L e B   (b) Uma solução para o PCVB

Figura 4.5: Exemplo de uma solução para o PCVB.

A matriz de custo do problema atende as condições da norma euclidiana. A versão é própria para modelar problemas de roteamento em que a preferência é dada ao descarregamento do veículo (os vértices L são vértices de entrega) para, posteriormente, realizar-se o carregamento em direção ao depósito (vértice inicial). De fato, esse problema pode ser reduzido ao PCV pela consideração de penalidades convenientemente grandes entre as arestas que ligam os vértices L e B.

✔ Formulação do PCV *Backhauls* (PCV_B)

Considerando o vértice 1 como o depósito.

$$(\text{PCV\_B}) \text{ Minimizar } z = \sum_{i<j} c_{ij} x_{ij} \qquad 4.54$$

Sujeito a:

$$\sum_{i<j} x_{ij} = n$$

Considerando a variável binária $x_{ij}=1$, caso a aresta (i, j) pertença à solução, e 0 em caso contrário.	$\sum_{j=2}^{n} y_i \geq 2$	4.55
Considerando c_{ij} o custo da aresta (i, j).	$\sum_{i<k} x_{ik} + \sum_{j>k} x_{kj} = 2 \qquad \forall k \in N \setminus \{1\}$	4.56
Considerando L e B os dois conjuntos de vértices do problema.	$\sum_{\substack{i \in L, j \in B \\ ou \\ j \in L, i \in B}} x_{ij} = 1$	4.57
Gendreau et al. (1996) formulam o problema conforme modelo PCV_B.	$\sum_{\substack{i \in S, j \in N \setminus S \setminus \{1\} \\ ou \\ j \in S, i \in N \setminus S \setminus \{1\}}} x_{ij} \geq 1 \qquad S \subset N \setminus \{1\}; \ S \neq \emptyset$	4.58
	$x_{ij} \in \{0,1\}; \qquad \forall (i,j) \in M$	4.59

As restrições 4.54, 4.55 e 4.56 garantem a formação de uma 1-Árvore. Para o vértice 1, uma 1-Árvore é uma árvore de $\{2, 3,..., n\}$ com duas arestas distintas conectadas ao vértice 1. Uma 1-Árvore possui um único ciclo. Um PCV é um 1-Árvore *tour* em que cada vértice possui grau 2. Considerando que, se uma 1-Árvore mínima é um ciclo, ela representa o PCV ótimo, a 1-Árvore providencia um limite inferior para o comprimento do ciclo ótimo do PCV. A restrição 4.57 obriga uma aresta ligando os conjuntos de vértices L e B. As restrições 4.55 e 4.56 em conjunto forçam que a 1-árvore possua um ciclo em que todos os vértices possuam grau 2.

✔ Trabalhos Associados

A Tabela 4.6 resume trabalhos de impacto no tema.

Tabela 4.6: Trabalhos para o PCV_B

Ano	Autores	Tema	Ano	Autores	Tema
1985	Kalantari et al.	Algoritmos exatos	1997	Mladenovic & Hansen	Busca em vizinhança variável
1989	Goetschalckx & Jacobs-Blecha	Algoritmos heurísticos			
1996	Gendreau et al.	Algoritmos heurísticos	2003	Ghaziri & Osman	*Neural network algorithm*
1997	Gendreau et al.	Algoritmos heurísticos	2003	Süral & Bookbinder	*Backhauls* irrestrito

● PCV com *Pick-up & Delivery* (PCV_PD)

O PCV com *Pick-up & Delivery* pode ser entendido com um caixeiro viajante clássico com coleta e entrega em que cada solicitação de cliente é representada por uma origem e um destino. O objetivo é encontrar um ciclo hamiltoniano de custo mínimo que visita todos os locais de origem e destino com a restrição adicional de que o local de origem de cada pedido é visitado antes do local de destino correspondente. É suposto que a demanda e a oferta entre origem e destinos esteja em equilíbrio. Uma formulação para esse problema pode ser encontrada em Dumitrescu et al. (2009). A Tabela 4.7 resume trabalhos de impacto no tema.

Tabela 4.7: Trabalhos para o PCV_PD

Ano	Autores	Tema	Ano	Autores	Tema
1999	Gendreau et al.	Heurísticas diversas	2009a	Zhao et al.	Algoritmo genético
2000	Renaud et al.	Heurística ad hoc	2009b	Zhao et al.	Algoritmo genético híbrido
2002	Renaud et al.	Heurísticas com perturbação	2009	Dumitrescu et al.	Branch-and-cut
2006	Hoff & Løkketangen	Busca tabu	2012a	Mladenović et al.	Busca em vizinhança variável
2009	Hernández-Pérez et al.	GRASP/VND	2012	Subramanian & Battarra	Iterated local search

O problema possui aplicação intuitiva ao roteamento de veículos, todavia outras aplicações são relatadas, como o controle do movimento de braços robóticos e guindastes/empilhadeiras (Bordenave et al., 2010; Anily et al., 2011; Erdoğan et al., 2010b) bem como na programação de reparos de redes de sensores sem fio (Falcon et al., 2010).

Algumas versões do PCV_PD possuem uma fronteira tênue com os problemas típicos de roteamento de veículos. O PCV_PD pode ser considerado um problema em que há o transporte de duas diferentes comodidades, a primeira que é distribuída do depósito (por exemplo, garrafas cheias) e a segunda que é recolhida nos vértices (por exemplo, garrafas vazias). Nos problemas *pick-up & delivery one-commodity*, um único item (comodidade) é transportado pelo caixeiro. Os problemas *pick-up & delivery* no formato *many-to-many* são caracterizados por diversas origens e destino para cada comodidade. Nos PCV_PD com janela, intervalos de tempo restringem a chegada ou saída dos vértices. Nos PCV_PD seletivos não se obriga que todos os vértices sejam visitados pelo caixeiro. Os problemas de manipulação (*handling*) levam em conta os custos de reorganizar a carga nos locais dos clientes. Uma forma alternativa de delimitar a definição de PCV_PD é por meio da nominação de *one-to-many-to-one* significando que todos os itens a serem entregues pelo caixeiro nos clientes estão inicialmente estocados no depósito e todos os itens que serão coletados nos clientes terão por destino o depósito (Gribkovskaia & Laporte, 2008). No caso de PCV_PD com carregamento, o termo *first-in-first-out loading* denomina o caso em que há n pedidos para atendimento e cada pedido é definido pelo vértice de origem (a localização da coleta) e pelo vértice de destino (o destino da entrega) (Erdoğan et al., 2009).

✔ Algumas Variantes para o Caixeiro Viajante *Pick-up & Delivery*

(TSP_PD) Swapping problem ou *many-to-many n-commodity* (Anily & Hassin, 1992).
(TSP_PD) One-commodity (Hernández-Pérez & Salazar-González, 2003 e 2004; Zhao et al., 2009a e Hernández-Pérez et al., 2009).
(TSP_PD) Com carregamento (Carrabs et al., 2007; Cordeau et al., 2010 e Erdoğan et al., 2009).
(TSP_PD) One-commodity seletivo (Falcon et al., 2010)
(TSP_PD) Com manipulação nos clientes (*handling costs*) (Battarra et al., 2010 e Erdoğan et al., 2012).
(TSP_PD) Com transferência (Cristián et al., 2010).
(TSP_PD) Janela de tempo (Baldacci et al., 2011).
(TSP_PD) Múltiplo com prioridade de carregamento e restrições de distância (Cheang et al., 2012).
(TSP_PD) Seletivo (Ting & Liao, 2013).

Os problemas de otimização anteriormente descritos são todos da classe NP-Difícil.

4.8 O PCV Periódico (PCVP)

O Problema do Caixeiro Viajante Periódico (PCV-P) está associado ao roteamento de veículos cuja proposta periódica foi sugerida em uma aplicação por Beltrami & Bodin (1974) e bem formalizada por Christofides & Beasley (1984). Diferentemente dos problemas de roteamento, no caso do Caixeiro Viajante existe somente um veículo na rota. Palleta (1992) define o Caixeiro Viajante Multiperíodo como aquele em que as cidades do problema devem ser visitadas exatamente uma vez em um período de M-dias. Palleta (2002) define o Caixeiro Viajante Periódico como aquele em que o caixeiro deve visitar cada cidade pelo menos "x" vezes em um dado período de M-dias. Em ambos os casos, o objetivo é obter o conjunto de rotas cuja soma total seja o menor possível no período de M-dias. Não é permitido um trajeto diário vazio – sem visitas. Chao *et al.* (1995) e Bertazzi *et al.* (2004) relatam heurísticas para o problema. O PCVP é NP-difícil.

4.9 PCV com Completação (PCV_CO)

Considerando que pesos inteiros positivos w_i são atribuídos aos nós de um multigrafo direcionado $G = (N, M)$ e que o peso do caminho p é a soma dos pesos dos nós ao longo de p. Um subconjunto dos arcos é chamado de arcos de *completação* (*reenchimento*) e notado por $B \subseteq M$. Os demais arcos, denotados por $C = M \setminus B$, são chamados de *ordinários* (*comuns*). Um caminho é dito inviável se seu peso exceder a um determinado limite de peso constante e se ele não contiver arcos de completação; caso contrário ele é viável. Um caminho é minimamente não viável se todos os seus subcaminhos são viáveis.

O *problema do Caixeiro Viajante com Arcos de Completação* denotado por (PCV_CO) é encontrar um *tour* de custo mínimo, isto é, um ciclo hamiltoniano direcionado, que não contém subcaminhos inviáveis. Nesse contexto faz sentido permitir a possibilidade da existência de dois arcos paralelos entre vértices, um sendo um arco de completação e o outro um arco ordinário, de modo que o arco ordinário tenha custo mais baixo. A variante é apresentada e examinada, respectivamente, em Boland *et al.* (2000), Mak & Boland (2006 e 2007). O PCV_CO é NP-difícil.

4.10 Classe dos PCVs em Ciclos Disjuntos

Nos problemas do caixeiro viajante pertencente à classe *em ciclos disjuntos,* o caixeiro realiza o seu trajeto sobre todos os vértices do grafo através de ciclos (pelo menos dois) que podem ser disjuntos em arestas ou em vértices.

● PCV *m*-Peripatético (*m*_PPCV) – Ciclos Disjuntos em Arestas

Determinar, em um grafo ponderado, m ciclos Hamiltonianos disjuntos em arestas, de forma a minimizar o custo acumulado de todos os ciclos. Quando $m = 1$, o problema é reduzido ao PCV clássico. Krarup (1975) introduz o problema (Peripatetikós – "o que gosta de passear"). De Kort (1991) propõe limites inferiores para o problema.

De Kort (1993) propõe um algoritmo *branch-and-bound* para a solução do (PCV-2p). Duchenne *et al.* (2005) propõem um algoritmo *branch-and-cut* para a solução do problema. Ageev *et al.* (2007) e Baburin *et al.* (2009) relatam algoritmos de aproximação para o *m*_PPCV. Duchenne *et al.* (2012) abordam uma versão capacitada do problema.

✔ Formulação do (*m*_PPCV)

$$(m\_PPCV) \text{ Minimizar } z = \sum_{k=1}^{m} \sum_{i<j} c_{ij} x_{ijk}$$

Considerando a variável binária x_{ijk} $(i < j) = 1$, se a aresta (i, j) aparece no ciclo k, e 0, em caso contrário.

Sujeito a:

$$\sum_{i<h} x_{ihk} \sum_{j>h} x_{hjk} = 2 \qquad h \in N; \quad k = 1,..,m \qquad 4.60$$

Considerando c_{ij} o custo da aresta (i, j).

$$\sum_{\substack{i,j \in S \\ i<j}} x_{ijk} \leq |S| - 1 \qquad S \subset N; \quad 3 \leq |S| \leq \lfloor n/2 \rfloor; \quad k = 1,..,m \qquad 4.61$$

Duchenne *et al.* (2005) formulam o problema conforme modelo *m_PPCV*.

$$\sum_{k=1}^{m} x_{ijk} \leq 1 \qquad i,j \in N;\ i<j \qquad 4.62$$

$$x_{ijk} \in \{0,1\};\qquad i,j \in N;\ i<j;\ k=1,..,m \qquad 4.63$$

A restrição 4.62 garante que as arestas dos ciclos são disjuntas, uma vez que uma aresta (*i, j*) somente pode aparecer uma vez na solução. A restrição 4.61 garante a formação do caminho, obrigando grau 2 para os vértices da solução. A restrição 4.61 elimina subciclos. A restrição 4.63 é a tradicional restrição de variável binária.

● PCV Múltiplo (PCVM) – Ciclos Disjuntos em Vértices

Consiste em determinar em um grafo *G*= (*N, M*) *m* ciclos Hamiltonianos disjuntos em vértices de forma a minimizar o custo acumulado de todos os ciclos. Considera-se que *n* cidades devem ser visitas por *m* diferentes caixeiros, todos iniciando e terminando seus ciclos em um depósito comum (Russel, 1977). Cada cidade deve ser visitada exatamente uma vez por apenas um caixeiro. Um dos primeiros trabalhos citando o problema é devido a Gorenstein (1970), em uma aplicação para impressão em gráficas, e Svestka & Huckfeldt (1973) relatam uma das primeiras experiências para a solução computacional. Gromicho *et al.* (1992) e Gavish & Srikanth (1996) relatam algoritmos para a solução exata do problema. Frieze (1983) descreve heurísticas de solução e Tang *et al.* (2000) descrevem uma aplicação. Sofge *et al.* (2002) relatam um algoritmo evolucionário aparelhado com um esquema de vizinhanças. Pérez & Gil (2003) relatam um algoritmo em Ant-system e Bektas *et al.* (2006) realiza uma revisão do estado da arte no problema. Os problemas descritos anteriormente são NP-Difíceis. O problema pode ser considerado como uma relaxação do problema de roteamento de veículos para o caso de o veículo possuir capacidade irrestrita.

4.11 Classe dos PCVs no Plano Euclidiano – $\Re^2$

● PCV Euclidiano

Consiste em determinar um ciclo hamiltoniano de custo mínimo ligando pontos no plano Euclidiano – $\Re^2$. Esse problema é NP-Difícil.

● PCV com Curvas ou Mínimo Desvio

Trata-se de um problema definido sobre o plano euclidiano. O objetivo é encontrar uma trajetória composta por retas que passe por um conjunto de pontos distribuídos em $\Re^2$ de forma a minimizar o número de curvas (ou mudanças de direção) na trajetória. O problema é denominado na literatura como *Minimum Bends Traveling Salesman Problem* (Stein & Wagner, 2001). Aggarwal *et al.* (2000) solucionam o mesmo problema com uma métrica angular que minimiza o ângulo total dos desvios. O problema é aplicado ao guiamento de robôs. Estivill-Castro *et al.* (2010) relatam variantes. O Problema é NP-Difícil.

● PCV sobre os Eixos Coordenados

Denominado *x-and-y-axes travelling salesman problem*, é um caso do PCV Euclidiano em que todas as cidades estão situadas em $\Re^2$ e sobre dois eixos ortogonais entre si. O problema é formulado por Cutler (1980) e Çela *et al.* (2012) propõem um algoritmo $O(n^2)$ para sua solução. Trata-se de um problema de complexidade de solução polinomial.

● PCV sobre Segmentos

Variante em que o Caixeiro Viajante percorre um conjunto de *n* segmentos sobre $\Re^2$ que mantém o que se denomina uma ε-separação (Xu *et al.*, 2003). O problema é NP-Difícil.

● **PCV em Vizinhanças**

Consiste em determinar um ciclo Hamiltoniano de custo mínimo ligando regiões do plano. A visita é caracterizada pela inclusão no ciclo de qualquer ponto pertencente às áreas. Em muitos casos, as regiões são áreas retangulares, discos etc. As áreas são consideradas conectadas, ou seja, podem ser visitadas, vindas de qualquer área e em qualquer ponto pertencente à área. Trata-se de uma generalização do Caixeiro Viajante Euclidiano. Dumitrescu & Mitchell (2003) sugerem algoritmos de aproximação com vizinhanças planares e Berget *et al.* (2005) relatam a extensão do problema para o caso de vizinhanças de tamanho variável. Zhang *et al.* (2012) descrevem um método de auto-organização para o problema, e Abrahamson e Shokoufandeh (2010) abordam o problema em polígonos. O Caixeiro Viajante em Vizinhanças – *TSP – with neighborhoods* – é também conhecido como:

Caixeiro Viajante Euclidiano em Grupos (*Euclidean Group* TSP – Elbassioni *et al.*, 2005). A visita às áreas somente pode ser realizada em certos pontos das regiões do plano. Isso permite modelar a existência de obstáculos entre as áreas – que é denominada desconexão.

Caixeiro Viajante em Conjuntos (*One-of-a-Set* TSP – Mitchell, 2000) é sinônimo do Caixeiro Euclidiano em Grupos.

Gudmundsson & Levcopoulos (1999) afirmam que o problema pode ser também denominado de *Multiple Choice* TSP e o consideram um caso do Caixeiro Viajante em Cobertura.

Os problemas da classe em vizinhanças descritos presentemente são NP-Difíceis.

4.12 Classe dos PCVs com Coleta

Algumas variantes do Caixeiro Viajante possuem a peculiaridade de associar bônus ou vantagens às visitas nos vértices. Claramente, essas variantes dispensam a visita a todos os vértices, caso em que as eventuais vantagens entre os vértices seriam neutralizadas. A ação de coleta ou atendimento de demanda igualmente se distingue da ação de apanha ou entrega dos problemas de *pick-up* & *delivery* ao desobrigar o atendimento de toda a demanda. Legitimamente, trata-se de uma classe em que o caixeiro, além de realizar sua rota hamiltoniana, seleciona os vértices que deseja visitar.

● **Definição da Classe**

Trata-se de uma subclasse de problemas do Caixeiro Viajante em que sempre existem valores (bônus ou custos) associados tanto às arestas quanto aos vértices do grafo G. O objetivo geral é a otimização simultânea dos valores recolhidos ou pagos em função do ciclo incluir/excluir certos vértices e dos custos de rota. Os bônus normalmente crescem com a inclusão dos vértices. Os custos da rota normalmente também crescem em função do aumento do número de vértices visitados.

A solução de compromisso que leva em conta o bônus que é positivo e os custos de rota que são negativos é o objetivo do modelo. Os dois critérios de otimização (maximizar o bônus e minimizar os custos de rota) podem ser representados tanto por uma função objetivo única quanto por meio de restrições.

Assim, a classe é composta por pelo menos quatro tipos de problemas genéricos, dependendo da forma como os dois objetivos anteriormente citados são considerados:

✓ 1º Tipo (Minimiza os Custos e Trata os Bônus por meio de Restrições)

O objetivo do modelo é determinar um circuito que minimiza os custos de viagem de tal forma que o recolhimento do bônus não seja menor que um determinado valor previamente definido.

Problemas do 1º Tipo:
Foram denominados como *Prize-collecting TSP*, por Balas (1989), e como *Quota TSP*, por Awerbuch *et al.* (1998). Ausiello *et al.* (2008) descrevem o *Online Prize-Collecting Traveling Salesman Problem*.

✔ 2º Tipo (Maximiza o Bônus e Trata os Custos por meio de Restrições)

O objetivo do modelo é encontrar um circuito que maximize o recolhimento de bônus de tal forma que as despesas de deslocamento não excedam um determinado valor previamente definido.

Problemas do 2º Tipo:
Foram denominados como *Orienteering* Problem. Contudo, Laporte & Martello (1990) o denominam de *Selective Traveling Salesman Problem*, Kataoka & Morito (1988) o denominam de *Single Constraint Maximum Collection* Problem e Arkin *et al.* (1998) o denominam de *Bank Robber Problem*.

- **Formulação do *Orienteering Problem***

$$(OP) \text{ Maximizar } z = \sum_{i=2}^{n-1} \sum_{j=2}^{n} S_i x_{ij}$$

Considerando um grafo $G = (N, M)$, a variável binária $x_{ijk} = 1$ se a visita ao vértice i segue-se a uma visita ao vértice j e 0, em caso contrário.

Sujeito a:

$$\sum_{j=2}^{n} x_{1j} = \sum_{i=1}^{n-1} x_{in} = 1 \qquad 4.64$$

Considerando S_i um valor associado ao vértice i.

$$\sum_{i=1}^{n-1} x_{ik} = \sum_{j=2}^{n} x_{kj} \leq 1 \qquad \forall k = 2,..,n-1 \qquad 4.65$$

Considerando, ainda, t_{ij} o tempo de atravessar o arco $(i, j) \in M$ e u_i a posição do vértice i no caminho.

$$\sum_{i=1}^{n-1} \sum_{j=2}^{n} t_{ij} x_{ij} \leq T_{max} \qquad 4.66$$

$$2 \leq u_i \leq n \qquad \forall i = 2,..,n \qquad 4.67$$

Vansteenwegen *et al.* (2011) formulam o problema conforme modelo (OP).

$$u_i - u_j + 1 \leq (n-1)(1 - x_{ij}) \qquad \forall i, j = 2,..,n \qquad 4.68$$

$$x_{ijk} \in \{0,1\}; \qquad \forall i, j \in N \qquad 4.69$$

A função objetivo maximiza os valores coletados nos vértices. A restrição 4.64 garante que o caminho inicia no vértice 1 e termina no vértice n. A restrição 4.65 garante a conectividade do caminho e que cada vértice seja visitado apenas uma vez. A restrição 4.66 garante o limite de tempo no percurso. As restrições 4.67 e 4.68 garantem a eliminação de subciclos. A restrição 4.69 é a tradicional restrição de variável binária.

✔ 3º Tipo (Combina os Custos e Bônus em uma Só Função Objetivo)

Ambos os objetivos são combinados na função objetivo e o modelo busca encontrar um circuito que minimize as despesas de viagem subtraídos os bônus recolhidos.

Problemas do 3º Tipo:
Foram denominados por Dell'Amico *et al.* (1995) como *Profitable Tour Problem*.

✔ 4º Tipo (Pré-seleciona Vértices como Obrigatórios, Restringe o Cumprimento do Ciclo e Maximiza a Coleta de Bônus)

O objetivo do modelo é encontrar um circuito que maximize o recolhimento de bônus de tal forma que alguns vértices de um conjunto previamente selecionado sejam obrigatoriamente visitados e o ciclo não ultrapasse um determinado comprimento (associado a custo ou tempo).

Problemas do 4º Tipo:
Foram denominados por Erdoğan *et al.* (2010a) de *Attractive Traveling Salesman Problem*.

✔ 5º Tipo (Minimiza a Soma de Custos Associados às Arestas e aos Vértices, Atendendo-se uma Demanda)

Um conhecido representante dessa classe é denominado Caixeiro Comprador.

- **Caixeiro Comprador**

Considerando um domicílio $v0$, um conjunto de mercados $P = \{v_1, v_2, ..., v_m\}$ e um conjunto de produtos $K = \{f_1, f_2, ..., f_n\}$, o problema pode ser representado em um grafo $G = (N, M)$ simples e não direcionado em que $N = \{v_0\} \cup P$ é o conjunto de vértices e $M = \{(v_i, v_j): v_i, v_j \in N, i < j\}$ é o conjunto de arestas. Cada produto f_k está associado a uma demanda d_k disponível em um subconjunto de mercados $P_k \subseteq P$, sendo b_{ki} o preço do produto f_k no mercado v_i e c_{ij} o custo da viagem entre v_i e v_j.

O Problema do Caixeiro Comprador consiste em determinar uma rota em G iniciando e terminando em v_0, passando pelos vértices necessários de modo a adquirir os produtos f_k, $k = 1,..., n$, necessários ao atendimento das demandas d_k minimizando-se o custo de aquisição dos produtos somado ao custo do deslocamento no grafo (Ramesh, 1981).

Denotando-se por q_{ki} o número de unidades do produto f_k disponível no mercado v_i, são possíveis duas situações:

1. $d_k \geq q_{ki} > 0$, sendo $d_k \geq 1$, $\forall f_k \in K$ e $\forall v_i \in P_k$ ou denominado Problema do Caixeiro Comprador Capacitado.
2. $d_k = q_{ki} = 1$ ou denominado Problema do Caixeiro Comprador não Capacitado.

O trabalho de Goldbarg *et al.* (2009) realiza uma revisão da literatura no problema e apresenta um Algoritmo Transgenético de solução.

A classificação anterior é uma adaptação da taxonomia proposta por Feillet *et al.* (2005) para os problemas de coleta de bônus. Infelizmente, a diversidade de nomenclatura usada para denominar problemas muito próximos não facilita a comunicação na área.

4.13 O PCV Circulante (PCV_MC)

Trata-se do problema do Caixeiro Viajante em um grafo cuja matriz de distâncias é circulante (Kalman & White, 2001). A complexidade do PCV-MC é um problema em aberto. O primeiro trabalho abordando o tema se deve a Fink (1987). Yang *et al.* (1997), Bogdanowicz (2005) e Gerace & Greco (2008) resolvem o problema em casos especiais. de Klerk & Dobre (2011) comparam limites inferiores para o caso simétrico.

4.14 O PCV de Mínima (Máxima) Latência (PCV_ML)

● Variantes Centradas na Latência

Dado um grafo não direcionado G cujo peso da aresta i é w_i. Para um dado caminho de comprimento P em G, a Latência L_j do j-ésimo vértice do caminho é dada pela soma das arestas do caminho até esse vértice, conforme expressão ao lado:

$$L_j = \sum_{i=1}^{j} w_i$$

Um PCV é dito de mínima/máxima latência quando o ciclo hamiltoniano em G minimiza a latência acumulada em todos os vértices. O problema é abordado por Blum *et al.* (1994), Chalasani *et al.* (1996) e Chalasani & Motwani (1999). Sarubbi *et al.* (2007) propõem uma formulação de fluxos multiprodutos para o problema de mínima latência e Nagarajan e Ravi (2008) descrevem o problema direcionado. O problema é também conhecido como *Traveling Repairman Problem* (Heilporn *et al.*, 2010; Luo *et al.*, 2014) ou *Delivery Man Problem* (Minieka, 1989). Salehipour *et al.* (2011) relatam um algoritmo GRASP/*Variable neighborhood search*, Luo *et al.* (2014), um algoritmo *branch-and-price-and-cut*, Bjelić *et al.* (2013) descrevem um algoritmo *Variable neighborhood search* para o problema do *repairman* com janelas de tempo, Dewilde *et al.* (2013) relatam heurísticas para o *repairman with profits*.

● Speeding Deliveryman Problem

Trata-se do problema de minimizar a espera do cliente sujeito a uma restrição de espera máxima (ou condição mínima de atendimento). Nesse caso, o ciclo pode não atender todos os clientes (Frederickson & Wittman, 2011), o que faz conexão desse modelo com outra classe para o Caixeiro Viajante – a classe de ciclos hamiltonianos em subgrafos de G – subciclos.

4.15 Classe dos PCVs Rotulados (Coloridos)

● Definição da Classe

Dado um grafo G = (N, M) rotulado em arestas ou em vértices, a classe aborda os problemas de ciclos hamiltonianos que considerem os rótulos como restrições ou na função objetivo. O caso do Caixeiro Viajante tradicional é um tipo de Caixeiro Rotulado em Arestas que minimiza a soma dos rótulos.

✔ Caixeiro Viajante Rotulado em Arestas

Couëtoux *et al.* (2008) denominam de "rotulada" a variante do caixeiro em que o ciclo hamiltoniano em G contém arestas que minimizam o menor número de diferentes rótulos (ou cores nas arestas) no ciclo.

✔ Caixeiro Viajante Rotulado em Vértices

● Preto e Branco

Uma conhecida variante para a rotulação em vértices é o Caixeiro Viajante Preto e Branco. O problema consiste em determinar um ciclo hamiltoniano de custo mínimo sobre um conjunto de vértices que possuem duas cores – branca e preta. As cores dos vértices definem restrições na formação do ciclo da seguinte forma (Bourgeois *et al.*, 2003):

1. O número de vértices brancos entre dois vértices pretos é limitado pelo parâmetro Q.
2. O comprimento de qualquer cadeia entre dois vértices pretos é limitado pelo parâmetro L.

A solução do problema é do tipo $b_1, w_1, ..., b_2, w_k, ..., b_{l-1}, ..., b_l$ onde $b_1 = b_l$, e a cardinalidade do caminho de vértices brancos entre os vértices b_{h-1} e b_h para algum $l \geq h > 1$ é no máximo Q e sujeita à restrição de comprimento igual a L.

Albert *et al.* (1995) estudam as propriedades e a complexidade do problema. Xiong *et al.* (2007) relatam aplicação e algoritmo de solução. Jozefowiez *et al.* (2011) relatam um algoritmo *branch-and-cut*. Bourgeois *et al.*

(2003) e Bhattacharya *et al.* (2007) sugerem heurísticas de solução. Ghiani *et al.* (2006) apresentam um algoritmo *branch-and-cut*. Observe-se que, no caso de $Q = L = \infty$, o Caixeiro Viajante rotulado nos vértices *é reduzido ao Caixeiro Viajante clássico*. Muter (2015) sugere uma formulação para o problema que é apropriada para a solução via geração de colunas.

- **Bipartido**

Determinar um circuito hamiltoniano de custo mínimo sobre um grafo ponderado que possui n vértices vermelhos e n vértices azuis, de modo que o circuito inicie em um vértice azul e os vértices vizinhos no circuito possuam sempre cores diferentes. O problema foi introduzido por Frank *et al.* (1998) e possui uma versão euclidiana com aplicações práticas relevantes. Srivastav *et al.* (2001), Shurbevski *et al.* (2014) relatam algoritmos heurísticos de solução.

✔ **Caixeiro Viajante com Requisitos de Separação**

Esse problema está fortemente associado ao Caixeiro Viajante Preto e Branco e foi incluído na presente classe por admitir o Caixeiro Viajante Preto e Branco como um caso particular no qual existem somente dois conjuntos de vértices, as restrições de inclusão são iguais para todos os vértices e não existem as restrições de exclusão.

Determinar um circuito hamiltoniano de custo mínimo com uma ou mais das seguintes restrições:

1. Restrições de inclusão, de modo que um vértice i seja visitado (no mínimo/no máximo/exatamente) m vértices antes (ou depois) de um dado vértice j.
2. Restrições de exclusão, de modo que um vértice i não seja visitado (no mínimo/no máximo/exatamente) m vértices antes (ou depois) de um dado vértice j.

O problema é referido na literatura como *Precedence-Constrained Traveling Salesman* (Balas *et al.*, 1995).

4.16 O PCV de Máximo Espalhamento (PCV_ME)

O problema consiste em determinar em um grafo ponderado e completo um caminho hamiltoniano em que o comprimento da menor aresta é maximizado. Problema descrito em Arkin *et al.* (1997), denominado na literatura como *The Maximum Scatter TSP* (Arkin *et al.*, 1997). Também é denominado *max-min 1-neighbor TSP* por Chiang (2005), que relata algoritmos de aproximação para o problema.

4.17 O PCV com Alvos Móveis (PCV_AM)

Dado um conjunto $S = \{s_1, s_2, ..., s_n\}$ de si alvos móveis com velocidade constante v_i e posição inicial p_i, o problema consiste em determinar uma trajetória que inicie e termine em uma posição com velocidade $V > |v_i|$, $i = 1, 2, ..., n$, e intercepte todos os alvos. O problema é descrito em Helvig *et al.* (1998 e 2003), que apresentam variantes do problema e um algoritmo exato $O(n^2)$ para o problema unidimensional. O caso geral é NP-Difícil.

4.18 O PCV Remoto (PCVR)

Dado um grafo ponderado e completo $G = (N, M)$ e um inteiro k, o problema consiste em determinar um subconjunto de cardinalidade k tal que o custo do menor PCV no grafo formado pelos subconjunto de vértices selecionados seja máximo. Problema abordado por Halldórsson *et al.* (1995).

4.19 O PCV On-line (PCVO)

Trata-se de solucionar o Caixeiro Viajante quando os dados de entrada do problema são alterados ao longo do processo de solução. Adicionalmente não existe um modelo que permita predizer essas alterações, como no caso das variantes estocásticas do PCV. O problema é denominado na literatura como *On-line Travelling Salesman* (Ausiello *et al.*, 2001; Jaillet & Wagner 2008). Ausiello *et al.* (2005) apresentam algoritmos de solução.

4.20 O PCV com Gargalo ou Min-Max (PCV MinMax)

Esse problema consiste em obter um ciclo hamiltoniano tal que sua aresta de maior comprimento seja mínima. Burkard & Sandholzer (1991) formalizam o problema. A solução do PCV é um limite inferior para o PCV Min-Max. Apesar de se tratar de um problema *NP-Árduo* como os anteriores (Parker & Rardin, 1984), em diversas situações ele pode admitir solução polinomial. Burkard & Sandholzer (1991) provaram que, para o caso em que a matriz de custo desse problema $C = [c_{ij}]$ pode ser decomposta em um produto de dois vetores (a_i) e (b_j) tal que $a_1 \leq a_2 \leq .... \leq a_n$ e $b_1 \leq b_2 \leq .... \leq b_n$, então o PCV Min-Max pode ser solucionado em $O(n^2)$, enquanto o PCV associado permanece *NP-Árduo*. Ramakrishnan *et al.* (2009) e Kao & Sanghi (2009) relatam heurísticas para o problema. LaRusic & Punnen (2014) revisam o caso assimétrico.

4.21 O PCV Min_Max_Sun (PCV_M³S)

Sendo $G=(N,M)$ um grafo ponderado segundo os vetores W e P (duplamente ponderado) em arestas, o PCV-M³S busca encontrar o ciclo hamiltoniano em G tal que minimize a soma das arestas do ciclo segundo o critério de ponderação do vetor C acrescido do maior valor existente nas arestas do ciclo, contabilizado agora segundo o critério do vetor P. Esse caso corresponde ao objetivo Min_Max_Min_Sun para a função de otimização do PCV. O Min_Max_Min_Sun é uma composição do problema clássico com o de gargalo, em que a função objetivo a ser minimizada é a soma algébrica das funções objetivo dos problemas mencionados. São dados p elementos de um conjunto $E = \{e_1, e_2, ... , e_p\}$ e $F \subset P(E)$, onde $P(E)$ é o conjunto potência de E, uma família finita de subconjuntos de E perfeitamente definidos. Instâncias de F poderão ser, por exemplo, as subárvores de um grafo, os caminhos unindo dois vértices de um grafo ou conjuntos de arestas não adjacentes de um *matching* máximo. A cada elemento e_i, $i = 1,2, ..., p$, são associados dois números reais, um representado por ci ou custo, e outro por p_i ou peso.

Sendo $S \in F$, onde F é o conjunto das soluções viáveis de uma dada instância do problema, define-se a função:

$$Z(S) = \max_{e_i \in S}\{p_i\} + \sum_{e_i \in S} c_i$$

O problema de otimização Min_Max_Min_Sun pode ser formulado da seguinte forma (M³S):

$$\min_{S \in F} Z(S)$$

Um dos primeiros trabalhos abordando um problema de otimização combinatória bicritério no formato M³S foi reportado por Hansen (1980) para o problema do caminho mais curto. O M³S foi reportado pela primeira vez como um problema distinto no trabalho de Minoux (1986), aparecendo como um subproblema do problema de decomposição da matriz relacionada à alocação ótima de tráfego de comunicação em satélites. Posteriormente, o problema foi associado, dentre outros, aos problemas de coloração de arestas em grafos valorados e particionamento de vértices e arestas (Minoux, 1987). Martello *et. al.* (1984) apresentam um problema similar ao M³S no contexto da alocação balanceada. Berman, Einav & Handler (1990) abordam um problema bicritério com duas medidas de desempenho que poderiam ser modeladas como em M³S, contudo no estudo são tratadas separadamente, um problema como restrição do outro. Casos bicritérios semelhantes são solucionados através das superfícies de Pareto nos trabalhos de Braham (1966) e Frisch (1966). O M³S pode ser formulado de forma equivalente como expresso abaixo:

$$\underset{1\leq k\leq p}{Min}\left\{P_k + \underset{S\in F_i^k}{Min}\left\{\sum_{e\in S} C_i\right\}\right\}$$

De modo que solucionar M³S pode ser equivalente a solucionar uma sequência de p subproblemas Min_Sum. O algoritmo de Minoux (1989) fundamenta-se na segunda formulação M³S2 acima.

No contexto das aplicações práticas, o PCV_M³S pode modelar situações de roteamento entre células de produção em que o caixeiro representa um aparelho de transporte e a movimentação de produtos entre as células ocasionam impacto no tamanho das filas dentro de cada célula.

4.22 Classe dos PCVs com Restrições de Tempo

● Definição da Classe

Trata-se de uma classe de problemas do Caixeiro Viajante em que existem restrições que regulam a chegada ou a partida dos vértices do ciclo. De alguma forma, as visitas aos vértices devem ocorrer dentro de intervalos de tempo ou Janelas de Tempo. Em muitas ocasiões, esse tipo de problema está associado também à programação de atividades nos vértices. Os PCVs com janela de tempo se aproximam dos modelos de roteamento de veículos.

● Definição de Janela de Tempo

A forma mais comum da literatura se referir às restrições de tempo dos problemas de roteamento é por meio do termo Janela de Tempo. As restrições de tempo podem ser expressas também como rótulos associado aos vértices do grafo. De forma geral, são três restrições conjuntas que podem formar uma *janela de tempo*. A primeira define o tempo mínimo para a chegada ao vértice i e pode ser representada pelo rótulo a_i. A segunda registra a permanência máxima no vértice i e pode ser representada pelo rótulo b_i. Finalmente, a terceira restrição, representada pelo do rótulo c_i, define o tempo máximo permitido para a partida do vértice.

Em diversos casos de aplicação, a janela é definida somente por uma ou duas das restrições citadas. Por exemplo, no caso particular em que não existe limitação de tempo de permanência no vértice, apenas limites para a chegada ou partida, fica implícito o tempo de permanência na diferença entre a chegada e a saída. Todavia, em alguns casos, o tempo de permanência pode ser menor que essa diferença, caracterizando-se a necessidade do rótulo b_i.

● PCV com Janela de Tempo (PCV_JT)

Representa a classe geral dos problemas que visam encontrar uma rota de mínimo custo atendendo as restrições de chegada, permanência e saída dos vértices do grafo. Caso seja associada uma variável t_{ij} a cada arco do grafo $G = (N, M)$, representando a duração do percurso entre os vértices i –e j e assumindo que a matriz $T = [t_{ij}]$ satisfaz a desigualdade triangular, pode-se imaginar que a chegada a cada vértice de G possa estar associada a um intervalo de valores para o acúmulo do tempo gasto no deslocamento pela rota. Dessa forma, o valor acumulado do tempo de trajeto deve estar entre um dado intervalo de tempo $[a_i, b_i]$, denominado de *janela de tempo*, para cada vértice $i \in N$. O problema é denominado na literatura como *Traveling Salesman Problem with Time Windows* (Dumas et al., 1995) ou *Time-constrained Travelling Salesman* (Baker, 1983). As seguintes recentes heurísticas foram desenvolvidas para a variante: Ohlmann & Thomas (2007), *Simulated Annealing*; Silva & Urrutia (2010), *Variable Neighborhood Search*; López-Ibáñez & Blum (2010), Colônia de Abelhas; Mladenović et al. (2012b), um algoritmo *Greedy Variable Neighborhood Search*; Karabulut & Tasgetiren (2014), um *Variable Iterated Greedy Algorithm*. Sarhadi & Ghoseiri (2010) abordam a versão *fuzzy* por meio de um algoritmo em colônia de formigas.

Ainda associadas a esse tipo de problema com restrição nos vértices existem outras, como as restrições de precedência (PCV_JTRP). As restrições de precedência obrigam que a chegada a certos vértices seja antecedida por um determinado conjunto de outras visitas. Considerando que o vértice x_i seja um vértice de "*backhaul*", ou seja, $i \in B$, (possui um carregamento para o depósito), tipicamente os vértices $x_j, j \in L$, representam um conjunto de precedência. Podemos considerar que tanto o PCVB como o PCV_JT são casos particulares do PCV_JTRP.

Como, normalmente, os tempos e os custos em um percurso hamiltoniano são positivos e associados aos arcos de G, em algumas situações o PCV poderá ser formulado em função da minimização dos tempos de atendimento. Nesse caso, os t_{ij} poderão ter também impacto no custo do trajeto. O problema, nesse caso, poderá possuir função objetivo que visa minimizar o tempo total de atendimento, respeitando-se os limites das janelas de tempo e de eventuais gastos com o deslocamento. Tal problema é constituído pelo PCV_JT acrescido de restrições de custo.

● PCV com Custos Dependentes do Tempo (PCV_CT)

A variante é um caso particular de PCV dinâmico em que os custos das arestas variam ao longo do tempo. Um dos primeiros trabalhos no tema deve-se a Picard & Queyranne (1978). Brondén *et al.* (2004) estudam um caso em que o número de arcos com custo dependente é limitado e propõem vários algoritmos heurísticos de solução.

4.23 Classe dos PCVs em Subciclos

● Definição da Classe

Trata-se de uma subclasse de problemas do Caixeiro Viajante em que o objetivo é determinar um ciclo Hamiltoniano de custo mínimo em um dado subconjunto de vértices. Essa classe é complexa e está correlacionada com os problemas de ciclos com bônus, uma vez que esses últimos casos também são constituídos sobre rotas em subconjuntos de vértices. Nessa classe de problemas, os vértices do grafo podem ser classificados em três conjuntos:

1º Conjunto: vértices que pertencem ao *subtour* (que é hamiltoniano em relação a esses vértices).

2º Conjunto: vértices que não pertencem ao *subtour* do caixeiro, todavia ligados diretamente aos vértices do *subtour*.

3º Conjunto: vértices que não se enquadram nas duas primeiras condições e que são denominados de isolados.

● O Caixeiro Viajante em Cobertura (PCVC)

Determinar um ciclo hamiltoniano de custo mínimo em um subconjunto dos vértices do grafo G tal que ou os vértices do grafo pertençam ao ciclo ou fiquem afastados de um ou mais vértices pertencentes ao *tour* de no máximo k arestas ou unidades de distância.

O problema é conhecido na literatura como *The Cover Salesman Problem* (CSP) (Current & Schilling, 1989). Golden *et al.* (2012) generalizam a abordagem definindo três variantes do problema e analisando algoritmos de solução: *Binary Generalized CSP*, *Integer Generalized CSP without overnight* e *Integer Generalized CSP with overnight*.

● O Caixeiro Viajante *Subtour* (PCVS)

Conhecido um grafo $G = (N, M)$ ponderado em arestas, dado um vértice depósito $i=0$ e um conjunto $w_i, i \in N$ $i \neq 0$ de pesos associados aos vértices de G, r_i um conjunto de receitas também associadas aos vértices $i \in N$, $i \neq 0$, determinar um ciclo de vértices de G começando e terminando em $i = 0$ de forma a maximizar a diferença entre as receitas dos vértices do ciclo menos os custos das arestas, e que não acumule mais de D unidades de pesos. O problema é conhecido na literatura como *Traveling Salesman Subtour Problem* e foi formulado por Gensch em 1978 (Westerlund *et al.*, 2006; Gensch, 1978).

4.24 Classe dos PCVs Estocásticos

O PCV clássico considera que o ciclo hamiltoniano desejado, ou o *tour* do caixeiro, se dará em um grafo em que os elementos constitutivos são determinísticos. No modelo estocástico, os vértices e arestas, os tempos e os custos das arestas, as janelas de tempo, dentre outros, são elementos que podem ser definidos por meio de distribuições de probabilidades. Os casos a seguir são atualmente relatados na literatura.

● PCV com Clientes Estocásticos (PCV_CE)

Nessa versão, o grafo $G = (N,M)$ tem seus vértices ocupados por clientes x_i, $i \in N$ segundo uma probabilidade p_i. O modelo considera, portanto, o caso em que existe a possibilidade de um vértice de G, inclusive, não demandar uma visita. A abordagem para exibir um tour legal dentro desse modelo inclui, classicamente, duas etapas:

- Etapa 1: Exibir um tour sobre todos os vértices de $G = (N, M)$.
- Etapa 2: Formar um tour legal eliminando os vértices não demandantes.

Esse problema foi introduzido por Jaillet (1985), que demonstrou que a solução determinística do PCV pode ser arbitrariamente ruim para o caso do PCV_CE. Liu (2007) relata um algoritmo *Scatter Search* para a solução do problema, Marinakis *et al.* (2008) apresentam um algoritmo GRASP com busca local expandida e Marinakis & Marinaki (2010) relatam um algoritmo em nuvem de partículas.

● O PCV com Custos de Viagem Estocásticos (PCV_CV)

No chamado PCV_CV, os coeficientes de custo c_{ij} representam valores associados às arestas (inclusive tempo) $i - j$, sendo variáveis aleatórias. As mais conhecidas abordagens desse problema, até o momento, buscaram determinar uma solução *a priori* tal que a probabilidade de completar o *tour*, dentro de um dado prazo, fosse maximizada. Kao (1978) é um dos primeiros trabalhos que propõem soluções para esse problema. Percus & Martin (1999) buscam o entendimento teórico do problema para o caso da distribuição aleatória uniforme dos comprimentos das arestas e propõem o uso da estratégia *Cavity Prediction*. Tadei *et al.* (2014) abordam o *Multi-path Traveling Salesman Problem with stochastic travel costs*.

● PCV Múltiplo com Tempo de Viagem Estocástico (PCV_MCE)

Trata-se da versão múltipla do PCV_CE. Neste caso, todas as rotas iniciam e terminam no mesmo vértice (que representa uma sede para o caixeiro). O número de caixeiros (ou veículos) é uma variável de decisão que possui custos fixos associados. Os trabalhos que abordaram o tema impuseram um limite de tempo para a duração dos ciclos de cada caixeiro, um comprimento máximo para o ciclo (Gendreau *et al.*, 1996c).

● PCV com Custos e Clientes Estocásticos (PCV_CCE)

Trata-se da versão que congrega como variáveis estocásticas custos e clientes (Gendreau *et al.*, 1995, 1996d).

● PCV Dinâmicos e Estocásticos (PCV_DE)

Chang *et al.* (2009) descrevem um caso do PCV dinâmico, estocástico e com janelas de tempo.

● PCV Estocásticos e Capacitados (PCV_EC)

Bertazzi & Maggioni (2014) descrevem o PCV estocástico e capacitado.

● PCV Estocásticos com Janela de Tempo (PCV_EJ)

Campbell & Thomas (2008) descrevem o problema com janela de tempo, Voccia *et al.* (2013) realizam uma revisão da literatura e Weyland (2014) trata o problema das janelas de tempo em termos de *deadlines*.

● PCV *Pickup & Delivery* com Demanda Estocástica (PCV_P&DE)

O trabalho de Louveaux & Salazar-González (2009) trata o problema *one-commodity pickup-and-delivery*. Outros trabalhos são disponíveis, todavia interligados com o roteamento de veículos.

Observar que a classe se distingue dos problemas *on-line* que não possuem informações suficientes para constituir modelos probabilísticos para a representação do elemento de incerteza. Uma forma intermediária de enfrentar o problema da incerteza – situada entre a otimização *on-line* e a estocástica – é denominada "programação robusta" e fundamenta a variante *The Robust Traveling Salesman* (Montemanni *et al.*, 2007; Ben-Tal & Nemirovski, 2000; Bertsimas & Sim, 2003).

4.25 O PCV Alugador

Trata-se de uma recente variante do Caixeiro Viajante associada ao problema de aluguéis de carro por turistas. O problema foi proposto no trabalho de Asconavieta *et al.* (2011), sendo abordado também em Goldbarg *et al.* (2012) e (2013).

O caso real de inspiração do modelo envolve o problema de turistas que desejam minimizar os custos de alugar e trafegar com carros em uma dada rota turística. Basicamente, os turistas alugam um carro na cidade inicial e retornam à cidade inicial para prosseguir viagem, por exemplo, por avião ou barco. Ao longo da rota, os turistas podem trocar de carro nas cidades visitadas, conforme desejo próprio e disponibilidade de carros para alugar, alugando outros carros para prosseguir no passeio. Na troca de um carro se faz necessário pagar pelo retorno do carro anteriormente alugado à sua cidade de origem. Quando o turista realiza a rota usando somente um carro, não paga o retorno do carro, uma vez que inicia e termina a rota na mesma cidade. Diferentes carros possuem diferentes custos operacionais por quilômetro rodado. Diferentes ligações entre cidades possuem diferentes custos operacionais por quilômetro rodado no trecho.

Considerando o grafo $G = (N, M)$, $N = \{1, ..., n\}$ e $M = \{1, ..., m\}$, o Problema do Caixeiro Alugador consiste em determinar um conjunto de caminhos contínuos em G que atribuídos, cada um a um diferente carro, constituam um ciclo hamiltoniano, ou seja:

1. Para todos os vértices, os caminhos se sucedem, iniciando-se o $k + 1$-ésimo caminho no vértice em que terminar o k-ésimo caminho.

2. Para o vértice 1 do ciclo, é iniciado um caminho.

3. Os vértices de G são todos visitados pelo turista exatamente uma vez, iniciando e terminando o ciclo no vértice $1 \in N$.

4. Apenas um carro é alugado em cada vértice onde começa um $k + 1$-ésimo caminho.

5. Em todos os vértices onde se termina um k-ésimo caminho, um carro é devolvido à locadora.

O problema objetiva minimizar o somatório dos custos associados ao percurso, ao aluguel dos carros e ao retorno de cada carro ao vértice de origem. As Figuras 4.6(b) e (c) exemplificam o problema sobre o grafo da Figura 4.6(a). No caso, são utilizados três carros para compor a rota. Inicia-se a rota em F com o carro 1, aluga-se em B o carro 2 e aluga-se em C o carro 3. Os carros retornam à praça onde foram alugados após cumprirem seu trajeto, conforme ilustrado na Figura 4.6(c).

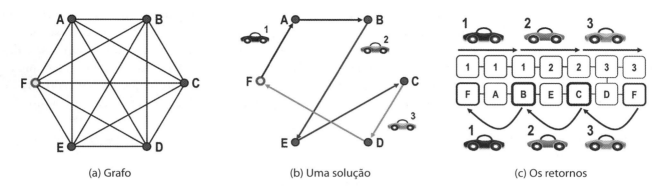

(a) Grafo (b) Uma solução (c) Os retornos

Figura 4.6: Exemplo de uma solução para o Caixeiro Alugador.

● Tipos do Caixeiro Alugador

1. Disponibilidade de carros para aluguel
Em uma situação real, não é possível considerar, de forma geral, que qualquer carro possa ser alugado em qualquer cidade. O caso em que é possível alugar todos os carros em todas as cidades é denominado total. Em qualquer outro caso, o problema é denominado parcial.

2. Alternativas de devolução do carro alugado
Em uma situação real, não é possível considerar, de forma geral, que qualquer carro alugado possa ser devolvido em qualquer cidade. O caso em que todas as cidades podem fazer a recepção de todos os carros é denominado de irrestrito. Em qualquer outra situação, o problema será denominado restrito.

3. Integridade do contrato
Quando o problema não permitir que um mesmo tipo de carro seja alugado mais de uma vez no *tour* do alugador, o problema será denominado sem repetição. Nessa hipótese, o número de carros disponíveis para o aluguel é sempre igual ou maior que o número de carros alugados pelo caixeiro. O caso sem repetição em que todos os carros devam ser obrigatoriamente alugados é denominado exato. O problema é denominado com repetição em qualquer outro caso.

4. Cálculo dos custos de devolução do carro alugado
Os custos de devolução dos carros podem ser constituídos por valores independentes da topologia ou restrições da rede. Nesse caso, o problema é dito livre. No caso em que os custos de devolução de um carro são calculados levando em conta a rota empregada pelo carro para retornar a sua base, o problema é dito vinculado. Em caso contrário, é considerado livre.

São dados do problema um grafo $G = (N, M)$ ponderado em arestas, r carros disponíveis para aluguel, r matrizes $C^h = [c_{ij}^h]$ representando o custo do carro h percorrer a aresta $(i, j) \in M$, r matrizes $D^h = [d_{ij}^h]$ representando o custo do carro h voltar da cidade i para a cidade j, $i, j \in N$ e r matrizes $A^h = [a_{ij}^h]$ representando o custo do carro h voltar da cidade i para a cidade j $i, j \in N$, $h = 1, ..., r$.

2.26 Problemas Associados

O Problema do Torneio com Viagens (*Traveling Tournament Problem* – TTP) é uma generalização dos problemas chamados de *timetable* e guarda também associação com o TSP. Yamaguchi *et al.* (2011) exibem as seguintes considerações: haverá um torneio (com jogos) entre T times, $|T|=n$ 4 e n par. Dada uma matriz de distância $(n \times n) = D = (d_{ij})$, $d_{ij} \geq 0$, que especifica a distância entre as sedes dos times (a casa dos times) i e j, o campo de mando de cada time, (assume-se, para o caso clássico do problema, que $d_{ij} = d_{ji}$ e $d_{ij} + d_{jl} \geq d_{il}$ para qualquer i, j e l). Um jogo é um par ordenado de times, em que o primeiro time no par é o que possui o mando de campo. Uma sequência de jogos consecutivos fora de casa é denominada viagem, e uma sequência de jogos consecutivos em casa é denominada estadia em casa. Um torneio em dois turnos (*double round robin*) é uma coleção de jogos em que os times jogam com os demais ora em casa, ora fora de casa. Considera-se que, se o último jogo é realizado fora de casa, o time deve retornar para casa. Quando um time está em viagem e possui dois jogos fora de casa, o time vai diretamente de um ponto de jogo para o outro sem retornar para sua casa.

O problema do Viajante de Torneio objetiva, para $\alpha \geq 2$, responder se existe um torneio em dois turnos em que os T times podem satisfazer as seguintes condições:

a) O comprimento de qualquer estadia em casa é pelo menos α.
b) O comprimento de qualquer viagem é no máximo α.
c) O jogo entre os times j e i não se segue ao jogo i e j.
d) A distância total viajada por um time nãqo ultrapassa β.

O problema de decisão acima é NP-Completo (Thielen & Westphal, 2010). O problema de decisão anteriormente descrito pode ser atacado com diversas funções objetivo constituindo diferentes problemas de otimização. A função objetivo mais comum é a que busca determinar o torneio onde o objetivo é minimizar a distância total percorrida pelas equipes do torneio (Easton *et al.*, 2001).

O Problema do Torneio com Viagens está associado ao Caixeiro Viajante uma vez que, considerando que as cidades-sede dos times do torneio formam o conjunto de vértices N de um grafo $G = (N, M)$ e que um torneio consiste em um caminho de visitas nesse conjunto de vértices segundo a matriz de distância do problema, a solução do problema é um caminho de visitas entre os vértices do grafo (times) em que todos os vértices do grafo são visitados uma única vez pelos demais vértices (times) do torneio. Essa associação é explorada por Fujiwara *et al.* (2006) e Yamaguchi *et al.* (2011) no processo de solução do problema. Trabalhos relatam variantes do problema Carvalho & Lorena (2012).

4.27 Limites para o PCV

Ser capaz de obter bons limites para o PCV é um dos caminhos para o sucesso em vários algoritmos de B&B, B&Cut, Enumeração Implícita etc. São conhecidas diversas formas de obtenção de limites, dentre elas destacam-se as que se seguem:

✔ Limites Obtidos da Árvore Geradora Mínima (*TGM*)

Chamando de Φ um circuito hamiltoniano no grafo $G = (N, M)$, um grafo não direcionado, $x_i \in N$ um vértice de Φ, e M_i o conjunto das arestas incidentes sobre o vértice x_i. Se x_v, um dos vértices do ciclo, for removido, então existirá apenas um caminho p em G. Se TG_vM for a árvore geradora mínima do subgrafo $G_v = (N \setminus \{x_v\}, M \setminus M_v)$ então é TG_VM um limite inferior para p. Os arcos removidos de F são tão grandes quanto os dois menores arcos incidentes no vértice removido v, (i_1, v) e (i_2, v), por exemplo. Chamando de $G_v = (N_v, M_v)$ o grafo formado pela remoção em G do vértice v, e denominando os arcos (i_1, v) e (i_2, v) como os dois maiores arcos incidentes em v. O custo total dos arcos da TG_VM somado ao custo dos dois arcos (i_1, v) e (i_2, v) é um limite inferior para Φ. O problema da determinação do grafo G_v que minimize esse limite pode ser expresso pelo programa linear Lim_Arv. Outra forma de entender a relaxação citada é observar que a desconsideração das restrições unitárias em estrita igualdade (restrições de alocação linear do modelo) conduz a formação de uma 1-árvore. A relaxação assim constituída certamente poderá resultar em um tour ilegal, contudo, seu valor será um limite inferior para qualquer tour hamiltoniano (legal) em G.

$$(\text{Lim\_Arv}) \quad \text{Minimizar} \quad z = \sum_{j=1}^{m} c_j x_j$$

sujeito a

$$\sum_{j=1}^{m} x_j = n$$

$$\sum_{j \in K_t} x_j \geq 1 \quad \forall K_t \equiv (S_t, \overline{S}_t),\ S_t \subset N$$

$$\sum_{j \in M_v} x_j = 2$$

$$x_j \in \{0,1\} \quad j = 1, \ldots, m$$

No modelo, Lim_Arv $\overline{S}_t = N \setminus S_t$, e $K_t \equiv (S_t, \overline{S}_t)$, $S_t \subset N$ representa o conjunto de arcos (i, j) em que o vértice $i \in S_t$ e $j \in \overline{S}_t$. K_t é também denominado conjunto de arcos de corte de G. Em relação a um *tour* hamiltoniano, pelo menos um dos arcos deve pertencer a qualquer conjunto de corte K_t de G. x_j é uma variável binária que vale 1 se o arco j está na solução, e 0 em caso contrário. Um limite melhor pode ser obtido considerando todos os vértices do grafo no conjunto M_v, da última restrição, ou seja, $v = 1, \ldots, n$. Entretanto, fazer isso é aproximar a formulação da formulação original do PCV. Outro caminho é introduzir essa restrição na função objetivo através do uso de multiplicadores de lagrange λ. Nesse caso a função objetivo de Lim_Arv se transformará em:

$$\min_x \left(\sum_{j=1}^{m} c_j x_j \right) + \sum_{i \in N} \lambda_i \left(\sum_{j \in M_i} x_j - 2 \right)$$

Dessa forma, o problema Lim_Arv pode ser modelado em função de λ como:

$$\min_x \left[\sum_{j=1}^{m} (c_j + \lambda_{i_j} + \lambda_{k_j}) - 2 \sum_{i \in N} \lambda_i \right]$$

Sujeito às demais restrições de Lim_Arv, onde i_j e k_j são os dois vértices (i e k) que definem o arco j (representado no índice). Na verdade, a função objetivo em l representa uma transformação de custos na função original de Lim_Arv tal que:

$$c_j = c_j + \lambda_{i_j} + \lambda_{k_j}$$

Os melhores valores para os λ (ou penalidades) são obtidos da solução do problema em função de l. Métodos para solucionar o problema em λ foram sugeridos por Held & Karp (1970) e Hansen & Krarup (1974). Valenzuela & Jones (1997) resumem e analisam vários métodos derivados do limite Held-Karp.

✔ Limites Obtidos do Problema de Matching (Emparelhamento – PE)

Para o caso do PCV simétrico é possível obter-se um limite inferior normalmente de melhor qualidade do que o anterior por meio da relaxação do PCV como um PE. A relaxação do PCV pode-se configurar com o problema de programação linear que se segue:

$$(\text{Lim\_Emp}) \text{ Minimizar } z = \sum_{j=1}^{m} c_j x_j$$

sujeito a

$$\sum_{j \in A_i} x_j = 2$$

$$x_j \in \{0,1\} \quad j = 1, \ldots, m$$

Essa formulação pode ser obtida da relaxação associada à árvore geradora mínima pela desconsideração das restrições de continuidade da estrutura (a árvore é um subgrafo conexo). Pode-se, como no caso anterior, incluir a restrição na função objetivo por meio de multiplicadores de lagrange. O problema é essencialmente o mesmo anterior e suas técnicas de solução análogas.

✔ Limites Obtidos do Problema de Alocação Linear (PAL)

Como a formulação clássica de Dantzig-Fulkerson-Johnson (DFJ) deixa patente, os dois primeiros conjuntos de restrições representam um problema de Alocação Linear. Balas & Christofides (1976) sugerem a introdução das demais restrições do problema, na medida de sua violação em uma relaxação linear, na função objetivo por meio de multiplicadores de lagrange. Os detalhes da proposta podem ser vistos em Christofides (1979).

4.28 Algoritmos de Solução

● Heurística de Bellmore & Nemhauser

A heurística consiste em, partindo de um vértice qualquer do grafo de substrato do PCV, estruturar o caminho hamiltoniano dirigindo-se, a cada passo, ao vértice mais próximo do vértice anterior (Bellmore & Nemhauser, 1968). A complexidade dessa heurística é $O(n^2)$. Uma variação desse algoritmo repete o algoritmo para todos os nós ou possíveis cidades para minimizar o efeito da influência da escolha da cidade inicial. Nesse caso, a heurística passa a ter complexidade $O(n^3)$. A estratégia gulosa é caracterizada pelo fato de, a cada passo, o algoritmo tomar a decisão de menor custo (vértice mais próximo ao vértice da extremidade). Uma variante dessa heurística permite que a inclusão possa ocorrer em ambos os vértices extremos do ciclo parcial que se forma. De uma forma geral, a heurística pode ser escrita como no quadro de mesmo título.

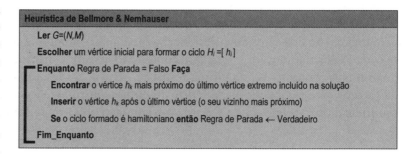

Aplicando o algoritmo de **Bellmore** e **Nemhauser** ao grafo da Figura 4.7.

Iniciando pelo vértice 6 e empregando a técnica do *vizinho mais próximo*, é possível obter a sequência de inserções da Figura 4.8.

O valor final do ciclo encontrado pela heurística é 17.

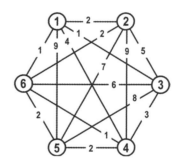

Figura 4.7: Grafo exemplo.

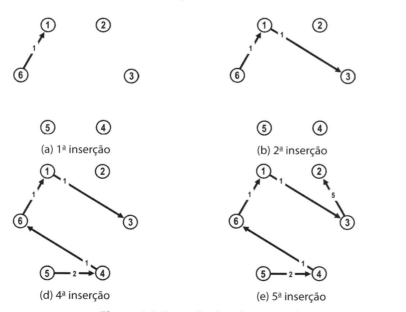
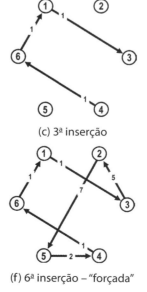

Figura 4.8: Exemplo de aplicação da heurística do vizinho mais próximo.

● Heurísticas de Inserção

Normalmente as heurísticas construtivas possuem um processo de decisão mais elaborado do que o guloso. As denominadas heurísticas de inserção realizam três níveis de decisão:

- ✓ A escolha do vértice a ser inserido na solução.
- ✓ A posição de inserção desse novo vértice.
- ✓ A decisão de um ciclo inicial.

O processo de decisão das heurísticas de inserção é ainda fortemente míope, porém pode alterar a aplicação do critério. Normalmente tais heurísticas partem de um *subtour* inicial (um ciclo normalmente de comprimento 3) e vão selecionando e inserindo vértices ainda não incluídos na solução até completar um ciclo. Alguns dos critérios mais utilizados para a seleção dos vértices a serem acrescidos ao *subtour* são:

- ✓ Inserção do vértice mais próximo.
- ✓ Inserção do vértice mais distante.
- ✓ Inserção do vértice que conduz ao ciclo mais barato (inserção mais barata).
- ✓ A inserção aleatória.

No caso das inserções que escolhem os vértices mais próximos e mais distantes de qualquer vértice pertencente ao subtour em construção, além da escolha do vértice, será necessário decidir a forma de inseri-lo no *subtour*. Como o vértice ainda não pertence ao *subtour*, duas arestas devem também ser escolhidas de forma a tornar a sua inclusão possível. Se a inclusão desse vértice ocorrer entre os vértices i e $i + 1$, será necessário remover a aresta de ligação $(i, i + 1)$ para manter um *subtour* viável. O critério de decisão sobre quais arestas devem ser utilizadas nesse processo de inclusão e de exclusão é expresso pelo efeito do balanço do custo da entrada versus o custo da saída das arestas envolvidas. Considerando uma inserção entre os vértices i e $i + 1$, o critério para a escolha do ponto de inserção mais adequado se confunde com o critério de escolha da aresta $(i, i + 1)$ que minimize o seguinte balanço:

$$\text{Minimizar } \{c_{ik} + c_{k\,i+1} - c_{i\,i+1}\}$$

onde c_{ij} é o custo de uma aresta (i, j) e k é o índice do vértice que será inserido entre os vértices i e $i+1$. No caso da utilização do critério da inserção mais barata, o próprio vértice passa a ser escolhido pelo critério de mínimo balanço, considerando-se todas as inserções possíveis para todos os vértices ainda não pertencentes ao subtour.

De uma forma geral, as heurísticas de inserção podem ser descritas pelos seguintes passos:

```
Heurísticas de Inserção
Ler G=(N,M)
  ① Iniciar por um ciclo de vértices H_i =[ h_i ]
  ② Enquanto não for formado um ciclo Hamiltoniano Fazer
    ③   Encontrar o vértice h_k não pertencente ao ciclo, mais próximo ou mais distante
        de qualquer dos vértices pertencentes ao ciclo.
    ④   Encontrar a aresta (i, i+1) tal que Minimize { c_ik + c_k i+1 − c_i i+1 }
    ⑤   Inserir o vértice h_k entre os vértices i e i+1.
  Fim_Enquanto
```

A inserção mais barata executa os passos 3 e 4 em um só procedimento da seguinte forma: encontrar h_k não pertencente ao ciclo tal que sua inserção entre i e $i + 1$ minimize $\{c_{ik} + c_{k\,i+1} - c_{i\,i+1}\}$. A Figura 4.9 exemplifica a heurística de inserção do vértice mais próximo, e a Figura 4.10 a inserção mais barata no grafo da Figura 4.7. Apesar de referirem-se ao mesmo grafo, os exemplos serão iniciados com ciclos diferentes. O resultado da aplicação da heurística de inserção do vértice mais próximo ao grafo da Figura 4.7 é um circuito com 15 unidades de comprimento.

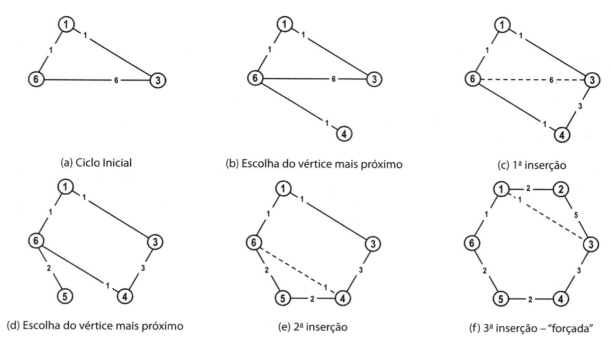

Figura 4.9: Inserção do vértice mais próximo.

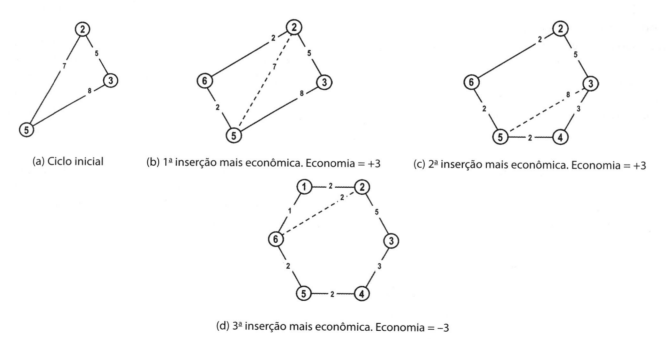

Figura 4.10: Inserção mais barata.

O resultado da aplicação da heurística de inserção do vértice mais barato ao grafo da Figura 4.7 é um circuito com 15 unidades de comprimento, contudo, na Figura 4.10 a última inserção não foi completamente "forçada". O efeito final da política míope de tomada de decisão das heurísticas de inserção do vértice mais próximo ou mais distante é diminuído na estratégia da inserção mais barata.

No antigo trabalho de Arthur & Frendewey (1959), já se relatam bons resultados computacionais no uso dessas heurísticas na solução do PCV. Para o caso do PCV Simétrico Euclidiano constatou-se a indicação de que a heurística da inserção mais distante era a mais promissora.

● Heurísticas de *K*-Substituições ou *k*-Opt

As heurísticas de substituição são estratégias de grande sucesso na solução dos PCVs, especialmente para o caso simétrico. Basicamente partem de um ciclo hamiltoniano inicial. Um dos exemplos clássicos dessas heurísticas encontra-se no trabalho de Lin & Kernighan (1973), talvez uma das heurísticas mais conhecidas para a solução do PCV simétrico. As heurísticas *k*-Opt possuem conclusivos relatos de bom desempenho computacional, especialmente as 2-Opt e 3-Opt (Golden *et al.*, 1980) e fazem hoje parte de inúmeros outros algoritmos heurísticos e meta-heurísticos (Gerdessen, 1996) dentre os quais destacamos os seguintes.

✔ Heurística Dynasearch

Algoritmo proposto por Potts & Van de Velde (1995) combinam uma série de movimentos 2-Opt a cada passo do algoritmo para compor uma nova solução. A composição dos movimentos 2-Opt é limitada em $O(n^2)$.

✔ Geni & Genius

Gendreau *et al.* (1992) apresentam um procedimento híbrido para construção dos ciclos auxiliado por um processo de otimização local baseado no exame de configurações 2-Opt a 4-Opt. Considerando-se uma dada ordenação de visitas, c_1-c_2-...-c_n, o algoritmo pode partir de uma parte do ciclo, c_1-c_2-c_3, por exemplo. Cada nova cidade que for sendo acrescentada (c_4, no exemplo) ao ciclo em construção é testada em seu ponto de inclusão de modo que se examine a possibilidade de uma *k*-Opt substituição, com $4 \geq k \geq 2$. As possíveis trocas são restritas a uma da distância (p) da posição original da cidade. Os autores apresentam o resultado de testes computacionais que comparam diversos esquemas para os parâmetros de otimização (k e p). As heurísticas *k*-substituições podem ser descritas pelos seguintes passos:

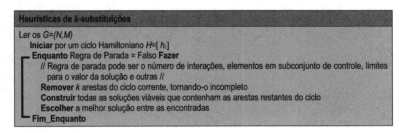

O esforço computacional para testar todas as possíveis trocas sugeridas pela remoção das k arestas cresce na ordem de $\frac{n!}{(n-k)!k!}$. Felizmente os resultados na aplicação de heurísticas 2-Opt e 3-Opt é de boa qualidade. A Figura 4.11 representa, graficamente, um esquema de troca de arestas previsto no caso da heurística 2-Opt.

A Figura 4.13 (1ª e 2ª partes) exemplifica o procedimento de troca 2-Opt em relação ao grafo da Figura 4.12(a) e seu ciclo inicial na Figura 4.12(b).

Observar que um vértice do caminho nunca possui suas arestas incidentes removidas tornando-se isolado.

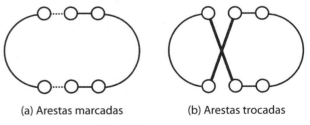

(a) Arestas marcadas   (b) Arestas trocadas

Figura 4.11: Troca 2-Opt.

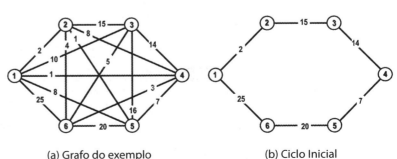

(a) Grafo do exemplo   (b) Ciclo Inicial

Figura 4.12: Grafo e ciclo inicial.

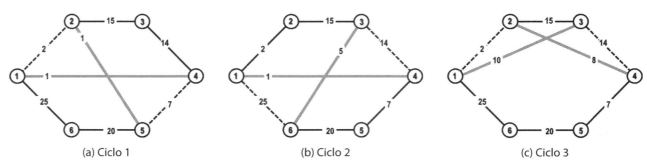

Figura 4.13: Ciclos examinados pela troca 2-Opt – 1ª parte.

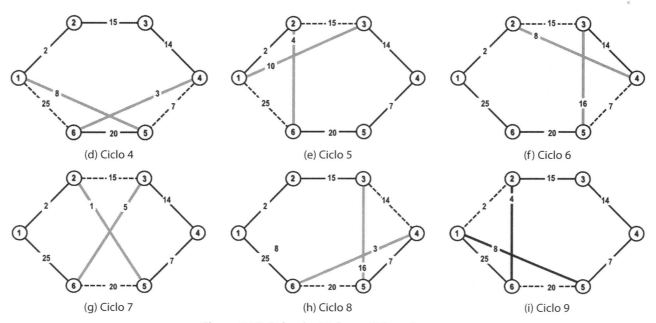

Figura 4.13: Ciclos da vizinhança 2-Opt – 2ª parte.

● Heurística Lin & Kernighan (1973)

A heurística L&K pode ser assim formalizada:

Heurística L&K

Ler $G=(N,M)$

1. **Construir** um ciclo hamiltoniano e calcular seu custo c
2. $c\_melhor \leftarrow c$ // Guarda o melhor custo encontrado //
3. **Remover** uma aresta do ciclo criando um caminho hamiltoniano, H, por um critério a ser definido // por exemplo, aresta mais cara do ciclo //
4. **Criar duas listas vazias**: Arestas que saem, L_Sai, e arestas que entram, L_Entra.
5. **Incluir** a última aresta removida em L_Sai
6. **Selecionar** uma aresta w para inclusão localizada entre algum vértice terminal e um vértice h interno de H, tal que $w \notin L\_Sai \wedge w \notin L\_Entra$
   Se tal aresta inexistir, **seguir** para o passo 12
   Caso contrário **Fazer** $H \leftarrow H \cup \{w\}$, formando um ciclo em H e $L\_Entra \leftarrow L\_Entra \cup \{w\}$
7. **Calcular** a função de ganho, g, pelo somatório dos pesos das arestas em L_Sai menos o peso das arestas em L_Entra.
8. **Remover** a aresta a adjacente a h tal que $a \notin L\_Entra$ e a faz parte do ciclo recém-formado.
   Se não for possível encontrar uma aresta a que atenda à exigência, **seguir** para o passo 12
9. **Calcular** o custo, c_ind, do ciclo hamiltoniano induzido por H mais a aresta que une os vértices terminais.
10. **Se** $c\_ind < c\_melhor$ **então** $c\_melhor \leftarrow c\_ind$ e **salvar** o ciclo hamiltoniano correspondente a c_ind
11. **Se** $g > 0$, **voltar** ao passo 5
12. **Se** $c\_melhor < c$ **voltar** ao passo 3, considerando o ciclo hamiltoniano correspondente a c_melhor como a nova solução inicial e $c \leftarrow c\_melhor$
13. **Caso contrário FIM**.

Como exemplo de aplicação da heurística L&K, seja o grafo da Figura 4.7 e a solução incial (1,4,2,3,6,5) de custo igual a 35. O desenvolvimento da heurística segue-se da seguinte forma:

Passo 1: Solução inicial (1,4,2,3,6,5) com c=35.

Passo 2: c_melhor=35.

Passo 3: Remover aresta (4,2) – Figura 4.14(a).

Passo 4: L_Sai = {∅}, L_Entra = {∅}.

Passo 5: L_Sai = { (4,2) }.

Passo 6: Incluir aresta (4,6) – Figura 4.14(b).

Passo 7: g = custo da aresta (4,2) – custo (4,6)=9-1=8.

Passo 8: Remover (6,5) restaurar o caminho – Figura 4.14(c)

Passo 9: c_ind =32, custo do ciclo (5,1,4,6,3,2).

Passo 10: c_melhor=32 e salva (5,1,4,6,3,2).

Passo 11: (g>0) voltar ao passo 5.

Passo 5: L_Sai = { (4,2), (6,5) }

Passo 6: Incluir aresta (4,5) – Figura 4.14(d).
L_Entra = { (4,6), (4,5) }.

Passo 7: g=(9+2)-(1+2)=8.

Passo 8: Remover (1,4) – Figura 4.14(e).

Passo 9: C_ind=25 custo do ciclo (1,5,4,6,3,2).

Passo10. c_melhor=25 e salva (1,5,4,6,3,2).

Passo 11: Voltar ao passo 5.

Passo 5: L_Sai = { (4,2), (6,5), (1,4) }.

Passo 6: Incluir aresta (1,6) – Figura 4.14(f).
L_Entra={ (4,6), (4,5), (1,6) }.

Passo 7: g=(9+2+4)-(1+2+1)=11.

Passo 8: Remover (4,6), porém (4,6) ∈ L_Entra, portanto seguir para o passo 12.

Passo 12: c_melhor=25 e c=35, portanto voltar ao passo 3 com o ciclo (1,5,4,6,3,2) como solução inicial.

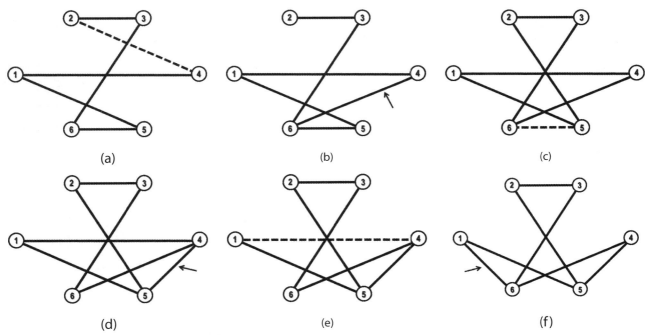

Figura 4.14: Desenvolvimento da heurística L&K.

● Heurística das Economias (*saving*)

Trata-se de uma adaptação para o PCV de uma estratégia originalmente sugerida para o problema de roteamento (Clark & Wright, 1964). Sua aplicação eficiente sugere a necessidade de um grafo completo, concluindo-se que é uma abordagem bastante razoável para o PCV Euclidiano e Simétrico. O algoritmo pode ser descrito da seguinte forma:

Heurísticas das economias

Ler $G=(N,M)$
Iniciar pelo vértice k, selecionado por algum critério ou aleatoriamente
Considerar todos os vértices ligados ao vértice k
// um circuito não Hamiltoniano que passa n vezes pelo vértice k //
Obter a lista das "economias" L da seguinte forma: $S_{ij} = c_{jk} + c_{ki} - c_{ij}$ $i,j = 1,...,n$
// S é uma economia se o vértice i for ligado ao vértice j sem passar por k //
Ordenar as economias em lista monótona decrescente
⎡ **Enquanto** $L \neq \emptyset$ **Fazer**
⎢ **Percorrer** a lista iniciando pela primeira posição. Tentar a ligação correspondente ao maior S_{ij}
⎢ ⎡ **Se** a inserção da aresta (i,j) e a retirada das arestas (k,i) e (j,k) resultar em uma rota iniciando
⎢ ⎢ em k e passando pelos demais vértices, $L \setminus S_{ij}$.
⎢ ⎢ **Caso contrário**, tentar a ligação seguinte da lista.
⎢ ⎣ **Fim_Se**
⎣ **Fim_Enquanto**

Aplicando o procedimento ao grafo exemplo da Figura 4.15 e selecionando o vértice 1 como o vértice de referência, tem-se:

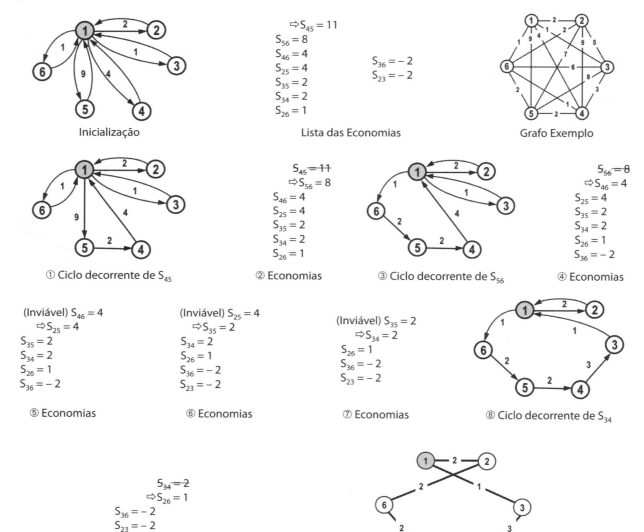

Figura 4.15: Etapas da heurística das economias.

Referências Bibliográficas

Abrahamson, J. & Shokoufandeh, A. (2010). Euclidean TSP on two polygons, *Theoretical Computer Science* 411(7-9): 1104-1114.

Abu-Srhan, A. & Al Daoud, E. (2013). A Hybrid Algorithm Using a Genetic Algorithm and Cuckoo Search Algorithm to Solve the Traveling Salesman Problem and its Application to Multiple Sequence Alignment, *International Journal of Advanced Science and Technology* 61:29-38.

Adrabinski, A. A. & Syslo, M. M. (1983). Computational experiments with some approximation algorithms for the travelling salesmam problem, Zastosowania Matematyki 18(1):91-95.

Agarwala, R., Applegate, D. L., Maglott, D., Schuler, G.D. & Schaffler, A. A. (2000). A Fast and Scalable Radiation Hybrid Map Construction and Integration Strategy, *Genome Research* 10(3):350-364.

Ageev, A. A., Baburin, A. E. & Gimadi, E. Kh. (2007). A 3/4-approximation algorithm for finding two disjoint Hamiltonian cycles of maximum weight, *Journal of Applied and Industrial Mathematics* 1:142–147.

Aggarwal, A., Coppersmith, D., Khannat, S., Motwaniz, R. & Schieber, B. (2000). The Angular-Metric Traveling Salesman Problem, *SIAM Journal on Computing* 29(3):697–711.

Albert, M., Frieze, A. & Reed, B. (1995). Multicoloured Hamilton Cycles. *The Electronic Journal of Combinatorics* 2, #R10.

Andersol, R., Gendreau, M. Potvin, J-Y. (1999). A Hopfield-Tank Neural Network Model for the Generalized Traveling Salesman Problem, *Meta-Heuristics, Advances and Trends in Local Search Paradigms for Optimization*, Voß, S., Martello, S., Osman, I. H. & Roucariol, C. (edts). 393-402.

Angel, R. D., Caudle, W. L., Noonan, R. & Whinston, A. (1972). Computer-assisted school bus scheduling. *Management Science* 18(6):279-288

Angeniol, B., de La Croix Vaubois, G. & Le Texier, J.-Y. (1988). Self organizing feature maps and the travelling salesman problem, *Neural Networks* 1:289–293.

Anily, S., Gendreau, M. & Laporte, G. (2011). The preemptive swapping problem on a tree, *Networks* 5 (2):83-94.

Anily, S. & Hassin, R. (1992). The swapping problem, *Networks* 22:419-433.

Anily, S. & Mosheiov, G. (1994). The traveling salesman problem with delivery and backhauls, *Operations Research Letters* 16:11-18.

Applegate, D., Bixby, R. E., Chvatal, V. & Cook, W. (1998). On the solution of traveling salesman problems, *Documenta Mathematica – Extra Volume, ICM* III 645-658.

Applegate, D., Bixby, R. E., Chvatal, V. & Cook, W. (2001). TSP Cuts Which Do Not Conform to the Template Paradigm, *Computational Combinatorial Optimization*, M. Jünger e D. Naddef, editors 261-304.

Applegate, D. & Bixby, R. E. (2007). *The Traveling Salesman Problem: A Computational Study*, Princeton Series in Applied Mathematics.

Applegate, D., Cook, W. & Rohe, A. (2003). Chained Lin-Kernighan for Large Traveling Salesman Problems, *INFORMS Journal on Computing* 15(1):82–92.

Aras, N., Oommen, B. J. & Altinel, I. K. (1999). The Kohonen network incorporating explicit statistics and its application to the travelling salesman problem, *Neural Networks* 12:1273-1284.

Arkin, E., Mitchell, J. & Narasimhan, G. (1998). Resource-constrained geometric network optimization, In: *Proceedings 14th ACM Symposium on Computational Geometry*, 307-316.

Arkin, E. M., Chiang, Y-J., Mitchell, J. S. B., Skiena, S. S. & Tang, T. (1997). On the Maximum Scatter TSP, In: *Proceedings of the 8th annual ACM-SIAM symposium on Discrete algorithms* 211-220.

Arthanari, T. S. & Usha, M. (2000). An alternate formulation of the symmetric traveling salesman problem and its properties, *Discrete Applied Mathematics* 98:173-190.

Arthur, J. L. & Frendewey, J. O. A. (1959). *Computational Study of Tour Construction Procedures for the Travelling Salesman Problem*, Oregon State University, Departament of Statistics, OR 97331M.

Asconavieta, P., Goldbarg, M. C. & Goldbarg, E. F. G. (2011). Evolutionary Algorithm for the Car Renter Salesman, In: *IEEE Congress on Evolutionary Computation* (CEC), 593-600.

Ausiello, G., Bonifaci, V. & Laura, J. (2008). The online Prize-Collecting Traveling Salesman Problem, *Information Processing Letters* 107:199-204.

Ausiello, G., Bonifaci, V. & Laura, L. (2005). The On-line Asymmetric Traveling Salesman Problem, Algorithms and Data Structures, *Lecture Notes in Computer Science* 3608:306-317.

Ausiello, G., Feuerstein, E., Leonardi, S., Stougie, L. & Talamo, M. (2001). Algorithms for the On-line Travelling Salesman, *Algorithmica* 29(4):560-581.

Awerbuch, B., Azar, Y., Blum, A. & Vempala. S. (1998). New approximation guarantees for minimum-weight k-trees and prizecollecting salesmen, *SIAM Journal on Computing* 28(1): 254-262.

Baburin, A.E., Della Croce, F., Gimadi, E.Kh., Glazkov, Y.V. & Paschos, V.Th. (2009). Approximation algorithms for the 2-Peripatetic Salesman Problem with edge weights 1 and 2, *Discrete Applied Mathematics* 157:1988–1992.

Bagchi, T. P., Gupta, J. N. D. & Sriskandarajah, C. (2006). A review of TSP based approaches for flowshop scheduling, *European Journal of Operational Research* 169:816–854.

Baker. E. K. (1983). An exact algorithm for the time-constrained travelling salesman problem, *Operations Research* 31:938-945.

Balakrishnan, N., Lucena, A. & Wong, R. T. (1992). Scheduling examinations to reduce second-order conflicts. *Computers and Operations Research* 19: 353–361.

Balas, E. (1989). The Prize Collecting Traveling Salesman Problem, *Networks* 19:621-636.

Balas, E. & Christofides, N. A. (1976). A New Penalty Method for the Travelling Salesman Problem, paper presented at the *Ninth International Symposium on Mathematical Programming*, Budapest, Citado em: Balas, E. & Christofides, N. A. 1979. A restricted Lagrangean approach to the traveling salesman problem, Technical Report Carnegie Mellon University Design Research Center. http://repository.cmu.edu/cgi/viewcontent.cgi?article=1952&context=tepper, Acesso Outubro 2014.

Balas, E. & Christofides, N. A. (1981). A Restricted Lagrangean Approach to the Traveling Salesman Problem, *Mathematical Programming* 21:19-46.

Balas, E., Fischetti, M. & Pulleyblank, W. R. (1995). The Precedence–Constrained Asymmetric Traveling Salesman Problem Polytope. *Mathematical Programming* 68:241-265.

Balas, E. & Simonetti, N. (2001). Linear time dynamic programming algorithms for new classes of restricted TSPs: A computational study, *INFORMS Journal on Computing* 13:56-75.

Baldacci, R., Hadjiconstantinou E. & Mingozzi, A. (2003). An exact algorithm for the traveling salesman problem with deliveries and collections. *Networks* 42:26-41.

Baldacci, R., Bartolini, E. & Mingozzi, A. (2011). An exact algorithm for the pickup and delivery problem with time windows. *Operations Research* 59 (2):414-426.

Bao, X. & Liu, Z. (2012). An improved approximation algorithm for the clustered traveling salesman problem, *Information Processing Letters* 112:908-910.

Battarra. M., Erdoğa.n G., Laporte, G, & Vigo, D. (2010). The traveling salesman problem with pickups, deliveries, and handling costs, *Transportation Science* 44:383–99.

Bang, J., Ryu, J., Lee, C., Yoo, S., Lim, J. & Lee, J. (2012). A Quantum Heuristic Algorithm for the Traveling Salesman Problem, *Journal of the Korean Physical Society* 61(12):1944-1949.

Ben-Tal, A. & Nemirovski, A. (2000). Robust solutions of linear programming problems contaminated with uncertain data, *Mathematical Programming*, 88:411-424.

Bertsimas, D. J. & Sim, M. (2003). Price of robustness. *Operations Research* 52(1):35-53.

Bjelić, N., Vidović, M. & Popović, D. (2013). Variable neighborhood search algorithm for heterogeneous traveling repairmen problem with time windows, *Expert Systems with Applications* 40(15):5997-6006.

Behzad, A. & Modarres, M. (2002). A new efficient transformation of the generalized traveling salesman problem into traveling salesman problem, In: *Proceedings of the 15th International Conference of Systems Engineering*, 6-8.

Bektas, T. (2006). The multiple traveling salesman problem: an overview of formulations and solution procedures. *Omega* 34:206-219.

Bellmore, M. & Nemhauser, G. L. (1968). The traveling salesman problem: A survey, *Operations Research* 16:538-582.

Berman, O., Einav, D. & Handler, G. (1990). The Constrained Bottleneck Problem in Network. *Operations Research* 38(1):178-181.

Beltrami, E. J. & Bodin, L. D. (1974). Networks and vehicle routing for municipal waste collection. *Networks* 4(1):65-94.

Bertazzi, L., Paletta, G. & Speranza, M. G. (2004). An improved heuristic for the period traveling salesman problem, *Computers & Operations Research* 31:1215-1222.

Bertazzi, L. & Maggioni, F. (2014). The Stochastic Capacitated Traveling Salesmen Location Problem: A Computational Comparison for a United States Instance, *Procedia – Social and Behavioral Sciences* 108:47-56.

Biggs, N. L., Lloyyd, E. K. & Wilson, J. (1986). *Graph Theory*, Clarendon Press, Oxford.

Bhattacharya, B., Hu, Y. & Kononov, A. (2007). Approximation Algorithms for the Black and White Traveling Salesman Problem, *Lecture Notes in Computer Science*, 4598:559-567.

Bland, R. E. & Shallcross, D. E. (1989). Large traveling salesman problem arising from experiments in X-ray crystallography: a preliminary report on computation, *Operations Research Letters* 8(3):125-128.

Blum, A., Chalasani, P., Coppersmith D., Pulleybank, B., Raghavan, P. & Sudan, M. (1994). The Minimum Latency Problem, In: *Annual Symposium on Theory of Computation* (STOC) 163-171.

Bodin, L. D., Assad, B.L. & Ball, A. (1983). Routing and Scheduling of Vehicles and Crew, The State of the Art. *Computers & Operations Research* 10:69-211.

Bogdanowicz, Z. (2005). Hamiltonian circuits in sparse circulant digraphs. *Ars Combinatoria* 76:213-223.

Boland, N. L., Clarke, L. W. & Nemhauser, G. L. (2000). The asymmetric traveling salesman problem with replenishment arcs, European Journal of Operational Research 123:408-427.

Bordenave, C., Gendreau, M. & Laporte, G. (2010) Heuristics for the mixed swapping problem, *Computers & Operations Research* 37(1):108-114.

Bourgeois, M., Laporte, G. & Semet, F. (2003). Heuristics for the black and white traveling salesman problem, *Computers & Operations Research* 30:75-85.

Braham, C. (1966). Decisions Optimales, Microeconomie, Paris

Brest, J. & Zerovnik, J (2005). A Heuristic for the Asymmetric Traveling Salesman Problem, In: *MIC2005, The 6th Metaheuristics International Conference* 145-150.

Brezina, I. Jr. & Kóva, Z. Č. (2011). Solving the Travelling Salesman Problem using the Ant colony Optimization, *Management Information Systems* 6(4):10-14.

Brondén, B., Hammar, M. &Nilssor, B. J. (2004). Online and Offline Algorithms for the Time-Dependent TSP with Time Zones, *Algorithmica* 39(4):299-319.

Brummit, B. & Stentz, A. (1998). GRAMMPS: a generalized mission planner for multiple mobile robots. In: *Proceedings of the IEEE international conference on robotics and automation.* http://www.ri.cmu.edu/pub_files/pub1/brumitt_barry_1998_1/brumitt_barry_1998_1.pdf, Acesso Agosto 2014.

Burkard, R. E. (1979). Traveling Salesman and Assignment Problems: A Survey, *Annals of Discrete Mathematics* 4:193-215.

Burkard, R. E., Deineko, V. G., van Dal, R., van der Veen, J. A. A. & Woeginger, G. J. (1998). *Well-Solvable Special Cases of the Traveling Salesman Problem: A Survey*, SIAM Review 40(3):496-546.

Burkard, R. E. & W. Sandholzer, (1991). Efficiently Solvable Special Cases of Bottleneck Travelling Salesman Problems, *Discrete Applied Mathematics* 32:61-76.

Burr, D. J. (1988). An Improved Elastic Net Method for the Traveling Salesman Problem, In: *Proceedings IIEEE International Conference on Neural Networks* I:69-76.

Campbell, A. & Thomas, B. W. (2008). Probabilistic Traveling Salesman Problem with Deadlines, *Transportation Science* 42(1):1-21.

Caricato, P., Grieco, A. & Serino, D. (2007). Tsp-based scheduling in a batch-wise hybrid flow-shop, *Robotics and Computer-Integrated Manufacturing* 23:234–241.

Carrabs, F., Cordeau, J-F. & Laporte, G. (2007). Variable neighborhood search for the pickup and delivery traveling salesman problem with LIFO loading, *INFORMS Journal on Computing* 19:618-32.

Carter, A. E. & Ragsdale, C.T. (2002). Scheduling pre-printed newspaper advertising inserts using genetic algorithms, *Omega* 30:415-421.

Carvalho, M. A. M. & Lorena, L. A. N. (2012). New models for the Mirrored Traveling Tournament Problem, *Computers & Industrial Engineering* 63(4):1089-1095.

Çela, E., Deineko, V. & Woeginger, J. (2012). The x-and-y-axes travelling salesman problem. *European Journal of Operational Research* 223(2):333-345.

Cerny, V. (1985). Thermodynamic approach to the Travelling Salesman Problem: An Efficient Simulation Algorithm, *Journal of Optimization Theory and Applications* 45:41-51.

Cesari, G. (1996). Divide and conquer strategies for parallel TSP heuristics, *Computers & Operations Research* 23(7):681-694.

Chalasani, P., Motwani, R. & Rao, A. (1996). Approximation Algorithms for Robot Grasp and Delivery, In: *2nd International Workshop on Algorithmic Foundations of Robotics* (WAFR): 347-362.

Chalasani P. & Motwani, R. (1999). Approximating Capacitade Routing and Delivery Problems. *SIAM Journal on Computing* 28:2133-2149.

Chandra, B., Karloff. H. & Tovey, C. (1994). New results on the old kopt algorithm for the TSP, In: *Proceedings 5th ACMSIAM Symp. on Discrete Algorithms, Society for Industrial and Applied Mathematics*, 150159.

Chang, T-S., Wan, Y-w. & OOI, W. T. (2009). A stochastic dynamic traveling salesman problem with hard time windows, *European Journal of Operational Research* 198(3):748-759.

Chao, I. M., Golden, B. L. & Wasil, E. A. (1995). A new heuristic for the period traveling salesman problem, *Computers & Operations Research* 22:553-565.

Charon I. & Hudry, O. (1998). Lamarckian genetic algorithms applied to the aggregation of preferences, *Annals of Operations Research* 80:297-281.

Chatterjee, S., Carrera, C. & Lynch, L. A. (1996). Genetic Algortithm and Traveling Salesman Problem, *European Journal of Operational Research* 93:490-510.

Chauny, F., Haurie, A., Wagneur, E., Loulou, R. (1987). Punch Operations in a Flexible Manufacturing Cell a Three-Dimensional Space-Filling Curve Approach, *Information Systems and Operational Research* 25(1):28-45.

Cheang, B., Gao, X. Lim, A., Qin, H. & Zhu, W. (2012). Multiple pickup and delivery traveling salesman problem with last-in-first-out loading and distance constraints, *European Journal of Operational Research* 223(1)16:60-75.

Chiang, Y-J. (2005). New Approximation Results for the Maximum Scatter TSP, *Algorithmica* 41(4):309-341.

Chisma, J. A. (1975). The Clustered Traveling Salesman Problem, *Computers and Operations Research* 2:115-119.

Cristián, E. C., Matamala, M. & Contardo, C. (2010). The pickup and delivery problem with transfers: Formulation and a branch-and-cut solution method, *European Journal of Operational Research* 200(3):711-724.

Christofides, N. & Beasley, J. E. (1984).The period routing problem. *Networks* 14:237-256.

Christofides, N. & Eilon, S. (1972). Algorithms for Large Scale Traveling Salesman Problem, *Operations Research Quartely* 23:511-518.

Christofides, N. (1979). *The Travelling Salesman Problem*, In: Combinatorial Optimization, Christofides, N., Mingozzi, A., Toth, P. & Sandi, C. (edts) 131-149. Wiley Chichester.

Clarke, G. & Wright, J. (1964). Scheduling of Vehicles from a Central Depot to a Number of Delivery Points, *Operations Research* 12:568-581.

Claus, A. (1984). A new formulation for the travelling salesman problem, *SIAM Journal on Algebraic and Discrete Methods* 5:21-25.

Codenotti, B., Manzini, G., Margara, L. & Resta, G. (1996), Perturbation: An efficient Techique for the Solution of Very Large Instances of the Euclidean TSP, *INFORMS Journal on Computing* 8:125-133.

Cordeau, J-F., Mauro Dell'Amico, M. & Iori, M. (2010). Branch-and-cut for the pickup and delivery traveling salesman problem with FIFO loading, *Computers & Operations Research*, 37(5):970-980.

Couëtoux, B., Gourvès, L., Monnot, J. & Telelis, O. A. (2008). On Labeled Traveling Salesman Problems. *Lecture Notes in Computer Science* 5369:776-787.

Coy, S. P., Golden B. L. & Wasil, E. A. (1999). A computational study of smoothing heuristics for the traveling salesman problem, *European Journal of Operational Research* 124:15-27.

Couëtoux, B., Gourvès, L., Monnot, J. & Telelis, O. A. (2008). On Labeled Traveling Salesman Problems. *Lecture Notes in Computer Science* 5369:776-787.

Crowder, H. & Padberg, M. W. (1980). Solving large-scale symmetric traveling salesman problems to optimality. *Management Science* 26:495–509.

Current, J. R & Schilling, D. A. (1989). The Cover Salesman Problem. *Transportation Science* 23(3):208-213.

Czerniak, P. T. (2000). *Approximation Techniques for the Optimal Scheduling of the Space-Based Visible Satellite*, Department of Electrical Engineering and Computer Science, Engineering and Computer Science at the Massachusetts Institute of Technology. http://dspace.mit.edu/bitstream/handle/1721.1/86797/50616510.pdf?sequence=1. Acesso em Agosto de 2014.

Cutler, M. (1980). Efficient special case algorithms for the N-line planar traveling salesman problem, *Networks* 10:183–195.

Dantzig, G. B., Fulkerson, D. R. & Johson. S. M. (1954). Solution of a Large Scale Travelling Salesman Problem, *Operations Research* 2:393-410.

Davendra, D. (2010). *Traveling Salesman Problem, Theory and Applications*, InTech.

de Berg, M., Gudmundsson, J., Katz, M. J. Levcopoulos, C., Overmars, M. H., van der Stappen A. F. (2005). TSP with neighborhoods of varying size, *Journal of Algorithms* 57(1):22-36.

de Klerk, E. & Dobre, C. (2011). A comparison of lower bounds for the symmetric circulant traveling salesman problem, *Discrete Applied Mathematics* 159(16):1815-1826.

De Kort, J. B. J. M. (1991). Lower bounds for symmetric K-Peripatetic Salesman Problems, *Optimization* 22:113-122.

De Kort, J. B. J. M. (1993). A branch and bound algorithm for symmetric 2-peripatetic salesman problems, *European Journal of Operational Research* 70(2):229-243.

del Castillo, J. M. (1999), A heuristic for the traveling salesman problem based on a continuous approximation, *Transportation Research Part B* 33,123-152.

Dell'Amico, M., Maffioli, F. & Värbrand, P. (1995). On prize-collecting tours and the asymmetric travelling salesman problem, *International Transactions im Operational Research* 2(3):297-308.

De Vreese, L. P., Pradelli, S. Massini, G., Buscema, M. Savarè, R. & Grossi, E. (2005). The Traveling Salesman Problem as a new screening test in early Alzheimer's disease: an exploratory study, Visual Problem-solving in AD, *Aging Clinical and Experimental Research* 17(6):458-464.

Desrochers, M. & Laporte, G. (1991). Improvements and extensions to the Miller–Tucker–Zemlin subtour elimination constraints, *Operations Research Letters* 10:27–36.

Dewilde, T., Cattrysse, D., Coene, S., Spieksma, F.C.R. & Vansteenwegen, P. (2013). Heuristics for the traveling repairman problem with profits, *Computers & Operations Research* 40(7):1700-1707.

Dimitrijevic, V. & Saric, Z. (1997). An efficient transformation of the generalized traveling salesman problem into traveling salesman problems on digraphs, *Information Science* 102:105-110.

Ding, C., Cheng, Y. & He, M. (2007). Two-Level Genetic Algorithm for Clustered Traveling Salesman Problem with Application in Large-Scale TSPs, *Tsinghua Science and Technology* 12(4):459-465.

Dorigo, M. & Gambardella, L. M. (1997). Ant colony system: A cooperative learning approach to the travelling salesman problem, *IEEE Transactions on Evolutionary Computation* 1(1):53-66.

Duchenne, E., Laporte, G. & Semet, F. (2005). Branch-and-cut algorithms for the undirected IPeripatetic Salesman Problem, *European Journal of Operational Research* 162:700-712.

Duchenne, E., Laporte, G. & Semet, F. (2012). The undirected m-Capacitated Peripatetic Salesman Problem, *European Journal of Operational Research* 223(3):637-647.

Dumas, Y., Desrosiers, J., Gelinas, E. & Solomon, M. M. (1995). An optimal algorithm for the travelling salesman problem with time windows, *Operations Research* 43:367-371.

Dumitrescu, A., Mitchell, J. S. B. (2003). Approximation algorithms for TSP with neighborhoods in the plane, *Journal of Algorithms* 48(1):135-159.

Dumitrescu, I., Ropke, S., Cordeau, J.-F. & Laporte, G. (2009). The traveling salesman problem with pickup and delivery: polyhedral results and a branch-and-cut algorithm, *Mathematical Programming* 121(2):269–305.

Dwivedi, V., Chauhan, T., Saxena, S. & Agrawal. P. (2012). Travelling Salesman Problem using Genetic Algorithm. In: *IJCA Proceedings on Development of Reliable Information Systems, Techniques and Related Issues* (DRISTI 2012) DRISTI (1):25-30.

Easton, K., Nemhauser, G. L. & Trick, M. A. (2001). The traveling tournament problem description and benchmarks. In: T. Walsh (Ed.). *Lecture Notes in computation Science* 2239:580–584.

Elbassioni, K., Fishkin, A. V., Mustafa, N. H. & Sitters, R. (2005). Approximation Algorithms for Euclidean Group TSP, *Lecture Notes in Computer Science* 3580:1115-1126.

Erdoğan, G., Cordeau, J-F. Laporte, G. (2009). The pickup and delivery traveling salesman problem with first-in-first-out loading, *Computers & Operations Research* 36(6):1800-1808.

Erdoğan, G., Battarra. M., Laporte, G. & Vigo, D. (2012). Metaheuristics for the traveling salesman problem with pickups, deliveries and handling costs. *Computers & Operations Research* 39(5):1074-1086.

Erdoğan, G. Cordeau, J-F. & Laporte, G. (2010a). The Attractive Traveling Salesman Problem, *European Journal of Operational Research* 203(1):59-69.

Erdoğan, G., Cordeau, J.-F. & Laporte, G. (2010b). A branch-and-cut algorithm for solving the non-preemptive capacitated swapping problem, *Discrete Applied Mathematics* 158(15):1599–1614.

Eppstein, D. (2003). The traveling salesman problem for cubic graphs, In: *ACM Computing Research Repository, cs.DS/0302030, 8th Workshop. Algorithms and Data Structures*, Lecture Notes in Computer Science 2748:307-318.

Estivill-Castro, V., Heednacram, A. & Suraweera, F. (2010). The Rectilinear k-Bends TSP, Computing and Combinatorics, *Lecture Notes in Computer Science* 6196: 264-277.

Falcon, R., Li, X., Nayak, A.. & Stojmenovic, I. (2010). The one-commodity traveling salesman problem with selective pickup and delivery: an ant colony approach. In: *Proceedings of the 2010 IEEE Congress on Evolutionary Computation (CEC2010)*, 4326–4333.

Falcone, J. L., Chen, X. & Hamad, G. G. (2013). The traveling salesman problem in surgery: economy of motion for the FLS Peg Transfer task, *Surgical Endoscopy* 27:1636–1641.

Fan, H. (2010). Discrete Particle Swarm Optimization for TSP based on Neighborhood, *Journal of Computational Information Systems* 6:10:3407-3414.

Feillet, D., Dejax, P. & Gendreau, M. (2005). Traveling Salesman Problems with Profits, *Transportationm Science* 39(2):188-200.

Fiechter, C. N. (1990). A Parallel Tabu Search Algorithm for Large Scale Traveling Salesman Problems, *Working Paper 90/1*, Department of Mathematics, Ecole Polytechnique Federale de Lausanne, Switzerland.

Fiechter, C. N. (1994). A parallel tabu search algorithm for large traveling salesman problems, *Discrete Applied Mathematic* 51(3):243-267.

Finke, G. (1987). *Traveling Salesman Problems on Circulant Matrices*, Second Avanced Research Institute on Discrete Applied Mathematics, Rutgers.

Finke G, Claus A, Gunn, E. (1984). A two commodity network flow approach to the travelling salesman problem. *Congressus Numerantium* 1:167–78.

Finke, G. & Kusiak, A. (1985). Network Approach to Modelling of Flexible Manufacturing Modules and Cells, *APII -0399-0516, Departament of Applied Mathematics Technical University of Nova Scotia*, Nova Scotia, Canada.

Fischetti, M., Salazar, J. J. & Toth. P. (1995). The symmetric generalized travelling salesman polytope, *Networks* 26:113-123.

Fischetti, M., Salazar, J. J. & Toth. P. (1997). A branch-and-cut algorithms for the symmetric generalized traveling salesman problem, *Operations Research* 45:378–394.

Fleischmann, B. (1985). A Cutting-Plane Procedure for the Travelling Salesman on a Road Network, *European Journal of Operational Research* 21: 307-317.

Focacci, F., Lodi, A., & Milano, M. (2002), Embedding relaxations in global constraints for solving TSP and TSPTW, *Annals of Mathematics and Artificial Intelligence* 34:291–311.

Fortini, M., Letchford, A. N., Lodi, A. Wenger, K. M. (2010). Computing Compatible Tours for the Symmetric Traveling Salesman Problem, *Mathematical Programming Computation* 3(1):59-78.

Fox, K. R., Gavish, B. & Graves, S. C. (1980). An n-constraint formulation of the (time-dependent) traveling salesman problem, *Operations Research* 28:1018–1021.

Frank, A., Korte, B., Triesch, E. & Vygen, J. (1998). On the Bipartite Travelling Salesman Problem, Report N° 98866-OR. University of Bonn. http://citeseerx.ist.psu.edu/viewdoc/summary?doi=10.1.1.43.9542. Acesso em Setembro de 2014.

Frederickson, G. N. & Wittman, B. (2011) Approximation Algorithms for the Traveling Repairman and Speeding Deliveryman Problems, *Algorithmica*. http://www.springerlink.com/content/402112037r7kh262/fulltext.pdf. Acesso em Outubro de 2014.

Frieze, A. M. (1983). An extension of Christofides heuristic to the k-person travelling salesman problem, *Discrete Applied Mathematics* 6:79-83.

Frisch, R. (1966). *Maxima and Mínima Theory and Economics Applications*, Dordrecht-Holland.

Fujiwara, N., Imahori, S., Matsui, T. & Miyashiro, R. (2006). Constructive algorithms for the constant distance traveling tournament problem. In E. K. Burke & H. Rudov (Eds.), In: *Proceedings in Practice and Theory of Automated Timetabling* VI (PATAT'06) 135-146.

Gambardella, L. M. & Dorigo, M. (1996). Solving Symmetric and Asymmetric TSPs by Ant Colonies, In: *IEEE Conference on Evolutionary Computation* (ICEC'96), 622–627.

Gamboa, D., Rego, C. & Glover, F. (2005). Data structures and ejection chains for solving large-scale traveling salesman problems, *European Journal of Operational Research* 160:154–171.

Gamboa, D., Rego, C. & Glover, F. (2006). Implementation analysis of efficient heuristic algorithms for the traveling salesman problem, *Computers and Operations Research* 33:1154–1172.

Gao, X. & Wang, N. (2011). A new method for laser antimissile strategy optimization, In: *Control and Decision Conference (CCDC)*, Chinese 833-837.

Garey, M. & Johnson, D. (1979). Computer and Intractibility: A guide to the Theory of NPCompleteness, Freeman, San Francisco.

Gavish, B. & Graves, S. C. (1978). *The travelling salesman problem and related problems*, Working paper GR-078-78, Operations Research Center, Massachusetts Institute of Technology.

Gavish, B. & Srikanth, K. (1996). An optimal solution method for large-scale multiple traveling salesman problems, *Operations Research* 34(5):698–717.

Gerace, I. & Greco, F. (2008). The Travelling Salesman Problem in Symmetric Circulant Matrices with Two Stripes. *Mathematical Structures in Computer Science* 18:165-175.

Gendreau, M., Hertz, A. & Laporte, G. (1992), New Insertion and Postoptimization Procedures for the Traveling Salesman Problem, *Operations Research* 40: 1086-1094.

Gendreau, M., Hertz, A., & Laporte, G. (1996). The Traveling Salesman Problem with Backhauls, *Computers and Operations Research* 23:501-508.

Gendreau, M. Laporte, G. & Séguin R. (1995). An exact algorithm for the vehicle routing problem with stochastic demands and customers.*Transportation Sciences* 29(2):143-155.

Gendreau, M., Laporte, G. & Séguin, R. (1996c). Stochastic Vehicle Routing, *European Journal of Operational Research* **88**:3-12.

Gendreau, M., Laporte, G., & Hertz, A. (1997). An Aproximation Algorithm for the Traveling Salesman Problem with Backhauls, *Operations Reseach* 45(4):639-641.

Gendreau, M., Laporte, G. & Vigo, D. (1999). Heuristics for the travelling salesman problem with pickup and delivery, *Computers & Operations Research* 26:699-714.

Gendreau, M., Laporte, G. & Séguin, R. (1996d). A Tabu Search Heuristic for the Vehicle Routing Problem with Stochastic Demands and Customers, *Operations Reseach* 44 (3):469-477.

Geng, X., Chen, Z., Yang, W., Shi, D. & Zhao, K. (2011). Solving the traveling salesman problem based on an adaptive simulated annealing algorithm with greedy search, *Applied Soft Computing* 11:3680-3689.

Gensch, D. H. (1978). An Industrial application of the traveling salesman's subtour problem, *IIE Transactions* 10(4):362-370.

Gilbert, K. C. & Hofstra, R. B. (1992). A new multiperiod multiple traveling salesman problem with heuristic and application to a scheduling problem, *Decision Sciences* 23:250-259.

Gharizi, H. & Osman. I. H. (2003). A neural network algorithm for the traveling salesman problem with backhauls, *Computers & Industrial Engineering* 44(2):267-281.

Ghiani, G., Laporte, G. & Semet, F. (2006). The Black and White Traveling Salesman Problem, *Operations Research* 54:366-378.

Ghoseiri, K. & Sarhadi, H. (2008). A memetic algorithm for symmetric traveling salesman problem, International *Journal of Management Science and Engineering Management* 3(4):275-283.

Glover, F. (1991). Multilevel Tabu Search and Embedded Search Neighborhoods for the Traveling Salesman Problem, *Working Paper,* University of Colorado, Boulder. http://leeds-faculty.colorado.edu/glover/TSP%20-%20Multilevel%20TS%20-%20June%2091.doc. Acesso em Ago 2014.

Goldbarg, M. C., Luna, H. P. L. & Goldbarg, E. F. G. (2015). *Programação Linear e Fluxos em Redes.* Ed Campus / Elsevier.

Goldbarg, E. F. G., Goldbarg, M. C. & Farias, J. P. F. (2007). Grasp with Path-Relinking for the Tsp, In: Metaheuristics Progress in Complex Systems Optimization Doerner, K. F., Gendreau, M. Greistorfer, P., Gutjahr, W., Hartl, R. F. Reimann, M. (edts), Operations Research/Computer Science Interfaces Series 39:137-152.

Goldbarg, M. C., Bagi, L. B. & Goldbarg. E. F. G. (2009). Transgenetic algorithm for the Traveling Purchaser Problem, *European Journal of Operational Research* 19(1):36-45.

Goldbarg, M. C. Asconavieta, P. H. & Goldbarg, E. F. G. (2012). Memetic algorithm for the Traveling Car Renter Problem: an experimental investigation, *Memetic Computing* 4(2): 89-108.

Goldbarg, M. C., Goldbarg, E. F. G., Asconavieta, P. H., Menezes, M. S. & Luna, H. P. L. (2013). A transgenetic algorithm applied to the Traveling Car Renter Problem, *Expert Systems with Applications* 40(16):6298-6310.

Goldberg, D. E. & Lingle, R. (1985). Alleles, Loci, and Traveling Salesman Problem, In: *Proceedings of an International Conference on Genetic Algorithms and their Applications*, 154-159.

Golden, B. L., Bodin, L., Doyle, T. & Stewart W. Jr. (1980). Approximate Travelling Salesman Algorithms, *Operations Research* 28:694-711.

Golden, B., Naji-Azimi, Z., Raghavan, S., Salari, M. & Toth, P. (2012). The Generalized Covering Salesman Problem, *INFORMS Journal on Computing* 24(4):534-553.

Gorenstein, S. (1970). Printing press scheduling for multi-edition periodicals, *Management Science* 16(6):B373-83.

Gerdessen, J. (1996). Vehicle Routing Problem with Trailer, *European Journal of Operational Research* 93:135-147.

Gromicho. J., Paixão, J. & Branco, I. (1992). Exact solution of multiple traveling salesman problems. In: *MustafaAkgül, et al., editors. Combinatorial optimization. NATO ASI Series*, F82:291-92.

Goyal, N. (2006). Grading a Microcontroller: A Travelling Salesman Problema Application, In: *4th International Conference on Electrical and Computer Engineering – ICECE* 2006, 19-21.

Grefenstette, J. J., Gopal, R., Rosmaita, B. J. e Van Gucht, D. (1985). Genetic Algorithms for the Traveling Salesman Problem, In: *Proceedings of an International Conference on Genetic Algorithms and their Applications,* 160-168.

Gribkovskaia, I. & Laporte, G. (2008). One-to-many-to-one single vehicle pickup and delivery problems. In: Golden BL, Raghavan S, Wasil EA, editors. *The vehicle routing problem: latest advances and new challenges.* New York: Springer, 359-77.

Grötschel, M., Jünger, M. & Reinelt, G. (1989). Via minimization with pin preassignments and layer preference, *Zeitschrift fur Angewandte Mathematik und Mechanik* 69:393-399.

Grötschel, M. & Holland, O. (1991). Solution of Large Scale Symmetric Traveling Salesman Problems, *Mathematical Programming* 51:141-202.

Gudmundsson, J. & Levcopoulos, C. (1999). A fast approximation algorithm for TSP with neighborhoods, *Nordic Journal of Computing*, 6:469.488.

Gutin, G. & Yeo, A. (1999). Small diameter neighbourhood graphs for the traveling salesman problem: at most four moves from tour to tour, *Computers & Operations Research* 26:321-327.

Gutin, G., Yeo, A. & Zverovitch, A. (2002). Exponential Neighborhoods and Domination Analysis for the TSP, In: *The Traveling Salesman Problem and its Variations*, Gutin, G. & Punnen, A. (edt), Kluwer, Dordrecht.

Gutin, G. & Punnen, A. (2002). The *Traveling Salesman Problem and Its Variations*, Kluwer Academic Publishers.

Gutin, G. & Karapetyan, D. (2010). A memetic algorithm for the generalized traveling salesman problem, *Natural Computing* 9:47-60.

Guttmann-Beck, N., Hassin, R., Khuller, S. & Raghavachari, B. (2000). Approximation Algorithms with Bounded Performance Guarantees for the Clustered Traveling Salesman Problem. *Algorithmica* 28:422-437.

Halldórsson, M. M., Iwano, K., Katoh, N. & Tokuyama, T. (1995). Finding Subsets Maximizing Minimum Structures. In: *Proceedings of the Sixth Annual ACM-SIAM Symposium on Discrete Algorithms*,150-159. Disponível em: http://www.raunvis.hi.is/~mmh/Papers/jmst.ps. Acesso em Setembro de 2014.

Hansen, P. (1980). Bicriterion Path Agorithms. In: Fandel, G., Gal, T. (Eds.), *Multiple criteria decision making. Theory and applications. Lecture Notes in Economics and mathematical Systems* 117:199-127.

Hansen, K. H. & Krarup, J. (1974). Improvements of the Held-Karp Algorithm for the Symmetric Travelling Salesman Problem, *Mathematical Programming* 4:87-95.

He, J., Xiao, J. & Shao, Z. (2014). An Adaptative Membrane Algorithm for Solving Combinatorial Optimization Problems, *Acta Mathematica Scientia* 34B(5):1377-1394.

Heilporn. G., Cordeau, J-F. & Laporte, G. (2010). The Delivery Man Problem with time windows, *Discrete Optimization* 7:269-282.

Held, M. & Karp, R. M. (1970). The Traveling Salesman Problem and Minimum Spanning Trees, *Operations Research* 18:1138-1162.

Helsgaun, K. (2000). An effective implementation of the Lin-Kernighan traveling salesman heuristic, *European Journal of Operational Research* 126:106-130.

Helsgaun, K. (2014). Solving the Equality Generalized Traveling Salesman Problem Using the Lin-Kernighan-Helsgaun Algorithm, Skilde University Computer Science Research Report #141. http://www.akira.ruc.dk/~keld/research/GLKH/GLKH_Report.pdf, acesso em Agosto de 2014.

Helvig, C. S., Robins, G. & Zelikovsky, A. (1998). Moving-Target TSP and Related Problems Algorithms, *Lecture Notes in Computer Science* 1461:453-464.

Helvig, C. S., Robins, G. & Zelikovsky, A. (2003). The moving-target traveling salesman problem, *Journal of Algorithms* 49:153-174.

Henry-Labordere, A. L. (1969). The record balancing problem: a dynamic programming solution of a generalized traveling salesman problem, *Revue Française D´Informatique De Recherche Operationnelle* B 2:43-49.

Hernández-Pérez, H., Rodríguez-Martín, I. & Salazar-González, J. J. (2009). A hybrid GRASP/VND heuristic for the one-commodity pickup-and-delivery travelling salesman problem, *Computers & Operations Research* 36:1639-1645.

Hernández-Pérez H. & Salazar-González, J-J. (2003). The one-commodity pickup-and-delivery travelling salesman problem. In: Jünger M, Reinelt G, and Rinaldi G (eds).*Combinatorial Optimization—Eureka, you Shrink*. 89-104.

Hernández-Pérez H. & Salazar-González, J-J. (2004). Heuristics for the one-commodity pickup-and-delivery traveling salesman problem, *Transportation Science* 38(2):245-255,

Hernández-Pérez, H., Rodríguez-Martín, I. & Salazar-González, J. J. (2009). A hybrid GRASP/VND heuristic for the one-commodity pickup-and-delivery traveling salesman problem, *Computers & Operations Research* 36(5):1639-1645.

Hoff, A. Løkketangen, A. (2006). Creating Lasso-Solutions for the Traveling Salesman Problem with Pickup and Delivery by Tabu Search, *Central European Journal of Operations Research* 14(2):125-140.

Horspool, R. N. & Laks, J. M. (1983). An improved block sequencing method for program restructuring, *Journal of Systems and Software* 3:245-250

Hosseinabadi, A. R., Yazdanpanah, M. & Rostam, A. S. (2012). A New Search Algorithm for Solving Symmetric Traveling Salesman Problem Based on Gravity, *World Applied Sciences Journal* 16 (10):1387-1392.

Hu, B. & Raidl, G. R. (2008). Effective Neighborhood Structures for the Generalized Traveling Salesman Problem, Evolutionary Computation in Combinatorial Optimization, *Lecture Notes in Computer Science* 4972:6-47.

Huang, H., Yang, X, W., Hao, Z. F., Liang, Y. C., Wu, C. G. &, Zhao, X. (2005). Hybrid chromosome genetic algorithm for generalized traveling salesman problems, *Lecture Notes in Computer Science* 3612:137-140.

Ismail, Z., Ibrahim, W . R. W. (2008). Traveling Salesman Approach for Solving Petrol Distribution Using Simulated Annealing, *American Journal of Applied Sciences* 5(11):1543-1546.

Jaillet, P. (1985). *Probabilistic Traveling Salesman Problem*, Ph.D. Thesis, Report Nº 185, Operations Research Centers, Massachusetts Institute of Thecnology, Cambridge, MA.

Jaillet, P. & Wagner, M. R. (2008). Online Vehicle Routing Problems: A Survey. The Vehicle Routing Problem: Latest Advances and New Challenges, *Operations Research/Computer Science Interfaces Series* 43, Part II, 221-237.

Jongens, K. & Volgenant, T. (1985). The Symmetric Clustered Traveling Salesman Problem, *European Journal of Operational Research* 19:68-75.

Jonker, R. & Volgenant, T. (1982). A branch and bound algorithm for the symmetric traveling salesman problem based on the 1-tree relaxation, *European Journal of Operational Research* 9:83-89.

Johnson, D. S. (1990), Local Optimization and Traveling Salesman Probelm, in *Proceedings of the Seventeenth Colloquium on Automata, Languages and Programming*, Springer-Verlag, New York.

Johnson, D. S., Gutin, G., McGeoch, L. A., Yeo, A., Zhang, W., e Zverovich, A. (2002), Experimental Analysis of Heuristics for the ATSP, In: *The Traveling Salesman Problem and its Variations*, Kluwer, 445-487.

Johnson D. S. & McGeoch, L. A. (2002). *Experimental Analysis of Heuristics for the STSP*, The Traveling Salesman Problem and its Variations, Gutin and Punnen (eds), Kluwer Academic Publishers, 369-443.

Johnson, O. & Liu, J. (2006). A traveling salesman approach for predicting protein functions, *Source Code for Biology and Medicine* 1(3):1-7.

Jozefowiez, N., Laporte, G. & Semet, F. (2011). A branch-and-cut algorithm for the minimum labeling Hamiltonian cycle problem and two variants, *Computers & Operations Research* 38:1534-1542.

Jünger, M., Reinelt, G., e G. Rinaldi, (1995), The Traveling Salesman Problem, In: *Handbook in Operations research an Managent Science*: Network Models, Ball, M. O., Magnanti, T. L., Monma, C. L., e G. L. Nemhauser (eds.), Elsevier, Amsterdam.

Jünger, M., Rinaldi, G., & Thienel, S. (2000), Practical performance of efficient minimum cut algorithms, *Algorithmica* 26:172-195.

Kalantari, B., Hill, V., & Arora, S. R. (1985). An Algorithm for the Symmetric Travelling Problem with Pickup and Delivery Customers, *European Journal of Operational Research* 3:135-141.

Kalman, D. & White, J. E. (2001). Polynomial Equations and Circulant Matrices, *The American Mathematic Monthy* 11:821-840.

Karapetyan, D. & Gutin, G. (2011). Lin–Kernighan heuristic adaptations for the generalized traveling salesman problem, *European Journal of Operational Research* 208:221–232.

Karp, R. M. (1975). On the Computational Complexity of Combinatorial Problems, *Networks* 5:45-68.

Kara, I., Güden H., Koc, O. N. (2012). New formulations for the generalized traveling salesman problem, In: *Proceeding ASM'12 Proceedings of the 6th international conference on Applied Mathematics, Simulation, Modelling*, 60-65.

Karabulut, K. & Tasgetiren, M. F. (2014). A variable iterated greedy algorithm for the traveling salesman problem with time windows, *Information Sciences* 279:383-395.

Kao, M-Y. & Sanghi, M. (2009). An approximation algorithm for a bottleneck traveling salesman problem, *Journal of Discrete Algorithms* 7(3):315-326.

Kao, E. P. C., (1978), A Preference Order Dynamic Program for the Stochastic Traveling Salesman Problem, *Operations Research* 26:1033-1045.

Kataoka, S. & Morito. S. (1988). An algorithm for the single constraint maximum collection problem. *Journal of the Operations Research Society of Japan* 31(4):515-530.

Kaur, D. & Murugappan, M. M. (2008). Performance enhancement in solving traveling salesman problem using hybrid genetic algorithm, in *Proceedings of the 2008 annual meeting of the North American fuzzy information processing society*, 1–6.

Kolemen, G. & Kasdin, N. J. (2012), Optimization of an Occulter-Based Extrasolar-Planet-Imaging Mission, *Journal of Guidance, Control, and Dynamics* 35(1):172-185.

Knox, J. (1994). Tabu Search Performance on the Symmetric Traveling Salesman Problem, *Computers and Operations Research* 21(8):867-876.

Koopmans, T. & Beckmann (1957). Assignment Problems and the Location of Economic Activities. *Econometrica* 25(1):53-76.

Krarup, J. (1975). The peripatetic salesman and some related unsolved problems, in *Combinatorial Programming Methods and Applications*, Reidel, Dordrecht, 173-178.

Kumar, N. & Kumar, R. (2012). A Genetic Algorithm Approach To Study Travelling Salesman Problem, *Journal of Global Research in Computer Science* (3)3:33-37.

Kusiak, A. & Finke, G. (1987). Modeling and Solving The Flexible Forging Module Scheduling Problem, *Engineering and Optimization* 12:1-12.

Laarhoven, P. J. M. van, & Aarts, E. H. L. (1987). *Simulated Anneling: Theory and Applications*, D. Reidel Publishing Company, Dordreech, Holland.

Langevin, A. (1988). Planification de tournées de véhicules, PhD thesis, Dept. of Applied Mathematics, Êcole Polytechnique, Montreal, Canada.

Laporte, G., Asef-Vazir, A. & Sriskandarajah, C. (1996). Some Applications of the Generalized Travelling Salesman Problem, *Journal of the Operational Research Society* 47:1461-1467.

Laporte, G. & Martello, S. (1990). The Selective Traveling Salesman Problem, *Discrete Applied Mathematic* 26:193-207

Laporte, G., Mercure, H., & Norbert, Y. (1987). Generalized Traveling Salesman Problem Through n Sets of Nodes: The Asymmetrical Cases, *Discrete Applied Mathematic* 18:185-197.

Laporte, G. & Norbert, Y. (1973). *Exact Algorithms for the Traveling Salesman Problem*, Université du Québec.

Laporte, G. & Palekar, U. (2002). Some applications of the clustered travelling salesman problem, *Journal of the Operational Research Society* 53:972-976.

Laporte, G. & Semet, F. (1999). Computational evaluation of a transformation procedure for the symmetric generalized traveling salesman problem, *Information Systems and Operational Research* 37:114-120.

Laporte, G., Semet, F., Dadeshidze, V. V. & Olsson, L. J. (1998). A tiling and routing heuristic for the screening of cytological samples. *Journal of the Operational Research Society* 49:1233-1238.

Larrañaga, P., Kuijpers, C. M. H., Murga, R. H., Inza, I. & Dizdarevic, S. (1999). Genetic Algorithms for the Travelling Salesman Problem: A Review of Representations and Operators, *Artificial Intelligence Review* 13(2):129-170.

LaRusic, J. & Punnen, A. P. (2014).The asymmetric bottleneck traveling salesman problem: Algorithms, complexity and empirical analysis, *Computers & Operations Research* 43:20-35.

Lawler, E. L., Lenstra, J. K., Rinnooy-Kan, A. H. G. & Shmoys, D. B. (1985), *The Traveling Salesman Problem*, John Wiley.

Lenstra, J. K. & Rinnooy Kan, A. H. G. (1975). Some simple applications of the traveling salesman problem, *Operational Research Quarterly* 26:717–33.

Li., Y. & Gong, S. (2003). Dynamic ant colony optimisation for TSP, *The International Journal of Advanced Manufacturing Technology* 22:528-533.

Lian-Ming M. (2011). A novel ant colony system with double pheromones for the generalized TSP, In: *2011 Seventh International Conference on Natural Computation*, 1923-1928.

Lim, Y-F., Hong, P-Y., Ramli R. & Khalid, R. (2011). An Improved Tabu Search for Solving Symmetric Traveling Salesman Problems, In: *2011 IEEE Colloquium on Humanities, Science and Engineering Research* (CHUSER 2011), 851-854.

Lin, S. & Kernighan, B. (1973). An Effective Heuristic Algorithm for the Traveling Salesman Problem, *Operations Research* 21:498-516.

Lirov, Y. (1988). Expert systems approach for generalized traveling salesman problem, *Journal of Guidance, Control, and Dynamics* 11(5): 425-429.

Liu, Y-H. (2007). A hybrid scatter search for the probabilistic traveling salesman problem, *Computers & Operations Research* 34(10):2949-2963.

López-Ibáñez, M. & Blum, C. (2010). Beam-ACO for the travelling salesman problem with time windows, *Computers & Operations Research* 37(9):1570-1583.

Lorena, L. A. N. & Narciso, M. G. (2002). Using logical surrogate information in Lagrangean relaxation: An application to symmetric traveling salesman problems, *European Journal of Operational Research* 138:473-483.

Loulou, R.J. (1988). On multicommodity flow formulation for the TSP, Working paper, McGill University, Montreal.

Louveaux, F. & Salazar-González, J-J. (2009). On the one-commodity pickup-and-delivery traveling salesman problem with stochastic demands, Mathematical Programming 119:169-194.

Luo, Z., Qin, H. & Lim, A. (2014). Branch-and-price-and-cut for the multiple traveling repairman problem with distance constraints, *European Journal of Operational Research* 234(1):49-60.

Lupşa, R., Lupşa, L. & Neamtiu, L. (2008).Optimal Model to Solve the Transport Model for Mammography Screening, In: *2008 IEEE International Conference on Automation, Quality and Testing, Robotics* (AQTR 2008) THETA 16th edition proceedings 3:139-142.

Mak, V. & Boland, N. (2006). Facets of the polytope of the asymmetric travelling salesman problem with replenishment arcs, *Discrete Optimization* 3(1):33-49.

Mak, V & Boland, N. (2007). Polyhedral results and exact algorithms for the asymmetric travelling salesman problem with replenishment arcs, *Discrete Applied Mathematics* 155:2093-2110.

Marcotte, P., Savard G., e Semet, F. (2004). A bilevel programming approach to the traveling salesman problem, *Operations Research Letters* 32:240-248.

Marinakis, Y. & Marinaki, M. (2010). A Hybrid Multi-Swarm Particle Swarm Optimization algorithm for the Probabilistic Traveling Salesman Problem, *Computers & Operations Research* 37(3): 432-442.

Marinakis, Y., Migdalas, A. & Pardalos, P. M. (2008). Expanding neighborhood search–GRASP for the probabilistic traveling salesman problem, *Optimization Letters* 2(3):351-361.

Martello, S., Pulleyblank, W. R., Toth, P. & De Werra, D. (1984). Balanced Optimization Problems, *Operations Research Letters* 3(5):275-278.

Matai, R., Singh, S. P. & and Mittal, M. L. (2010). An Overview of Applications, Formulations, Traveling Salesman Problem and Solution Approaches. Chapter 1 in Traveling Salesman Problem, Theory and Applications, Davendra, D. (edt) 1-24, Publisher InTech.

Matei, O. & Pop, P. (2010). An Efficient Genetic Algorithm for Solving the Generalized Traveling Salesman Problem, In: *IEEE International Conference on Intelligent Computer Communication and Processing (ICCP)*, 2010, 87-92.

Mehdizadeh, K., Nekouil, M.A., Sabahil K. & Akbarimajd, A. (2006). Modified DNA-Computing Algorithm To Solve TSP, In: *ICM 2006 IEEE 3rd International Conference on Mechatronics*, 65-68.

Melamed, I. I., Sergeev, S. I., & Kh. Sigal, I. (1990). *The Traveling Salesman Problem*, Plenum Publishing Corporation, 1147-1173.

Miller, C. E., Tucker, A. W. & Zemlin, R. A. (1960). Integer programming formulations and travelling salesman problems, *Journal of the Association for Computing Machinery* 7:326-9.

Miller D. & Pekny, J. (1991). Exact Solution of Large Asymmetric Traveling Salesman Problems, *Science* 251:754-761.

Minieka, E. (1989). The delivery man problem on a tree network, *Annals of Operations Research* 18(1):261-266

Minoux, M. (1986). Optimal Traffic Assigment in a SS/TDMA Frame: A New Approach by Set Covering and Column Generation. *RAIRO – Operations Research* 20:1-13.

Minoux, M. (1987). A Class of Combinatorial Problems with Polynomially Solvable Large Scale Covering-Partitioning Relaxations. *RAIRO – Operations Research* 21:105-136.

Mitchell, J. S. B. (2000). *Geometric shortest paths and network optimization*, In: J.-R. Sack, J. Urrutia (Eds.), Handbook of Computational Geometry, Elsevier, Amsterdam.

Mladenovic N. & Hansen, P. (1997), Variable neighborhood search, *Computers and Operations Research* 24:1097-1100.

Mladenović, N., Urošević, D., Hanafi, S. & Ilić, A. (2012a). A general variable neighborhood search for the one-commodity pickup-and-delivery travelling salesman problem, *European Journal of Operational Research* 220(1-1):270-285.

Mladenović, N., Todosijević, R. & Urošević, D. (2012b), An efficient GVNS for solving Traveling Salesman Problem with Time Windows, *Electronic Notes in Discrete Mathematics* 39:83-90.

Montemanni, R., Barta, J., Mastrolilli, M. & Gambardella, L. M. (2007). The Robust Traveling Salesman Problem with Interval Data, *Transportation Science* 41(3): 366-381.

Munehisa, T., Kobayashi, M. & Yamazaki, H. (2001), Cooperative updating in the Hopfield model, *IEEE Transactions on Neural Networks* 12:1243-1251.

Muter, I. (2015). A new formulation and approach for the black and white traveling salesman problem, *Computers & Operations Research*, to apperar. http://www.sciencedirect.com/science/article/pii/S030505481400210X.

Nagata, Y. & Soler, D. (2012). A new genetic algorithm for the asymmetric traveling salesman problem, *Expert Systems with Applications* 39:8947-8953.

Nagarajan, V. & Ravi, R. (2008). The Directed Minimum Latency Problem, In: *Approximation, Randomization and Combinatorial Optimization. Algorithms and Techniques – Lecture Notes in Computer Science* 5171:193-206.

Noon, C. & Bean, J. C. (1991). A Lagrangian Based Approach for the Assymetric Travelling Salesman Problem, *Operations Research* 45(3):365-377.

Ocan, T., Altinel, I. K. & Laporte G. (2009). A comparative analysis of several asymmetric traveling salesman problem formulations, *Computers & Operations Research* 36:637-654.

Ohlmann, J. W. & Thomas, B. W. (2007). A compressed-annealing heuristic for the traveling salesman problem with time windows, *INFORMS Journal on Computing* **19**(1):80–90.

Okano. H. (1999). New TSP Construction Heuristics and Their Relationships to the 2-Opt, *Journal of Heuristics* 5:71-88.

Padberg, M. W. & S. Hong. (1980). On the Symmetric Traveling Salesman Problem: A Computational Study, *Mathematic Programming Study* 26:495-509.

Padberg, M. W. & Rinaldi, G. (1990), Facet Identification for the Symmetric Traveling Salesman Polytope, *Mathematical Programming* 47:219-257.

Padberg, M. W. & Rinaldi, G. (1991), A Branch-and-cut Algorithm for the Resolution of Large Scale Symmetric Traveling Salesman Problem, *SIAM Review* 33:60-100.

Padberg, M. W. & Sung, T. Y. (1988). An Analytical Comparison of Different Formulations of the Travelling Salesman Problem, *Stern Scholl of Business*, New York University.

Paletta G. (1992). A multiperiod traveling salesman problem: heuristic algorithms, *Computers & Operations Research* 19:789-795.

Palleta, G. (2002). The Period Traveling Salesman Problem: A New Heuristic Algorithm, *Computers & Operations Research* 29:1343-1352.

Papadimitriou, C. H. & Steiglitz. K. (1982). *Combinatorial Optimization Algorithms and Complexity*, PrenticeHall, New York.

Parker, R. G. & Rardin, R. L. (1984). Guaranteed performance heuristics for the bottleneck traveling salesman problem, *Operations Research Letters* 2(6):269-272.

Percus, A. G. & Martin O. C. (1999).The Stochastic Traveling Salesman Problem: Finite Size Scaling and the Cavity Prediction, *Journal of Statistical Physics* 94(5-6):739-758.

Pérez M. L., e Gil, A. B. (2003). A Modified Ant-System Algorithm to Solve the Multiple Traveling Salesman Problem, In*: X Conferencia de la Asociación Española para la Inteligencia Artificial* (CAEPIA2003) II, 257-260.

Philip, A., Taofiki, A. A. & Kehinde, O. N. (2011). A Genetic Algorithm for Solving Travelling Salesman Problem, *International Journal of Advanced Computer Science and Applications* 2(1):26-29.

Picard, J. C., & Queyranne, M. (1978), The Time Dependent Traveling Salesman Problem and its Application to the Tardiness Problem in One Machine Scheduling, *Operations Research* 26:86-110.

Plante, R. D., Lowe, T. J. & Chandrasekaran, R. (1987). The Product Matrix Traveling Salesman Problem: An Application and Solution Heuristic, *Operations Research* 35(5):772-783.

Pop, P. C., Matei, O. & Sabo, C. (2010). A New Approach for Solving the Generalized Traveling Salesman Problem, *Lecture Notes in Computer Science* 6373:62-72.

Potts, C. N. & Van de Velde. (1995). *Dynasearch: Iterative Local Improvement by Dynamic Programming: Part I*, thr Traveling Salesman Problem, *Working Paper*, LPOM-9511, Faculty of Mechanical Engineering, University of Twente, Enschede.

Potvin, J. V. (1993). The Traveling Salesman Problem: A Neural Network Perspective, *INFORMS Journal on Computing* 5:328-348.

Potvin, J. Y. (1996). Genetic Algorithms for the Traveling Salesman Problem, Laport, G., & Osman, I. H. (eds.). Metaheuristics in Combinatorial Optimization, *Annals of Operations Research* 63:339-370.

Punnen, A. P. & Kabadi, S. (2002). Domination analysis of some heuristics for the traveling salesman problem, *Discrete Applied Mathematics* 119:117-128.

Ramakrishnan, R., Sharma, P. & Punnen, A. P. (2009). An efficient heuristic algorithm for the bottleneck traveling salesman problem, *OPSEARCH – Operational Research Society of India* 46(3):275-288.

Ramesh, T. (1981). Traveling Purchaser Problem, *OPSEARCH – Operational Research Society of India* 18(2):78-91.

Ramos, I. C. O., Goldbarg. M. C.. Goldbarg, E. F. G., Dória. A. D. & Farias, J. P. F. (2005). Uma Técnica Estaística na Solução do Problema do Caixeiro Viajante Através de um Algoritmo evolucionário, In: *Anais do XXXVII Simósio Brasiliero de Pesquisa Operacional*, 1542-1553.

Ratliff, H.D. & Rosenthal, A. S. (1983). Order-Picking in a Rectangular Warehouse: A Solvable Case for the Travelling Salesman Problem, *Operations Research* 31:507-521.

Reeves, C. R. (1993) *Modern Heuristic Techniques for Combinatorial Problems*, Blackwell Scientific Publication.

Reinelt, G. (1994). The Traveling Salesman: Computational Solutions for the Applications, *Lectures Notes in Computer Science* 840, Spring-Verlag, Berlin.

Rego, C. & Glover, F. (2010). Ejection chain and filter-and-fan methods in combinatorial optimization, *Annals of Operations Research* 175:77-105.

Renaud, J., Boctor, F. F. & Ouenniche, J. (2000). A heuristic for the pickup and delivery traveling salesman problem, *Computers & Operations Research* 27(9):905-916.

Renaud, J. & Boctor. F. F. (1998). An efficient composite heuristic for the symmetric generalized traveling salesman problem. *European Journal of Operational Research* 108(3):571-584.

Renaud, J., Boctor, F. F. & Laporte, G. (2002). Perturbation heuristics for the pickup and delivery traveling salesman problem, Computers & Operations Research 29(9):1129-1141.

Russel, R. (1977). An Effective Heuristic for the M-Tour Traveling Salesman Problem with Some Side Conditions, *Operations Research* 25:517-524.

Saenphon, T., Phimoltares, S. & Lursinsap, C. (2014). Combining new Fast Opposite Gradient Search with Ant Colony Optimization for solving travelling salesman problem, *Engineering Applications of Artificial Intelligence* 35:324–334.

Sarhadi, H. & Ghoseiri, K. (2010). An ant colony system approach for fuzzy traveling salesman problem with time windows, *The International Journal of Advanced Manufacturing Technology* 50(9-12):1203-1215

Saleh, H. A. & Chelouah, R. (2004). The design of the global navigation satellite system surveying networks using genetic algorithms, *Engineering Applications of Artificial Intelligence* 17:111–22.

Salehipour, A., Sörensen, K., Goos, P. & Bräysy, O. (2011). Efficient GRASP+VND and GRASP+VNS metaheuristics for the traveling repairman problem, *4OR-A Quarterly Journal of Operations Research* 9(2):189-209.

Salomon, M., Solomon, M. M., Van Wassenhove, L. N., Dumas Y. & Dauzère-Pérès, S. (1997). Solving the Discrete Lotsizing and Scheduling Problem with Sequence Dependent Set-Up Costs and Set-Up Times Using the Travelling Salesman Problem with Time Windows, *European Journal of Operational Research* 100:494-513.

Sarubbi, J. F. M., Mateus, G. R., Luna, H. P. L. & Miranda, G, Jr. (2007). Model and Algorithms for the Multicommodity Traveling Salesman Problem. In: *HIS-07– 7th International Conference on Hybrid Intelligent Systems*,113-119.

Schrijver, A. (2005). On the History of Combinatorial Optimization, In: Chapter 1, 52. *Handbooks in Operations Research and Management Science: Discrete Optimization* Volume 12, Aardal, K., Nemhauser, G. L. Weismantel, R. (edts), Elsevier.

Silberholz, J. & Golden B. (2007). The Generalized Traveling Salesman Problem: A New Genetic Algorithm Approach. In: *Proceedings of the 10th INFORMS Computing Society Conference* 165-181.

Sherali, H. D. & Adams, W. P. (1999).A reformulation–linearization technique for solving discrete and continuous non convex problems, Dordrecht, The Netherlands: Kluwer.

Sherali, H. D. & Driscoll, P. J. (2002). On tightening the relaxations of Miller–Tucker–Zemlin formulations for asymmetric traveling salesman problems, *Operations Research* 50:656-69.

Shin, S.-Y., Zhang, B.-T. & Jun, S. S. (1999). Solving Traveling Salesman Problems Using Molecular Programming, In: *Proceedings of Congress on Evolutionary Computation*, IEEE Press, 994-1000.

Shurbevski, A., Nagamochi, H. Karuno, Y. (2014). Approximating the Bipartite TSP and Its Biased Generalization, Algorithms and Computation, *Lecture Notes in Computer Science* 8344:56-67.

Silva, R. F. & Urrutia, S. (2010). A General VNS heuristic for the traveling salesman problem with time windows, *Discrete Optimization* 7(4):203-211.

Singh, A. & Narayan, D. (2012). A Survey Paper on Solving Travelling Salesman problem Using Bee Colony Optimization, *International Journal of Emerging Technology and Advanced Engineering* 2(5):309-314.

Smith, T. H. C., Meyer, T. W. S. & Thompson, G. L. (1990). Lower Bounds for the Symetric Travelling Salesman Problem from Lagrangeam Relaxations, *Discrete Applied Mathematics* 26:209-217

Snyder, L. & Daskin. M. (2006). A random-key genetic algorithm for the generalized traveling salesman problem, *European Journal of Operational Research* 17(1):38-53.

Sofge, D., Schultz, A. & De Jong, K. (2002). Evolutionary Computational Approaches to Solving the Multiple Traveling Salesman Problem using a Neighborhood Attractor Schema, In: *Proceedings EvoCOP2002*, Lecture Notes in Computer Science 2279:153-162.

Srivastav, A., Schroeter, H. & Michel, C. (2001). Approximation Algorithms for Pick-and-Place Robots, *Annals of Operations Research* 10:321-338.

Stein, C. & Wagner, D. P. (2001). Approximation Algorithms for the Minimum Bends Traveling Salesman Problem, In: *Proceedings of the 8th International IPCO Conference on Integer Programming and Combinatorial Optimization*, Lecture Notes in Computer Science 2081:406-421.

Subramanian, A. & Battarra, M. (2012). An iterated local search algorithm for the Travelling Salesman Problem with Pickups and Deliveries, *Journal of the Operational Research Society* 64:402-409.

Stewart, W. R. (1987). Accelerated Branch Exchange Heuristics for the Symmetric Traveling Salesman Problem, *Networks* 17:423-437.

Sudhakar, V. J. & Kumar, V. N. (2011). A New Approach to Solve the Classical Symmetric Traveling Salesman Problem by Zero Suffix Method, *International Journal of Contemporary Mathematical Science* 6(23):1111-1120.

Süral, H. & Bookbinder, J. H. (2003), The single-vehicle routing problem with unrestricted backhauls. *Networks* 41:127-136

Svestka, J. A. & Huckfeldt, V. E. (1973). Computational experience with an m-salesman traveling salesman algorithm, *Management Science* (19)7:790-799.

Tadei, R., Perboli, G. & Perfetti, F. (2014). The multi-path Traveling Salesman Problem with stochastic travel costs, *EURO Journal on Transportation and Logistics*, On-line: DOI 10.1007/s13676-014-0056-2.

Tang, L., Liu, J., Rong, A. & Z. Yang, (2000). A multiple traveling salesman problem model for hot rolling scheduling in Shangai Baoshan Iron & Steel Complex. *European Journal of Operational Research* 124:267-82.

Tasgetiren, M. F., Suganthan P. N. & Pan, Q-K. (2010). An ensemble of discrete differential evolution algorithms for solving the generalized traveling salesman problem, *Applied Mathematics and Computation* **215**:3356-3368.

Thielen, C. & Westphal, S. (2010). Approximating the Traveling Tournament Problem with Maximum Tour Length 2, Algorithms and Computation, *Lecture Notes in Computer Science* 6507:303-314.

Ting, N. & Liao, X-L. (2013).The selective pickup and delivery problem: Formulation and a memetic algorithm, *International Journal of Production Economics*, 141(1):199-211.

Tsai, C. Y., Liu, C. H. & Wang, Y. C. (2012). Application of Genetic algorithm on IC substrate drilling path optimization, In: *International Conference on Advanced Mechatronic Systems* (ICAMechS), 441-446.

Tsubakitani, S. & Evans, J. R. (1998). Optimizing tabu list size for the traveling salesman problem, *Computers & Operations Research* 25(2):91-97.

Ugajin, R. (2002). Method to solve the travelling salesman problem using the inverse of difusion process, *Physica* A 307:260-268.

Ulder, N. L. J., Aarts, E. H. L., Bandelt, H-J., Laarhoven P. J. M. & Pesch, E. (1990). Genetic Local Search Algorithms for the Travelling Salesman Problem, in *Proceedings of the 1st Workshop on Parallel Problem Solving from Nature*, 109-116.

Vakhutinsky, A. I. & Golden, B. L. (1995). A hierarchical strategy for solving traveling salesman problems using elastic nets, *Journal of Heuristics* 1:67-76.

Valenzuela, C. L. & Jones, A. J. (1994). Evolutionary divide and conquer (I): A novel genetic approach to the TSP, *Evolutionary Computation* 1:313333.

Valenzuela, C. L. & Jones, A. J. (1997), Estimating the Held-Karp Lower Bound for the Geometric TSP, *European Journal of Operational Research* 102: 157-175

Vansteenwegen, P., Souffriau, W. & Oudheusden, D. (2011). The orienteering problem: A survey. *European Journal of Operational Research* 209:1-10.

Voccia, S. A., Campbell, A. M. & Thomas, B. W. (2013). The probabilistic traveling salesman problem with time windows, *EURO Journal on Transportation and Logistics* 2(1-2):89-107.

Voudouris C. & Tsang, E. (1999). Guided local search and its application to the traveling salesman problem, *European Journal of Operational Research* 113:469-499.

Wang, Y. (2014). The hybrid genetic algorithm with two local optimization strategies for traveling salesman problem, *Computers & Industrial Engineering* 70:124-133.

Wang, X., Mu, A. & Zhu, S. (2013). ISPO: A New Way to Solve Traveling Salesman Problem, *Intelligent Control and Automation* 4:122-125.

Wei, Z., Ge, F., Lu, Y., Li, L. & Yang, Y. (2011). Chaotic ant swarm for the traveling salesman problem, *Nonlinear Dynamics* 65(3):271-281.

Westerlund, A., Göthe-Lundgren, M. & Larsson, T. (2006). Stabilized column generation scheme for the traveling salesman subtour problem, *Discrete Applied Mathematics* 154(15):2212-2238.

Weyland, D. (2014). On the computational complexity of the Probabilistic Traveling Salesman Problem with Deadlines, *Theoretical Computer Science* (540–541):156-168.

Whitley, D., Starkwheather, T. & Shaner, D. (1991). *The Traveling Salesman and Sequence Scheduling: Quality Solutions Using Genetic Recombinations*. In: Davis Van Nostrand, L. D. (Ed.), Handbook of Genetic Algorithms, 350-372.

Wong, R. T. (1980). Integer programming formulations of the travelling salesman problem, In: *Proceedings of the IEEE International Conference of Circuits and Computers* 149-152.

Wu, C. G., Liang, Y. C., Lee, H. P., & Lu, C. (2004). Generalized chromosome genetic algorithm for generalized traveling salesman problems and its applications for machining, P*hysical review. E, Statistical, nonlinear, and soft matter physics* 70(1 Pt2):016701.

Xing, L-N., Chen, Y-W., Yang, K-W., Hou, F., Shen, X-S. & Cai, H-P. (2008). A hybrid approach combining an improved genetic algorithm and optimization strategies for the a symmetric traveling salesman problem, *Engineering Applications of Artificial Intelligence* 2:1370-1380.

Xiong, Y., Golden, B. & Wasil, E. (2007). The Colorful Traveling Salesman Problem, *Extending the Horizons: Advances in Computing, Optimization, and Decision Technologies, Operations Research/Computer Science Interfaces Series* 37, Springer US, 115-123.

Xu, J., Yang, Y, & Lin, Z. (2003). Traveling Salesman Problem of Segments, Computing and Combinatorics, *Lecture Notes in Computer Science* 2697:40-49.

Xu, X. & Tsai, W. T. (1991). Effective neural algorithms for the traveling salesman problem, *Neural Networks* 4:193205.

Yamaguchi, D., Imahori, S., Miyashiro, R. & Matsui, T. (2011). An Improved Approximation Algorithm for the Traveling Tournament Problem, Algorithmica 61(4):1077-1091.

Yan, X., Zhang, C., Luo, W., Li, W., Chen, W. & Liu, H. (2012). Solve Traveling Salesman Problem Using Particle Swarm Optimization Algorithm, *International Journal of Computer Science Issues* 9(6/2):264-271.

Yang, J., Shi, X., Marchese, M. & Liang, Y. (2008). An ant colony optimization method for generalized TSP problem, *Progress in Natural Science* 18(11):1417-1422.

Yang, Q. F., Burkard, R. E., Çela, E. &. Wöginger G. .J (1997). Hamiltonian cycles in circulant digraphs with two stripes, *Discrete Mathematics* 176:233–254, 1997.

Yu, Z., Jinhai, L., Guochang, G., Rubo, Z. & Haiyan, Y. (2002). An implementation of evolutionary computation for path planning of cooperative mobile robots, in *Proceedings of the fourth world congress on intelligent control and automation* 3:1798-802.

Zachariasen, M. & Dam, M. (1996). Tabu Search on the Geometric Traveling Salesman Problem, in *Meta-Heuristics:Theory and Applications*, Kluwer Academic Publishers.

Zeng, X. & Martinez, T. R. (2001). Graded rescaling in Hopfield networks, In: *Proceedings of the International Conference in Prague: Artificial neural nets and genetic algorithms* 63-66.

Zhang, W. (1997). A note on the complexity of the asymmetric travelling salesman problem, *Operations Research Letters* 20:31-38.

Zhang, J., Feng, X., Zhou, B. & Ren, D. (2012). An overall-regional competitive self-organizing map neural network for the Euclidean traveling salesman problem, *Neurocomputing* 89:1-11.

Zhao, J., Liu, Q., Wang, W., Zhuoqun, W. & Shi, P. (2011). Parallel immune algorithm for traveling salesman problem and its application on cold rolling scheduling, *Information Sciences* 181(7):1212-1223.

Zhao J. & Yao, N. (2009), Study on the Efficiency of solving TSP Based on Hopfield Network, *Science Technology and Engineering* 9(2):437-439.

Zhao, F., Li, S., Sun, J. & Mei, D. (2009a). Genetic algorithm for the one-commodity pickup-and-delivery travelling salesman problem. *Computers & Industrial Engineering* 56:1642-1648.

Zhao, F., Sun, J., Li, S. & Liu, W. (2009b). A hybrid genetic algorithm for the travelling salesman problem with pickup and delivery. *International Journal of Automation and Computing* 6:97-102.

Zhou, T., Tan, Y. & Xing, L. (2006). A Multi-Agent Approach for Solving Traveling Salesman Problem, Wuhan University *Journal of Natural Science* 11(5):1104-1108.

Zhu, L., Aono, M., Kim, S-J. & Haraa, M. (2013). Amoeba-based computing for traveling salesman problem: Long-term correlations between spatially separated individual cells of Physarum polycephalum, *BioSystems* 112:1-10.

CAPÍTULO 5

Roteamento de Veículos

Objetivos — **O presente capítulo objetiva:**

- Desenvolver uma visão abrangente dos moldes de Roteamento de Veículos.
- Descrever aplicações reais no tema.
- Apresentar formulações matemáticas para modelos selecionados.
- Descrever algoritmos heurísticos de solução para modelos selecionados.

5.1 Introdução

● A Importância do Problema e seu Contexto

Um sistema de roteamento é um conjunto organizado de meios que objetiva o atendimento de demandas de uma rede de transportes. As demandas da rede podem ocorrer tanto ao longo das ligações como nos vértices. Um sistema de roteamento visa fazer chegar provisões e/ou serviços a pontos de consumo, a partir de pontos de suprimento (Bodin *et al.*, 1983). Um sistema logístico deve incluir cuidados que vão desde o processo de obtenção, estoque e distribuição de produtos sobre a rede de demanda, até os relacionados com os seres humanos, política de investimento e renovação de frota. Um sistema dessa natureza é complexo e possui subsistemas acoplados. Normalmente, macroaspectos do sistema logístico são decididos pelo empreendedor, independentemente de um modelo formal. Por exemplo, é comum que as decisões relativas à escolha de locais para instalação de depósitos ou fábricas sejam tomadas levando em conta argumentos derivados da estratégia do negócio e de oportunidade (possíveis isenções tarifárias, custo e tamanho dos terrenos, disponibilidade de financiamento, segurança, dentre outras) e antecedam ao modelo de distribuição dos itens fabricados.

Estratégia é um conjunto de regras e tomada de decisão em condições de desconhecimento parcial. As decisões estratégicas dizem respeito à relação entre a empresa e o seu ecossistema (Ansoff, 1965).

De uma forma mais precisa, a estratégia de uma organização é um conjunto de planos e critérios de decisão que estruturam, mobilizam e preparam a organização para alcançar resultados coerentes como a sua missão. A estratégia é uma forma de caminhar na direção da concretização da visão organizacional. O nível das decisões táticas corresponde ao manejo dos recursos instrumentos e insumos no sentido de implementar as decisões estratégicas. A Figura 5.1 resume as principais decisões estratégicas e táticas de um sistema de roteamento.

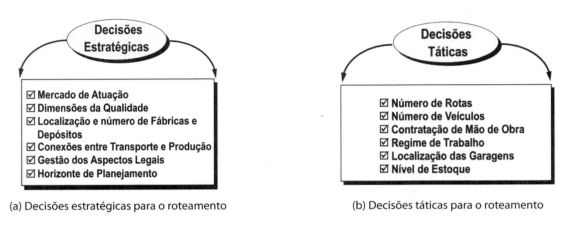

Figura 5.1: Decisões necessárias em um sistema de roteamento.

As decisões estratégicas normalmente possuem impacto sobre todo o sistema com efeito duradouro. É interessante ressaltar que decisões estratégicas errôneas produzirão dificuldades para a futura operação e otimização do sistema. Posto o arcabouço geral, caberá ao nível tático do sistema tomar as decisões que definirão as áreas atendidas, o dimensionamento da frota, o sistema de alocação de tripulação aos veículos e os turnos de trabalho. Circunstancialmente, o número de garagens e sua localização, a sistemática de manutenção, bem como as decisões sobre a estocagem podem ainda ficar a cargo do nível tático. Provavelmente, as decisões que dirão respeito à operação da frota de veículos e o emprego da mão de obra pertencerão ao nível operacional. A principal preocupação do nível operacional será providenciar um plano econômico e flexível para o atendimento da rede de demanda previamente definida nos níveis superiores de planejamento. É no contexto do nível operacional que a maior parte dos Problemas de Roteamento de Veículos (PRV) será definida. É no contexto tático e estratégico que a maior parte dos Problemas Enriquecidos de Roteamento de Veículos será estabelecida (PERV). Na medida do avanço do estado da arte, os problemas do nível tático e estratégico tendem a se incorporar aos modelos (constituindo PERVs), pressionando a tecnologia de algoritmos por soluções mais eficientes.

De uma forma geral, o problema clássico de roteamento de veículos pode ser definido como de estabelecer decisões que minimizem os custos de estocar produtos em depósitos geograficamente dispersos e transportar esses produtos através de diferentes vias empregando diferentes veículos para atender uma demanda não homogênea e também geograficamente dispersa. As entradas mais prováveis dos PRV são:

- ✓ A localização e a capacidade dos depósitos.
- ✓ Os clientes servidos pelos depósitos.
- ✓ A demanda dos clientes.
- ✓ O tamanho da frota alocada a cada depósito.
- ✓ O tipo de veículo empregado (capacidade, velocidade, habilitação de transporte etc.).
- ✓ As regras que definirão o carregamento/descarregamento.
- ✓ A possibilidade de uso de equipamento de aluguel.
- ✓ A capacidade das ligações, seu custo operacional, disponibilidade e outros.

De posse das informações listadas anteriormente, o mais provável objetivo do planejamento será estabelecer o roteamento de veículos e o sequenciamento (*scheduling*) de atividades que conduzam à minimização do custo da atividade. Nesse ponto é pertinente ressaltar que o próprio estabelecimento de uma função objetivo apropriada não é uma tarefa trivial. Não raramente os problemas de roteamento de veículos reais são multiobjetivo. O objetivo de reduzir custos poderá ser perseguido por meio da redução de:

- Prazos de entrega (serviços de emergência, produtos perecíveis e outros).
- Caminhos a percorrer (combustível, manutenção, tempo de operação e outros).
- Alocação de mão de obra.
- Riscos de acidentes ou avarias.
- Número de veículos.

Ou, ainda, redesenhando:

- Intervalos de trabalho (evitando engarrafamentos, taxa de estacionamento e outros).
- Carregamento (otimizando a relação carga/rota/meio de transporte).
- Alocação meio de transporte x tarefa (otimizando a relação carga/rota/meio de transporte).
- A política para o atendimento da demanda dos clientes. Observe-se que a demanda pode ser uma variável de natureza estocástica. O "valor de um cliente" pode ser uma variável composta que inclui desde a perda do cliente e o consequente avanço da concorrência, até a dificuldade de sua futura recuperação.
- A política de controle de estoques e investimento em instalações e meios diversos (compra ou aluguel de veículos, esquema de manutenção e disponibilidade da frota e outros).

Tais elementos intervenientes sugerem que os Problemas de Roteamento de Veículos mais complexos ou enriquecidos provavelmente demandarão funções objetivo multiobjetivo. Convém ainda ressaltar a importância, dentro do Problema Geral de Roteamento, do subproblema de distribuição. Essa importância é devida, dentre outros fatores, ao fato de que a distribuição é uma atividade que corresponde à significativa parcela dos custos de transporte. Atrasos na entrega de produtos podem acarretar custos significativos. Bodin *et al.* (1983) mostram que a distribuição física dos produtos contribui com cerca de 16% do custo final do item. Por outro lado, certos produtos carecem de uma distribuição eficiente por motivos não só econômicos como de segurança. Exemplos do caso anteriormente exposto são os medicamentos e os combustíveis. Nesse contexto, provavelmente um dos principais objetivos de uma operação de distribuição será reduzir a latência, visando minimizar o tempo de espera dos clientes por seus produtos após a aquisição. A minimização da latência provavelmente não seguirá na mesma direção da minimização dos custos. A distribuição também considera outros efeitos, como a forma de carregamento e atividades de agregação de valor sobre o produto como os cuidados de preparação do produto (por exemplo: camisas passadas ou somente lavadas) e sua conservação.

Os custos de transporte dependem da localização da empresa em relação aos seus fornecedores, armazéns, centros de distribuição e clientes. O nível de serviço ao cliente – velocidade e frequência de entrega – exigido de uma empresa pode determinar o modo de transporte e pesar significativamente nos custos. Os níveis de estoque necessários à cadeia de suprimentos são afetados pelo modo de transporte, pela velocidade do transporte e pela distância com relação às instalações físicas da empresa. O modo de transporte escolhido pode ditar o tipo de manuseio de materiais, embalagem, carregamento e os sistemas de processamento de pedidos.

Talvez o primeiro problema de roteamento relatado na literatura deva-se a Dantzig & Ramser (1959, que abordam o roteamento de uma frota de caminhões de combustível entre o terminal de distribuição de combustível e os postos atendidos pelo terminal. Empregando explicitamente o nome de *roteamento de veículos,* supostamente o primeiro trabalho na literatura deve-se a Golden *et al.* (1972). Outros trabalhos também abordaram o mesmo tema no início dos anos 1970, como para o recolhimento de lixo (Liebman, 1970), para o projeto de redes de transporte (O'Connor & De Wald, 1970), para a programação de frota de veículos (Levin, 1971) e sistemas de ônibus sob demanda (Wilson & Sussman, 1971). O problema de roteamento com elementos probabilísticos foi introduzido em Golden & Stewart (1978).

Na atualidade, os problemas de roteamento de veículos podem envolver, inclusive, sistemas de atendimentos dinâmico e estocástico, em que as demandas e ofertas podem variar tanto em função dos clientes quanto do fornecedor e configuração corrente do sistema de transporte, não sendo conhecidas de forma exata em instante algum da operação.

Os diversos problemas aninhados sob o tema de Roteamento de Veículos têm recebido a atenção intensa dos pesquisadores nos últimos 40 anos. Apesar da grande complexidade imposta à solução computacional pelos modelos desse tipo de problema (Lenstra & Rinnooy, 1981), com a melhoria do desempenho da mídia computacional e o surgimento de novos modelos de programação matemática e abordagens de solução, vários relatos de bons resultados constam da literatura, especialmente para casos específicos. Devido ao extraordinário número de variantes desse problema, bem como ao elevado número de trabalhos do estado da arte, o Quadro 5.1 indica trabalhos de referência, em que será possível encontrar a citação de trabalhos específicos em cada variante.

Tabela 5.1: Trabalhos abrangentes no tema de roteamento de veículos

Ano	Autores	Tema	Ano	Autores	Tema
2002	Bräysy & Gendreau	Tabu para PRVTW	2010	Battarra	Algoritmos exatos e heurísticos para PRV
2006	Bianchi *et al.*	Heurísticas para o PRVDE	2010	Parragh *et al.*	*Heterogeneous dial-a-ride problem*
2007	Rizzoli *et al.*	Colônia de Formigas para PRV	2010	Doerner & Schmid	Meta-heurísticas p/ PRV enriquecido
2007	Berbeglia *et. al.*	PRV com *pickup & delivery*	2012	Noorizadegan *et al.*	PRV heterogêneo e com incerteza
2008	Parragh *et al.*	PRV com *pickup & delivery*	2012	Prescott-Gagnon *et al.*	PRV para entrega de óleo
2008	Archetti & Speranza	Revisão PRV *Split Delivery*	2012	Kumar & Panneerselvam	Revisão p/ PRV
2009	Eksioglu *et al.*	Taxonomia	2013	Laporte	*Scheduling* e PRV
2009	Laporte	Histórico	2013	Laporte *et al.*	Contribuições recentes para PRV
2010	Feillet	*Branch-and-price* para PRV	2013	Archetti *et al.*	PRV com lucros
2010	Derigs *et al.*	*Vehicle routing with compartments*	2014	Archetti & Speranza	Meta-heurísticas para PRV

O esquema da Figura 5.2 resume os principais problemas de roteamento de veículos sem dinamicidade ou fatores estocásticos. Ao lado da sigla em português, está a sigla do problema em inglês. As principais siglas em inglês da figura são: VRPTW: *Vehicle Routing Problem with Time Windows*; VRPPD: *Vehicle Routing Problems with Pickups and Deliveries*; VRSPPD: *Vehicle Routing Problems with Simultaneous Pickup and Delivery.*

5.2 Aplicações Reais dos Modelos de Roteamento de Veículos

Os modelos de roteamentos de veículos decorrem, basicamente, de aplicações reais ou bem próximas da realidade. O número elevado desses trabalhos na literatura torna sua citação exaustiva proibitiva. A relação que se segue busca alcançar um equilíbrio entre o impacto do trabalho, sua contemporaneidade e seu grau de inovação.

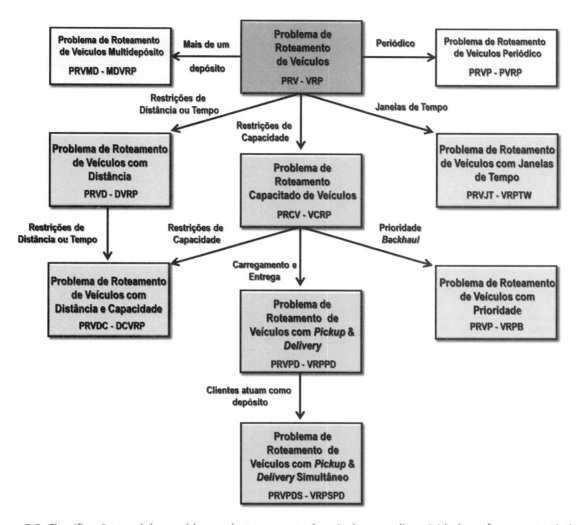

Figura 5.2: Classificação geral dos problemas de roteamento de veículos sem dinamicidade ou fatores estocásticos.

Tabela 5.2: Trabalhos abrangentes para roteamento de veículos.

Ano	Autores	Tema	Ano	Autores	Tema
1996	Wang et al.	Cultivo de ostras	2011	Derigs et al.	Tratores de carga para carregamento de aviões
2001	Ghiani & Improta	Movimentação de *plotter laser*	2012	Zhu et al.	Turismo
2001	Pevzner et al.	Montagem de fragmentos de ADN	2012	Kergosien et al.	Aplicações em hospital
2001	Alves & Carvalho	Recolhimento de sobras de madeira	2012	Yan et al.	Transporte de valores
2002	Tarantilis & Kiranoudis	Entrega de pizza, fast food, comida, congelados e outros	2012	Park et al.	Roteamento de ônibus escolar
2002	Li & Fu	Transporte escolar	2012	Ehmke & Mattfeld	Entrega em domicílios
2002	Goldbarg et al.	Programação de sondas de produção	2012	Cornillier et al.	Reabastecimento de postos de gasolina
2002	Ronen	Roteamento de navios de longo curso (petroleiros)	2013	Wy & Kim	Roteamento com esquema de caminhões *rollon–rolloff*
2002	Angelelli & Speranza	Recolhimento de lixo	2013	Hemmelmayr et al.	Recolhimento de lixo sólido
2003	Blakeley et al.	Manutenção de elevadores	2013	Drexl	Roteamento com transbordo
2003	Lee et al.	Roteamento de satélites	2013	Kergosien et al.	Aplicações em hospital
2003	Calvo & Cordone	Patrulhamento policial	2013	Neungmatcha et al.	Transporte de cana

(Continua)

Tabela 5.2: (*Continuação*)

Ano	Autores	Tema	Ano	Autores	Tema
2005	Nishimura et al.	Gerência de contêineres	2013	Xie et al.	Lançamento de sal em rodovias
2006	Ileri et al.	Pequenas entregas	2013	Coelho & Laporte	*Inventory-routing* problems
2006	Sniezek & Bodin	Veículos de coleta sanitária	2013	van Urk et al.	Roteamento de helicópteros para polícia
2007	Tricoire	Distribuição e tratamento de água	2013	Yücel et al.	Coleta de espécimes para teste laboratorial
2007	Doerner et al.	Transporte de madeira	2013	Ramírez et al.	Rotas de aviões com restrição de manutenção
2007	Perrier et al.	Manutenção de estadas	2013	Pacheco et al.	Modelo biobjetivo para roteamento de ônibus escolar em área rural
2008	Cruz Reyes et al.	Entrega de produtos em garrafas	2013	Riera-Ledesma & Salazar-González	Roteamento de ônibus com restrições de recurso
2009	Velasco et al.	*Pickup & Delivery* com helicópteros	2013	Masmoudi et al.	Logística para distribuição de comércio eletrônico
2009	Hui et al.	Planejamento da fundição de lingotes	2013	Coppi et al.	Transporte de pacientes em cuidados médicos domiciliares
2010	Tunjongsirigul & Pongchairerks	Distribuição de pão	2013	Hamed Fazlollahtabar, & Saidi-Mehrabad	Otimização de operação com veículos automatizados
2010	Goldbarg et al.	Recuperação de petróleo	2014	Ćirović et al.	Roteamento de pequenos veículos em área urbana
2010	Caramia & Guerriero	Recolhimento de leite	2014	Batsyn & Ponomarenko	Roteamento de caminhões com reboque
2010	Goldstein et al.	Otimização de comboio	2014	Hauge et al.	Coleta de lixo industrial
2010	Grønhaug et al.	Inventário de instalações através de frota de navios	2015a	Lahyani et al.	Coleta de óleo de oliva

5.3 Problemas Enriquecidos de Roteamento de Veículos

Como anteriormente ressaltado, os clássicos problemas de roteamento de veículos que são resumidos na Figura 5.2 estão em constante evolução de enriquecimento em virtude da pressão das aplicações práticas. É antigo o esforço de sistematização do grande conjunto de modelos que mesclam os clássicos modelos de Roteamento de Veículos com outros objetivos (Bodin & Golden, 1981). Consequentemente, há uma constante expansão de novas variantes. De fato, os recentes modelos consideram atividades nos vértices e arestas que vão bem além da programação da rota, da frota, da capacidade dos veículos ou de seus horários de chegada. Problemas enriquecidos podem englobar o processo de carregamento, o empacotamento e o acondicionamento das cargas, o estoque, a programação das tripulações, a manutenção dos veículos, riscos ambientais, transbordo, composição de unidades de veículos (comboios e reboques), o estacionamento dos veículos e outros. Dessa forma, é útil classificar os problemas enriquecidos, destacando-os dos problemas clássicos que são mais estáveis.

● Taxonomia para o Problema Enriquecido de Roteamento de Veículos (PERV)

Devido ao grau de complexidade e à diversidade dos modelos enriquecidos, é de grande ajuda uma sistematização. Duas recentes taxonomias estruturam os problemas de roteamento enriquecidos. A taxonomia de Eksioglu et al. (2009) engloba o tipo de estudo, as características de cenário, as características físicas, as características de informação e a característica dos dados. A taxonomia de Lahyani et al. (2015b) estrutura os problemas de roteamento enriquecidos por meio dos níveis de decisão envolvidos (decisões estratégicas, táticas e operacionais). A taxonomia que se apresenta no Quadro 5.1 é uma adaptação que considera as duas propostas e leva em conta também as observações do trabalho de Drexl & Schneider (2015).

A taxonomia proposta segue a arquitetura geral apresentada por Lahyani *et al.* (2015b), contudo incorpora a característica de cenário *fuzzy* e de tempo real (também conhecido como *on-line*) e inclui como uma das características físicas a natureza das alocações das facilidades e os tipos das janelas de tempo. Finalmente, destaca-se, na taxonomia, o tipo dos custos de transporte por sua grande importância na aplicação real.

A proposta segue a linha geral de Lahyani *et al.* (2015b) propondo quatro subclasses. Os problemas são considerados de acordo com as características do cenário (CC) e características físicas (CF). Em cada uma dessas duas classes, são listados os atributos mais notáveis. Eles determinam se o problema em estudo pode ser classificado como rico ou não. A taxonomia está organizada de uma forma arborescente com três níveis associados aos três níveis de decisão tradicionais: nível estratégico, tático e operacional. Cada um deles é dividido em subníveis. Os níveis estratégico e tático estão associados com o primeiro ramo da taxonomia, ou seja, o CCs. Eles correspondem à estratégia de transporte que descreve o sistema de distribuição e projeta seus principais componentes. No nível estratégico, a empresa tem que decidir se o plano operacional lida simultaneamente com as decisões relacionadas a diferentes funções da cadeia de abastecimento ou se as questões de planejamento de transporte são abordadas. Por exemplo, como a Figura 5.1(a) registra, o planejamento estratégico pode incluir decisões relacionadas com os locais e o número de depósitos usados. No nível tático, conforme mostrado na Figura 5.1(b), o tipo de ordem e as frequências de visitas a clientes ao longo do horizonte de tempo definido estrategicamente poderia ser considerado. O multiuso de veículos ou o tipo de dados leva a outras extensões. Embora essas decisões não estejam relacionadas com atividades de transporte diárias, afetam significativamente o plano de roteamento. O nível operacional está associado com o CF. Nele, descreve-se, por exemplo, a distribuição e o planejamento, incluindo o veículo e os horários dos motoristas.

● Distribuição dos Problemas conforme as Características de Cenário

A classificação dos problemas que se segue está baseada no Quadro 5.1. A metodologia adotada não lista os modelos por suas denominações, mas destaca em cada cenário, classe ou subclasse os modelos que ali podem ser classificados.

✔ Dados de Entrada

A incerteza é tratada no modelo de Lahyani *et al.* (2015b) em quatro níveis: determinista, estocástica, estática e dinâmica. O modelo citado classifica os problemas on-line, ainda que não possam ser associados a distribuições de probabilidades conhecidas, com os problemas estocásticos. No caso do Roteamento Estocástico, *Stochastic Vehicle Routing Problem* (SVRP), é possível, por exemplo, que uma rota não admita *a priori* a certeza de sua realização. Os parâmetros estocásticos mais comuns da literatura são: a demanda de clientes (Goodson *et al.*, 2012), os tempos de serviço e os tempos de viagem (Ehmke *et al.*, 2015). Porém os custos de transporte são parâmetros que igualmente podem possuir comportamento estocástico, especialmente em redes sujeitas a congestionamentos. Uma revisão de soluções meta-heurísticas nesse tipo de problema é disponível em Ritzinger & Puchinger (2013). O trabalho de Marinakis *et al.* (2013) aborda uma solução em nuvem de partículas para o problema da demanda estocástica.

Ghiani *et al.* (2003), Jemai & Mellouli (2008) e Fink *et al.* (2009) estudam os problemas de roteamento em tempo real na linha da solução dinâmica. A taxonomia proposta no presente trabalho destacou os problemas com entrada de dados on-line ou em tempo real dos em virtude de recentes aplicações (Shetty *et al.*, 2008) e novas abordagens de solução. A solução dos problemas on-line pode ser modelada tanto por meio de modelos dinâmicos quanto de forma distribuída. Psaraftis (1988) considera que as demandas estão localizadas nos vértices de um grafo e que o veículo (ou servo) é capaz de se deslocar entre quaisquer pares de vértices gastando um tempo que está vinculado aos serviços vértices. O autor objetiva em seu trabalho minimizar o tempo médio de espera pelo atendimento. Batta *et al.* (1988) abordam o modelo de serviço descentralizado na linha da solução de Psaraftis (1988) com a obrigação do veículo (servo) retornar à base após cada atendimento, contudo o modelo não visa basicamente o roteamento que é solucionado por caminhos mais curtos e busca atribuir os servos às demandas. Bertsimas & Van Ryzin (1993) estudam o caso do atendimento com múltiplos servos. Baousis *et al.*

1. Características de Cenário		2. Características Físicas	
1.1	Dados de entrada	2.1	Veículos
	1.1.1 Estático		2.1.1 Tipos
	1.1.2 Dinâmico		2.1.1.1 Homogêneo
	1.1.3 Determinístico		2.1.1.2 Não homogêneo
	1.1.4 Estocástico		2.1.2 Número
	1.1.5 *Fuzzy* (nebuloso)		2.1.2.1 Fixo
	1.1.6 Tempo real		2.1.2.2 Ilimitado
1.2	Componentes das Decisões de Gestão		2.1.3 Estrutura
	1.2.1 Roteamento		2.1.3.1 Compartimentalizada
	1.2.2 Estoque e roteamento		2.1.3.2 Não compartimentalizada
	1.2.3 Localização e roteamento		2.1.4 Restrições de capacidade
	1.2.4 Roteamento e programação dos condutores		2.1.5 Política de carregamento
	1.2.5 Plano de produção e distribuição		2.1.5.1 Ordem cronológica
1.3	Número de Depósitos		2.1.5.2 Sem política
	1.3.1 Um depósito		2.1.6 Regulação dos motoristas
	1.3.2 Múltiplos depósitos	2.2	Restrições de Tempo
1.4	Tipo de Operação		2.2.1 Restrições no consumidor
	1.4.1 Pickup ou Delivery		2.2.2 Restrições nas vias de acesso
	1.4.1 Pickup & Delivery		2.2.3 Restrições nos depósivos
	1.4.2 *Backhauls*		2.2.4 Tempo de serviço
	1.4.3 *Dial-a-ride* (requisição de demanda)		2.2.5 Latência – tempo de espera.
1.5	Restrições de Fracionamento de Itens	2.3	Estrutura das Janelas de Tempo
	1.5.1 Fracionamento permitido		2.3.1 Uma única janela de tempo
	1.5.2 Fracionamento não permitido		2.3.2 Múltiplas janelas de tempo
1.6	Horizonte de Planejamento	2.4	Restrições de Incompatibilidade
	1.6.1 Horizonte único	2.5	Restrições Específicas
	1.6.2 Múltiplos horizontes	2.6	Natureza da Alocação das Facilidades
1.7	Uso Múltiplo dos Veículos		2.6.1 Discreta
	1.7.1 Uma única viagem		2.6.2 Contínua
	1.7.2 Múltiplas viagens	2.7	Custos de Transporte
			2.7.1 Dependentes da Distância
			2.7.2 Dependentes do Tempo
			2.7.3 Dependentes do Veículo
			2.7.4 Dependentes da Operação
			2.7.5 Dependentes dos Riscos
			2.7.6 Dependentes da Latência
		2.8	Função Objetivo
			2.8.1 Mono-objetivo
			2.8.2 Multiobjetivo

Quadro 5.1: Taxonomia para roteamento de veículos enriquecidos.

(2009) abordam a solução por meio de agentes para uma variante do problema enquanto Rekersbrink *et al.* (2008) formalizam o conceito de roteamento distribuído de veículos.

Os problemas dinâmicos admitem que o sistema de decisão possa receber informações determinísticas ao longo do desenvolvimento das rotas que afetam ou podem exigir ajustes na solução. Por exemplo, alterações no pedido dos clientes após a partida dos veículos. Eventualmente a dinamicidade pode ser também mesclada com informações probabilísticas como em Albareda-Sambola *et al.* (2014). O roteamento dinâmico possui várias aplicações, inclusive em caso de atendimento de catástrofes (Wohlgemuth *et al.*, 2012). Uma revisão no tema de problemas de roteamento dinâmicos encontra-se em Pillac *et al.* (2013). Berbeglia *et al.* (2010) revisam os problemas dinâmicos de *pickup* & *delivery*.

✔ Componentes da Decisão

Os problemas de roteamento enriquecido podem abordar o processo de decisão decorrente da gestão da cadeia de suprimento. Suprir é disponibilizar o produto certo, no local certo e na ocasião necessária levando em conta a minimização dos custos. A política de compras, o controle de estoque, as terceirizações, o planejamento da produção e o dimensionamento e localização das unidades de suprimento são instrumentos comumente utilizados pelas empresas para realizar a gestão da cadeia de suprimento. O estado da arte ainda não permite que todos os elementos envolvidos na cadeia de suprimento possam ser controlados em um único modelo de roteamento enriquecido sem um sério comprometimento para a eficiência de solução desse modelo. Os principais modelos praticados são o de inventário e roteamento, locação e roteamento, produção e roteamento e, finalmente, o de programação de rota de veículos e motoristas (Lahyani *et al.*, 2015b).

Os problemas de roteamento, em geral, referem-se à necessidade de atender todos os clientes ou as demandas do sistema. Eventualmente, por motivos econômicos ou mesmo devidos a outros fatores, é do interesse do tomador de decisão selecionar os clientes ou as demandas a serem atendidas. Nesse caso os problemas de roteamento replicam, indiretamente, as situações de coleta de bônus das variantes do Caixeiro Viajante descritas no capítulo 4, em que o objetivo não é somente minimizar os custos de rota, mas existe um interesse no recolhimento de bônus ou lucro maior pelo atendimento preferencial de alguns clientes. Nos problemas de roteamento enriquecido, os "lucros adicionais" envolvem o planejamento da produção e a distribuição dos itens. Adulyasak *et al.* (2013) realizam uma revisão dos modelos denominados de roteamento e produção (*Production Routing Problem*). Os problemas de inventário e roteamento (*Inventory Routing Problems*) buscam definir, além dos planos de roteamento, as quantidades a entregar e os níveis de estoque para os consumidores, evitando a interrupção do fornecimento por insuficiência de estoque. O trabalho de Coelho (2013) estuda a consistência desse problema. Coelho *et al.* (2011) abordam o problema de inventário e roteamento com transbordo, e Coelho *et al.* (2014) apresentam um histórico no tema. Quando a gestão da produção do inventário é combinada com as decisões de gerenciamento de transporte, o objetivo é determinar as quantidades produzidas, as quantidades entregues aos clientes e os horários de veículos, minimizando-se, via de regra, os custos totais. Os custos da variante incluem os custos de instalação, os custos das explorações e os custos de distribuição (Bard & Nananukul, 2009 em *Inventory-Distribution-Routing Problem*). Os problemas de programação de rota de veículos e motoristas (*Vehicle and Driver Scheduling Problem*) definem a rota e a tripulação simultaneamente. Laurent & Hao (2007) propõem uma estratégia de solução em duas fases a primeira baseada em programação restrita e a segunda por meio de *simulated annealing*. Wen *et al.* (2011) relatam um algoritmo de solução baseado em busca em vizinhança variável para uma aplicação real desse problema atendendo restrições trabalhistas. Drexl *et al.* (2013) apresentam uma solução heurística baseada em uma decomposição em dois estágios.

Em alguns casos, o planejamento do roteamento depende de atividades que são realizadas nos clientes e que não dizem diretamente respeito aos veículos ou às rotas. Esses problemas englobam uma classe denominada de roteamento e *scheduling* (o termo em inglês normalmente não é traduzido para o português). A maior parte das decisões sobre o *scheduling* diz respeito ao planejamento dos motoristas ou tripulação, da mão de obra para descarregar/carregar os produtos envolvendo horas máximas de trabalho, horas extras, qualificação da mão de obra e outras. Ainda na classe, se encontram problemas de manutenção no destino, estacionamento e manobra dos veículos nos terminais, depósitos ou clientes, bem como situações em que o veículo transporta um agente que executará tarefas no cliente. Os problemas de programação de tripulação vão ser desenvolvidos em item específico. Ullrich (2013) relata um problema de sincronização do roteamento com a estratégia de suprimento *just-in-time*. Goel & Meisel (2013) desenvolvem solução para o problema do roteamento de equipes de trabalho na manutenção de redes de distribuição de energia elétrica. Dondo & Cerdá (2014) descrevem uma solução para sistemas de roteamento com operações de *cross docking*. Yang *et al.* (2013) descrevem uma aplicação ao problema de translado de passageiros. Yan et al. (2012) relatam uma aplicação ao transporte de dinheiro. Chang & Yen (2012) abordam o problema de mensageiro (*courier*) em grandes cidades.

✔ Número de Depósitos

Uma classe de problemas de roteamento enriquecido aborda a localização dos depósitos que servem os clientes e as rotas que podem ser criadas a partir desses depósitos. Tais problemas são denominados de Problemas de Localização e Roteamento (*Location Routing Problem*). Alvim & Taillard (2013) propõem um método de solução para problemas de grande porte com depósitos não capacitados e veículos capacitados. Contardo et al. (2013) realizam comparações entre formulações de fluxo para o problema capacitado. Prodhon & Prins (2014) relatam uma revisão do estado da arte no problema, Nadizadeh & Nasab (2014) abordam uma versão dinâmica, capacitada e com demanda *fuzzy* por meio de um algoritmo híbrido com simulação estocástica e busca local. Karaoglan & Altiparmak (2015) solucionam por meio de um algoritmo memético uma variante do problema capacitada e com demanda *backhauls* (*Capacitated Location-Routing Problem with Mixed Backhauls*).

Uma classe de modelos enriquecidos leva em conta a localização de depósitos e trata o problema da decomposição em mais de um nível do sistema de depósitos. A classe inclui diversas variantes, tratando, dentre outros aspectos, da localização dos depósitos de diferentes níveis, da definição da capacidade dos veículos, da frota, do número de comodidades distribuídas pelo sistema e da estratégia de ligação entre os diferentes níveis de depósitos. Algumas variantes mais conhecidas da classe são:

- Problema de Roteamento de Veículos com Facilidades Satélite – *Vehicle Routing Problem with Satellite Facilities* (Bard et al., 1998).
- Problemas Escalonados de Roteamento de Veículos – *Echelon Vehicle Routing Problem* (depósitos biescalonados: Govindan et al., 2014 e Hemmelmayr et al., 2012; depósitos triescalonados: Shen & Honda, 2009; depósitos multiescalonados com *cross docking*: Dondo et al., 2011).
- Sistemas logísticos distribuídos: – *Distribution Systems Design* (Lin & Lei, 2009).
- Problema de Escalonamento Localização e Roteamento – *Echelon Location Routing Problem* (Nguyen et al., 2012).
- Problema de definição de rotas interdepósitos (Benoit et al., 2007).

A possibilidade de vários depósitos implica várias alternativas para o início das rotas dos diferentes veículos. Os depósitos podem ter características diferentes em relação à localização, capacidades e formas de acesso. Os modelos que tratam essa situação são denominados Roteamento de Veículos com Múltiplos Depósitos (*Multi-depots Vehicle Routing Problem*). Contardo & Martinelli (2014) relatam um algoritmo exato para o problema com restrições de capacidade e comprimento nas rotas. Ichimori et al. (1983) descrevem dois tipos de problema de roteamento com restrições de combustível. Recentemente, Taha et al. (2014) relatam um problema correlato no contexto do *Green Vehicle Routing Problem*. Muter et al. (2014) descrevem um algoritmo *branch-and-price* para o problema com depósitos intermediários. Rahimi-Vahed et al. (2015) relatam uma heurística modular para o problema multidepósito com dimensionamento de frota. Ray et al. (2015) apresentam modelos e algoritmos para a solução do problema multidepósito periódico.

✔ Tipos de Operação

Os tipos de operações descritos no item 1.4 do Quadro 5.1 são:

Pickup ou *Delivery* – quando os itens ou produtos são carregados em um depósito e entregues aos clientes, ou coletados nos clientes e descarregados no depósito (*Pickup & Delivery*). Iniciando e terminando a rota em um depósito, simultaneamente alguns itens são entregues e outros são coletados (Liu et al., 2013). Parragh et al. (2008) definem diversas variantes do problema.

Backhauls – partindo a rota de um depósito, alguns clientes devem ser visitados em primeiro lugar. Os problemas *backhauls* encontram aplicação na distribuição de alimentos. Cuervo et al. (2014) descrevem um algoritmo em busca local iterativa para o roteamento com backhauls.

Dial-a-ride – as entregas ou coletas são requisitadas pelo cliente ou sob demanda de serviço, caracterizando-se pelo par de posições: vértice de coleta e vértice de entrega. Os problemas *Dial-a-ride* são aplicados em situações de coleta residencial de exames médicos, transporte de pessoas com necessidades especiais e outras. Häme & Hakula (2013) analisam o problema *Dial-a-ride* restrito, Parragh & Schmid (2013) relatam um algoritmo hibrido de geração de colunas, Braekers et al. (2014) um algoritmo meta-heurístico para o caso de frota heterogênea e Mourdjis et al. (2014) apresentam meta-heurísticas para o *Pickup & Delivery* com encomenda em contexto competitivo.

✔ Restrições de Fracionamento de Itens

Os problemas de roteamento de veículos com entrega fracionária (*VRP with Split Deliveries*) permitem que o cliente receba entregas fracionadas. O fracionamento da entrega provavelmente implicará mais de uma visita ao mesmo cliente. No caso de várias visitas ao mesmo cliente, cada visita implica a entrega completa de um ou mais produtos. Não há fracionamento de um mesmo produto. Archetti & Speranza (2012) apresentam uma revisão do estado da arte do problema. Archetti et al. (2014a) relatam um algoritmo *branch-and-cut*, Silva et al. (2015) descrevem um algoritmo *iterated local search*, Moghadam et al. (2014) estudam o problema de fracionamento com redirecionamento (*cross-docking*).

✔ Horizonte de Planejamento

O horizonte de planejamento do plano de distribuição (ou período de planejamento) pode ser único ou incluir vários períodos. No Problema de Roteamento Periódico de Veículos (PRPV), também denominado de *Periodic Vehicle Routing Problem*, os dados de entrada estão disponíveis ao início do período de programação. Os pedidos dos clientes são conhecidos com antecedência, bem como as demais restrições que possam obrigar um número mínimo de visitas por período, janelas de tempo (Problema de Roteamento de Veículos com Janelas de Tempo – PRVJT), comprimento máximo da rota, dentre outras. Em cada período de planejamento é necessário decidir quais são as demandas que serão atendidas e quais serão proteladas para o próximo período. Campbell & Wilson (2014) realizam uma revisão no estado da arte do problema. Coene et al. (2008 e 2010) estudam um caso de recolhimento de resíduos em que os clientes devem ser visitados *t*-vezes dentro do horizonte de planejamento, cada cliente com uma diferente função de demanda e necessidades e capacidades particulares em veículos de recolhimento. Cacchiani et al. (2014) relatam uma heurística baseada na solução do problema de cobertura (*set-covering*). Michallet et al. (2014) descrevem um algoritmo *multi-start* e *interated local search*. Aksen et al. (2014) relatam um algoritmo adaptativo em busca local para uma variante seletiva do roteamento periódico denominada *Selective and Periodic Inventory Routing Problem*. Dayarian et al. (2014) apresentam um algoritmo *branch-and-price* para o problema.

✔ Uso Múltiplo de Veículos

Nessa classe, um mesmo veículo pode executar várias viagens durante o período de planejamento. Normalmente são exigidas restrições de precedência temporais adicionais. É comum a adição de restrições adicionais relacionadas ao uso de veículos e para decompor os custos de operação em carga/descarga de custos e custos variáveis. Azi et al. (2014) descrevem uma busca local adaptativa para a solução do problema. Cattaruzza et al. (2014) relatam um algoritmo memético para o problema.

● Distribuição dos Problemas Conforme as Características Físicas
✔ Veículos

Variações nos tipos de veículos são imposições que decorrem das diferentes necessidades dos clientes, das diferentes características das vias, de preocupações ambientais, da necessidade de equipamentos específicos de carga e descarga, da urgência do atendimento e outros fatores. Problemas com diferentes veículos são denominados em frota heterogênea. Em alguns trabalhos, as exigências trabalhistas que incidem sobre os motoristas por dirigirem um dado veículo são contabilizadas como características dos veículos. O problema é conhecido como Roteamento com Frota Heterogênea de Veículos (*Heterogeneous Fleet Vehicle Routing Problem*). Como nos casos anteriores, existem diversas variantes para o problema. As restrições de capacidade dos veículos são expressas, normalmente, em termos de peso, volume ou número de objetos transportados. Inclusive existem aplicações que tratam a compartimentação dos veículos (Reed *et al.*, 2014; Lahyani *et al.*, 2015a; Fallahi *et al.*, 2008). Penna *et al.* (2013) relatam um algoritmo de solução baseado em busca local iterativa, enquanto e Li *et al.* (2010) descrevem um algoritmo meta-heurístico com memória adaptativa. Baldacci *et al.* (2010) tratam o problema considerando restrições de capacidade nos veículos. Li *et al.* (2012) desenvolvem um algoritmo em busca tabu para o caso da frota com tamanho fixo. Salhi *et al.* (2015) solucionam o problema na variante com múltiplos depósitos. Manolis *et al.* (2013) e Bräysy *et al.* (2008) solucionam variantes com janela de tempo. Alguns problemas tratam, simultaneamente, carregamento e roteamento de veículos. Nesse caso, as rotas são obtidas em função de uma ordem cronológica induzida pela política de carregamento. Os métodos de carga/descarga mais comuns são baseados nas regras LIFO (*Last-In-First-Out*) e FIFO (*First-In-First-Out*) (Carrabs *et al.*, 2007). O problema de carregamento pode ser visto como um problema de empacotamento (*Bin Packing*) (Cruz Reyes *et al.*, 2007). Finalmente, a variante denominada de Passeio de Cobertura, ou *Covering Tour Problem*, define um atendimento multiveículo sobre uma demanda conhecida e localizada nos vértices de um grafo $G = (N, M)$ não direcionado (Hachicha *et al.*, 2000; Hà *et al.*, 2013; Lopes *et al.*, 2013).

✔ Restrições Associadas ao Tempo

Vários dos problemas anteriores trataram restrições de janelas de tempo (*Vehicle Routing Problem with Time Windows* – VRPTW). O problema de roteamento de veículos com janela de tempo foi introduzido por Pullen & Webb (1967). Como abordado no Capítulo 4, de forma geral as restrições de janela de tempo são de três classes: a primeira define o tempo mínimo para a chegada ao vértice i. A segunda registra a permanência máxima no vértice i. Finalmente, a terceira restrição define o tempo máximo permitido para a partida do vértice. As três classes podem ser combinadas para formar a específica janela de tempo do problema. O conceito é ampliado nos problemas enriquecidos e as janelas podem, em alguns casos, ser violadas, o que acarreta penalidades. Eventualmente, podem existir diferentes janelas de tempo no percurso, distinguindo, por exemplo, o tipo das janelas do depósito das janelas dos clientes. Também pode haver, eventualmente, flexibilidade no atendimento da janela de tempo (Taş *et al.*, 2014). Finalmente, as janelas podem estar associadas a um valor *fuzzy* (Tang *et al.*, 2009; Ghannadpour *et al.*, 2014). Outros casos para o uso de janelas de tempo decorrem da necessidade de sincronização de atividades (Dohn *et al.*, 2009). Um trabalho aprofundado sobre problemas de roteamento de veículos com restrições de sincronização é devido a Drexl (2012). Gendreau & Tarantilis (2010) relatam o estado da arte do problema. Agra *et al.* (2013) descrevem o roteamento de veículos robusto com janela de tempo (*Robust Vehicle Routing Problem with Time Windows*). Belmecheri *et al.* (2013) relatam um algoritmo em nuvem de partícula para um problema de frota heterogênea, *backhauls* e janelas de tempo. Chiang *et al.* (2014) relatam um problema multiobjetivo, Dhahri *et al.* (2014) um algoritmo em vizinhança variável no problema de cobertura. Hong (2012) descreve um problema com janela de tempo e dados em tempo real e, finalmente, Li *et al.* (2014) solucionam um problema de múltiplos depósitos com janelas de tempo e compartilhamento dos recursos dos depósitos.

✔ Restrições de Incompatibilidade e Outras

Conforme citam Cordeau *et al.* (2002), os problemas de roteamento enriquecidos devem ser suficientemente flexíveis para incorporar as diversas restrições decorrentes das situações reais. Essas restrições são as mais variadas possíveis, retratando situações como a impossibilidade de um cliente ser servido por um dado depósito ou veículo, ou justamente ao contrário, considerando a possibilidade de o veículo acessar ao ponto de carga ou operar com produto no citado depósito (carregar no depósito). Outro conjunto dessas restrições está associado a motivos diversos, como capacidade de trabalho ou habilitação dos motoristas (Pellegrini *et al.*, 2007; Rieck & Zimmermann, 2010; Goel, 2009 e 2010). No caso de transporte de certos produtos ou pessoas, pode haver tanto a impossibilidade de compartilhamento do veículo (por exemplo, uma ambulância) como a incompatibilidade da tripulação de realizar o itinerário ou pilotar o veículo para alcançar o destino necessário (Beaudry *et al.*, 2010). Algumas restrições decidem ou limitam o compartilhamento das responsabilidades do sistema de transporte. Nesse caso, pode existir uma frota regular e uma frota que pode ser contratada como apoio ou solicitada aos parceiros (Ceschia *et al.*, 2011 em *Vehicle Routing Problem with Private Fleet and Common Carrier*; Moon *et al.*, 2012; Stenger *et al.*, 2013). Algumas variantes incluem restrições do que hoje se denomina *problemas de roteamento verde* (*Green vehicle routing*). Nessas restrições são controlados aspectos como consumo de combustível, ruído, liberação de agentes tóxicos na atmosfera (Tajik *et al.*, 2014) e desgaste das rodovias, além de outros aspectos que podem ser considerados adicionalmente no roteamento. O trabalho de Lin *et al.* (2014) faz uma revisão no estado da arte desses problemas e os trabalhos de Demir *et al.* (2014) e Jovanović *et al.* (2014) acrescentam outros aspectos. Restrições que regulem as operações de limpeza e descontaminação de veículos como no trabalho de Oppen *et al.* (2010) podem ser classificadas na classe de problemas de roteamento verde.

- **Restrições de Redirecionamento (*Cross Docking*)**

Os problemas de redirecionamento de carga envolvem duas operações de transbordo com uma estocagem de curto prazo em um local que permite as operações indispensáveis de descarga e recarregamento. O redirecionamento caracteriza-se pelo planejamento de troca de veículo e pela sincronização de diferentes rotas de veículos, uma vez que a capacidade de estoque dos pátios de redirecionamento é pequena. Vários tipos de indústrias podem operar com a metodologia de redirecionamento como a alimentícia (Agustina *et al.*, 2014), produtos refrigerados (Boysen, 2010), e a de comércio eletrônico. Van Belle *et al.* (2012) relatam uma revisão no estado da arte do problema de *cross docking*. Para a solução do problema, Tarantilis (2013) apresenta um algoritmo em *multi-restart* e busca tabu, Dondo & Cerdá (2013) relatam uma heurística sweep e Morais *et al.* (2014) uma heurística de busca local iterativa. Moghadam *et al.* (2014) abordam o problema com fracionamento de entregas e Mousavi *et al.* (2014) com um modelo *fuzzy* e estocástico.

- **Restrições de Acessibilidade**

Nesta classe, as restrições discriminam o meio de transporte que pode servir ao cliente. A classe abriga o controle da rota de veículo com reboque. Atrelado ao reboque, um veículo pode ser incapaz de circular em certas ligações, devendo ser desacoplado do reboque para alcançar determinados pontos de demanda. Por outro lado, certas demandas podem exigir o reboque. O problema é conhecido na literatura como o problema de roteamento de caminhões com reboque (*Truck and Trailer Touting Problem*). Pérez *et al.* (2013a) apresentam uma visão geral do problema de roteamento de caminhões com reboque. Pérez *et al.* (2013b) e Torres *et al.* (2013) tratam o caso com restrições *fuzzy*. Villegas *et al.* (2013) descrevem algoritmo meta-heurístico de solução e Batsyn & Ponomarenko (2014) sugerem heurísticas para um problema real de entrega para lojas de varejo.

- **Caso de Rotas Abertas**

Trata-se do caso denominado como Roteamento Aberto de Veículos (*Open Vehicle Routing Problem*). A solução de roteamento é um caminho hamiltoniano, não um ciclo. O problema encontra aplicações, dentre outras, na entrega de jornais (Russell *et al.*, 2008). Cao & Lai (2010) estudam o caso do Roteamento Aberto com demandas *fuzzy*. López-Sánchez *et al.* (2014) relatam um algoritmo *multi-start* de solução, Liu *et al.* (2014) descrevem um algoritmo genético híbrido para a variante em múltiplos depósitos, Marinakis & Marinaki (2014), um algoritmo em colônia de abelhas e Cao *et al.* (2014) relatam uma revisão no estado da arte do problema.

• Visitas Simultâneas em um Mesmo Cliente ou Depósito

Em algumas aplicações práticas, é possível que ocorra mais de uma entrega simultânea no cliente. Nesse caso o cliente deve possuir a infraestrutura necessária ao recebimento da entrega simultânea ou os veículos terão que esperar sua vez impactando na continuidade das futuras entregas ou coletas designadas para os veículos. Uma forma de tratar essa situação é por meio de restrições de número máximo de veículos no ponto de atuação (Cruz Reyes *et al.*, 2007).

• Balanceamento de Rota

Eventualmente pode ser necessário ou desejável que os veículos atendam os clientes dentro de um intervalo de compromisso, considerado um número mínimo e máximo de clientes por veículos na rota. Esse problema é denominado como o Problema de Roteamento Balanceado de Veículos (Gouveia & Salazar-Gonźalez, 2010) – *Balanced Vehicle Routing Problem*). Outra forma de balanceamento na rota é descrita em Bektas (2013) para o Caixeiro Viajante Múltiplo e correspondendo a existência de valores mínimos e máximos para a duração da rota. Relatam-se duas aplicações reais do balanceamento de rota através de limites de tempo: Rienthong *et al.* (2011), para o roteamento de um veículo biblioteca, e Gröer *et al.* (2009), para o caso do denominado *Balanced Billing Cycle Vehicle Routing Problem*.

• Várias Restrições

São possíveis vários outros tipos de restrições, como em Lee (2013).

✔ Problemas Multiobjetivo

Os problemas reais, por sua complexidade, são de decisão essencialmente multiobjetiva. Os modelos provavelmente introduzem simplificações nos problemas reais para tornar a decisão de mais fácil entendimento e facilitar o desempenho da solução computacional. Contudo, à medida que a tecnologia algorítmica de solução avança, torna-se mais comum o uso de modelos multiobjetivo na solução de PREVs.

Os objetivos mais comuns para os PREVs incluem:
Minimizar os custos constantes no item 2.7 da taxonomia, que são:

1. Distância percorrida pelos veículos.
2. Tempo total.
3. Custos de operação dos veículos e com mão de obra.
4. Custos de operação nos clientes.
5. Riscos ambientais ou de falha do sistema.
6. Latência nos clientes.

Minimizar o investimento total envolvendo a ativação de depósitos, a compra de veículos e outros.
Maximizar:

1. Os indicadores de qualidade do serviço oferecido.
2. O lucro ou bônus recolhido pelo sistema.
3. O emprego ou ocupação da frota.

Tan *et al.* (2006) apresentam um algoritmo evolucionário híbrido para o roteamento com janela de tempo. Jozefowiez *et al.* (2008) realizam um levantamento do estado da arte da abordagem multiobjetivo para roteamento de veículos. Zhou *et al.* (2013) relatam um algoritmo genético para a solução de uma variante biobjetivo com balanceamento de rota. Grandinetti *et al.* (2014) descrevem o problema denominado *Multi-objective Multi-vehicle*

Pickup and Delivery Problem with Time Windows. Chiang & Hsu (2014) apresentam um algoritmo evolucionário em base de conhecimento para o PRVJT. Martínez-Salazar *et al.* (2014) descrevem um algoritmo meta-heurístico para o problema multiobjetivo denominado de *Transportation Location Routing Problem*. Baños *et al.* (2014) relatam um algoritmo meta-heurístico e Zhou & Wang (2014), um algoritmo em busca local para o problema de roteamento multiobjetivo com janela de tempo. Nekooghadirli *et al.* (2014) decrevem uma meta-heurística para o *Bi-objective Location-routing-inventory Problem*. Ghannadpour *et al.* (2014) abordam o problema multiobjetivo e dinâmico com janelas de tempo nebulosas (*fuzzy*) e Wang *et al.* (2014) relatam uma variante de roteamento multiobjetivo com entrega fracionada para distribuição de socorro após um terremoto. No tópico de roteamento de veículos, Archetti & Speranza (2014) realizam um levantamento do estado da arte das meta-heurísticas de solução.

5.4 Formulações do Problema de Roteamento de Veículos

Como foi mostrado no item 5.3, o número de variantes do problema de roteamento de veículos transforma a tarefa de obtenção de um modelo geral para o roteamento de veículos uma tarefa difícil. Seguem-se duas formulações clássicas para o problema, destacando-se a dificuldade de traçar o limite da caracterização da separação entre os problemas de roteamento de veículos e os problemas enriquecidos de roteamento de veículos.

● Formulação de Fisher & Jaikumar (1981)

Uma das formulações mais utilizadas como base a diversos métodos de solução é a de Fisher & Jaikumar (1981). Considerando as seguintes variáveis:

x_{ijk} ≡ Variável binária que assume valor 1 quando o veículo k visita o cliente j imediatamente após o cliente i, 0 em caso contrário.
y_{ik} ≡ Variável binária que assume valor 1 se o cliente i é visitado pelo veículo k, 0 em caso contrário.
q_i ≡ Demanda do cliente *i*.
Q_k ≡ Capacidade do veículo *k*.
c_{ij} ≡ Custo de percorrer o trecho que vai do cliente *i* ao *j*.

Considerando um grafo $G = (N, M)$ com *n* vértices e *m* arestas, o problema pode ser formulado como se segue:

$$(PRV)\ Minimizar\ z = \sum_{i,j}(c_{ij}\sum_{k}x_{ijk})$$

Sujeito a:

$$\sum_{k} y_{ik} = 1 \qquad i=2,...,n \qquad (5.1)$$

$$\sum_{k} y_{ik} = m \qquad i=1 \qquad (5.2)$$

$$\sum_{i} q_i y_{ik} \leq Q_k \qquad k=1,..,m \qquad (5.3)$$

$$\sum_{j} x_{ijk} = \sum_{j} x_{jik} = y_{ik} \qquad i=1,..,n \quad k=1,..,m \qquad (5.4)$$

$$\sum_{i,j \in S} x_{ijk} \leq |S|-1 \qquad \forall S \subseteq \{2,..,n\},\ k=1,...,m \qquad (5.5)$$

$$y_{ik} \in \{0,1\} \qquad i=1,..,n \quad k=1,..,m \qquad (5.6)$$

$$x_{ijk} \in \{0,1\} \qquad i,j=1,..,n \quad k=1,..,m \qquad (5.7)$$

As restrições 5.1 asseguram que um veículo não visite mais de uma vez um cliente. As restrições 5.2 garantem que o depósito receba uma visita de todos os veículos. As restrições 5.3 obrigam que a capacidade dos veículos não seja ultrapassada. As restrições 5.4 garantem que os veículos não param suas rotas em um cliente. As restrições 5.5 são as tradicionais restrições de eliminação de *subtours*.

● Formulação de Christofides, Mingozzi & Toth 1979

Christofides *et al.* (1979) sugerem uma formulação multiobjetiva do problema que integra ao modelo, por escalarização, três diferentes funções objetivo. É uma formulação clássica que, indiscutivelmente, reconhece a natureza fortemente multiobjetiva do problema, as condições de capacidade dos veículos e janelas de tempo de operação. Considerando um problema com um conjunto de N clientes, $N = \{1, ..., n\}$, a serem visitados e um depósito indexado com zero. Considerando um conjunto de K veículos, $K = \{1, ..., v\}$ e, adicionalmente, as seguintes variáveis:

O tempo que cada veículo opera: Tempo de início de operação: T_k^s. Tempo de conclusão de operação: T_k^f.

$C_k \equiv$ Custo fixo do veículo k.
$q_i \equiv$ Quantidade de produto demandado pelo cliente i.
$Q_k \equiv$ Capacidade de carga do veículo k.
$u_i \equiv$ Tempo requerido para um veículo visitar o cliente i e descarregar a quantidade de demanda q_i.
$c_{ij} \equiv$ Custo de percorrer o trecho que vai do cliente i ao j ou custo variável.
$t_{ij} \equiv$ Tempo necessário a percorrer o trecho que vai do cliente i ao j.
$\alpha, \beta, \gamma \equiv$ Pesos referentes à escalarização das diferentes parcelas da função objetivo – o peso relativo de cada parcela em relação às demais.
$x_{ijk} \equiv$ Variável binária igual a 1 se o veículo k visita o cliente j imediatamente depois de visitar o cliente i e 0 em caso contrário.
$\delta_i \equiv$ Constante positiva de valor suficientemente grande para representar a prioridade do cliente i.
$y_i \equiv$ Variável de valor arbitrário.
Objetivo 1 = Minimizar o custo total de percorrer as rotas – 1ª parcela na formulação.
Objetivo 2 = Minimizar o custo fixo dos veículos utilizados no atendimento – 2ª parcela na formulação.
Objetivo 3 = Minimizar a violação da prioridade de visita aos clientes – 3ª parcela na formulação.

O problema de Roteamento de Veículos Capacitado com Múltiplos Objetivos (PRVC_MO) pode ser formulado como se segue:

$$(\text{PRVC\_MO}) \text{ Minimizar } z = \alpha \sum_{i=0}^{n}\sum_{j=0}^{n}\left(c_{ij}\sum_{k=1}^{v}x_{ijk}\right) + \beta\sum_{k=1}^{v}\left(C_k\sum_{j=1}^{n}x_{ijk}\right) + \gamma\sum_{i=1}^{n}\delta_i\sum_{i=0}^{n}\sum_{k=1}^{v}x_{ijk}$$

Sujeito a:

$$\sum_{i=0}^{n}\sum_{k=1}^{v}x_{ijk} \leq 1 \qquad j=1,...,n \tag{5.8}$$

$$\sum_{i=0}^{n}x_{ipk} - \sum_{i=0}^{n}x_{pjk} = 0 \qquad k=1,...,v;\quad p=0,...,n \tag{5.9}$$

$$\sum_{i=1}^{n}\left(q_i\sum_{i=0}^{n}x_{ijk}\right) \leq Q_k \qquad k=1,..,v \tag{5.10}$$

$$\sum_{i=0}^{n}\sum_{j=0}^{n}t_{ij}x_{ijk} + \sum_{i=1}^{n}\left(u_i\sum_{j=0}^{n}x_{ijk}\right) \leq T_k^f - T_k^s \qquad k=1,..,m \tag{5.11}$$

$$\sum_{j=1}^{n} x_{0ijk} \leq 1 \qquad k=1,...,m \qquad (5.12)$$

$$y_i - y_j + n\sum_{k=1}^{m} x_{ijk} \leq n-1 \qquad i \neq j = 1,...,n \qquad (5.13)$$

$$y_i \text{ arbitrária} \qquad (5.14)$$

$$x_{ijk} \in \{0,1\} \qquad \forall i,j,k \qquad (5.15)$$

A Restrição 5.8 garante que cada cliente seja visitado no máximo uma vez. A Restrição 5.9 garante que, se um veículo visita um cliente, ele dá continuidade a sua rota partindo do cliente. A Restrição 5.10 garante que a capacidade dos veículos não seja ultrapassada. A Restrição 5.11 garante que o tempo em rota de cada veículo fica dentro de seus limites de início e operação. Essa restrição é uma restrição de janela de tempo de operação. A Restrição 5.12 garante que cada veículo seja utilizado no máximo uma vez. A Restrição 5.14 é uma restrição de eliminação de *subtour* derivada da formulação MTZ para o Caixeiro Viajante e também garante que as rotas passem pelo depósito (índice zero).

● Problemas de Programação de Tripulação (*Crew Scheduling*) e Roteamento de Veículos

O problema de programação ou escala de tripulação é um amplo tema constituído basicamente de dois casos:

1. O problema de *pairing* ou de "planejamento dos trechos embarcado" determina quais as etapas de viagem que serão cumpridas pelo tripulante. O problema pode incluir (não obrigatoriamente) a função a ser desempenhada por cada tripulante. O problema de designar as funções desempenhadas pelo tripulante embarcado é denominado de *crew complement* ou problema de designar atividades complementares da tripulação.
2. O problema de *rostering* ou de "planejamento de deveres gerais do tripulante" define as atividades do tripulante, quer esteja embarcado ou não. São obrigações consideradas no *rostering*: férias, revisão médica, treinamento e outras. O problema de *rostering* inclui a designação de trabalho dos tripulantes a bordo, ou o problema de *crew complement*, no mínimo como dado de entrada. A Figura 5.3 resume as entradas do problema do planejamento de deveres gerais do tripulante a bordo – *Crew Rostering*.

O problema do planejamento dos trechos embarcados é uma sequência de etapas de viagens a serem cumpridas, iniciando em um ponto base e retornando a esse ponto base após certo período de tempo. Planejamentos eficientes normalmente cobrem as tarefas demandadas pelo serviço de transporte no menor tempo possível. Observe-se que nem sempre os planejamentos de tripulação envolvem também a decisão sobre as rotas.

Em virtude do objetivo do presente capítulo, destaca-se os problemas mais recentes que abordam, simultaneamente, programação de tripulação e roteamento, conforme Tabela 5.3.

Figura 5.3: Entradas do *Crew Rostering*.

Tabela 5.3: Trabalhos em roteamento de veículos com *crew scheduling*

Ano	Autores	Tema	Ano	Autores	Tema
2004	Crino *et al.*	Algoritmo Tabu	2008	Bredström & Rönnqvist	Precedência temporal e sincronização
2006	Hollis *et al.*	Distribuição de correspondência	2010	Weide *et al.*	Transporte aéreo
2007	Mercier & Soumis	Transporte aéreo	2013	Drexl *et al.*	Transporte rodoviário
2007	Desaulniers	Geração de coluna	2013	Fazlollahtabar & Saidi-Mehrabad	Veículos de guiamento automático
2008	Zäpfel & Bögl	Problema multiperíodo	2014	Díaz-Ramírez *et al.*	Roteamento, tripulação e manutenção

5.5 Abordagens Heurísticas de Solução para os PRV

As heurísticas desenvolvidas para aproximar as soluções dos problemas de roteamento de veículos podem ser divididas em dois grandes grupos: heurísticas *ad hoc* (especificamente desenvolvidas para um modelo) e meta-heurísticas (desenvolvidas a partir de uma arquitetura maior que guia a heurística específica). Presentemente serão examinadas exclusivamente heurísticas *ad hoc*. As heurísticas *ad hoc* podem ser classificadas em grandes grupos. Os grupos são abordados a seguir.

● Heurísticas Construtivas

Para esse tipo de procedimento, são disponíveis pelos menos dois passos de construção:

- Melhorar ou ampliar rotas ou segmentos de rota já existentes (critério da economia, expansão radial, grupamentos de proximidade e outros).
- Formar uma nova rota (de forma sequencial ou em paralelo).

Alguns exemplos de heurísticas construtivas são como se seguem.

✔ Procedimentos de Economia e Inserção

Os procedimentos de economia e inserção constroem uma solução por meio de um conjunto de configurações que a cada passo é atualizado. Os algoritmos realizam a progressão de uma configuração para outra segundo o critério de minimização da função objetivo, também chamado de "saving" ou economia. Arcos de menor custo devem substituir arcos mais caros dentro da rota que vai sendo melhorada em termos de custo. Nos procedimentos de economia e inserção, não existe a obrigatoriedade de que a rota seja viável ao longo do processo de melhoria (Paessens, 1988). Se alguma solução alcançada for viável, então um limite superior para o problema será obtido. Um trabalho clássico dentro dessa linha de atuação é o de Clark & Wright (1964).

● Heurística de Clark & Wright

A heurística de Clark e Wright utiliza o conceito de economia. Considerando que o vetor s_{ij} represente o valor da economia obtida pela reorganização de duas ligações do tipo $(i - 1 - i)$ e $(j - 1 - j)$ em uma nova (i, j), como mostra a Figura 5.4.

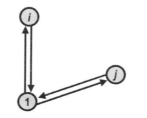
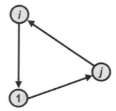

(a) Comprimento inicial = $2c_{1i} + 2c_{1j}$ (b) Comprimento após economia = $c_{i1} + c_{1j} - c_{ji}$

Figura 5.4: O procedimento de economia $s_{ij} = s_{ji} = c_{i1} + c_{1j} - c_{ji}$

Definindo a variável *Rota* como uma sequência de visitas, as Figuras 5.4(b) e (c) desenvolvem um exemplo numérico do procedimento de Clark e Wright aplicado ao grafo da Figura 5.4 (a).

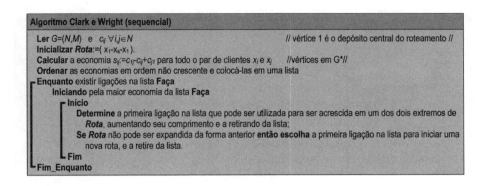

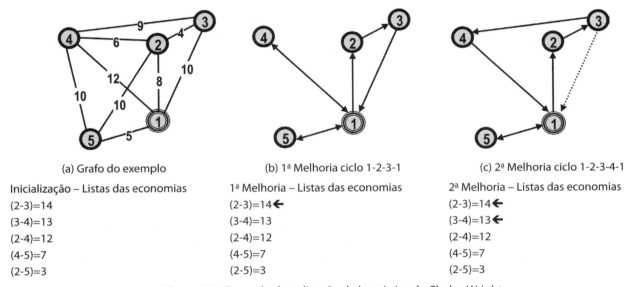

Figura 5.5: Exemplo de aplicação da heurística de Clark e Wright.

Na medida em que a heurística forma a rota, é possível realizar os testes relativos às restrições de capacidade de veículos e, eventualmente, de janelas de tempo. O algoritmo possui a característica de aninhar os clientes nas rotas em formação. Na Figura 5.5, observa-se que o vértice 3, após a segunda melhoria, passa à condição de "interno" (sem ligação direta com o vértice depósito), não sendo mais candidato a ser incluído em uma economia que melhore a rota, uma vez que só são testados para a inserção os vértices extremos, ou seja, aqueles que se ligam diretamente ao vértice central (vértice 1).

- **Heurística de Mole & Jameson**

O algoritmo de Mole & Jameson (1976) ataca a fragilidade da heurística de Clark & Wright de não examinar os vértices internos no teste de economia, permitindo que a inserção de economia possa ser realizada entre dois vértices intermediários. O critério para expandir a rota pela inclusão de novos vértices no algoritmo tem duas condições, onde λ e μ são parâmetros de controle:

1. $e(i, l, j) = c_{il} - c_{lj} - \mu c_{ij}$
2. $\sigma(i, l, j) = \lambda c_{0l} - e(i, l, j)$

---

* Como o algoritmo de Lin & Kernighan, que foi descrito no capítulo 4.

Definindo a variável *Rota* como uma sequência de visitas, um modo geral o algoritmo procede da seguinte forma:

```
Algoritmo Mole & Jameson
  Ler G=(N,M) e c_ij ∀i,j∈N              // vértice 1 é o depósito central do roteamento //
  Inicializar F:=N \ {x_1}
  Enquanto F≠∅ Faça
    Rota:=( x_1-x_s-x_1 )                // vários critérios podem ser utilizados nesta atribuição//
    Para todos os vértices x_l ∈ F
      verifique uma possível inserção na rota em exame que atenda a:
        e(i_l,l,j_l) = min [e(i,l,j)] e considere todos os vértices vizinhos x_r e x_s ∈ Rota onde x_i^l e x_j^l são os vértices
        entre os quais x_l será incluído, e que representam a "melhor escolha" (Procedimento MV).
    Fim_Para todos
    Inserir o vértice x_{l*} na rota corrente entre os vértices x_i^{l*} e x_j^{l*} e fazer F:= F \ {x_{l*}}
    Otimizar Rota utilizando métodos r-ótimos¹
  Fim_Enquanto
Procedimento MV (Melhor Vértice)
  Para todos os vértices x_l ainda não incluídos na Rota e viáveis, o "melhor vértice" x_{l*} a ser inserido é tal que:
    σ(i_{l*},l*,j_{l*}) = max [σ(i_l,l,j_l)]
```

✔ Exemplo Numérico do Procedimento de Mole & Jameson

A heurística de Mole & Jameson possui dois parâmetros de controle que podem ser modificados em conformidade com os desejos da estratégia de solução.

$\lambda = 0$ e $\mu = 1 \Rightarrow$ a inserção será realizada levando em conta a minimização do aumento da rota pela inclusão de um novo cliente.

$\lambda = 0$ e $\mu = 0 \Rightarrow$ a inserção será realizada levando em conta a minimização da distância entre os dois vértices vizinhos.

O caso em que $1 \leq \lambda \leq 2$; $\mu = \lambda - 1$ trata-se de uma generalização do critério de Gaskell (1967).

$\lambda \rightarrow \infty$, $0 < \mu < \infty \Rightarrow$ a inserção ocorrerá para o cliente mais distante do depósito.

Se λ cresce, o peso para a distância entre o cliente e o depósito cresce, levando a formação de rotas mais circulares. Quando μ cresce, as ligações mais longas são penalizadas.

Considerando $\lambda = 1$ e $\mu = 1$ e o grafo da Figura 5.6 e considerando a rota parcial da Figura 5.6(b) em que os nós fora de rota são 4 e 6.

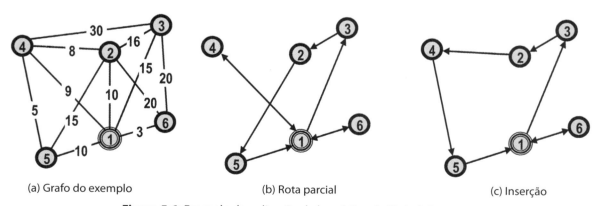

(a) Grafo do exemplo   (b) Rota parcial   (c) Inserção

Figura 5.6: Exemplo de aplicação da heurística de Mole & Jameson.

Para realizar uma inserção, o algoritmo calcula inicialmente uma lista de proximidades, como mostra a Tabela 5.4. Como exemplo, $e(2,4,5) = 8 + 5 = 13$, sendo o vértice 4 escolhido para a inserção (mais próximo dos vizinhos). Para realizar a inserção propriamente dita, o critério da função s é utilizado conforme as Tabelas 5.4 e 5.5.

CAPÍTULO 5 ■ Roteamento de Veículos   297

Tabela 5.4: Cálculo de proximidade

l=4	l=6
e (2,4,5) = 13	e (2,6,3) = 40
e (5,4,1) = 14	e (1,6,2) = 23
e (3,4,2) = 38	

Tabela 5.5: Cálculo da função σ

Inserção entre	l=4
2-5	γ (2,4,5) = 20
1-5	γ (5,4,1) = 5
2-3	γ (3,3,2) = 14

Como exemplo, σ (2, 4, 5) = 18 + 15 − 13 = 20. O que resulta na inserção que a Figura 5.6(c) mostra com uma economia de 20 unidades para a rota anterior.

✔ Heurísticas em Duas Fases

Essas heurísticas basicamente objetivam reunir os clientes (fase de grupamento ou "*clustering*") designando os veículos aos grupamentos e encontrando a rota dentro do grupamento (fase de roteamento). A ordem das fases pode ser grupamento x roteamento e roteamento x grupamento. Dentre essas heurísticas destacam-se as seguintes.

● Subclasse *Primeiro Grupar e Depois Rotear*
✔ Heurística de Gillet & Miller

Trata-se de uma heurística que, como sua subclasse sugere, procura obter a solução do problema em duas etapas distintas. A primeira visa grupar os vértices de demanda segundo algum critério de proximidade, enquanto, na segunda etapa, cada grupo (ou "*cluster*") é solucionado independentemente. Um exemplo de aplicação dessa abordagem pode ser encontrado no trabalho de Gillet & Miller (1974). A heurística parte do princípio de que os trajetos entre vértices serão desenvolvidos preferencialmente entre vizinhos. No quadro que se segue, é desenvolvida uma versão da heurística que permite evidenciar sua eficiência e simplicidade na fase de grupamento. Em algumas versões dessa heurística, a fase de roteamento é sugerida após a organização de todos os grupamentos. No quadro que se segue, *Ponta_Rota* é a variável que guarda o vértice da rota que trabalha como a referência para a busca de vizinhos. Prins *et al.* (2014) relatam uma revisão no estado da arte com cerca de 70 referências bibliográficas a cerca de métodos de solução para roteamento de veículos que empregam a estratégia de agrupar e rotear através de varredura como a heurística de Gillet & Miller.

```
Algoritmo Gillet & Miller

Ler G=(N,M)  e  c_ij ∀i,j∈N                    // vértice 1 é o depósito central do roteamento //
Obter as coordenadas polares dos clientes em relação ao depósito e ordená-las em ordem de crescimento de
seu valor e Fazer:
 Início
   F:=N \ {x_1}
   Ponta_Rota:={x_1}
   Rota_1:={x_1}
   i:=1
 Fim
 Enquanto F≠∅ Faça                              // Agrupar //
 Início
   Enquanto ∃ x_s ∈ F atendendo as condições de viabilidade para Rota_i Faça
     Econtrar o vértice x_s ∈ F de coordenada polar mais próxima de Ponta_Rota e Fazer
      Início
        Rota_i:=Rota_i ∪ {x_s}
        Ponta_Rota:={x_s}
        F:=F \ {x_s}
        j:=j+1
        Se Controle(j)=Verdadeiro então aplicar Procedimento k-ótimo (Rota_i)   //Rotear//
      Fim
   Fim_Enquanto
   i:=i+1
   Ponta_Rota:={x_1}
   Rota_i:={x_1}
 Fim_Enquanto

Procedimento k-Ótimo (Melhor Vértice) empregar:
 -Lin (1965) e Lin & Kernighan (1973);
 -Heurística k-ótima no presente capítulo e, no capítulo 4, heurística de k-substituições.
```

As Figuras 5.7(b) e (c) exemplificam a aplicação do procedimento de Gillet e Miller ao grafo da Figura 5.7(a). A varredura se desenvolve a partir do vértice 5 e no sentido horário. As duas rotas formadas na Figura 5.7(c) lembram que a heurística permite embutir eventuais restrições operacionais como capacidade do veículo, tempo de rota e outras. Sem essas restrições, seria possível encontrar um único ciclo 1-5-9-4-6-2-3-8-10-7-1.

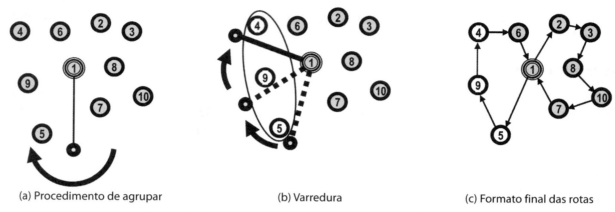

(a) Procedimento de agrupar   (b) Varredura   (c) Formato final das rotas

Figura 5.7: Exemplo de aplicação da heurística de Gillet & Miller.

Nessa classe de heurísticas, está classificado também o procedimento de Christofides *et al.* (1979). Na abordagem, os grupamentos são formados por proximidade e aumentados com critério de inserção e melhoria. Fisher & Jaikumar (1981) fazem o agrupamento pela solução de um problema de designação.

● **Subclasse *Primeiro Rotear e Depois Grupar***

A presente subclasse realiza uma operação inversa da subclasse anteriormente descrita. A primeira etapa da abordagem busca a identificação de uma rota (normalmente inviável) que englobe todos os pontos de demanda. Em uma segunda fase, o circuito é particionado em pequenas rotas viáveis. O trabalho de Newton & Thomas (1974) é um exemplo de uma heurística que aplica a presente abordagem.

● **Subclasse *Melhoria ou Troca (Improvement or Exchange)***

Baseia-se na aplicação de técnicas conhecidas de divisão (*branching*) de problemas, combinadas com procedimentos heurísticos para efetuar modificações na solução. A cada passo uma solução viável é alterada de modo a se obter uma nova solução igualmente viável e de menor custo. O procedimento continua até que não seja mais possível efetuar uma redução de custo. Nessa classe citamos o algoritmo de Lin & Kernighan (1973), Christofides & Eilon (1972) e Russell (1977).

✔ **Heurísticas por Aproximação através de Programação Matemática**

Alguns algoritmos de solução se baseiam diretamente no uso das técnicas de programação matemática. O trabalho de Fisher & Jaikumar (1981) é um exemplo dessa abordagem.

✔ **Heurísticas por Otimização Interativa**

Essa estratégia possibilita absorver um elevado grau de interação humana no processo de solução. A experiência do especialista pode ser aproveitada ao longo do desenvolvimento do algoritmo. Normalmente, o método inclui uma saída de tela em que tanto as rotas como os pontos a atender podem ser visualizados. Jarvis & Ratliff (1980) apresentam um interessante trabalho desenvolvendo uma série de modelos heurísticos nessa linha de raciocínio.

Rosenkrantz *et al.* (1977) analisam vários procedimentos heurísticos para a solução do PCV, em um interessante trabalho comparativo.

✔ Heurísticas de Busca Local

Esse tipo de abordagem parte de uma solução inicial e objetiva basicamente intensificar a qualidade da solução obtida. Na verdade, a busca local é uma estratégia para reduzir a explosão combinatória de toda a sorte de problemas NP-Árduos. Alguns algoritmos construtivos poderiam também ser classificados como de busca local.

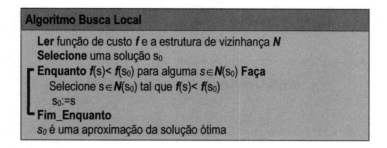

• Heurística *k*-Ótima

A heurística *k*-ótima proposta por Lin (1965) é o exemplo de uma heurística de busca local. De fato, a heurística propõe uma busca em uma *k* vizinhança de uma solução de roteamento. A busca se faz pelo exame da possibilidade de troca de *k* variáveis (arestas) entre s_0 e *s*. Na medida em que *k* cresce, o procedimento aproxima-se da enumeração total (caso em que $k = n - 2$). A vizinhança de s_0 cresce exponencialmente na forma de $n! / [(n - k)! k!]$. Para $k = 2$, o tamanho da vizinhança de s_0 é igual a $n(n - 1) / 2$. A literatura relata soluções eficientes somente para $k = 2$ e $k = 3$. O funcionamento desta heurística já foi exemplificado no capítulo 4, para o caso de $k = 2$, um procedimento de 2-trocas.

5.6 Problemas de Roteamento em Arcos que são Associados ao PRV

Um dos mais antigos problemas da Teoria dos Grafos é o da determinação de um passeio sobre um grafo *G* que contenha toda aresta de *G* exatamente uma vez (Karp, 1975). Tal circuito é denominado euleriano pelo fato de, supostamente, Euler ter sido o primeiro a reportar um estudo sobre a sua determinação no ano de 1736. Historicamente, afirma-se, inclusive, que a Teoria dos Grafos teve seu início a partir da modelagem realizada por Euler para solucionar esse problema.

O problema anteriormente citado é conhecido como o das sete pontes de Königsberg (cidade presentemente denominada de Kaliningrado) e que, conforme o relato, foi apresentado a Euler quando de uma visita sua à cidade. Um exemplo do roteamento em arcos semelhante ao de Königsberg pode ser resumido com a seguinte questão: supondo o mapa da Figura 5.8(a) representa o centro da cidade de Recife, seria possível uma pessoa realizar um passeio pelo centro da cidade de forma a, iniciando e terminado no mesmo local, passar por todas as oito pontes uma e somente uma vez? O passeio pretendido pode ser examinado por meio de um grafo como mostra a Figura 5.8(b), em que as pontes são as arestas do grafo e as regiões da cidade separadas por água são vértices do grafo. A Ilha de Santo Antônio é representada pelo vértice 2, e a ilha do Recife, pelo vértice 3. O passeio pode ser iniciado em qualquer região, desde que inicie e termine na mesma região. Euler provou que o passeio questionado somente existe em um grafo que possui vértices de grau par (vértices com um número par de arestas incidentes). No caso do grafo 5.8(b), a condição de caminho euleriano não se verifica. Caso Euler visitasse Recife e ali fosse apresentado ao problema, também seria incapaz de encontrar o passeio da questão, como supostamente aconteceu em Königsberg.

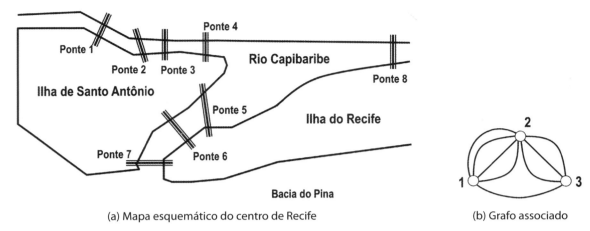

(a) Mapa esquemático do centro de Recife   (b) Grafo associado

Figura 5.8: O problema das oito pontes de Recife.

Alguns dos mais conhecidos problemas de otimização combinatória associados ao roteamento em arestas pertencem à classe dos problemas denominados na literatura como "carteiros" (Carteiro Chinês e Carteiro Rural). São conhecidas diversas variantes desses carteiros e seu número é crescente. Os modelos da literatura comportam diversas funções objetivo e restrições. Os problemas de roteamento em arcos possuem variantes semelhantes aos problemas de roteamento em arestas no que se refere à coleta de bônus. Denomina-se de rentável (*profitable*) o modelo que visa determinar o *tour* que maximiza a diferença entre os bônus coletados e os custos de transporte. No problema de *orienteering*, o objetivo é maximizar a coleta de bônus sob uma restrição de que o custo (ou o tempo) não exceda um dado limite. No roteamento com coleta de prêmios (*prize collecting*), o objetivo é minimizar o custo do tour garantindo-se um valor mínimo de bônus coletado ou de rentabilidade. Alguns trabalhos denominam o formato de coleta de prêmios do tipo *prize collecting* por benefícios (*benefit*).

● O Problema do Carteiro Chinês não Direcionado (PCC)

O problema do Carteiro Chinês (também denominado como *Route Inspection Problem*) foi descrito pela primeira vez por Mei-Ko (1962) e referia-se a grafos não direcionados. Trata-se de um problema de otimização que objetiva percorrer, através de um passeio (também denominado *tour*), as arestas de um grafo $G=(N,M)$ passando por todas as arestas e de forma a minimizar a distância total percorrida. Observe-se que o carteiro não é sujeito a condição de somente percorrer uma vez cada aresta, fato que define o circuito (ou ciclo) euleriano. O carteiro pode repetir as arestas em seu percurso, desde que passe pelo menos uma vez por todas e minimize o custo do passeio. No caso de o grafo não direcionado possuir circuitos eulerianos, o circuito mínimo soluciona o problema. A Figura 5.9(b) representa a solução para um ciclo euleriano no grafo representado na Figura 5.9(a). O caminho fechado 1-2-6-7-2-3-4-5-1-6-8-1 constitui uma solução para o caso. Para o grafo H da Figura 5.9(c), uma solução é 1-2-6-7-2-3-4-5-1-6-8-7-8-1, repetindo-se a visita da aresta 8-7 como destaca o arco pontilhado na Figura 5.9(d).

O PCC pode ser considerado um problema de roteamento de veículos, uma vez que está associado a, pelo menos, dois conhecidos casos reais de programação de rotas de veículos: a distribuição de correspondência e o recolhimento de lixo (Beltrami & Bodin, 1974). Contudo, o problema possui outras aplicações reais não associadas ao roteamento de veículos como a montagem de fragmentos de DNA (Pevzner et al., 2001). Considerando um grafo $G=(N,M)$, o problema pode ser formulado como se segue:

$$(PCC1)\ \text{Minimizar}\ z = \sum_{i=1}^{n}\sum_{j=1}^{n} c_{ij} x_{ij}$$

Sujeito a:

$$\sum_{j=1}^{n} x_{ji} - \sum_{j=1}^{n} x_{ij} = 0 \quad i=1,\ldots,n \quad (5.16)$$

$$x_{ij} - x_{ji} \geq 1 \quad \forall (i,j) \in M \quad (5.17)$$

$$x_{ij} \geq 0 \quad x_{ij} \in \{0,1\} \quad \forall i,j \in N \quad (5.18)$$

Onde:

$x_{ij} \equiv$ número de vezes que a aresta (i, j) é percorrida de i para j.
$c_{ij} \equiv$ comprimento ou o custo da aresta (i, j).

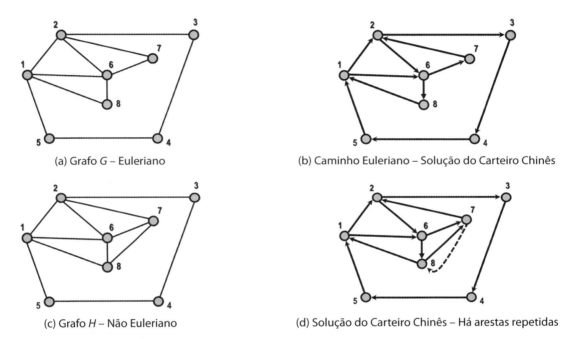

(a) Grafo G – Euleriano

(b) Caminho Euleriano – Solução do Carteiro Chinês

(c) Grafo H – Não Euleriano

(d) Solução do Carteiro Chinês – Há arestas repetidas

Figura 5.9: Soluções do Carteiro Chinês e Ciclos Eulerianos.

No modelo matemático proposto, as restrições 5.16 garantem a continuidade do passeio, e as restrições 5.17 garantem que nenhuma aresta deixará de ser utilizada. Como em todo grafo conexo existe um número par de vértices de grau ímpar, denomina-se d_i o grau do vértice i e $|M| = m$ o número de arestas do grafo, então,

$$\sum_{i} d_i = \sum_{i \in \text{ímpar}} d_i + \sum_{i \in \text{par}} d_i = 2m$$

pois cada aresta possui dois vértices extremos. Como a primeira parcela da soma é par, a segunda também o será. Fazendo notar por N_i o conjunto de vértices de grau ímpar em G e por N_p o conjunto de vértices de grau par, e ainda por N o conjunto de todos os vértices de G, observa-se que o número de vértices de grau ímpar é par, ou seja, $|N_i|$ é par. Conhecido esse fato, é possível particionar N_i em dois conjuntos e formar $k = 1/2 |N_i|$ caminhos entre pares de vértices distintos. As arestas (aqui denominadas M*) contidas nesses caminhos são acrescentadas ao grafo original G como arestas artificiais, obtendo-se um grafo G_i (M*). O problema então se reduz a determinar os k caminhos que ligam os K pares de vértices ímpares (Christofides, 1976). A abordagem de Christofides transforma o PCC em um problema de determinação de um ciclo euleriano em um grafo convenientemente expandido. A Figura 5.10 esclarece o processo de obtenção do grafo aumentado G_i (M*).

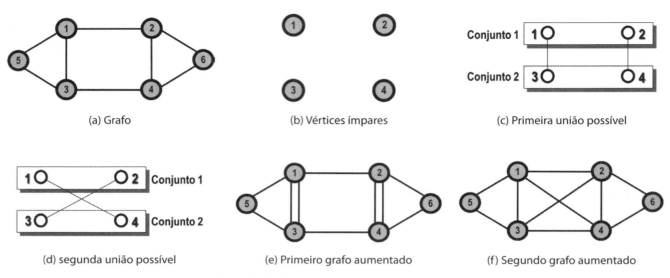

Figura 5.10: Processo de obtenção de $G_i(M^*)$.

O grafo G da Figura 5.10 é transformado em um grafo euleriano pelo acréscimo de arestas. As arestas 1-3 e 2-4, bem como 1-4 e 3-2, representam os caminhos mais curtos entre pares de vértices. A solução do problema seria, dentre as duas alternativas possíveis, o percurso total mais barato. Dessa forma, o problema admite solução exata em tempo polinomial por meio de emparelhamentos (Edmonds & Johnson, 1973). Para o caso não orientado, a solução exata pode ser obtida em $O(n^3)$, como mostram Papadimitriou & Steiglitz (1982). O algoritmo Edmonds & Johnson (1973) pode ser descrito da seguinte forma:

Algoritmo Carteiro Chinês

Ler o grafo $G=(N,M)$
  Se todos os vértices em G, o grafo original, possuem grau par então **determine** um ciclo euleriano em G e Fim.
  Organize um grafo K_n da seguinte forma:
    Reúna todos os vértices de grau ímpar no grafo K_n e **associe** a cada par de vértices i e j no grafo, uma aresta (i,j) com peso igual ao caminho mais curto que liga i a j no grafo G.
  Determine o 1-*matching* mínimo em K_n, M^*.
    Para cada aresta pertencente a M^* **associe** uma nova aresta em G no caminho mínimo que ela representa, obtendo um grafo G_a.
  Determine a solução do Carteiro Chinês que é representada por um ciclo euleriano em G_a.

A Figura 5.11 exemplifica o processo descrito no algoritmo Carteiro Chinês em um grafo ponderado. Na obtenção do grafo G_a, as arestas adicionais são obtidas da solução de um *matching* mínimo entre os vértices ímpares em um grafo completo K_4 cujas arestas são os menores caminhos entre os vértices ímpares. No problema, a aresta F-C representa o caminho F-E-C. A solução para o problema sobre o grafo da figura é o caminho: A⇨B⇨F⇨E⇨A⇨D⇨E⇨F⇨C⇨E⇨C⇨B⇨A com C = 19. Observe-se que a cadeia anteriormente descrita repete a visita às arestas E-F, E-C e A-B.

Como a solução exata do PCC exige a solução de um problema de 1-*matching* para a formação do grafo $G_i(M^*)$ e, posteriormente, a solução de um problema de circuito euleriano, o problema da determinação de 1-*matching* em um grafo bipartido (conjuntos S e D) pode ser solucionado como um caso do problema de transporte em cerca de $O(n^{2,5})$ operações, onde $n = |N|$. Associando,

(PCC2) Minimizar $z = \sum_{j,k} c_{jk} x_{jk}$

Sujeito a:

$\sum_k x_{jk} = s_j \;\; \forall j$

$\sum_j x_{jk} = d_k \;\; \forall k$

$x_{jk} \geq 0$

então, os s_j a pontos de suprimento, e os d_j a pontos de demanda, constituindo um problema de transporte conforme a formulação que se segue:

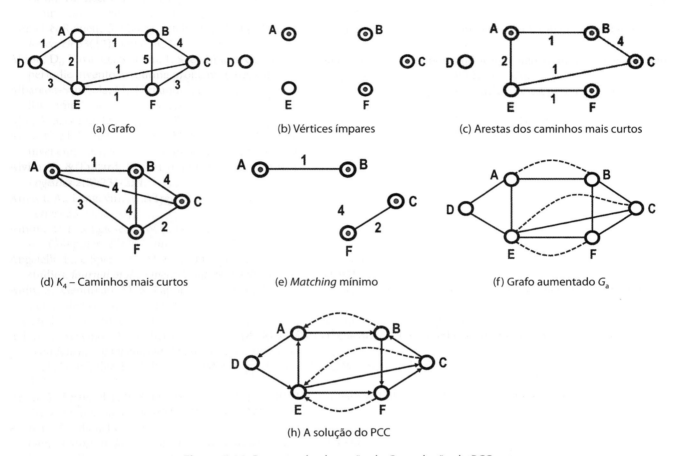

Figura 5.11: Processo de obtenção de G_a e solução do PCC.

Beltrami & Bodin (1974) apresentam também uma heurística para a solução do problema em um problema de aplicação na coleta municipal de lixo.

Algumas variantes do PCC são conhecidas. Um exemplo é a variante proposta por Irnich (2008), que considera o zigzag que o carteiro pode fazer ao cruzar a rua entregando a correspondência (*Undirected Chinese Postman Problem with Zigzagging Option*). Tan et al. (2005) sugerem solução para o problema na condição de custos estocásticos/arestas congestionadas. Aminu e Eglese (2006) empregam programação restrita para solucionar o problema na variante com janela de tempo. Zoraida (2011) relata um algoritmo natural com metáfora baseado em DNA e controle de temperatura. Sun et al. (2014) descrevem um modelo em programação inteira para o problema com janela de tempo e um algoritmo de cortes para a solução. Wang & Wen (2002) abordam variantes do Carteiro Restrito em Tempo (*Time-Constrained Chinese Postman Problems*). A variante denominada k-Carteiro Chinês consiste em, dados um grafo $G = (N, M)$ e um vértice inicial $s \in N$, encontrar uma coleção de k passeios fechados contendo um vértice inicial s de modo que cada aresta do grafo seja percorrida pelo menos uma vez em algum passeio e que o comprimento dos k passeios seja minimizado (Zhanng, 1992 e Pearn, 1994). O Problema do k-Carteiro Chinês Min-Max consiste em, dado um grafo $G = (N, M)$ e um vértice inicial $s \in N$, encontrar uma coleção de k passeios fechados contendo um vértice inicial s de modo que cada aresta do grafo seja percorrida pelo menos uma vez em algum passeio e que o comprimento do maior dos k passeios seja minimizado. Ahr & Reinelt (2006) relatam um algoritmo em busca tabu para o problema.

● O Problema do Carteiro Chinês Direcionado (PCCD)

O PCCD é o caso em que o objetivo do modelo é encontrar o percurso do carteiro em um grado com arcos (arestas direcionadas).

No caso dos grafos orientados, uma condição suficiente para a existência do circuito euleriano é que o semigrau interior de cada vértice seja igual ao semigrau exterior. Para solucionar o problema, são determinados dois conjuntos de vértices S e D. O primeiro, conjunto S, corresponde aos vértices determinados de forma que o semigrau interior $d(i)^+$ supere o semigrau exterior $d(i)^-$ e o segundo, conjunto D, o caso contrário (semigrau positivo é o número de arcos que chegam ao vértice e negativo é o número de arcos que deixam o vértice). A partir de S e D, é possível construir um grafo bipartido com os vértices $s_j \in S$ e $d_k \in D$. Cada distância c_{jk} entre dois vértices desse grafo representará o menor caminho entre o vértice s_j e o vértice s_k no grafo original. Tais distâncias podem ser determinadas pela aplicação de um algoritmo de caminho mais curto sobre G. Se existe um vértice s_j que não possui caminho que o ligue a todos os vértices s_k, então o PCC não possui solução viável. A Figura 5.12 demonstra o fato para um grafo direcionado. S={5} e D={4}; $d(4)^-$ =2 e $d(4)^+$ =0; $d(5)^-$ =0 e $d(5)^+$ =2;

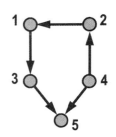

Figura 5.12: PCC inviável.

A versão direcionada possui aplicação no guiamento de robôs e usabilidade de sistemas na web (Thimbleby, 2003). Hua & Li-shan (2003) relatam um algoritmo genético para a solução do problema, ainda que pertencendo à classe P. Beltrami & Bodin (1974) descrevem um algoritmo $O(mn^2)$ e Lin & Zhao (1988) apresentam um algoritmo $O(kn^2)$ para a solução do PCCD.

● O Problema do Carteiro Chinês em Grafos Mistos (CCGM)

O problema caracteriza-se por ser solucionado em um grafo $G = (N, M)$ que possui arestas $(i, j) \in M$ e $(j, i) \in M$ somente para um conjunto de vértices $i, j \in S$, onde $S \subset N$. No caso de grafos mistos, o problema é NP-Difícil. Eiselt et al. (1995a) relatam vários modelos de formulação e algoritmos de solução para o problema tanto em grafo não direcionado quanto no misto. A Tabela 5.6 resume trabalhos de impacto no problema.

Tabela 5.6: Trabalhos abordando o Carteiro Chinês em grafos mistos

Ano	Autores	Tema	Ano	Autores	Tema
1973	Edmonds & Johnson	Heurística Mix-1	1998	Yan & Thompson	Branch-and-bound
1979	Frederickson	Heurística Mix-2	1998	Raghavachari & Veerasamy	Algoritmo heurísticos
1979	Kappauf & Koehler	Programação inteira	1999	Pearn & Chou	Modificações em Mix-1 e Mix-2
1979	Minieka	Transformação para fluxo em rede	1999	Raghavachari & Veerasamy	Algoritmo de aproximação 3/2
1984	Christofides et al.	Algoritmo exato	2000	Dror	Revisão da literatura
1993	Ralphs	Resultados teóricos	2002a	Corberán et al.	Algoritmo GRASP
1995	Pearn & Liu	Modificações em Mix-1	2002	Yaoyuenyong et al.	Algoritmo heurístico
1996	Nobert & Picard	Planos de corte (Gomory)	2010	Jiang et al.	Algoritmo genético

Uma generalização do CCGM conhecida na literatura aborda o caso em que a passagem obrigatória nos arcos ou arestas – denominados de ε – pode ser maior que um número $l(\varepsilon)$ vezes e menor que $u(\varepsilon)$ vezes, considerando-se que $l(.)$ e $u(.)$ são funções da variável e e levam a uma saída inteira. Ding et al. (2014) relatam algoritmo de aproximação para a variante.

● O Carteiro Chinês Capacitado (PCCC)

O problema diz respeito a definir um conjunto de rotas para um conjunto $S = \{1,..., s\}$ de carteiros que devem atender a demanda despertada no grafo $G = (N, M)$. Golden & Wong (1981) formulam esse problema de roteamento como um problema de fluxo da seguinte forma:

$$(\text{PCCC}) \text{ Minimizar } z = \sum_{i=1}^{n} \sum_{j=1}^{n} \sum_{p \in S} c_{ij}^{p} x_{ij}^{p}$$

Sujeito a:

$$\sum_{j=1}^{n} x_{ji}^{p} - \sum_{j=1}^{n} x_{ij}^{p} = 0 \qquad \forall i \in N, \ p \in S \qquad (5.19)$$

$$\sum_{p=1}^{s} (l_{ij}^{p} - l_{ji}^{p}) = \left| \frac{q_{ij}}{w} \right| \qquad \forall (i,j) \in M \qquad (5.20)$$

$$x_{ij}^{p} \geq l_{ij}^{p} \qquad \forall (i,j) \in M, \ p \in S \qquad (5.21)$$

$$\sum_{i=1}^{n} \sum_{j=1}^{n} l_{ij} q_{ij}^{p} \leq w \qquad p \in S \qquad (5.22)$$

$$\sum_{j=1}^{n} f_{ij}^{p} - \sum_{j=1}^{n} f_{ji}^{p} = \sum_{j=1}^{n} l_{ij}^{p} \qquad \forall i \in M \setminus \{1\}, \ p \in S \qquad (5.23)$$

$$f_{ij}^{p} \leq (n^2) x_{ij}^{p} \qquad \forall (i,j) \in M, \ p \in S \qquad (5.24)$$

$$f_{ij}^{p} \geq 0 \qquad \forall (i,j) \in M \ p \in S \qquad (5.25)$$

$$q_{ij} > 0 \qquad \forall (i,j) \in M \qquad (5.26)$$

$$l_{ij}^{p}, x_{ij}^{p} \in \{0,1\} \qquad \forall (i,j) \in E, \ p \in S \qquad (5.27)$$

Onde o depósito central receberá o índice 1 e serão consideradas as seguintes variáveis:

$C = [c_{ij}] \equiv$ matriz do comprimento dos arcos.
$Q = [q_{ij}] \equiv$ matriz das demandas que são despertadas nos arcos e devem ser atendidas pelos carteiros.
$w \equiv$ capacidade dos carteiros, sendo $w \geq \max\{q_{ij}\}, \forall (i,j) \in M$.
$l_{ij}^{p} \equiv$ variável binária que assume valor 1 quando o carteiro p servir a demanda da aresta (i, j), e 0 em caso contrário.
$f_{ij}^{p} \equiv$ variável de fluxo que assume valor positivo se $x_{ij}^{p} = 1$, $f_{ij}^{p} \in \Re^{+}$.

As restrições 5.19 garantem a continuidade das rotas dos carteiros. As restrições 5.20 garantem que as arestas sejam atendidas em sua demanda. As restrições 5.21 obrigam que o carteiro percorra os arcos que lhe forem designados atender. As restrições 5.22 garantem que os atendimentos dos diversos carteiros não ultrapassem sua capacidade. As restrições 5.23 garantem que o fluxo de atendimento seja igual ao computado pela designação aos carteiros. As restrições 5.24 limitam o fluxo.

● O Problema do Carteiro ao Vento – Windy (PCW)

O problema consiste em determinar um passeio fechado de custo mínimo passando por todas as arestas do grafo G em uma matriz de custos assimétrica (consequentemente, sem garantia de atendimento da desigualdade triangular). O problema foi introduzido por Minieka (1979), sendo NP-Difícil. Guan (1984) relata uma heurística de solução $O(n^3)$ que transforma PCW no PCC. Win (1989) apresenta uma heurística de fluxo mínimo com complexidade $O(n^3)$. Grötschel & Win (1992) desenvolvem um algoritmo em planos de corte. Pearn & Lin (1994) relatam algoritmos para o problema. Corberán et al. (2012) relatam um algoritmo em *branch-and-cut* com uma nova heurística para obtenção de limites superiores bem como empregando a geração de uma nova família de inequações.

O CCGM é um caso particular do Carteiro ao Vento, uma vez que dele pode ser derivado quando, para cada aresta $(i,j) \in M$, $c_{ij} = c_{ji}$ ou $\max\{c_{ij}, c_{ji}\} = \infty$. Eiselt et al. (1995a) e Win (1989) formulam o problema como se segue no modelo (PCW):

Considerando um grafo $G=(N,M)$ e as seguintes variáveis e conjuntos:

$x_{ij} \equiv$ Variável inteira indicando quantas vezes a aresta (i,j) na direção de i para j.
$c_{ij} \equiv$ Custo de percorrer a aresta i ao j.
$\delta_i \equiv$ O conjunto dos arcos incidentes no vértice i.
$M(S) \equiv$ O conjunto de arestas $(i,j) \in M$ tais que $i \in S$ e $j \notin S$, $S \subset M$.

$$(\text{PCW}) \quad \text{Minimizar } z = \sum_{(i,j) \in M} (c_{ij} x_{ij} + c_{ji} x_{ji})$$

Sujeito a:

$$x_{ij} + x_{ji} \geq 1 \qquad \forall (i,j) \in M \qquad (5.28)$$

$$\sum_{(i,j) \in \delta_i} (x_{ij} - x_{ji}) = 0 \qquad \forall i \in M \qquad (5.29)$$

$$x_{ij} \geq 0;\ x_{ji} \geq 0 \qquad \forall i,j \qquad (5.30)$$

$$x_{ij}, x_{ji} \in Z^+ \qquad \forall i,j \qquad (5.31)$$

As restrições 5.28 garantem que todas as arestas serão visitadas pelo menos uma vez. As restrições 5.29 forçam que o *tour* seja simétrico, igualando o número de chegadas a cada vértice no *tour* (grau interno do grafo) ao número de partidas no *tour* (grau externo). Em caso de grafos eulerianos, apenas restrições 5.21 garantem a integralidade da solução de (PCW). Em caso de grafos não eulerianos, pelos menos uma variável $x_{ij} \geq 0$ terá valor ½, tornando-se necessário o conjunto de restrições 5.31. Em presença das restrições 5.31, as restrições 5.30 são redundantes.

● O Problema do Carteiro Chinês Hierárquico (PCCH)

Trata-se de uma variante do clássico Problema do Carteiro Chinês em que os arcos são divididos em grupos e uma relação de precedência é definida entre os grupos. As aplicações práticas do problema incluem limpeza de neve e controle de gelo nas estradas, bem como na determinação de caminhos ótimos de ferramentas de corte. O problema é NP-Difícil em geral, mas pode ser solucionado em tempo polinomial caso a relação de precedência seja linear e cada grupamento esteja conectado.

Manber & Israni (1984) descrevem uma aplicação do problema ao corte de chapas metálicas. Lemieux e Campagna (1984) descrevem uma aplicação ao problema da remoção de neve (*Snow Ploughing Problem*). Dror et al. (1987) descrevem um algoritmo $O(kn^5)$ para o problema. Eiselt et al. (1995a) e Alfa & Liu (1988) formulam o problema. Ghiani & Improta (2000) apresentam um algoritmo baseado em *matchings* e caminhos $O(k^3 n^3)$. Cabral et al. (2004) formulam o problema como um Carteiro Rural. Damodaran et al. (2008) calculam limites inferiores para o problema.

● O Problema do Carteiro Chinês Multiobjetivo (PCCM)

Prakash *et al.* (2009) relatam uma heurística para o PCCM e Grandinetti *et al.* (2012), heurísticas para o denominado *Multi-objective Undirected Capacitated Arc Routing Problem*.

● O Problema do Carteiro Rural (PCR)

O Carteiro Rural é uma variante do Carteiro Chinês na qual um conjunto de arestas S do grafo $G = (N, M)$, $S \subset M$, deve ser percorrido pelo menos uma vez. O problema busca determinar um passeio fechado de custo mínimo e que passe por todas as arestas de S. O problema clássico do Carteiro Rural foi formulado em grafos não direcionados (Orloff, 1974). A Figura 5.13(b) mostra a solução do Carteiro Rural da Figura 5.13(a). Como o grafo não é direcionado, as setas da Figura 5.13(b) somente exemplificam um dos sentidos do *tour* solução.

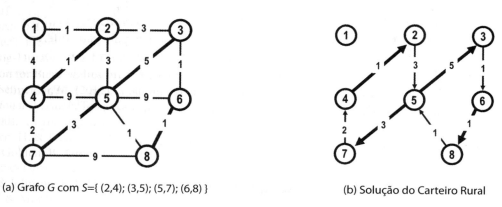

(a) Grafo G com S={ (2,4); (3,5); (5,7); (6,8) }   (b) Solução do Carteiro Rural

Figura 5.13: Solução do Carteiro Rural.

O problema possui várias aplicações práticas que incluem varredura de ruas (Eglese & Murdock, 1991), controle de máquinas de perfuração (Grötschel *et al.*, 1991), corte com laser (Ghiani & Improta, 2001) e cortes industriais (Moreira *et al.*, 2009).

Ball & Magazine (1988) desenvolvem uma heurística de inserção aplicada a um caso real de montagem de circuitos impressos. Eiselt *et al.* (1995b) e Pearn & Liu (1995) propõem um algoritmo heurístico de solução. Kang & Han (1998), Cook *et al.* (1998) e Lee *et al.* (1996) desenvolvem algoritmos genéticos. Fernandez de Cordoba *et al.* (1998) descrevem um algoritmo Monte Carlo. Hertz *et al.* (1999) relatam procedimentos de melhoria. Ghiani & Laporte (2000) relatam um algoritmo em *branch-and-cut*. Groves & van Vuuren (2005) desenvolvem heurísticas e Ghiani *et al.* (2006) heurísticas construtivas. A literatura cita, sem nominar o problema como um caso do Carteiro Rural Capacitado, a variante capacitada (Golden & Wong, 1981). Moreira *et al.* (2009) descrevem uma aplicação para o problema dinâmico, ou *Dynamic Rural Postman Problem*. Holmberg (2010) desenvolve heurísticas para o problema e Marcial-Romero *et al.* (2011) descrevem uma estratégia evolucionária híbrida para a solução do PCR. Ghiani *et al.* (2005) propõem um algoritmo heurístico de solução para a variante periódica (*Periodic Rural Postman Problem*).

No problema do Caixeiro Rural com Coleta de Prêmios (*Prize-collecting Rural Postman Problem*), os benefícios são recolhidos na primeira visita à aresta ou ao arco de demanda. O problema foi introduzido por Aráoz *et al.* (2006). Palma (2011) apresenta um algoritmo em busca tabu para sua solução. Como no roteamento em arestas, as visitas podem ser múltiplas, caberá decidir se o bônus é recolhido somente uma vez, uma vez a cada visita ou se o bônus varia nas arestas a cada visita. Na variante introduzida por Aráoz *et al.* (2006), o bônus é recolhido na primeira visita. Uma segunda variante do Caixeiro Rural com coleta de prêmios é o Caixeiro Rural com Coleta de Prêmios em Grupamentos (*Clustered Prize-collecting Arc Routing Problem*). Na variante em grupamentos, para obter o benefício, todas as arestas do grupamento devem ser visitadas ainda que não se exija que as arestas do grupamento sejam visitadas de forma contínua. Aráoz *et al.* (2013) relatam um algoritmo GRASP & Path Relinking para o caixeiro rural com coleta de prêmios em grupamentos.

Golden & Wong (1981) introduziram o problema de roteamento capacitado em arcos (*Capacitated Arc Routing Problem*) que pode ser igualmente nominado como um Caixeiro Rural com Múltiplas Viagens. O objetivo do problema é encontrar um conjunto de rotas de custo mínimo para veículos de capacidade finita. Geralmente os veículos da frota possuem a mesma capacidade, sendo baseados em um único depósito, início e término das rotas. A frota deve atravessar necessariamente um subconjunto de arestas, geralmente em um grafo não direcionado conectado. É necessário recolher (ou entregar) as quantidades associadas sem exceder a capacidade dos veículos (Dror, 2000). Amaya *et al.* (2007) formulam uma variante para o Caixeiro Rural com Múltiplas Viagens que lida com dois diferentes tipos de veículos. O primeiro tipo possui capacidade conhecida sendo usado para servir as arestas. O segundo é utilizado para reconstituir (recarregar) o primeiro tipo de veículo e pode encontrar os primeiros veículos em qualquer vértice. O problema é denominado de Roteamento Capacitado com Pontos de Reabastecimento (*Capacitated Arc Routing Problem with Refill Points*) e pode ser também classificado como um problema de roteamento em arcos com localização de facilidades (*Location Arc Routing Problem*).

Benavent *et al.* (2014) abordam a solução de uma variante do tipo rentável para o Carteiro Rural em grafo misto com veículos capacitados. Corberán *et al.* (2013) relatam um algoritmo *branch-and-cut* para a variante do problema com coleta de bônus nas arestas em que existe um diferente benefício para cada diferente visita à aresta. O problema é denominado na literatura como *Maximum Benefit Chinese Postman Problem* e foi abordado em dois trabalhos simultâneos: Malandraki & Daskin (1993) formulam o problema em um modelo de programação inteira em um grafo não direcionado e com o bônus pago na primeira visita à aresta. Pearn & Wang (2003) atribuem a possibilidade de diferentes valores de bônus a cada visita e desenvolvem um algoritmo heurístico baseado em árvore geradora mínima e *matching* de mínimo custo. Black *et al.* (2013) relatam a variante da coleta de prêmios com restrição em tempo – *time-dependent prize-collecting arc routing problem*.

● O Problema do Carteiro Rural Direcionado (PCRD)

Trata-se do caso em que o carteiro rural é desenvolvido sobre um grafo direcionado. Para o problema, destaca-se o trabalho de Christofides *et al.* (1986). Uma recente variante desse problema permite que nem todos os arcos que demandam visita sejam atendidos desde que uma penalidade pelo não atendimento seja considerada (*Directed Profitable Rural Postman Problem*). O problema é abordado por Arbib *et al.* (2014), Archetti *et al.* (2014b) e Colombi & Mansini (2014).

● O Problema do Carteiro Rural com Arestas Mistas (PCRM)

Trata-se da variante do Carteiro Rural desenvolvida sobre um grafo misto. Anily *et al.* (1996) fazem dois estudos de caso no problema. Corberán *et al.* (2000a) descrevem um algoritmo tabu de solução e Corberán *et al.* (2000b), outras heurísticas. Corberán *et al.* (2002b) abordam a variante do problema do carteiro rural com penalidades.

● O Problema do Carteiro Rural Windy

Benavent *et al.* (2005) apresentam algoritmos aproximativos para o Carteiro Rural ao Vento. Benavent *et al.* (2007) relatam limites inferiores e heurísticas. Irnich (2008) relata um caso real de entrega de correspondência solucionado pelo modelo. Corberán *et al.* (2012) relatam novos resultados no problema.

Algumas variantes desse problema são descritas. Benavent *et al.* (2010) relatam meta-heurísticas de solução para o caso de uma variante com função objetiva min-max e com k veículos (*Min–max Windy Rural Postman Problem with k Vehicles*). Dussault *et al.* (2013) relatam um problem de remoção de neve com restrições de precedência.

● O Problema do Roteamento em Grafos Mistos (RGM)

O problema também é denominado *Mixed General Routing Problem* sendo definido como uma generalização do carteiro rural quando tanto se exige pelo menos uma visita a um conjunto M_r de arcos, $M_r \subseteq M$ em $G = (N, M)$ quanto pelos menos uma visita a um subconjunto de vértices $N_r \subseteq N$. Corberán *et al.* (2006) comparam duas diferentes formulações desse problema. Esse problema caracteriza uma clara mistura entre os problemas de roteamento em aresta e os problemas de roteamento de veículos. Bräysy *et al.* (2011) solucionam uma variante do problema capacitada e com penalidade de retorno enquanto Beraldi *et al.* (2015) resolvem o RGM em contexto de incerteza.

● O Problema da Empilhadeira – *Minimum Stacker Crane* (PEM)

O problema pertence à classe de roteamento em arestas em um grafo misto $G = (M, N, A)$ em que A representa o conjunto de arcos do grafo. O problema consiste em encontrar o ciclo de custo mínimo no grafo G atravessando todos os arcos. Esse modelo representa sistemas nos quais um único recurso deve executar um conjunto de funções, cada uma definida por um vértice de origem e um arco de destino no grafo G. Por exemplo, um guindaste ou uma empilhadeira que deve executar um conjunto de operações de deslocamento de objetos de pilhas de coleta para pilhas de entrega e retornar à sua posição inicial. Ou então um sistema de transporte com um único veículo que deve atender a um conjunto de clientes localizados nos arcos, transportando a demanda para cada cliente, desde o depósito até atravessar o arco cliente e retornar ao depósito. O problema visa minimizar os custos acumulados de todas as rotas desenvolvidas na solução. Frederickson *et al.* (1978) descrevem o problema, provam que ele é NP-Árduo e relatam um algoritmo 9/5 aproximado. Burkard *et al.*(1995) relatam um algoritmo de fluxo em redes e uma aplicação manipulação de itens em um armazém. Righini & Trubian (1999) desenvolvem limites para o problema. Hansen & Clausen (2002) descrevem aplicação real. Coja-Oghlan *et al.* (2003) realizam uma extensão para o caso de redes de transporte. Coja-Oghlan *et al.* (2006) resolvem o problema em um grafo árvore. Quilliot *et al.* (2010) relatam heusrísticas baseadas em árvore para o problema com prioridades e assimétrico.

● Outras Variantes

Ghiani *et al.* (2004) relatam um algoritmo em busca tabu para o problema de roteamento em arcos com facilidades intermediárias e restrições de capacidade e de comprimento de rota (*Arc Routing Problem with Intermediate Facilities under Capacity and Length Restrictions*).

Garfinkel & Webb (1999) definem o *Crossing Postman Problem,* em que o *tour* pode deixar os arcos da rede e atravessar de uma aresta para outra por "pontos" diferentes dos vértices originais do grafo.

5.7 Caso do Transporte de Cana de Açúcar

O transporte de cana-de-açúcar por caminhões é um importante modal para o escoamento da produção desse insumo e para a eficiência da produção de açúcar e álcool. O transporte tipicamente caracteriza-se como um complexo problema de roteamento e *scheduling* com várias tarefas associadas. A Figura 5.14 resume um esquema básico do cenário do problema. A usina recolhe a cana-de-açúcar de várias fazendas de plantio. Cada fazenda, em relação à colheita, é dividida em seções de corte e estas, em talhões. No Brasil, os métodos de corte e enfeixamento mais utilizados para a colheita são:

- ✓ O método manual: a cana-de-açúcar é cortada e enfeixada manualmente, sendo necessários tratores ou carregadores para alimentarem os caminhões de transporte.
- ✓ O método mecanizado: as máquinas de colheita cortam, enfeixam e carregam os caminhões.

A colheita da cana-de-açúcar processou-se historicamente no Brasil de forma manual desde o corte dos colmos, a separação dos ponteiros, a picagem/empilhamento e carregamento. Os processos clássicos de colheita manual ou mecânica utilizam a queima prévia com objetivo de descartar o palhiço. Recentemente, exigências trabalhistas e ambientais estão indicando a realização da colheita sem a queima prévia, com reaproveitamento do palhiço e com a profissionalização da força de trabalho. Em qualquer futura solução adotada, a mecanização da colheita e a otimização do sistema de transporte representará papel central na colheita.

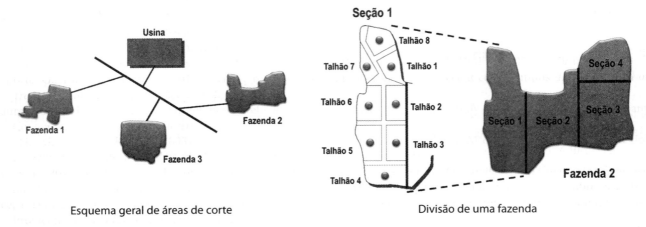

Esquema geral de áreas de corte   Divisão de uma fazenda

Figura 5.14: Esquema de colheita da cana-de-açúcar.

Os talhões são colhidos em sequência por vizinhança, uma vez que é necessário ter livre o caminho de acesso aos feixes. Os turnos dos motoristas são, normalmente, de 12 horas. Os caminhões utilizados no transporte possuem carroçaria adaptada ou reboques, uma vez que a carga caracteriza-se pelo grande volume em relação ao seu peso. São comuns caminhões com um ou dois reboques, como mostra a Figura 5.15.

(a) Romeu e Julieta   (b) Treminhão

Figura 5.15: Tipos de caminhões adaptados ao transporte de cana-de-açúcar.

As usinas trabalham com um depósito-pulmão no seu centro de moagem para absorver flutuações no fluxo de cana originárias de problemas operacionais (pneus furados, quebras e pequenos acidentes), manutenção dos equipamentos e caminhões (em caso de manutenção preventiva ou limpezas de carroçaria mais demoradas que o previsto) e trocas de turnos e a variação do comprimento do percurso ao longo do dia. O depósito-pulmão possui um custo operacional alto, pois, além de representar uma etapa de transbordo desnecessária, ocupa espaço significativo e exige esforços de gerência.

O problema de roteamento enriquecido decorrente do corte e transporte da cana-de-açúcar envolve as seguintes variáveis de decisão:

- A definição da frente de serviço.
- Número e tipos de caminhões necessários.
- As rotas associadas a cada caminhão.
- A distribuição dos tratores ou máquinas de corte na frente de serviço.
- O esquema de turnos.
- A gerência do fluxo para manter a usina operando a plena carga.

Referências Bibliográficas

Adulyasak, Y., Cordeau, J.F., Jans, R. (2013). The production routing problem: a review of formulations and solution algorithms, *Technical report* 2013-49, CIRRELT, Montreal, QC, Canada.

Agra, A., Christiansen, M., Figueiredo, R., Hvattum., L. M., Poss, M. & Requejo, C. (2013). The robust vehicle routing problem with time windows, *Computers & Operations Research* 40(3):856-866

Agustina, D., Lee, C.K.M. & Piplani, R. (2014). Vehicle scheduling and routing at a cross docking center for food supply chains, *International Journal of Production Economics* 152:29-41

Ahr, D. & Reinelt, G. (2006). A tabu search algorithm for the min–max k-Chinese postman problem, *Computers & Operations Research* 33(12): 3403-3422.

Aksen, D., Kaya, O., Salman, F. S. & Tüncel, Ö. (2014). An adaptive large neighborhood search algorithm for a selective and periodic inventory routing problem, *European Journal of Operational Research* 239(2):413-426.

Albareda-Sambola, M., Fernández, E. & Laporte, G. (2014). The dynamic multiperiod vehicle routing problem with probabilistic information, *Computers & Operations Research* 48:31-39.

Alfa, A. S. & Liu, D. Q. (1988). Postman routing problem in a hierarchical network, *Engineering Optimization* 14:127-138.

Alves, C. M. M., e Carvalho, J. M. V. *Planeamento de Rotas num Sistema de Recolha de Desperdícios de Madeira*. 2001. Disponível em: sarmento.eng.uminho.pt/dps/vc/apdio1.pdf. Acesso Outurbro 2014.

Alvim, A. & Taillard, E. (2013). POPMUSIC for the world location-routing problem, *EURO Journal on Transportation and Logistics* 2(3):231-254.

Amaya, A., Langevin, A. &Trépanier, M. (2007). The capacitated arc routing problem with refill points. *Operations Research Letters* 35(1):45-53.

Aminu, U. F. & Eglese, R. W. (2006). A constraint programming approach to the Chinese postman problem with time windows, *Computers & Operations Research* 33(12):3423-3431.

Angelelli, E., e Speranza, M. G. (2002). The application of a vehicle routing model to a waste-collection problem: two case studies, *Journal of the Operational Research Society* 53:944-952.

Anily, S., Gendreau, M. & Laporte, G. (1996). Two solvable cases of the mixed rural postman problem, *Publication 96-35, Centre de Recherche sur les Transport.*

Ansoff, H. I. (1965). *Corporate Strategy: An Analytic Approach do Business Policy for Growth na Expansion*, McGraw-Hill.

Arbib, C., Servilio, M., Archetti, C. & Speranza, M. G. (2014). The directed profitable location Rural Postman Problem, *European Journal of Operational Research* 236(3):811-819.

Aráoz, J., Fernández, E., Zoltan, C. (2006). The Privatized Rural Postman Problem. *Computers & Operations Research* 33:3432-3449.

Aráoz, J., Fernández, E. & Franquesa, C. (2013). GRASP and Path Relinking for the Clustered Prize-collecting Arc Routing Problem, *Journal of Heuristics* 19(2):343-371.

Archetti, C., Bianchessi, N. & Speranza, M.G. (2014a). Branch-and-cut algorithms for the split delivery vehicle routing problem, *European Journal of Operational Research* 238(3):685-698.

Archetti, C., Guastoroba, G. & Speranza, M. G. (2014b). An ILP-refined tabu search for the Directed Profitable Rural Postman Problem, *Discrete Applied Mathematics* 163(1):3-16.

Archetti, C., & Speranza, M. G. (2008). The Split Delivery Vehicle Routing Problem: A Survey, In: *The Vehicle Routing Problem: Latest Advances and New Challenges, Operations Research/Computer Science Interfaces* 43:103-122.

Archetti, C. & Speranza, M.G. (2012). Vehicle routing problems with split deliveries, *International Transactions in Operational Research* 19:3-22.

Archetti, C., Speranza, M. G. & Vigo, D. (2013). Vehicle Routing Problems with Profits, *Working Papers Department of Economics and Management University of Brescia Italy*, WPDEM 2013/3.

Archetti, C. & Speranza, M. G. (2014). A survey on matheuristics for routing problems, *EURO Journal on Computational Optimization*. http://link.springer.com/article/10.1007%2Fs13675-014-0030-7. Acesso Outurbro 2014.

Azi, N., Gendreau, M. & Potvin, J-Y. (2014). An adaptive large neighborhood search for a vehicle routing problem with multiple routes, *Computers & Operations Research* 41:167-173.

Baldacci, R., Toth, P. & Vigo, D. (2010). Exact algorithms for routing problems under vehicle capacity constraints, *Annals of Operations Research* 175(1):213-245.

Ball, M. O. & Magazine, M. J. (1988). Sequencing of Insertions in Printed Circuit Board Assembly, *Operations Research* 36(2):192-201.

Baños, R., Ortega, J., Gil, C., Márquez, A.L. & Toro, F. (2014). hybrid meta-heuristic for multi-objective vehicle routing problems with time windows, *Computers & Industrial Engineering* 65(2):286-296.

Bard, J.F. & Nananukul, N. (2009). The integrated production inventory-distribution-routing problem, *Journal of Scheduling* 12:257-280.

Bard, J. F., Huang, L., Jaillet, P., e Dror, M., (1998), A Decomposition Approach to the Vehicle Routing Problem with Satellite Facilities, *Transportation Science* 32(2):189-203.

Baousis, V., Hadjiefthymiades, S., Alyfantis, G. & Merakos, L. (2009). Autonomous mobile agent routing for efficient server resource allocation, *Journal of Systems and Software* 82(5):891-906.

Batsyn, M. & Ponomarenko, A. (2014). Heuristic for a Real-life Truck and Trailer Routing Problem, In: *2nd International Conference on Information Technology and Quantitative Management ITQM* 2014, *Procedia Computer Science* 31:778-792.

Batta, R., Larson, R. C. & Odoni, A. R. (1988). A Single Server Priority Queueing Location Model, *Networks* 18:87-103.

Battarra, M. (2010). Exact and heuristic algorithms for routing problems, *4OR-A Quarterly Journal of Operations Research* 9(4):421-424.

Beaudry, A., Laporte, G., Melo, T. &Nickel, S. (2010). Dynamic transportation of patients in Hospitals, *Operations Research Spectrum* 32:77-107.

Bektas, T. (2013). Balancing Tour Durations in Routing a Vehicle Fleet, In: *2013 IEEE Workshop on Computational Intelligence in Production and Logistics Systems (CIPLS)* 9-16.

Belmecheri, F., Prins, C., Yalaoui, F. & Amodeo, L. (2013). Particle swarm optimization algorithm for a vehicle routing problem with heterogeneous fleet, mixed backhauls, and time windows, *Journal of Intelligent Manufacturing* 24(4):775-789.

Beltrami, E. J. & Bodin, L. D. (1974). Networks and vehicle routing for municipal waste collection, *Networks* 4:65-94.

Benavent, E., Carrota, A., Corberán, A., Sanchis, J. M. & Vigo, D. (2007). Lower bounds and heuristics for the Windy Rural Postman Problem, *European Journal of Operational Research* 176(2):855-869.

Benavent, E., Corberán, A., Gouveia, L., Mourão, M. C. & Pinto, L. S. (2014). Profitable mixed capacitated arc routing and related problems, *TOP - Spanish Society of Statistics and Operations Research*. To Appear - DOI 10.1007/s11750-014-0336-x

Benavent, E., Corberán, A., Piñana, E., Plana, I. & Sanchis, J. M. (2005). New heuristic algorithms for the windy rural postman problem, *Computers & Operations Research* 32(12):3111-3128.

Benavent, E., Corberán, A. & Sanchis, J. M. (2010). A metaheuristic for the min–max windy rural postman problem with K vehicles, *Computational Management Science* 7(3):269-287.

Benoit, C., Cordeau, J.-F. & Laporte, G. (2007). The Multi-Depot Vehicle Routing Problem with Inter-Depot Routes, *European Journal of Operational Research* 176(2):756-773.

Beraldi, P., Bruni, M. E., Laganà, D. & Musmanno, R. (2015). The mixed capacitated general routing problem under uncertainty, *European Journal of Operational Research* 240(2):382-392.

Berbeglia, G., Cordeau, J-F., Gribkovskaia, I. & Laporte, G. (2007). Static pickup and delivery problems: a classification scheme and survey, TOP – *Spanish Society of Statistics and Operations Research* 15(1):1-31.

Berbeglia, G., Cordeau, J.F., Laporte, G. (2010). Dynamic pickup and delivery problems, *European Journal of Operational Research* 202:8-15.

Bertsimas, D. J. & Van Ryzin, G. (1993). Stochastic and Dynamics Vehicle Routing in with General Demand and Interrarrival Time Distributions, *Operations Research* 41:60-76.

Bianchi, L., Birattari, M., Chiarandini, M., Manfrin, M., Mastrolilli, M., Paquete, L., Rossi-Doria, L. & Schiavinotto, T. (2006). Hybrid Metaheuristics for the Vehicle Routing Problem with Stochastic Demands, *Journal of Mathematical Modelling and Algorithms* 5(1):91-110.

Black, D., Eglese, R. & Wøhlk, S. (2013). The time-dependent prize-collecting arc routing problem, *Computers & Operations Research* 40(2):526-535.

Blakeley, F., Arqüello, B., Hall, W., e Knolmaier, J. (2003), Optimizing Periodic Maintenance Operations for Schindler Elevator Corporation, *Interfaces* 33(1):67-79.

Bodin, L. D., Assad, B.L. & Ball, A. (1983). Routing and Scheduling of Vehicles and Crew, The State of the Art, *Computers & Operations Research* 10:69-211.

Bodin, L. D. & Golden. B. (1981). Classification in Vehicle Routing and Scheduling, *Networks* 11:97-108.

Boysen, N. (2010). Truck scheduling at zero-inventory cross docking terminals, *Computers and Operations Research* 37:32-41.

Braekers, K., Caris, A. & Janssens, G. K. (2014). Exact and meta-heuristic approach for a general heterogeneous dial-a-ride problem with multiple depots, *Transportation Research Part B: Methodological* 67:166-186.

Bräysy, O., Dullaert, W., Hasle, G., Mester, D. & Gendreau, M. (2008). An effective multirestart deterministic annealing metaheuristic for the fleet size and mix vehicle routing problem with time windows, *Transportation Science* 42:371-386.

Bräysy, O. & Gendreau, M. (2002). Tabu Search heuristics for the Vehicle Routing Problem with Time Windows, *Top - Spanish Society of Statistics and Operations Research* 10(2):211-237.

Bräysy, O., Martínez, E., Nagata, Y. & Soler, D. (2011). The mixed capacitated general routing problem with turn penalties, *Expert Systems with Applications* 38(10):12954-12966.

Bredström, D. & Rönnqvist, M. (2008). Combined vehicle routing and scheduling with temporal precedence and synchronization constraints, *European Journal of Operational Research*, 191(1):19-31.

Burkard, R. E., Fruhwirth, B. & Rote, G. (1995). Vehicle Routing in an Automated Warehouse: Analysis and Optimization, *Annals of Operations Research* 57:29-44.

Cabral, E. A., Gendreau, M., Ghiani, G. & Laporte, G. (2004). Solving the hierarchical Chinese postman problem as a rural postman problem, *European Journal of Operational Research* 155(1):44-50.

Cacchiani, V., Hemmelmayr, V. C. & Tricoire, F. (2014). A set-covering based heuristic algorithm for the periodic vehicle routing problem, *Discrete Applied Mathematics* 163(1):53-64.

Calvo, R. W. & Cordone, R. (2003). A heuristic approach to the overnight security service problem, *Computers & Operations Research* 30(9):269-1287.

Campbell, A. M. & Wilson, J. H. (2014). Forty years of periodic vehicle routing, *Networks* 63:2-15.

Caramia, M. & Guerriero, F. (2010). A Milk Collection Problem with Incompatibility Constraints, *Interfaces* 40(2):130-143.

Cao, E. & Lai, M. (2010). The open vehicle routing problem with fuzzy demands, *Expert Systems with Applications* 37(3): 3405-2411.

Cao, E., Lai, M. & Yang, H. (2014). Open vehicle routing problem with demand uncertainty and its robust strategies, *Expert Systems with Applications* 41(7): 3569-3575.

Carrabs, F., Cerulli, R. & Cordeau, J. F. (2007). An additive branch-and-bound algorithm for the pickup and delivery traveling salesman problem with LIFO or FIFO loading, *INFOR – Information Systems and Operational Research Journal* 45:223-238.

Cattaruzza, D., Absi, N., Feillet, D. & Vidal, T. (2014). A memetic algorithm for the Multi Trip Vehicle Routing Problem, *European Journal of Operational Research* 236(3):833-848.

Ceschia, S., Gaspero, L. & Schaerf, A. (2011). Tabu search techniques for the heterogeneous vehicle routing problem with time windows and carrier-dependent costs, *Journal of Scheduling* 14(6):601-615.

Ćirović, G., Pamučar, D. & Božanić, D. (2014). Green logistic vehicle routing problem: Routing light delivery vehicles in urban areas using a neuro-fuzzy model, *Expert Systems with Applications* 41(9): 4245-4258.

Chang, T-S. & Yen, H-M. (2012). City-courier routing and scheduling problems, *European Journal of Operational Research* 223(2):489-498.

Chiang, T-S. & Hsu, W-H. (2014). A knowledge-based evolutionary algorithm for the multiobjective vehicle routing problem with time windows, *Computers & Operations Research* 45:25-37.

Christofides, N. (1976). *Worst-case analysis of a new heuristic for the travelling salesman problem*, Report 388, Graduate School of Industrial Administration, Carnegie-Mellon University, Pittsburgh, PA.

Christofides, N., Benavent, B., Campos. V., Corberan, A. & Mota, E. (1984). An optimal method for the mixed postman problem, System modeling and optimization, *Lecture Notes in Control and Information Sciences* 59:641-649.

Christofides, N., Campos, V., Corberan, A. & Mota, E. (1986). An Algorithm for the Rural Postman Problem on a Directed Graph, *Mathematical Programming Study* 26:155-166.

Christofides, N., Mingozzi, A. & Toth, P. (1979). The Vehicle Routing Problem: Combinatorial Optimization, Christofides, N., Mingozzi, A., Toth, P. & Sandi, C. (edts) 131-149. Wiley Chichester.

Christofides, N. & Eilon, S. (1972). Algorithms for Large Scale Traveling Salesman Problem, *Operations Research Quartely* 23:511-518.

Clarke, G. & Wright, J. (1964). Scheduling of Vehicles from a Central Depot to a Number of Delivery Points, Operations Research 12:568-581.

Coelho, L. C. (2013). Flexibility and consistency in inventory-routing, *4OR - A Quarterly Journal of Operations Research* 11:297-298.

Coelho, L. C., Cordeau, J. F. & Laporte, G. (2011). The inventory-routing problem with transshipment, *Computers and Operations Research* 39:2537-2548.

Coelho, L.C., Cordeau, J.F. & Laporte, G. (2014). Thirty years of inventory-routing,*Transportation Science* 48:1-19.

Coelho, L. C. & Laporte, G. (2013). The exact solution of several classes of inventory-routing problems, *Computers & Operations Research* 40(2):558-565.

Colombi, M. & Mansini, R. (2014). New results for the Directed Profitable Rural Postman Problem, *European Journal of Operational Research* 238(3):760-773.

Coene, S., Arnout A. & Spieksma, F. (2008). The periodic vehicle routing problem: a case study, Catholieke Universiteit Leuven, Operations Research Group, Naamsestraat 69, B-3000, Leuven, Belgium, KBI 0828. https://lirias.kuleuven.be/bitstream/123456789/205411/1/KBI_0828.pdf. Acesso em Outubro de 2014.

Coene, S., Arnout A. & Spieksma, F. (2010). On a periodic vehicle routing problem, *The Journal of the Operational Research* 61(12):1719-1728.

Coja-Oghlan, A., Krumke, S. O. & Nierhoff, T. (2003). A heuristic for the Stacker Crane Problem on trees which is almost surely exact, In: *Proceedings of the 14th International Symposium on Algorithms and Computation*, ISAAC 2003, *Lecture Notes in Computer Science* 2906:605-614.

Coja-Oghlan, A., Krumke, S. O. & Nierhoff, T. (2006). A heuristic for the Stacker Crane Problem on trees which is almost surely exact, *Journal of Algorithms* 61:1-19.

Contardo, C. & Martinelli, R. (2014). A new exact algorithm for the multi-depot vehicle routing problem under capacity and route length constraints, Discrete Optimization 12:129-146.

Contardo, C., Cordeau, J-F. & Gendron, B. (2013). A computational comparison of flow formulations for the capacitated location-routing problem, *Discrete Optimization* 10(4):263-295.

Cook, C., Schoenfeld, D. A. & Wainwright, R. L. (1998). Finding rural postman tours, In: *Proceedings of the 1998 ACM symposium on Applied Computing* 318-326.

Coppi, A., Detti, P. & Raffaelli, J. (2013). A planning and routing model for patient transportation in health care, *Electronic Notes in Discrete Mathematics* 41:25-132.

Corberán, A., Plana, I., Rodríguez-Chía, A. M. & Sanchis, J. M. (2013). A branch-and-cut algorithm for the maximum benefit Chinese postman problem, *Mathematical Programming* 141(1-2):21-48

Corberán, A., Marti, R. & Romero, A. (2000a). A Tabu Search Algorithm for the Mixed Rural Postman Problem, *Computers & Operations Research* 27: 183-203.

Corberán, A., Martí, R. & Romero, A. (2000b). Heuristics for the Mixed Rural Postman Problem, *Computers & Operations Research* 27(2):183-203.

Corberán, A., Oswald, M., Plana, I., Reinelt, G. & Sanchis, J. M. (2012). New results on the Windy Postman Problem, *Mathematical Programming* 132(1-2):309-332.

Corberán, A., Martí, R. & Sanchís, J. M. (2002a). A GRASP heuristic for the mixed Chinese postman problem, *European Journal of Operational Research* 142(1):70-80.

Corberán, A., Martí, R., Martínez, E. & Soler, D. (2002b). The Rural Postman Problem on mixed graphs with turn penalties, *Computers & Operations Research* 29(7):887-903.

Corberán, A., Mota, E. & Sanchis, J. M. (2006). A comparison of two different formulations for arc routing problems on mixed graphs, *Computers & Operations Research* 33:3384-3402.

Cordeau, J. F., Gendreau, M., Laporte, G., Potvin, J. Y. & Semet, F. (2002). A guide to vehicle routing heuristics, *Journal of the Operational Research Society* 53(5):512-522.

Cornillier, F., Boctor, F. F. & Renaud, J. (2012). Heuristics for the multi-depot petrol station replenishment problem with time windows. *European Journal of Operational Research* 220:361-369.

Crino, J. R., Moore, J. T., Barnes, J. W. & Nanry, W. P. (2004). Solving the theater distribution vehicle routing and scheduling problem using group theoretic tabu search, *Mathematical and Computer Modelling* 39(6-8):599-616.

Cruz Reyes, L., Delgado Orta, D.O., Javier, J., Barbosa, G., Torres-Jimenez, J., Joaquin, H., Huacuja, Bárbara, F. & Arrañaga Cruz, A. (2008). An ant colony system algorithm to solve routing problems applied to the delivery of bottled products, *Lecture Notes in Computer Science* 4994:329-338.

Cruz Reyes, L., González Barbosa, J. J., Romero Vargas, D., Fraire Huacuja, H. J., Rangel Valdez, N., Herrera Ortiz, J. A., Arrañaga Cruz, A. B. & Delgado Orta, J. F. (2007). A distributed methaheuristic for solving real world scheduling routing loading problem, *Lecture Notes in Computer Science* 4742:68-77.

Cuervo, D. P., Goos, P., Sörensen, K. & Arráiz, E. (2014). An iterated local search algorithm for the vehicle routing problem with backhauls, *European Journal of Operational Research* 237(2):454-464.

Damodaran, P., Krishnamurthi, M. & Srihari, K. (2008). Lower Bounds for Hierarchical Chinese Postman Problem, *International Journal of Industrial Engineering* 15(1):36-44.

Dantzig, G. B. & Ramser. J. (1959). The Truck Dispatching Problem, *Management. Science* 6:81-91.

Dayarian, I., Crainic, T. G., Gendreau, M. & Rei, W. (2014). A branch-and-price approach for a multi-period vehicle routing problem, *Computers &* Operations Research. To Appear. DOI: 10.1016/j.cor.2014.06.004.

Demir, E., Bektas, T., Laporte, G. (2014). A review of recent research on green road freight transportation, *European Journal of Operational Research* 237(3):775-793.

Derigs, U., Gottlieb, J., Kalkoff, J., Piesche, M., Rothlauf, F. & Vogel. U. (2010). Vehicle routing with compartments: applications, modelling and heuristics, *OR Spectrum* 33(4):885-914.

Derigs, U., Kurowsky, R. Vogel, U. (2011). Solving a real-world vehicle routing problem with multiple use of tractors and trailers and EU-regulations for drivers arising in air cargo road feeder services, *European Journal of Operational Research* 213(1):309-319.

Desaulniers, G. (2007). Managing large fixed costs in vehicle routing and crew scheduling problems solved by column generation, *Computers & Operations Research* 34(4):1221-1239.

Dhahri, A., Zidi, K. & Ghedira, K. (2014). Variable Neighborhood Search based Set Covering ILP Model for the Vehicle Routing Problem with Time Windows, In: ICCS 2014. 14th International Conference on Computational Science, *Procedia Computer Science* 29:844-854.

Díaz-Ramírez, J., Huertas, J. I. & Trigos, F. (2014). Aircraft maintenance, routing, and crew scheduling planning for airlines with a single fleet and a single maintenance and crew base. *Computers & Industrial Engineering* 75:68-78

Ding, H., Li, J. & Lih, K-W. (2014). Approximation algorithms for solving the constrained arc routing problem in mixed graphs, *European Journal of Operational Research* 239(1):80-88.

Doerner, K. F. & Schmid, V. (2010). Survey: Matheuristics for Rich Vehicle Routing Problems, In: *Hybrid Metaheuristics, Lecture Notes in Computer Science* 6373:206-221.

Doerner, K. F., Fuellerer, G., Hartl, R. G., Gronalt, M. & Iori, M. (2007). Metaheuristics for the vehicle routing problem with loading constraints, *Networks* 49(4):294-307.

Dohn, A., Kolind, E. & Clausen, J. (2009). The manpower allocation problem with time windows and job teaming constraints: A branch-and-price approach. *Computers and Operations Research* 36:1145-1157.

Dondo, R. & Cerdá, J. (2013). A sweep-heuristic based formulation for the vehicle routing problem with cross-docking, *Computers & Chemical Engineering* 48:293-311.

Dondo, R. & Cerdá, J. (2014). A monolithic approach to vehicle routing and operations scheduling of a cross-dock system with multiple dock doors, *Computers & Chemical Engineering* 63:84-205.

Dondo, R., Méndez, C. A. & Cerdá, J. (2011). The multi-echelon vehicle routing problem with cross docking in supply chain management, *Computers & Chemical Engineering* 35(12):3002-3024.

Drexl, M. (2012). Synchronization in vehicle routing-A survey of VRPs with multiple synchronization constraints, *Transportation Science* 46:297-316.

Drexl, M. (2013). Applications of the vehicle routing problem with trailers and transshipments, *European Journal of Operational Research* 227(2): 275-283.

Drexl, M., Rieck, J., Sigl, T. & Press, B. (2013). Simultaneous Vehicle and Crew Routing and Scheduling for Partial-and-Full--Load Long-Distance Road Transport, *BuR -- Business Research Official Open Access Journal of VHB* / German Academic Association for Business Research (VHB) 6(2):242-264.

Drexl, M. & Schneider, M. (2015). A Survey of Variants and Extensions of the Location-Routing Problem, *European Journal of Operational Research*, To appear.

Dror, M. (2000). *Arc routing: theory, solutions and applications*. Dordrecht: Kluwer Academic Publishers.

Dror, M., Stern, H. & Trudeau, P. (1987). Postman tour on a graph with precedence relation on arcs, *Networks* 17:283-294.

Dussault, B., Golden, B., Groër, C. & Wasil, E. (2013). Plowing with precedence: A variant of the windy postman problem, *Computers & Operations Research* 40(4):1047-1059.

Edmonds, J. & Johnson, E. L. (1973). Matching, Euler tours and the Chinese Postman, *Mathematical Programming* 5:88-124.

Eglese, R. W. & Murdock, H. (1991). Routing road sweepers in a rural area, *Journal of the Operations Research Society of America* 42:281–288.

Eiselt, H. A., Gendreau, M. & Laporte, G. (1995a), Arc routing problems. I: The Chinese postman problem, *Operations Research* 43(2):231-242.

Eiselt, H.A., Gendreau, M. & Laporte, G. (1995b). Arc Routing Problems Part II: the Rural Postman Problem, *Operations Research* 43:399-414.

Ehmke, J., F., Campbell, A, M. & Urban, T. L. (2015). Ensuring service levels in routing problems with time windows and stochastic travel times, *European Journal of Operational Research* 240(2):539-550.

Ehmke, J. F. & Mattfeld, C. (2012). Vehicle Routing for Attended Home Delivery in City Logistic, In: The Seventh International Conference on City Logistics, *Procedia - Social and Behavioral Sciences* 39: 622-632.

Eksioglu, B., Vural, A. V. & Reisman, A. (2009). The vehicle routing problem: A taxonomic review, *Computers & Industrial Engineering* 57(4):1472-1483.

Fallahi, A., Prins, C., Calvo, R. W. (2008). A memetic algorithm and a tabu search for the multi-compartment vehicle routing problem, *Computers & Operations Research* 35(5):1725-1741.

Fazlollahtabar, H. & Saidi-Mehrabad, M. (2013). Methodologies to Optimize Automated Guided Vehicle Scheduling and Routing Problems: A Review Study, *Journal of Intelligent & Robotic Systems* 1- 21. DOI 10.1007/s10846-013-0003-8.

Feillet, D. (2010). A tutorial on column generation and branch-and-price for vehicle routing problems, *4OR-A Quarterly Journal of Operations Research* 8(4):407-424.

Fernandez de Cordoba, P., Garca Raffi, L. M. & Sanchis, J. M., (1998). A heuristic algorithm based on Monte Carlo methods for the Rural Postman Problem, *Computers & Operations Research* 22(8):819-828.

Fink, I., Krumke, S. O. & Westphal, S. (2009). New lower bounds for online k-server routing problems, *Information Processing Letters* 109:563-567.

Fisher, M. & Jaikumar, R. (1981). A Generalized Assignment Heuristics for Vehicle Routing, *Networks* 11:109-124.

Frederickson, G. N. (1979) Approximation Algorithms for Some Postman Problems, *Journal of the Association for Computing Machinary* 26:538-554.

Frederickson, G. N., Hecht, M. S. & Kim, C. E. (1978). Approximation algorithms for some routing problems, *SIAM Journal on Computing* 7:178-193.

Garfinkel, R. S. & Webb, I. R. (1999). On crossings, the Crossing Postman Problem, and the Rural Postman Problem, *Networks* 34(3):173-180.

Gaskell, T. J. (1967). Bases for Vehicle Fleet Schedulling, *Operations Research Quartely* 18:281-294.

Gendreau, M. & Tarantilis, C.D. (2010). *Solving large-scale vehicle routing problems with time windows: the state-of-the-art*, Technical report 2010-04, CIRRELT, Montreal, QC, Canada.

Ghannadpour, S. F., Noori, S., Tavakkoli-Moghaddam, R. & Ghoseiri, K. (2014). A multi-objective dynamic vehicle routing problem with fuzzy time windows: Model, solution and application, *Applied Soft Computing* 14(C):504-527.

Ghiani, G. & Improta, G. (2000). An algorithm for the hierarchical chinese postman problem, *Operations Research Letters* 26(1):27-32.

Ghiani, G., e Improta, G. (2001). The laser-plotter beam routing problem, *Journal of the Operational Research Society* 52(8):945-951.

Ghiani, G. & Laporte, G. (2000). A branch-and-cut algorithm for the undirected rural postman problem, *Mathematical Programming* 87:467–481.

Ghiani, G., Guerriero, F., Laporte, G., & Musmanno, R. (2003). Real-time vehicle routing: Solution concepts, algorithms and parallel computing strategies, *European Journal of Operational Research* 151:1–11.

Ghiani, G., Guerriero, F., Laporte, G. & Musmanno, R. (2004). Tabu Search Heuristics for the Arc Routing Problem with Intermediate Facilities under Capacity and Length Restrictions, *Journal of Mathematical Modelling and Algorithms* 3(3):209-223.

Ghiani, G., Musmanno, R., Palleta, G. & Triki, C. (2005). A heuristic for the periodic rural postman problem, *Computers & Operations Research* 32(2): 219-228.

Ghiani, G. Laganà, D. & Musmanno, R. (2006). A constructive heuristic for the Undirected Rural Postman Problem, *Computers & Operations Research* 33(12): 3450-3457.

Gillett, B. & Miller, B. (1974). A Heuristic Algorithm for the Vehicle Dispatch Problem, *Operations Reseach* 22:340-349.

Goel, A. & Meisel, F. (2013). Workforce routing and scheduling for electricity network maintenance with downtime minimization, *European Journal of Operational Research* 231(1):210-228.

Goel, A. (2009). Vehicle scheduling and routing with drivers' working hours. *Transportation Science* 43:17-26.

Goel, A. (2010). A column generation heuristic for the general vehicle routing problem. *Lecture Notes in Computer Science* 6073:1-9.

Goodson, J. C., Ohlmann, J. W., Thomas, B. W. (2012). Cyclic-order neighborhoods with application to the vehicle routing problem with stochastic demand, *European Journal of Operational Research* 217(2):312-323.

Goldbarg, M. C., Goldbarg, E. F. G., e Costa, W. E. (2002), Evolutionary Algorithms Applied to the Workover Rigs Schedule Problem, In: *Proceedings of the XI Latin-Iberian American Congress of Operations Research*, CD-ROM.

Goldbarg, M. C., Goldbarg, E. F. G. Duarte, H. M. (2010). Transgenetic algorithm for the periodic mobile piston pump unit routing problem with continuous oil replenishment, *International Journal of Innovative Computing and Applications* 2(4):203-214.

Golden, B. L., Magnanti, T. L., & Nguyan, H. Q. (1972). Implementing vehicle routing Algorithms, *Networks* 7(2):113-148.

Golden, B. & Wong, R. (1981). Capacitated arc routing problems, *Networks* 11:305-315.

Golden, B. L. & Stewart, Jr. W. (1978).Vehicle routing with probabilistic demands, In: *Computer science and statistics, tenth annual symposium on the interface* 252-259.

Goldstein, D., Shehab, T., Casse, J. & Lin, H. C (2010). On the formulation and solution of the convoy routing problem, *Transportation Research E* 46(4):520-533.

Govindan, K., Jafarian, A., Khodaverdi, R. & Devika, K. (2014). Two-echelon multiple-vehicle location–routing problem with time windows for optimization of sustainable supply chain network of perishable food, *International Journal of Production Economics* 152:9-28.

Gouveia, L. & Salazar-Gónzalez, J-J. (2010). On the Vehicle Routing Problem with lower bound capacities, *Electronic Notes in Discrete Mathematics* 36:1001-1008.

Grandinetti, L., Guerriero, F., Pezzella, F. & Pisacane, O. (2014). The Multi-objective Multi-vehicle Pickup and Delivery Problem with Time Windows, Transportation: Can we do more with less resources? In: 16th Meeting of the Euro Working Group on Transportation – Porto 2013, *Procedia - Social and Behavioral Sciences* 111:203-212.

Grandinetti, L., Guerriero, F., Laganá, D. & Pisacane, O. (2012). An optimization-based heuristic for the Multi-objective Undirected Capacitated Arc Routing Problem, *Computers & Operations Research* 39(10):2300-2309.

Grønhaug, R., Christiansen, M., Desaulniers, G., & Desrosiers, J. (2010). A branch-and-price method for a liquefied natural gas inventory routing problem, *Transportation Science* 44(3):400-415.

Gröer, C., Golden, B., and Wasil, E. (2009).The balanced billing cycle vehicle routing problem, *Networks* 54(4):243-254.

Grötschel, M., Jünger, M. & Reinelt, G. (1991). Optimal control of plotting and drilling machines: A case study, *Zeitschrift für Operations Research* 35(1):61-84.

Grötschel, M. & Win, Z. (1992). A cutting plane algorithm for the windy postman problem, *Mathematical Programming: Series A* 55(3):339-358.

Groves, G. W. & van Vuuren, J. H. (2005). Efficient heuristics for the Rural Postman Problem, *ORiON* 21(1):33-51.

Guan, M. (1984). On the Windy Postman problem, *Discrete Applied Mathematics* 9:41-1.

Hà, M. H., Bostel, N., Langevin, A. & Rousseau, L-M. (2013). An exact algorithm and a metaheuristic for the multi-vehicle covering tour problem with a constraint on the number of vertices, *European Journal of Operational Research* 226(2):211-220.

Hachicha, M., Hodgson, M.-J., Laporte, G. & Semen, F. (2000). Heuristics for the multi-vehicle covering tour problem, *Computers & Operations Research* 27(1):29-42.

Häme, L. & Hakula, H. (2013). Routing by ranking: A link analysis method for the constrained dial-a-ride problem *Operations Research Letters* 41(6): 664-669

Hamed Fazlollahtabar, H. & Saidi-Mehrabad, M. (2013). Methodologies to Optimize Automated Guided Vehicle Scheduling and Routing Problems: A Review Study, *Journal of Intelligent & Robotic Systems*. http://link.springer.com/article/10.1007%2Fs10846-013-0003-8, Acesso Outubro de 2014.

Hansen, J. & Clausen, J. (2002). Crane Scheduling for a Plate Storage, *Informatics and Mathematical Modelling* 1:1-16, Technical University of Denmark.

Hauge, K., Larsen, J., Lusby, R. M. & Krapper, E. (2014). A hybrid column generation approach for anindustrial waste collection routing problem, *Computers & Industrial Engineering* 71:10-20.

Hemmelmayr, V., Doerner, K. F., Hartl, R. F. & Rath, S. (2013). A heuristic solution method for node routing based solid waste collection problems. *Journal of Heuristics* 19:129-156.

Hertz, A., Laporte, G. & Nanchen P. (1999). Improvement Procedures for the Undirected Rural Postman Problem. *INFORMS Journal on Computing* 11(1):53-62.

Hemmelmayr, V. C., Cordeau, J-F. & Crainic, T. G. (2012). An adaptive large neighborhood search heuristic for Two-Echelon Vehicle Routing Problems arising in city logistics, *Computers & Operations Research* 39(12):3215-3228.

Hollis, B. L., Forbes, M. A. & Douglas B. E. (2006). Vehicle routing and crew scheduling for metropolitan mail distribution at Australia Post, *European Journal of Operational Research* 173(1):133-150.

Holmberg, K. (2010). Heuristics for the rural postman problem, *Computers & Operations Research* 37(5): 981-990.

Hong, L. (2012). An improved LNS algorithm for real-time vehicle routing problem with time windows, *Computers & Operations Research* 39(2):151-163.

Hua, J. & Li-shan, K. (2003). Genetic algorithm for Chinese postman problems, *Wuhan University Journal of Natural Sciences* 8(1):316-318.

Hui, H., Tu, N-w., Ma, T-m. Zheng, B-l., & Chai, T-y.(2009). Vehicle Routing Problem based Model and Ant Colony Optimization Algorithm for Group Charge Problem of Ingot Casting, In: *Chinese Control and Decision Conference (CCDC 2009)*, 5111-5115.

Ichimori, T., Ishii, H. & Nishida, T. (1983). Two routing problems with the limitation of fuel, *Discrete Applied Mathematics* 6(1):85-89.

Ileri, Y., Bazaraa, M., Gifford, T., Nemhauser, G., Sokol, J. & Wikum, E. (2006). An optimization approach for planning daily drayage operations, *Central European Journal of Operations Research* 14:141-156.

Irnich, S. (2008). Undirected postman problems with zigzagging option: A cutting-plane approach, *Computers & Operations Research* 35(12):3998-4009.

Jarvis J. J. & Ratliff H. D. (1980). Interactive heuristics for large scale transportation models.D.0.T. Contract TSC-1618, *Report of School of Industrial and Systems Engineering*, Georgia Institute of Technology, August.

Jemai, J. & Mellouli, K. (2008). Neural-Tabu Search Heuristic for the Real Time Vehicle Routing Problem, *Journal of Mathematical Modelling and Algorithms* 7(2):161-176.

Jiang, H., Kang, L., Zhang, S. & Zhu, F. (2010). Genetic Algorithm for Mixed Chinese Postman Problem, Advances in Computation and Intelligence, *Lecture Notes in Computer Science* 6382: 193-199.

Jovanović, A. D., Pamučar, D. S. & Pejčić-Tarle, S. (2014). Green vehicle routing in urban zones – A neuro-fuzzy approach, *Expert Systems with Applications* 41(7):3189-3203.

Jozefowiez, N., Semet, F. & Talbi, G. (2008). Multi-objective vehicle routing problems, *European Journal of Operational Research* 189:293-309.

Kang, M-J. & Han, C-G. (1998). Solving the rural postman problem using a genetic algorithm with a graph transformation, In: *Proceedings of the 1998 ACM symposium on Applied Computing* 356-360.

Kappauf, C. H. & Koehler, G. J. (1979). The mixed Chinese postman problem, *Discrete Applied Mathematics* 1:89-103.

Karaoglan, I. & Altiparmak, F. (2015). A memetic algorithm for the capacitated location-routing problem with mixed backhauls, *Computers & Operations Research*. To appear. DOI: 10.1016/j.cor.2014.06.009.

Karp, R. M. (1975). On the Computational Complexity of Combinatorial Problems, *Networks* 5: 45-68.

Kergosien, Y., Lenté, Ch., Billaut, J-C. & Perrin, S. (2013). Metaheuristic algorithms for solving two interconnected vehicle routing problems in a hospital complex, *Computers & Operations Research* 40(10): 2508-2518

Kumar, S. & Panneerselvam, R. (2012). A Survey on the Vehicle Routing Problem and Its Variants, *Intelligent Information Management* 4(3): 66-74. doi: 10.4236/iim.2012.43010.

Lahyani, R., Coelho, L. C., Khemakhem, M., Laporte, G. & Semet, F. (2015a). A multi-compartment vehicle routing problem arising in the collection of olive oil in Tunisia, *Omega* 51:1-10.

Lahyani, R., Khemakhem, M. & Semet, F., (2015b). Rich Vehicle Routing Problems: From a taxonomy to a definition, *European Journal of Operational Research* 241(1):1-14.

Laporte. G. (2009). Fifty Years of Vehicle Routing, *Transportation Science* 43(4):408-416.

Laporte, G. (2013). Scheduling issues in vehicle routing, *Annals of Operations Research*, DOI 10.1007/s10479-013-1423-3.

Laporte, G., Toth, P. & Vigo, D. (2013). Vehicle routing: historical perspective and recent contributions, *EURO Journal on Transportation and Logistics* 2(1-2):1-4.

Laurent, B. & Hao, J-H. (2007). Simultaneous vehicle and driver scheduling: A case study in a limousine rental company, *Computers & Industrial Engineering* 53:542–558.

Lee, H., Ahn, D. H. & Kim, S. (2003). Optimal routing in non-geostationary satellite ATM networks with intersatellite link capacity constraints, *Journal of the Operational Research Society* 54(4):401-409.

Lee, W.L. (2013). Real Life Vehicle Routing with Non Standard Constraints, In: *Proceedings of the World Congress on Engineering WCE 2013*, I. http://www.iaeng.org/publication/WCE2013/WCE2013_pp432-437.pdf. Acesso em Outubro de 2014.

Lee, Y. H., Kang, M. J. & Han, C. G. (1996). A Genetic Algorithm for Obtaining a Near-Optimal Solution in Rural Postman Problem, *Journal of KISS* 23(11):1118-1125.

Lemieux, P. F. & Campagna, L. (1984). The snow ploughing problem solved by a graph theory algorithm. *Civil Engineering Systems* 1:337-341.

Lenstra, J. K. & Rinnooy A. H. G. (1981). Complexity of Vehicle and Scheduling Problems, *Networks* 11(2): 221-227.

Levin, A. (1971). Scheduling and fleet routing models for transportation systems, *Transportation Science* 5(3): 232-256.

Li, L. Y. O. & Fu, Z. (2002), The scholl bus routing problem: a case study, *Journal of the Operational Research Society* 53(5):552-558.

Li, J., Li, Y. & Pardalos, P. M. (2014). Multi-depot vehicle routing problem with time windows under shared depot resources, *Journal of Combinatorial Optimization*. 10.1007/s10878-014-9767-4.

Li, X., Tian, P. & Aneja, Y. P. (2010). An adaptive memory programming metaheuristic for the heterogeneous fixed fleet vehicle routing problem, *Transportation Research Part E: Logistics and Transportation Review* 46(6): 1111-1127.

Li, X., Leung, S. C. H. & Tian, P. (2012). A multistart adaptive memory-based tabu search algorithm for the heterogeneous fixed fleet open vehicle routing problem, *Expert Systems with Applications* 39(1):365-374.

Lin, J-R. & Lei, H-C. (2009). Distribution systems design with two-level routing considerations, *Annals of Operations Research* 172(1):329-347.

Lin, S. (1965). Computer Solution of the Traveling Salesman Problem, *Bell System Technical Journal* 22:2245-2269.

Lin, C., Choy, K. L., Ho. G. T. S., Chung, S. H. & Lam, H. Y. (2014). Survey of Green Vehicle Routing Problem: Past and future trends, *Expert Systems with Applications* 41(4-1):1118-1138.

Lin, Y. & Zhao, Y. (1988). A New Algorithm for the Directed Chinese Postman Problem, *Computers & Operations Research* 15(6):577-584.

Lin, S. & Kernighan, B. (1973). An Effective Heuristic Algorithm for the Traveling Salesman Problem. *Operations Research* 21:498-516.

Liebman, J. C. (1970). Mathematical models for solid waste collection and disposal. 38th national meeting of the Operations Research Society of America. *Bulletin of the Operations Research Society of America* 18(2).

Liu, R., Jiang, Z. & Geng, N. (2014). A hybrid genetic algorithm for the multi-depot open vehicle routing problem, *OR Spectrum* 36(2):401-421.

Liu, R., Xie, X., Augusto, V. & Rodriguez, C. (2013). Heuristic algorithms for a vehicle routing problem with simultaneous delivery and pickup and time windows in home health care, *European Journal of Operational Research* 230:475–486.

Lopes, R., Souza, V. A.A. & Cunha, A. S. (2013). A Branch-and-price Algorithm for the Multi-Vehicle Covering Tour Problem, *Electronic Notes in Discrete Mathematics* 44(5):61-66.

López-Sánchez, A. D., Hernández-Díaz, A.G. Vigo, D., Caballero, R. & Molina, J. (2014). A multi-start algorithm for a balanced real-world Open Vehicle Routing Problem, *European Journal of Operational Research* 238(1):104-113.

Malandraki, C. & Daskin, M.S. (1993). The maximum benefit chinese postman problem and the maximum benefit traveling salesman problem, *European Journal of Operational Research* 65:218-234.

Manber, U. & Israni, S. (1984), Pierce point minimization and optimal torch path determination in flame cutting, *Journal of Manufacturing Systems* 3(1):81-89.

Manolis, N. Kritikos, George Ioannou (2013). The heterogeneous fleet vehicle routing problem with overloads and time windows, *International Journal of Production Economics* 144(1): 68-75.

Marcial-Romero, J. R., Montes-Venegas, H. A. & Zuniga, J. H. (2011). An Evolutionary Hybrid Strategy for Solving the Rural Postman Problem, In: *Electronics, Robotics and Automotive Mechanics Conference (CERMA)* 415-420. DOI: 10.1109/CERMA.2011.87.

Marinakis, Y., Iordanidou, G-R. & Marinaki, M. (2013). Particle Swarm Optimization for the Vehicle Routing Problem with Stochastic Demands, *Applied Soft Computing* 13(4):1693-1704.

Martínez-Salazar, I. A., Molina, J., Ángel-Bello, F., Gómez, T. & Caballero, R. (2014). Solving a bi-objective Transportation Location Routing Problem by metaheuristic algorithms, *European Journal of Operational Research* 234(1):25-36.

Marinakis, Y. & Marinaki, M. (2014). A Bumble Bees Mating Optimization algorithm for the Open Vehicle Routing Problem, *Swarm and Evolutionary Computation* 15:80-94.

Masmoudi, M., Benaissa, M. & Chabchoub, H. (2013). Mathematical modeling for a rich vehicle routing problem in e-commerce logistics distribution, In: *International Conference on Advanced Logistics and Transport* (ICALT), 290-295.

Mei-Ko, K. (1962). Graphic Programming Using Odd or Even Points, *Chinese Mathematics* 1:273-277.

Mercier, A. & Soumis, F. (2007). An integrated aircraft routing, crew scheduling and flight retiming model, *Computers & Operations Research* 34(8): 2251-2265.

Michallet, J., Prins, C., Amodeo, L., Yalaoui, F. & Vitry, G. (2014). Multi-start iterated local search for the periodic vehicle routing problem with time windows and time spread constraints on services, *Computers & Operations Research* 41:196-207.

Minieka, E. (1979). The Chinese postman problem for mixed networks, *Management Science* 25:643-648.

Moghadam, S. S. Fatemi S. M. T. & Karimi, G. B. (2014). Vehicle routing scheduling problem with cross docking and split deliveries, *Computers & Chemical Engineering* 69:98-107.

Mole, R. H. & Jameson, R. S. (1976). A Sequential Routing-Building Algorithm Employing a Generalised Savings Criterion, *Operations Research Quartely* 27:503-512.

Moon, I., Lee, J. H. & Seong, J. (2012). Vehicle routing problem with time windows considering overtime and outsourcing vehicles. *Expert Systems with Applications* 39:13202-13213.

Morais, V. W. C., Mateus, G. R., Noronha, T. F. (2014). Iterated local search heuristics for the Vehicle Routing Problem with Cross-Docking, *Expert Systems with Applications* 41(16):7495-7506.

Moreira, L. M., Oliveira, J. F., Gomes, A. M. & Ferreira, S. J. (2007). Heuristics for a dynamic rural postman problem, *Computers & Operations Research* 34(11):3281-3294.

Mourdjis, P., Cowling, P. & Robinson, M. (2014). Metaheuristics for the Pick-Up and Delivery Problem with Contracted Orders, Evolutionary Computation in Combinatorial Optimisation, *Lecture Notes in Computer Science* 8600:170-181.

Mousavi, S. M., Vahdani, B., Tavakkoli-Moghaddam, R. & Hashemi, H. (2014). Location of cross-docking centers and vehicle routing scheduling under uncertainty: A fuzzy possibilistic–stochastic programming model, *Applied Mathematical Modelling* 38(7–8):2249-2264.

Muter, I., Cordeau, J. F., Laporte, G. (2014). A branch-and-price algorithm for the multidepot vehicle routing problem with interdepot routes. *Transportation Science* 48(3):425-441.

Nadizadeh, A. & Nasab, H. H. (2014). Solving the dynamic capacitated location-routing problem with fuzzy demands by hybrid heuristic algorithm, *European Journal of Operational Research* 238(2):458-470.

Nekooghadirli, N., Tavakkoli-Moghaddam, R., Ghezavati, V. R. & Javanmard, S. (2014). Solving a new bi-objective location-routing-inventory problem in a distribution network by meta-heuristics, *Computers & Industrial Engineering* 76:204-221.

Neungmatcha, V., Sethanan, K., Chien, C. F. & Gen, M. (2013). Adaptive Genetic Algorithm for Location-Routing Problem within the Sugarcane Supply System in Thailand, In: *the 9th International Conference on Intelligent Manufacturing & Logistics Systems* 487-493.

Newton, R. & Thomas, W. (1974). Bus Routing in a MultiScholl System, *Computers & Operations Research* 1:213-222.

Nguyen, V-P., Prins, C. & Prodhon, C. (2012). Solving the two-echelon location routing problem by a GRASP reinforced by a learning process and path relinking, *European Journal of Operational Research* 216(1):113-126.

Nishimura, E., Imai, A. & Papadimitriou, S. (2005). Yard trailer routing at a maritime container terminal. *Transportation Research Part E: Logistics and Transportation Review* 41(1):53-76.

Nobert, Y. & Picard, J. C. (1996). An optimal algorithm for the mixed Chinese Postman problem. *Networks* 27:95-108.

Noorizadegan, M., Galli, L. & Chen, B. (2012) On the heterogeneous vehicle routing problem under demand uncertainty. In: *21st International Symposium on Mathematical Programming*, Berllin, Germany 1-25.

O'Connor, A. D. & De Wald, C. A. (1970). A sequential deletion algorithm for the design of optimal transportation networks In: 37th national meeting of the Operations Research Society of America. *Bulletin of the Operations Research Society of America* 18(1).

Oppen, J., Løkketangen, A. & Desrosiers, J. (2010). Solving a rich vehicle routing and inventory problem using column generation. *Computers and Operations Research* 37:1308-1317.

Orloff, C. S. (1974). A fundamental problem in vehicle routing, *Networks* 4:35-64.

Pacheco, J., Caballero, R., Laguna, M. & Molina, J. (2013). Bi-objective bus routing: an application to school buses in rural areas, *Transportation Science* 47(3): 397-411.

Palma. G. (2011). A Tabu Search Heuristic for the Prize-collecting Rural Postman Problem, *Electronic Notes in Theoretical Computer Science* 281:85-100.

Papadimitriou, C. H. & Steiglitz, K. (1982). *Combinatorial Optimization: Algorithms and Complexity*, Prentice-Hall, Englewood Cliffs.

Park, J. Tae, H. & Kim, B-I. (2012). A post-improvement procedure for the mixed load school bus routing problem, *European Journal of Operational Research* 217(1):204-213.

Parragh, S. N., Cordeau, J-F., Doerner, K. F. & Hartl, R. F. (2010). Models and algorithms for the heterogeneous dial-a-ride problem with driver-related constraints, *OR Spectrum* 34(3):593-633.

Parragh, S. N., Doerner, K. F. & Hartl, R. F. (2008). A survey on pickup and delivery problems, *Journal für Betriebswirtschaft* 58(1):21-51.

Parragh, S. N. & Schmid, V. (2013). Hybrid column generation and large neighborhood search for the dial-a-ride problem, *Computers & Operations Research*, 40(1):490-497.

Paessens, H. (1988). The Savings Algorithm for the Vehicle Routing Problem, *European Journal of Operational Research* 34(3):336-344.

Pearn, W. L. (1994). Solvable cases of the k-person Chinese postman problem, *Operations Research Letters* 16(4):41-244.

Pearn, W. L. & Chou, J. B. (1999). Improved solutions for the Chinese postman problem on mixed networks, *Computers & Computers & Operations Research* 26(8):819-827.

Pearn, W. L. & Lin, M. L. (1994). Algorithms for the Windy Postman Proble, *Computers & Operations Research* 21(6):641-651.

Pearn, W. L. & Liu, C. M. (1995). Algorithms for the Rural Postman Problem, *Computers & Operations Research* 22(8):819-828.

Pearn, W. L. & Wang, K. H. (2003). On the Maximum Benefit Chinese Postman Problem, *Omega* 31(4):269-273.

Pellegrini, P., Favaretto, D. & Moretti, E. (2007). Multiple ant colony optimization for a rich vehicle routing problem: a case study. *Lecture Notes in Computer Science* 4693:627-634.

Penna, P. H. V., Subramanian, A. & Ochi, L. S. (2013). An Iterated Local Search heuristic for the Heterogeneous Fleet Vehicle Routing Problem, *Journal of Heuristics* 18(2):201-232.

Pérez, I. S., Verdegay, J. L. & Corona, C. C. (2013a). Models and Solutions for Truck and Trailer Routing Problems: An Overview, *International Journal of Applied Metaheuristic Computing* 4(2):31-43.

Pérez, I. S., Rosete, A., Cruz. C. & Verdegay, J. L. (2013b). Fuzzy constraints in the Truck and Trailer Routing Problem, In: *Eureka-2013, Fourth International Workshop Proceedings* 71-78.

Perrier, N., Langevin, A. & Campbell, J. F. (2007). A survey of models and algorithms for winter road maintenance. Part III: Vehicle routing and depot location for spreading, *Computers & Operations Research* 34(1):211-257.

Pevzner, P. A., Tang, H. &Waterman, M. (2001), An Eulerian path approach to DNA fragment assembly, In: *Proceedings of the National Academy of Sciences* 98(17):9748–9753.

Pillac, V., Gendreau, M., Guéret, C. & Medaglia, A. L. (2013). A review of dynamic vehicle routing problems, *European Journal of Operational Research* 225:1-11.

Prakash, S., Sharma, M. K. & Singh, A. (2009). A heuristic for multi-objective Chinese postman problem, In: *International Conference on Computers & Industrial Engineering* – CIE 2009, 596-599.

Prescott-Gagnon, E., Desaulniers, G.& Rousseau, L-M. (2012). Heuristics for an oil delivery vehicle routing problem, *Flexible Services and Manufacturing Journal*, 1-24. http://link.springer.com/article/10.1007/s10696-012-9169-9?no-access=true, Acesso Outubro 2014.

Prins, C., Lacomme, P. & Prodhon, C. (2014). Order-first split-second methods for vehicle routing problems: A review, *Transportation Research Part C: Emerging Technologies* 40:179-200.

Prodhon, C. & Prins, C. (2014). A survey of recent research on location-routing problems, *European Journal of Operational Research* 238(1):1-17.

Psaraftis, H. N. (1988). Dynamic Vehicle Routing, in Vehicle Routing: Methods and Studies, Golden B., and S. Assad (eds). North-Holland, Amsterdam.

Pullen, H., & Webb, M. (1967). A computer application to a transport scheduling problem.*The Computer Journal* 10:10-13.

Quilliot, A., Lacroix, M., Toussaint, H. & Kerivin, H. (2010). Tree based heuristics for the preemptive asymmetric stacker crane problem, *Electronic Notes in Discrete Mathematics* 36:41-48.

Raghavachari, B., e Veerasamy, J. (1998), Approximation Algorithms for the Mixed Chinese Postman Problem, In: Integer Programming and Combinatorial Optimization, 6th International IPCO Conference, *Lecture Notes in Computer Science* 1412:169-179.

Raghavachari B. & Veerasamy J. (1999). A 3/2-Approximation Algorithm for the Mixed Postman Problem, *SIAM Journal on Discrete Mathematics* 12(4):425-433.

Rahimi-Vahed, A., Crainic, T. G., Gendreau, M. Rei, W. (2015). Fleet-sizing for multi-depot and periodic vehicle routing problems using a modular heuristic algorithm, *Computers & Operations Research* 53:9-23.

Ralphs, T. K. (1993). On the mixed Chinese postman problem, *Operations Research Letters* 14:123-127.

Ramírez, J. D., Huertas, J. I. & Trigos, F. (2013). Simultaneous Scheduling Design & Routing with Maintenance Constraints for Single Fleet Airline, *International Journal of Engineering and Applied Science* 2(2):23-35.

Ray, S., Soeanu, A., Berger, J. & Debbabi, M. (2015). The multi-depot split-delivery vehicle routing problem: Model and solution algorithm, Knowledge-Based Systems. To appear. DOI: 10.1016/j.knosys.2014.08.006

Reed, M., Yiannakou, A. & Evering R. (2014). An ant colony algorithm for the multi-compartment vehicle routing problem, *Applied Soft Computing* 15:169-176.

Riera-Ledesma, J. & Salazar-González, J. J. (2013). A column generation approach for a school bus routing problem with resource constraints, *Computers & Operations Research* 40(2):566-583.

Reed, M., Yiannakou, A. & Evering R. (2014). An ant colony algorithm for the multi-compartment vehicle routing problem, *Applied Soft Computing* 15:169-176.

Rekersbrink, H., Makuschewitz, T. & Scholz-Reiter, B. (2008). A distributed routing concept for vehicle routing problems, *Logistics Research* 1(1):45-52.

Rieck, J. & Zimmermann, J. (2010). A new mixed integer linear model for a rich vehicle routing problem with docking constraints, *Annals of Operations Research* 181:337-358.

Rienthong, T., Walker, A. & Bektas, T. (2011). Look, here comes the library van! Optimising the timetable of the mobile library service on the Isle of Wight, *OR Insight* 24(1):49-62.

Righini, G. & M. Trubian, (1999). Data-dependent bounds for the general and the asymmetric stacker-crane problems, *Discrete Applied Mathematics* 91:235-242.

Ritzinger, U. & Puchinger, J. (2013). Hybrid metaheuristics for dynamic and stochastic vehicle routing, In: Talbi, G. (Ed), *Hybrid Metaheuristics* 77-95. Springer Berlin Heidelberg.

Rizzoli, A. E., Montemanni, R., Lucibello, E. & Gambardella, L. M. (2007). Ant colony optimization for real-world vehicle routing problems, *Swarm Intelligence* 1(2):135-151.

Ronen, D. (2002), Marine inventory routing: shipments planning, *Journal of the Operational Research Society* 53(1):108-114.

Rosenkrantz, D. J., Stearns, R. E. & Lewis II, P. M. (1977). An Analysis of Several Heuristics for the Traveling Salesman Problem, *SIAM Journal on Computing* 6:563-581.

Russell, R. A. (1977). An effective heuristic for the M-tour traveling salesman problem with some side conditions, *Operations research* 25(3):517-524.

Salhi, S., Imran, A. & Wassan, N. A. (2015). The multi-depot vehicle routing problem with heterogeneous vehicle fleet: Formulation and a variable neighborhood search implementation, *Computers & Operations Research* 52:315-325.

Russell, R., Chiang, W.C., Zepeda, D. (2008). Integrating multi-product production and distribution in newspaper logistics, *Computers and Operations Research* 35:1576-1588.

Silva, M. M., Subramanian, A. Ochi, L. S. (2015). An iterated local search heuristic for the split delivery vehicle routing problem, *Computers & Operations Research*. To Appear. DOI: 10.1016/j.cor.2014.08.005.

Shetty, V. K., Sudit, M. & Nagi, R. (2008). Priority-based assignment and routing of a fleet of unmanned combat aerial vehicles, *Computers & Operations Research* 35(6):1813-1828.

Sniezek, J. & Bodin, L. (2006). Using mixed integer programming for solving the capacitated arc routing problem with vehicle / site dependencies with an application to the routing of residential sanitation collection vehicles, *Annals of Operations Research* 144(1):33-58.

Stenger, A., Vigo, D., Enz, S. & Schwind, M. (2013). An adaptive variable neighborhood search algorithm for a vehicle routing problem arising in small package shipping, *Transportation Science* 47:64-80.

Sun, J. Meng, Y. & Tan, G. (2014). An integer programming approach for the Chinese postman problem with time-dependent travel time, *Journal of Combinatorial Optimization*. To Appear. DOI 10.1007/s10878-014-9755-8.

Tan, G., Cui, X. & Zhang, Y. (2005). Chinese Postman Problem in Stochastic Networks, In: *International conference on Autonomic and Autonomous Systems and International Conference on Networking and Services* - ICAS-ICNS 2005, 78. DOI: 10.1109/ICAS-ICNS.2005.31.

Tan, K. C., Chew, Y.H. & Lee, L. H. (2006). A Hybrid Multiobjective Evolutionary Algorithm for Solving Vehicle Routing Problem with Time Windows, *Computational Optimization and Applications* 34:115–151.

Tang, J., Pan., Z., Richard, Y. K. & Lau, F. H. (2009). Vehicle routing problem with fuzzy time windows, *Fuzzy Sets and Systems* 160(5):683-695.

Tarantilis, C. D. & Kiranoudis, C. T. (2002). Distribution of fresh meat, *Journal of food engineering* 51:85-91.

Tarantilis, C. D. (2013). Adaptive multi-restart Tabu Search algorithm for the vehicle routing problem with cross-docking, *Optimization Letters* 7(7):1583-1596.

Taş, D., Jabali, O. & Woense, T. V. (2014). A Vehicle Routing Problem with Flexible Time Windows, *Computers & Operations Research* 52(A):39-54.

Taha, M., Fors M. N. & Shoukry, A. A. (2014). An Exact Solution for a Class of Green Vehicle Routing Problem, In: *Proceedings of the 2014 International Conference on Industrial Engineering and Operations Management* 1383-1390.

Tajik, N., Tavakkoli-Moghaddam, R. Vahdani, B. Mousavi S. M. (2014). A robust optimization approach for pollution routing problem with pickup and delivery under uncertainty, *Journal of Manufacturing Systems* 33(2):277-286.

Thimbleby, H. W. (2003). The directed Chinese Postman Problem, *Software Practice Experience* 33(11):1081-1096.

Tricoire, F. (2007). Vehicle and personnel routing optimization in the service sector: application to water distribution and treatment, *4OR-A Quarterly Journal of Operations Research* 5(2):165-168.

Torres, I., Rosete, A., Cruz, C. & , Verdegay, J. L. (2013). Fuzzy constraints in the Truck and Trailer Routing Problem, In: *Eureka-2013. Fourth International Workshop on Knowledge Discovery, Knowledge Management and Decision Support, Workshop Proceedings*, Advances in Intelligent Systems Research 71-78.

Tunjongsirigul, B, & Pongchairerks, P. (2010). A Genetic algorithm for a vehicle routing problem on a real application of Bakery delivery, In: *International Conference of Electronic Computer Technology (ICECT) IEEE Conference* 214-217.

Ullrich, C. A. (2013). Integrated machine scheduling and vehicle routing with time windows, *European Journal of Operational Research* 227(1):152-165.

van Urk, R. Mes, M. R. K. & Hans, E. W. (2013). Anticipatory routing of police helicopters, *Expert Systems with Applications* 40:17: 6938-6947.

Van Belle, J., Valckenaers, P. & Cattrysse, D. (2012). Cross-docking: state of the art, *Omega* 40:827-846.

Velasco, N., Castagliola, P., Dejax, P., Guéret, C. & Prins, C. (2009). A memetic algorithm for a pick-up and delivery problem by helicopter, *Studies in Computational Intelligence* 161:173-190.

Villegas, J. G., Prins, C., Prodhon, C., Medaglia, A. L. & Velasco, N. (2013). A matheuristic for the truck and trailer routing problem. *European Journal of Operational Research* 230:231-244.

Wang, Q., Golden, B. L., Wasil, E. A. & Bashyam, S. (1996). An operational analysis of shell planting strategies for improving the survival of oyster larvae in the Chesapeake Bay, *INFOR - Information Systems and Operational Research Journal* 34:181-196.

Wang, H., Du, L. & Ma, S. (2014). Multi-objective open location-routing model with split delivery for optimized relief distribution in post-earthquake, *Transportation Research Part E: Logistics and Transportation Review* 69:160-179.

Wang, H-F. & Wen, Y-P. (2002). Time-Constrained Chinese Postman Problems, *Computers and Mathematics with Applications* 44:375-387.

Weide, O., Ryan, D. & Ehrgott, M. (2010). An iterative approach to robust and integrated aircraft routing and crew scheduling, *Computers & Operations Research* 37(5):833-844.

Wen, M., Krapper, E., Larsen, J. & Stidsen, T. (2011). A multi-level variable neighborhood heuristic for a practical vehicle routing and driver scheduling problem, *Networks* 58:311-322.

Wilson, N. & Sussman, J. (1971). Implementation of computer algorithms for the dial-a-bus system, In: 39th national meeting of the Operations Research Society of America. *Bulletin of the Operations Research Society of America* 19(1).

Win, Z. (1989). On the Windy Postman Problem on Eulerian Graphs, *Mathematical Programming* 44:97-112.

Wohlgemuth, S., Oloruntoba, R. & Clausen, U. (2012). Dynamic vehicle routing with anticipation in disaster relief, *Socio-Economic Planning Sciences* 46(4):261-271.

Wy, J. & Kim, B-I. (2013), A hybrid metaheuristic approach for the rollon–rolloff vehicle routing problem, *Computers & Operations Research* 40(8):1947-1952.

Xie, B., Li, Y. & Jin, L. (2013). Vehicle Routing Optimization for Deicing Salt Spreading in Winter Highway Maintenance In: 13th COTA International Conference of Transportation Professionals (CICTP 2013), *Procedia - Social and Behavioral Sciences* 96: 945-953.

Yan, H. & Thompson, G. L. (1998). Finding Postal Carrier Walk Paths in Mixed Graphs, *Computational Optimization and Applications* 9(3):229-247.

Yan, S., Wang, S-S. & Wu, M-W. (2012). A model with a solution algorithm for the cash transportation vehicle routing and scheduling problem, *Computers & Industrial Engineering* 63(2):464-473.

Yang, P-Y., Tang, J-F., Yu, Y., Pei, J-X. & Ullrich, C. A. (2013). Minimizing Carbon Emissions through Vehicle Routing and Scheduling in the Shuttle Service of Picking up and Delivering Customers to the Airport, *Acta Automatica Sinica* 39(4):424-432.

Yaoyuenyong, K., Charnsethikul, P. & Chankong, V. (2002). A Heuristic Algorithm for the Mixed Chinese Postman Problem, *Optimization and Engineering* 3:157-187.

Yücel, E., Salman, F. S., Gel, E. S., Örmeci, E. L. & Gel, A. (2013). Optimizing specimen collection for processing in clinical testing laboratories, *European Journal of Operational Research* 227(3):503-514.

Zäpfel, G. & Bögl, M. (2008). Multi-period vehicle routing and crew scheduling with outsourcing options, *International Journal of Production Economics* 113(2):980-996.

Zhanng, L. (1992). Polynomial algorithms for the k-Chinese Postman Problem. *Information Processing E'92* 1:430-435.

Shen, S-Y. & Honda, M. (2009). Incorporating lateral transfers of vehicles and inventory into an integrated replenishment and routing plan for a three-echelon supply chain, *Computers & Industrial Engineering* 56(2):754-775.

Zhou, W., Song, T., He, F. & Liu, X. (2013). Multiobjective Vehicle Routing Problem with Route Balance Based on Genetic Algorithm, Discrete Dynamics in Nature and Society 2013:1-9.

Zhou, Y. & Wang, J. (2014). A Local Search-Based Multiobjective Optimization Algorithm for Multiobjective Vehicle Routing Problem With Time Windows, *IEEE Systems Journal* PP(99):1-14.

Zhu, C., Hu, J. Q., Wang, F., Xu, Y. & Cao, R. (2012). On the tour planning problem, *Annals of Operations Research* 192:67-86.

Zoraida, B. S. E. (2011). DNA Algorithm Employing Temperature Gradient for Chinese Postman Problem, In: *International Conference on Process Automation, Control and Computing (PACC), 2011*, DOI: 10.1109/PACC.2011.5979046.

CAPÍTULO 6

Problema Quadrático de Alocação

Objetivos — O presente capítulo objetiva:

- Apresentar formulações clássicas do Problema Quadrático de Alocação.
- Abordar métodos exatos e heurísticos propostos para o problema.
- Apresentar uma revisão das investigações sobre aspectos da complexidade.

6.1 Introdução

O Problema Quadrático de Alocação (PQA) foi introduzido no trabalho de Koopmans & Beckmann (1957) em um contexto de alocação de recursos indivisíveis. Ele estende o Problema Linear de Alocação considerando situações em que o benefício da localização de facilidades de uma atividade econômica depende, também, de custos oriundos da interação entre pares de facilidades, além da alocação de cada facilidade a uma localidade distinta. O PQA é um dos problemas de Otimização Combinatória que tem atraído grande atenção dos pesquisadores nas últimas décadas. Dentre os fatores que despertam o interesse da comunidade científica para o problema, certamente está a sua complexidade. Sahni & Gonzalez (1976) demonstraram que o PQA é fortemente NP-difícil, o que significa dizer que não é possível exibir um algoritmo polinomial aproximativo por um valor constante para este problema, a menos que $P = NP$. Além disso, na prática, casos-teste com poucas dezenas de variáveis ainda são considerados desafiadores do ponto de vista da solução exata. Outro fator de atração é sua ampla aplicabilidade. O PQA modela um extenso número de problemas reais em áreas tais como Engenharia, Computação, Química, Estatística e Esportes, dentre outras. Além disso, muitos problemas de Otimização Combinatória, como o Problema do Caixeiro Viajante e o Problema de Partição de Grafos, podem ser formulados como PQAs especiais. Algumas revisões do problema são apresentadas nos trabalhos de Anstreicher (2003), Loiola *et al.* (2007) e Burkard (2013). Uma coleção de instâncias amplamente usada para testes algorítmicos foi apresentada por Burkard *et al.* (1997).

6.2 Formulações

Assim como para outros problemas de Otimização Combinatória, foram propostas diversas formulações para o PQA. Embora equivalentes do ponto de vista matemático, cada uma delas enfatiza uma característica especial do problema, muitas vezes, com o propósito de direcionar o pesquisador para um método de solução. Nesta seção, algumas dessas formulações serão apresentadas.

● Formulação de Koopmans & Beckmann

O problema apresentado por Koopmans & Beckmann (1957) consiste em localizar n facilidades em n localidades considerando o custo de interações entre pares de facilidades. O lucro proveniente unicamente da atribuição da facilidade k à localidade i é dado por a_{ki}. As interações entre os pares de facilidades podem ser consideradas, por exemplo, como uma função do transporte de materiais entre duas facilidades. Considera-se um fluxo de comodidades entre o par de facilidades $k, l, k \neq l, k, l = 1,...,n$, denotado por f_{kl}, e $f_{kk} = 0$. O fluxo é transportado da cidade i para a cidade j, onde estão localizadas as facilidades k e l, respectivamente. O custo de transporte de uma unidade de fluxo entre as cidades i e j, $i \neq j$, $i, j = 1,...,n$, é denotado por d_{ij} e satisfaz à desigualdade triangular definida na Equação 6.1. Tem-se que $d_{ii} = 0$, $i = 1,...,n$.

$$d_{ij} \leq d_{ir} + d_{rj}, i,j,r = 1,...,n \qquad (6.1)$$

Considerando x_{ki} uma variável binária que assume o valor 1 se a facilidade k está localizada na cidade i, caso contrário, assume valor 0, o modelo de Programação Inteira para o Problema Quadrático de Alocação definido por Koopmans & Beckmann (1957) é dado pela função objetivo 6.2 e as restrições definidas em 6.3-6.5.

$$\max \sum_{i=1}^{n} a_{ki} x_{ki} - \sum_{k=1}^{n} \sum_{l=1, k \neq l}^{n} \sum_{i=1}^{n} \sum_{j=1, i \neq j}^{n} f_{kl} d_{ij} x_{ki} x_{lj} \qquad (6.2)$$

Sujeito a:

$$\sum_{i=1}^{n} x_{ki} = 1 \quad \forall k, k=1,...,n \qquad (6.3)$$

$$\sum_{k=1}^{n} x_{ki} = 1 \quad \forall i, i=1,...,n \qquad (6.4)$$

$$x_{ki} \in \{0,1\} \quad \forall i,k \; i,k=1,...,n \qquad (6.5)$$

A função objetivo 6.2 visa obter o maior lucro advindo da atribuição da facilidade k à cidade i, *descontados* os custos das interações entre os pares de facilidades alocados em cidades distintas. As Restrições 6.3 e 6.4 estabelecem, respectivamente, que cada facilidade está alocada em uma cidade e cada cidade pode ter apenas uma facilidade. A matriz X definida pelas Restrições 6.3 e 6.4 é chamada de *matriz de permutação*.

Uma interpretação alternativa para a parcela linear de 6.2 é considerar o custo de localizar a facilidade k na cidade i. Neste caso, o PQA é visto como um problema de minimização conforme 6.6 e as Restrições 6.3-6.5.

$$\min \sum_{k=1}^{n} \sum_{i=1}^{n} a_{ki} x_{ki} + \sum_{k=1}^{n} \sum_{l=1, k \neq l}^{n} \sum_{i=1}^{n} \sum_{j=1, i \neq j}^{n} f_{kl} d_{ij} x_{ki} x_{lj} \qquad (6.6)$$

Lawler (1963) apresenta uma formulação mais geral para 6.6, conforme 6.7, onde são considerados n^4 coeficientes q_{klij}. A Função 6.6 é um caso especial de 6.7 onde $q_{klij} = f_{kl} d_{ij}$ e $q_{kkii} = f_{kk} c_{ii} + d_{ki}$.

$$\min \sum_{k=1}^{n} \sum_{l=1}^{n} \sum_{i=1}^{n} \sum_{j=1}^{n} q_{klij} x_{ki} x_{lj} \qquad (6.7)$$

Muitos autores que investigam o PQA não consideram a parcela linear descrita na Expressão 6.2 e o objetivo passa a ser apenas minimizar os custos de interação entre os pares de facilidades, conforme descrito na Expressão 6.8.

$$\min \sum_{k=1}^{n}\sum_{l=1}^{n}\sum_{i=1}^{n}\sum_{j=1}^{n} f_{kl} d_{ij} x_{ki} x_{lj} \tag{6.8}$$

● Formulação do Traço

A formulação pelo *traço* de uma matriz foi proposta por Edwards (1977). O traço de uma matriz quadrada é dado pela soma dos elementos da diagonal principal. Considerando Π o conjunto de todas as matrizes de permutação quadradas de ordem *n*, o PQA é definido como na Expressão 6.9, onde ^{t} denota a transposta.

$$\min_{X \in \Pi} \; traço(FXDX^t) \tag{6.9}$$

Esta formulação pode ser usada em manipulações algébricas dos dados do problema e é base para limites inferiores baseados em autovalores e em relaxações por Programação Semidefinida.

● Formulação por Grafos

O PQA também pode ser visto como um problema em grafos. Considere dois grafos completos de ordem *n*, $K_D = (V_D, E_D)$, $K_F = (V_F, E_F)$, cujas matrizes de adjacência ponderadas são dadas, respectivamente, por $D = (d_{ij})$ e $F = (f_{kl})$. Considere, também, uma superposição de K_D e K_F, vértice a vértice, tal que o custo da superposição é dado pelo somatório do produto dos pesos das arestas sobrepostas. O problema consiste em encontrar a superposição de mínimo custo.

● Formulação por Permutação

Em alguns trabalhos, o problema é descrito como um problema de permutação (Çela, 1998). Considerando o conjunto de inteiros {1,...,*n*} e duas matrizes quadradas de ordem *n*, $F = (f_{ij})$, $D = (d_{ij})$, o problema pode ser definido pela Expressão 6.10, onde S_n é o conjunto de permutações de {1,...,*n*}.

$$\min_{\pi \in S_n} \sum_{i=1}^{n}\sum_{j=1}^{n} f_{\pi(i)\pi(j)} d_{ij} \tag{6.10}$$

O PQA, neste contexto, consiste em encontrar a permutação $\pi \in S_n$ que minimize o somatório descrito em 6.9. Se as matrizes *F* e *D* são simétricas, o PQA é dito *simétrico*, caso contrário, é dito *assimétrico*.

Para ilustrar o problema, um exemplo numérico é apresentado a seguir. Neste exemplo, não serão considerados os custos lineares. Em geral, a entrada de um caso do PQA é composta pelo número de facilidades (localidades), *n*, e pelas matrizes *D* e *F*. Para exemplificar um caso do PQA, será considerada a definição conforme um problema de permutação, com *n* = 4 e as matrizes *D* e *F* apresentadas na Figura 6.1.

$$D = \begin{bmatrix} 0 & 6 & 7 & 2 \\ 6 & 0 & 5 & 6 \\ 7 & 5 & 0 & 1 \\ 2 & 6 & 1 & 0 \end{bmatrix} \quad F = \begin{bmatrix} 0 & 28 & 25 & 13 \\ 28 & 0 & 15 & 4 \\ 25 & 15 & 0 & 23 \\ 13 & 4 & 23 & 0 \end{bmatrix}$$

Figura 6.1: Matrizes do PQA apresentado por Gavett & Plyter (1966).

Uma solução pode ser representada por uma permutação $\pi = (\pi(1),..., \pi(n))$, onde cada elemento $\pi(i)$ representa a facilidade atribuída à i-ésima localidade. Por exemplo, a permutação $\pi = (3,2,1,4)$ representa a atribuição das facilidades 3, 2, 1 e 4 aos locais 1, 2, 3 e 4, respectivamente. O custo desta solução é calculado em 6.11.

$$custo(\pi) = f_{32}d_{12} + f_{31}d_{13} + f_{34}d_{14} + f_{21}d_{23} + f_{24}d_{24} + f_{14}d_{34} + f_{23}d_{21} + f_{13}d_{31} + f_{43}d_{41} + f_{12}d_{32} + f_{42}d_{42} + f_{41}d_{43}$$
$$= 2(15(6) + 25(7) + 23(2) + 28(5) + 4(6) + 13(1)) = 976 \tag{6.11}$$

Existem 24 permutações, ou soluções, para o problema, dentre elas a que minimiza o custo das interações entre os pares de facilidades é $\pi = (2,4,3,1)$ com custo 806.

6.3 Aplicações

A aplicação clássica do PQA foi apresentada no trabalho introdutório de Koopmans & Beckmann (1957) na localização de facilidades. Geralmente, tais problemas estão relacionados à localização de máquinas ou departamentos em uma empresa e sua solução tem grande impacto no desempenho do sistema. Alguns exemplos clássicos são a definição de *layouts* de hospitais (Elshafei, 1977), linhas de produção (Kusiak & Heragu, 1987; Drira *et al.*, 2007) e interfaces de equipamentos (Burkard & Offermann, 1977; Peer & Sharma, 2008). O primeiro trabalho que utilizou o PQA para modelar um problema de localização de setores de um hospital é devido a Elshafei (1977), que investigou a localização ótima de setores específicos de um hospital no Cairo, Egito. O custo relacionado às interações entre departamentos, o qual deveria ser minimizado, foi definido como a menor distância percorrida entre os setores por pacientes e funcionários do hospital, cuja métrica era expressa em pessoas×metros/ano. Krarup & Puzan (1978) também aplicaram o modelo para a definição dos departamentos do hospital universitário Klinikum Regensburg, na Alemanha. Bos (1993) e Sabatini *et al.* (2007) modelam o problema de zoneamento de floresta para diferentes usos como um PQA. Wang & Sarker (2002) e Solimanpur *et al.* (2004) investigaram um problema de localização de facilidades no contexto das manufaturas celulares. O termo *manufatura celular* se refere a um sistema de manufatura no qual equipamentos e estações de trabalho são localizados de modo a permitir o movimento contínuo de materiais para fabricação de produtos, do início ao fim em um único processo de fluxo, visando despender o menor tempo possível no transporte, tempo de espera de processamento ou atrasos de outra natureza. Na manufatura celular existem diversas células de produção, cada uma delas sendo constituída de um conjunto de equipamentos que permitem que um produto ou um grupo de produtos similares sejam completamente processados. Uma indústria com diversas linhas de produtos, com diferente processamento, pode necessitar de várias células de produção. Wang & Sarker (2002) e Solimanpur *et al.* (2004) investigaram o problema do *layout* em que células de produção são atribuídas a locais diferentes de modo que o custo de manipulação e transporte de materiais entre células seja minimizado. Uma aplicação na definição de *layout* de componentes do teclado de máquinas de escrever foi apresentada por Burkard & Offermann (1977). O objetivo era auxiliar o usuário a maximizar sua eficiência na utilização da máquina de escrever. Também com o intuito de maximizar a eficiência de um usuário de computador, o trabalho de Peer & Sharma (2008) considera a localização e o sequenciamento de itens de menu e ícones em uma tela ou um teclado. Os trabalhos anteriores consideram que a localização das facilidades, uma vez estabelecida, permanecerá a mesma por toda a operação do sistema. Nestes casos, o problema é dito *estático*. Entretanto, mudanças podem levar à necessidade de ajuste do *layout*. Pensando, por exemplo, em uma indústria, a necessidade de ajuste do *layout* pode se originar de situações tais como a criação de novas linhas de produtos, mudanças na demanda, interrupção da fabricação de algum produto etc. Tais modificações quanto à produção podem fazer com que o *layout* estabelecido se torne ineficiente, resultando em aumento dos custos de produção. Dado um horizonte de planejamento e diversos períodos dentro deste horizonte, o problema, dito *dinâmico*, considera o estabelecimento de um *layout* para cada período, após o qual ocorre a mudança de *layout*. O problema consiste na atribuição das facilidades aos possíveis locais nos vários períodos de tempo do horizonte de planejamento considerando os custos de realocação dos departamentos acrescidos aos custos das interações entre os departamentos. O modelo deve minimizar tais custos no horizonte de planejamento considerado. O problema dinâmico é abordado no trabalho de Pillai *et al.* (2011).

Diversas aplicações conhecidas como *problemas de fiação* (*wiring problems*) também podem ser modeladas como PQAs. Em tais aplicações, existe uma placa onde diversos componentes devem ser colocados. Os componentes são conectados em pares através de fios. Deseja-se encontrar uma disposição dos componentes na placa de modo que o comprimento da fiação seja minimizado. O primeiro trabalho que modelou este problema como um PQA foi apresentado por Steinberg (1961). Miranda *et al.* (2005) investigam a localização de componentes em placas eletrônicas considerando efeitos térmicos. Uma variação do problema é apresentada nos trabalhos de Leipälä & Nevalainen (1989) e Duman & Or (2007), que buscam a melhor localização de componentes em placas de circuito impresso em que o suporte da placa é móvel em duas dimensões e o movimento do equipamento que traz as peças, chamado de alimentador, é linear em uma dimensão. Youssef *et al.* (2003) apresentam aplicações em projeto de sistemas VLSI (*very large-scale integration*). Recentemente, Emanuel *et al.* (2012) apresentaram um trabalho no qual são abordados diferentes problemas que ocorrem no projeto de sistemas e circuitos VLSI modelados como PQAs fáceis de resolver. Uma aplicação ainda em sistemas VLSI é apresentada por Zhang *et al.* (2009). Nesta aplicação, em vez de se procurar o melhor arranjo de componentes físicos, é criada uma topologia virtual que serve de interface para a rede física a qual, por sua vez, pode ter uma topologia qualquer. A aplicação se dá no contexto da integração de dezenas ou centenas de núcleos de processamento homogêneos em um único *chip* para processamento massivo de informações em paralelo, chamados de processadores *manycore*. Neste tipo de circuito, uma solução comum de integração é conhecida como *Network on chip* (NoC). Nos circuitos integrados, tais como nos processadores *manycore*, a topologia determina o desempenho ideal da rede no *chip* em que algoritmos de roteamento e mecanismos de controle de fluxo determinam como o potencial da rede é realizado. Um problema que ocorre nesses casos é que tanto o Sistema Operacional deve "entender" a topologia do sistema *manycore* no NoC para agendar tarefas de forma eficiente como os programadores precisam conhecer as características de interconexão de cada rede física para melhor explorar seu potencial. Zhang *et al.* (2009) propõem criar uma topologia virtual como uma interface para o sistema operacional e para os programadores, independentemente de como os núcleos de processamento estão colocados dentro da rede. A topologia virtual, no entanto, deve ser definida de modo a obter o melhor desempenho da rede física. São desenvolvidas métricas baseadas no número médio de *hops* entre dois nós da rede virtual e na congestão das ligações entre nós, ambas devendo ser minimizadas. O problema consiste, portanto, em fazer um mapeamento um para um dos nós da rede virtual e da rede física, de modo a minimizar as métricas de distância em termos de *hops* e congestão.

Outras aplicações recentes utilizam o PQA para modelar problemas nas áreas de comunicação, computação e genética. Huang & Ritcey (2005) investigam a rotulação ótima de antenas transmissoras e receptoras na transmissão de sinais com codificação espaço-tempo. Saremi *et al.* (2008) utilizam o PQA para efetuar melhoramentos na estrutura de conexão e navegação de websites. Wang & Wu (2010) estudam o problema da decodificação conjunta de fonte e canais a fim de minimizar distorções ponto a ponto em sistemas de comunicação. Png *et al.* (2013) investigam a minimização de interferência de múltiplo acesso em um sistema de dispositivos móveis com usuários com alto grau de mobilidade. Na área de processamento de imagens e visão computacional, Schellewald *et al.* (2007) aplicam o modelo do PQA para o reconhecimento de objetos, e Egozi *et al.* (2010), na análise da similaridade de formas na recuperação de imagens. Avaliação de configurações de microarranjos de DNA são investigadas por Carvalho & Rahmann (2006) e Inostroza-Ponta *et al.* (2007). Pascual *et al.* (2011) modelam um problema de mapeamento de tarefas em aplicações da computação paralela em nós de um sistema paralelo como um PQA.

Diversas aplicações deram origem a casos do PQA que atualmente são utilizados para testar o potencial dos algoritmos desenvolvidos para o problema. Tais casos de teste estão disponíveis na biblioteca QAPLIB (Burkard *et al.*, 1997).

6.4 Limites Inferiores

Os limites inferiores são ferramentas importantes para lidar com algoritmos de enumeração implícita e heurísticos. Em geral, quanto mais justo, ou seja, próximo do valor da solução ótima, melhor o limite. Outro fator importante está relacionado à complexidade para o cálculo do limite, uma vez que este poderá estar sendo utilizado como parte de um método de solução exata. Nesta seção são apresentados alguns limites inferiores propostos para o PQA.

● Limite de Gilmore-Lawler

O limite inferior conhecido como Gilmore-Lawler (GLB) foi apresentado por Gilmore (1962) e Lawler (1963), e é um dos mais populares limites para o problema. Ele utiliza o produto escalar mínimo (máximo) de vetores. Dados dois vetores $\mathbf{A}$ e $\mathbf{B} \in \Re^n$, o produto escalar de $\mathbf{A}$ e $\mathbf{B}$ é definido pela equação 6.12.

$$\langle A,B \rangle = \sum_{i=1}^{n} a_i b_i \qquad (6.12)$$

O produto escalar mínimo de $\mathbf{A}$ e $\mathbf{B}$ pode ser calculado como o produto escalar de $\mathbf{A}^+$ e $\mathbf{B}^-$, onde $\mathbf{A}^+$ e $\mathbf{B}^-$ denotam, respectivamente, vetores com os mesmos elementos de $\mathbf{A}$ e $\mathbf{B}$ com ordenação crescente e decrescente. O produto mínimo é denotado por $\langle \mathbf{A},\mathbf{B} \rangle_-$. O produto máximo é calculado de modo análogo. Considere $\mathbf{A}_i, \mathbf{B}_i \in \Re^{n-1}$, $i = 1,\ldots,n$, vetores que contêm os elementos da i-ésima linha das matrizes F e D, respectivamente, não incluindo os elementos f_{ii} e d_{ii}. É definida uma matriz $G = (g_{ij})$ como em 6.13.

$$g_{ij} = f_{ii} d_{jj} + \langle \mathbf{A}_i, \mathbf{B}_i \rangle_-. \qquad (6.13)$$

O GLB é definido como a solução do Problema de Alocação Linear (PAL) com matriz $G = [g_{ij}]$.

Para ilustrar o cálculo do GLB, as matrizes F e D da Figura 6.1 serão consideradas. Inicialmente, é realizada a ordenação das linhas das matrizes F e D não incluindo os elementos f_{ii} e d_{ii}, nos vetores $\mathbf{A}$ e $\mathbf{B}$, respectivamente, conforme ilustrado na Figura 6.2.

$$A_1 = [13 \quad 25 \quad 28] \qquad B_1 = [7 \quad 6 \quad 2]$$
$$A_2 = [4 \quad 15 \quad 28] \qquad B_2 = [6 \quad 6 \quad 5]$$
$$A_3 = [15 \quad 23 \quad 25] \qquad B_3 = [7 \quad 5 \quad 1]$$
$$A_4 = [4 \quad 13 \quad 23] \qquad B_4 = [6 \quad 2 \quad 1]$$

Figura 6.2: Vetores para o cálculo dos elementos da matriz G.

Com base no produto escalar mínimo dos vetores da Figura 6.2, a matriz G é construída conforme a expressão 6.13 e apresentada na Figura 6.3(a). A solução para o PAL correspondente é apresentada na Figura 6.3(b) com valor total de 776. Portanto, o afastamento percentual da solução ótima para o GLB é menor que 4%.

$$G = \begin{bmatrix} 297 & 368 & 244 & 156 \\ 174 & 254 & 131 & 82 \\ 293 & 353 & 245 & 161 \\ 152 & 217 & 93 & 73 \end{bmatrix} \qquad \begin{bmatrix} - & - & - & 156 \\ 174 & - & - & - \\ - & 353 & - & - \\ - & - & 93 & - \end{bmatrix}$$
$$\text{(a)} \qquad\qquad\qquad \text{(b)}$$

Figura 6.3(a): Matriz G correspondente às matrizes F e D da Figura 6.1; (b) Solução do PAL associado à matriz G.

Considerando que a solução do PAL pode ser obtida em $O(n^3)$, e que existe uma fase de pré-processamento do GLB em que as linhas das matrizes F e D são ordenadas, com complexidade $O(n^2 \log n)$, o custo computacional para o cálculo do limite é $O(n^3)$. Se, entretanto, o problema for considerado na sua forma geral (Expressão 6.7) o cálculo do GLB é $O(n^5)$ uma vez que o custo da interação entre duas facilidades, k e l, atribuídas a duas localidades, i e j, não pode ser considerado separadamente nos fatores f_{kl} e d_{ij}. A razão para isto está no fato de que, para cada par facilidade/localidade, deve-se resolver um problema linear de alocação a fim de encontrar o elemento de G.

O GLB é simples de calcular e com baixo custo computacional se comparado a outros métodos. Entretanto, o valor calculado não é tão próximo ao ótimo quanto o de outros métodos e, para algumas famílias de instâncias, seu afastamento da solução ótima aumenta com o crescimento do tamanho do problema. Alguns pesquisadores investigaram métodos de melhoria para esse limite. Tais estudos investigaram a transformação do problema diminuindo o termo quadrático da função objetivo pela mudança dos custos para o termo linear. Essas técnicas ficaram conhecidas como *métodos de redução* e alguns trabalhos nesta área são devidos à Burkard (1973), Roucariol (1979), Edwards (1980), Frieze & Yadegar (1983), Finke *et al*. (1987), White (1994) e Li *et al*. (1994a). A dificuldade de melhorar o limite GLB foi investigada por Li *et al*. (1994a), que mostraram que o problema de verificar se o GLB é uma solução ótima do PQA é NP-completo. Limites baseados em reformulações do GLB também foram apresentados por Christofides & Gerrard (1981), Assad & Xu (1985) e Carraresi & Malucceli (1992, 1994). Christofides & Gerrard (1981) abordaram o problema sob o ponto de vista de decomposição de grafos e apresentaram um limite no qual $O(n^4)$ problemas de alocação linear são resolvidos, resultando em um esforço computacional em $O(n^7)$. Assad & Xu (1985) apresentam um método iterativo, que pode ser visto como procedimento dual lagrangeano, em que são resolvidos $n^2 + 1$ problemas de alocação, exigindo um esforço computacional em $O(kn^5)$, onde k é o número de iterações do algoritmo. Carraresi & Malucelli (1992,1994) apresentam uma abordagem aplicada em conjunto com os limites propostos por Assad & Xu (1985) e Christofides & Gerrard (1981). A complexidade em tempo do limite proposto por Carraresi & Malucelli (1994) é a mesma que a de Assad & Xu (1985). Brixius & Anstreicher (2003) apresentaram um algoritmo *branch-and-bound* com limite GLB e resolveram, pela primeira vez, a instância Ste36a (Steinberg, 1961).

● Limites de Relaxações por Programação Linear

Diversos limites inferiores para o PQA são obtidos a partir da solução de relaxações por programação linear. Nessas abordagens, a função objetivo é tornada linear por meio de transformações de variáveis e as restrições de integralidade são relaxadas. As soluções viáveis do problema dual também são limites inferiores. Diversos pesquisadores têm investigado relaxações contínuas e métodos de solução para estas.

Kaufmann & Broeckx (1978) apresentaram a linearização para o problema que possui o menor número de variáveis. Baseados em uma técnica proposta por Glover (1975) e considerando que os custos do PQA são não negativos, Kaufmann & Broeckx (1978) reescreveram a função de custo 6.8 como em 6.14 e introduziram n^2 variáveis contínuas w_{ik} (6.15).

$$\min \sum_{k=1}^{n}\sum_{i=1}^{n} x_{ki}\left(\sum_{l=1}^{n}\sum_{j=1}^{n} f_{kl}d_{ij}x_{lj}\right) \qquad (6.14)$$

$$w_{ki} = x_{ki}\sum_{l=1}^{n}\sum_{j=1}^{n} f_{kl}d_{ij}x_{lj},\ i,k = 1,\ldots,n \qquad (6.15)$$

A nova função objetivo é, então, escrita como em 6.16.

$$\min \sum_{k=1}^{n}\sum_{i=1}^{n} w_{ki} \qquad (6.16)$$

Os autores introduzem as constantes u_{ki} e v_{ki} definidas em 6.17 e 6.18 e mostram que $b_{ki} \leq w_{ki} \leq a_{ki}$.

$$u_{ki} = \max\left(\sum_{j=1}^{n}\sum_{l=1}^{n} f_{kl}d_{ij},0\right) \qquad (6.17)$$

$$v_{ki} = \min\left(\sum_{j=1}^{n}\sum_{l=1}^{n} f_{kl}d_{ij},0\right) \qquad (6.18)$$

Uma vez que, dadas as condições de não negatividade, tem-se que $v_{ki} = 0$, $0 \leq w_{ki} \leq u_{ki}$. Assim, para a inclusão da nova variável w_{ki}, é necessária a inclusão das restrições em 6.19.

$$\sum_{j=1}^{n}\sum_{l=1}^{n} f_{kl}d_{ij}x_{lj} - u_{ki}(1-x_{ki}) \leq w_{ki} \qquad (6.19)$$

A formulação do PQA é, então, reduzida ao problema linear descrito entre 6.20-6.25. A formulação de Kaufmann & Broeckx (1978) possui $o(n^2)$ variáveis (reais e binárias) e $o(n^2)$ restrições. Embora apresente o menor número de variáveis, essa relaxação linear não produz um limite útil, uma vez que Zhang *et al.* (2013) provaram que o valor ótimo desta relaxação é zero. Outras linearizações que também são baseadas nas estratégias propostas por Glover (1975) foram apresentadas por Burkard & Bönniger (1983) e Balas & Mazzola (1984). Xia & Yuan (2006) e Zhang *et al.* (2013) melhoram a formulação de Kaufmann & Broeckx (1978) introduzindo novas restrições baseadas nas constantes do limite GLB. Eles provaram que o limite inferior produzido pela relaxação de sua linearização é pelo menos tão bom quanto o GLB. Fischetti *et al.* (2012) adaptaram a formulação de Xia & Yuan (2006) desenvolvendo uma alternativa para problemas esparsos e resolveram casos teste, até então não solucionados, propostos por Eschermann & Wunderlich (1990).

$$\min \sum_{k=1}^{n}\sum_{i=1}^{n} w_{ki} \qquad (6.20)$$

Sujeito a:

$$\sum_{i=1}^{n} x_{ki} = 1 \qquad \forall k, \ k=1,\dots,n \qquad (6.21)$$

$$\sum_{k=1}^{n} x_{ki} = 1 \qquad \forall i, \ i=1,\dots,n \qquad (6.22)$$

$$u_{ki}x_{ki} + \sum_{j=1}^{n}\sum_{l=1}^{n} f_{kl}d_{ij}x_{lj} - w_{ki} \leq u_{ki} \qquad i,k = 1,\dots,n \qquad (6.23)$$

$$w_{ki} \geq 0 \qquad i, k = 1, \dots, n \qquad (6.24)$$

$$x_{ki} \in \{0, 1\} \qquad i, k = 1, \dots, n \qquad (6.25)$$

Uma importante linha de investigação trata de técnicas de reformulação-linearização, RLT (do Inglês *Reformulation-Linearization Technique*). A técnica de reformulação-linearização foi proposta por Sherali e Adams (1990) e utilizada na solução de diversos problemas (Sherali *et al.*, 2000). A ideia principal da técnica é que, dadas duas desigualdades lineares válidas, o produto delas também é uma desigualdade válida (Klerk *et al.*, 2014). Uma desigualdade desse tipo é conhecida como corte RLT nível 1. O processo pode ser repetido para obter um corte RLT nível 2, etc. Johnson (1992) e Adams & Johnson (1994) foram os primeiros a aplicar a técnica ao PQA, apresentando a versão RLT nível 1. No passo de *reformulação*, as $2n$ restrições (6.3 e 6.4) e n^2 restrições de não negatividade das variáveis binárias são multiplicadas por variáveis x_{kl} resultando no produto $x_{ij}x_{kl}$. As variáveis x_{kl}^2 são substituídas por x_{kl} nas restrições e $x_{ij}x_{kl} = 0$ se $i = k$ e $j \neq l$, ou se $i \neq k$ e $j = l$. O passo de *linearização* consiste em linearizar a função objetivo e as restrições substituindo cada termo não linear por uma variável contínua, isto é, $x_{ij}x_{kl} = y_{ijkl}$ para todo i, j, k, l com $i < k$ e $j \neq l$. A RLT nível 1 para o PQA pode ser descrita de 6.A13 a 6.33, onde o produto $x_{ij}x_{kl}$ é substituído pela variável contínua y_{ijkl}. A formulação contém $o(n^4)$ variáveis (reais e binárias) e $o(n^4)$ restrições. A solução dessa formulação é, claramente, um limite inferior para o PQA, entretanto muito esforço computacional é requerido devido ao grande número de variáveis e restrições.

$$\min \sum_{i=1, i \neq k}^{n} \sum_{j=1, j \neq l}^{n} \sum_{k=1}^{n} \sum_{l=1}^{n} c_{ijkl}\, y_{ijkl} \qquad (6.26)$$

Sujeito a:

$$\sum_{i=1}^{n} x_{ij} = 1 \quad j=1,\ldots,n \quad (6.27)$$

$$\sum_{j=1}^{n} x_{ij} = 1 \quad i=1,\ldots,n \quad (6.28)$$

$$\sum_{i=1, i\neq k}^{n} y_{ijkl} = x_{kl} \quad j,k,l=1,\ldots,n, j\neq l \quad (6.29)$$

$$\sum_{j=1, j\neq l}^{n} y_{ijkl} = x_{kl} \quad i,k,l=1,\ldots,n, i\neq k \quad (6.30)$$

$$y_{ijkl} = y_{klij} \quad i,j,k,l=1,\ldots,n, i<k, j\neq l \quad (6.31)$$

$$y_{ijkl} \geq 0 \quad i,j,k,l=1,\ldots,n, i\neq j, k\neq l \quad (6.32)$$

$$x_{ij} \in \{0,1\} \quad i,j=1,\ldots,n \quad (6.33)$$

Adams & Johnson (1994) mostraram que o limite GLB é equivalente ao obtido pela solução da formulação da relaxação proposta por eles sem as Restrições 6.31. Drezner (1995) mostra que o limite obtido da solução da formulação sem as Restrições 6.31 e com a relaxação das restrições de integridade das variáveis binárias, é no mínimo tão bom quanto o GLB. Adams & Johnson (1994) propuseram um novo limite a partir da solução do dual lagrangeano de sua formulação. Foi apresentado um procedimento iterativo ascendente para computar soluções viáveis de boa qualidade, as quais são limites inferiores para a formulação proposta e, também, para o problema original. O dual lagrangeano é obtido relaxando-se as Restrições 6.31, que são adicionadas à função objetivo com multiplicadores lagrangeanos. O procedimento consiste em solucionar o dual lagrangeano iterativamente modificando os multiplicadores. É necessária a solução de $n^2 + 1$ problemas lineares de alocação para cada conjunto de multiplicadores. Deste modo, a complexidade do procedimento é $O(n^5)$ para cada iteração. Resende et al. (1995) resolveram a formulação RLT nível 1 por meio de um algoritmo de pontos interiores. Hahn & Grant (1998) e Sergeev (2004) investigam melhorias do limite de Adams e Johnson por meio da relaxação contínua do modelo. Limites com a RLT nível 1 foram utilizados nos algoritmos do tipo *branch-and-bound* propostos por Ramakrishnan et al. (1996), Hahn et al. (1998, 2001), Karisch et al. (1999) e Hahn & Krarup (2001). Zhang et al. (2010) propõem a eliminação de variáveis e restrições da formulação propostas por Adams & Johnson (1994). Tal reformulação produz um limite inferior menos justo que o de Adams & Johnson (1994), entretanto, os autores mostram que existe vantagem em utilizar tal limite em algoritmos exatos do tipo *branch-and-bound* mesmo abrindo mais nós na árvore de busca, pois acabam por ser computacionalmente mais rápidos devido à relaxação ser mais facilmente solucionada.

O limite de nível 2 pode ser calculado a partir de um problema de Programação Linear com a variável z_{ijklpq} substituindo o produto $x_{ij}x_{kl}x_{pq}$. Adams et al. (2007) apresentam o uso da técnica para o PQA, utilizando a relaxação lagrangeana para o RLT nível 2 e mostrando que tais limites têm qualidade superior aos obtidos da RLT nível 1, entretanto requerem maior esforço computacional. Em seus experimentos, é verificado que a melhor estratégia é utilizar uma combinação dos limites nível 1 e 2. Fixado um w escalar, o limite nível 1 é utilizado enquanto seu valor no passo r é w% maior que seu valor no passo $r-1$. Quando isso não ocorrer, utiliza-se o limite nível 2. Com isso, economiza-se esforço computacional enquanto o limite nível 1 estiver sendo usado. Rostami & Malucelli (2014) propõem remover alguns conjuntos de restrições de cada nível RLT, mantendo a equivalência com o problema original. Seus experimentos mostram que o RLT nível 2 revisado encontra limites com a mesma qualidade que o RLT nível 2, com menor esforço computacional.

Tabela 6.1. Valores dos limites RLT

Instância	Ótimo	RLT1	RLT2	RLT3
Chr25a	3796	3565	**3796**	3795,57
Had16	3720	3525	**3720**	3719,1
Had18	5358	5036	**5358**	5357,67
Had20	6922	6504	**6922**	6920,0
Nug12	578	512	**578**	577,2
Nug15	1150	1002	**1150**	1149,74
Nug18	1930	1623	1905	**1930**
Nug20	2570	2240	2508	**2569,05**
Rou15	354210	318496	**354210**	354210
Rou20	725520	632453	699390	**725314,4**
Tai20a	703482	608846	675870	**703482**

A técnica foi estendida no trabalho de Hahn *et al.* (2012) para um limite RLT nível 3. São produzidos limites ainda melhores que os oriundos da RLT com níveis inferiores, entretanto o ganho em qualidade requer ainda maior esforço computacional. Hahn *et al.* (2012) reportam bons resultados ao utilizar os limites de nível 3 em um algoritmo do tipo *branch-and-bound*. A Tabela 6.1 mostra uma comparação dos limites dos 3 diferentes níveis para instâncias do QAPLIB (Burkard *et al.*, 1997). É mostrado um conjunto de onze instâncias cujos resultados são apresentados nos trabalhos de Hahn *et al.* (2012) e Rostami & Malucelli (2014). Os resultados apresentados na tabela são os melhores dentre os apresentados nos dois trabalhos. Os melhores valores são mostrados em negrito. A coluna *Ótimo* mostra o valor da melhor solução para cada instância.

Outros trabalhos recentes que investigaram limites baseados em novas linearizações para o PQA são devidos a Nyberg & Westerlund (2012) e Wright (2012). Nyberg & Westerlund (2012) apresentaram um modelo misto inteiro linear para o problema com αn^2 variáveis binárias, βn^2 variáveis reais e $\gamma n + \delta n^2$ restrições onde α, β, γ e δ são parâmetros dependentes da instância. O modelo é solucionado com um *solver* e os autores apresentaram, pela primeira vez, as soluções exatas das instâncias Esc32a, Esc32c, Esc32d e Esc64a. Wright (2012) considerou uma das matrizes de entrada como a combinação de diversas matrizes, como $D = \sum_{i=1}^{m} w_i B_i$, onde $w_i \in \Re$ e $B_i \in \Re^{n \times n}$, $B_i \geq 0$. Às restrições e variáveis originais do problema são adicionadas mn^2 variáveis e $2mn$ restrições de igualdade.

● Limites por Autovalores

Os limites por autovalores são baseados na formulação por traço (6.9) e no fato de as matrizes de permutação poderem ser definidas como a interseção de três conjuntos, $\mathcal{O} \cap \mathcal{E} \cap \mathcal{N}$, $\mathcal{O} = \{X : X^t X = I\}$ é o conjunto de matrizes ortogonais, I é a matriz identidade, $\mathcal{E} = \{X : Xu = X^t u = u\}$ é o conjunto de matrizes com soma de linhas e colunas igual a um, $u = (1,...,1)^t$, e $\mathcal{N} = \{X : X \geq 0\}$ é o conjunto de matrizes não negativas. Considerando as matrizes F e D simétricas, um limite para o termo quadrático pode ser baseado em seus autovalores relaxando o conjunto de restrições relativo às matrizes de permutação para $\mathcal{O}$. Tal relaxação foi investigada no trabalho de Finke *et al.* (1987). Eles provaram o resultado mostrado no Teorema 1 que estabelece um limite inferior e superior para o problema. Se a parte linear do problema estiver sendo considerada, então o problema de alocação linear correspondente a essa parte é solucionado e o limite do PQA é dado pela soma das parcelas quadrática e linear.

Teorema 1 (Finke *et al.*, 1987). Considere F e D matrizes simétricas de ordem $n \times n$, $\lambda_1, \lambda_2, ..., \lambda_n$ os autovalores de F e $\mu_1, \mu_2, ..., \mu_n$ os autovalores de D e a ordem $\lambda_1 \leq \lambda_2 \leq ... \leq \lambda_n$, $\mu_1 \geq \mu_2 \geq ... \geq \mu_n$, então qualquer que seja $\pi \in \Pi$,

$$\sum_{i=1}^{n} \lambda_i \mu_{n-i+1} \leq \sum_{i=1}^{n} \sum_{j=1}^{n} f_{ij} d_{\pi(i)\pi(j)} \leq \sum_{i=1}^{n} \lambda_i \mu_i$$

O limite inferior do Teorema 1 produz valores negativos e, em comparação com outros limites da época, era fraco. O trabalho de Finke *et al.* (1987), no entanto, apontou uma nova linha de investigação para cálculo de limites do PQA. Para melhorar os valores de limites obtidos por autovalores, Hadley *et al.* (1992) investigaram a relaxação $\mathcal{O} \cap \mathcal{E}$ para o conjunto de restrições relativo às matrizes de permutação. Assim, como o GLB, esses limites podem ser calculados em $O(n^3)$. Entretanto, é ressaltado no trabalho de Hadley *et al.* (1992) que o GLB pode ser computado consideravelmente mais rápido que os limites por autovalor, uma vez que os últimos requerem uma decomposição espectral de duas matrizes simétricas. Técnicas de redução do termo quadrático também foram utilizadas para promover melhorias nestes limites (Rendl & Wolkowicz, 1992; Chakrapani & Skorin-Kapov, 1994; Karisch & Rendl, 1995). Os limites por autovalores são utilizados em conjunto com outras técnicas descritas a seguir, tais como programação quadrática e programação semidefinida.

● Programação Semidefinida

A Programação Semidefinida é uma generalização da Programação Linear com base em matrizes semidefinidas positivas. Uma matriz Q quadrada de ordem n é dita semidefinida positiva se $v^T Q v \geq 0$ para todo $v \in \mathfrak{R}^n$. O problema de programação semidefinida consiste em otimizar uma função linear de uma matriz linear simétrica sujeita a restrições lineares de igualdade e a restrição de que a matriz é semidefinida positiva (Goemans & Williamson, 1995). Desde a década de 1990, pesquisadores têm investigado relaxações por programação semidefinida para gerar limites para o PQA. As primeiras investigações aparecem nos trabalhos de Rendl & Wolkowicz (1992), Zhao (1996), Lin & Saigal (1997) e Zhao *et al.* (1998). O trabalho de Zhao *et al.* (1998) é uma referência na área e apresenta diversas relaxações estendidas em diversos trabalhos de outros autores. O método de pontos interiores é utilizado para resolver as relaxações, entretanto, o método não se mostra adequado para os modelos mais elaborados. Burer & Vandenbussche (2006) propõem a utilização da técnica Lagrangeana aumentada para lidar com as relaxações *lift-and-project* propostas por Lovász & Schrijver (1991). A técnica é aplicada a diversos problemas, dentre eles o PQA, e os autores mostam que o uso dessa técnica para obter limites tanto de relaxações lineares como semidefinidas produziu resultados muito bons, no caso do PQA foram produzidos, para algumas instâncias, os limites mais justos até aquele momento. Rendl & Sotirov (2007) apresentaram uma versão dinâmica do *bundle method* para resolver as relaxações mais elaboradas propostas por Zhao *et al.* (1998). Eles comparam os limites produzidos por sua abordagem com o GLB e os limites propostos nos trabalhos de Hadley *et al.* (1992), Karisch *et al.* (1999) e Anstreicher & Brixius (2001) em instâncias do QAPLIB mostrando que sua proposta atingia resultados superiores. O método é mais eficiente computacionalmente que o proposto por Burer & Vandenbussche (2006), mas produz resultados mais fracos que este. Povh & Rendl (2009) propõem modelos tratáveis e fazem uma comparação com diversos modelos existentes. Klerk & Sotirov (2010, 2012) descrevem como explorar a simetria em algumas instâncias do PQA para computar limites de modo mais eficiente por meio da relaxação semidefinida. A técnica lagrangeana aliada à relaxação semidefinida também é objeto de estudo dos trabalhos de Faye & Roupin (2007) e Roupin (2009). Mittelmann & Peng (2010) exploram a estrutura de instâncias com matrizes de distâncias de Hamming ou Manhattan produzindo modelos com tamanhos menores que os baseados em relaxações padrões. Tais instâncias ocorrem em aplicações práticas em problemas de telecomunicações. Peng *et al.* (2010) generalizam a técnica proposta no trabalho de Mittelmann & Peng (2010) e introduzem mapeamentos simétricos que podem ser usados para produzir cortes para a solução dos modelos relaxados. Zhao *et al.* (2010) apresentam um método baseado na técnica lagrangeana aumentada com a combinação do método generalizado de Newton e o método CG proposta por Qi & Sun (2006). O limite produzido para o PQA é comparado ao proposto por Burer & Vandenbussche (2006) e eles mostram que seus resultados são melhores em termos de tempo computacional e proximidade ao ótimo nas instâncias testadas. Klerk *et al.* (2014) resolvem uma relaxação RLT2 com restrições adicionais de programação semidefinida. Eles obtêm os melhores resultados para uma classe especial de PQAs simétricos. Sotirov (2012) apresenta uma revisão de limites por programação semidefinida propostos para o PQA e o PCV.

● Programação Quadrática

Nesta abordagem, tem-se por objetivo tornar convexo o objetivo quadrático. Um método para realizar essa tarefa é apresentado no trabalho de Pardalos et al. (1994). O método consiste em modificar os elementos das diagonais das matrizes F e D a fim de tornar o hessiano da função objetivo convexo e considerar a envoltória convexa do conjunto viável. O resultado é um problema de programação quadrática padrão que ao ser resolvido por métodos específicos gera um limite inferior. Tal abordagem, entretanto, não é desenvolvida no trabalho, uma vez que se considera que a mesma não explora bem a estrutura do problema. Anstreicher & Brixius (2001) utilizam uma abordagem diferente baseada no limite por autovalor apresentado trabalho de Hadley et al. (1992) com programação semidefinida conforme Anstreicher & Wolkowicz (2000). Foram utilizados algoritmos de pontos interiores para resolver, de forma aproximada, o problema de programação quadrática associado. Brixius & Anstreicher (2003) observaram que existe uma relação entre a qualidade do limite de Anstreicher & Brixius (2001) e uma medida de dificuldade de instâncias chamada de dominância de fluxo (Vollmann & Buffa, 1966 – ver seção 6.7). Foi observado que melhores valores do limite são obtidos em instâncias com baixos valores de dominância de fluxo.

6.5 Algoritmos Exatos

Diversas técnicas foram utilizadas na solução do PQA, dentre elas programação dinâmica, planos de corte, *branch-and-bound* e a combinação das últimas duas, chamada *branch-and-cut*. Grande parte dos algoritmos propostos para os problemas utilizam a técnica *branch-and-bound*, sendo os primeiros propostos por Gilmore (1962) e Lawler (1963). Nestes primeiros algoritmos, foi utilizada a técnica de *atribuição simples*, em que uma facilidade era atribuída a uma localidade em cada nó da árvore de busca. Trabalhos iniciais testaram também a *atribuição de pares*, em que, em cada nó da árvore de busca, um par de facilidades era atribuído a um par de localidades (Land, 1963; Gavett & Plyter, 1966 e Nugent et al., 1968). Roucariol (1987) apresentou uma técnica de ramificação chamada de politômica ou regra de ramificação k-partida. Em seu trabalho, Roucariol utilizou métodos de redução para o limite GLB e a técnica de ramificação era baseada na solução do último problema linear de alocação resolvido no cálculo do limite inferior. Supondo $\pi = (\pi(1),...,\pi(n))$, a solução associada ao último problema linear resolvido, considera-se S_i o conjunto de atribuições com a propriedade que i é atribuído a $\pi(i)$ e R_i o complemento de S_i, ou seja, S_i e R_i são compostos, respectivamente, de atribuições tais que $x_{i\pi(i)} = 1$ e $x_{i\pi(i)} = 0$. Cada nó da árvore de busca é expandido em $n + 1$ nós que correspondem às soluções viáveis de $S_1, R_2 \cap S_1,..., R_n \cap S_{n-1} \cap ... \cap S_1$ e $S_n \cap S_{n-1} \cap ... \cap S_1$. Mautor & Roucariol (1994) introduziram a *ramificação politômica* em que os filhos de um nó da busca são obtidos pela fixação de uma facilidade e sua atribuição a todas as localidades disponíveis (ramificação por linha) ou pela fixação de uma localidade e sua atribuição a todas as localidades disponíveis (ramificação por coluna). Essa regra é utilizada em diversos algoritmos posteriores. Uma versão paralela é apresentada por Mans et al. (1995). Tais esquemas de ramificação são utilizados na maioria dos algoritmos do tipo *branch-and-bound* propostos para o PQA. Além disso, a principal diferença entre algoritmos do tipo *branch-and-bound* é devida ao uso dos diferentes tipos de limites inferiores. Grande parte desses trabalhos foi listada na seção 6.4. Hahn et al. (2001) apresentam um algoritmo *branch-and-bound* no qual diferentes técnicas de limite são aplicadas em diferentes níveis da árvore. O uso dos limites diferentes se dá devido à eficácia da técnica de seleção de nós ser mais eficaz em níveis mais afastados do nó raiz da busca. O limite proposto Hahn & Grant (1998) é aplicado aos nós mais próximos do nó raiz. Um limite menos caro computacionalmente proposto no trabalho é aplicado aos nós mais distantes da raiz. Anstreicher et al. (2002) utilizam limite inferior por programação quadrática e resolvem pela primeira vez alguns PQAs de tamanho 30, dentre eles a instância Nug30. Algoritmos *brandh-and-bound* paralelos também foram propostos nos trabalhos de Brünger et al. (1998), Clausen et al. (1998) e Nyström (1999). Brünger et al. (1998) utilizam limite inferior GLB e resolvem pela primeira vez 10 instâncias do PQA com tamanhos entre 16 e 32, dentre elas: Nug20, Tai20a, Esc32e e Esc32f. Clausen et al. (1998) testaram implementações com o limite GLB e os limites propostos por Carraresi & Malucelli (1994), Hadley et al. (1992) e Karisch & Rendl (1992). Uma solução inicial para servir de limite superior foi gerada com um algoritmo heurístico segundo a técnica de *simulated annealing*. Nyström (1999) utilizou limite GLB e resolveu os problemas Ste36b e Ste36c. Anstreicher *et al*. (2002) utilizam 2500 CPUs em um *grid* computacional e resolvem diversas instâncias não solucionadas até aquele momento, incluindo a instância Nug30 (Nugent *et al*., 1968). Foi utilizado o limite por programação quadrática introduzido por Anstreicher & Brixius (2001).

Técnicas de plano de corte foram utilizadas nos trabalhos de Kaufman & Broeckx (1978), Bazaraa & Sherali (1980, 1982) e Faye & Roupin (2005). Algoritmos *branch-and-cut*, que combinam as técnicas de plano de corte e *branch-and-bound*, foram propostos por Padberg & Rijal (1996), Erdoğan & Tansel (2007) e Fischetti *et al*. (2012). Padberg & Rijal (1996) apresentam testes com instâncias esparsas. Erdoğan & Tansel (2007) apresentam um algoritmo com técnica de linearização baseada em fluxo. Fischetti *et al*. (2012) resolvem instâncias nas quais os elementos da matriz D são distâncias de Hamming, por exemplo, as propostas por Eschermann & Wunderlich (1990), chamadas ESC. Pela primeira vez, são resolvidas instâncias ESC grandes, incluindo a de tamanho 128. É utilizado o modelo proposto por Zhang *et al*. (2013) com melhorias nos cortes.

Christofides & Benavent (1989) apresentam um algoritmo de programação dinâmica para o caso especial em que a matriz de fluxo é a matriz de adjacência ponderada de uma árvore. Não foram impostas condições para a matriz de distâncias. Foram resolvidas instâncias com n até 25.

6.6 Heurísticas

A solução por métodos exatos de instâncias do PQA com dimensão maior que 20 requer um tempo computacional elevado. Uma vez que este problema modela aplicações reais importantes com dimensões significativamente maiores que 20 a utilização de métodos heurísticos tem sido a opção mais usual de lidar com o problema. Algoritmos heurísticos das mais diversas classes já foram propostos para o PQA, dentre elas: construtivas, de enumeração limitada, busca local e meta-heurísticas. Além da sua larga aplicabilidade prática, a proposição de diversas heurísticas para o problema também é devida ao fato de instâncias do PQA terem se tornado base de comparação de desempenho entre algoritmos heurísticos.

Nas heurísticas construtivas, uma facilidade ainda não atribuída a algum local, dita facilidade livre, é designada a uma localidade que também está livre, isto é, uma localidade que não tem qualquer facilidade a ela atribuída. O processo é iterativo e facilidades livres são atribuídas a localidades livres de acordo com um critério guloso até que uma solução tenha sido formada. Uma *solução parcial* (permutação parcial) com k atribuições contém k facilidades não livres associadas a k locais correspondentes, $k < n$. Portanto, começando de uma solução parcial vazia, uma heurística construtiva atribui uma facilidade livre a uma localidade livre, iterativamente, até que uma solução completa seja obtida. Dada uma solução parcial com k atribuições, uma forma simples de escolher a $k + 1$-ésima atribuição é escolher o par facilidade/localidade cujo valor objetivo da solução parcial com $k + 1$ atribuições seja mínimo dentre todos os pares facilidade/localidade livres. Gilmore (1962) propôs uma heurística construtiva com tempo $O(n^4)$ na qual a escolha do par facilidade/localidade da $k + 1$-ésima iteração é feita levando em consideração o cálculo do limite Gilmore-Lawler para o problema com dimensão $n - k$, o qual desconsidera os k pares já atribuídos. Graves & Whinston (1970) sugerem que a escolha do par facilidade/localidade para a $k + 1$-ésima iteração de uma heurística construtiva seja realizada com base no cálculo da média das soluções do problema com dimensão $n - (k + 1)$, tal que não são considerados os pares já atribuídos e o par em consideração para atribuição. Rosendo & Rangel (2006) e Singh (2009) apresentam heurísticas construtivas baseadas na alocação ótima de arestas, por meio da relaxação do PQA como um Problema Linear de Alocação. Outros métodos construtivos são apresentados nos trabalhos de Arkin *et al*. (2001), Gutin & Yeo (2002), Arora *et al*. (2002) e Yu & Sarker (2003).

A imposição de algum limite para um algoritmo de enumeração implícita também foi abordada por alguns pesquisadores. Graves & Whinston (1970) apresentaram um método de enumeração implícita para o problema que limitava a árvore de busca de um algoritmo *branch-and-bound* por meio de indicadores probabilísticos. O algoritmo é heurístico uma vez que os limites podem podar caminhos na árvore que levam à solução ótima. Métodos heurísticos baseados em planos de corte por meio de linearizações são apresentados nos trabalhos de Burkard & Bönniger (1983) e Xia & Yuan (2006). Xia (2010) apresenta um algoritmo de suavização de Lagrange.

Algoritmos de busca local têm um papel importante no conjunto de heurísticas desenvolvidas para o PQA e a definição da vizinhança é central no desempenho desses algoritmos. A estratégia mais utilizada para gerar vizinhos de uma solução do PQA é conhecida como 2-troca. Segundo tal estratégia, dois elementos de uma permutação inicial são trocados para gerar uma solução vizinha. Considerando a solução $\pi_0 = (\pi_0(1),...,\pi_0(n))$, $\pi_1 = (\pi_1(1),...,\pi_1(n))$, esta é uma solução vizinha de π_1 segundo a estratégia 2-troca se existirem índices r e s tais que: $\pi_0(k) = \pi_1(k)$, $\forall k \neq r, s$, $\pi_0(r) = \pi_1(s)$ e $\pi_0(s) = \pi_1(r)$. A diferença entre os valores das funções objetivo das soluções π_0 e π_1 pode ser calculada em $\Theta(n)$ conforme mostrado no trabalho de Taillard (1995). O número de vizinhos que pode ser gerado a partir de uma solução com a 2-troca é $\binom{n}{2} = \frac{n(n-1)}{2}$. De modo geral, o número de vizinhos de uma solução utilizando uma estratégia k-troca, $2 \leq k \leq n$, é $\Omega\left(\binom{n}{k}(k-1)!\right)$. Ahuja et al. (2007) apresentam algoritmos heurísticos para realizar busca em vizinhanças ditas de *larga escala*, ou seja, cujo valor de k é grande. A Figura 6.4 mostra um exemplo de aplicação de uma busca local com a vizinhança 2-troca para a instância de Gavett e Plyter (1966). Neste exemplo, o algoritmo explora a vizinhança completa de cada solução em cada iteração. A busca começa em uma permutação aleatória $\pi_0 = (2,3,1,4)$ com custo 1140. Todas as soluções vizinhas pela 2-troca são verificadas e a de menor custo é escolhida para ser a solução inicial da próxima iteração. A nova solução $(2,3,4,1)$ com custo 904 assume o lugar de π_0. Os vizinhos dessa solução são examinados e o de menor custo $(2,4,3,1)$ é assumido como π_0 na próxima iteração. Como nenhum dos vizinhos deste último tem custo melhor que ele, a busca termina fornecendo como resposta a solução $(2,4,3,1)$ com custo 806.

As vizinhanças propostas por Kernighan & Lin (1972) e Lin & Kernighan (1973) para o problema de particionamento de grafos e do Caixeiro Viajante, respectivamente, serviram de fonte de inspiração para a proposição de duas vizinhanças para o PQA apresentadas por Pardalos et al. (1994) e Rego et al. (2010). A vizinhança do tipo Lin-Kernighan proposta por Pardalos et al. (1994) se baseia na vizinhança 2-troca. O algoritmo inicia com uma permutação aleatória π_0 a partir da qual obtém uma vizinha, π_1, tal que $custo(\pi_0) > custo(\pi_1)$. Se tal condição não ocorrer, o algoritmo termina. É calculada a função de ganho $g_1 = custo(\pi_0) - custo(\pi_1)$ e a função de ganho acumulado GA, inicialmente $GA = g_1$. O par de facilidades cujas localidades foram trocadas para gerar π_1 é proibido para novas trocas. Dentre as facilidades não proibidas para troca, seleciona-se o par de facilidades que, ao ter as localidades trocadas proporciona o maior ganho, $g_2 = custo(\pi_1) - custo(\pi_2)$. Tais facilidades passam a ser proibidas para troca. A função de ganho é atualizada $GA = GA + g_2$. O algoritmo continua enquanto $GA > 0$ e ainda existam facilidades não proibidas para troca de localidades. O algoritmo identifica a configuração que gerou o maior valor para G, libera todas as facilidades e reinicia a busca a partir dessa configuração, que assume o lugar de π_0. O algoritmo para quando $g_1 \geq 0$, em alguma iteração, situação na qual um ótimo local foi encontrado. O número de soluções examinadas em cada iteração iniciada com uma solução π_0 não ultrapassa $\lfloor n/2 \rfloor + 1$. A Figura 6.5 mostra um exemplo de aplicação de uma busca local com a vizinhança do tipo Lin-Kernighan para a mesma instância da Figura 6.4 a partir da mesma solução. No exemplo, tem-se, inicialmente, $\pi_0 = (2,3,1,4)$ e $\pi_1 = (2,1,3,4)$. Como as facilidades 1 e 3 trocaram suas localidades e estão proibidas para troca, a única solução possível na sequência é a que troca as localidades das facilidades 2 e 4. Os ganhos são mostrados ao lado das soluções. Como, na primeira iteração, o maior valor de G é devido à solução $(2,1,3,4)$, ela é escolhida para iniciar a próxima iteração, assumindo a nova configuração de π_0. O mesmo procedimento se repete nas iterações seguintes, até que, na 4ª iteração, não exista nenhuma solução vizinha de π_0 que resulte em um ganho positivo. A busca retorna com a solução $(4,2,1,3)$ com valor 832.

Rego et al. (2010) propõem uma vizinhança segundo o método de cadeia de ejeção. A ideia é que uma facilidade é ejetada de sua localidade que, por sua vez, fica livre. A facilidade ejetada entra em outra localidade, ejetando a facilidade que a ocupa, como exemplificado na Figura 6.6. A facilidade "a" é ejetada do local 1 e vai para o local 6, de onde a facilidade "f" é ejetada. A facilidade "f" deverá ser atribuída a outro local que, no caso de estar ocupado, causará a ejeção da facilidade que o ocupa.

(2,3,1,4) 1140
(3,2,1,4) 976
(1,3,2,4) 1178
(4,3,1,2) 960
(2,1,3,4) 1014
(2,4,1,3) 956
(2,3,4,1) 904
1ª iteração
(2,3,4,1) 904
(3,2,4,1) 1004
(4,3,2,1) 890
(1,3,4,2) 1012
(2,4,3,1) 806
(2,1,4,3) 928
(2,3,1,4) 1140
2ª iteração
(2,4,3,1) 806
(4,2,1,3) 832
(3,4,2,1) 838
(1,4,3,2) 926
(2,3,4,1) 904
(2,1,3,4) 1014
(2,4,1,3) 956
3ª iteração

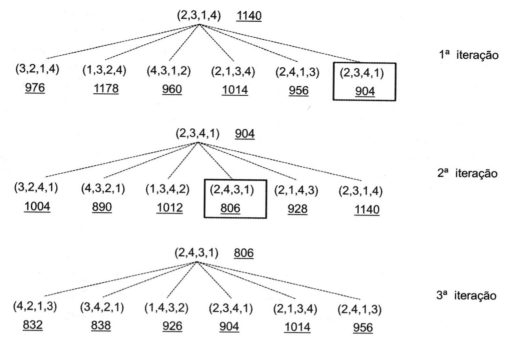

Figura 6.4: Exemplo de busca local com a vizinhança 2-troca.

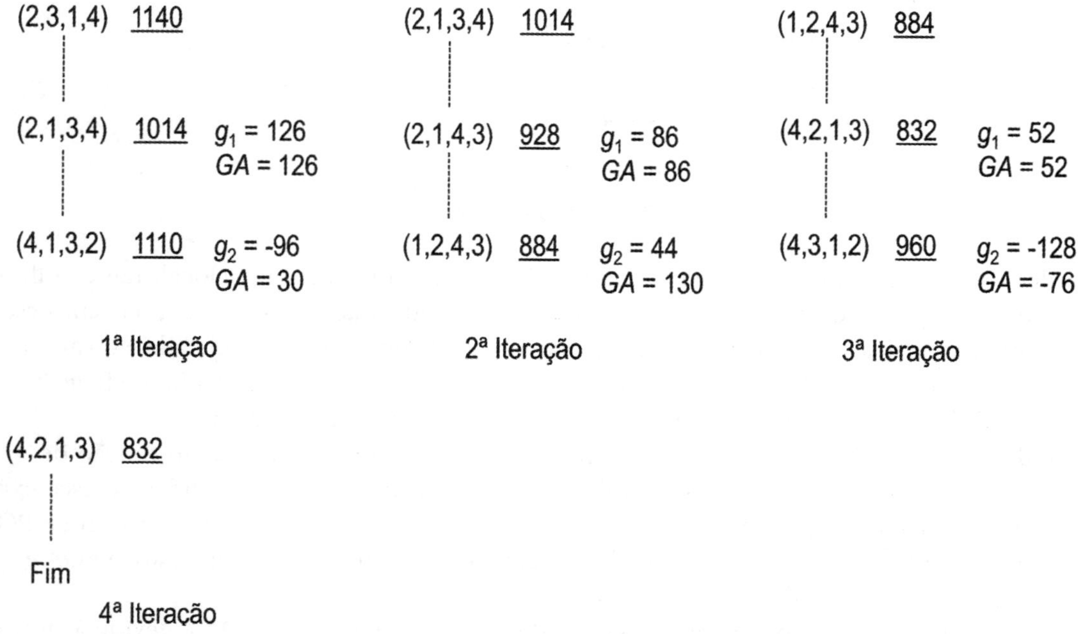

(2,3,1,4) 1140
(2,1,3,4) 1014 g_1 = 126 GA = 126
(4,1,3,2) 1110 g_2 = -96 GA = 30
1ª Iteração
(2,1,3,4) 1014
(2,1,4,3) 928 g_1 = 86 GA = 86
(1,2,4,3) 884 g_2 = 44 GA = 130
2ª Iteração
(1,2,4,3) 884
(4,2,1,3) 832 g_1 = 52 GA = 52
(4,3,1,2) 960 g_2 = -128 GA = -76
3ª Iteração
(4,2,1,3) 832
Fim
4ª Iteração

Figura 6.5: Exemplo de busca local com a vizinhança do tipo Lin-Kernighan.

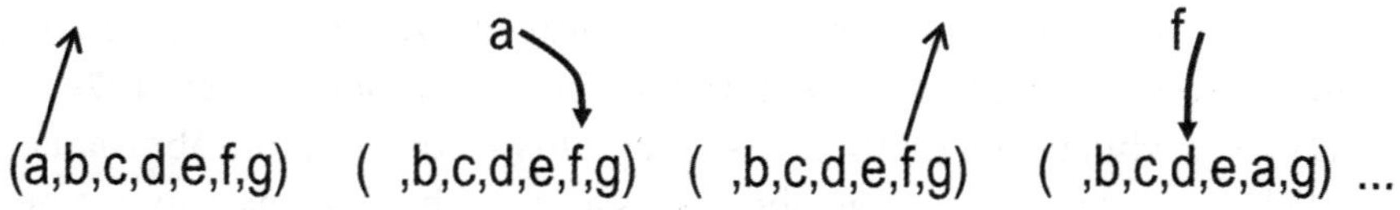

(a,b,c,d,e,f,g)
a
(,b,c,d,e,f,g)
(,b,c,d,e,f,g)
f
(,b,c,d,e,a,g) ...

Figura 6.6: Ejeção de facilidades.

Rego *et al.* (2010) representam uma solução do problema como um emparelhamento perfeito em um grafo bibartido completo $G = (V_1 \cup V_2, V_1 \times V_2)$, onde V_1 é o conjunto das facilidades e V_2 o das localidades. A Figura 6.7(a) ilustra a solução (2,3,1,4) como um emparelhamento perfeito no grafo G. O método estende a vizinhança 2-troca para uma vizinhança k-troca. O valor de k é determinado dinamicamente de acordo com a busca. Por causa dessa variação do tamanho de k, a vizinhança é dita de *profundidade variável*. Na Figura 6.7(b), a facilidade 2 é ejetada do local 1. A Figura 6.7(c) mostra que a facilidade 2 é atribuída ao local 3, de onde é ejetada a facilidade 1. Neste ponto, se a facilidade 1 for atribuída à localidade vaga, como mostra a Figura 6.7(d), um novo emparelhamento perfeito é obtido, caracterizando uma solução vizinha da solução inicial com $k = 2$. s movimento corresponde à vizinhança 2-troca. Entretanto, se a facilidade 1 for atribuída ao local 2, como na Figura 6.7(e), a nova solução mostrada na Figura 6.7(f) caracteriza uma solução vizinha da solução com $k = 3$. O valor de k pode ser estendido até n.

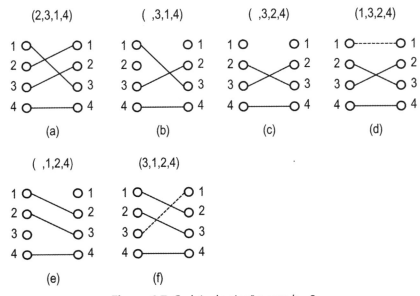

Figura 6.7: Cadeia de ejeção com $k = 3$.

Algumas decisões devem ser tomadas na implementação dos algoritmos de busca local. Tais escolhas definirão diferentes versões do algoritmo. Por exemplo, na vizinhança de cadeia de ejeção, devem ser feitas escolhas, tais como: a primeira facilidade a ser ejetada, a estratégia para localizar uma facilidade ejetada e o valor de k. A vizinhança de cadeia de ejeção é implementada em um algoritmo de busca tabu no trabalho de Rego *et al.* (2010) e em um algoritmo de busca local iterativa no trabalho de Goldbarg & Goldbarg (2012).

A cardinalidade das vizinhanças vistas anteriormente crescem polinomialmente em função de n. Dado um problema P de tamanho n, uma vizinhança para P é dita *exponencial* se sua cardinalidade cresce exponencialmente em função de n. Deĭneko & Woeginger (2000) investigaram vizinhanças exponenciais para o PQA.

Wu *et al.* (2012) investigam condições de otimalidade global suficientes e necessárias para o PQA e apresentam um método de otimização utilizando tais condições.

O maior número de trabalhos com algoritmos heurísticos publicados para o PQA é devido às técnicas meta-heurísticas. Tal como o problema do Caixeiro Viajante, o PQA, devido à sua dificuldade, tem servido de base de teste para propostas algorítmicas. Sendo assim, grande parte das meta-heurísticas propostas na literatura tem aplicação neste problema. Uma parte significativa dessas abordagens são variações da busca local que utilizam técnicas para escapar dos ótimos locais. A maioria dessas técnicas utiliza a vizinhança 2-troca. Alguns trabalhos que apresentam algoritmos de busca local e variações foram apresentados por: Parker (1976), West (1983), Mills *et al.* (2003), Yu & Sarker (2003) e Ahuja *et al.* (2007). Nos parágrafos seguintes serão abordadas as meta-heurísticas com base em variações da busca local. Após, serão abordadas as meta-heurísticas populacionais e outras técnicas recentes.

● Simulated Annealing

Um dos primeiros trabalhos que abordou a aplicação de uma meta-heurística ao PQA é devido a Burkard & Rendl (1984) que apresentaram um algoritmo *Simulated Annealing*. A estratégia de 2-troca na perturbação das soluções foi utilizada para casos teste de PQAs simétricos. Nessa implementação, as facilidades que teriam suas localidades trocadas eram escolhidas aleatoriamente. Wilhelm & Ward (1987) apresentaram algumas variações do algoritmo de Burkard & Rendl (1984) e estenderam o estudo de parâmetros. Connolly (1990) investigou uma geração de vizinhos sistemática no algoritmo, em vez da troca aleatória de facilidades. A troca de facilidades na geração de vizinhos era feita segundo a sequência $(1,2), (1,3), ..., (1, n), (2,3), ..., (2, n), ..., (n-1, n)$ de modo circular. Também foram investigados aspectos do esquema de resfriamento do algoritmo, tais como número de iterações em baixas temperaturas e fixação de uma temperatura ótima. Outros trabalhos que apresentam aplicações do Simulated Annealing ao PQA são devidos a Bos (1993), Laursen (1993), Yip & Pao (1994), Bölte & Thonemann (1996), Tian *et al.* (1996, 1999), Abreu *et al.* (1999), Amin (1999), Misevičius (2003), Sabatini *et al.* (2007) e Hussin & Stützle (2014).

● Busca Tabu

Uma das abordagens de maior sucesso para o PQA é a busca tabu. O primeiro algoritmo dessa classe é devido a Skorin-Kapov (1990). Nele foi utilizado o algoritmo construtivo de Heider (1973), vizinhança 2-troca com exame exaustivo e tamanho fixo da lista tabu. A pesquisa foi estendida nos trabalhos de Chakrapani & Skorin-Kapov (1993) e Skorin-Kapov (1993). Chakrapani & Skorin-Kapov (1993) implementaram uma versão paralela da busca tabu e investigaram a atribuição dinâmica de valores para o tamanho da lista tabu. Skorin-Kapov (1993) investigou a estratégia de análise de alvo proposta por Glover & Laguna (1991). Outro trabalho de referência é devido a Taillard (1991), que propôs a busca tabu robusta. A vizinhança utilizada também foi a 2-troca e o tamanho da lista tabu era escolhido aleatoriamente entre um valor mínimo e máximo. Taillard (1991) também apresentou uma implementação paralela do método. Battiti & Tecchiolli (1994) modificaram o tamanho da lista tabu dinamicamente ao detectar a revisita de alguma solução durante a busca. A atualização do tamanho da lista tabu era realizada em função do número de soluções encontradas entre a primeira e a segunda visita à solução que gerou um ciclo na busca. Outras implementações da busca tabu para o PQA foram apresentadas por: Chiang & Chiang (1998), Joines *et al.* (2000), Drezner (2005), Misevičius (2005), Misevičius *et al.* (2006), James *et al.* (2009a, 2009b), Rego *et al.* (2010), Fescioglu-Unver & Kokar (2011), Paul (2011) & Czapiński (2013). Comparações entre a busca tabu e o *Simulated Annealing* foram apresentadas por Paul (2010) e Hussin & Stützle (2014).

● GRASP, Multi-start, Busca Local Iterativa e Busca em Vizinhança Variável

Li *et al.* (1994b) apresentaram o primeiro algoritmo GRASP para o PQA. A fase de construção era dividida em duas etapas. Na primeira etapa, duas facilidades são alocadas simultaneamente. É montada uma lista restrita de candidatos com as duplas de facilidades/localidades com o menor custo de interação. Uma dupla é escolhida aleatoriamente dessa lista. A segunda etapa é um procedimento iterativo no qual cada uma das $n-2$ facilidades restantes são alocadas. Em cada iteração, um par facilidade/localidade é escolhido e inserido na solução em construção. Considerando uma facilidade i e uma localidade k diferentes das que já se encontram na solução em construção, verifica-se o custo de interação de i com os demais elementos da solução, caso i seja atribuída à localidade k. É montada uma lista restrita de candidatos com os pares de melhor avaliação segundo o custo de interação. Um par é escolhido aleatoriamente desta lista e incluído na solução em formação. Na fase de busca local, a vizinhança 2-troca foi utilizada. Implementações em FORTRAN desse algoritmo são apresentadas no trabalho de Resende *et al.* (1996). Outras aplicações da meta-heurística GRASP ao PQA foram apresentadas por: Fleurent & Glover (1999), Rangel *et al.* (2000), Pitsoulis *et al.* (2001). Hibridizações do GRASP com path-relinking e busca tabu são apresentadas, respectivamente por Oliveira *et al.* (2004) e Silva *et al.* (2014).

Os primeiros relatos de aplicações da busca local iterativa (*ILS*) ao PQA são de Lourenço *et al.* (2003) e Stützle (2006). Nestes algoritmos, a 2-troca foi utilizada como estrutura de vizinhança. As soluções eram perturbadas com *k*-trocas aleatórias, em que o valor de *k* era definido entre um limite mínimo e máximo estabelecidos *a priori*. O trabalho de Stützle (2006) investigou quatro diferentes tipos de critério de aceitação de uma solução vizinha. Hussin & Stützle (2009) investigaram o aninhamento de buscas locais iterativas para o PQA. Benlic & Hao (2013) apresentam um algoritmo que hibridiza elementos das técnicas *iterated local search*, Busca Tabu e *simulated annealing*. A técnica proposta, chamada de BLS (*Breakout Local Search*) inicia com uma solução e aplica busca local até atingir um ótimo local. Neste ponto são aplicadas perturbações à solução resultante da busca local. O número de perturbações aplicadas à solução, chamado de magnitude do salto, varia durante as iterações dependendo se é identificada a ocorrência de estagnação, retorno a um ótimo local já alcançado na busca ou escape da região do ótimo local.

Algoritmos de busca em vizinhança variável foram propostos para o PQA no trabalho de Taillard & Gambardella (1999). A estrutura de vizinhança básica dos algoritmos é a 2-troca. A variação no tamanho das vizinhanças era calculada com a distância de Hamming. Zhang *et al.* (2005) apresentam um algoritmo de busca em vizinhança variável que utiliza a distância de permutação.

● Algoritmos Evolucionários

Algoritmos genéticos foram apresentados por Tate & Smith (1995) e Gong *et al.* (1999). Algoritmos genéticos padrão, entretanto, não exibem bons resultados a menos que sejam hibridizados com outras técnicas. Em sua grande maioria, tais técnicas são voltadas à intensificação, como Busca Local e Busca Tabu. Um desses casos é investigado no trabalho de Fleurent & Ferland (1994), no qual é feita a comparação de um algoritmo genético padrão com versões hibridizadas com Busca Local e Busca Tabu. É verificado que o algoritmo híbrido produz resultados melhores que as meta-heurísticas individualmente. Ahuja *et al.* (2000) propõem um algoritmo genético que utiliza periodicamente Busca Local 2-troca e imigração. Merz & Freisleben (2000) utilizam análise de panorama de busca para desenvolver operadores para um algoritmo genético que também contém busca local 2-troca. Drezner & Marcoulides (2003) propõem um algoritmo genético hibridizado com Busca Tabu concêntrica e seleção de pais com base em distância. Para aumentar a diversificação são selecionados pais mais distantes entre si, de acordo com a distância de Hamming. Misevičius (2004) apresenta um algoritmo genético híbrido com busca local iterativa. Drezner (2008) investiga diversas hibridizações do algoritmo genético com Busca Tabu, a melhor versão sendo a hibridização com a busca tabu robusta. Variações da busca local iterativa sob uma arquitetura de algoritmo genético são investigadas por Ramkumar *et al.* (2008, 2009a). Drezner & Misevičius (2013) propõem a utilização de melhoria diferencial em algoritmos genéticos hibridizados com busca tabu. A melhoria diferencial consiste na escolha do melhor indivíduo de um grupo selecionado aleatoriamente para ser submetido ao procedimento de melhoria, no caso, Busca Tabu. Benlic & Hao (2015) propõem um algoritmo genético hibridizado com *breakout local search*.

Diferentes técnicas populacionais foram investigadas no trabalho de Maniezzo *et al.* (1995), dentre elas: algoritmos genéticos e estratégias evolucionárias. Estratégias evolucionárias também foram propostas por Nissen (1994). Algoritmos evolucionários de diferentes classes também foram aplicados ao PQA, dentre eles: *scatter search* (Cung *et al.*, 1997; James *et al.*, 2005), algoritmos transgenéticos (Goldbarg & Goldbarg, 2002), algoritmos de estimação de distribuição (Zhang *et al.*, 2006) e evolução diferencial (Davendra *et al.*, 2009; Kushida *et al.*, 2012; Tasgetiren *et al.*, 2013).

● Algoritmos de Inteligência Coletiva

Os primeiros resultados da aplicação da meta-heurística Colônia de Formigas para o PQA foram apresentados no trabalho de Dorigo *et al.* (1996). A informação heurística utilizada pelas formigas na construção de uma solução era obtida de uma matriz de potenciais, calculada com base nas matrizes *F* e *D*. Maniezzo & Colorni (1999) apresentaram um algoritmo do tipo *ant system* no qual o limite GLB foi utilizado como indicador de benefício da atribuição de uma facilidade a uma localidade. O algoritmo também foi hibridizado com busca local 2-troca com exame completo da vizinhança. Gambardella *et al.* (1997) apresentaram o HAS-QAP (publicado mais tarde em

Gamberdella *et al.*, 1999). Diferente dos primeiros algoritmos de colônia de formigas, nos quais uma solução era construída iterativamente, no HAS-QAP, soluções completas eram atribuídas às formigas. Cada formiga modificava sua solução correspondente de acordo com a informação do feromônio. Depois, cada solução era submetida à Busca Local. As modificações nas soluções e vizinhanças da busca local foram baseadas na estrutura da 2-troca. A abordagem proposta por Demirel & Toksari (2006) também considera uma solução completa associada com cada formiga. O trabalho apresenta também uma hibridização com a meta-heurística *simulated annealing*. Uma extensão do HAS-QAP foi apresentada por Ramkumar *et al.* (2009b). Outras variações do algoritmo de colônia de formigas para o PQA foram apresentados por Stützle & Hoos (2000), Middendorf *et al.* (2002), Wong & See (2009) e Puris *et al.* (2010). Diversos trabalhos apresentam hibridizações dos algoritmos de colônia de formigas com diferentes versões de buscas locais e busca tabu, dentre eles: Talbi *et al.* (2001), Hani *et al.* (2007), Tsutsui (2008) e Komarudin & Wong (2010). Tseng & Liang (2006) apresentam uma hibridização com algoritmo genético e busca local.

Algoritmos de nuvem de partículas apresentados para o problema são em sua maioria híbridos com alguma técnica de busca local, tais como: Liu & Abraham (2007), Mamaghani & Meybodi (2012), Helal & Abdelbar (2014). A meta-heurística de pássaros migratórios foi apresentada por Duman *et al.* (2012).

● Outras Técnicas

Redes neurais caóticas são aplicadas ao PQA por Ishii & Sato (1998), Hasegawa *et al.* (2002) e Horio *et al.* (2005). Fedjki & Duffuaa (2004) apresentam um algoritmo de pontos extremos.

6.7 Complexidade

O PQA é um problema reconhecidamente difícil pelos pesquisadores da área de Otimização Combinatória. Atualmente, instâncias computacionalmente tratáveis estão no entorno de $n = 30$ e diversos problemas NP-difíceis são considerados casos particulares do PQA. Apesar disso, existem algumas classes de PQA cujos problemas admitem solução em tempo polinomial. As primeiras investigações sobre classes de PQA com solução polinomial foram apresentadas nos trabalhos de Chen (1995), Burkard *et al.* (1997, 1998), Çela (1998) e Deĭneko & Woeginger (2000). Outros trabalhos que seguem essa linha de investigação são devidos a Ciriani *et al.* (2004), Erdoğan (2006), Erdoğan & Tansel (2006), Demidenko *et al.* (2006), Demidenko & Dolgui (2007), Çela *et al.* (2011, 2012) e Adams & Wadell (2014). Christofides & Gerrard (1981) mostraram que alguns problemas de isomorfismo em grafos podem ser resolvidos em tempo polinomial por um algoritmo de Programação Dinâmica. Do ponto de vista teórico, diversos problemas NP-difíceis são casos particulares do PQA, dentre eles o Problema do Caixeiro Viajante, Bipartição e Clique de tamanho k em grafos. Além de sua classificação por Sahni & Gonzalez (1976) como sendo fortemente NP-difícil, outros trabalhos também investigam classes de PQA que admitem e não admitem aproximações polinomiais (Queyranne, 1986; Hassin *et al.*, 2009). Algumas vertentes de investigação da dificuldade do PQA compreendem sua classificação como *problema de busca*, sua complexidade assintótica e o estudo de indicadores de dificuldade de instâncias para algoritmos exatos e heurísticos.

● Problemas NP-difíceis Modelados como PQA

Dado um grafo G ponderado em arestas, o Problema do Caixeiro Viajante (PCV) consiste em encontrar o ciclo Hamiltoniano de mínimo custo em G, em que o custo é dado pela soma dos pesos das arestas do ciclo. No caso de o grafo G ter n vértices, considera-se D a matriz de adjacência ponderada de G, e F a matriz de adjacência de um circuito de comprimento n. A Figura 6.8 ilustra um grafo no qual se deseja resolver um PCV com quatro cidades e as matrizes D e F do PQA. A solução do PQA dada pela permutação $\pi = (3, 4, 2, 1)$ tem custo 20 e corresponde ao ciclo composto pelas arestas (3,4), (4,2), (2,1) e (1,3).

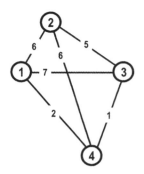

$$D = \begin{bmatrix} 0 & 6 & 7 & 2 \\ 6 & 0 & 5 & 6 \\ 7 & 5 & 0 & 1 \\ 2 & 6 & 1 & 0 \end{bmatrix} \quad F = \begin{bmatrix} 0 & 1 & 0 & 0 \\ 0 & 0 & 1 & 0 \\ 0 & 0 & 0 & 1 \\ 1 & 0 & 0 & 0 \end{bmatrix}$$

Figura 6.8: PCV como PQA.

O problema da bipartição de um grafo G com número par de vértices consiste em dividir o conjunto de vértices de G em dois conjuntos disjuntos, A e B, de mesma cardinalidade de modo que o número de arestas com um vértice terminal em A e o outro em B seja mínimo. Para modelar esse problema como um PQA, toma-se D como a matriz de adjacência de G. A matriz F corresponde a matriz de adjacência de dois grafos completos disjuntos de ordem $n/2$, sendo definida por $F = \begin{pmatrix} 0 & P \\ P & 0 \end{pmatrix}$, onde P é uma matriz quadrada de ordem $n/2$ e $p_{ij} = 1$ para $1 \leq i,j \leq n/2$, $i \leq j$.

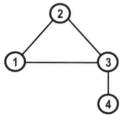

$$D = \begin{bmatrix} 0 & 1 & 1 & 0 \\ 1 & 0 & 1 & 0 \\ 1 & 1 & 0 & 1 \\ 0 & 0 & 1 & 0 \end{bmatrix} \quad F = \begin{bmatrix} 0 & 0 & 1 & 0 \\ 0 & 0 & 0 & 1 \\ 1 & 0 & 0 & 0 \\ 0 & 1 & 0 & 0 \end{bmatrix}$$

Figura 6.9: Bipartição de grafo como PQA.

A Figura 6.9 ilustra um caso do problema da bipartição como um PQA no qual é apresentado um grafo com quatro vértices e as matrizes correspondentes. Neste caso, a solução do PQA dada pela permutação $\pi = (3, 4, 2, 1)$ corresponde à partição dos vértices do grafo nos conjuntos $A = \{1,2\}$ e $B = \{3,4\}$ com número mínimo de arestas com um vértice terminal em cada conjunto.

Um clique em um grafo G é um subgrafo completo de G. Se o clique possui k vértices, então é chamado k-clique. O problema da k-clique consiste em saber se G possui subgrafo completo com k vértices. Como no problema anterior, a matriz D é tomada como a matriz de adjacência de G. A matriz F é dada por -1 multiplicado pela matriz de adjacência de um grafo composto por um grafo completo com k vértices e $n-k$ vértices isolados (Huang, 2008). O grafo contém uma clique de tamanho k somente se o PQA tiver valor ótimo $-k^2 + k$, a soma do número de elementos da matriz de adjacência de um grafo completo com k vértices.

● Complexidade do Problema de Busca Local

Um *problema de busca local*, conforme definido por Johnson et al. (1988), consiste em encontrar um ótimo local para um problema de Otimização Combinatória, Π, segundo uma estrutura de vizinhança, *Viz*. Algumas estruturas de vizinhança para o PQA, tais como 2-troca e Lin-Kernighan, foram abordadas na seção 6.5. Em analogia às classes de problemas de decisão, por exemplo, P e NP, foi definida uma classe de problemas de busca chamada PLS (*Polynomial-time Local Search*). Dado um problema Π e uma estrutura de vizinhança *Viz*, a classe PLS contém os problemas de busca para os quais é possível gerar uma solução π para Π, avaliá-la e verificar $Viz(\pi)$ em tempo polinomial. A verificação da vizinhança $Viz(\pi)$ de π consiste em gerar todos os elementos de $Viz(\pi)$, avaliá-los e retornar uma de duas possíveis respostas. Considere π' a solução vizinha de π com a melhor avaliação. Se a avaliação de π' é melhor que a de π, o algoritmo de verificação retorna π'. Caso contrário, o algoritmo retorna π indicando que é um ótimo local na vizinhança especificada. Em analogia à complexidade clássica, existe uma noção de redução na definição da classe PLS. Um problema Π é dito PLS-completo se todo problema $\Pi' \in$ PLS puder ser reduzido a Π em tempo polinomial. Dado um problema PLS-completo, se for possível encontrar um ótimo local para ele em tempo polinomial, então é possível encontrar um ótimo local para qualquer problema da classe PLS em tempo polinomial. Pardalos *et al.* (1994) mostraram que o PQA com a vizinhança do tipo Kernighan-Lin é PLS-completo. Li *et al.* (1994b) mostraram que o PQA é PLS-completo para vizinhanças k-troca, em que k é uma constante. Alguns problemas de busca com vizinhanças exponenciais podem ter sua vizinhança verificada em tempo polinomial, como demonstrado por Deĭneko & Woeginger (2000). Esse, entretanto, parece não ser o caso do PQA. Deĭneko & Woeginger (2000) conjecturaram que, a menos que $P \neq NP$, apenas vizinhanças polinomiais do PQA podem ser verificadas em tempo polinomial.

Angel & Zissimopoulos (1998) estudam a relação entre os valores dos ótimos locais segundo a estrutura de vizinhança 2-troca e o valor médio de todas as soluções de uma instância do PQA, apresentando, também, resultados para o Problema do Caixeiro Viajante simétrico, bipartição, clique máximo e conjunto independente máximo de um grafo. A média dos custos das soluções do PQA foi investigada nos trabalhos de Graves & Whinston (1970), Angel & Zissimopoulos (1998) e Boaventura-Netto & Abreu (1998). Considerando $s(A)$ a soma de todos os elementos da matriz A, a fórmula da média das soluções de um PQA, μ_{PQA}, é apresentada na Equação 6.34 (Angel & Zissimopoulos, 1998), onde $s(F)$ e $s(D)$ denotam a soma de todos os elementos das matrizes F e D, respectivamente.

$$\mu = \frac{s(F)s(D)}{2n(n-1)} \tag{6.34}$$

Considerando π_{ot_loc} uma solução localmente ótima segundo a vizinhança 2-troca e $custo(\pi_{ot\_loc})$ seu custo, Angel & Zissimopoulos (1998) mostram que a Expressão 6.35 vale para todo PQA. No mesmo trabalho, também foi mostrado que, se os elementos das matrizes F e D são inteiros positivos, então um algoritmo de busca local padrão com vizinhança 2-troca encontrará um solução com custo menor que $(n/2)\,\mu$ em no máximo $O(n \log(s(F)s(D)/2))$ iterações.

$$custo(\pi_{ot\_loc}) \leq \frac{\langle F, D \rangle_+}{s(F)s(D)} n\mu \tag{6.35}$$

● Comportamento Assintótico

Apesar de ser um problema difícil, Burkard & Fincke (1983) apresentaram um resultado um tanto surpreendente quanto ao comportamento assintótico para do PQA. Basicamente, eles mostraram que, observadas certas condições probabilísticas, a diferença relativa entre os valores da pior e melhor solução do problema tende a zero com probabilidade tendendo a um quando a dimensão do problema se aproxima do infinito. Uma consequência desse resultado é que, com alta probabilidade, algoritmos heurísticos simples são capazes de encontrar boas soluções aproximadas para problemas de dimensões muito altas, dadas as condições probabilísticas assumidas no estudo. Burkard & Fincke (1983) investigaram, inicialmente, o caso em que os valores de d_{ij} eram as distâncias entre pares de pontos no plano, distribuídos independente e uniformemente, e os f_{ij} eram variáveis aleatórias independentemente distribuídas no intervalo $[0,1]$, $i,j = 1,...,n$. Eles investigaram, também, o caso no qual tanto d_{ij} como f_{ij} eram variáveis aleatórias independentemente distribuídas no intervalo $[0,1]$. Considerando π_{melhor} e π_{pior}, a melhor e a pior solução de um PQA, $custo(\pi_{melhor})$ calculada com a Expressão 6.10, $custo(\pi_{pior})$ calculada com a Expressão 6.36, e números reais $b > 0$, $\varepsilon > 0$, Burkard e Fincke (1983) mostraram que no caso planar, para qualquer $\alpha > 0$, vale a expressão 6.37, onde P denota probabilidade, e que no caso geral vale 6.38.

$$\max_{\pi \in S_n} \sum_{i=1}^{n} \sum_{j=1}^{n} f_{\pi(i)\pi(j)} d_{ij} \tag{6.36}$$

$$P\left\{\frac{custo(\pi_{pior})-custo(\pi_{melhor})}{custo(\pi_{melhor})}\leq\frac{3+\alpha}{\varepsilon n^{0,18}}\right\}_{n\to\infty}\to 1 \qquad (6.37)$$

$$P\left\{\frac{custo(\pi_{pior})-custo(\pi_{melhor})}{custo(\pi_{melhor})}\leq\frac{2+\alpha}{b\varepsilon n^{0,225}}\right\}_{n\to\infty}\to 1 \qquad (6.38)$$

O resultado probabilístico de Burckard & Fincke (1983) foi melhorado no trabalho de Frenk *et al.* (1985) que mostraram a convergência com quase certeza. Outros trabalhos na mesma linha são devidos a Rhee (1988, 1991).

Burkard & Fincke (1985) investigaram a taxa entre a pior e a melhor solução de problemas de Otimização Combinatória com função objetivo do tipo *soma*, dentre eles o PQA. Eles mostraram que essa taxa está fortemente relacionada com o logaritmo natural da razão entre a cardinalidade do conjunto de soluções viáveis e a cardinalidade de uma solução, considerando que todas as soluções possuem a mesma cardinalidade. O resultado para o PQA é apresentado na Expressão 6.39, na qual d_{ij} como f_{ij} são variáveis aleatórias independentemente distribuídas no intervalo [0,1]. O resultado mostrado em 6.39 vale sempre que 6.40 ocorrer, onde $|S_n|$ e $|\Pi|$ denotam, respectivamente, a cardinalidade do conjunto de soluções viáveis e a cardinalidade de uma solução.

$$P\left\{\frac{custo(\pi_{pior})}{custo(\pi_{melhor})}<1+\varepsilon\right\}_{n\to\infty}\to 1 \qquad (6.39)$$

$$\lim_{n\to\infty}\frac{\ln|S_n|}{|\Pi|}=0 \qquad (6.40)$$

Este resultado mostra que a taxa entre o custo da pior e da melhor solução é um valor no intervalo $(1-\varepsilon, 1+\varepsilon)$ com probabilidade tendendo a 1 quando n se aproxima do infinito. Frenck *et al.* (1985) apresentaram resultados mais fortes mostrando que o resultado 6.39 vale quase certamente, ao assumirem que existe $M > 0$ e uma constante c_1, tal que a Expressão 6.41 vale qualquer que seja π (incluindo π_{melhor} e π_{pior}). É assumido que d_{ij} e f_{ij} são variáveis aleatórias independentemente distribuídas no intervalo [0,M]. Com tal resultado, foi mostrado que o valor assintótico da função objetivo de π_{melhor} é $n^2 E(f_{ij})E(d_{ij})$, $1 \leq i,j \leq n$, onde $E(\cdot)$ denota o valor esperado da variável.

$$\limsup_{n\to\infty}\sqrt{\frac{n}{\ln n}}\left|\frac{custo(\pi)}{n^2 E(f_{ij})E(d_{ij})}-1\right|\leq c_1 \qquad (6.41)$$

Assumindo que os valores das piores soluções são não decrescentes para valores crescentes de n, Szpankowski (1995) também fortaleceu o resultado de Burkard & Fincke (1985) mostrando que a diferença entre a pior e a melhor solução de alguns problemas, dentre eles o PQA, são quase certamente assintoticamente iguais quando n tende a infinito. A relação apresentada por Szpankowski (1995) entre a cardinalidade do conjunto de soluções viáveis e a cardinalidade de uma solução é dada em 6.42.

$$\ln|S_n|=o(|\Pi|), n\to\infty \qquad (6.42)$$

Dyer *et al.* (1986) analisaram o desempenho de algoritmos do tipo *branch-and-bound* para PQAs com coeficientes gerados aleatoriamente, como os do caso geral do trabalho de Burckard & Fincke (1983). Eles consideraram algoritmos nos quais as ramificações eram construídas atribuindo valor 0 ou 1 às variáveis x_{ij} e utilizaram o limite obtido da linearização de Frieze & Yadegar (1983). Eles mostraram que tais algoritmos exploravam um número de nós limitado inferiormente por $n^{(1-o(1))n/4}$ quando $n\to\infty$.

Alguns autores investigaram o comportamento assintótico do PQA a partir de métodos da área de Mecânica Estatística. O trabalho pioneiro nesta linha é devido a Bonomi & Lutton (1986). Albrecher *et al.* (2006) estenderam e apresentaram algumas correções do trabalho de Bonomi & Lutton (1986), produzindo uma prova alternativa dos resultados encontrados para o problema. Paul *et al.* (2011) utilizaram o método das réplicas para investigar o comportamento assintótico em instâncias nas quais os coeficientes de pelo menos uma das matrizes de entrada são obtidos de uma distribuição aleatória P. Eles mostraram que, quando $n \to \infty$, o custo da melhor e pior solução são dados nas Expressões 6.43 e 6.44, em que F é a matriz de elementos obtidos da distribuição aleatória P (os elementos de D são quaisquer), μ_F e σ_F são, respectivamente, a média e o desvio-padrão da distribuição P, μ_D a média das entradas da matriz D e ϕ uma função de D e n. Tal resultado evidencia a simetria dos valores $custo(\pi_{melhor})$ e $custo(\pi_{pior})$ e a dependência apenas da média e variância da distribuição P, qualquer que seja ela.

$$custo(\pi_{melhor}) = \mu_F \mu_D n^2 - \sigma_F \phi(B) n^{3/2} \tag{6.43}$$

$$custo(\pi_{pior}) = \mu_F \mu_D n^2 + \sigma_F \phi(B) n^{3/2} \tag{6.44}$$

● Indicadores de Dificuldade de Instâncias

A dificuldade de solução de instâncias do PQA por algoritmos exatos ou heurísticos varia consideravelmente mesmo para valores fixos de n e, devido a isto, diversos pesquisadores conjecturaram que certas famílias de instâncias do problema podem ser mais difíceis de solucionar que outras. Conjectura-se que as características relacionadas a tais famílias, se mensuráveis, poderiam determinar o grau de dificuldade de uma instância para algum método. A noção de dificuldade também está associada ao objetivo que se deseja alcançar. Por exemplo, no caso de algoritmos exatos, uma instância pode ser considerada mais fácil se leva menos tempo para ser solucionada. No caso de algoritmos heurísticos, o objetivo pode estar relacionado com a proximidade do valor ótimo.

Um dos primeiros indicadores de dificuldade de instâncias apresentados na literatura, chamado de *dominância de fluxo*, foi introduzido por Vollmann & Buffa (1966). Os autores queriam mostrar que algumas instâncias poderiam ser resolvidas por seres humanos, de forma heurística, produzindo um resultado próximo ao ótimo e, portanto, prescindindo do uso de computadores. A medida é dada pela proporção do desvio-padrão em relação à média das entradas da matriz de fluxo e pode ser calculada pela fórmula apresentada na Equação 6.45, em que α (desvio-padrão) e β (média) são definidos, respectivamente, nas Equações 6.46 e 6.47.

$$df = 100 \frac{\alpha}{\beta} \tag{6.45}$$

$$\alpha = \sqrt{\frac{1}{n^2 - 1} \sum_{i=1}^{n} \sum_{j=1}^{n} (f_{ij} - \beta)^2} \tag{6.46}$$

$$\beta = \frac{1}{n^2} \sum_{i=1}^{n} \sum_{j=1}^{n} f_{ij} \tag{6.47}$$

A ideia é que, quanto mais alta a dominância de fluxo, mais fácil é solucionar a instância, uma vez que um valor alto indica que uma parte significativa do fluxo está sendo trocada entre poucas facilidades. Claramente, tal medida negligencia as distâncias entre as facilidades. Entretanto, uma medida para dominância de distância pode ser feita de forma análoga. Vollman & Buffa (1966) sugeriram que instâncias com $df > 200$ poderiam ser resolvidas por um humano por meio de um procedimento heurístico, e o resultado não se afastaria em mais de 5% do ótimo. Diversos pesquisadores criticaram a real utilidade da medida para prever a dificuldade dos problemas (Kusiak & Heragu, 1987). A dominância de fluxo (distância) negligencia fatores importantes para a dificuldade da instância tais como seu tamanho e a *esparsidade* da matriz de fluxo (distância), definida como a proporção de elementos zero em relação ao número total de elementos na matriz. Mautor & Roucariol (1993) sugerem que, quanto maior a dominância de fluxo de uma instância, menor é o tempo para resolvê-la com um algoritmo do tipo *branch-and-bound*. Erdogan &

Tansel (2007) verificaram que as medidas de dominância de fluxo e de distância não estavam relacionadas com a dificuldade de solução do algoritmo do tipo *branch-and-cut* proposto em seu trabalho. Alguns trabalhos que apresentam métodos heurísticos também fazem menção ao uso da medida na classificação de instâncias, dentre eles os de Bachelet *et al.* (1996), Taillard *et al.* (2001), Merz & Freisleben (1997, 2000) e Stützle (2006).

Duas medidas de dificuldade baseadas na média e na variância das soluções de uma instância do PQA simétrico foram apresentadas por Abreu *et al.* (2002). A variância dos custos das soluções do PQA foi investigada nos trabalhos de Boaventura-Netto & Abreu (1998) e Angel & Zissimopoulos (2001). Considerando S_k definido como na Equação 6.48, a fórmula da variância conforme Boaventura-Netto & Abreu (1998) é apresentada na Equação 6.49.

$$S_k = \sum_{i,j,r,s=1}^{n} f_{ij}f_{rs} \sum_{i,j,r,s=1}^{n} d_{ij}d_{rs}, \text{ tal que } |\{i,j\} \cap \{r,s\}| = k \tag{6.48}$$

$$\sigma^2 = \frac{1}{n(n-1)}\left(\frac{4S_0}{(n-2)(n-3)} + \frac{S_1}{(n-2)} + 2S_2\right) - \mu^2 \tag{6.49}$$

Abreu *et al.* (2002) propõem o *fator de desvio das soluções*, *fds*. Essa medida, de forma análoga à dominância de fluxo, calcula a razão entre a variância e a média das soluções de um PQA e é mostrada na Equação 6.50. Tal medida não leva em consideração o tamanho da instância e é utilizada para comparar a dificuldade de instâncias da mesma ordem. A medida para comparar instâncias com ordens diferentes é mostrada na Equação 6.51. Os autores compararam as medidas *dm* e *df* quanto à previsão de dificuldade de instâncias por um algoritmo exato do tipo *branch-and-bound* mostrando que *dm* produz resultados mais consistentes que *df*.

$$fds = 100\frac{\sigma^2}{\mu} \tag{6.50}$$

$$dm = \frac{2\,fds}{n(n-1)} \tag{6.51}$$

Na investigação da dificuldade das instâncias quanto aos algoritmos heurísticos, os pesquisadores têm apoiado suas conclusões por meio da análise das propriedades do *panorama de busca* (*search landscape*) (Krokhmal & Pardalos, 2009). Um panorama de busca de uma instância de um problema de Otimização Combinatória consiste de um conjunto de pontos representando as soluções do problema, uma função de avaliação que atribui um valor real a cada ponto do conjunto e uma medida de distância entre os pontos. Da definição de panorama de busca, observa-se que a métrica utilizada para determinar a distância entre duas soluções tem um papel importante no índice de dificuldade da instância. Existem diversas medidas de distância para problemas cujas soluções podem ser representadas como permutações, algumas são apresentadas nos trabalhos de Ronald (1998) e Sörensen (2007). Bachelet (1999) definiu a distância entre duas soluções π_1 e π_2 do PQA, $dist(\pi_1, \pi_2)$, como sendo o menor número de operações de 2-troca para transformar uma solução na outra. A distância de Bachelet pode ser calculada em tempo $O(n)$. A partir dela, é possível calcular a dispersão das soluções de um conjunto C. Bachelet (1999) define o diâmetro de C como na Equação 6.52.

$$diam(C) = \frac{\sum_{\pi_1 \in Pop}\sum_{\pi_2 \in Pop} dist(\pi_1, \pi_2)}{|C|^2} \tag{6.52}$$

Outra medida de dispersão das soluções do PQA em um panorama de busca, chamada de *entropia*, foi proposta por Fleurent & Ferland (1994). A fórmula para o cálculo da entropia é mostrada na Equação 6.53, na qual loc_{ij} denota o número de vezes que a facilidade i está atribuída à localidade j em C. Valores próximos a 0 indicam pouca diversidade em C, isto é, que a distância entre as soluções é pequena, enquanto valores próximos de 1 indicam que as soluções estão bem distribuídas. Neste caso, uma medida geral de distância entre todas as soluções é simulada no valor de loc_{ij}.

$$ent(C) = \frac{-1}{n \log n} \sum_{i=1}^{n} \sum_{j=1}^{n} \left(\frac{loc_{ij}}{|C|} \log \frac{loc_{ij}}{|C|} \right) \tag{6.53}$$

A *distância de emparelhamento exato*, proposta por Ronald (1998), é utilizada por Merz & Freisleben (2000) para definir um panorama de busca do PQA. A *distância de emparelhamento exato*, dee, é mostrada na Equação 6.54, em que $\delta_i(\pi_1, \pi_2) = 1$ se o *i*-ésimo elemento das permutações π_1 e π_2 for igual, caso contrário $\delta_i(\pi_1, \pi_2) = 0$.

$$dee = n - \sum_{i=1}^{n} \delta_i(\pi_1, \pi_2) \tag{6.54}$$

A *rugosidade* é outra característica do panorama de busca que auxilia na indicação da dificuldade de uma instância. É um indicador da correlação de pontos vizinhos no espaço de busca. Intuitivamente, um panorama de busca é dito rugoso se possui muitos ótimos locais e se a correlação entre pontos vizinhos for baixa. O coeficiente de rugosidade para o PQA foi proposto por Angel & Zissimopoulos (2001) que utilizaram o coeficiente de autocorrelação de Weinberger (1990). O coeficiente de rugosidade, ζ, expresso na Equação 6.55, é dado em função do coeficiente de autocorrelação, ξ (Equação 6.56), onde $med((custo(\pi)\text{-}custo(\pi'))^2)$ é o valor médio do quadrado das diferenças dos custos de todas as soluções π e π' distantes entre si em 1 unidade. Considera-se a distância de Bachelet. Angel & Zissimopoulos (2001) apresentam uma expressão polinomial para o cálculo de $med((custo(\pi)\text{-}custo(\pi'))^2)$.

$$\zeta = 100 - \frac{400}{n-2} \left(\xi - \frac{n}{4} \right) \tag{6.55}$$

$$\xi = \frac{2\sigma^2}{med((custo(\pi) - custo(\pi'))^2)} \tag{6.56}$$

Um coeficiente de rugosidade com valor próximo a 0 indica um panorama de busca pouco rugoso, enquanto valores próximos a 100 indicam panoramas de busca com alto grau de rugosidade (muitos ótimos locais correlacionados). Chicano *et al.* (2010) observam que a fórmula de Angel & Zissimopoulos (2001) pode ser inválida para algumas instâncias do PQA. Chicano *et al.* (2012) apresentam uma fórmula corrigida para o coeficiente de autocorrelação. Considerando a vizinhança 2-troca, Angel & Zissimopoulos (2001) mostraram que $\xi \geq n/4$ para qualquer instância do PQA e conjecturaram que o limite superior seria $n/2$. Chicano *et al.* (2010) exibiram valores mais justos provando a desigualdade apresentada na Expressão 6.57.

$$\frac{n-1}{4} \leq \xi \leq \frac{n-1}{2} \tag{6.57}$$

Outra característica do panorama de busca que auxilia na indicação da dificuldade de uma instância é o comprimento de autocorrelação, *l*, o qual também pode ser calculado eficientemente por uma fórmula apresentada no trabalho de Chicano *et al.* (2012). Existe uma conjectura que relaciona o número de ótimos locais e o comprimento de autocorrelação, apresentada em (6.58), em que $|X|$ denota a cardinalidade do conjunto de soluções e $|X(x_0,l)|$ denota a cardinalidade do conjunto de soluções atingíveis a partir de uma solução inicial x_0 em *l* ou menos movimentos da busca local (Stadler, 2002). Em geral, considera-se que um número menor de passos é requerido do algoritmo de busca local para atingir o ótimo global quando existem poucos ótimos locais.

$$\#ot\_loc \approx \frac{|X|}{|X(x_0, l)|} \tag{6.58}$$

Chicano *et al.* (2012) verificaram a validade desta conjectura para o PQA por meio de um teste experimental com 4000 instâncias geradas aleatoriamente, por meio do teste de correlação de Spearman. Foi observado que, embora os resultados mostrem que existe correlação inversa entre *l* e *#ot_loc*, o fator de correlação foi baixo. Os autores apresentaram o limite superior para *l* mostrado em 6.59.

$$l \leq \frac{n-1}{2} \tag{6.59}$$

Angel & Zissimopoulos (2002) propõem uma medida de dificuldade para algoritmos de busca local com base na rugosidade e na *dominância*. Segundo os autores, a dominância é um indicador da amplitude da variação da função custo, isto é, a razão entre o pior e o melhor custo. Chamando de dd a dominância de distância (calculada conforme a Equação 6.45 para a matriz D), a dominância de uma instância é dada pelo par (min{df, dd}, max{df, dd}). A fim de comparar a dominância de duas instâncias, estabelece-se a ordem parcial $\prec$ definida por $(a,b) \prec (a',b')$ se e somente se $a < a'$ e $b \leq b'$ ou $a \leq a'$ e $b < b'$. A ideia é que um valor "baixo" de dominância indica que a diferença entre o pior e o melhor custo é pequena. Por outro lado, valores "altos" indicam grandes diferenças. Angel & Zissimopoulos (2002) classificam como fáceis as instâncias com valores baixos de dominância e rugosidade e como difíceis as instâncias com altos valores nos dois indicadores. É observado que as instâncias apresentadas por Bukard & Fincke (1982) e utilizadas para os estudos de comportamento assintótico são classificadas como instâncias fáceis para algoritmos meta-heurísticos.

Merz & Freisleben (2000) apresentam um estudo sobre o panorama de busca do PQA, utilizando a distância de emparelhamento exato. A dominância é adotada como um indicador de epistasia que, em termos algorítmicos, é a quantidade de interação entre as variáveis do problema. Baseados no coeficiente de autocorrelação de Weinberger (1990) e no *coeficiente de distância de correlação* proposto por Jones & Forrest (1995), eles dividem as instâncias do QAPLIB em quatro classes. O coeficiente de distância de correlação mede a correlação entre o custo de uma solução e sua distância até um ótimo global. A primeira classe definida por Merz & Freisleben contém instâncias com alta epistasia, alta rugosidade e ótimos locais não correlacionados. Essa é a classe mais difícil para algoritmos de busca local e algoritmos evolucionários, uma vez que não existe uma estrutura a ser explorada na busca. A segunda classe mais difícil contém as instâncias com panorama rugoso, baixa epistasia e ótimos locais não correlacionados. A terceira classe é formada por instâncias com um panorama menos rugoso que as da segunda classe, baixa epistasia e sem correlação. Finalmente, a classe mais fácil é formada por instâncias com baixa rugosidade, baixa epistasia e ótimos locais correlacionados.

6.8 Problemas Correlatos

● PQA Generalizado

Nesta generalização, permite-se que mais de uma facilidade seja instalada em um único local. O problema foi introduzido por Lee & Ma (2003). São consideradas m facilidades e n localidades, $m \neq n$. Além da quantidade de fluxo entre as facilidades e as distâncias entre as localidades, também são dados do problema os requisitos de espaço para a instalação de cada facilidade e o espaço disponível em cada localidade. A formulação do problema é apresentada em 6.60-6.63 (Lee & Ma, 2003), onde e_k denota o requisito de espaço da facilidade k e E_i denota a disponibilidade de espaço na localidade i.

$$\min \sum_{k=1}^{m}\sum_{i=1}^{n} a_{ki} x_{ki} - \sum_{k=1}^{m}\sum_{l=1}^{m}\sum_{i=1}^{n}\sum_{j=1, i \neq j}^{n} b_{kl} c_{ij} x_{ki} x_{lj} \tag{6.60}$$

Sujeito a:

$$\sum_{i=1}^{n} x_{ki} = 1 \qquad \forall k, \, k=1,\ldots,m \tag{6.61}$$

$$\sum_{k=1}^{m} e_k x_{ki} \leq E_i \qquad \forall i, \, i=1,\ldots n \tag{6.62}$$

$$x_{ki} \in \{0,1\} \qquad \forall i,k \tag{6.63}$$

Algoritmos exatos segundo a técnica de *branch-and-bound* foram apresentados por Lee & Ma (2003), Hahn *et al.* (2008) e Pessoa *et al.* (2010). Uma aplicação do modelo no contexto de armazenamento de contêineres em portos foi apresentada por Cordeau *et al.* (2007).

● PQA com Gargalo

O problema com gargalo procura a permutação que minimize o máximo termo $f_{ij}d_{\pi(i)\pi(j)}$, conforme mostrado em 6.68. As aplicações desse problema são, basicamente, as mesmas do PQA. Steinberg (1961) investigou o caso de emparelhamentos perfeitos em um grafo bipartido no contexto de problemas de fiação. Kellerer & Wirsching (1998) modelaram problemas de largura de banda em grafos como PQA com gargalo.

$$\min_{\pi \in S_n} \max_{1 \le i,j \le n} \{f_{ij}d_{\pi(i)\pi(j)}\} \qquad (6.68)$$

O problema é NP-difícil (Sahni & Gonzales, 1976) e alguns casos polinomiais foram investigados por Burkard & Rissner (2011). Burkard & Fincke (1982) investigaram o comportamento assintótico do problema no caso em que os elementos de uma das matrizes eram variáveis aleatórias independentes com distribuição uniforme no intervalo [0,1]. Eles mostraram que a diferença entre a melhor e a pior solução de um problema tende a 0, quando $n \to \infty$, com probabilidade tendendo a 1. Investigações no comportamento assintótico do problema também são apresentadas no trabalho de Albrecher (2005). Punnen & Zhang (2011) investigam o problema sob um ponto de vista teórico, estabelecendo um teorema de dualidade fraca e apresentando resultados para o caso especial que ocorre quando as soluções viáveis são árvores geradoras de um grafo. Eles também apresentam algoritmos para o problema.

● PQA Biquadrático

O problema biquadrático de alocação, apresentado nas expressões 6.64-6.67, foi introduzido por Burkard *et al.* (1994), que tiveram como motivação um problema em sistemas VLSI.

$$\min \sum_{i=1}^{n}\sum_{j=1}^{n}\sum_{k=1}^{n}\sum_{l=1}^{n}\sum_{p=1}^{n}\sum_{q=1}^{n}\sum_{r=1}^{n}\sum_{t=1}^{n} f_{ijkl}\, d_{pqrt}\, x_{ip}\, x_{jq}\, x_{kr}\, x_{lt} \qquad (6.64)$$

Sujeito a:

$$\sum_{i=1}^{n} x_{ij}=1 \qquad \forall j,\ j=1,\dots,m \qquad (6.65)$$

$$\sum_{i=1}^{n} x_{ij}=1 \qquad \forall i,\ i=1,\dots,m \qquad (6.66)$$

$$x_{ij} \in \{0,1\} \qquad \forall i,j \qquad (6.67)$$

Burkard *et al.* (1994) apresentaram formulações por Programação Inteira e limites inferiores para o problema. Tais limites inferiores foram considerados fracos para ajudarem de forma significativa a solução do problema por algoritmos do tipo *branch-and-bound*. Eles também analisaram o comportamento assintótico do problema. A abordagem foi a mesma utilizada em trabalhos anteriores (Burkard & Fincke, 1982), nos quais é mostrado que, sob certas condições, a razão entre a melhor e a pior solução do problema tende a 1 quando $n \to \infty$. Burkard & Çela (1995) apresentaram diversas heurísticas para o problema sob as abordagens de *simulated annealing* e Busca Tabu. Mavridou *et al.* (1998) apresentaram uma heurística GRASP para o problema.

● PQA Linearizável

Uma instância do PQA é linearizável se ela pode ser reduzida a uma instância do Problema Linear de Alocação (Burkard *et al.*, 1997). Para definir o *problema de linearização* do PQA, a formulação do problema linear de alocação mostrada em 6.69 e 6.70 é considerada. A função objetivo do PQA segundo Lawler (1963), apresentada em 6.71, é baseada na matriz Q. Diz-se que a matriz Q é linearizável se existe uma matriz $C = [c_{ij}]$ quadrada de ordem n tal que $z(\pi) = w(\pi)$ para todo $\pi \in S_n$. A matriz C é dita uma linearização da matriz Q. Portanto, um PQA, com matriz Q, é linearizável se existe matriz C, tal que C é uma linearização de Q. Uma instância linearizável do PQA admite solução polinomial, se a matriz C puder ser identificada em tempo polinomial. Assim, o *problema de linearização* do PQA consiste em verificar se a matriz Q é linearizável e computar C, a linearização de Q.

$$\min w(\pi) = \sum_{i=1}^{n}\sum_{j=1}^{n} c_{i\pi(i)} \qquad (6.69)$$

$$\text{sujeito a } \pi \in S_n \qquad (6.70)$$

$$\min z(\pi) = \sum_{i=1}^{n}\sum_{j=1}^{n} q_{i\pi(i)j\pi(j)} \qquad (6.71)$$

Dentre os trabalhos que investigaram o problema da linearização do PQA, estão: Bookhold (1990), Chen (1995), Burkard *et al.* (1997), Çela (1998) e Erdoğan (2006). Bookhold (1990) demonstrou condições suficientes para a linearização do QAP conforme Lawler (1963) e Koopmans & Beckmann (1957). Burkard *et al.* (1997) mostraram que os PQAs conforme Koopmans & Beckmann (1957) com uma das matrizes do tipo soma são linearizáveis. Çela (1998) apresenta condições suficientes para todas as permutações de um PQA possuírem o mesmo valor objetivo. Erdoğan (2006) definiu um sistema de equações lineares com $O(n^3)$ variáveis e $O(n^4)$ equações mostrando que, quando tal sistema possui solução, então o problema da linearização é solucionado em tempo polinomial. Kabadi & Punnen (2011) apresentaram condições necessárias e suficientes a linearização do PQA. Eles apresentaram um algoritmo em $O(n^4)$ para o problema conforme definido por Lawler (1963). Um algoritmo em $O(n^2)$ é apresentado no trabalho de Punnen & Kabaldi (2013) para o caso do PQA conforme Koopmans & Beckmann (1957).

● PQA Multiobjetivo

Na definição do *layout* de hospitais, Elshafei (1977) considerou um único tipo de interação entre as facilidades expresso pelo fluxo de pacientes e funcionários entre os diferentes setores dos hospitais. Entretanto, tais fluxos podem ter naturezas diferentes e conflitantes, ou seja, a diminuição da distância percorrida por pacientes pode acarretar o aumento da distância percorrida por médicos entre os setores do hospital. Neste caso, pode ser interessante modelar o problema considerando tais interações independente e simultaneamente. Além destas, interações decorrentes da movimentação de medicamentos ou equipamentos hospitalares também podem ser consideradas aumentando o número de objetivos do problema. No PQA com múltiplos objetivos, MPQA, diferentes tipos de interações entre as facilidades são consideradas. Na definição do problema são consideradas diferentes matrizes de fluxo $F^r = [f_{ij}^r]$, $r = 1,...,Q$, onde Q é o número de diferentes interações consideradas entre as facilidades e uma matriz de distância $D = [d_{ij}]$ relativa aos possíveis locais para instalação dos setores do hospital. A função objetivo é apresentada em 6.72. As restrições se mantêm as mesmas apresentadas em 6.3-6.5.

$$\min \begin{pmatrix} \sum_{i=1}^{n}\sum_{j=1}^{n}\sum_{k=1}^{n}\sum_{l=1}^{n} f_{ij}^1 d_{kl} x_{ik} x_{jl} \\ \vdots \\ \sum_{i=1}^{n}\sum_{j=1}^{n}\sum_{k=1}^{n}\sum_{l=1}^{n} f_{ij}^Q d_{kl} x_{ik} x_{jl} \end{pmatrix} \qquad (6.72)$$

Uma generalização para 6.72 é apresentada no trabalho de Hamacher *et al.* (2001), no qual são consideradas Q matrizes de distância $D^r = [d_{ij}^r]$ e de fluxo $F^r = [f_{ij}^r]$, $r = 1,...,Q$, como descrito na função objetivo 6.73.

$$\min \begin{pmatrix} \sum_{i=1}^{n}\sum_{j=1}^{n}\sum_{k=1}^{n}\sum_{l=1}^{n} f_{ij}^1 d_{kl}^1 x_{ik} x_{jl} \\ \vdots \\ \sum_{i=1}^{n}\sum_{j=1}^{n}\sum_{k=1}^{n}\sum_{l=1}^{n} f_{ij}^Q d_{kl}^Q x_{ik} x_{jl} \end{pmatrix} \quad (6.73)$$

Algumas aplicações recentes do MPQA são descritas nos trabalhos de Day *et al.* (2003) e Drexl & Nikulin (2008). Day *et al.* (2003) modelam um problema de missão de uma frota heterogênea de aeronaves não tripuladas. As aeronaves são de dois tipos: defesa e reconhecimento. São considerados dois objetivos: minimização do fluxo de comunicação e maximização do sucesso da missão consistindo em definir posições relativas entre os diferentes tipos de aeronaves. O problema de atribuição de *gates* a aviões em aeroportos foi investigado sob um ponto de vista multiobjetivo por Drexl & Nikulin (2008). O termo *gate* é utilizado para designar uma ponte móvel que liga o terminal de passageiros a uma aeronave auxiliando no embarque e desembarque de passageiros. A designação de *gates* a aviões tem diversas restrições. Quando não existem *gates* disponíveis, os passageiros são transferidos de ou até suas aeronaves, paradas no pátio do aeroporto, por meio de ônibus. A utilização dos ônibus aumenta o deslocamento dos passageiros, o que não é desejável. Assim, um dos objetivos investigados por Drexl & Nikulin (2008) foi a minimização do número de aviões não atribuídos a *gates*, ou seja, aviões parados no pátio. O segundo objetivo investigado por eles se refere à minimização da distância total percorrida pelos passageiros durante sua estada no aeroporto. São contabilizadas as distâncias entre o desembarque e a área de entrega de bagagem, entre os locais de *check-in* e embarque e entre *gates* de voos em conexão. Finalmente, o terceiro objetivo se refere à conveniência de serviços do aeroporto. São atribuídos valores de preferência para as alocações *gate*-aeronave, ou pátio-aeronave, quando a primeira opção não é possível. O objetivo é maximizar o escore total de preferência das alocações *gate*-aeronave.

A literatura relacionada à apresentação de algoritmos exatos para o MPQA é escassa. A maioria dos trabalhos utiliza o modelo como parte de um problema geral de localização de facilidades. Tais trabalhos são revisados e comentados por Ehrgott *et al.* (2002) que, também, apresentaram e compararam dois algoritmos exatos para o MPQA. O primeiro é baseado no algoritmo de Árvore de Busca Binária apresentado por Hamacher & Queyranne (1985). Nesta abordagem, algumas variáveis são fixadas com valor 1 e outras com valor 0. Ehrgott *et al.* (2002) observaram que a fixação da variável com valor 1 levava à solução de um problema com uma dimensão a menos, enquanto o mesmo não ocorria quando o valor da variável era fixado em 0. Sendo assim, eles propuseram um algoritmo chamado de Árvore de Busca Múltipla, em que a fixação das variáveis ocorria apenas para valor igual a 1. Os algoritmos apresentados foram comparados em casos-teste com n variando entre 4 e 7 e número de objetivos variando entre 2 e 6. Dentre os algoritmos heurísticos apresentados para o MPQA, a maioria é baseada em técnicas meta-heurísticas. Algumas das abordagens segundo as quais foram desenvolvidos algoritmos heurísticos foram: busca local (Paquete & Stützle, 2006), algoritmos evolucionários (Day *et al.*, 2003; Acan & Ünveren, 2005; Garrett & Dasgupta, 2009; Gómez-Meneses *et al.*, 2010), colônias de formigas (López-Ibáñez *et al.*, 2004, 2006; Özkale & Fiğlali, 2013), nuvem de partículas (Zhao *et al.*, 2008), GRASP (Li & Landa-Silva, 2009) e *Go with the Winners* (Gutierrez & Brizuela, 2011).

Dois geradores de instâncias para o mPQA, os quais permitem configurar diversos parâmetros, foram criados por Knowles & Corne (2003).

● Árvore Geradora Quadrática Mínima

O Problema da Árvore Geradora Quadrática Mínima (AGMQ) foi introduzido por Xu (1984). Dado um grafo simples, não direcionado e conexo $G = (V, E)$, onde $V = \{v_1, v_2, ..., v_n\}$, $e = \{e_1, e_2, ..., e_m\}$, a cada aresta $e_i \in E$, associa-se um valor real positivo w_i, $i = 1,...., m$ e a cada par de arestas (e_i, e_j) associa-se um custo c_{ij}, $i, j = 1,..., m$, dito intercusto. O objetivo do problema é encontrar a árvore geradora de G tal que o somatório do custo das arestas e dos intercustos seja mínimo dentre todas as árvores geradoras de G. O custo linear advém da formulação da AGM e corresponde, pois, à soma dos pesos w_i das arestas na árvore. O custo quadrático, por sua vez, se refere à soma dos intercustos (c_{ij}) entre pares de arestas na árvore. Seja T o conjunto de todas as árvores geradoras de G. Considerando a variável binária x_i correspondente a aresta e_i, $x_i = 1$ se e_i está na árvore, a AGMQ pode ser formulada como em 6.74 (Assad & Xu, 1992).

$$Min\ z(x) = \sum_{i=1}^{m} \sum_{\substack{j=1 \\ j \neq i}}^{m} c_{ij} x_i x_j + \sum_{i=1}^{m} w_i x_i \quad x \in T \tag{6.74}$$

Uma variação da AGQM é a árvore geradora quadrática mínima com adjacência de arestas, *AGQMA*, na qual os custos quadráticos são calculados apenas para arestas adjacentes na árvore. Conforme Xu (1984), a AGQM e a AGQMA têm aplicação no transporte do petróleo e seus derivados por meio de redes de dutos em situações nas quais o custo do transporte depende da natureza da interface de conexão entre cada par de dutos. Outras aplicações dizem respeito ao projeto de redes de telecomunicações, transportes e distribuição de energia (Palubeckis *et al.*, 2010).

Assad & Xu (1992) mostraram que o PQA pode ser reduzido, em tempo polinomial, a AGQM, demonstrando que o problema da AGQM é NP-difícil. No mesmo trabalho, os autores apresentaram uma redução em tempo polinomial do Problema do Caminho Hamiltoniano em grafos a AGQMA provando que este problema também é NP-difícil. Eles apresentaram algoritmos exatos, segundo a técnica de *branch-and-bound*, para os dois problemas e, também, diversas heurísticas míopes. Cordone & Passeri (2008, 2012) também apresentaram algoritmos *branch-and-bound* para a AGQM. Buchheim & Klein (2013) apresentaram um algoritmo do tipo *branch-and-cut*. Limites inferiores para o problema da AGQM foram apresentados nos trabalhos de Assad & Xu (1992) e Öncan & Punnen (2010). Pereira *et al.* (2013) apresentam limites inferiores para a AGQMA. Diversos algoritmos heurísticos foram apresentados para o problema de acordo com as seguintes técnicas: Busca Local (Öncan & Punnen, 2010; Fu & Hao, 2014), algoritmos genéticos (Zhout & Gen, 1998; Soak *et al.*, 2006; Mermri *et al.*, 2007; Palubeckis *et al.*, 2010), Busca Tabu (Mermri *et al.*, 2007; Cordone & Passeri, 2008, 2012; Palubeckis *et al.*, 2010; Lozano *et al.*, 2014), simulated annealing (Palubeckis *et al.*, 2010), colônia de abelhas (Sundar & Singh, 2010) e busca em vizinhança variável (Cordone & Passeri, 2012).

Gao *et al.* (2004) apresentaram o problema da Árvore Geradora Mínima Quadrática *Fuzzy* em que os custos linear e quadrático são considerados *fuzzy*. Algoritmos genéticos para o problema foram apresentados nos trabalhos de Gao *et al.* (2004) e Gao & Lu (2005). Yu *et al.* (2008) apresentaram uma linearização para o problema.

A versão biobjetivo do problema com adjacência de arestas foi proposta no trabalho de Maia *et al.* (2013), no qual um algoritmo *branch-and-bound* e um algoritmo de Busca Local são apresentados.

Referências Bibliográficas

Abreu, N.M.M., Querido, T.M. & Boaventura Netto, P. O. (1999). Redinv-SA: A simulated annealing for the quadratic assignment problem, *RAIRO – Operations Research* 33:249-273.

Abreu, N.M.M., Boaventura Netto, P. O., Querido, T. M. & Gouvêa, E. F. (2002). Classes of quadratic assignment problem instances: isomorphism and difficulty measure using a statistical approach, *Discrete Applied Mathematics* 124:103–116.

Acan, A. & Ünveren, A. (2005). Evolutionary multiobjective optimization with a segment-based external memory support for the multiobjective quadratic assignment problem, In: *IEEE CEC 2005 Congress on Evolutionary Computation* 3:2723-2729.

Adams, W. & Johnson, T. (1994). Improved linear programming-based lower bounds for the quadratic assignment problem, *DIMACS Series in Discrete Mathematics and Theoretical Computer Science* 16: 43-75.

Adams, W. & Wadell, L. (2014). Linear programming insights into solvable cases of the quadratic assignment problem, *Discrete Optimization* 14: 46-60.

Adams, W.P., Guignard, M., Hahn, P.M. & Hightower, W.L. (2007). A level-2 reformulation-linearization technique bound for the quadratic assignment problem, *European Journal of Operational Research* 180:983-996.

Ahuja, R. K., Jha, K. C., Orlin, J. B. & Sharma, D. (2007) Very large-scale neighborhood search for the quadratic assignment problem, *INFORMS Journal on Computing* 19(4):646-657.

Ahuja, R.K., Orlin, J.B. & Tiwari, A. (2000). A greedy algorithm for the quadratic assignment problem, *Computers & Operations Research* 27:917-934.

Albrecher, H. (2005). A note on the asymptotic behaviour of bottleneck problems, *Operations Research Letters* 33(2):183-186.

Albrecher, H., Burkard, R. E., & Çela, E. (2006). An asymptotical study of combinatorial optimization problems by means of statistical mechanics, *Journal of Computational and Applied Mathematics* 186(1):148-162.

Amin, S. (1999). Simulated jumping, *Annals of Operations Research* 86:23-38.

Angel, E. & Zissimopoulos, V. (1998). On the quality of local search for the quadratic assignment problem, *Discrete Applied Mathematics* 82:15-25.

Angel, E. & Zissimopoulos, V. (2001). The landscape ruggedness of the quadratic assignment problem, *Theoretical Computer Science* 263:159-172.

Angel, E. & Zissimopoulos, V. (2002). On the hardness of the quadratic assignment problem with metaheuristics, *Journal of Heuristics* 8:399-414.

Antreicher, K. (2003). Recent advances in the solution of quadratic assignment problems, *Mathematical Programming*, Series B 97:27-42.

Antreicher, K. & Brixius, N. (2001). A new bound for the quadratic assignment problem based on convex quadratic programming, *Mathematical Programming* 89:341-357.

Antreicher, K., Brixius, N., Goux, J.-P. & Linderoth, J. (2002). Solving large quadratic assignment problems on computational grids, *Mathematical Programming*, Series B 91:563-588.

Antreicher, K. & Wolkowicz, H. (2000). On Lagrangian relaxation of quadratic matrix constraints, *SIAM Journal on Matrix Analysis and Applications* 22(1):41-55.

Arora, S., Frieze, A. & Kaplan, H. (2002). A new rounding procedure for the assignment problem with applications to dense graph arrangement problems, *Mathematical Programming* 92 (1):1-36.

Arkin, E. M., Hassin, R. & Sviridenko, M. (2001). Approximating the maximum quadratic assignment problem, *Information Processing Letters* 77(1):13-16.

Assad. A.A. & Xu, W. (1985). On lower bounds for a class of quadratic 0-1 programs, *Operations Research Letters* 4:175-180.

Assad. A.A. & Xu, W. (1992). The quadratic minimum spanning tree problem, *Naval Research Logistics* 39:399-417.

Bachelet, V. (1999). *Métaheuristiques Parallèles Hybrides: Application au Problème D'affectation Quadratique*, Tese de Doutorado, Université des Sciences et Technologies de Lille.

Bachelet, V., Preux, P. & Talbi, E-G. (1996). *Parallel Hybrid Meta-Heuristics: Application to the Quadratic Assignment Problem*, Technical Report LIL-96-2, LIFL, Université des Sciences et Technologies de Lille.

Balas, E. & Mazzola, J.B. (1984). Nonlinear programming: I. Linearization techniques, *Mathematical Programming* 30:1-21.

Battiti, R. & Tecchiolli, G. (1994). The reactive tabu search, *ORSA Journal on Computing* 6:126–140.

Bazaraa, M.S. & Sherali, H.D. (1980). Bender's partitioning scheme applied to a new formulation of the quadratic assignment problem, *Naval Research Logistics Quarterly* 27:29-41.

Bazaraa, M.S. & Sherali, H.D. (1982) On the use of exact and heuristic cutting plane methods for the quadratic assignment problem, *Journal of the Operational Research Society* 33:991-1003.

Benlic, U. & Hao, J.-K. (2013). Breakout local search for the quadratic assignment problem, *Applied Mathematics and Computation* 219:4800-4815.

Benlic, U. & Hao, J.-K. (2015). Memetic search for the quadratic assignment problem, *Expert Systems with Applications* 42:584-595.

Boaventura-Netto, P.O. & Abreu, N.M.M. (1998) *Cost Solution Average and Variance in the Quadratic Assignment Problem*, Relatório Técnico PEP 02/98, Programa de Engenharia de Produção, COPPE/URFJ.

Bookhold, A. (1990). A contribution to quadratic assignment problems, *Optimization* 21:933-943

Bölte, A. & Thonemann, U.W. (1996). Optimizing simulated annealing schedules with genetic programming, *European Journal of Operational Research* 92:402-416.

Bonomi, E. & Lutton, J. (1986). The asymptotic behavior of quadratic sum assignment problems: A statistical mechanics approach, *European Journal of Operational Research* 26:295-300.

Bos, J. (1993). Zoning in forest management: A quadratic assignment problem solved by simulated annealing, *Journal of Environmental Management* 37:127-145.

Brixius, N.W. & Anstreicher, K. M. (2003). The Steinberg wiring problem, in: *The Sharpest Cut The Impact of Manfred Padberg and His Work*, Grötschel, M. (Ed.), MPS-SIAM Series on Optimization 293-307.

Brüngger, A., Marzetta, A., Clausen. J. & Perregaard, M. (1998). Solving large-scale QAP problems in parallel with the search library ZRAM, *Journal of Parallel and Distributed Computing* 50:157-169.

Buchheim, C. & Klein, L. (2013). The spanning tree problem with one quadratic term, In: *12th Cologne-Twente Workshop on Graphs and Combinatorial Optimization (CTW 2013)*:31-34.

Burer, S. & Vandenbussche, D. (2006). Solving lift-and-project relaxations of binary integer programs, *SIAM Journal on Optimization* 16:726–750.

Burkard, R. E. (1974). Quadratische bottleneckprobleme, *Operations Research Verfahren* 18:26-41.

Burkard, R.E. (2013). Quadratic assignment problems, in: Pardalos, P.M., Du, D.-Z., Graham, R.L. (Eds), *Handbook of Combinatorial Optimization*, Springer:2741-2814.

Burkard, R. E. & Bonniger, T. (1983). A heuristic for quadratic Boolean programs with applications to quadratic assignment problems, *European Journal of Operational Research* 13(4):374-386.

Burkard, R. E. & Çela, E. (1995). Heuristics for biquadratic assignment problems and their computational comparison, *European Journal of Operational Research* 83:283-300.

Burkard, R. E., Çela, E., Demidenko,V.M., Metelski, N.N. & Woeginger, G.J. (1997). *Perspectives of Easy and Hard Cases of the Quadratic Assignment Problems*, SFB Report 104, Institute of Mathematics, Technical University Graz.

Burkard, R. E., Çela, E. & Klinz, B. (1994). On the biquadratic assignment problem, in: Pardalos, P.M. & Wolkowicz, H. (Eds.), *Quadratic Assignment and Related Problems*, DIMACS Series in Discrete Mathematics and Theoretical Computer Science 16:117-146.

Burkard, R. E., Çela, E., Rote, G. & Woeginger, G.J. (1998). The quadratic assignment problem with a monotone anti-monge and a symmetric toeplitz matrix: Easy and hard cases, networks and matroids; sequencing and scheduling, *Mathematical Programming* 82 (1-2):125-158.

Burkard, R. E. & Fincke, U. (1982). On random quadratic bottleneck assignment problems, *Mathematical Programming* 23(1):227-232.

Burkard, R. E. & Fincke, U. (1983). The asymptotic probabilistic behavior of quadratic sum assignment problems, *Zeitschrift für Operations Research* 27:73-81.

Burkard, R. E. & Fincke, U. (1985). Probabilistic asymptotic properties of some combinatorial optimization problems, *Discrete Applied Mathematics* 12:21-29.

Burkard, R.E., Karisch, S.E. & Rendl, F. (1997). QAPLIB – A quadratic assignment problem library, *Journal of Global Optimization* 10:391-403. Disponível em: http://anjos.mgi.polymtl.ca/qaplib/

Burkard, R.E. & Offermann, J. (1977). Entwurf von Schreibmaschinentastaturen mittels quadratischer Zuordnungsprobleme, *Zeitschrift für Operations Research* 21:B121-B132.

Burkard, R.E. & Rendl, F. (1984). A thermodynamically motivated simulation procedure for combinatorial optimization problems, *European Journal of Operational Research* 17:169-174.

Burkard, R.E. & Rissner, R. (2011). Polynomially solvable special cases of the quadratic bottleneck assignment problem, *Journal of combinatorial optimization* 22(4):845-856.

Carraresi, P. & Malucelli, F. (1992). A new lower bound for the quadratic assignment problem, *Operations Research* 40 (Suppl. 1):S22-S27.

Carraresi, P. & Malucelli, F. (1994). A reformulation scheme and new lower bounds for the QAP, in: Pardalos, P., Wolkowicz, H. (Eds), *Quadratic Assignment and Related Problems*, DIMACS Series in Discrete Mathematics and Theoretical Computer Science 16:147-160.

Carvalho Jr, S. A. & Rahmann, S. (2006). Microarray layout as quadratic assignment problem, *German Conference on Bioinformatics*, Huson, D., Kohlbacher, O., Lupas, A., Nieselt, K., Zell, A. (Eds), Lecture Notes in Informatics P-83:11-20.

Çela, E. (1998). *The Quadratic Assignment Problem Theory and Algorithms*, Kluwer Academic Publishers.

Çela, E., Deineko, G. & Woeginger G.J. (2012). Another well-solvable case of the QAP: Maximizing the job completion time variance, *Operations Research Letters* 40:356-359.

Çela, E., Schmuck, N.S., Wimer, S. & Woeginger G.J. (2011). The Wiener maximum quadratic assignment problem, *Discrete Optimization* 8(3):411-416.

Chakrapani, J. & Skorin-Kapov, J. (1993). Massively parallel tabu search for the quadratic assignment problem, *Annals of Operations Research* 41:327-342.

Chakrapani, J. & Skorin-Kapov, J. (1994). A constructive method to improve lower bounds for the quadratic assignment problem, In: Pardalos, P., Wolkowicz, H. (Eds), *Quadratic Assignment and Related Problems*, DIMACS Series in Discrete Mathematics and Theoretical Computer Science 16:161-171.

Chen, B. (1995). Special cases of the quadratic assignment problem, *European Journal of Operational Research* 81:410-419.

Chiang, W.-C. & Chiang, C. (1998). Intelligent local search strategies for solving facility layout problem with the quadratic assignment problem formulation, *European Journal of Operational Research* 106:458-488.

Chicano, F., Luque, G. & Alba, E. (2012). Autocorrelation measures for the quadratic assignment problem, *Applied Mathematics Letters* 25:698-705.

Christofides, N. & Benavent, E. (1989). An exact algorithm for the quadratic assignment problem, *Operations Research* 37(5):760-768.

Christofides, N. & Gerrard, M. (1981). A graph theoretic analysis of bounds for the quadratic assignment problem, In: Hansen, P. (Ed.), *Studies on Graphs and Discrete Programming*:61-68.

Ciriani, V., Pisanti, N. & Bernasconi, A. (2004). Room allocation: a polynomial subcase of the quadratic assignment problem, *Discrete Applied Mathematics* 144:263-269.

Clausen, J., Karisch, S. E. & Perregaard, M. (1998). On the applicability of lower bounds for solving rectilinear quadratic assignment problems in parallel, *Computational Optimization and Applications* 10:127-147.

Clausen, J. & Perregaard, M. (1997). Solving large quadratic assignment problems in parallel, *Computational Optimization and Applications* 8:111-128.

Connolly, D. T. (1990). An improved annealing scheme for the QAP, *European Journal of Operational Research* 46:93-100;

Cordeau, J.-F., Gaudioso, M., Laporte, G. & Moccia, L. (2007). The service allocation problem at the Gioia Tauro maritime terminal, *European Journal of Operational Research* 176:1167-1184.

Cordone, R. & Passeri, G. (2008). Heuristic and exact approaches to the quadratic minimum spanning tree problem, In: *Proceedings of Seventh Cologne – Twente Workshop on Graphs and Combinatorial Optimization*:52-55.

Cordone, R. & Passeri, G. (2012). Solving the quadratic minimum spanning tree problem, *Applied Mathematics and Computation* 218(23):11597–11612.

Cung, V.-D., Mautor, T., Michelon, P. & Tavares, A. (1997). A scatter search based approach for the quadratic assignment problem, In: Baeck, T., Michalewicz, A., Yao, X. (Eds.), In: *Proceedings of the IEEE International Conference on Evolutionary Computation and Evolutionary Programming*:165-170.

Czapiński, M. (2013). An effective parallel multistart tabu search for quadratic assignment problem on CUDA platform, *Journal of Parallel and Distributed Computing* 73:1461-1468.

Davendra, D., Zelinka I. & Onwubolu, G. (2009). Clustered population differential evolution approach to quadratic assignment problem, In: *Proceedings of IEEE CEC 2009 Congress on Evolutionary Computation*:1224-1231.

Day, R.O., Kleeman, M.P. & Lamont, G.B. (2003). Solving the multi-objective quadratic assignment problem using a fast messy genetic algorithm, In: *Proceedings of the CEC'2003 Congress on Evolutionary Computation* 4:2277-2283.

Deĭneko, V. G. & Woeginger, G. J. (2000). A solvable case of the quadratic assignment problem, *Operations Research Letters* 22:13-17.

Deĭneko, V. G. & Woeginger, G. J. (2000). A study of exponential neighborhoods for the travelling salesman problem and for the quadratic assignment problem, *Mathematical Programming* 87(3):519-542.

Demidenko, V.M. & Dolgui, A. (2007). Efficiently solvable cases of the quadratic assignment problem with generalized monotonic and incomplete Anti-Monge matrices, *Cybernetics and Systems Analysis* 43:112-125.

Demidenko, V.M., Finke, G. & Gordon, V.S. (2006). Well solvable cases of the quadratic assignment problem with monotone and bimonotone matrices, *Journal of Mathematical Modelling and Algorithms* 5:167-187.

Demirel, N. Ç. & Toksari, M. D. (2006). Optimization of the quadratic assignment problem using an ant colony algorithm, *Applied Mathematics and Computation* 183:427-435.

Drexel, A. & Nikulin, Y. (2008). Multicriteria airport gate assignment and Pareto simulated annealing, *IIE Transactions* 40:385-397.

Drezner, Z. (1995). Lower bounds based on linear programming for the quadratic assignment problem, *Computational Optimization and Applications* 4 (2):159-165.

Drezner, Z. (2005). The extended concentric tabu search for the quadratic assignment problem, *European Journal of Operational Research* 160:416-422.

Drezner, Z. (2008). Extensive experiments with hybrid genetic algorithms for the solution of the quadratic assignment problem, *Computers & Operations Research* 35:717-736.

Drezner, Z. & Marcoulides, G.A. (2003). A distance-based selection of parents in genetic algorithms. In: Resende, M.G.C., de Sousa, J.P. (Eds.), *Metaheuristics: Computer Decision-Making*, Combinatorial Optimization Book Series, Kluwer Academic Publishers:257-278.

Drezner, Z. & Misevičius, A. (2013). Enhancing the performance of hybrid genetic algorithms by differential improvement, *Computers & Operations Research* 40:1038-1046.

Drira, A., Pierreval, H. & Hajri-Gabouj, S. (2007). Facility layout problems: A survey, *Annual Reviews in Control* 31:255-267.

Duman, E. & Or, I. (2007). The quadratic assignment problem in the context of the printed circuit board assembly process, *Computers & Operations Research* 34:163-179.

Duman, E., Uysal, M. & Alkaya, A. F. (2012). Migrating birds optimization: A new metaheuristic approach and its performance on quadratic assignment problem, *information Sciences* 217:65-77.

Edwards, C. S. (1977). The derivation of a greedy approximator for the Koopmans-Beckmann quadratic assignment problem, In: *Proceedings of CP77 Combinatorial Programming Conference*:55-86.

Edwards, C. S. (1980). A branch and bound algorithm for the Koopmans-Beckmann quadratic assignment problem, *Mathematical Programming Study* 13:35-52.

Egozi, A., Keller, Y. & Guterman, H. (2010). Improving shape retrieval by spectral matching and meta similarity, *IEEE Transactions on Image Processing* 19(5):1319-1327.

Ehrgott, M., Stephan, T. & Tenfelde-Podehl, D. (2002). *A Level Set Method for Multiobjective Combinatorial Optimization: Application to the Quadratic Assignment Problem*, Technische Universität Kaiserslautern, Fachbereich Mathematik.

Elshafei, A.N. (1977). Hospital layout as a quadratic assignment problem, *Operations Research Quarterly* 28:167-179.

Emanuel, B., Wimer, S. & Wolansky, G. (2012). Using well-solvable quadratic assignment problems for VLSI interconnect applications, *Discrete Applied Mathematics* 160:525-535.

Erdoğan, G. (2006). *Quadratic Assignment Problem: Linearizations and Polynomial Time Solvable Cases*, Tese de Ph.D., Bilkent University.

Erdoğan, G. & Tansel, B. (2006). A note on a polynomial time solvable case of the quadratic assignment problem, *Discrete Optimization* 3:382-384.

Erdoğan, G. & Tansel, B. (2007). A branch-and-cut algorithm for quadratic assignment problems based on linearizations, *Computers & Operations Research* 34:1085-1106.

Eschermann, B. & Wunderlich, H.J. (1990). Optimized synthesis of self-testable finite state machines, *20th International Symposium on Fault-Tolerant Computing* (FFTCS 20):390-397.

Faye, A. & Roupin, F. (2005). A cutting plane algorithm based upon a semidefinite relaxation for the quadratic assignment problem, *Lecture Notes in Computer Science* 3669:850–861.

Faye, A. & Roupin, F. (2007). Partial Lagrangian relaxation for general quadratic programming, *4OR: A Quarterly Journal of Operations Research* 5:75-88.

Fedjki, C. A. & Duffuaa, S. O. (2004). An extreme point algorithm for a local minimum solution to the quadratic assignment problem, *European Journal of Operational Research* 156:566-578.

Fescioglu-Unver, N. & Kokar, M.M. (2011). Self controlling tabu search algorithm for the quadratic assignment problem, *Computers & Industrial Engineering* 60:310-319.

Finke, G., Burkard, R. R. & Rendl, F. (1987). Quadratic assignment problems, *Annals of Discrete Mathematics* 31:61-82.

Fischetti, M., Monaci, M. & Salvagnin, D. (2012). Three ideas for the quadratic assignment problem, *Operations Research* 60(4):954-964.

Fleurent, C. & Ferland, J.A. (1994). Genetic hybrids for the quadratic assignment problem, *DIMACS Series in Discrete Mathematics and Theoretical Computer Science* 16:173-188.

Fleurent, C. & Glover, F. (1999). Improved constructive multistart strategies for the quadratic assignment problem using adaptive memory, *INFORMS Journal on Computing* 11(2):198-204.

Frenk, J.B.G., Houweninge, M. & Rinnoy Kan, A.H.G. (1985). Asymptotic properties of the quadratic assignment problem, *Mathematics of Operations Research* 10:100-116.

Frieze, A. M. & Yadegar, J. (1983). On the quadratic assignment problem, *Discrete Applied Mathematics* 5:89-98.

Fu, Z.-H. & Hao, J.-K. (2014). A three-phase search approach for the quadratic minimum spanning tree problem, *arXiv preprint arXiv:1402.1379*. Disponível em http://arxiv.org/abs/1402.1379

Gambardella, L. M., Taillard, E. D. & Dorigo, M. (1997). *Ant Colonies for the QAP*, Relatório Técnico 4-97, IDSIA, Lugano, Suíça.

Gambardella, L. M., Taillard, E. D. & Dorigo, M. (1999). Ant colonies for the quadratic assignment problem, *Journal of the Operational Research Society* 50 (2):167-176.

Gao, J., Lu, M. & Liu, L. (2004). Chance-constrained programming for fuzzy quadratic minimum spanning tree problem, In: *Proceedings of the 2004 IEEE International Conference on Fuzzy Systems* 2:983-987.

Gao, J. & Lu, M. (2005). Fuzzy quadratic minimum spanning tree problem, *Applied Mathematics and Computation* 164:773-788.

Garrett, D. & Dasgupta, D. (2009). An empirical comparison of memetic algorithm strategies on the multiobjective quadratic assignment problem, *IEEE Symposium on Computational Intelligence in Multi-criteria Decision-making*:80-87.

Gavett, J.W. & Plyter, N.V. (1966). The optimal assignment of facilities to locations by branch and bound, *Operations Research* 14:210-232.

Gilmore, P. C. (1976). Optimal and suboptimal algorithms for the quadratic assignment problem, *Journal of the Society for Industrial & Applied Mathematics* 10(2):305-313.

Glover, F. (1975). Improved linear integer programming formulations of nonlinear integer problems, *Management Science* 22(4), 455-460.

Glover, F. & Laguna, M. (1991). Target analysis to improve a tabu search for machine scheduling, *The Arabian Journal for Science and Engineering* 16(2B):239-253.

Goemans, M.X. & Williamson, D.P. (1995). Improved approximation algorithms for maximum cut and satisfiability problems using semidefinite programming, *Journal of the ACM* 42:1115-1145.

Goldbarg, M.C.; Goldbarg, E.F.G. Transgenética computacional: Uma aplicação ao problema quadrático de alocação. *Pesquisa Operacional* 22 (3):359-386. 2002.

Goldbarg, E.F.G. & Goldbarg, M.C. (2012). An experimental study of variable depth search algorithms for the quadratic assignment problem, *Pesquisa Operacional* 32, 165-196.

Goméz-Meneses, P., Randall, M. & Lewis, A. (2010). A hybrid multi-objective extremal optimisation approach for multi--objective combinatorial optimisation problems, In: *IEEE CEC 2010 Congress on Evolutionary Computation*: 1-8.

Gong, D., Yamazaki, G., Gen, M. & Xu, W. (1999). A genetic algorithm method for one-dimensional machine location problems, *International Journal of Production Economics* 60-61:337-342.

Graves, G. W., & Whinston, A. B. (1970) An algorithm for the quadratic assignment problem, *Management Science* 17:453-471.

Gutierrez, E., & Brizuela, C. (2011) An enhanced MOGWW for the bi-objective quadratic assignment problem, *International Journal of Computational Intelligence Systems* 4(4):530-549.

Gutin, G., & Yeo, A. (2002). Polynomial approximation algorithms for TSP and QAP with a factorial domination number, *Discrete Applied Mathematics* 119 (1-2):107-116.

Hadley, S.W., Rendl, F. & Wolkowicz, H. (1992). A new linear bound via projection for the quadratic assignment problem, *Mathematics of Operations Research* 17 (3):727-739.

Hahn, P.M. & Grant, N. (1998). Lower bounds for the quadratic assignment problem based upon a dual formulation, *Operations Research* 46:912-922.

Hahn, P.M., Grant, N. & Hall, N. (1998). A branch-and-bound algorithm for the quadratic assignment problem based on the Hungarian method, *European Journal of Operational Research* 108 (3):629-640.

Hahn, P. M., Hightower, W. L., Johnson, T. A., Guignard-Spielberg, M. & Roucariol, C. (2001). Tree elaboration strategies in branch-and-bound algorithms for solving the quadratic assignment problem, *Yugoslav Journal of Operations Research* 11 (1):41-60.

Hahn, P.M., Kim, B.-J., Guignard, M., Smith, J.M. & Zhu, Y.-R. (2008). An algorithm for the generalized quadratic assignment problem, *Computational Optimization and Applications* 40:351-372.

Hahn, P. M. & Krarup, J. (2001). A hospital facility problem finally solved, *The Journal of Intelligent Manufacturing* 12 (5/6):487-496.

Hahn, P. M., Zhu, Y.-R., Guignard, M., Hightower, W. L., & Saltzman, M. J. (2012). A level-3 reformulation–linearization technique-based bound for the quadratic assignment problem, *INFORMS Journal on Computing* 24(2):202-209.

Hamacher, H., Nickel, S. & Tenfelde-Podehl, D. (2002). Facilities layout for social institutions, In: *Operation Research Proceedings 2001*, Selected Papers of the International Conference on Operations Research (OR2001), Springer-Verlag, Berlin:229-236.

Hamacher, H.W. & Queyranne, M. (1985). K best solutions to combinatorial optimization problems, *Annals of Operations Research* 4:123-143.

Hani, Y., Amodeo, L., Yalaoui, F. & Chen, H. (2007). Ant colony optimization for solving an industrial layout problem, *European Journal of Operational Research* 183:633-642.

Hasegawa, M., Ikeguchi, T., Aihara, K. & Itoh, K. (2002). A novel chaotic search for quadratic assignment problems, *European Journal of Operational Research* 139:543-556.

Hassin, R., Levin, A. & Sviridenko, M. (2009). Approximating the minimum quadratic assignment problems, *ACM Transactions on Algorithms* 6(1): 18:1-18:10.

Heider, C. H. (1973). An n-step, 2-variable search algorithm for the component placement problem, *Naval Research Logistics Quarterly* 20:699-720.

Helal, A. M. & Abdelbar, A. M. (2014). Incorporating domain-specific heuristics in a particle swarm optimization approach to the quadratic assignment problem, *Memetic Computing* 6(4):241-254.

Horio, Y., Ikeguchi, T. & Aihara, K. (2005). A mixed analog/digital chaotic neuro-computer system for quadratic assignment problems, *Neural Networks* 18:505-513.

Huang, T. (2008). *Continuous Optimization Methods for the Quadratic Assignment Problem*, Tese de doutorado, Departamento de Estatística e Pesquisa Operacional, University of North Carolina, Chapel Hill.

Huang, Y. & Ritcey, J. A. (2005) Optimal constellation labeling for iteratively decoded bit-interleaved space-time coded modulation, *IEEE Transactions on Information Theory* 51(5):1865-1871.

Hussin, M. S. & Stützle, T. (2009). Hierarchical iterated local search for the quadratic assignment problem, *Hybrid Metaheuristics, Lecture Notes in Computer Science* 5818:115-129.

Hussin, M.S. & Stützle, T. (2014). Tabu search vs simulated annealing as a function of the size of quadratic assignment problem instances, *Computers & Operations Research* 43:286-291.

Inostroza-Ponta, M., Mendes, A., Berretta, R. & Moscato, P. (2007) An integrated QAP-based approach to visualize patterns of gene expression similarity, *Progress in Artificial Life, Lecture Notes in Computer Science* 4828:156-167.

Ishii, S. & Sato, M. (1998). Constrained neural approaches to quadratic assignment problems, *Neural Networks* 11:1073-1082.

James, T., Rego, C. & Glover, F. (2005). Sequential and parallel path-relinking algorithms for the quadratic assignment problem, *Intelligent Systems* 20(4):58-65.

James, T., Rego, C. & Glover, F. (2009a). A cooperative parallel tabu search algorithm for the quadratic assignment problem, *European Journal of Operational Research* 195:810-826.

James, T., Rego, C. & Glover, F. (2009b). Multistart tabu search and diversification strategies for the quadratic assignment problem, *IEEE Transaction on Systems, Man and Cybernetics Part A* 39:579-596.

Johnson, T. A. (1992). *New Linear Programming-based Solution Procedures for the Quadratic Assignment Problem*, Tese de Ph.D., Clemson University.

Johnson, D.S., Papadimitriou, C.H. & Yannakakis, M. (1988). How easy is local search?, *Journal of Computer and System Sciences* 37:79-100.

Joines, J.A., Houck, C.R. & Kay, M.G. (2000). Characterizing search spaces for tabu search and including adaptive memory into a genetic algorithm, *Journal of the Chinese Institute of Industrial Engineers* 17 (5):527-536.

Jones, T. & Forrest, S. (1995). Fitness distance correlation as a measure of problem difficulty for genetic algorithms, In: *Proceedings of the Sixth International Conference on Genetic Algorithms*: 184-192.

Kabadi, S.N. & Punnen, A.P. (2011). An $O(n^4)$ algorithm for QAP linearization problem, *Mathematics of Operations Research* 36:754-761.

Karisch, S. E., Çela, E., Clausen, J. & Espersen, T. (1999). A dual framework for lower bounds of the quadratic assignment problem based on linearization, *Computing* 63:351-403.

Karisch, S. E. & Rendl, F. (1995). Lower bounds for the quadratic assignment problem via triangle decompositions, *Mathematical Programming* 71:137-151.

Kaufman, L. & Broeckx, F. (1978). An algorithm for the quadratic assignment problem using Benders' decomposition, *European Journal of Operational Research* 2, 204-211.

Kellerer, H. & Wirsching, G. (1998). Bottleneck quadratic assignment problems and the bandwidth problem, *Asia-Pacific Journal of Operational Research* 15(2):169-177.

Kernighan, B. & Lin, S. (1972). An efficient heuristic procedure for partitioning graphs, *Bell Systems Journal* 49:291-307.

Klerk, E. & Sotirov, R. (2010). Exploiting group symmetry in semidefinite programming relaxations of the quadratic assignment problem, *Mathematical Programming*, Series A 122:225-246.

Klerk, E. & Sotirov, R. (2012). Improved semidefinite programming bounds for quadratic assignment problems with suitable symmetry, *Mathematical Programming*, Series A 133:75-91.

Klerk, E., -Nagy, M. E., Sotirov, R. & Truetsch, U. (2014). Symmetry in RLT-type relaxations for the quadratic assignment and standard quadratic optimization problems, *European Journal of Operational Research* 233:488-499.

Knowles, J. & Corne, D., (2003). Instance generators and test suites for the multiobjective quadratic assignment problem, *EMO 2003, Lecture Notes in Computer Science* 2632:295-310.

Komarudin & Wong, K. Y. (2010). Applying ant system for solving unequal area facility layout problems, *European Journal of Operational Research* 202:730-746.

Koopmans, T. C. & Beckmann, M. (1957). Assignment problems and the location of economic activities, *Econometrica* 25(1):53-76.

Krarup, J. & Pruzan, P.M. (1978). Computer-aided layout design, *Mathematical Programming Study* 9:75-94.

Krokhmal, P.A. & Pardalos, P. M. (2009). Random assignment problems, *European Journal of Operational Research* 194:1-17.

Kushida, J. I., Oba, K., Hara, A. & Takahama, T. (2012). Solving quadratic assignment problems by differential evolution, In: *Proceedings of the 2012 Joint 6th International Conference on Soft Computing and Intelligent Systems (SCIS) and 13th International Symposium on Advanced Intelligent Systems (ISIS)*:639-644.

Kusiak, A. & Heragu, S. S. (1987). The facility layout problem, *European Journal of Operational Research* 29:229-251.

Land, A.M. (1963). A problem of assignment with interrelated costs, *Operational Research Quarterly* 14:185-198.

Laursen, P.S. (1993). Simulated annealing for the QAP – Optimal tradeoff between simulation time and solution quality, *European Journal of Operational Research* 69:238-243.

Lawler, E. L. (1963). The quadratic assignment problem, *Management Science* 9:586-599.

Lee, C.-G. & Ma, Z. (2003). *The Generalized Quadratic Assignment Problem*, Relatório Técnico, Departamento de Engenharia Mecânica e Industrial, University of Toronto, Canada.

Leipälä, T. & Nevalainen, O. (1989). Optimization of the movements of a component placement machine, *European Journal of Operational Research* 38:167-177.

Li, H. & Landa-Silva, D. (2009). An elitist GRASP metaheuristic for the multi-objective quadratic assignment problem, In: *EMO 2009, Lecture Notes in Computer Science* 5467:481-494.

Li, Y., Pardalos, P. M., Ramakrishnan, K.G. & Resende, M.G.C (1994a). Lower bounds for the quadratic assignment problem, *Annals of Operations Research* 50:387-410.

Li, Y., Pardalos, P. M. & Resende, M. G. C. (1994b). A Greedy Randomized Adaptive Search Procedure for the Quadratic Assignment Problem, *DIMACS Series in Discrete Mathematics and Theoretical Computer Science* 16:237-262.

Lin, S. & Kernighan, B. (1973). An effective heuristic algorithm for the travelling salesman problem, *Operations Research* 21:498-516.

Lin, C.-J. & Saigal, R. (1997). *On Solving Large-scale Semidefinite Programming Problems – A Case Study of Quadratic Assignment Problem*, Relatório Técnico, Department of Industrial and Operations Engineering, University of Michigan.

Liu, H. & Abraham, A. (2007). A hybrid fuzzy variable neighborhood particle swarm optimization algorithm for solving quadratic assignment problems, *Journal of Universal Computer Science* 13(9):1309-1331.

Loiola, E.M., Abreu, N.M.M., Boaventura-Netto, P.O., Hahn, P.M. & Querido, T. (2007). A survey for the quadratic assignment problem, *European Journal of Operational Research* 176:657-690.

López-Ibáñez, M., Paquete, L. & Stützle, T. (2004). On the design of ACO for the biobjective quadratic assignment problem, *ANTS 2004, Lecture Notes in Computer Science* 3172:214-225.

López-Ibáñez, M., Paquete, L. & Stützle, T. (2006). Hybrid population-based algorithms for the bi-objective quadratic assignment problem, *Journal of Mathematical Modelling and Algorithms* 5:111-137.

Lourenço, H.R., Martin, O.C. & Stützle, T. (2003). Iterated local search, Glover, F., Kochenberger, G.A. (Eds), *Handbook of Metaheuristics*: 321-353.

Lovász, L. & Schrijver, A. (1991). Cones of matrices and set–functions, and 0-1 optimization. *SIAM Journal on Optimization* 1:166-190.

Lozano, M., Glover, F., García-Martínez C., Rodríguez, F.J. & Martí, R. (2014). Tabu search with strategic oscillation for the quadratic minimum spanning tree, *IIE Transactions* 46 (4):414-428.

Mamaghani, A. S. & Meybodi, M. R. (2012). Solving the quadratic assignment problem with the modified hybrid PSO algorithm, In: *Proceedings of 2012 6th International Conference on Application of Information and Communication Technologies (AICT)*:1-6.

Maia, S. M. D. M., Goldbarg, E. F. G. & Goldbarg, M. C. (2013). On the biobjective adjacent only quadratic spanning tree problem. *Electronic Notes in Discrete Mathematics* 41:535-542.

Maniezzo, V. & Colorni, A. (1999). The ant system applied to the quadratic assignment problem, *IEEE Transactions on Knowledge and Data Engineering* 11(5):769-778.

Maniezzo, V., Dorigo, M. & Colorni, A. (1995). Algodesk: An experimental comparison of eight evolutionary heuristics applied to the quadratic assignment problem, *European Journal of Operational Research* 81:188-204.

Mans, B., Mautor, T. & Roucairol, C. (1995). A parallel depth first search branch and bound algorithm for the quadratic assignment problem, *European Journal of Operational Research* 81:617-628.

Mautor, T. & Roucairol, C. (1993). Difficulties of exact methods for solving the quadratic assignment problem, *DIMACS Series in Discrete Mathematics and Theoretical Computer Science* 16:263-274.

Mautor, T. & Roucairol, C. (1994). A new exact algorithm for the solution of quadratic assignment problems, *Discrete Applied Mathematics* 55:281-293.

Mavridou, T., Pardalos, P.M., Pitsoulis, L.S. & Resende, M.G.C. (1998). A GRASP for the biquadratic assignment problem, *European Journal of Operational Research* 105:613-621.

Mermri, E. B., Katagiri, H., Sakawa, M. & Kato, K. (2007). Remarks on the application of genetic algorithm and tabu search method to nonlinear spanning tree problems, *Applied Mathematics and Computation* 188:1071-1086.

Merz, P. & Freisleben, B. (1997). A genetic local search approach to the quadratic assignment problem, In: *Proceedings of the Seventh International Conference on Genetic Algorithms* (ICGA'97):465-472.

Merz, P. & Freisleben, B. (2000). Fitness landscape analysis and memetic algorithms for the quadratic assignment problem, *IEEE Transactions on Evolutionary Computation* 4(4):337-352.

Middendorf, M., Reische, F. & Schmeck, H. (2002). Multi colony ant algorithms, *Journal of Heuristics* 8:305-320.

Mills, P., Tsang, E. & Ford, J. (2003). Applying an extended guided local search to the quadratic assignment problem, *Annals of Operations Research* 118:121-135.

Miranda, G., Luna, H. P. L., Mateus, G. R. & Ferreira, R. P. M. (2005) A performance guarantee heuristic for electronic components placement problems including thermal effects, *Computers & Operations Research* 32:2937-2957.

Misevičius, A. (2003). A modified simulated annealing algorithm for the quadratic assignment problem, *Informatica* 14(4):497-514.

Misevičius, A. (2004). An improved hybrid genetic algorithm: new results for the quadratic assignment problem, *Knowledge-based Systems* 17:65-73.

Misevičius, A. (2005). A tabu search algorithm for the quadratic assignment problem, *Computational Optimization and Applications* 30:95-111.

Misevičius, A., Lenkevicius, A. & Rubliauskas, D. (2006). Iterated tabu search: An improvement to standard tabu search, *Information Technology and Control* 35(3):187-197.

Mittelmann, H.D. & Peng, J. (2010). Estimating bounds for quadratic assignment problems with Hamming and Manhattan distance matrices based on semidefinte programming, *SIAM Journal on Optimization* 20:3408-3426.

Nissen, V. (1994). Solving the quadratic assignment problem with clues from nature, *IEEE Transactions on Neural Networks* 5(1):66-72.

Nugent, C. E., Vollman, T. E. & Ruml, J. (1968). An experimental comparison of techniques for the assignment of facilities to locations, *Operations Research* 16:150-173.

Nyberg, A. & Westerlund, T. (2012). A new exact discrete linear reformulation of the quadratic assignment problem, *European Journal or Operational Research* 220:314-319.

Nyström, M. (1999). *Solving Certain Large Instances of the Quadratic Assignment Problem: Steinberg's Examples*, Relatório Técnico, Department of Computer Science, California Institute of Technology Pasadena.

Oliveira, C. A. S., Pardalos, P. M. & Resende, M. G. C. (2004). Grasp with path-relinking for the quadratic assignment problem, *Experimental and Efficient Algorithms, Lecture Notes in Computer Science* 3059:356-368.

Öncan, T. & Punnen, A.P. (2010). The quadratic minimum spanning tree problem: a lower bounding procedure and an efficient search algorithm, *Computers and Operations Research* 37:1762-1773.

Özkale, C. & Fiğlali, A. (2013). Evaluation of the multiobjective ant colony algorithm performances on biobjective quadratic assignment problems, *Applied Mathematical Modelling* 37:7822-7838.

Padberg, M.W. & Rijal, M.P. (1996). *Location, Scheduling, Design and Integer Programming*, Kluwer Academic.

Palubeckis, G., Rubliauskas, D. & Targamadzé, A. (2010). Metaheuristic approaches for the quadratic minimum spanning tree problem, *Information Technology and Control* 39:257-268.

Paquete, L. & Stützle, T. (2006). A study of stochastic local search algorithms for the biobjective QAP with correlated flow matrices, *European Journal of Operational Research* 169 (3):943-959.

Pardalos, P. M., Rendl, F. & Wolkowicz, H. (1994). The quadratic assignment problem: A survey and recent developments, *DIMACS Series in Discrete Mathematics and Theoretical Computer Science* 16:1-42.

Parker, C.S. (1976). An experimental investigation of some heuristic strategies for component placement, *Operations Research Quarterly* 27: 71-81.

Pascual, J. A., Miguel-Alonso, J. & Lozano, J. A. (2011). Optimization-based mapping framework for parallel applications, *Journal of Parallel Distributed Computing* 71:1377-1387.

Paul, G. (2010). Comparative performance of tabu search and simulated annealing heuristics for the quadratic assignment problem, *Operations Research Letters* 38:577-581.

Paul, G. (2011). An efficient implementation of the robust tabu search heuristic for sparse quadratic assignment problems, *European Journal of Operational Research* 209:215-218.

Paul, G., Shao, J. & Stanley, H. E. (2011). The random quadratic assignment problem, *Journal of Statistical Physics* 145:734-744

Peer, S. K. & Sharma, D. K. (2008) Human-computer interaction design with multi-goal facilities layout model, *Computers and Mathematics with Applications* 56:2164-2174.

Peng, J., Mittelmann, H. & Li, X. (2010). A new relaxation framework for quadratic assignment problems based on matrix splitting, *Mathematical Programming Computation* 2(1):59-77.

Pereira, D. L., Gendreau, M. & Cunha, A. S. (2013) Stronger lower bounds for the quadratic minimum spanning tree problem with adjacency costs, *Electronic Notes in Discrete Mathematics* 41:229-236.

Pessoa, A. A., Hahn, P. M., Guignard, M. & Zhu, Y.-R. (2010) Algorithms for the generalized quadratic assignment problem combining lagrangean decomposition and the reformulation-linearization technique, *European Journal of Operational Research* 206:54-63.

Pillai, V. M., Hunagund, I. B. & Krishnan, K. K. (2011) Design of robust layout for dynamic plant layout problems, *Computers & Industrial Engineering* 61:813-823.

Pitsoulis, L. S., Pardalos, P. M. & Hearn, D. W. (2001). Approximate solutions to the turbine balancing problem, *European Journal of Operational Research* 130:147-155.

Png K.-B., Peng, X., Chin, F. & Ko, C. C. (2013). Mobility-based interference cancellation scheme for BS-IFDMA systems with optimum code assignment, *IEEE Transactions on Vehicular Technology* 62(5):2105-2117.

Povh, J., & Rendl, F. (2009). Copositive and semidefinite relaxations of the quadratic assignment problem, *Discrete Optimization* 6(3):231–241.

Punnen, A.P. & Kabaldi, S.N. (2013). A linear time algorithm for the Koopmans-Beckmann QAP linearization and related problems, *Discrete Optimization* 10:200-209.

Punnen, A. P. & Zhang, R. (2011). Quadratic bottleneck problems, *Naval Research Logistics* 58(2):153-164.

Puris, A., Bello, R. & Herrera, F. (2010). Analysis of the efficacy of a two-stage methodology for ant colony optimization: Case of study with TSP and QAP, *Expert Systems with Applications* 37:5543-5453.

Qi, H. & Sun, D. (2006). A quadratically convergent Newton method for computing the nearest correlation matrix, SIAM Journal on Matrix Analysis and Applications 28(2):360-385.

Queyranne, M. (1986). Performance ratio of polynomial heuristics for triangle inequality quadratic assignment problems, *Operations Research Letters* 4(5):231-23

Ramakrishnan, K.G., Resende, M.G.C. & Pardalos, P.M. (1996). A branch and bound algorithm for the quadratic assignment problem using a lower bound based on linear programming, in: Floudas, C.A., Pardalos, P.M. (Eds.), *State of the Art in Global Optimization* 7:57-74.

Ramkumar, A.S., Ponnambalam, S.G. & Jawahar, N. (2009a). A new iterated fast local search heuristic for solving QAP formulation in facility layout design, *Robotics and Computer-Integrated Manufacturing* 25:620-629.

Ramkumar, A.S., Ponnambalam, S.G. & Jawahar, N. (2009b). A population=based hybrid ant system for quadratic assignment formulations in facility layout design, *International Journal of Advanced Manufacturing Technology* 44:548-558.

Ramkumar, A.S., Ponnambalam, S.G., Jawahar, N. & Suresh, R.K. (2008). Iterated fast local search heuristic for solving quadratic assignment problems, *Robotics and Computer-Integrated Manufacturing* 24:392-401.

Rangel, M.C., Abreu, N.M.M. & Boaventura-Netto, P.O. (2000). GRASP para o PQA: Um limite de aceitação para soluções iniciais, *Pesquisa Operacional* 20 (1):45–58.

Rego, C., James, T. & Glover, F. (2010). An ejection chain algorithm for the quadratic assignment problem, *Networks* 56(3):188-206.

Rendl, F. & Sotirov, R. (2007). Bounds for the quadratic assignment problem using the bundle method, *Mathematical Programming Series B* 109:505-524.

Rendl, F. & Wolkowicz, H. (1992). Applications of parametric programming and eigenvalue maximization to the quadratic assignment problem, *Mathematical Programing* 53:63-78.

Resende, M.G.C., Pardalos, P.M. & Li, Y. (1996). Algorithm 754: Fortran subroutines for approximate solution of dense quadratic assignment problems using GRASP, *ACM Transactions on Mathematical Software* 22 (1):104-118.

Resende, M.G.C., Ramakrishnan, K.G. & Drezner, Z. (1995). Computing lower bounds for the quadratic assignment problem with an interior point algorithm for linear programming, *Operations Research* 43:781-791.

Rhee, W.T. (1988). A note on asymptotic properties of the quadratic assignment problem, *Operations Research Letters* 7:197-200.

Rhee, W.T. (1991). Stochastic analysis of the quadratic assignment problem, *Mathematics of Operations Research* 16:223-239.

Ronald, S. (1998). More distance functions for order-based encodings, In: *Proceedings of the IEEE CEC 1998 Conference on Evolutionary Computation*:558-563.

Rosendo, L. C. & Rangel, M.C. (2006). Um algoritmo construtivo baseado em uma abordagem algébrica do problema quadrático de alocação, *Pesquisa Operacional* 26 (1):129-144.

Rostami, B. & Malucelli, F. (2014). A revised reformulation-linearization technique for the quadratic assignment problem, *Discrete Optimization* 14:97-103.

Roucariol, C. (1979). A reduction method for quadratic assignment problems, *Operations Research Verfahren* 32:183-187.

Roucariol, C. (1987). A parallel branch and bound algorithm for the quadratic assignment problem, *Discrete Applied Mathematics* 18:211-225.

Roupin, F. (2009). Semidefinite relaxations of the quadratic assignment problem in a Lagrangian framework, *International Journal of Mathematics in Operational Research* 1(1):144-162.

Sabatini, M. C., Verdiell, A., Iglesias, R. M. R. & Vidal, M. (2007). A quantitative method for zoning of protected areas and its spatial ecological implications, *Journal of Environmental Management* 83:198-206.

Sahni, S. & Gonzalez, T. (1976). P-complete approximation problems, *Journal of the Association for Computing Machinery* 23:555-565.

Saremi, H. Q., Abedin, B. & Kermani, A. M. (2008). Website structure improvement: Quadratic assignment problem approach and ant colony meta-heuristic technique, *Applied Mathematics and Computation* 195:285-298.

Schellewald, C., Roth, S. & Schnörr, C. (2007). Evaluation of a convex relaxation to a quadratic assignment matching approach for relational object views, *Image and Vision Computing* 25(8):1301-1314.

Sergeev, S.I. (2004). Improved lower bounds for the quadratic assignment problem, *Automation and Remote Control* 65 (11):1733-1746.

Sherali, H. D., & Adams, W. P. (1990). A hierarchy of relaxations between the continuous and convex hull representations for zero-one programming problems, *SIAM Journal on Discrete Mathematics* 3(3):411-430.

Sherali, H. D., Smith, J. C. & Adams, W. P. (2000). Reduced first-level representations via the reformulation-linearization technique: results, conterexamples, and computations, *Discrete Applied Mathematics* 101 (1):247-267.

Silva, G.C., Bahieńse, L., Ochi, L.S. & Boaventura-Netto, P.O. (2012). The dynamics space allocation problem: Applying hybrid GRASP and tabu search metaheuristics, *Computers & Operations Research* 39:671-677.

Singh, S. P. (2009). An approximate algorithm to solve facility layout problem, In: *2009 IEEE International Advance Computing Conference*:187-192.

Skorin-Kapov, J. (1990). Tabu search applied to the quadratic assignment problem, *ORSA Journal on Computing* 2:33-45.

Skorin-Kapov, J. (1994). Extensions of tabu search adaptation to the quadratic assignment problem, *Computers & Operations Research* 21:855–865.

Soak, S. M., Corne, D. W. & Ahn, B. H. (2006). The edge-window-decoder representation for tree based problems, *IEEE Transactions on Evolutionary Computation* 10:124–144.

Solimanpur, M., Vrat, P. & Shankar, R. (2004). Ant colony optimization algorithm to the inter-cell layout problem in cellular manufacturing, *European Journal of Operational Research* 157:592-606.

Sörensen, K. (2007). Distance measures based on the edit distance for permutation-type representations, *Journal of Heuristics* 13:35-47.

Sotirov, R. (2012). SDP relaxations for some combinatorial optimization problems, In: Anjos, M.F. & Lasserre, J.B. (Eds), *Handbook on Semidefinite, Cone and Polynomial Optimization*:795-820.

Stadler, P. F. (2002). Fitness landscapes, *Biological Evolution and Statistical Physics*, Springer Berlin Heidelberg:183-204.

Steinberg, L. (1961). The backboard wiring problem: A placement algorithm, *SIAM Review* 3:37-50.

Stützle, T. (2006). Iterated local search for the quadratic assignment problem, *European Journal of Operational Research* 174:1519-1539.

Stützle, T. & Hoos, H. H. (2000). Max-min ant system, *Future Generation Computer Systems* 16:889-914.

Sundar, S. & Singh, A. (2010). A swarm intelligence approach to the quadratic minimum spanning tree problem, *Information Sciences* 180(17): 3182-3191.

Szpankowski, W. (1995). Combinatorial optimization problems for which almost every algorithm is asymptotically optimal, *Optimization* 33 (4):359-367.

Taillard, E. (1991). Robust tabu search for the quadratic assignment problem, *Parallel Computing* 17:443-455.

Taillard, E.D. (1995).Comparison of iterative searches for the quadratic assignment problem, *Location Science* 3:87-105.

Taillard, E. & Gambardella, L. (1999). *Adaptive Memories for the Quadratic Assignment Problem*. Relatório Técnico I-87-97, IDSIA.

Taillard, E.D., Gambardella, L. M., Gendreau, M. & Potvin, J.-Y. (2001). Adaptive memory programming: A unified view of metaheuristics, *European Journal of Operational Research* 135:1-16.

Tasgetiren, M. F., Pan, Q. K., Suganthan, P. N., & Dizbay, I. E. (2013). Metaheuristic algorithms for the quadratic assignment problem, In: *Proceedings of the 2013 IEEE Workshop on Computational Intelligence In Production And Logistics Systems (CIPLS)*:131-137.

Tate, D.M. & Smith, A.E. (1995). A genetic approach to the quadratic assignment problem, *Computers & Operations Research* 22(1):73-83.

Tian, P., Wang, H. & Zhang, D. (1996). Simulated annealing for the quadratic assignment problem: A further study, *Computers & Industrial Engineering* 31 (3/4):925-928.

Tian, P., Ma, J. & Zhang, D.-M. (1999). Application of the simulated annealing algorithm to the combinatorial optimization problem with permutation property: An investigation of generation mechanism, *European Journal of Operational Research* 118:81-94.

Tseng, L.-Y. & Liang, S.-C. (2006). A hybrid metaheuristic for the quadratic assignment problem, *Computational Optimization and Applications* 34:85-113.

Tsutsui, S. (2008). Parallel ant colony optimization for the quadratic assignment problems with symmetric multi processing, *Ant Colony Optimization and Swarm Intelligence*, Springer Berlin Heidelberg:363-370.

Vollmann, T.E. & Buffa, E. S. (1966). The facilities layout problem in perspective, *Management Science* 12(10):B450-B468.

Wang, S. & Sarker, B.R. (2002). Locating cells with bottleneck machines in cellular manufacturing systems, *International Journal of Production Research* 40(2):403-424.

Wang, X. & Wu, X. (2010). Index assignment optimization for joint source-channel MAP decoding, *IEEE Transactions on Communication* 58(3):901-910.

Weinberger, E. D. (1990). Correlated and uncorrelated fitness landscapes and how to tell the difference, *Biological Cybernetics* 63:325-336.

West, D.H. (1983). Approximate solution of the quadratic assignment problem, *ACM Transactions on Mathematical Software* 9(4):461-466.

White, D.J. (1994). Strengthening Gilmore's bound for the quadratic assignment problem, *European Journal of Operational Research* 77(1):126-140.

Wilhelm, M.R. & Ward, T.L. (1987). Solving quadratic assignment problems by simulated annealing, *IIEE Transactions* 19 (1):107-119.

Wong, K.Y. & See, P. C. (2009). A new minimum pheromone threshold strategy (MPTS) for max-min ant system, *Applied Soft Computing* 9:882-888.

Wright, S. E. (2012). New linearizations of quadratic assignment problems, *Computers & Operations Research* 39:2858-2866.

Wu., Z., Yang, Y., Bai, F. & Tian, J. (2012). Global optimality conditions and optimization methods for quadratic assignment problems, *Applied Mathematics and Computation* 218:6214-6231.

Xia, Y. & Yuan, Y.-X. (2006). A new linearization method for quadratic assignment problems, *Optimization Methods and Software* 21 (5):805-818.

Xia, Y. (2010). An efficient continuation method for quadratic assignment problems, *Computers & Operations Research* 37:1027-1032.

Xu, W. (1984). *Quadratic Minimum Spanning Tree Problems and Related Topics*, Tese de Ph.D., University of Maryland, 1984.

Yip, P.P.C. & Pao, Y.-H. (1994). A guided evolutionary simulated annealing approach to the quadratic assignment problem, *IEEE Transactions on Systems, Man, and Cybernetics* 24 (9):1383-1387.

Youssef. H., Sait, S. M. & Ali, H. (2003). Fuzzy simulated evolution algorithm for VLSI cell placement, *Computers & Industrial Engineering* 44:227-247.

Yu, J. & Sarker, B.R. (2003). Directional decomposition heuristic for a linear machine-cell location problem, *European Journal of Operational Research* 149:142-184.

Yu, J., Shi, R. & Sheu, H. (2008). A linearization method for the quadratic minimum spanning tree problem, *International Journal of Fuzzy Systems* 10(4):287-291.

Zhang, H., Beltran-Royo, C. & Constantino, M. (2010). Effective formulation reductions for the quadratic assignment problem, *Computers & Operations Research* 37:2007-2016.

Zhang, H., Beltran-Royo, C. & Ma, L. (2013). Solving the quadratic assignment problem by means of general purpose mixed integer linear programming solvers, *Annals of Operations Research* 207:261-278.

Zhang, L., Han, Y., Xu, Q., Li, X. & Li, H. (2009). On topology reconfiguration for defect-tolerant NoC – based homogeneous manycore systems. *IEEE Transactions on Very Large Scale Integration (VLSI) Systems* 17(9):1173-1186.

Zhang, C., Lin, Z. & Lin, Z. (2005). Variable neighborhood search with permutation distance for QAP, *Lecture Notes in Computer Science* 3684:81-88.

Zhang, Q., Sun, J., Tsang, E. & Ford, J. (2006). Estimation of distribution algorithm with 2-opt local search for the quadratic assignment problem, *Towards a New Evolutionary Computation, Studies in Fuzziness and Soft Computing* 192:281-292.

Zhao, Q. (1996). Semidefinite Programming for Assignment and Partitioning Problems, Teses de Ph.D., University of Waterloo.

Zhao, X. Y., Sun, D., & Toh, K. C. (2010). A Newton-CG augmented Lagrangian method for semidefinite programming, *SIAM Journal on Optimization* 20(4):1737-1765.

Zhao, M., Abraham, A., Grosan, C., Liu, H. (2008). A fuzzy particle swarm approach to multiobjective quadratic assignment problems, In: *AICMS 08 Second Asia International Conference on Modelling & Simulation*:516-521.

Zhao, Q., Karisch, S. E., Rendl, F., & Wolkowicz, H. (1998). Semidefinite programming relaxations for the quadratic assignment problem, *Journal of Combinatorial Optimization* 2(1):71-109.

Zhout, G., Gen, M. (1998). An effective genetic algorithm to the quadratic minimum spanning tree problem, *Computers & Operations Research* 25:229-237.

CAPÍTULO 7

Corte, Empacotamento e Carregamento

Objetivos — O presente capítulo objetiva:

- Introduzir modelos clássicos de Corte e Empacotamento.
- Abordar métodos heurísticos para a solução de modelos selecionados.

7.1 Introdução

O presente capítulo aborda um conjunto de problemas de programação inteira que possuem forte correlação e que são usualmente denominados, na literatura, problemas de Cortes e Empacotamento. Nesse conjunto de problemas associados, encontram-se, dentre outros, o *Bin-Packing*, ou Problema de Empacotamento, o *Cutting-Stock*, ou Problema de Cortes de Estoque, o *Strip-Packing*, ou Problema de Corte de Tiras, o Problema de Layout, o Problema de Carregamento de Pallets e o problema de carregamento de veículos.

Este capítulo aborda o tema sugerindo modelos selecionados e algoritmos de solução para alguns dos problemas que compõem essa classe de programação inteira.

7.2 Bin-Packing

Um problema bastante comum no mundo real consiste em acondicionar ou empacotar diferentes objetos (cujas diferenças são refletidas em variadas formas e pesos) em um número finito de caixas ou recipientes. As caixas são recipientes maiores que os objetos, de forma que possam acondicionar um ou mais objetos, e são denominadas genericamente de *bin*. O objetivo do processo de acondicionamento é minimizar o número de caixas necessário à embalagem de todos os objetos. Trata-se de um problema de otimização NP-Difícil.

O problema de Empacotamento, ou de *Bin-Packing*, possui diversas variantes, podendo envolver objetos com duas ou três dimensões, considerações de capacidade de peso ou custos para as caixas, restrições de compatibilidade entre objetos embalados em uma mesma caixa, entre outras. Quando os *bins* possuem capacidade variável e diferentes custos, o problema é denominado *Bin-Packing* Generalizado. O problema pode ser considerado um caso particular do Problema de *Cutting-Stock*. Quando o número de caixas é igual a 1 e cada objeto possui um volume e um valor associado, o problema de maximizar o valor dos itens que podem ser embalados na caixa é reduzido ao problema da mochila.

As aplicações práticas desse problema vão desde o preenchimento de recipientes e carregamento de caminhões com restrições de capacidade de peso até a otimização da ocupação de espaço em arquivos em disco e no design de chips, dentre outros. A Figura 7.1 exibe um exemplo de *Bin-Packing* em que as caixas e os objetos possuem uma dimensão em comum.

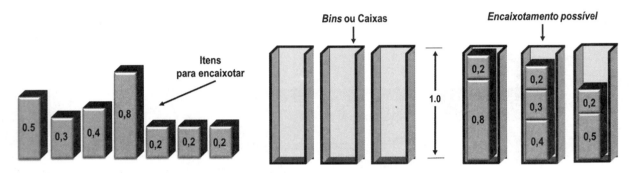

Figura 7.1: Exemplo de encaixotamento no *Bin-Packing*.

Eilon & Christofides (1971) formularam matematicamente o *Bin-Packing* da forma mostrada ao lado, onde:

$L \equiv$ é o limite do número de *bins* necessários para que não existam itens descobertos pelo empacotamento.

$p_j \equiv$ é o valor atribuído ao *bin j*.

$s_i \equiv$ é o tamanho do objeto i.

$c_j \equiv$ é a capacidade do *bin j*.

$x_{ij} \equiv$ é a variável binária que assume o valor 1 quando o item i é destinado ao *bin j*, e 0 em caso contrário.

(BP1) Minimizar $z = \sum_{j=1}^{L} p_j \sum_{i=1}^{n} x_{ij}$

Sujeito a:

$$\sum_{i=1}^{n} s_i x_{ij} \leq c_j \quad j=1,\ldots,L$$

$$\sum_{j=1}^{L} x_{ij} = 1 \quad i=1,\ldots,n$$

$$x_{ij} \in \{0,1\} \quad \forall i,j$$

Alternativamente, é possível formular o Problema de *Bin-Packing* para o caso em que a capacidade máxima dos *bins* é fixa e igual a c, como se segue:

Considerando: n objetos e L *bins* disponíveis

$w_j \equiv$ é o peso atribuído ao objeto j.

$c \equiv$ é a capacidade do *bin*.

$y_j \equiv$ é a variável binária que assume o valor 1 quando o *bin j* é utilizado, e 0 em caso contrário.

$x_{ij} \equiv$ é a variável binária que assume o valor 1 quando o item i é destinado ao *bin j*, e 0 em caso contrário.

(BP2) Minimizar $z = \sum_{i=1}^{n} y_i$

Sujeito a:

$$\sum_{j=1}^{L} w_j x_{ij} \leq c y_i \quad i=1,\ldots,n$$

$$\sum_{j=1}^{L} x_{ij} = 1 \quad i=1,\ldots,n$$

$$x_{ij} \in \{0,1\} \quad \forall i,j$$

O trabalho de Adamowicz & Albano (1976) é um dos pioneiros a destacar o caso particular do Bin-Packing do caso geral do Cutting-stock. Coffman *et al.* (1997) apresentaram um levantamento do estado da arte dos métodos aproximativos clássicos para o problema. Recentemente, diversas variantes do problema são relatadas na literatura envolvendo o empacotamento bidimensional (Berkey & Wang, 1987, e Bartholdi *et al.*, 1989), bidimensional com *bins* de tamanhos variados (Pisinger & Sigurd, 2005), tridimensional (Lodi *et al.*, 2002), tridimensional com peso variável nos *bins* (Wu *et al.*, 2010), com conflito (Gendreau *et al.*, 2004), com material frágil (Clautiaux *et al.*, 2014), com fragmentação (Casazza & Ceselli, 2014), com restrições de cardinalidade (Adar & Epstein, 2013), multiobjetivo com rotação e balanceamento de carregamento (Fernández *et al.*, 2013), *bins* irregulares com restrições de guilhotina (Han *et al.*, 2013), *Bin-Packing* generalizado (Baldi *et al.*, 2014 e 2012).

O problema possui heurísticas eficientes e de bom desempenho, como a *First Fit Decreasing* (Binzhou & Zhiyi, 2010). Fleszar & Hindi (2002) propõem cinco heurísticas baseadas na folga mínima do *bin* e em busca em vizinhança variável. Haouari & Gharbi (2005) relatam procedimentos de rearranjo por deslizamento para o *Bin-Packing* clássico, Bruger *et al.* (2004) relatam um algoritmo em colônia de formiga para o *Bin-Packing* clássico, Stawowy (2008) propõe uma heurística de base evolucionária, Alvarez-Valdes *et al.* (2013), um algoritmo GRASP/Path Relinking para o problema tridimensional, López-Camacho *et al.* (2014) sugerem um *framework* hiper-heurístico para o problema.

7.3 Problema de Cortes em Estoque (*Cutting-Stock*)

O problema denominado na literatura como *Cutting-Stock* ou, em português, "Problema de Cortes em Estoque (peças estocadas)" está entre os primeiros existentes na literatura de Pesquisa Operacional (Kantorovich, 1960). Outros trabalhos pioneiros na área foram realizados por pesquisadores como Brooks, Smith, Stone & Tuttle, em 1940 (Brooks *et al.*, 1940), sendo particularmente importante referenciar os trabalhos de Gilmore e Gomory na década de 1960 (Gilmore & Gomory, 1961; 1963 e 1965). O *Cutting-Stock* compartilha com o *Bin-Packing* a lógica de alojar objetos em uma dada região viável. Os problemas de corte, contudo, objetivam o destaque dos objetos da área por meio de cortes. As regiões onde os objetos serão destacados são, por exemplo, fios, barras, perfis, chapas ou volumes. Não é possível apresentar uma formulação genérica para o *Cutting-Stock* em razão de que cada caso particular possui regras específicas tanto para a realização do corte como em relação às restrições impostas à região de coleta dos objetos. Os vários problemas possuem diferentes denominações na literatura, como vários modelos citados na literatura para Problemas de Cortes, Empacotamento e Carregamento são denominados de *Cutting Stock, Trim Loss, Guillotine Problem, Assortment Depletion, Nesting* e outros que envolvem problemas de carregamento de caixas, pallets, contêineres baús e tanques de veículos, alguns deles muito próximos ao *Bin-Packing*. Para sistematizar o entendimento desse problema, sugerem-se as classificações que se seguem.

● Classificação Dimensional Generalizada

A classificação da Figura 7.2 enfatiza a sistematização do aspecto dimensional dos problemas de corte. As dimensões são consideradas espaciais e não espaciais. A linha espacial permite a interpretação clássica para os modelos.

A classificação não espacial permite considerar o peso, o tempo, os aspectos associados à orçamentação e mesmo especiais, em analogia aos elementos geométricos igualmente em um modelo em que o objetivo é destacar unidades de um todo maior ou região viável.

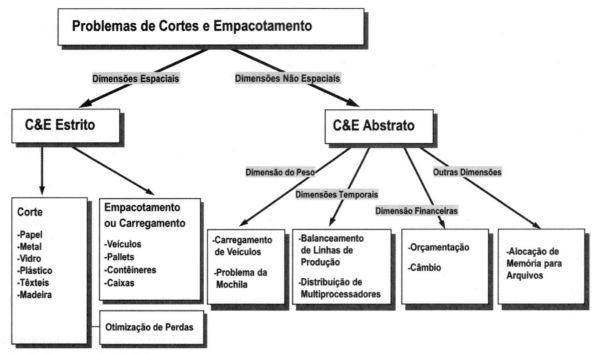

Figura 7.2: Taxinomia dimensional generalizada para os problemas de Corte e C&E/C.

● Classificação Dimensional Clássica

A dimensionalidade pode ser definida como o mínimo de dimensões atribuídas a números reais que são capazes de descrever a geometria dos padrões de corte. Com essa definição em mente, os problemas de C&E/C podem ser classificados em:

- ✓ Unidimensionais.
- ✓ Bidimensionais.
- ✓ Tridimensionais.
- ✓ Multidimensionais.

Apesar de a classificação clássica enfatizar a geometria, aceita contabilizar como dimensões extras critérios não geométricos. Um problema de carregamento de pallets, normalmente bidimensional, pode ser classificado como tridimensional se houver a necessidade da inclusão do peso como variável de decisão. Um problema "quadrimensional", por exemplo, pode ser obtido de um problema de acondicionamento tridimensional de pacotes em que o estoque esteja sujeito a restrições de janela de tempo ou, ainda, quando existem restrições econômicas (Garey & Johnson, 1981; Lorie & Savage, 1955). De certa forma, a classificação dimensional clássica utiliza critério semelhante ao empregado na classificação dimensional generalizada.

● Classificação Baseada na Mensuração Quantitativa

Eventualmente, a decisão de um modelo de corte e empacotamento pode incluir mensurações nos itens do tipo:

- ✓ Discreta ou Inteira, expressa por números inteiros e positivos.
- ✓ Contínua ou fracionária, expressa por números reais.

A combinação de aspectos de mensuração quantitativa com os de definição dimensional (dimensionalidade entendida conforme definição do item anterior) afeta a complexidade dos modelos, de modo que vários autores sugerem uma classificação dimensional unificada, mas que utilize uma métrica fracionária com 1,5 dimensionais para que seja capaz de destacar essa peculiaridade (Dyekhoff *et al.*, 1985).

● Classificação Baseada na Forma das Figuras

A forma das figuras interfere na configuração dos padrões de "preenchimento" das formas maiores e na definição do tipo de corte possível. São elementos importantes da forma e capazes de originar discriminação nos modelos:

- ✓ Perfil.
- ✓ Tamanho.
- ✓ Orientação.

Em relação às características anteriores, destaca-se o comportamento das figuras, que pode ser:

- ✓ Regular.
- ✓ Irregular.

Significativa parcela dos problemas da literatura aborda o corte e o empacotamento de figuras de formas regulares (Haessler & Talbot, 1990).

● Classificação Derivada de Restrições nos Padrões

Os padrões de corte não são deduzíveis apenas das condições geométricas das figuras e da região de corte. As composições dos itens de demanda dentro do espaço disponibilizado para o corte pode depender de vários fatores tecnológicos. Os aspectos tecnológicos podem ser reunidos em decorrência de três temas principais:

1 – Equipamentos de corte.
2 – Material a ser cortado.

Certos materiais, como alguns plásticos, podem ser sensíveis ao calor. Outros materiais, como a madeira, possuem direções preferenciais de corte em relação à direção de suas fibras. Finalmente, alguns materiais, como o vidro, exigem continuidade do corte.

3 – Objetivos da programação da produção.

Em várias ocasiões, é necessário minimizar ou maximizar certa distância entre as figuras pequenas ou, ainda, entre os cortes que dividem as figuras maiores. Em outros casos, a orientação das figuras pequenas em relação às grandes é preponderante.

As composições geométricas são restritas pelas condições tecnológicas. Em relação à extensão do corte, temos classicamente duas formas de operação:

- ✓ Cortes guilhotinados, ou cortes em que a direção do fio não é interrompida dentro da peça. Os cortes dessa natureza são feitos em linha reta e perpendicularmente aos lados da peça. Eles podem ser feitos em mais de um estágio, sendo que, em cada estágio, eles são executados de um lado a outro da placa. A Figura 7.3(a) mostra a sequência de cortes guilhotinados na peça. Observe-se que o corte 2 atravessa a peça destacada pelo corte 1.
- ✓ Cortes não guilhotinados, ou cortes em que a direção do fio é interrompida dentro da peça. As Figuras 7.3(b) e (c) exemplificam os tipos de cortes anteriormente descritos.

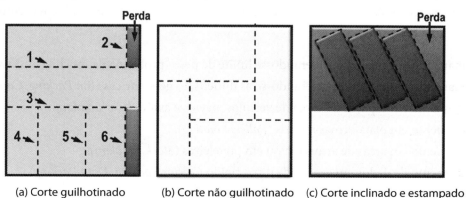

(a) Corte guilhotinado   (b) Corte não guilhotinado   (c) Corte inclinado e estampado

Figura 7.3: Tipos de cortes.

● Classificação de Dyckhoff & Finke (1992)

Com base nas características anteriores, algumas outras classificações para os modelos de C&E são possíveis. Dyckhoff & Finke (1992) propõem que os critérios utilizados sejam, por exemplo:

- ✓ Dimensão do problema.
- ✓ Forma de alocação das unidades.
- ✓ Ambiente de planejamento.
- ✓ Objetivos.
- ✓ Restrições.

Em relação à estrutura lógica, propõem ainda:

- ✓ Dimensão do problema:
    1. Unidimensional.
    2. Bidimensional.
    3. Tridimensional.
    (N) N-dimensional.

- ✓ Forma de alocação das unidades:
    (V) Seleção de unidades grandes.
    (B) Seleção de unidades pequenas.

- ✓ Sortimento de unidades grandes:
    (O) Uma unidade.
    (I) Unidades de tamanhos iguais.
    (D) Unidades de tamanhos diferentes.

- ✓ Sortimento de unidades pequenas:
    (F) Poucas unidades de tamanho diferentes.
    (M) Muitas unidades de muitos tamanhos diferentes.
    (R) Muitas unidades de poucos tamanhos diferentes.
    (C) Unidades de tamanhos iguais.

A maioria dos problemas da classe *Cutting Stock* são problemas NP-Árduos, ou seja, de previsível explosão combinatória, especialmente devido à natureza exponencial do número de configurações que, normalmente, se faz necessário examinar no processo de solução de problemas reais.

● Problemas Associados

De um modo geral, os C&E/C são problemas em que o interesse é organizar configurações com especificações dimensionais (daí a importância da taxonomia dimensional para a análise do contexto C&E/C) dentro de outras configurações. Se a ação é de fragmentação da unidade de estoque, o problema é de corte, ou *Cutting Stock*. Se a ação é de composição de figuras em uma área ou espaço, caracteriza-se um empacotamento ou carregamento.

Na linha da agregação de objetos em uma dada área ou volume, os seguintes problemas compartilham características:

- ✓ Acondicionamento em caixas considerando-se limite de peso (problema da mochila ou *Knapsack Problem*).
- ✓ Acondicionamento em caixas considerando-se as dimensões geométricas (*Bin Packing, Container Loading*).
- ✓ Acondicionamento em espaços de carga de veículos, navios e aviões (*Car Loading*).
- ✓ Acondicionamento em plataformas móveis (*Pallets Loading*).
- ✓ Acondicionamento em áreas de armazém ou em prateleiras (*Stock Problem*).
- ✓ Acondicionamento de dados em espaço de disco rígido (*Vector Packing, Data Packing*).
- ✓ Distribuição de objetos em áreas em geral (*Lay-Out Problem*).

Se a ação é de fragmentação de uma estrutura em estruturas menores, o problema é de corte ou separação, e pode ser desenvolvido em:

- ✓ Fios (*Trim Loss*).
- ✓ Chapas (*Cutting Stock, Strip Packing, Guillotine Problem*).
- ✓ Objetos tridimensionais.
- ✓ Estruturas de abstração e matemáticas (*Cut-Set Problem*).

● Tipologia do Corte

Os tipos de cortes mais conhecidos são:

✓ Corte Unidimensional – Caracterização

É possível exemplificar a lógica do processo de otimização no corte unidimensional examinando o seguinte exemplo: supondo-se um estoque de tubos de 6 metros de comprimento e uma demanda de tubos com comprimentos menores, tais como: um tubo com 3,2 m; um tubo com 1,6 m; cinco tubos de 1,1 m; um tubo de 0,7 m. São possíveis várias formas de redução dos tubos de 6 metros de modo a atender a demanda. A Figura 7.4 mostra uma forma de fazer isso, ou seja, um plano de corte. A barra de 1 m representa uma "perda" do corte.

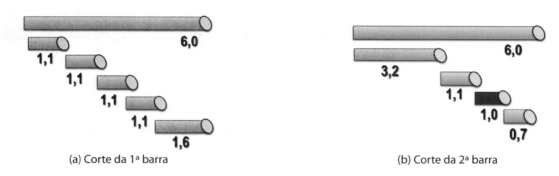

Figura 7.4: Planejamento de corte para tubos de 6 metros.

O problema de corte ou de empacotamento é considerado unidimensional se suas restrições básicas de pertinência ao elemento de cujo corpo será destacado o item puderem ser formuladas da seguinte forma (comparar com o problema da mochila):

$$\sum_i w_i a_i \leq u$$

Onde:
$w_i \equiv$ tamanho desejado para o requisito i
$a_i \equiv$ número de vezes (um valor inteiro) em que o requisito i aparece no padrão
$u \equiv$ capacidade limitante ao crescimento do requisito

✓ Corte de Fios, Barras e Bobinas de Papel

O problema de corte unidimensional é tradicionalmente aplicado na otimização do corte de fios, barras e bobinas de papel. Via de regra, o objetivo do planejamento do corte é minimizar as perdas ocasionadas pelo corte. Genericamente, pode-se considerar que as necessidades impõem o corte de r_i rolos ou bobinas de um comprimento w_i, $i = 1,2,...,n$, de rolos ou bobinas do estoque que possuem um comprimento padrão "u". Os pedidos referem-se a fios ou barras de mesmo diâmetro, ou folhas de papel ou metal de iguais dimensões. Haessler (1992) formula o problema da seguinte forma:

Minimizar $z = c_1 \sum_j t_j x_j + c_2 \sum_j \delta(x_j)$

sujeito a:

$l_i \leq \sum_j a_{ij} x_j \leq u_i \quad i = 1,\ldots,n$

$x_j \in Z^+$

Onde a_{ij} é o número de rolos ou bobinas de comprimento w_i, $i = 1, 2,\ldots, n$ que serão obtidos de cada rolo do estoque pelo corte previsto no padrão j.

$x_j \equiv$ número de bobinas do estoque que serão processadas de acordo com os padrões j.

$c_1 \equiv$ valor em Unidades Monetárias da perda unitária no corte.

$c_2 \equiv$ custo imposto pela mudança nos padrões de corte.

$\delta(x_j) \equiv$ função booleana que dá como saída 1 se $x_j > 0$ e 0 em caso contrário.

l_i, u_i são os limites inferiores e superiores para os valores dos requisitos. Dependendo do caso, esses valores podem se confundir com r_i (número de rolos de comprimento i).

$t_j \equiv$ número de unidades perdidas pela aplicação do padrão j.

Para que os elementos a_{ij} se constituam em padrões de corte viáveis, a restrição genérica de capacidade dos rolos em estoque deve ser respeitada, ou seja:

$$\sum_i a_{ij} w_i \leq u$$

$$a_{ij} \in Z^+$$

Adicionalmente, a perda é obtida após a aplicação do padrão de corte j calculada pela restrição a seguir:

$$t_j = u - \sum_i a_{ij} w_i \quad \forall j$$

✔ Outras Aplicações

O corte unidimensional possui várias aplicações de significativa importância e impacto econômico. Algumas delas são destacadas como se seguem:

• Corte de Cabos de Força/Comunicações

Os cabos de transmissão de energia e de comunicação mobilizam recursos da ordem de bilhões de dólares ao redor do mundo.

Os modernos cabos de comunicação, normalmente, são constituídos por núcleos metálicos ou cristalinos (fibra ótica) revestidos por materiais de proteção e/ou isolamento. Os cabos, de fato, são caracterizados pela reunião de unidades de transmissão menores em conjuntos solidários, como mostra a Figura 7.5.

O processo de fabricação de um cabo semelhante ao da figura envolve operações de cortes e de reunião dos componentes que o constituirão. Os equipamentos que realizam a reunião dos componentes possuem, via de regra, limites para os comprimentos máximos dos componentes.

Quando esses limites ultrapassam os comprimentos de estocagem dos componentes, torna-se necessário desdobrar o processo de corte em duas fases, uma anterior ao processo de reunião e outra posterior.

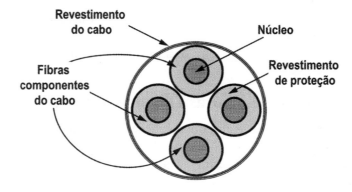

Figura 7.5: Corte transversal em um cabo de quatro componentes.

Supondo que o comprimento máximo admissível na máquina que realiza a reunião de peças seja de 700 metros, e que os elementos sejam estocados nos comprimentos de 2.000 metros e 3.000 metros, como exemplifica a Figura 7.6.

Para o caso da obtenção de 1 cabo de 100 metros, 1 cabo de 150 m, 1 cabo de 350 m e 2 de 200 m, segundo o perfil definido na Figura 7.6 com quatro fibras, são necessárias três operações, conforme esclarece a Figura 7.6 (para mais detalhes do processo, sugere-se Johnston, 1992).

O processo da Figura 7.6 deixa visível a importância da otimização do planejamento do corte das peças visando minimizar as perdas.

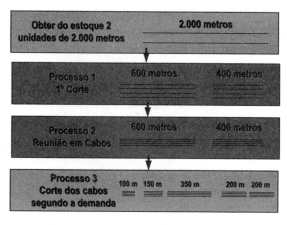

Figura 7.6: Processo de obtenção de cabos de fibras múltiplas.

- **Corte de Toras de Madeira**

Cada vez mais, a madeira, especialmente a chamada "de lei", ou seja, a que se destina à fabricação de móveis e decoração de interiores, torna-se um bem escasso e de elevado custo ecológico. Os valores da metragem cúbica da madeira cresce sistematicamente no mercado por anos, sendo um tendência persistente. Portanto, os procedimentos de otimização no desdobramento de toras torna-se uma providência indispensável. Adicionalmente, no desdobramento diferentemente de qualquer outra fase, a perda pode representar, além da redução do volume líquido processado, um problema para a disposição do material não aproveitado. A transformação das toras de madeira bruta em peças de dimensões padronizadas pode ser resumida nas fases exemplificadas na Figura 7.7 (para mais detalhes, sugere-se o trabalho de Reinders, 1992).

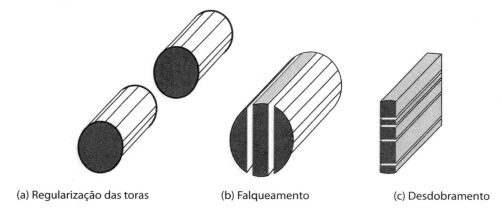

(a) Regularização das toras   (b) Falqueamento   (c) Desdobramento

Figura 7.7: Processo de obtenção de madeira serrada.

- **Corte de Tiras em Chapas de Metal**

Caso clássico de aplicação do corte em rolos. Esse caso possui uma variante especial quando os rolos possuem faixas em que a qualidade do material pode variar, como representado na Figura 7.8 (para maiores detalhes, sugere-se Sweeney & Haessler, 1990).

✔ **Corte Bidimensional – Caracterização**

No corte bidimensional, as configurações de corte consideram o comprimento e a largura da peça. O objetivo clássico continua associado à necessidade de recortar de uma chapa um conjunto de peças de modo a minimizar a perda com o corte.

Figura 7.8: Faixas de corte com padrões de qualidade variável.

Nesses casos, a restrição clássica ao lado representado para o modelo multidimensiona, não é suficiente para garantir viabilidade para o modelo de programação. O problema pode ser então formulado em função de um conjunto de padrões viáveis de corte, como mostra a Figura 7.9.

$$\sum_i a_{ij} w_i \leq u$$
$$a_{ij} \in Z^+$$

Denominado por:

$w \equiv$ largura das placas do estoque.

$h \equiv$ comprimento das placas do estoque.

$m \equiv$ número de diferentes tipos de peças que serão cortadas.

$w_p \equiv$ largura do padrão de corte p.

$h_p \equiv$ comprimento do padrão de corte p.

$w_i \equiv$ largura da peça i.

$h_i \equiv$ comprimento da peça i.

$b_i \equiv$ máximo de vezes que a peça i deve ser usada.

$x_i \equiv$ número de vezes que a peça i é efetivamente usada em um padrão de corte.

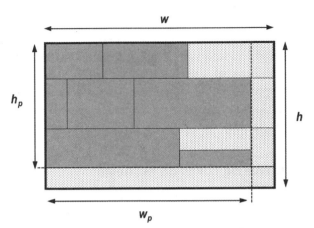

Figura 7.9: Variáveis para o programa de corte.

Oliveira & Ferreira (1990) formulam o problema da seguinte forma:

$$\text{Minimize } z = wh - \sum_{i=1}^{m} x_i w_i h_i$$

sujeito a:

$$0 \leq x_i \leq b_i \quad i = 1, \ldots, m$$
$$x_i \in Z^+$$

Como exemplos da aplicação desse modelo, são citados: cortes em placas retangulares de vidro, cortes de formas irregulares em chapas de aço e carregamento de contêineres com pacotes de dimensões padronizadas.

✔ Corte de Chapas Planas

Os problemas que envolvem o corte de chapas possuem um objetivo geral de atender, de forma econômica, a demanda de uma série de formas geométricas que podem ser obtidas por meio do corte das chapas do estoque. As formas geométricas são passíveis de diferentes distribuições sobre a superfície das chapas para posterior corte. Uma distribuição viável de qualquer conjunto de formas geométricas sobre uma ou mais chapas é chamada de padrões de corte. De forma geral, os padrões de corte são de livre constituição. Na prática, a distribuição superficial das figuras sobre as chapas deve atender exigências tecnológicas e de mínimo bom senso. A Figura 7.10 representa um exemplo de um padrão de corte racional em chapas de 90×85, segundo uma demanda de 1 chapa de 20×80, duas chapas de 40×40, duas chapas de 20×40 e oito de 10×10, todas as dimensões em centímetros.

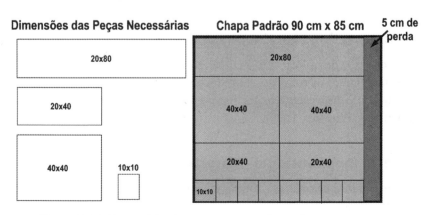

Figura 7.10: Um padrão de corte em uma chapa de 90 cm x 85 cm.

✔ Strip-Packing

O *Strip-Packing* consiste em alocar peças em uma tira de largura constante e de comprimento indefinido. As peças devem possuir largura inferior à largura da tira que convenciona-se igual a uma unidade de medida. O objetivo desse problema é alocar os elementos sobre a tira de modo que o comprimento utilizado para o corte seja o menor possível. Subentende-se que as figuras não podem se sobrepor.

No caso de os elementos serem constituídos por retângulos, supõe-se que seus lados sejam paralelos aos lados das tiras (para maiores detalhes ver Coffman & Shor, 1990), conforme exemplifica a Figura 7.11.

✔ Carregamento de Contêineres

O problema pode ser abordado de forma abstrata, considerando-se o caso geral de pertinência de objetos tridimensionais em um recipiente. A mochila (*Knapsack*) poderia ser considerada um recipiente unidimensional, o *bin*, um recipiente bidimensional e o contêiner, um recipiente tridimensional. O chamado Problema de Carregamento de Contêiner (*Container Loading Problem*) é uma versão aplicada do problema genérico de carregamento tridimensional, em que restrições de balanceamento, econômicas e de compatibilidade de misturas são, dentre outras, consideradas juntamente com os elementos geométricos. No problema, caracterizam-se pelo menos dois objetivos:

1. Carregar o volume (ou contêiner) de modo que as caixas ocupem o menor volume possível.
2. Carregar o maior número possível de caixas dentro de um volume (ou contêiner) disponível.

Considerando os objetivos anteriores, dois subcasos são notáveis:

✓ Quando existem limitações no número de contêineres.

✓ Quando existem limitações no número de caixas (em cada diferente tipo) a serem carregadas.

A Figura 7.12 exemplifica padrões típicos de carregamento em um contêiner.

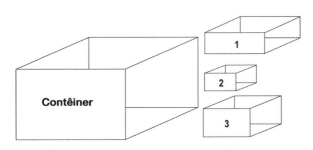
(a) Contêiner e três diferentes tipos de objetos

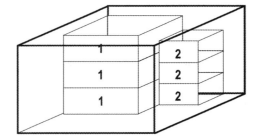
(b) Um padrão de carregamento

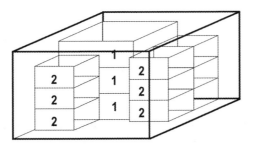
(c) Outro padrão de carregamento

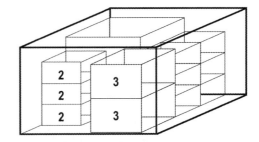
(d) Padrão buscando minimizar o espaço disponível

Figura 7.12: Padrões para o carregamento de um contêiner.

Figura 7.11: Distribuição de figuras no *Strip-Packing*.

- **Estabilidade de Carregamento**

Por se tratar de um acondicionamento em três dimensões, a minimização do volume não utilizado deve estar sujeita a condições de estabilidade das pilhas e a deformações e tensões nas caixas. A Figura 7.13 mostra uma situação de possível instabilidade ou tensão imprópria na caixa superior.

Uma heurística simples de dois passos pode ajudar a evitar a formação de padrões de carregamento instáveis:

Passo 1: A estabilidade do empilhamento é garantida quando qualquer corte ao longo da altura do contêiner só cortar caixas empilhadas sobre caixas de igual ou maior dimensão.

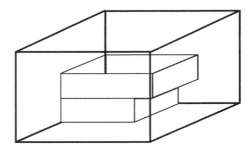

Figura 7.13: Pilha instável.

Passo 2: Se algum corte do passo 1 falhar, permutar a camada instável com a imediatamente inferior e repetir o passo 1.

✓ **Problema de Carregamento de Veículos (PCaVe)**

Considerando a carroçaria ou baú de um caminhão ou utilitário como um contêiner, a transposição do carregamento é imediata para o contexto dos transportes (Lee, 1979; Eilon & Christofides,1971).

✓ **Problema do Balanceamento de Linha de Montagem (PBLM)**

Suponha-se que, em uma manufatura, existam n células de produção que recebem designações operacionais para cumprirem certas tarefas que demandam t_i unidades de tempo cada uma delas. As tarefas devem preservar uma certa sequência de realização tanto nas células de produção como entre as células. Com um turno de trabalho de tempo total igual a T, tempo igual para todas as células de produção, o problema consiste em minimizar o número de células designadas ao conjunto de atividades, respeitando-se restrições de capacidades peculiares a cada célula. A Figura 7.14 exemplifica uma rede de precedência do PBLM, na qual cada nó representa uma tarefa que tem um tempo de execução t_i. A primeira célula é designada às tarefas 1, , 2, 4 e 7, marcadas com o símbolo (✓). A segunda célula, às tarefas , 3, 5, 6 e 8, marcadas com o símbolo (☒), e a terceira célula, às tarefas 9, 10, 11 e 12, marcadas com o símbolo (✺).

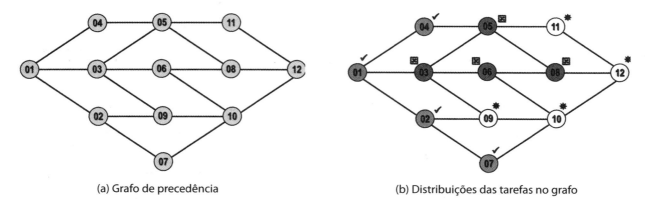

(a) Grafo de precedência (b) Distribuições das tarefas no grafo

Figura 7.14: Um grafo de precedência de atividades.

O problema de balanceamento de linha de montagem pode ser imaginado como um problema de encaixe de sequências de operações no grafo de precedências lógicas anteriormente definido.

✔ Problema da Otimização de Memória Computacional (POMC)

Esse caso diz respeito à partição e ao gerenciamento da memória de um computador. A Figura 7.15 exemplifica uma distribuição de programas na memória de um computador. Na medida em que novos executáveis são carregados e outros abandonados, o gerente de memória deve providenciar a otimização desses espaços. O mesmo acontece na gravação de arquivos em um disco rígido ou chamada fragmentação do disco.

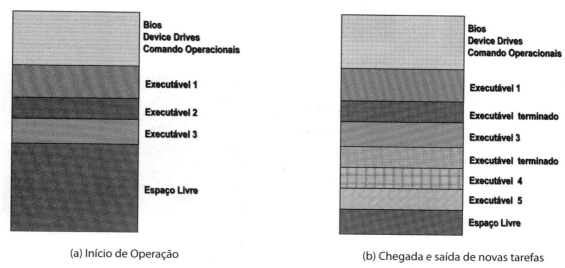

(a) Início de Operação   (b) Chegada e saída de novas tarefas

Figura 7.15: Fragmentação da memória.

O mesmo problema acontecia na cópia de arquivos do disco rígido para disquetes. Nesse caso, era possível considerar os disquetes como *bins* e os arquivos selecionados no disco rígido como os objetos a serem empacotados. O problema de realizar a tarefa de copiar os arquivos selecionados para discos rígidos economizando ao máximo o espaço de gravação é um problema de empacotamento.

✔ O Problema de Minimização das Pilhas de Corte (PMPC)

Na indústria de corte de madeira, painéis de diferentes tamanhos são cortados de grandes chapas do estoque. O corte dos painéis vai gerando a abertura de pilhas para cada tipo de painel obtido, até que todos os painéis daquele tipo estejam cortados e possam ser removidos. Obviamente, um grande número de pilhas abertas prejudica o fluxo e a segurança na planta. O PMPC consiste em determinar um sequenciamento dos padrões de corte de modo a minimizar o número máximo de pilhas que permanecerão abertas durante o processo (Yanasse, 1997).

✔ O Problema de Layout

No Problema de Layout, a componente da distribuição espacial relativa dos objetos é a mais importantes. Pela natureza desse problema, a distribuição dos objetos ou facilidades não é realizada de forma tão compacta como em uma chapa, contudo, quando as considerações que se seguem são realizadas, o problema pode ser reduzido ao *Cutting Stock*:

1. As áreas de trabalho, circulação, fluxo, estacionamento, iluminação e outras são consideradas como objetos do problema ocupando espaços na área disponível.
2. Existem restrições de proximidade e de perímetro comum entre os diferentes tipos de objetos do problema.
3. Configurações viáveis, se combinadas, têm potencial para formar novas configurações viáveis.

Como um caso de Layout capaz de atender várias das exigências anteriormente citadas, destaca-se o Problema de Layout da Planta de Produção (PLPP). Os trabalhos de Apple (1973) e Reed (1967) abordam o problema. A Figura 7.16 mostra a formação configurações e sua composição em uma solução para o PLPP referente à área de planta destacada em negrito.

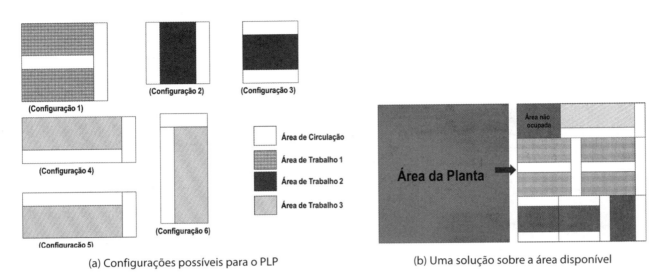

Figura 7.16: Uma solução para o PLP via *Cutting Stock*.

● Classificação dos Problemas de C&E/C pela Taxonomia de Dyckhoff

A taxonomia de Dyckhoff (1990) é eficiente na sintetização dos problemas de C&E/C. Para tal, cada problema existente será entendido diante das quatro características de Dyckhoff. A notação empregada fará a separação das quatro características por meio de barras, em que cada posição expressa a classificação obtida para o problema examinado por meio do julgamento de uma característica da taxonomia. Um problema descrito como 1/V/I/R é unidimensional (1), seleciona unidades grandes, o rolo do estoque, por exemplo, (V) que possuem o mesmo tamanho (I) e, finalmente, possui muitas unidades pequenas com uma pequena variação de tamanho (R). A Figura 7.17, através dessa taxonomia, compara uma série de problemas C&E/C.

Problema	Classificação
Problema da Mochila	1 / B / O / *
Problema de Corte de Estoque	1 / V / I / R
Problema de Empacotamento de Bins	1 / V / I / M
Problemas de Carregamento de Veículos	1 / V / I / (C ou F ou M)
Problema do Balanceamento de Linha de Montagem	1 / V / I / M
Problema de Multiprocessadores	1 / V / I / M
Problema de Alocação de Memória	1 / V / I / M
Problemas de Corte	(1 ou 2 ou 3) / * / * / *
Problemas de Empacotamento	(1 ou 2 ou 3) / * / * / *
Problema de Carregamento de Pallets	2 / B / O / (C ou *)
Problema de Carregamento de Containers	3 / B / O / * ou 3 / V / I / *
Problema de Alocação de Tarefas	N / V / I / *

Figura 7.17: Taxonomia *Dyckhoff* aplicada aos problemas C&E/C.

● Heurísticas para o Problema de Corte, Empacotamento e Carregamento

Os seguintes trabalhos, dentre outros, são fonte de referência para o desenvolvimento de heurísticas no tema:

Johnson *et al.* (1974), Christofides & Whitlock (1977), Steudel (1979), George & Robinson (1980), Coffman *et al.* (1980), Sarin (1983), Wang (1983), Baker & Schwartz (1983), Chanzelle (1983), Roberts (1984), Marcotte (1986), Voight (1987), Dagli & Tatoglu (1987), Farley (1988), Tsai *et al.* (1988), Schneider (1988), Haessler (1988), Han *et al.* (1989), Yanasse *et al.* (1990), Haessler & Talbot (1990), Gehring *et al.* (1990), Coffman & Shor (1990), Sweeney & Haessler (1990), Ghandforoush & Daniels (1992), George (1992), Mohanty *et al.* (1994), Bischoff & Ratcliff (1995), Bischoff *et al.* (1995), Azar & Epstein (1997), Coffman *et al.* (1997), Hifi (1997), Fayard *et al.* (1998), de Werra (1997), Csirik *et al.* (1999, 2001), Vanderbeck (1999), Gradisar *et al.* (1999, 2002), Chu & Antonio (1999), Hopper & Turton (2001a), Liang *et al.* (2002a), Alvarez-Valdés *et al.* (2002), Valério de Carvalho (2002), Zhang *et al.* (2002), Onwubolu & Mutingi (2003), Martello *et al.* (2003), Mahmoud *et al.* (2003), Ragsdale & Zobel (2004), Shahin & Salem (2004), Wäscher *et al.* (2007), Shen *et al.* (2007), Dikili *et al.* (2008), Poldi & Arenales (2009), Peng & Chu (2010), Khamassi *et al.* (2011), Cui & Huang (2012), Del Valle *et al.* (2012), Jahromi *et al.* (2012), Cui & Zhao (2013), Cui (2014) e Dalalah *et al.* (2014).

Os seguintes trabalhos são abrangentes no tema:

Lodi *et al.* (2002), Greblicki *et al.* (2012), Bortfeldt & Wäscher (2012), Kallrath *et al.* (2014), Cherria *et al.* (2014), Malaguti *et al.* (2014) e Furini & Malaguti (2014).

● Aplicações Práticas Diversas

Algumas aplicações clássicas desse problema englobam:

- ✓ Otimização de utilização de memória computacional (Garcia *et al.*, 2006).
- ✓ Carregamento de pallets e contêineres (Dowsland, 1990; Bischoff & Marriot, 1995; Bischoff *et al.*, 1995; Bischoff & Ratcliff, 1995).
- ✓ Navios (Gehring *et al.*, 1990; Haessler & Talbot, 1990).
- ✓ Caminhões-tanque (Lee, 1979).
- ✓ Produção de vidro (Dyson & Gregory, 1974).
- ✓ Produção de tecidos e roupas (Farley, 1988 e 1990).
- ✓ Beneficiamento de madeira (Faaland & Brigs, 1984; Reinders & Hendriks, 1989).
- ✓ Utilização de multiprocessadores (Coffman *et al.*, 1978).
- ✓ O problema do troco (Martello & Toth, 1980).
- ✓ Indústria de alumínio (Stadtler, 1990).
- ✓ Metalurgia do aço (Vasko *et al.*, 1992).
- ✓ Fabricação de cabos de comunicação (Johnston, 1992).
- ✓ Manufaturados de borracha (Schneider, 1988).
- ✓ Arranjos de discos (placas circulares) (Sarin, 1983).
- ✓ Material eletrônico (Gemmill, 1992).
- ✓ Leitura de mapas (Formann & Wagner, 1991).
- ✓ Paginação de jornal (Dyckhoff, 1990).
- ✓ Corte de plástico em rolos (Varela *et al.*, 2009).
- ✓ Construção Civil (Shahin & Salem, 2004).
- ✓ Tubos de Papel (Matsumoto *et al.*, 2011).

Abordagens de Solução e Algoritmos

Destacam-se as seguintes abordagens exatas na solução dos problemas de corte e empacotamento.

✔ Abordagem por Programação Linear

Diversos autores que utilizam essa abordagem. Considerando:

$y_{ij} \equiv$ número das peças i dentro do padrão $j, j \in J, J$ o conjunto dos padrões de corte viáveis.
$x_j \equiv$ número de vezes que o padrão j será utilizado.
$N_i \equiv$ quantidade das peças do tipo i que devem ser cortadas.

Gilmore & Gomory (1961) formulam o PC&E como:

$$(PCE1) \text{ Minimizar } z = \sum_{j \in J} x_j$$

sujeito a

$$\sum_{j \in J} x_j y_{ij} \geq N_i \quad i = 1,...,m$$
$$x_j \geq 0 \quad \forall j \in J$$

As principais dificuldades para solucionar o PC&E por meio de uma formulação semelhante a proposta por Gilmore & Gomory (1961) são conhecidas e podem ser resumidas em dois pontos:

- Gerar os vetores básicos para PCE1.
- Alcançar a solução inteira a partir da solução fracionária obtida em PCE1.

É possível alcançar-se um bom desempenho na geração de colunas para o problema por meio da solução do problema da mochila associado. Esse método inicia por um conjunto completo de padrões simples, cada um correspondendo a um vetor básico de PCE1. A solução é gradualmente melhorada por trocas (pivoteamento) dentro da base (vetores que correspondem a padrões).

✔ Abordagem por Enumeração

Os métodos enumerativos solucionam o problema por meio de sucessivas reduções do conjunto das soluções viáveis em problemas menores (*branch*) e da obtenção de limites (*bounds*) que eliminam as enumerações desnecessárias. Os métodos mais usados utilizam programação dinâmica e são, frequentemente, implementados com procedimentos *Branch-and-Bound*. A dificuldade dos métodos enumerativos reside na explosão do número de configurações passíveis de exame. Normalmente são utilizados procedimentos heurísticos eficientes para alcançarem limites eficientes e que possam reduzir a necessidade de enumeração (Saker, 1988).

✔ Abordagens Globais

Essas estratégias podem ser divididas em dois grandes blocos, como se vê adiante.

• Buscas Enumerativas e Programação Linear

Um exemplo dessa abordagem é representado no trabalho de Beasley (1985), que envolve limites inferiores obtidos pela relaxação lagrangeana e limites superiores derivados da árvore de busca e de procedimentos de redução em uma técnica de sanduíche. Outras estratégias combinam aspectos lógicos do problema para reduzirem o espaço de busca. As restrições derivadas desse tipo e informação são denominadas de restrições simbólicas (Dincbas *et al.*, 1988).

- **Abordagens Interativas**

As abordagens interativas permitem a consideração de mais de um ponto de vista na tomada de decisão do algoritmo. Por meio de interfaces gráficas, por exemplo, a experiência e o conhecimento do usuário podem ser somadas ao esforço de busca enumerativa (Farley, 1988; Kan *et al.* 1987). Em alguns sistemas, são também utilizadas interfaces numéricas (Voight, 1987).

Por outro lado a abordagem heurística de solução para os problemas NP-Difíceis é sempre uma alternativa razoável nos casos de grande porte ou quando a formulação matemática apresenta um elevado grau de complexidade.

✔ **Abordagens Heurísticas**

As heurísticas para o problema podem ser classificadas da seguinte forma:

- **Heurísticas Derivadas de Relaxações ou Procedimentos Exatos Desenvolvidos de Forma Incompleta**

Dentre os diversos procedimentos relatados, destaca-se a aproximação inteira da relaxação linear (Marcotte, 1986).

- **Heurísticas com Considerações Associadas à Geometria**

Heurísticas com considerações associadas à geometria são intensamente empregadas tanto para problemas de corte, principalmente unidimensional, quanto para problemas de carregamento. A maioria dessas heurísticas busca gerar padrões de carregamento "compactos", ou seja, podem ser utilizadas tanto para obter diretamente uma solução aproximativa como para alimentar estratégias exatas que combinem padrões. As formas de geração de padrões consideram a possibilidade de combinação da geometria dos objetos demandados no corte ou carregamento dentro da geometria dos objetos maiores. Tais procedimentos heurísticos normalmente examinam a possibilidade de arrumação dos objetos em relação a cada uma das dimensões dos objetos maiores.

Dentre as heurísticas que empregam estratégias de base geométrica, destacam-se as propostas nos trabalhos de Steudel (1979), George & Robinson (1980), Coffman *et al.* (1980), Chazelle (1983), Gehring *et al.* (1990) e outros.

- **Meta-heurísticas**
  - Simulated Anneling: Dowsland (1993), Lutfiyya (1993), Leung *et al.* (2001), Javanshir *et al.* (2010), Jahromi *et al.* (2012).
  - Algoritmos Genéticos: Gemmill (1992), Jakobs (1996), Reeves (1996), Herbert & Dowsland (1996), Lai e Chan (1997), Hopper e Turton (1999), Leung *et al.* (2001) Liang *et al.* (2002b), Onwubolu & Mutingi (2003), Khalifa *et al.* (2006), Chiong (2007), Gonçalves (2007), Golfeto & Moretti (2009), Mellouli *et al.* (2010), Binitha & Sathya (2012), Lee *et al.* (2013), Grácia *et al.* (2013), Thomas & Chaudhari (2014).
  - Busca Local Iterativa e Programação Linear: Umetani *et al.* (2006).
  - GRASP: Golfeto *et al.* (2008), Alvarez-Valdes *et al.* (2008), Alvarez-Valdes *et al.* (2013).
  - Busca Tabu: Alvarez-Valdes *et al.* (2002), Yang *et al.* (2006), Jahromi *et al.* (2012).
  - Colônia de Formigas: Levine & Ducatelle (2004), Eshghi & Javanshir (2005), Salto *et al.* (2009), Khamassi *et al.* (2011), Silveira *et al.* (2013).
  - Nuvem de Partículas: Shen *et al.* (2007).
  - Comparação de Algoritmos Meta-heurísticos: Hopper & Turton (2001a).

✔ Heurísticas para o *Strip-Packing*

• Imposições Operacionais aos Algoritmos de Solução

Os algoritmos para a solução desse problema podem considerar restrições derivadas do contexto operacional. Essas restrições envolvem, muitas vezes, o tempo de alocação dos elementos e a ordem de alocação. As restrições mais comuns são:

- Entrada de dados on-line: caracteriza a necessidade de alocação de um elemento r_i sem o conhecimento prévio das dimensões dos elementos r_{i+1}, r_{i+2} etc., para $i = 1,...,n$. Nas condições on-line, a alocação de um elemento retangular é sempre definitiva. Nas condições on-line, também é comum ser desconhecido o número de elementos a serem localizados.
- Tempo linear: A restrição de tempo linear determina a utilização de tempo computacional semelhante para a alocação de cada novo elemento apresentado ao problema, normalmente tempo linear em n, o número de elementos pesquisados. No instante da alocação, os algoritmos dessa classe restringem a busca a uma região limitada da tira, sendo que essa região é independente do tamanho de n e do elemento retangular.
- Off-line são aqueles algoritmos que não possuem as restrições anteriores e podem, portanto, alcançar um desempenho qualitativamente superior (Coffman & Shor, 1990).

✔ Algoritmo CLS

O algoritmo CLS é um algoritmo off-line analisado por Coffman & Shor (1990) que pode ser descrito da seguinte forma:

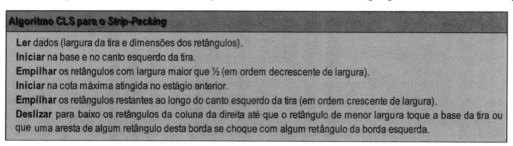

A Figura 7.18(b) exemplifica uma sequência de inclusão da heurística CLS quando aplicada ao conjunto de elementos constantes em 7.18(a).

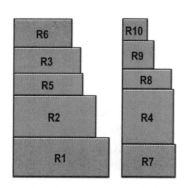
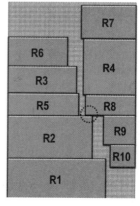

(a) Retângulos ordenados pela largura   (b) Aplicação da heurística

Figura 7.18: Sequência de inclusão da heurística CLS.

✔ Algoritmos de Nível

As chamadas heurísticas de nível são bem conhecidas e, de uma forma geral, segmentam o conjunto de alocação dos elementos retangulares em faixas ou níveis, normalmente definidos por meio de um dos elementos alocados (na maioria das vezes o primeiro do nível), daí o seu nome.

• Algoritmo NFL (*Next-Fit-Level*)

Hofri (1980) analisa o algoritmo NFL para o caso bidimensional.

Algoritmo NFL para o Strip-Packing

Ler dados (largura da tira e dimensões dos retângulos)
Considerar o primeiro nível com nível zero
Enquanto existirem retângulos não alocados **fazer**
  Colocar o próximo retângulo a alocar no ponto mais à esquerda possível do nível corrente.
    Se um retângulo r_i é largo demais para se alocado no espaço disponível **então** ele é alocado no canto esquerdo sobre uma linha horizontal que passa pelo topo do retângulo de maior altura do nível atual, criando-se um nível superior ao nível corrente
Fim_enquanto

A Figura 7.19 mostra a sequência de inclusão da heurística NFL considerando que os retângulos estão ordenados em ordem não crescente de comprimento e o exame de inclusão do primeiro elemento é feito do início da lista para o fim, e dos demais, do fim para o começo.

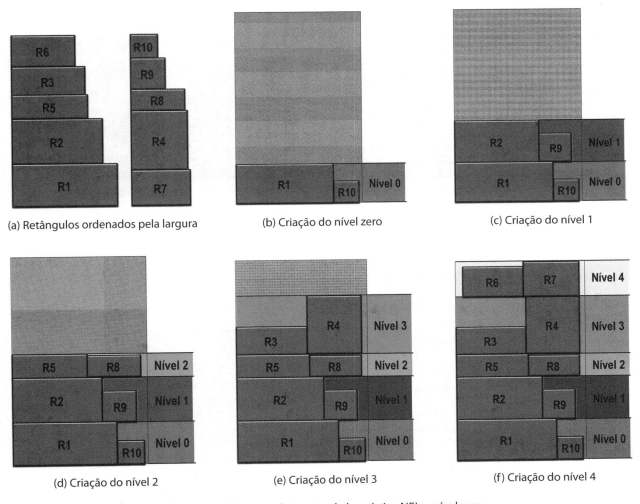

Figura 7.19: Desenvolvimento da heurística NFL – nível zero.

A eficiência assintótica desse algoritmo é 0,65558 (Hofri, 1980).

- **Algoritmo FFL (*First-Fit-Level*)**

Trata-se de um algoritmo mais eficiente que o NFL. Nesse algoritmo, cada novo retângulo é considerado para a inclusão em qualquer nível criado, desde que suas duas dimensões sejam aceitáveis dentro das faixas do nível (não desloca qualquer outro retângulo já alocado e nem os limites de faixas anteriores). Em caso de o retângulo ser passível de alocação em mais de um nível, o nível mais baixo terá prioridade. Aplicando-se o FFL ao exemplo da Figura 7.18(a), a sequência de inclusão seria a mesma com exceção da entrada do retângulo R6. A FFL colocará R6 no nível 3, como mostra a Figura 7.20.

- **Algoritmo BFL (*Best-Fit-Level*)**

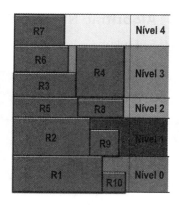

Figura 7.20: Desenvolvimento da heurística FFL.

O algoritmo traz uma pequena modificação no critério de inclusão do novo retângulo do FFL. A inclusão deve minimizar o resíduo horizontal, ou seja, o espaço de perda horizontal. A Figura 7.21 mostra a inclusão do objeto R4 considerando o critério BFL. Considera-se já realizada a sequência de alocação R1, R2 e R3. Se o próximo retângulo a localizar é R4, então sua posição é escolhida no nível 1 da Figura 7.21, em que pese não minimizar, com isso, a área total utilizada. Quando a distribuição das alturas é conhecida, Baker & Schwartz (1983) propõem algoritmos capazes de reduzir também as perdas verticais.

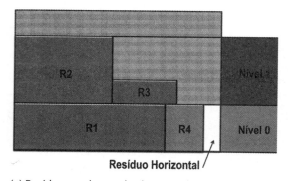 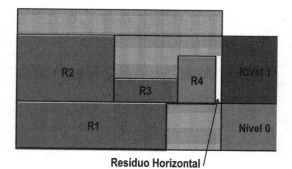

(a) Resíduo resultante da alocação de R4 no nível zero   (b) Resíduo resultante da alocação de R4 no nível um

Figura 7.21: Inclusão do objeto R4 na heurística BFL.

- **Algoritmo Combinado Comprimento x Largura**

Na classe dos algoritmos de tempo linear, é possível sugerir o seguinte procedimento:

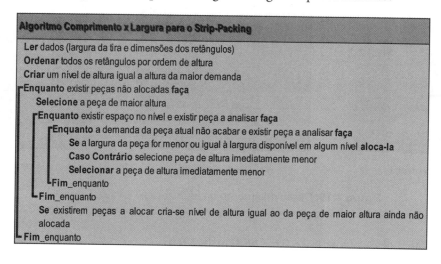

Para o conjunto de elementos retangulares da Figura 7.18(a), a Figura 7.22 mostra a sequência de inclusão dos retângulos, bem como a solução final.

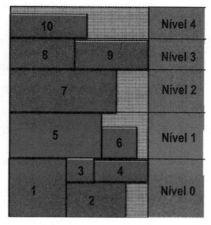
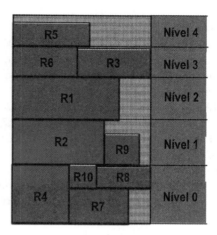

(a) Sequência de inclusão   (b) Solução final

Figura 7.22: Sequência de inclusão do algoritmo CxL.

Referências Bibliográficas

Adamowicz, M. & Albano, A. (1976). A solution of the rectangular cutting-stock problem, *IEEE Transactions on Systems, Man, and Cybernetics, Part B* 6:302-310.

Adar, R. & Epstein, L. (2013). Selfish bin packing with cardinality constraints, *Theoretical Computer Science* 495:66-80.

Alvarez-Valdés, R., Parajón, A. & Tama, J. M. (2002). A tabu search algorithm for large-scale guillotine (un)constrained two-dimensional cutting problems, *Computers & Operations Research* 29(7):925-947.

Alvarez-Valdes, R., Parreño, F. & Tamarit, J. M. (2008). Reactive GRASP for the strip-packing problem, *Computers & Operations Research* 35(4):1065-1083.

Alvarez-Valdes, R., Parreño, F. & Tamarit J. M. (2013). A GRASP/Path Relinking algorithm for two-and three-dimensional multiple bin-size bin packing problems, *Computers & Operations Research* 40(12):3081-3090.

Apple, J. M. (1973). *Material Handling Systems Design*, The Ronald Press Company, New York.

Azar, Y. & Epstein, L. (1997). On Two Dimensional Packing, *Journal of Algorithms* 25(2):290-310.

Baker, B. S. & Schwartz, J. S. (1983). Shelf Algorithms for Two Dimensional Packing Algorithms, *SIAM Journal on Computing* 12(3):508-525.

Baldi, M. M., Crainic, T. G., Perboli, G. & Tadei, R. (2012). The generalized bin packing problem, *Transportation Research Part E: Logistics and Transportation Review* 48(6):1205-1220.

Baldi, M. M., Crainic, T. G., Perboli, G. & Tadei, R. (2014). Asymptotic Results for the Generalized Bin Packing Problem, *Procedia – Social and Behavioral Sciences* 111(5): 663-671.

Bartholdi, J. J., Vande Vate, J. H. & Zhang. J. (1989). Expected performance of the shelf heuristic for two-dimensional packing. *Operations Research Letters* 8:11–16.

Beasley, J. E. (1985). An Exact Two-Dimensional Non Guillotine Cutting Tree Search Procedures, *Operations Research* 33:49-64

Berkey J. O. & Wang. P. Y. (1987).Two-dimensional finite bin packing algorithms, *Journal of the Operational Research Society* 38:423-429.

Binitha S. & Sathya, S. S. (2012). A Genetic Algorithm Approach for Solving the Trim Loss Optimization Problem in Paper Manufacturing Industries, *Journal of Engineering Science and Technology* 4(5):2395-2401.

Binzhou, X. & Zhiyi, T. (2010). Tighter bounds of the First Fit algorithm for the bin-packing problem, *Discrete Applied Mathematics* 158(15):1668-1675.

Bischoff, E. E., Janetz, F. & Ratcliff, S. W. (1995). Loading Pallets with Non-Identical Itens, *European Journal of Operational Research* 84(3):681-692.

Bischoff, E. E. & S. W. Ratcliff, (1995). Loading Multiple Pallets, *Journal of the Operational Research Society* 46(11):1322-1336.

Bischoff, E. E. & M. D. Marriot, (1990). A Comparative Evaluation of Heuristics for Container Loading, *European Journal of Operational Research* 44:267-276.

Bortfeldt, A. & Wäscher, G. (2012). Container Loading Problems – A State-of-the-Art Review, WORKING PAPER SERIES, Otto-von-Guericke – Universität Magdeburg, Fakultät für Wirtsch aftswissenschaft, Der Dekan. http://www.fww.ovgu.de/fww_media/femm/femm_2012/2012_07.pdf acesso em agosto de 2014.

Brooks, R. L., Smith, C. A. B., Stone, A. H. & Tutte, W. T. (1940). The Dissection of Retangles into Squares, *Duke Mathematical Journal* 7:312-340.

Brugger, B., Doerner, K. F., Hartl, R. F. & Reimann M. (2004). AntPacking – an ant colony optimization approach for the one--dimensional bin packing problem. In: EvoCOP 2004, *Lecture Notes in Computer Science* 3004:41-50.

Casazza, M. & Ceselli, A. (2014). Mathematical programming algorithms for bin packing problems with item fragmentation, *Computers & Operations Research* 46:1-11.

Clautiaux, F., Dell'Amico, M., Iori, M. & Khanafer, A. (2014). Lower and upper bounds for the Bin Packing Problem with Fragile Objects, *Discrete Applied Mathematics* 163(1):73-86.

Chazelle, B. (1983). The Bottom-Left Bin-Packing Heuristic: An Efficient Implementation, *IEEE Transactions on Computers* c-32(8):697-707.

Cherria, A. C., Arenales, M. N., Yanasse, H. H., Poldi, K. C. & Gonçalves, A. C. (2014). The one-dimensional cutting stock problem with usable leftovers – A survey, *European Journal of Operational Research* 236(2):395-402.

Chiong, R. (2007). A Comparison between Genetic Algorithms and Evolutionary Programming based on Cutting Stock Problem, *Engineering Letters* 14:1:EL_14_1_14.

Christofides, N. & Whitlock, C. (1977). An Algorithm for Two Dimensional Cutting Problems, *Operations Research* 25:30-44.

Chu, C. & Antonio, J. (1999). Approximation Algorithms to Solve Real-Life Multicriteria Cutting Stock Problems, *Operations Research* 47(4):495-508.

Coffman, E. G., Garey, M. R. & Johnson, D. S. (1978). An Application of Bin Packing to Multiprocessor Schedulling, *SIAM Journal on Computing* 7:1-17

Coffman, E. G., Garey, M. R. & Johnson, D. S. (1997). *Approximation algorithm for bin packing: a survey*. In: D. Hochbaum (Ed.), Approximation Algorithms for NP-Hard Problems, PWS Publishing, 46-93.

Coffman, E. G., Garey, M. R., Johnson, D. S. & Tarjan, R. E. (1980). Performance Bounds for Level Oriented Two-Dimensional Packing Algorithms, *SIAM Journal on Computing* 9(4):808-826.

Coffman, E. G. & Shor, P. W. (1990). Average-Case Analysis of Cutting and Packing in Two Dimensions, *European Journal of Operational Research* 44(2):134-144.

Csirik, J., Johnson, D. S., Kenyon, C., Shor, P. W. & Weber, R. R. (1999), A Self-Organizing Bin Packing Heuristic, In: Algorithm Engineering and Experimentation: International Workshop ALENEX'99, *Springer Lecture Notes in Computer Science* 1619:246-265.

Csirik, J., Johnson, D. S. & Kenyon, C. (2001). Better Approximation Algorithms for Bin Covering, In: *Proceedings 12th Ann. ACM-SIAM Symposium on Discrete Algorithm*, 557-566.

Cui, Y. (2014). Heuristic for the cutting and purchasing decisions of multiple metal coils. *Omega* 46:117-125

Cui, Y. & Huang, B. (2012). Heuristic for constrained T-shape cutting patterns of rectangular pieces, *Computers & Operations Research* 39(12):3031-3039.

Cui, Y. & Zhao, Z. (2013). Heuristic for the rectangular two-dimensional single stock size cutting stock problem with two--staged patterns, *European Journal of Operational Research* 231(2): 288-298.

Dagli, C. & Tatoglu, M. (1987). An Approach to Two-Dimensional Cutting Stock Problems, *International Journal of Production Research* 25(2):175-190.

Dalalah, D., Khrais, S. & Bataineh, K. (2014). Waste minimization in irregular stock cutting, *Journal Of Manufacturing Systems* 33:27-40.

Del Valle, A. M., Queiroz, T. A., Miyazawa, F. K. & Xavier, E. C. (2012). Heuristics for two-dimensional knapsack and cutting stock problems with items of irregular shape, *Expert Systems with Applications* 39(16):12589–12598.

de Werra, D., (1997), The combinatorics of timetabling, *European Journal of Operational Research* 96(3):504-513.

Dikili, C. A., Takinacı, A. C. & Pek, N. A. (2008). A new heuristic approach to one-dimensional stock-cutting problems with multiple stock lengths in ship production, *Ocean Engineering* 35:637-645.

Dincbas, M., Simonis, H. & Van, (H. P. 1988). Solving a Cutting Stock Problem in Constant Logic Programming, In: *Logic Programming: Proceedings of the Fifth International Conference*, Seattle 1:42-58.

Dowsland, K. A. (1990). Efficient automated Pallet Loading, *European Journal of Operational Research* 44:232-238.

Dyckhoff, H. (1990). A typology of cutting and packing problems, *European Journal of Operational Research* 44(2):145-159.

Dyckhoff, H. & Finke, U. (1992), *Cutting and Packing in Production and Distribuition: Typology and Bibliography*, Springer--Verlag co, Heidelberg

Dyckhoff. H., Kruse, H. J., Abel, D. & Gal, T. (1985). Trim Loss and Related Problems, *Omega* 13:59-72.

Dyson, R. & Gregory, A. (1974). The Cutting Stock Problem in the Flat Glass Industry, *Operations Research Quartely* 25:41-53.

Eilon, S. & Christofides, N. (1971). The Loading Problems, *Management Science* 17:259-268.

Eshghi, K. & Javanshir, H. (2005). An ACO algorithm for one-dimensional cutting stock problem, *Journal of Industrial Engineering International* 1(1):10-19.

Faaland, B. & Brigs, D. (1984). Log Bucking and Lumber Manufacturing Using Dynamic Programming, *Management Science* 30:245-257.

Farley, A. A. (1988). Mathematical Programming Models for the Cutting Stock Problems in the Clothing Industry, *Journal of the Operational Research Society* 39(1):41-53.

Farley, A. A. (1990). The Cutting Stock Problem in the Canvas Industry, *European Journal of Operational Research* 44:247-255

Fayard, D., Hifi, M. & Zissimopoulos V. (1998). An efficient approach for large-scale two-dimensional guillotine cutting stock problem, *Journal of the Operational Research Society* 49(12):1270-1277.

Fernández, A., Gil, C., Baños, R. & Montoya, M. G. (2013). A parallel multi-objective algorithm for two-dimensional bin packing with rotations and load balancing, *Expert Systems with Applications* 40(13):5169-5180.

Fleszar, K. & Hindi, K. S. (2002). New heuristics for one-dimensional bin-packing, *Computers & Operations Research* 29(7): 821-839.

Formann, M. & Wagner, F. (1991). *A packing problem with applications to lettering of maps*, In: *Proceedings of the seventh annual symposium on Computational geometry* SCG '9 ACM New York, NY, USA 1281-288.

Furini, F. & Malaguti, E. (2014). Models for the two-dimensional two-stage cutting stock problem with multiple stock size, *Computers & Operations Research* 40:1953-1962.

Garcia, L., Leon, C., Miranda, G. & Rodriguez, C (2006). Two-Dimensional Cutting Stock Problem: Shared Memory Parallelizations. In: *International Symposium on Parallel Computing in Electrical Engineering*, 2006. PAR ELEC 2006, 438-443.

Garey, M. R. & Johnson, D. S. (1981). Approximations Algorithms for Bin Packing Problems: A Survey, In: D. Ausiello e M. Lucertini (eds.), *Analysis and Design of Algorithms in Combinatorial Optimization*, CISM Courses and Lectures 266, Wien, 147-172.

Gehring, H., Menschner, K. & Meyer, M. (1990). A Computer-Based Heuristic for Packing Pooled Shipment Containers, *European Journal of Operational Research* 44(2):277-288.

Gemmill, D. (1992). Solution to the Assortment Problem Via Genetic Algorithm, *Mathematical and Computer Modelling* 16 (1):89-94.

Gendreau, M., Laporte, G. & Semet, F. (2004). Heuristics and lower bounds for the bin packing problem with conflicts, *Computers & Operations Research* 31(3):347–358.

George, J. (1992). A Method for Solving Container Packing for a Single Size of Box, *Journal of the Operational Research Society* 43(4):307-312.

George, J. & Robinson, D. (1980). A Heuristic for Packing Boxes into a Container, *Computers & Operations Research* 7:147-156.

Gilmore, P. C. & Gomory, R. E. (1961). A Linear Programming Approach to the Cutting Stock Problem, *Operations Research* 9:849-859.

Gilmore, P. C. & Gomory, R. E. (1963). A Linear Programming Approach to the Cutting Stock Problem, Part II, *Operations Research* 11:863-888.

Gilmore, P. C. & Gomory, R. E. (1965). Multistage Cutting Stock Problems of two and more Dimensions, *Operations Research* 13:94-120.

Ghandforoush, P. & Daniels J. J. (1992). A Heuristic Algorithm for the Guillotine Constrained Cutting Stock Problem, *INFORMS Journal on Computing* 4(3):351-356.

Gonçalves J. F. (2007). A hybrid genetic algorithm-heuristic for a two-dimensional orthogonal packing problem, *European Journal of Operational Research* 183(3):1212-1229.

Golfeto, R. R., Moretti, A. C. & Salles Netto, L. L. (2008). A GRASP Metaheuristic for the Ordered Cutting Stock Problem Um Metaheurístico GRASP para el Problema de Stock de Corte Ordenado, *Revista Chilena de Ingeniería* 16(3):421-427.

Golfeto, R. R. & Moretti A. C. (2009). A Genetic Symbiotic Algorithm Applied to the Cutting Stock Problem with Multiple Objectives, *Advanced Modeling and Optimization* 11(4): 473-501.

Greblicki, J., Kotowski, J. & Szlachcic, E. (2012). The Cutting Stock Problem Recent Application in Information Technology Computer Aided Systems Theory – EUROCAST 2011, *Lecture Notes in Computer Science* 6928:577-584.

Grácia, C., Andrés, C. & Grácia, L. (2013). A hybrid approach based on genetic algorithms to solve the problem of cutting structural beams in a metalwork company, *Journal of Heuristics* 19:253-273.

Gradisar M., Kljajić M. & Resinovic G. A. (1999). Hybrid approach for optimization of one-dimensional cutting, *European Journal of Operational Research* 119(3):165-174.

Gradisar, M., Resinovic, G. & Kljajić, M. (2002). Evaluation of algorithms for one-dimensional cutting, *Computers & Operations Research* 29(9), 1207-1220.

Haessler, R. W. (1988). A new Generation of Paper Machine Trim Programs, *TAPPI Journal* 71(8):127-130.

Haessler, R. W. (1992). One-Dimensional Cutting Stock Problems and Solution Procedures, *Mathematical and Computer Modelling* 16 (1):1-6.

Haessler, R. W. & Talbot, F. B. (1990). Load Planning for Shipments of Low Density Products, *European Journal of Operational Research* 44(2): 289-299.

Han, W., Bennell, J. A., Zhao, X. & Song, X. (2013). Construction heuristics for two-dimensional irregular shape bin packing with guillotine constraints. *European Journal of Operational Research* 230(3):495-504.

Han, C., Knott, K. & Egbelu, P. (1989). A Heuristic Approach to the Three-Dimensional Cargo Loading Problem, *International Journal of Production Research* 27(5):757-774.

Hifi, M. (1997). The DH/KD algorithm: a hybrid approach for unconstrained two-dimensional cutting problems, *European Journal of Operational Research* 97(1):41-52.

Haouari, M. & Gharbi, A. (2005). Fast lifting procedures for the bin packing problem, *Discrete Optimization* 2(3):201-218.

Hofri, M. (1980). Two-Dimensional Packing of Simple Level Algorithms, *Information and Control* 45:1-17.

Herbert E. A. & Dowsland K. A. (1996). A family of genetic algorithms for the pallet loading problem, *Annals of Operations Research* 63:415-436.

Hopper, E. & Turton, B. C. H. (1999). A genetic algorithm for a 2d industrial packing problem, *Computers & Industrial Engineering* 37:375-378.

Hopper E. & Turton, B. C. H (2001a). An Empirical Investigation of Meta-heuristic and Heuristic Algorithms for a 2D Packing Problem, *European Journal of Operational Research* 128(1):34-57.

Hopper, E. & Turton, B. C. H. (2001b). A Review of the Application of Meta-Heuristic Algorithms to 2D Strip Packing Problems, *Artificial Intelligence Review* 16(4):257-300.

Jahromi, M., Tavakkoli-Moghaddam, R., Makui, A. & Shams. A. (2012). Solving an one-dimensional cutting stock problem by simulated annealing and tabu search, *Journal of Industrial Engineering International* 8:1-24.

Jakobs, S. (1996). On Genetic Algorithms for the Packing of Polygons, *European Journal of Operational Research* 88:165-181.

Javanshir, H., Rezaei, S., Najar, S. S. & Ganji, S. S. (2010). Two Dimensional Cutting Stock Management in Fabric Industries and Optimizing the Large Object´s Length, *International Journal of Research and Reviews in Applied Sciences* 4(3) Special Issue 1:243-249.

Johnson, D. S., Demars, A., Ullman, J., Garey, M. & Graham. R. (1974). Worst-Case Performance Bounds for Simple One-Dimensional Packing Algorithms, *SIAM Journal on Computing* 3(4):299-325.

Johnston, R. E. (1992). Dimensional Efficiency in Cable Manufacturing Problems and Solutions, *Mathematical and Computer Modelling* 16(1):19-35.

Kallrath, J., Rebennack, S., Kallrath, J. & Kusche, R. (2014). Solving real-world cutting stock-problems in the paper industry: Mathematical approaches, experience and challenges, *European Journal of Operational Research* 238(1):374–389.

Kan, A. H. G. R., Wit, J. R. & Wijemga, R. T. (1987). Nonorthogonal Two-Dimensional Cutting Patters, *Management Science* 33(5):670-684.

Kantorovich, L. V. (1960). Mathematical Methods of Organising and Planning Production, *Management Science* 6(4):363-422.

Khalifa, Y., Salem, O. & Shahin, A. (2006). Cutting Stock Waste Reduction Using Genetic Algorithms. Proceedings of the 8th Conference on Genetic and evolutionary computation, 1675-1680.

Khamassi, I., Hammami, M. & Ghedira, K. (2011). Ant-Q hyper-heuristic approach for solving 2-dimensional Cutting Stock Problem, In: *Symposium on Swarm Intelligence* (SIS), 2011 IEEE 1-7.

Lai K. K. & Chan W. M. (1997). An evolutionary algorithm for the rectangular cutting stock problem, *International Journal of Industrial Engineering* 4:130-139.

Lee, D. H. (1979). Optimal Loading of Tankers, *Journal of the Operational Research Society* 30:323-329.

Lee, L. S., Bennell, J. A. & Potts, C. N. (2013). A genetic algorithm for two-dimensional bin packing with due dates, *International Journal of Production Economics* 145(2):547-560.

Leung, T. W., Yung, C. H. & Troutt, M. D. (2001). Applications of genetic search and simulated annealing to the two-dimensional non-guillotine cutting stock problem, *Computers & Industrial Engineering* 40(3):201-214.

Levine, J. & Ducatelle, F. (2004). Ant Colony Optimisation and Local Search for Bin Packing and Cutting Stock Problems, *Journal of the Operational Research Society* – Special Issue 55(7):705-716.

Liang, K., Yao, X., Newton, C. & Hoffman, D. (2002a). Evaluation of algorithms for one-dimensional cutting. *Computers & Operations Research* 29:1207-1220.

Liang, K-H., Yao, X., Newton, C. & Hoffman, D. (2002b). A new evolutionary approach to cutting stock problems with and without contiguity, *Computers & Operations Research* 29(12):1641-1659.

Lodi, A., Martello, S. & Monaci, M. (2002): Two-dimensional packing problems: A survey, *European Journal of Operational Research* 141(2):241-252.

López-Camacho, E., Terashima-Marin, H., Ross, P. & Ochoa, G. (2014). A unified hyper-heuristic framework for solving bin packing problems, *Expert Systems with Applications*, disponível online em 10 Maio 2014.

Lorie, J. & Savage, L. J. (1955). Three Problems in Capital Rationing, *Journal of Business*, 28:229-239.

Lutfiyya, H., Mcmillin, B., Poshyanonda, P. & Dagli, C. (1992). Composite Stock Cutting Through Simulated Anneling, *Mathematical and Computer Modelling* 16(1):57-74.

Mahmoud, A. F., Samia, A., Eid, S. & Bahnasawi, A. (2003). Genetic algorithms for solving 2D cutting stock problem, In: *Symposium on Circuits and Systems,* 2003 IEEE 46th Midwest 2:956-960.

Malaguti, E., Durán, R. M. & Toth, P. (2014). Approaches to real world two-dimensional cutting problems, *Omega* 47:99–115.

Marcotte, O. (1986). Instance of the Cutting Stock Problem for Which the Rounding Property does not Hold, *Operations Reserch Letters* 4(5):239-243.

Martello, S. & P. Toth, (1980). Optimal and Canonical Solutions of the Change Making Problem, *European Journal of Operational Research* 4:322-329.

Martello, S., Monaci, M. & Vigo, D. (2003). An Exact Approach to the Strip-Packing Problem, *INFORMS Journal on Computing* 15(3):310-319.

Matsumoto, K. Umetani, S. & Nagamochi, H. (2011). On the one-dimensional stock cutting problem in the paper tube industry, *Journal of Scheduling* 14:281–290

Mellouli, A., Masmoudi, F., Kacem, I & Haddar, M. (2010). A Hybrid Genetic Algorithm for Optimization of Two-dimensional Cutting-Stock Problem, *International Journal of Applied Metaheuristic Computing* 1(2) A:34-49.

Mohanty, B., Mathur, K. & Ivancic, N. (1994). Value Considerations in Three-Dimensional Packing – A Heuristic Procedure Using Fractional Knapsack Problem, *European Journal of Operational Research* 74(1):143-151.

Oliveira, J. F. & Ferreira, J. S. (1990). An Improved Version of Wang's Algorithm for Two-Dimensional Cutting Problems, *European Journal of Operational Research* 44:256-266.

Onwubolu, G. C. & Mutingi, M. (2003). A genetic Algorithm Approach for the Cutting Stock Problem, *Journal of Intelligent Manufacturing* 14:209-218.

Peng, J & Chu Z. S. (2010) *A Hybrid Ant Colony Algorithm for The Cutting Stock*, Information Management, Innovation Management and Industrial Engineering (ICIII), International Conference on Future Information Technology and Management Engineering 508-511.

Pisinger, D. & Sigurd, M. (2005). The two-dimensional bin packing problem with variable bin sizes and costs. *Discrete Optimization* 2(2):154-167.

Poldi, K. C. & Arenales, M. N. (2009). Heuristics for the one-dimensional cutting stock problem with limited multiple stock lengths, *Computers & Operations Research* 36:2074-2081.

Ragsdale, C. T. & Zobel, C. W. (2004). The Ordered Cutting Stock Problem, *Blackwell Synergy* 35(1):83-100.

Reed, R. (1967). *Plant Location, Layout and Maintenance*, Richard D. Irwin, Inc, Homewood.

Reinders, M. P. (1992). Cutting Stock Optimization and Integral Production Planning for Centralized Wood Processing, *Mathematical and Computer Modelling* 16(1):37-55.

Reinders, M. P. & Hendriks, Th. H. B. (1989). Lumber Production Optimization, *European Journal of Operational Research* 42:243-253.

Reeves, C. (1996). Hybrid Genetic Algorithms for Bin-Packing and Related Problems, *Annals of Operations Research* 53:371-396.

Roberts, S. (1984). Application od Heuristic Techniques to the Cutting-Stock Problem for Worktops, *Journal of the Operational Research Society* 35:369-377.

Saker, R. B. (1988). Optimum Solution for One-Dimensional Slitting Problems: A Dynamic Programming Approach, *Journal of the Operational Research* 39(8):749-755.

Salto, C., Leguizamón, G., Alba, E. & Molina, J. M. (2009). Evolutionary and Ant Colony Optimization Based Approaches for a Two-Dimensional Strip Packing Problem, Natural Intelligence for Scheduling, Planning and Packing Problems, *Studies in Computational Intelligence* 250:245-266.

Sarin, S. (1983). The Mixed Disc Packing Problem: Part I: Some Bounds on Density, *American Institute of Industrial Engineers Transactions*15:37-45.

Schneider, W. (1988). Trim-Loss Minimization in a Crepe-Rubber Mill; Optimal Solution Versus Heuristic in the 2(3)-Dimensional Case, *European Journal of Operational Research* 34(3):273-281.

Shahin A. A. & Salem, O. M. (2004). Using genetic algorithms in solving the one-dimensional cutting stock problem in the construction industry, *Canadian Journal of Civil Engineering* 31:321-332.

Shen, X., Li, Y., Yang, J. & Yu, L. (2007). A Heuristic Particle Swarm Optimization for Cutting Stock Problem Based on Cutting Pattern, ICCS 2007, Part IV, *Lecture Notes in Computer Science* 4490:1175-1178.

Silveira, M. E., Vieira, S. M. & Sousa, J. M. C. (2013). An ACO Algorithm for the 3D Bin Packing Problem in the Steel Industry, *Lecture Notes in Computer Science* 7906:535-544.

Stadtler, H. (1990). A One-Dimensional Cutting Stock Problem in the Aluminium Industry and its Solution, *European Journal of Operational Research* 44:209-223.

Stawowy, A. (2008). Evolutionary based heuristic for bin packing problem, *Computers & Industrial Engineering* 55:465-474.

Steudel, H. (1979). Generating Pallet Loading Patterns: A Special Case of the Two-Dimensional Cutting Stock Problem, *Management Science* 10:997-1004.

Sweeney, P. E. & Haessler, R. W. (1990). One Dimensional Cutting Stock Decisions for Rolls with Multiple Quality Grades, *European Journal of Operational Research*, 44(2):224-231.

Thomas, J. & Chaudhari, N. S. (2014). A new metaheuristic genetic-based placement algorithm for 2D strip packing. *Journal of Industrial Engineering International* 10-47:1-16.

Tsai, R., Malstrom, E. & Kuo, W. (1993). Three Dimensional Palletization of Mixed Box Sizes, IIE Transactions 25(4):64-75.

Umetani, S., Yagiura, S. & Ibaraki, T. (2006). One-Dimensional Cutting Stock Problem with a Given Number of Setups: A Hybrid Approach of Metaheuristics and Linear Programming, *Journal of Mathematical Modelling and Algorithms* 5(1):43-64.

Valério de Carvalho, J. M. (2002). LP models for bin packing and cutting stock problems, *European Journal of Operational Research* 141(2):253-273.

Vanderbeck, F. (1999). Computational study of a column generation algorithm for bin packing and cutting stock problems, *Mathematical Programming* 86(3):565-594.

Varela, R., Vela, C. R., Puente, J., Sierra, M. & González-Rodríguez, I. (2009). An effective solution for a real cutting stock problem in manufacturing plastic rolls, *Annals of Operations Research* 166:125-146.

Vasko, J. F., Wolf, F. E., Stott, K. L. & Ehrsam, O. Jr, (1992), Bethlehem Steel Combines Cutting Stock and Set Covering to Enhance Customer Service, *Mathematical and Computer Modelling* 16(1):9-17.

Voight, J. U. (1987). Solving Cutting Stock Problems of the Furniture Industry via Man-Machine-Communication, *Wissenschaftliche Zeitschrift fílr Technische Hochschule Ilmenau* 33(6):113-118.

Wang, P. (1983). Two Algorithms for Constrained Two Dimensional Cutting Stock Problems, *Operations Reseach* 31:573-587.

Wäscher, G., Haußner, H. & Schumann, H. (2007). An improved typology of cutting and packing problems, *European Journal of Operational Research* 183:1109–1130.

Wu, Y., Li, W., Goh, M. & Souza, R. (2010). Three-dimensional bin packing problem with variable bin height, *European Journal of Operational Research* 202(2):347-355.

Yanasse, H. H. (1997). Minimization of open orders – Polynomial algorithms for some special cases, *European Journal of Operational Research* 100:454-463.

Yanasse, H. H. Zinober, A. & Harris, R. (1990). *A Heuristic Procedure for Two Dimensional Guillotine Cutting Stock Problems*, In: *Proceedings IFORS'90*, Athens, Greece, 25-29.

Yang, C. T, Sung, T.C, Weng, W. C. (2006.) An improved tabu search approach with mixed objective function for one-dimensional cutting stock problems, *Advances in Engineering Software* 37(8):502–513.

Zhang, G., Cai, X. & Wong, C. K. (2002). Linear time-approximation algorithms for bin packing, *Operations Reserch Letters* (26):217-222.

Tel.: (11) 2225-8383
www.markpress.com.br